CW00793319

Historische Debatten und Kontroversen
im 19. und 20. Jahrhundert

Historische Mitteilungen
Im Auftrage der Ranke-Gesellschaft

HERAUSGEGEBEN VON
Jürgen Elvert und Michael Salewski

Band 46

Jürgen Elvert, Susanne Krauß (Hg.)

Historische Debatten und Kontroversen im 19. und 20. Jahrhundert

Jubiläumstagung der Ranke-Gesellschaft
in Essen, 2001

 Franz Steiner Verlag

Gedruckt mit Unterstützung der Gerda Henkel Stiftung, Düsseldorf

Bibliografische Information der Deutschen Bibliothek
Die Deutsche Bibliothek verzeichnet diese Publikation
in der Deutschen Nationalbibliografie; detaillierte
bibliografische Daten sind im Internet über
<http://dnb.ddb.de> abrufbar.

ISBN 3-515-08253-0

ISO 9706

INHALTSVERZEICHNIS

Vorwort .... S. 7

JÜRGEN ELVERT
Zur Einführung... S. 9

ULRICH MUHLACK
Leopold von Ranke und die Begründung der quellenkritischen
Geschichtswissenschaft .... S. 23

THOMAS BRECHENMACHER
Wie viel Gegenwart verträgt historisches Urteilen?
Die Kontroverse zwischen Heinrich von Sybel und Julius Ficker über
die Bewertung der Kaiserpolitik des Mittelalters (1859-1862) .... S. 34

CARL AUGUST LÜCKERATH
Die Diskussion über die Pirenne-These .... S. 55

KLAUS PABST
Die „Historikerschlacht" um den Rhein .... S. 70

KLAUS SCHWABE
Geschichtswissenschaft als Oppositionswissenschaft im
nationalsozialistischen Deutschland. Gerhard Ritter und das
„Reichsinstitut für Geschichte des neuen Deutschland" .... S. 82

WOLFGANG J. MOMMSEN
„Gestürzte Denkmäler"? Die „Fälle" Aubin, Conze, Erdmann und Schieder ..... S. 96

IMANUEL GEISS
Nationalsozialismus als Problem deutscher Geschichtswissenschaft nach 1945 ..... S. 110

MICHAEL SALEWSKI
Die Ranke-Gesellschaft und ein halbes Jahrhundert .... S. 124

GEORG CHRISTOPH BERGER WALDENEGG
Das große Tabu! Historiker-Kontroversen in Österreich nach 1945
über die Nationale Vergangenheit .... S. 143

MICHAEL GEHLER
Vom Sonderfall zum Modellfall? Österreich im Spannungsfeld von
Kaltem Krieg, „Tauwetter", semi-détente und sowjetischer
Deutschlandpolitik 1945-1955: Ein Literaturbericht mit
zeitgeschichtlichen Kontroversen .... S. 175

BERND WEGNER
Präventivkrieg 1941? Zur Kontroverse um ein militärhistorisches
Scheinproblem .... S. 206

RAINER F. SCHMIDT
„Appeasement oder Angriff". Eine kritische Bestandsaufnahme
der sog. „Präventivkriegsdebatte" über den 22. Juni 1941 .... S. 220

ALBRECHT RITSCHL
Knut Borchardts Interpretation der Weimarer Wirtschaft. Zur
Geschichte und Wirkung einer wirtschaftsgeschichtlichen Kontroverse .... S. 234

HUBERT KIESEWETTER
Virtuelle oder reale Geschichte? Alexander Demandts
methodologische Holzwege .... S. 245

BIRGIT ASCHMANN
Moderne versus Postmoderne. Gedanken zur Debatte über vergangene,
gegenwärtige und künftige Forschungsansätze .... S. 256

Personenregister .... S. 277

Ortsregister .... S. 285

Mitarbeiterverzeichnis .... S. 287

VORWORT

Dieser Band enthält die Ergebnisse einer Konferenz, die die Ranke-Gesellschaft, Vereinigung für Geschichte im öffentlichen Leben e.V., anlässlich des 50. Jahres ihres Bestehens vom 15. bis 17. November 2001 in Essen veranstaltet hat. In ihr ging es um die Frage nach der Bedeutung von „Historischen Debatten und Kontroversen" für die historische Erkenntnis im engeren wissenschaftlichen, aber auch im weiteren öffentlichen Sinn. Da die Ranke-Gesellschaft selbst seit ihrer Gründung gelegentlich Gegenstand kontroverser Diskussionen in der Historikerzunft gewesen ist, hielten Vorstand und Mitglieder dieses Thema als leitende Fragestellung der Jubiläumstagung für angemessen. Die Wahl des Tagungsortes sollte zudem die engen Beziehungen der in Hamburg gegründeten Gesellschaft zum Rhein-Ruhr-Raum unterstreichen. In diesem Zusammenhang sei an das Wirken des langjährigen Präsidenten der Ranke-Gesellschaft, des Vorstandsvorsitzen der Ruhrkohle AG und Präsidenten des Stifterverbandes für die Deutsche Wissenschaft Dr. iur. Hans-Helmut Kuhnke erinnert, dessen Spuren sowohl in unserer Gesellschaft als auch in der Region nach wie vor deutlich sichtbar sind.

Das Vorwort ist der für die Herausgeber bestgeeignete Ort, um Dank abzustatten. Hier sind zunächst die Autorinnen und Autoren zu nennen, die ihre Beiträge allesamt pünktlich abgeliefert haben, so dass dieser Band bereits innerhalb eines Jahres nach der ihm zugrundeliegenden Konferenz vorgelegt werden kann. Dank schulden wir aber auch all jenen, die mit der Vorbereitung und Durchführung der Tagung selber befasst waren und damit zu deren Gelingen beigetragen haben – Dr. Birgit Aschmann, Ute Hohensee M.A., Friederike Krüger M.A., Sven Noetzel, Claudia Petersen, Sven Rausch, Jens Ruppenthal und Dorothee Vogt.

Ohne die großzügige finanzielle Unterstützung der Tagung durch die *Alfried Krupp von Bohlen und Halbach-Stiftung*, Essen, die *Gerda Henkel-Stiftung*, Düsseldorf, die *Zeit-Stiftung Ebelin und Gerd Bucerius*, Hamburg, und die *Deutschen Forschungsgemeinschaft*, Bonn, hätte die Tagung nicht durchgeführt werden können. Den Förderern gilt unser ganz besonderer Dank, denn Gesellschaften wie die unsere mögen vielleicht das Salz in der Suppe der Wissenschaft und eine Schnittstelle zwischen wissenschaftlicher Forschung und einer breiteren historisch interessierten Öffentlichkeit sein – wenn es die finanzielle Zuwendung von Förderern wie den oben genannten Stiftungen nicht gäbe, könnten wir diese Aufgabe nicht leisten.

Köln, im Oktober 2002

Jürgen Elvert
Susanne Krauß

ZUR EINFÜHRUNG

JÜRGEN ELVERT

In diesem Band geht es um die Bedeutung von historischen Debatten und Kontroversen für die historische Erkenntnis im engeren wissenschaftlichen und im weiteren öffentlichen Sinn. Er will an die Tradition der wissenschaftlichen Debatten und Kontroversen insgesamt erinnern, die die Geschichte der Geschichtswissenschaft spätestens seit Ranke geprägt haben. Deren Verlauf hätte eigentlich spätestens nach Aufstellung des einschlägigen Regelwerks durch die Diskursethik einem klar definierten Grundmuster folgen müssen. Wir wissen jedoch, dass aus unterschiedlichen Gründen immer wieder gegen diese Grundregeln verstoßen wurde. Bekannt ist auch, dass entsprechende Verstöße in der Regel zu Lasten der historischen Erkenntnis gehen. Denn nur die Gesamtheit des wissenschaftlichen Diskurses, insbesondere auch des kontroversen, stellt die für die Fachwissenschaft elementare Öffentlichkeit dar, die ihrerseits die Voraussetzung dafür ist, dass die Geschichtswissenschaft wissenschaftlichen Ansprüchen genügen und das Problem der Subjektivität als ein Kernproblem jeder hermeneutischen Wissenschaft angemessen kontrollieren kann.

Üblicherweise verläuft der wissenschaftliche Diskurs unauffällig und wird nur von einer kleinen, gut informierten Gruppe von Spezialisten zur Kenntnis genommen. Nur gelegentlich erwecken fachwissenschaftliche Debatten und Kontroversen die Aufmerksamkeit einer größeren, über den rein fachwissenschaftlichen Kreis hinausgehenden Öffentlichkeit. Das kann beispielsweise der Fall sein, wenn eine geltende und in der Öffentlichkeit verankerte Forschungsmeinung in Frage gestellt wird oder aber eine fachwissenschaftliche Forschungskontroverse Fragen öffentlichen Interesses behandelt. Damit ist bereits ein Kriterium genannt, das zu den Grundbedingungen von Historikerkontroversen gezählt wird: die teilweise oder vollständige Öffentlichkeit.

In der von Konrad Repgen aufgestellten Typologie steht die öffentliche Wahrnehmung als Charakteristikum einer Kontroverse gleichberechtigt neben dem erheblichen Widerspruch zwischen These und Antithese und der Bedeutsamkeit des kontroversen Gegenstandes.[1] Ein genauerer Blick auf die Repgenschen Definitionskriterien zeigt aber auch, dass eine klare Definition des Begriffs „Historikerkontroverse" schwierig ist und die drei Repgenschen Kriterien bestenfalls als Orientierungspunkte auf dem Weg zu einem besseren Verständnis der Mechanismen dienen können, die das Aufkommen solcher Kontroversen bedingen. Das hängt unter anderem damit zusammen, dass oftmals nicht über das debattiert wird, was scheinbar im Vordergrund einer Kontroverse steht, dass also die strittigen Sachfragen lediglich die sichtbaren Spitzen tiefergehender Sachverhalte sind. Diese werden zwar nicht ausdrücklich kontrovers diskutiert, sind jedoch für Inhalt, Verlauf und Ergebnis der Kontroverse von großer Bedeutung oder können es zumindest sein.

Hartmut Lehmann nennt in diesem Zusammenhang als ein Beispiel die in den 1960er Jahren kontrovers geführte Debatte über den Thesenanschlag Luthers.[2] Hierbei sei es *prima facie* um die Frage gegangen, ob Luther tatsächlich seine Thesen an die Tür der Wittenberger Schlosskirche angeschlagen habe. Hinter diesem Problem habe sich freilich die Suche nach schlüssigeren Erklärungen für die Ursachen der Reformation insgesamt verborgen. Ähnlich verhielt es sich mit der Erdmann-Fischer-Kontroverse, die nach außen hin über die Kriegs-

1   Repgen, Konrad: *Methoden- oder Richtungskämpfe in der deutsche Geschichtswissenschaft nach 1945.* Methoden- oder Richtungskämpfe in der deutsche Geschichtswissenschaft nach 1945. In: GESCHICHTE IN WISSENSCHAFT UND UNTERRICHT 30 (1979), S. 591-610.
2   Lehmann, Hartmut: *Clios streitbare Priester: Zur Einführung.* In: Ders. (Hrsg.): Historikerkontroversen (Göttinger Gespräche zur Geschichtswissenschaft 10), Göttingen 2000, S. 7-14.

schuldfrage 1914 geführt wurde, während es eigentlich um die Suche nach Kontinuitäten und Brüchen in der deutschen Geschichte des 19. und 20. Jahrhunderts und damit um die Frage ging, ob der Nationalsozialismus das gleichsam zwangsläufige Ergebnis einer deutschen Sonderentwicklung in der europäischen Geschichte darstellt oder nicht.

Schließlich stand auch im sogenannten „Historikerstreit" Mitte der 1980er Jahre die Frage nach der „Vergleichbarkeit" des Holocaust mit anderen Genoziden in der Weltgeschichte nur scheinbar im Vordergrund. In dieser wohl am intensivsten und auch emotionalsten geführten, bis heute noch nicht abgeschlossenen Historikerkontroverse ging und geht es vielmehr um die Frage nach einer angemessenen Platzierung des Nationalsozialismus in der deutschen Geschichte.[3] Insofern handelt es sich bei der vergleichsweise wenig kontrovers geführten Diskussion über die Goldhagen-Thesen[4], mehr noch bei der „Walser-Bubis"-Kontroverse[5] der 1990er Jahre, aber auch bei der Diskussion über die Wehrmachtsausstellung[6] um Fortsetzungen bestimmter Aspekte des Historikerstreits, weil sie trotz unterschiedlicher Anlässe allesamt ursächlich gleich waren und sind. Sie alle sind fachwissenschaftlich und in der Regel auch publizistisch intensiv reflektiert worden, die entsprechende Literatur ist ausgezeichnet.[7] Damit haben die oftmals lautstark geführten Debatten zur Schärfung des historischen Bewusstseins und so auch zu einer Versachlichung beigetragen. Denn es ist festzuhalten, dass sich die einst weit auseinanderklaffenden Standpunkte der Kontrahenten über die Jahre in vielerlei Hinsicht einander angenähert haben. Das hängt unter anderem zusammen mit der größeren zeitlichen Distanz zum eigentlichen Untersuchungsgegenstand, die einen nüchterneren Umgang mit dem Thema erlaubt.

Wurde im Historikerstreit noch von einer Partei jeder Vergleich des Nationalsozialismus mit anderen Völkermorden geradezu kategorisch ausgeschlossen, konnte Alan Bullock wenige Jahre später seine große Doppelbiographie „Hitler und Stalin. Parallele Leben" vorlegen, ohne

3 Vgl. dazu: Elvert, Jürgen: *Nationalsozialismus, Nationalbewusstsein und deutsche Identität*. Eine Erinnerung an den Historikerstreit von 1986. In: Zeitschrift für Geschichtswissenschaft 45/1 (1997), S. 47-62.
4 Vgl. zur Goldhagen-Kontroverse den Beitrag von Imanuel Geiss in diesem Band, insbesondere die S. 120ff. Texte zur Debatte wurden in Schoeps, Julius H. (Hrsg.): *Ein Volk von Mördern?* Die Dokumentation zur Goldhagen-Kontroverse um die Rolle der Deutschen im Holocaust, Hamburg 1996 gesammelt und zusammengestellt.
5 In seiner *Rede anlässlich der Verleihung des Friedenspreises des Deutschen Buchhandels*, die er am 11. Oktober 1998 in der Frankfurter Paulskirche hielt, wandte sich Martin Walser gegen die anhaltende Verwendung von Auschwitz als „Moralkeule" für das Erreichen „gegenwärtiger Zwecke". Ignaz Bubis warf ihm daraufhin in seiner *Rede zum 60. Jahrestag der Pogromnacht* am 09.11.1998 vor, ein „geistiger Brandstifter" zu sein. Im Folgenden beteiligten sich zahlreiche Personen des öffentlichen Lebens an einer hitzigen Debatte (vgl. hierzu Anmerkung 11), die breit in der Presselandschaft der Bundesrepublik Deutschland geführt wurde. Die Reden von Walser und Bubis finden sich mit zahlreichen weiteren Beiträgen in dem Band Schirrmacher, Frank (Hrsg.): *Die Walser-Bubis-Debatte*, Frandfurt a.M. 1999. Nach einem „Friedenschluss" flackerten die Auseinandersetzungen in der Kontroverse um Martin Walsers Roman *Tod eines Kritikers* wieder auf.
6 Als 1995 die Ausstellung „Vernichtungskrieg. Die Verbrechen der Wehrmacht 1941-1944" des Hamburger Instituts für Sozialforschung erstmals gezeigt wurde, entbrannte eine lebhafte Debatte in der Geschichtswissenschaft und in einer breiteren Öffentlichkeit. Viele namhafte Historiker traten der dort vertretenen These, dass große Teile der Wehrmacht im Holocaust eine aktive Rolle gespielt hätten entgegen. Die detaillierte Kritik von Bogdan Musial hatte schließlich zur Folge, dass die Ausstellung geschlossen und erst nach einer Umarbeitung wieder eröffnet wurde.
7 Vgl. Beispielsweise: Bergen, Doris L.: *Controversies about the Holocaust: Goldhagen, Arendt, and the Historians' Conflict*. In: Hartmut Lehman (Hrsg.): Historikerkontroversen, Göttingen 2000, S. 141-174; James, Harold: *Vom Historikerstreit zum Historikerschweigen*. Die Wiedergeburt des Nationalstaates, Berlin 1993; Low, Alfred D.: *The Third Reich and the Holocaust in German Historiography*. Towards the Historikerstreit of the mid-1980s (East European Monographs 389), New York 1994; Marrus, Michael: *The Holocaust in History*, Hannover 1987; Oesterle, Klaus (Hrsg.): *Historikerstreit und politische Bildung*, Stuttgart 1989; Peter, Jürgen: *Der Historikerstreit und die Suche nach einer nationalen Identität der achtziger Jahre* (Europäische Hochschulschriften Reihe 31. Politikwissenschaft 288), Frankfurt a.M. 1995; Thiele, Hans Guenther (Hrsg.): *Die Wehrmachtsausstellung*. Dokumentation einer Kontroverse. Dokumentation der Fachtagung am 26. Februar 1997 und der Bundestagsdebatten am 13. März und 24. April 1997, Bremen 1997; Wiegel, Gerd: *Die Zukunft der Vergangenheit*. Konservativer Geschichtsdiskurs und kulturelle Hegemonie – vom Historikerstreit zur Walser-Bubis-Debatte, Köln 2001; Wippermann, Wolfgang: *Umstrittene Vergangenheit: Fakten und Kontroversen zum Nationalsozialismus*, Berlin 1998.

dass der damit ausdrücklich vorgenommene Vergleich von der Wissenschaft noch kritisiert worden wäre.[8]

Im „Historikerstreit" und seinen schwächeren Nachbeben ist die Rolle des „Nationalsozialismus" als Kernelement der bundesdeutschen Nachkriegsidentität einer Revision unterzogen worden. Die Emotionalität der Auseinandersetzung spiegelt dabei den Stellenwert, den man dem Phänomen „Nationalsozialismus" als konstitutivem Element im Selbstbewusstsein der Deutschen beigemessen hat und auch heute noch, trotz einer spürbaren Historisierung des nationalsozialistischen Teils der deutschen Geschichte, immer noch beimisst.[9] Bis Mitte der 1980er Jahre war dieser Stellenwert zweifellos sehr hoch, zumal bei den Teilnehmern an der Kontroverse. Zehn Jahre später hatten sich die Verhältnisse erheblich gewandelt – im Fall Goldhagen waren sich die Experten ziemlich einig darin, seinen Neuaufguss der „Kollektivschuldthese" einfach als ein „schlechtes Buch"[10] zu bewerten, und in dem Streit zwischen Martin Walser und Ignaz Bubis schwieg die wissenschaftliche wie allgemeine Öffentlichkeit weitgehend und vermutlich deshalb, weil sie sich den Standpunkten Walsers näher fühlte als denen Ignaz Bubis'. Diesen Eindruck erwecken jedenfalls die öffentlichen Stellungnahmen, die dazu abgegeben wurden.[11]

In der von Lutz Niethammer aufgestellten Typologie[12] ist der Problemkomplex „Historikerstreit" der Gruppe zuzuordnen, die er als „Arbeit am Mythos" bezeichnet. Darunter versteht er die Mitwirkung an der ständigen Reinterpretation gesellschaftlicher Ursprungsmythen. Niethammer geht davon aus, dass ein sich in Mythen spiegelndes gesellschaftliches Selbstverständnis ständigen Wandlungsprozessen ausgesetzt ist, wobei die Grund- oder Ereigniserfahrungen kaum noch innerwissenschaftlich, sondern von vornherein primär öffentlichkeitsbezogen entschieden werden. Das unterscheidet diesen Grundtypus Niethammers von den beiden anderen seiner Typologie, dem sogenannten „Legendenkiller" einerseits und den „methodischen Innovationskonflikten" andererseits. Am Anfang eines „Legendenkillers" steht Niethammer zufolge eine gängige und etablierte Forschungsmeinung, deren Validität von einzelnen oder Forschergruppen angezweifelt wird. Wenn es den Kritikern gelinge, ihren Standpunkt argumentativ überzeugend vorzutragen, neige die Fachwelt üblicherweise dazu, der neuen Forschungsmeinung zu folgen. Falls die in Frage gestellte Meinung jedoch von Teilen der Forschung für bedeutsam gehalten werde, komme es zu Verteidigungsmanövern, gelegentlich durch den Versuch des Totschweigens der Kritiker, üblicherweise jedoch durch das Vortragen eigener Argumente. Erst dann habe man das Stadium der Kontroverse erreicht, die im Idealfall zu einer professionellen Konkretisierung des Streitgegenstandes und zu einer Neubegründung seines Wertezusammenhanges führe, unabhängig davon, welche Partei als Siegerin aus der Kontroverse hervorgehe. Niethammer zufolge kommt es immer dann zu methodischen Innovationskonflikten, wenn im Umfeld kultureller Krisen historische Erkenntnisinteressen die etablierte Wahrnehmung der Geschichte überschreiten oder verändern. Über den

---

8 Bullock, Alan: *Hitler und Stalin. Parallele Leben*, Berlin 1991.
9 Wie virulent der Nationalsozialismus in der Gegenwart des Jahres 2002 immer noch ist, wurde im Vorfeld des Bundestagswahlkampfes deutlich, in dem sich die ehemalige Justizministerin Herta Däubler-Gmelin in einer öffentlichen Veranstaltung zu einem Vergleich der hitlerschen Außenpolitik mit der US-amerikanischen unter Präsident George W. Bush hinreißen ließ und damit für die nächste Legislaturperiode nicht mehr als Ministerin in Frage kam.
10 Jäckel, Eberhard: *Einfach ein schlechtes Buch*. In: DIE ZEIT vom 17.05.1996 und in: Julius H. Schoeps (Hrsg.): Ein Volk von Mördern, Hamburg 1996, S. 187-192.
11 Rudolf Augstein sprang Martin Walser unter dem Titel *Wir sind alle verletzbar* im Spiegel ((49/1988), S. 32ff.) zur Seite. Klaus von Dohnanyi hielt die Rede Martin Walsers für eine „notwendige Klage" und forderte „Allerdings müssten sich natürlich auf die jüdischen Bürger in Deutschland fragen, ob sie sich so sehr viel tapferer als die meisten anderen Deutschen verhalten hätten, wenn nach 1933 ‚nur' die Behinderten, die Homosexuellen oder die Roma in die Vernichtungslager geschleppt worden wären" (Dohnanyi, Klaus von: *Eine Friedensrede*. Martin Walsers notwendige Klage. In: FRANKFURTER ALLGEMEINE ZEITUNG, 04.11.1998.
12 Niethammer, Lutz: *Über Kontroversen in der Geschichtswissenschaft*. In: Merkur 41/1 (1989), S. 73-81, die folgenden Zitate finden sich alle ebd.

Ausgang solcher Kontroversen entscheidet seiner Meinung nach weniger die inhaltliche
Stimmigkeit der neuen Ansätze, sondern vielmehr die Haltung der „Gralshüter" der traditionellen Sichtweise, zumal diese oftmals auch über die institutionelle Macht und damit über einen erheblichen strukturellen Vorteil verfügen.

Ein Vergleich der Typologisierungsversuche Repgens, Lehmanns und Niethammers zeigt,
dass bereits der Versuch einer Typologisierung von Historikerkontroversen Konfliktstoff in
sich birgt. Gerade das jedoch ist der Stoff, aus dem wissenschaftliche Erkenntnis gewonnen
wird. Um diese zu erlangen, bedarf es, und darauf sei ausdrücklich noch einmal hingewiesen,
der Einhaltung bestimmter Grundregeln, die die Diskursethik als universelle Geltungsansprü-
che bezeichnet. Dazu gehören: erstens der Anspruch auf Verständlichkeit, zweitens der Anspruch, nicht zu manipulieren oder zu beeinflussen sowie drittens der Anspruch der semantischen und pragmatischen Konsistenz der Argumente. Eine strikte Befolgung dieser und anderer Regeln lässt nach Auffassung der Diskursethik das bessere Argument zur Grundlage einer
Einigung werden und erleichtert den Teilnehmern am Diskurs die Übernahme des Einigungs-
ergebnisses als rationale Maßnahme.[13] Karl-Otto Apel hat die Welt der Sprache als eine Mitwelt bezeichnet, in der die Menschen als Sprachwesen dazu verdammt seien, sich zu einigen.
Dabei sei jedes Gespräch auf Einigung angelegt, freilich könne es eine wirkliche Einigung nur
dann geben, wenn die Überzeugungskraft des besseren Arguments gelte.[14]

Gerade angesichts des Verlaufs mancher Kontroversen, die im Folgenden näher betrachtet
werden, halte ich die Rückbesinnung auf die Grundregeln der Diskurstheorie für unerlässlich.
Man denke beispielsweise an die Diskussion über einige prominente Historiker der Nachkriegszeit, denen vor einigen Jahren eine vermeintliche oder tatsächliche Verstrickung in die
großgermanischen Planungen des Nationalsozialismus vorgeworfen wurde. In diesem Zusammenhang haben einige Teilnehmer geradezu eklatant gegen diskursethische Grundregeln
verstoßen, da sie implizit oder explizit für sich einen moralisch höherwertigen Standpunkt
reklamierten, als sie bereit waren, den von ihnen Kritisierten zuzugestehen.[15] Es war also nicht
oder nur bedingt die Kraft des Arguments, auf die sie vertrauten, sondern eine vermeintlich
höhere Moral. Ein solcher Standpunkt aber schließt jede Form des Diskurses aus und trennt
die streitenden Parteien lediglich in zwei Gruppen, die jeweiligen Anhänger und Gegner der
vorgetragenen Standpunkte. Mangels Diskurs kann es dann aber auch nicht zu einem „Kampf
der Argumente" im Sinne einer neuen Thesenbildung kommen. Der wissenschaftliche Erkenntniswert ist somit gering, den Teilnehmern und den Beobachtern bleibt nur noch übrig,
sich für einen der beiden widerstreitenden Standpunkte zu entscheiden bzw. darauf zu hoffen,
dass sich mittel- oder langfristig doch so etwas wie eine Leitmeinung in dieser Frage durchsetzen kann.

Eine so geführte Kontroverse muss zwangsläufig, wissenschaftlich gesehen, zunächst jedenfalls unfruchtbar verlaufen. Sie bringt keinen wissenschaftlichen Fortschritt, sondern führt
statt dessen zu einer Polarisierung der Meinungen in Zunft und teilnehmender Öffentlichkeit.
Ein Ergebnis dieses Bandes, das hiermit bereits vorweggenommen sei, hängt damit zusammen
und kann eigentlich nicht überraschen: Die Einsicht, dass der wissenschaftliche Ertrag einer
Kontroverse stets in einem unmittelbaren Zusammenhang mit der Frage steht, ob in ihr die
diskursethischen Grundregeln eingehalten wurden oder nicht. So selbstverständlich die Forderung nach Einhaltung eines bestimmten diskursiven Regelwerks auf den ersten Blick aber auch
sein mag, so schwierig erweist sich in manchen Fällen deren strikte Befolgung. Das trifft auch

13   Dazu: Habermas, Jürgen: *Diskursethik*. Notizen zu einem Begründungsprogramm. In: Ders.: Moralbewußt-
     sein und kommunikatives Handeln, Frankfurt a.M. 1983.
14   Apel, Karl Otto: *Transformation der Philosophie*. Band 2: Das Apriori der Kommunikationsgemeinschaft,
     Frankfurt a.M. 1973, S. 358ff.
15   Vgl. dazu: Elvert, Jürgen: *Geschichtswissenschaft*. In: Frank-Rutger Hausmann (Hrsg.): Die Rolle der Geistes-
     wissenschaften im Dritten Reich 1933-1945 (Schriften des Historischen Kollegs Kolloquien 53), München
     2002, S. 87-136.

auf Jürgen Habermas als eine der prägenden Persönlichkeiten der Diskursethik zu: Anlässlich des Historikerstreits hat auch er gegen manche der von ihm selbst aufgestellten Regeln verstoßen. Es gilt also, hier noch einmal an die Notwendigkeit eines größeren Problem- und Verantwortungsbewusstseins bei der Führung kontroverser Diskussionen innerhalb der Zunft wie auch in der Öffentlichkeit zu erinnern.

Wie befruchtend sich eine wissenschaftliche Kontroverse auf die Historiographie auswirken kann, wenn sie denn bestimmten diskursethischen Grundregeln folgt, zeigt bereits die erste Fallstudie dieses Bandes, in der sich Ulrich Muhlack mit der Rezeption der von Leopold von Ranke erhobenen Forderung nach quellenkritischer Geschichtsschreibung durch seine Kollegen und Schüler auseinandersetzt. Obwohl seinerzeit die Diskursethik von der Philosophie bekanntermaßen noch nicht thematisiert worden war, hielten sich die meisten Teilnehmer an der Kontroverse bereits an die erst 150 Jahre später aufgestellten Regeln – womit klar sein dürfte, dass es sich bei diesen um Grundprinzipien der menschlichen Kommunikation an sich handelt – ganz im Sinne Apels also. Muhlack kann in seiner Darlegung den Nachweis erbringen, dass Rankes Forderung nach einem quellenkritischen Zugang zu historiographischen Phänomenen einen, wenn nicht den zentralen Punkt unseres heutigen Wissenschaftsverständnisses berührte, nämlich die Frage nach der grundsätzlichen Ergebnisoffenheit der geschichtswissenschaftlichen Forschung. Dadurch, dass Ranke sich in seinem Œuvre um konsequente Anwendung seines selbstgestellten Anspruchs an die Wissenschaft bemühte, forderte er die im 18. Jahrhundert an den deutschen Universitäten zur Blüte gereiften Reichshistorie zwangsläufig heraus, die die Geschichte als *„magistra vitae"* sah und sie ausschließlich als Instrument betrachtete, das geltende Verfassungsrecht zu legitimieren. Dieser Anspruch war nach dem Zusammenbruch des Alten Reiches obsolet geworden, es bedurfte aber erst der Herausforderung des traditionellen Ansatzes durch Ranke, um innerhalb der Wissenschaft jene Methodendiskussion auszulösen, die das wissenschaftliche Selbstverständnis der Geschichtswissenschaft begründete. Muhlack vermag in seinem Beitrag zu zeigen, wie fruchtbar und facettenreich die Debatte über die dem Fach bestgeeignete Methode seinerzeit gewesen ist, auch kann er nachweisen, dass die damals formulierten grundsätzlichen Positionen immer noch eine eigentümliche Aktualität in der Methodendiskussion unseres Faches besitzen. So ist der Standpunkt des Vorsitzenden des deutschen Historikerverbandes Manfred Hildermeier, als Historiker könne und solle man sich nicht zum 11. September 2001 äußern,[16] mit dem Rückzug Rankes in die reine Quellenkritik und seinem weitgehenden Verzicht auf Stellungnahmen zum politischen Tagesgeschehen vergleichbar. Ganz anders, nämlich dezidiert politisch, sahen dagegen prominente Kollegen Rankes ihren Auftrag als Historiker, wenn sie sich, in ausdrücklicher Ablehnung von Rankes gefordertem Rückzug in die Quellenarbeit zum Zweck des Nachweises, wie es eigentlich gewesen, als Sachwalter der deutschen nationalen Sache fühlten. Heute gelten Droysen und Treitschke als Rankeaner, doch waren sie es eigentlich wider ihren eigenen Willen, wie Muhlack betont. Denn gerade weil sie trotz ihres zweifellos ausgeprägten wissenschaftlichen Anspruchs die Legitimation des deutschen Nationalstaats als ihre eigentliche Aufgabe empfanden, blieb ihnen nichts anderes übrig, als vermittelst äußerst sorgfältiger quellenkritischer Arbeit dem Vorwurf entrinnen, bloße politische Propaganda zu betreiben.

Die Frage, ob sich die Geschichtswissenschaft ausschließlich auf dem sicheren Boden der wissenschaftlichen Forschung bewegen oder ob sie per se immer auch einen Bezug zum aktuellen politischen Geschehen wahren soll, ist bis heute in Wissenschaft und Öffentlichkeit umstritten. Gerade weil sich die in erster Linie kleindeutsch-borussisch argumentierenden politi-

---

16 „Wir können und sollen uns nicht primär als Historiker zum 11. September äußern." So das Zitat Hildermeiers anlässlich einer Podiumsdiskussion über den 11. September während des 44. deutschen Historikertages in Halle/Saale vom 10.-13.9.2002. In: „Bankrotterklärung der deutschen Geschichtswissenschaft". In: DIE WELT, 16.9.2002.

schen Historiker seit etwa Mitte des 19. Jahrhunderts in den Dienst der deutschen nationalen Sache gestellt hatten, verhalfen sie der Geschichtswissenschaft in den Rang einer gesellschaftlich relevanten Leitwissenschaft. Damit aber war sie mitverantwortlich für die Ausprägung jenes „deutschen Sonderbewusstseins", das in den 1920er Jahren die Aussöhnung der Deutschen mit ihrer ersten Republik verhinderte und statt dessen dem Hitler-Staat den Weg ebnete. Aber wenn der bewusste Rückzug eines Großteils der Historiker nach 1945 in den Elfenbeinturm der Wissenschaft vor diesem Hintergrund verständlich ist, wurde damit auch der kontinuierliche Bedeutungsverlust der Geschichtswissenschaft eingeleitet, der einher ging mit einem Aufstieg der Gesellschaftswissenschaften, insbesondere der Politischen Wissenschaft und der Soziologie. Gleichwohl haben die Ergebnisse der letzten PISA-Studie wiederum deutlich gezeigt, dass jede Gesellschaft auch eines wohlfundierten historisches Bewusstseins bedarf, wenn sie den Anforderungen der Gegenwart erfolgreich begegnen will. Insofern ist es an der Zeit, dass sich die Geschichtswissenschaft wieder in größerem Maße auch ihres gesellschaftlichen Auftrages besinnt. Dass ein solcher Bedarf besteht, zeigen die immer wieder in den Medien geäußerten Forderungen nach historiographisch begründeten Stellungnahmen zu aktuellen politischen Problemen. Spätestens hier gilt es aber, die Frage zu beantworten, wie viel Gegenwart historisches Urteilen bzw. wie viel Geschichte politisches Handeln überhaupt verträgt. Auch diese Frage ist keineswegs neu, sondern betrifft das wissenschaftliche Selbstverständnis der Historiographie insgesamt. Das wird am Beispiel der zwischen Heinrich von Sybel und Julius Ficker ausgetragenen Kontroverse über die angemessene Interpretation der Politik der deutschen Kaiser des Mittelalters deutlich. Die zwischen Protagonisten zweier grundsätzlich unterschiedlicher Standpunkte in der deutschen Nationalfrage ausgetragene Debatte zählt heute zu den „Klassikern" unter den wissenschaftlichen Kontroversen. Wie Thomas Brechenmacher in seinem Beitrag zeigen kann, war für die „Sybel-Ficker-Kontroverse" nicht nur der unterschiedliche Standpunkt der beiden Historiker zur deutschen Frage und der Rolle Österreichs in ihr von zentraler Bedeutung, sondern offensichtlich auch die unterschiedlichen Persönlichkeiten der beiden Kontrahenten. Auf der einen Seite stand der eher introvertierte, unpolitische und mehr der Kraft des wissenschaftlichen Arguments vertrauende Ficker, auf der anderen der eloquente und machtbewusste Heinrich von Sybel, der sich selber als einen 3/7-Politiker bezeichnete und dessen Vorliebe für pointierte, manchmal überspitzte Formulierungen bekannt war. Ihre Auseinandersetzung entzündete sich 1859 an der Frage nach der Haltung Preußens im Rahmen des österreichisch-italienischen Krieges. Sybel als Anhänger der kleindeutsch-borussischen Lösung plädierte für preußische Zurückhaltung, sein Kontrahent Ficker vertrat die Auffassung, dass eine solche Haltung Verrat an der (groß-)deutschen Sache darstelle. Die unterschiedlichen Ansichten schlugen sich in ihrer beider Werk nieder: Sybel warf den Kaisern des Mittelalters vor, mit ihrer Politik nicht den Interessen einer deutschen Nation und eines deutschen Nationalstaates gedient zu haben, während Ficker eine differenzierte Behandlung der Italienpolitik der deutschen Kaiser aus dem Geist der Zeit selbst heraus forderte. Auch wenn Sybels Haltung grundsätzlich der politischen Überzeugung einer Mehrzahl seiner Zunftgenossen entsprach, ist bezeichnend, dass diese trotzdem eher geneigt waren, in der Kontroverse den abwägenden Standpunkt Fickers zu unterstützen. Zustimmung erhielt Sybel freilich von einem Großteil der Presse, die in seiner Argumentation eine vortreffliche Hilfestellung für die deutsche Nationalbewegung sah. Dass sich in dieser Kontroverse neben der inhaltlichen Frage ohnehin auch unterschiedliche Auffassungen über die Notwendigkeit öffentlichkeitswirksamen Auftretens spiegelten, zeigt die Rezeption der Kontroverse in den nachfolgenden Jahrzehnten, die dabei durchaus unterschiedliche, jeweils im unmittelbaren zeitlichen Kontext aktuelle Aspekte besonders hervorhob.

Eine primär auf die Fachwissenschaft begrenzte Kontroverse untersucht Carl August Lückerath in seinem Beitrag über die von Henri Pirenne ausgelöste Debatte über die Frage nach einer Umdatierung der Epochengrenze zwischen Antike und Mittelalter vom Ende des fünften auf das achte Jahrhundert. Der belgische Kulturhistoriker Pirenne hatte in seinem Werk „*Mahomet et Charlemagne*" der Auffassung der „Katastrophentheorie" widersprochen, nach der es um 500 einen deutlichen Bruch gegeben habe und statt dessen die Ansicht vertreten, dass zwar das Westreich zerfallen, die römische Kultur aber von den eingewanderten Germanen assimiliert und bewahrt worden sei. Erst mit der arabisch-islamischen Expansion des siebten und achten Jahrhunderts, als sich das Mittelmeer vom römischen „*mare nostrum*" zu einer fast unüberbrückbaren Grenze zwischen zwei Kulturräumen entwickelt hatte, habe die antike Einheit des Mittelmeerraumes ein Ende gefunden und das Karolingerreich gezwungen, sich kulturell und ökonomisch nach Norden auszurichten. Die These Pirennes fand regional unterschiedlichen Widerhall. Im französischsprachigen Raum ist sie von den Vertretern der „Annales" – unter anderem von Marc Bloch, Lucien Febvre und Fernand Braudel – begrüßt und mit eigenen Forschungsarbeiten beispielsweise zur Metallzusammensetzung in Münzen in weiten Teilen untermauert, partiell aber auch widerlegt worden. Der entscheidendste Widerspruch richtete sich dabei gegen die von Pirenne gesetzte strikte Abgrenzung zwischen christlicher und islamischer Welt, die es in dieser Weise nicht gegeben habe, weil beispielsweise die Handelsbeziehungen mit dem muselmanischen Spanien durchaus prosperierten und weil die Ergebnisse Braudels zeigen, dass es in allen das Mittelmeer betreffenden Ereignissen und Belangen stets ein Element von Kontinuität gab. In der angelsächsischen Rezeption hingegen überwogen bei aller Bewunderung für das Werk Pirennes die kritischen Stimmen. Noch schärfer fiel die Ablehnung in Deutschland aus. Während bis 1945 für deutsche Historiker feststand, dass in Anbetracht der fundamentalen Unterschiede zwischen Römern und Germanen der Sieg der Letztgenannten über die Erstgenannten einer strikten Epochengrenze gleichkam, so finden sich hier erst nach Kriegsende auch differenziertere Urteile: Eugen Ewig konnte beispielsweise das jahrhundertelange Fortbestehen antiker Lebensformen im Trierer Raum belegen. Die These Henri Pirennes half somit, den Blickwinkel der Geschichtswissenschaft zu verbreitern, indem er die Aufmerksamkeit auf ökonomische und kulturelle Felder lenkte, während zuvor weitgehend Staaten das Bewusstsein der Historiker prägten. Insofern ist es ihm gelungen, zum Erkenntnisfortschritt beizutragen, auch wenn seine These in weiten Teilen als zu stark vereinfachend und pauschal widerlegt worden ist.

Die europaweit in der Geschichtswissenschaft kontrovers geführte Debatte über die Validität der These Henri Pirennes zählt somit zu jenen primär innerhalb der Wissenschaft geführten Kontroversen über die Interpretation bestimmter historischer Fakten. Aufgrund ihres explizit fachwissenschaftlichen Charakters und weil sich, von einigen Ausnahmen abgesehen, die Mehrheit der Disputanten an die eingangs genannten Grundregeln des wissenschaftlichen Diskurses hielten, trug diese Kontroverse durchaus zur Schärfung des historischen Erkenntnisses bei – nicht zuletzt, weil sie eine sorgfältige Prüfung der historischen Faktenlage voraussetzte. Als ähnlich fruchtbar dürfte der primär methodisch begründete Disput über die Frage nach dem bestgeeigneten Weg zur Gewinnung historischer Erkenntnis eingeschätzt werden, der über die radikalen methodischen Neuansätze entbrannte, die Karl Lamprecht mit seinem empirisch-strukturalistischen Ansatz ausgelöst hatte. Einen ganz anderen Kontroversentyp stellt Klaus Pabst in seiner Untersuchung der „Historikerschlacht" um den Rhein vor, die zwischen 1914 und 1925 „ausgefochten" wurde. Inhaltliche und methodische Fragen spielten in dieser beiderseits des Rheins mit großem Engagement geführten Debatte kaum mehr eine Rolle, auch stellte sich die Frage nach der tagespolitischen Relevanz historischer Erkenntnis nur noch insoweit, als es hierbei nur noch um die historische Begründung eines bestimmten politischen Anspruchs ging. Hatten sich durchaus politisch denkende Historiker wie Droysen, Treitschke oder Sybel noch explizit um sorgfältige Quellenkritik bemüht, um ihren Standort argumentativ zu stützen, geriet das historische Argument im Streit über die politische Macht am Rhein unversehens in Gefahr, zum bloßen „Steinbruch" für die Legitimation politischer Ansprüche zu degenerieren. Pabst kann zeigen, wie sehr von französischer und deutscher Seite die historische Wissenschaft zur Begründung territorialer Ansprüche instrumentalisiert wurde. So erschienen 1914 in Frankreich zahlreiche historische und archäologische Abhandlungen, die sich mit der Frühgeschichte des französischen Rheinlandes befassten. Darin suchte man den Beweis zu führen, dass es sich bei den Einwohnern nicht um Germanen, d.h. um Deutsche, sondern um oberflächlich germanisierte Kelten und damit um Gallier, also Franzosen, gehandelt habe. Nach der militärischen Besetzung 1918 wurde die Erinnerung durch gezielte Denkmal- und Archivpflege sowie publizistische Anstrengungen wachgehalten. Auf deutscher Seite parierte man mit gleicher Waffe: Neben Abhandlungen, die auf die breite Öffentlichkeit zielten, wurde die Forschung bemüht. Es kam zur Gründung eines landeskundlichen Instituts an der Universität Bonn zur Erforschung der Geschichte der Rheinlande und zu wissenschaftlichen Veröffentlichungen, unter anderem des zweibändigen Werkes über die Geschichte des Rheinlandes von der ältesten Zeit bis zur Gegenwart von Hermann Aubin u.a. Erst unter Stresemann begann die propagandistische Historiographie ihre Spitze zu verlieren. Den endgültigen „Friedensschluss" zog Lucien Febvres *„Le problème historique du Rhin"*, das den Rhein nicht mehr als trennendes, sondern verbindendes Element darstellte.[17]

Unabhängig von der Frage nach dem Grad gegenwartsbezogener politischer Intention fachwissenschaftlicher Aussagen bildete sich – nicht zuletzt auch vor dem Hintergrund der intensiven Richtungs- und Methodendiskussion – im Verlauf des 19. Jahrhunderts in der Geschichtswissenschaft ein wissenschaftliches Ethos heraus, das sich jedenfalls zu einem großen Teil gegenüber dem explizit nationalsozialistischen Geschichtsverständnis als resistent erwies. Wie unterschiedlich und unvereinbar das traditionelle Wissenschaftsverständnis und die NS-Geschichtssicht waren, zeigt Klaus Schwabe in seinem Beitrag über „Geschichtswissenschaft als Oppositionswissenschaft" anhand eines Vergleichs zweier prominenter Historiker, Gerhard Ritter und Walter Frank. Nach einer Gliederung der Historikerzunft in vier Gruppen (demokratische „Ausnahmefälle", rechtsliberale und konservative Demokratieskeptiker, jüngere Historiker rechtsliberaler oder konservativer Prägung mit Affinitäten zum Nationalsozialismus, überzeugte Nationalsozialisten) positioniert Schwabe seine beiden Protagonisten in diesem Spektrum, indem er den Freiburger Ordinarius Ritter der zweiten, zahlenmäßig größten, und Walter Frank, der bis 1941 dem „Reichsinstitut für Geschichte des neuen Deutschland" vorstand, der letzten, auch im nationalsozialistischen Urteil verschwindend kleinen Gruppe zuordnet. Des letzteren Polemik gegen Hermann Oncken, der es gewagt hatte, den Nationalsozialismus historisch-relativierend darzustellen und dafür, nach Franks Angriffen, vorzeitig aus dem Lehramt und anderen öffentlichen Ämtern entlassen wurde, bestärkte Ritter in seiner Weigerung, sich in den Dienst des Regimes stellen zu lassen. Dabei wusste er geschickt die Freiräume zu nutzen, die ihm im NS-Staat noch verblieben waren, um sich gegen die nun auch ihn betreffenden Angriffe Franks zu wehren und seine Entlassung zu verhindern. Überdies trug die Auseinandersetzung mit dem von Frank verkörperten nationalsozialistischen Wissenschaftsbegriff zur Schärfung des eigenen Geschichtsverständnisses bei, in dessen Folge sich Ritter immer deutlicher dem neukantianischen Ansatz näherte und damit zugleich von der die Geschichtswissenschaft dominierenden historistischen Geschichtssicht Meineckescher Prägung Abstand nahm. Schwabes Beitrag zeigt dreierlei: Erstens unterstreicht er noch einmal die Notwendigkeit eines differenzierenden Zugangs zur Rolle der Geschichtswissenschaft im Nationalsozialismus, denn auch wenn Ritter und andere Fachkollegen zwischen 1933 und 1945 ihr Lehramt behielten und sich mit Einzelaspekten der nationalsozialistischen Herrschaft ausdrücklich einverstanden erklärten, handelte es sich bei ihnen keineswegs um Repräsentanten einer „NS-Historie" im Dienste des Systems. Zweitens war es auch Historikern im Nationalsozialismus möglich, eine gewisse Distanz zum System zu wahren, ohne unmittelbare Nachteile in Kauf nehmen zu müssen. Drittens wird deutlich, dass sich bereits in

---

17   Febvre, Lucien: *Le Problème historique du Rhin*, Strasbourg 1931.

den Jahren der NS-Diktatur bei einigen auch die fachwissenschaftliche Szene der Nachkriegszeit prägenden Persönlichkeiten ein Wandel des eigenen Geschichtsverständnisses abzuzeich-
nen begann, der seine eigentliche Wirkung freilich erst nach 1945 entfalten konnte.

In dem hier nur angedeuteten Spannungsfeld ungleich stärker verankert ist der Beitrag
Wolfgang J. Mommsens, der sich mit der Frage nach dem Selbstverständnis der Geschichtswissenschaft nach 1945 befasst. Er nähert sich seinem Thema über vier der führenden Nach-
kriegshistoriker (Hermann Aubin, Werner Conze, Theodor Schieder und Karl Dietrich Erdmann). Da sie alle schon in der NS-Zeit tätig waren und damals der dritten der von Klaus
Schwabe umrissenen vier Forschergruppen angehörten, ist ihre Rolle vor und nach 1945 in
der jüngeren Vergangenheit mehrfach Gegenstand kritischer Untersuchungen gewesen, unter
den gegen sie erhobenen Vorwürfen war der, sie seien „Vordenker der Vernichtung" gewesen,
zweifellos der weitgehendste. Dieser Vorwurf stehe, so Mommsen, immer noch im Raum,
nicht zuletzt deshalb, weil sich sogar der deutsche Historikerverband dieses Themas auf dem
Frankfurter Historikertag 1998 im Rahmen einer eigenen Sektion angenommen habe. Unbestritten sei, dass Herman Aubin, Werner Conze und Theodor Schieder trotz ihrer weitgehenden Zurückhaltung in ihren in der NS-Zeit entstandenen wissenschaftlichen Werken sich
aus bislang noch nicht genügend erforschten Gründen vom System insofern vereinnahmen
ließen, dass sie ihre Forschungsergebnisse in den Dienst der auf Expansion zielenden Ostpolitik stellten. So veröffentlichte Schieder 1939 eine Denkschrift, in der er forderte, Territorien
im Osten unter Beseitigung der dort ansässigen polnischen und jüdischen Bevölkerungsgrup-
pen zurückzugewinnen. Conze zeichnete in „Hirschenhof – die Geschichte einer deutschen
Sprachinsel in Livland" das Bild einer idyllischen bäuerlichen Gesellschaft im Osten ohne jüdischen Bevölkerungsteil. In gleiche Richtung ging die Zustimmung Aubins zu einer revisio-
nistisch-expansiven deutschen Volkspolitik für Ost- und Südosteuropa. Karl Dietrich Erdmann schließlich war an der Entstehung eines Schulbuchmanuskripts mit explizit antisemitischen Abschnitten beteiligt, das jedoch letztlich keine Druckgenehmigung erhielt. Trotzdem
konnten alle vier in der Nachkriegszeit beruflich reüssieren und der bundesdeutschen Geschichtswissenschaft überdies mit in der Zeit vor 1945 erworbenem handwerklichem Rüstzeug
neue und innovative Impulse verleihen. Ohne die in diesem Zusammenhang erworbenen
Verdienste zu schmälern, geht Mommsen davon aus, dass es gerade der berufliche Erfolg dieser vier Historiker war, der lange Zeit eine kritische Würdigung ihrer im Nationalsozialismus
gespielten Rolle verhindert habe. Ein offensiverer Umgang ihrerseits mit ihrer jeweiligen Vergangenheit hätte von vornherein jenen Argumenten die Spitze genommen, an denen sich die
kontroverse Diskussion über die Rolle der Geschichtswissenschaften im Nationalsozialismus
entzündete und die die Glaubwürdigkeit einer ganzen Historikergeneration dauerhaft beschädigt habe.

Der Umgang mit prominenten Nachkriegshistorikern, die auf die eine oder andere Art in
das NS-System verstrickt waren, stellt einen Bestandteil des Umgangs der deutschen Geschichtswissenschaft mit dem Phänomen „Nationalsozialismus" insgesamt dar. Diese Frage
steht im Mittelpunkt der Ausführungen von Imanuel Geiss, der sich mit manchen in der Historiographie vertretenen Positionen kritisch auseinandersetzt. Dabei nimmt er für sich in Anspruch, was er dem Phänomen „Nationalsozialismus als Problem der Geschichtswissenschaft"
insgesamt zugesteht – das Recht auf emotional vorgetragene Argumente. Dabei habe es zwischen 1945 und 1968 innerhalb der Historikerzunft durchaus einen Konsens gegeben, der sich
als antitotalitärer Konsens gegenüber allen „rechten" und „linken" Bestrebungen manifestierte. Eine zweite „Dolchstoßlegende" sollte so verhindert und die nationalsozialistischen Verbrechen auf Hitler und die Vertreter seines Regimes konzentriert werden. Mit der Gründung
des Instituts für Zeitgeschichte und seinen einschlägigen Forschungen sei eine Phase des
selbstkritischeren Umgangs mit der eigenen Zeitgeschichte eingeleitet worden, die ihren ersten
Höhepunkt in der Fischer-Kontroverse über die deutschen Kriegsziele zu Beginn des Ersten

Weltkrieges gefunden habe. 1968 jedoch sei es dann aber zu einem grundsätzlichen Paradig-
men- und Dogmenwechsel gekommen, in dem der fachwissenschaftliche antitotalitäre Konsens zugunsten einer ausschließlichen Fokussierung auf den Nationalsozialismus als Kern der
spätneuzeitlichen deutschen Geschichte aufgekündigt worden sei. Der Höhepunkt dieser
Entwicklung werde durch den Historikerstreit von 1986 markiert. Die bei dieser Gelegenheit
von Jürgen Habermas gegen Ernst Nolte, Andreas Hillgruber und andere erhobenen Vorwürfe, die auf Verfälschungen und bewusster Zitatverdrehung basierten, seien von großen Teilen
der „Zunft", der „neuen Orthodoxie", wie Geiss sie nennt, nicht nur nicht zurückgewiesen,
sondern im Gegenteil aufgegriffen und kolportiert worden. Eine Fortsetzung habe diese Entwicklung erfahren in der Akzeptanz der Wehrmachtsausstellung Jan Philipp Reemtsmas und
des Hamburger Instituts für Sozialforschung. Trotz heftiger Kritik von Teilen der Geschichtswissenschaft an dieser Ausstellung sei sie durch Verleihung zahlreicher Auszeichnungen an Habermas und Reemtsma „staatlich ratifiziert" worden.

Mit der Ranke-Gesellschaft untersucht ihr langjähriger Vorsitzender Michael Salewski die
Geschichte einer wissenschaftlichen Gesellschaft, die selber unmittelbar im Problemfeld „Nationalsozialismus und Geschichtswissenschaft" zu verankern ist. Schließlich war an der Gründung der Gesellschaft im Frühjahr 1950 in Hamburg eine Reihe von Historikern beteiligt, die
selber der dritten oder vierten Gruppe des Schwabeschen Ordnungsmodells angehört hatten.
Ihnen ging es ebenso wie den anderen, nationalsozialistisch nicht vorbelasteten Gründungsmitgliedern um die Verwirklichung von vier einfachen Grundsätzen – erstens der Reinigung
des deutschen Geschichtsbildes von, wie es hieß, „vielfältigen propagandistischen Verfälschungen", zweitens der Erforschung des historisch Gemeinsamen in der europäischen Völ-
kergemeinschaft gegenüber jeder Art von engem Nationalismus, drittens der Behandlung der
Geschichte der Weltpolitik, da die menschliche Existenz nur noch im planetarischen Zusammenhang verstehbar sei sowie viertens dem Aufgeschlossensein für geschichts-philosophische
und geschichts-theologische Fragen der Gegenwart in den verschiedenen weltanschaulichen
Lagern Deutschlands und Europas. Dieser Absichtskatalog erscheint auch aus heutiger Sicht
immer noch modern, insbesondere die Betonung des europäischen Auftrages der Geschichtswissenschaft und des globalen Ansatzes stehen bis heute auf der Liste der historiographischen
Desiderata, ohne dass man ihnen bereits Genüge getan hätte. Gleichwohl darf die Zusammensetzung der Gründungsmitglieder nicht außer Acht gelassen werden. Sie alle verfügten über
gute Kontakte innerhalb und außerhalb der „Zunft" und konnten sich überdies auf langjährige
Berufserfahrung stützen. Mit dem „Historisch-Politischen Buch (HPB)" schufen sie eine Zeitschrift, die unter der 36-jährigen Herausgeberschaft (1952-1988)[18] von Günther Franz beinahe
alle führenden Vertreter der Geschichtswissenschaft – Marxisten ausgenommen – als Mitarbeiter zu gewinnen und so ein Publikationsorgan aufzubauen, das für seine ebenso knappen
wie zuverlässigen Besprechungen bekannt wurde. Andererseits sah sich die Ranke-Gesellschaft im Laufe ihres Bestehens immer den Vorwurf ausgesetzt, die Geschichte und insbesondere Ranke als revisionistische Waffe einsetzen zu wollen. Während diese Kritik in der Gegenwart jeder Grundlage entbehre, bestätigt Salewski die Berechtigung des Vorwurfs für die
frühe Phase der Gesellschaft: Die ersten drei Tagungsbände seien tatsächlich noch „brauner"
Couleur gewesen. Die Gründe dafür sieht er in der unterschiedlichen Rezeption der NS-Zeit
vor 1968, die eine problemlose Verbindung der „braunen" Gesinnung und der modernen
Geschichtswissenschaft nach 1945 ermöglicht habe. Für Mitläufer habe kein Rechtfertigungs-
zwang bestanden, vielmehr konnten sie am Wiederaufbau mitarbeiten, gerade auch im universitären Bereich. Daher verstanden die ersten Mitglieder ihre Gesellschaft auch nicht als „Verein der Ausgestoßenen", sondern vielmehr als Speerspitze der Zunft. Andererseits dürfe die
zweifellos belastete Frühphase der Gesellschaft nicht die Verdienste ihrer seither geleisteten

---

18   Als Nachfolger von Günther Franz übernahm Michael Salewski die Herausgeberschaft der Zeitschrift zum
      1.1.1989 und hat sie bis heute inne.

Arbeit schmälern, denn ein Blick auf die lange Liste der unter dem Dach der Ranke-Gesellschaft behandelten Themen zeigt, dass sie sich niemals von bestimmten Modetrends in der Geschichtswissenschaft beeinflussen ließ, sondern sich dem Fach insgesamt, den typischen thematischen wie methodologischen Ansätzen in ihrer ganzen Breite verpflichtet fühlte und dabei in vielerlei Hinsicht innovativ gewirkt hat.

Dass sich die Frage nach dem Umgang mit dem Nationalsozialismus als Bestandteil der eigenen Nationalgeschichte keineswegs auf Deutschland beschränkt, vermag Georg Christoph Berger Waldenegg in seiner Untersuchung des österreichischen Umgangs mit der eigenen nationalen Vergangenheit zu zeigen, soweit sie durch den Begriff „Zeitgeschichte" markiert werden kann.[19] Dabei geht er von der Frage aus, ob es sich bei diesem Thema tatsächlich um ein „großes Tabu" gehandelt habe, wie es der Erfolg eines von Erika Weinzierl und Anton Pelinka 1987 in erster und 1997 in zweiter Auflage herausgegebenen Sammelbandes suggerieren könnte. Hinsichtlich des Umgangs der österreichischen Zeitgeschichtsforschung mit diesem Thema hält Berger Waldenegg den Begriff „Tabu" für unangemessen, da seit den 1960er Jahren auch in Österreich zahlreiche, teilweise scharf ausgefochtene Historiker-Kontroversen darüber entbrannten. Zwei Aspekte unterscheiden jedoch seiner Ansicht nach die österreichische Debatte von der bundesdeutschen. Zum einen habe die Debatte insbesondere über die innenpolitische Wende von 1933/34, den Austro-Faschismus, die Anschlussproblematik und die Bedeutung eines genuin österreichischen Widerstandes gegen den Nationalsozialismus vergleichsweise spät eingesetzt, zum anderen sei das historische Urteil in diesen Fragen oftmals von politisch oder moralisch motivierten Urteilen getrübt worden. In diesem Zusammenhang konstatiert Berger Waldenegg gleichwohl eine gewisse Versachlichung der Debatte, die er in Zusammenhang sieht mit einem Generationenwechsel in der österreichischen Geschichtswissenschaft. Überdies sei sie vom jeweiligen politischen Standort der Teilnehmer geprägt worden. So habe sich beispielsweise die eher im „linken" politischen Spektrum anzusiedelnde Historikerin Weinzierl für eine Enttabuisierung des Themas eingesetzt und auch den „Opfermythos" kritisiert, wonach Österreich das erste „Opfer" der nationalsozialistischen Aggression gewesen sei, der lange Zeit einen dem Thema angemessenen wissenschaftlichen Zugang versperrt habe. Berger Waldenegg sieht in der auch heute noch kontrovers diskutierten Frage nach dem Grad der Zugehörigkeit Österreichs zur deutschen Geschichte den zentralen Ausgangspunkt für die österreichischen Historikerkontroversen nach 1945 über die Rolle der eigenen Nation im zeithistorischen Kontext. Michael Gehlers Literaturbericht über einige Neuerscheinungen bzw. Neuauflagen von Studien zur Rolle Österreichs im Kalten Krieg lässt sich als eine Ergänzung von Berger Waldeneggs Ausführungen lesen, vermag jedoch auch zu zeigen, dass es sich bei den Motiven hinter der kontrovers diskutierten Frage nach dem Grad der Zugehörigkeit zur deutschen Geschichte um ein abstrakt-geistesgeschichtliches Phänomen handelt, da die internationale Politik Österreich seit Unterzeichnung des Staatsvertrages als eine eigenständige Größe behandeln musste und entsprechend behandelte.

Auch wenn die Kontroverse über die Frage, ob es sich bei Hitlers Angriff auf die Sowjetunion um einen Präventiv- oder einen Angriffskrieg gehandelt habe, wenigstens in Teilen in den Kontext des fachwissenschaftlichen und öffentlichen Umgangs mit dem Nationalsozialismus eingebettet werden kann, handelt es sich dabei doch um eine Kontroverse eigener Art, wie die Beiträge von Bernd Wegner und Rainer F. Schmidt zeigen. Darauf weist insbesondere Wegner hin, wenn er betont, dass die Debatte Mitte der 1980er Jahre von zwei Nicht-Historikern ausgelöst worden sei und die These von Hitlers Präventivkrieg in außerwissen-

---

19 Ausdrücklich benutzt Berger Waldenegg bei der Definition von „Zeitgeschichte" den bislang in Österreich gebräuchlichen Zeitraum seit 1918. Zwar gebe es, wie er schreibt, neuerdings Versuche, den Beginn der österreichischen Zeitgeschichte auf 1939/45 zu verschieben, doch sei der traditionelle Zeitrahmen als Maßstab seiner Untersuchung der angemessene, weil er auch von den von ihm näher betrachteten Historikerinnen und Historiker genutzt worden sei.

schaftlichen Kreisen auf weit stärkere Zustimmung gestoßen sei als in der Fachwissenschaft, die mehrheitlich diese These zurückgewiesen habe. Offensichtlich verfolgten die Anhänger der These damit das Ziel, im Nachhinein den deutschen Angriffskrieg auf die Sowjetunion zu legitimieren. Wegner stützt sich in seinen Ausführungen auf zwei Basisargumente: Erstens sei der Begriff „Präventivkrieg" an sich bereits unseriös, da man ihn nicht eindeutig vom Angriffskrieg trennen könne. Zweitens sei die Quellenlage in Bezug auf die Beweggründe Hitlers eindeutig. Hitlers Entschluss zum Angriff habe auf der Unterschätzung der russischen Armee beruht und sei keineswegs aus Sorge vor einem bevorstehenden russischen Angriff erfolgt. Angesichts dieser Umstände und der Tatsache, dass es sich bei den Vertretern des Präventivkriegsgedankens nicht um Historiker handele und ihre Werke wissenschaftlichen Ansprüchen nicht genügen, spiele die These innerhalb der Zunft kaum eine Rolle. Dagegen sei sie in der Öffentlichkeit auf große Zustimmung gestoßen. Die Politisierung der Debatte und die enge Verflechtung von Gesellschaft und Fachwissenschaft in dieser Frage veranlasst Wegner schließlich sogar zu der Forderung, die Exklusivität der Wissenschaft bei der Beurteilung von historischen Fakten wieder mehr zu berücksichtigen. Über die Qualität der vorgetragenen Argumente und deren jeweilige wissenschaftliche Validität informiert Schmidts Beitrag, der sich insbesondere auch den seit einigen Jahren in der Sowjetunion zugänglichen Quellen widmet, soweit diese in der bundesdeutschen Historiographie rezipiert worden sind. Seine aus diesem Material gewonnenen Erkenntnisse belegen noch einmal, dass auf deutscher Seite keinerlei Bedrohungsgefühl im Vorfeld der Operation „Barbarossa" bestanden und es sich dabei somit um einen reinen Angriffskrieg gehandelt habe. Auf der sowjetischen Seite hingegen sei man über die deutschen Truppenbewegungen im Rahmen der Vorbereitung von „Barbarossa" durchaus informiert gewesen und habe eigene Präventivschlagüberlegungen angestellt. Das traf besonders auf die Zeit des England-Fluges von Rudolf Heß zu, die in Moskau die Befürchtung auslöste, eine deutsch-britische Verständigung über einen gemeinsamen Angriff auf die UdSSR stünde unmittelbar bevor.

Während also auch die Kontroverse über die Präventivkriegthese im Spannungsfeld zwischen Fachwissenschaft und Öffentlichkeit ihre Wirkung entfalten konnte, beschränkte sich die von Albrecht Ritschl vorgestellte Kontroverse über die Wirtschaftspolitik der Weimarer Republik weitgehend auf fachwissenschaftliche Kreise. So hatte Joseph Schumpeter schon 1929 festgestellt, dass das hohe Lohnniveau und die Sozialpolitik Deutschland in eine Wirtschaftskrise geführt habe. 1932 führte er diesen Gedanken fort mit dem Hinweis, dass eine rigide Sparpolitik der einzige Ausweg aus dem ökonomischen Tief sei. Ohne Zweifel besitzen diese Aussagen aus der Sicht des Jahres 2002 immer noch eine gewisse Aktualität. Schon 1979 hatte Knut Borchardt festgestellt, dass die Deflationspolitik Brünings nicht falscher Analyse oder antidemokratischen Absichten entsprungen sei, sondern den einzige Ausweg aus einer ökonomischen Zwangslage geboten habe, die durch die viel zu großzügige Lohn- und Sozialpolitik der Jahre vor 1929 intensiviert worden sei. Damit wandte er sich gegen das von John Maynard Keynes etablierte Credo, dass man einer Krise volkswirtschaftlich nicht durch einen Sparkurs, sondern durch Geldausgeben Herr werde. Ritschl erinnert des weiteren daran, dass Borchardt zur argumentativen Freude wie zum wissenschaftlichen Entsetzen seiner Kritiker an der polit-ökonomischen Debatte der späten siebziger Jahre teilnahm, indem er die damalige Lohnhöhe mit derjenigen der mittleren Jahre der Weimarer Republik verglich, um zu sehr ungünstigen Prognosen für die Bundesrepublik zu gelangen. Den Argumenten entsprechend hitzig verlief daher in der Folgezeit die Diskussion darüber, ob Borchardt als „Neokonservativer" durch seinen politisch motivierten Vergleich jede wissenschaftliche Objektivität mit Füßen trete. Inzwischen haben Untersuchungen nachgewiesen, dass die Reparationsleistungen Deutschlands nicht aus einem erwirtschafteten Überschuss, sondern durch Kredite aus den USA finanziert wurden; gleiches gilt für den vorübergehenden Wohlstand der mittleren zwanziger Jahre. Borchardts Aussage über die unnötig hohen Löhne und Sozialleistungen beschreibe, so Ritschl, die „binnenwirtschaftlichen Begleiterscheinungen dieser Konjunktur auf Pump". Als der Kreditfluss als Folge der Wirtschaftskrise zu versiegen begann, die Reparationen aber weiter gezahlt werden mussten, kam es in Deutschland zu einer klassischen auswärtigen Schuldenkrise, die eben nicht über ein Erhöhen der eigenen Geldmenge, sondern nur über eingenommene Devisen behoben werden konnte. Als dann über den Lee-Higginson-Kredit doch noch Geld in die Reichskasse strömte, war dies vertraglich bereits für Reparationsleistungen gebunden und hatte nur eine Umschuldung, keine Anschubfinanzierung oder Entlastung zur Folge. Die mühsam stillhaltenden privatwirtschaftlichen Gläubiger und die Bedingungen des Hoover-Moratoriums steckten für den politisch-ökonomischen Handlungsspielraum der deutschen Regierung enge Grenzen: Weil weder an Abwertung der Mark durch eine einseitige Aufkündigung des Goldstandards noch an eine einseitige Schuldenstreichung, die als Zahlungsstop gewirkt hätte, zu denken war, blieb nur eine vorsichtige Hinhaltetaktik nach außen gepaart mit rigorosen Deflationsmaßnahmen nach innen. Die ökonomische und daraus folgende politische Selbstisolation durch Abwertung der Mark und ein einseitiges Moratorium auf die Auslandsschulden hätte jedenfalls in eine Autarkie geführt, die dem politischen Programm der extremen Rechten entsprochen hätte und so von Brüning nicht gewünscht wurde. Demnach hatte Borchardt den Kausalzusammenhang zwischen der Konjunktur auf Pump und der Intensität der internationalen Wirtschaftskrise, die über eine Kreditkrise in eine Schuldenkrise führte, durchaus richtig erkannt.

Den Abschluss des Streifzuges durch die Welt der historischen Debatten und Kontroversen bilden zwei Beiträge aus dem Spektrum der fachwissenschaftlichen Kontroversen. Sie berühren das Leitthema dieses Bandes auf zweierlei Weise – zum einen, weil sie inhaltlich zwei gegensätzliche methodische Positionen innerhalb der Geschichtswissenschaft markieren, zum anderen, weil sie selber explizit Position beziehen und damit zugleich andere methodische Ansätze kritisch-kontrovers diskutieren. Das trifft insbesondere für den Beitrag Hubert Kiesewetters zu, der unter der programmatischen Überschrift „Virtuelle oder reale Geschichte? Alexander Demandts methodologische Holzwege" Demandts These, dass „ungeschehene Geschichte" zur Erkenntnis beitragen könne, einer kritischen Würdigung unterzieht. Anhand einiger ausgewählter Beispiele aus dem Spektrum der Geschichte versuct Kiesewetter den Nachweis zu erbringen, dass Spekulationen zwar einen hohen Unterhaltungswert besitzen mögen, methodologisch aber auf einen Holzweg führen. In erster Linie treffe dieses Verdikt auf die von Demandt zugrundegelegte historische Wahrscheinlichkeit der alternativen Geschichte zu, da die statistische Wahrscheinlichkeit nicht für komplexe historische Zusammenhänge angewendet werden dürfe. Ähnliches gelte für die empirische Wahrscheinlichkeit, wie Karl Popper bewiesen habe. Kiesewetter versteht sich selber als den Vertreter einer „problemorientierten, kritischen oder realen Geschichte", sein Weg zur historischen Erkenntnis führt demnach ausschließlich über eine kritische Würdigung bekannter Fakten; nur soweit diese Überlegungen über alternative Wege des Geschichtsverlaufs zulassen, ist er bereit, sich an den Rand des Pfades einer „problemorientierten Geschichtswissenschaft" zu begeben. Damit bezieht Kiesewetter einen klaren Standpunkt im Spektrum der geschichtswissenschaftlichen Methodik. Dieser Standpunkt schließt den von Alexander Demandt genutzten methodischen Zugang zur wissenschaftlichen Erkenntnis von vornherein aus. Dennoch erfreut sich der Demandtsche Ansatz innerhalb der „Zunft" einer nicht geringen Anhängerschar. Es mag sein, dass es sich dabei um jene Fachvertreter handelt, die der „Postmoderne" näher stehen als der „Moderne". Über den Methodenstreit zwischen diesen beiden fachwissenschaftlichen Ansätzen informiert und der Beitrag Birgit Aschmanns, in dem sie die schier unübersehbare Vielfalt unterschiedlicher Definitionsansätze für das Phänomen der „Postmoderne" einer kritischen Würdigung unterzieht. Dabei arbeitet sie zwei Grundpositionen heraus: Auf der einen Seite stehe die Überzeugung, „postmodern" gebe eine positive Einstellung zur Pluralität wieder. Diese gehöre in besonderem Maße zur Demokratie, denn sie hinterfrage die angeblich unerschütterliche Stabilität von leitenden Ideen und Werten. Auf der anderen Seite finde sich die eindeutig negativ konnotierte Auffassung, „postmodern" fungiere als Attribut derjenigen, die das Geschäft der Zerstörung betrieben. Entsprechend der beiden Grundpositionen hätten sich zwei Lager herausgebildet: das der neuen Kulturwissenschaften und der Historischen Sozialwissenschaften. Deren Vertreter werfen Anhängern der „Postmoderne" einen „frivolen Nihilismus" vor, der sie hindere, Erkenntnis und Wahrheit zu erlangen oder außertextliche Wirklichkeit zu akzeptieren. Und insofern fällt ihr auch das abschließende Votum zugunsten des „Konzepts Postmoderne" aus, freilich eines Konzepts, verstanden im Sinne jenes weiteren Begriffs, der sich seit den 1980er Jahren herausbilden konnte. Die Vorzüge dieses Konzept sieht Aschmann in einer deutlich gestiegenen Methodenvielfalt (unter Einschluss der bereits etablierten Ansätze), die andere Ansätze (also dann wohl auch den der Alternativgeschichte eines Alexander Demandt) akzeptiere und damit das Spektrum des Erkenntnisgewinns deutlich vergrößere. Allerdings dürfe das nicht zu einer „neuen Orthodoxie" führen, die alle nicht-kulturgeschichtlichen Zugehensweisen zur Geschichte ausschließe. Gleichwohl ist ihrer Meinung nach die Gefahr groß, dass ein allzu großzügiger Gebrauch des Begriffs „Postmoderne" zu einer Sinnentleerung führen könnte, womit ein Verlust seiner heuristischen Qualität einherginge. Da er zudem gerade in der Geschichtswissenschaft eher polarisierend als analytisch genutzt würde, sei es womöglich sinnvoller, ganz auf ihn zu verzichten und nach einem besser geeigneten Ausschau zu halten.

Die eingangs vorgestellten drei unterschiedlichen Typologisierungsansätze (Konrad Repgens Unterscheidung zwischen öffentlicher Wahrnehmung, erheblichem Widerspruch zwischen These und Antithese und Bedeutsamkeit des kontroversen Gegenstandes, Hartmut Lehmanns Unterscheidung zwischen vordergründigem Anlass und tieferliegenden Motiven und Lutz Niethammers Dreiteilung in Reinterpretation gesellschaftlicher Ursprungsmythen, Legendenkiller und methodischen Innovationskonflikt) lassen sich anhand der hier kurz vorgestellten Beiträge sämtlich bestätigen. Unabhängig davon scheint der Niethammersche Typologisierungsansatz methodisch am hilfreichsten zu sein, da er drei klar voneinander unterscheidbare Kontroversengruppen herausarbeitet. Im Gegensatz dazu stehen die Repgenschen Unterscheidungskriterien, die, wie jetzt schon deutlich geworden sein dürfte, durchaus miteinander vermengbar sind oder einander sogar bedingen, denn je größer die Bedeutung des kontroversen Gegenstandes ist und je stärker der Widerspruch zwischen These und Antithese ausfällt, desto größer wird die Öffentlichkeitswirkung der Kontroverse sein.

LEOPOLD VON RANKE UND DIE BEGRÜNDUNG DER QUELLENKRITISCHEN GESCHICHTSFORSCHUNG

ULRICH MUHLACK

In einem Band über „Historische Debatten und Kontroversen im 19. und 20. Jahrhundert" könnte das Thema meines Beitrags ziemlich verfehlt wirken. Denn hier gibt es auf den ersten Blick auch nicht die Spur einer Debatte oder Kontroverse. Ranke und die quellenkritische Geschichtsforschung: das ist vielmehr zunächst einmal eine beispiellose Erfolgsgeschichte, die bis heute völlig außer Frage steht.

Die Grundzüge dieser Geschichte sind großenteils bekannt und rasch erzählt. Sie begann im Jahre 1824, als Leopold Ranke, im Anhang zu den „Geschichten der romanischen und germanischen Völker", seine berühmte Abhandlung „Zur Kritik neuerer Geschichtschreiber" veröffentlichte.[1] Diese Untersuchung über den Erkenntniswert seiner Quellenschriftsteller, die sich „um die Fragen der originalen und der abgeleiteten Erkenntnis neuerer Geschichtschreiber, um die Trennung des Ursprünglichen und der späteren Zutaten, des Selbsterlebten und des von Früheren Überkommenen, des Wahrheitswillens und der bewußten Entstellung der Autoren" drehte,[2] sollte zugleich ein Muster „zur Sammlung eines unverfälschten Stoffes für die neuere Geschichte" überhaupt aufstellen[3]. Ranke legte auf die Beilage größeren Wert als auf die Darstellung selbst; sie sollte ihm den Eintritt in die wissenschaftliche Welt verschaffen.[4] Der gewünschte Erfolg stellte sich schon 1825, mit Rankes Berufung nach Berlin, ein; sie honorierte, wie einer der federführenden Geheimräte im preußischen Kultusministerium schrieb, „die historische Kritik", die dem jungen Gelehrten in der Beilage „so trefflich", „recht eigentlich meister- und musterhaft gelungen" sei und die ihn daher als vielversprechend und förderungswürdig erscheinen ließ.[5]

Rankes ganze weitere Entwicklung verlief in dieser einmal eingeschlagenen Richtung. Das galt zunächst von seinem historiographischen Œuvre, das auf der kritischen Abhandlung von 1824 aufbaute, auch in dem äußerlichen oder technischen Sinne, dass es zu jedem seiner darstellenden Werke solche Anhänge oder Analekten gab, in denen sich der Autor über seine Quellen und sein quellenkritisches Verfahren aussprach. Dazu kam, dass Ranke im Zuge seiner Berliner Lehrtätigkeit seit den 30er Jahren ein Seminar einrichtete, durch das diese Forschungsweise eine akademische Existenz erhielt. Anders als in den Vorlesungen, die sich immer auch an ein allgemeines Publikum wandten, ging es im Seminar um die Ausbildung von Fachhistorikern,[6] und sie fiel für Ranke mit der Vermittlung der quellenkritischen Methode zusammen; historische Wissenschaft und kritische Quellenforschung wurden hier geradezu identisch. Aus den Übungen, die von Mal zu Mal der „Beschäftigung mit den Quellen" dienten und dabei die angehenden Historiker zu „Kritik, Präcision, Penetration" erziehen sollten[7],

1   Ranke, Leopold: *Zur Kritik neuerer Geschichtschreiber*. Eine Beylage zu desselben romanischen und germanischen Geschichten, Leipzig/Berlin 1824.
2   Srbik, Heinrich Ritter von: *Geist und Geschichte vom deutschen Humanismus bis zur Gegenwart*. Bd. 1, 3. Aufl. München/Salzburg 1964, S. 245.
3   Ranke: Zur Kritik, S. III.
4   Ranke, Leopold von: *Das Briefwerk*. Hrsg. v. Walther Peter Fuchs, Hamburg 1949, S. 60 u. 65.
5   Kamptz an Ranke, 22. Dezember 1824. In: Oncken, Hermann: *Aus Rankes Frühzeit*. Mit den Briefen Rankes an seinen Verleger Friedrich Perthes und anderen unbekannten Stücken seines Briefwechsels, Gotha 1922, S. 128.
6   Dazu Berg, Gunter: *Leopold von Ranke als akademischer Lehrer*. Studien zu seinen Vorlesungen und seinem Geschichtsdenken (Schriftenreihe der Historischen Kommission bei der Bayerischen Akademie der Wissenschaften 9), Göttingen 1968, S. 55 u. 63.
7   Waitz, Georg: *Die historischen Übungen zu Göttingen*. Glückwunschschreiben an Leopold von Ranke zum Tage der Feier seines Funfzigjährigen Doctorjubiläums 20. Februar 1867, Göttingen o.J., S. 4 u. 6.

ging „Rankes Schule" hervor, von der Droysen schon 1837 sprach.[8] Sie trat im gleichen Jahr mit den „Jahrbüchern des Deutschen Reichs unter dem Sächsischen Hause" an die Öffentlichkeit;[9] das kollektive Werk führte exemplarisch vor, was Ranke unter einer „Einführung in die eigentlich gelehrte Seite" der Historie und damit unter Geschichtswissenschaft im strikten oder professionellen Sinne verstand: die „kritische Durcharbeitung und Sichtung der vorhandenen Materialien", die Ranke für „das zunächst Nothwendige" erklärte.[10] Das Berliner Modell pflanzte sich über die Schüler und Enkelschüler Rankes auf andere Universitäten fort.[11] Auch die Historische Kommission bei der Bayerischen Akademie der Wissenschaften entstand in diesem Zeichen, nachdem Ranke schon auf der Frankfurter Germanistenversammlung von 1846 eine historisch-kritische Herausgabe der Reichstagsakten gefordert hatte;[12] die „Jahrbücher des Deutschen Reichs" erweiterten sich zu den „Jahrbüchern der Deutschen Geschichte", dem ersten Großprojekt der Kommission.[13]

Die Zeitgenossen haben Rankes Anspruch und Leistung von vornherein erkannt und anerkannt und niemals in Frage gestellt. Gleich die kritische Abhandlung von 1824 erregte größtes Aufsehen und erfüllte alle Erwartungen, die Ranke in sie gesetzt hatte. Kennzeichnend war das Urteil, das Gustav Adolf Harald Stenzel 1828 abgab, und um so bemerkenswerter, als Ranke ihm auf diesem Felde mancherlei verdankte: Ranke habe „sich um das Studium der Quellenschriften unmittelbar, besonderes Verdienst erworben" und „seine Vorgänger weit übertroffen und mit einer umfassenden Kenntniß und großem Scharfsinn eine so meisterhafte Beurtheilung der Glaubwürdigkeit einzelner Schriftsteller gegeben", „daß sie jüngeren Freunden der Geschichte als Muster vorgelegt werden sollte".[14]

Auf diesen Ton war alles Spätere gestimmt. Nicht als ob es Ranke schlechthin an Gegnern gefehlt hätte: im Gegenteil, er sah sich sein ganzes wissenschaftliches Leben hindurch von den verschiedensten Seiten angefeindet; die Reihe seiner Kontrahenten reichte von den Hegelianern wie Heinrich Leo[15] und den Autoren der „Hallischen Jahrbücher"[16] über die Adepten der

8   Droysen, Johann Gustav: *Briefwechsel.* Hrsg. v. Rudolf Hübner. 2 Bde. (Deutsche Geschichtsquellen des 19. Jahrhunderts 25 und 26), Berlin/Leipzig 1929 (Neudruck Osnabrück 1967), hier Bd. 1, S. 119.
9   Ranke, Leopold (Hrsg.): *Jahrbücher des Deutschen Reichs unter dem Sächsischen Hause,* 3 Bände, Berlin 1837-1840.
10   Ebd., Bd. 1, S. IX u. XI.
11   Waitz: Die historischen Übungen, S. 5: „An mehr als einem Orte haben nun die früher an Ihren Uebungen Theilnehmenden selbst solche eingerichtet und so der Sache weitere Verbreitung gegeben"; zum Göttinger Seminar, das Waitz 1849 inaugurierte, Boockmann, Hartmut: *Geschichtsunterricht und Geschichtsstudium in Göttingen.* In: Ders./Hermann Wellenreuther (Hrsg.): Geschichtswissenschaft in Göttingen. Eine Vorlesungsreihe (Göttinger Universitätsschriften. Serie A 1), Göttingen 1987, S. 161-185, hier S. 175ff.
12   *Verhandlungen der Germanisten zu Frankfurt am Main am 24., 25. und 26. September 1846,* Frankfurt am Main 1847, S. 200.
13   Schnabel, Franz: *Die Idee und die Erscheinung.* In: Die Historische Kommission bei der Bayerischen Akademie der Wissenschaften 1858-1958, Göttingen 1958, S. 7-69, hier S. 37f. u. Baethgen, Friedrich: *Die Jahrbücher der Deutschen Geschichte.* In: Ebd., S. 70-81.
14   Stenzel, Gustav Adolf Harald: *Geschichte Deutschlands unter den Fränkischen Kaisern,* Bd. 2, Leipzig 1828, S. 3. Zum Verhältnis Rankes zu Stenzel: Schulin, Ernst: *Rankes Erstlingswerk oder Der Beginn der kritischen Geschichtsschreibung über die Neuzeit.* In: Ders.: Traditionskritik und Rekonstruktionsversuch. Studien zur Entwicklung von Geschichtswissenschaft und historischem Denken, Göttingen 1979, S. 44-64, hier S. 44ff.
15   Heinrich Leo verriss Rankes Erstlingswerk in: ERGÄNZUNGSBLÄTTER ZUR JENAISCHEN ALLGEMEINEN LITERATUR-ZEITUNG 17 (1828), Sp. 129-136 und 18 (1828), Sp. 137-140; Ranke antwortete darauf in: HALLISCHE ALLGEMEINE LITERATUR-ZEITUNG 131 (1828), Sp. 193-199 (Wiederabdruck in: Ranke, Leopold von: *Sämmtliche Werke,* Bd. 53/54, hrsg. v. Alfred Dove, Leipzig 1890, S. 659-666); dagegen wiederum Leo in: INTELLIGENZBLATT DER JENAISCHEN ALLGEMEINEN LITERATUR-ZEITUNG 39 (1828), Sp. 305-312. Zur Kontroverse Leo-Ranke zuletzt Walther, Gerrit: *Der „gedrungene" Stil. Zum Wandel der historiographischen Sprache zwischen Aufklärung und Historismus.* In: Otto Gerhard Oexle/Jörn Rüsen (Hrsg.): Historismus in den Kulturwissenschaften. Geschichtskonzepte, historische Einschätzungen, Grundlagenprobleme (Beiträge zur Geschichtskultur 12), Köln/Weimar/Wien 1996, S. 99-116, hier S. 108ff.
16   [Köppen, Karl Friedrich]: *Die berliner Historiker.* In: HALLISCHE JAHRBÜCHER FÜR DEUTSCHE WISSENSCHAFT UND KUNST 106 (1841), S. 421f.; 107 (1841), S. 425-427; 108 (1841), S. 429-432; 109 (1841), S. 433-436 und 110 (1841), S. 437-439.

Schlosser-Schule in Heidelberg[17] und ultramontane Historiker wie den jüngeren Ignaz Döllinger[18] und Constantin Höfler[19] bis zu den kleindeutsch-borussischen Historikern wie Droysen, Sybel und Treitschke.[20] Aber was diese Gegner auf den Plan rief, war nicht die Rankesche Quellenkritik, sondern die Tatsache, dass Ranke mit ihren historischen Grundanschauungen nicht übereinstimmte, dass er, tautologisch gesprochen, weder Hegelianer noch Heidelberger, weder Katholik noch Kleindeutscher war. Ranke als kritischer Quellenforscher war für sie nicht nur unangefochten, sondern auch ein Vorbild. Leo, der das Erstlingswerk als „jugendliche Verirrung" hinstellte,[21] die „eines gelehrten Weibes, ohne philosophische Bildung", würdig sei,[22] nannte doch die kritische Abhandlung „das Beste an Hn. Rankes Arbeit",[23] und als er 1832 den letzten Teil seiner „Geschichte der italienischen Staaten" herausbrachte, der die Zeit seit 1492 behandelte, wusste er die quellenkritische Vorarbeit Rankes zu würdigen.[24] Die „Hallischen Jahrbücher", die Ranke „alle historische Würde und Haltung" aberkannten,[25] rühmten zugleich die „gründliche urkundliche Forschung", die „kritische Umsicht und Schärfe",[26] sprachen von „erstaunlicher Gelehrsamkeit" und glänzendem „Scharfsinn"[27]; die Einrichtung des historischen Seminars in Berlin erschien als „besonderes Verdienst".[28] Gervinus vermisste an Ranke „alle lebendigen Beziehungen der Geschichtsschreibung auf die Gegenwart", ohne jedoch dessen Leistung für „die Eröffnung neuer Quellen" und damit für die Grundlegung einer „reinen" oder „strengen Wissenschaft" anzuzweifeln.[29] Johann Friedrich Böhmer, der große protestantische Anreger der ultramontanen Historiographie, beschwor die Katholiken, sich der Geschichte zuzuwenden, „damit die Andern, ich meine Ranke und Consorten, deren Einwirkung bedeutend ist, das Wort nicht allein behalten",[30] forderte sie dabei aber zur „Beteiligung an der Forschung" auf, und zwar nach der „Methode, die Ranke mit so viel Erfolg eingeschlagen hat";[31] Döllinger und Höfler haben dem zu entsprechen gesucht.[32] Droysen, Sybel und Treitschke kritisierten „den geschäftigen Müßiggang", die „vornehme Neutralität", die „blutlose Objektivität" Rankes,[33] attestierten ihm aber unbeschadet dessen „die größte historische Gelehrsamkeit",[34] „die kritische Methode", „welche von nun an zu allen Zeiten den Meister von dem Dilettanten, den Gelehrten des Fachs von dem Empiriker scheiden

17 Dazu Hübinger, Gangolf: *Georg Gottfried Gervinus*. Historisches Urteil und politische Kritik (Schriftenreihe der Historischen Kommission bei der Bayerischen Akademie der Wissenschaften 23), Göttingen 1984, S. 81f. u. 109.
18 Döllinger rezensierte die „Päpste" und die „Deutsche Geschichte im Zeitalter der Reformation" in: HISTORISCH-POLITISCHE BLÄTTER 2 (1838), S. 51-57; 4 (1839), S. 540-557 u. 654-668; 12 (1843), S. 569-581 u. 667-686. Zur ultramontanen Geschichtsschreibung insgesamt: Brechenmacher, Thomas: *Großdeutsche Geschichtsschreibung im neunzehnten Jahrhundert*. Die erste Generation (1830-1848) (Berliner Historische Studien 22), Berlin 1996.
19 Zusammenfassend: [Höfler, Constantin]: *Ueber katholische und protestantische Geschichtsschreibung*. In: HISTORISCH-POLITISCHE BLÄTTER 16 (1845), S. 297-321.
20 Dazu Muhlack, Ulrich: *Ranke und die politische Schule der deutschen Geschichtswissenschaft*. Zum Verhältnis von Geschichte und Politik. In: COMPARATIV 3 (1993), S. 92-113.
21 Leo: Ergänzungsblätter, Sp. 129.
22 Ebd., Sp. 137.
23 Ebd., Sp. 138.
24 Leo, Heinrich: *Geschichte der italienischen Staaten*, Bd. 5, Hamburg 1832, S. IX.
25 [Köppen]: Die berliner Historiker, S. 433.
26 Ebd., S. 430.
27 Ebd., S. 431f.
28 Ebd., S. 434.
29 Gervinus, Georg Gottfried: *Geschichte des neunzehnten Jahrhunderts seit den Wiener Verträgen*, 8 Bde., Leipzig 1855-1866, hier Bd. 8, S. 71ff.
30 Janssen, Johannes (Hrsg.): *Joh. Friedrich Böhmer's Leben, Briefe und kleinere Schriften*, 3 Bde., Freiburg i. Br. 1866, hier Bd. 2, S. 286.
31 Ebd., Bd. 3, S. 192.
32 Dazu Brechenmacher: Großdeutsche Geschichtsschreibung, S. 465ff.
33 Nachweise bei Muhlack: Ranke, S. 95f.
34 Droysen: Briefwechsel, hier Bd. 2, S. 434.

wird"[35]: „der feste Grund war gelegt, auf dem sich die deutsche Geschichtsforschung zur Höhe einer gesicherten Fachwissenschaft erheben konnte".[36] Es hatte durchaus seine Richtigkeit,
wenn Sybel in einer Ansprache zum 90. Geburtstag Rankes feststellte, dieser habe durch die
wissenschaftliche Zucht seiner Schule „die künftigen Vertreter der verschiedenartigsten Richtungen gleichmäßig gefördert", „und so wurde Ihre Schule die historische Schule Deutschlands."[37] Die Historische Kommission war durch ihre über alle Richtungsgrenzen hinwegge-
hende Zusammensetzung die sinnfälligste Manifestation dieser Tatsache.[38]

Es sei hinzugefügt, dass sich seitdem an der Einschätzung Rankes nichts geändert hat. Sosehr er in vielerlei Hinsicht umstritten blieb, so wenig galt das für sein Konzept einer quellenkritischen Geschichtsforschung. Der Herausgeber eines 1988 erschienen Ranke-Bandes, der
das ganze Spektrum der damals gegen Ranke erhobenen Einwände abbildete, konnte einlei-
tend bemerken: „Die von Ranke geforderte systematische Quellenkritik als Grundlage ernsthafter historischer Forschung ist zu einem festen Bestandteil des Methodenkanons der Geschichtswissenschaft geworden."[39] Man kam allenfalls dazu, Ranke die eigentliche Begründung
der quellenkritischen Geschichtsforschung abzusprechen: er habe lediglich eine Tradition fortgesetzt, die über Aufklärung und Humanismus bis zur Antike zurückreiche; sein eigener
Beitrag beschränke sich auf eine gewisse Systematisierung oder „Verfachlichung".[40] Dieser
Verweis auf die Vorgeschichte ist gewiß richtig, freilich nicht neu. Schon Ranke und seine
Zeitgenossen waren sich dessen bewußt. Ranke sah sich, bei allem Anspruch auf Selbständig-
keit, nicht nur in der Schuld Niebuhrs,[41] sondern auch der großen Meister alteuropäischer Gelehrsamkeit, auf die er sich in seinen Werken wie in seinen Vorlesungen immer wieder bezog;[42]
sein Berliner Seminar knüpfte ausdrücklich an eine „seit geraumer Zeit" bestehende Gepflo-
genheit an.[43] Auch im Publikum bestand über solche Zusammenhänge kein Zweifel. Droysen
eröffnete seine „Historik" mit einem Rückblick auf „frühere Versuche", der „die historische
Forschung im großen Stil" bei den alten Griechen beginnen ließ, später „die historische Wissenschaft" der humanistischen Gelehrten und „die großartige historische Tätigkeit der jungen
Universität Göttingen" pries und erst danach auf die moderne „Kritische Schule" zu sprechen
kam, in der Ranke obendrein noch nach Niebuhr, Pertz und Karl Otfried Müller figurierte.[44]
Selbst ein ungeteilter Lobredner des Rankeschen Erstlingswerks wie Varnhagen von Ense hob

35 Sybel, Heinrich von: *Ueber den Stand der neueren deutschen Geschichtschreibung*. Marburg 1856. In: Ders.: Kleine
    historische Schriften, Bd. 1, 3. Aufl., Stuttgart 1888, S. 349-364, hier S. 354.
36 Treitschke, Heinrich von: *Deutsche Geschichte im Neunzehnten Jahrhundert*, 5 Bde., Leipzig 1927, hier Bd. 3, S.
    681.
37 Toeche, Theodor: *Leopold von Ranke an seinem neunzigsten Geburtstage 21. Dezember 1885*. Ansprachen und Zu-
    schriften, Berlin 1886, S. 19.
38 Das Verzeichnis der ordentlichen Mitglieder in: Die Historische Kommission, S. 207ff.
39 Mommsen, Wolfgang J. (Hrsg.): *Leopold von Ranke und die moderne Geschichtswissenschaft*, Stuttgart 1988, S. 11.
40 Iggers, Georg G.: *The Crisis of the Rankean Paradigm in the Nineteenth Century*. In: Ders./James M. Powell
    (Hrsg.): Leopold von Ranke and the Shaping of the Historical Discipline, Syracuse/New York 1990, S.
    170-179, hier S. 171 und Ders.: *Ist es in der Tat in Deutschland früher zur Verwissenschaftlichung der Geschichte ge-
    kommen als in anderen europäischen Ländern?* In: Wolfgang Küttler/Jörn Rüsen/Ernst Schulin (Hrsg.): Ge-
    schichtsdiskurs. Bd. 2 (Fischer Taschenbuch 11476), S. 73-86, hier S. 80. Vgl. dazu auch Grafton, Anthony:
    Die tragischen Ursprünge der deutschen Fußnote, Berlin 1995; seine Zusammenfassung lautet: „Ranke hatte nur
    noch eine Zutat hinzuzufügen – aber die war entscheidend. Er machte aus dem Prozeß der Forschung und
    Kritik ein dramatisches Geschehen" (S. 221).
41 Ranke, Leopold von: *Aufsätze zur eigenen Lebensbeschreibung*. In: Ders.: Sämmtliche Werke, Bd. 53/54, S. 1-76,
    hier S. 31, 59 u. 62.
42 Zur Exemplifizierung sei nur auf die Einleitungen zur Vorlesung über Römische Geschichte (1852) und
    Deutsche Geschichte (1863) verwiesen, die jeweils Abrisse zur „Geschichte des Studiums" bieten: Ranke,
    Leopold von: *Vorlesungseinheiten*, hrsg. v. Volker Dotterweich/Walther Peter Fuchs (Ders.: Aus Werk und
    Nachlaß 4), München/Wien 1975, S. 222-232 u. 314-342.
43 Ranke (Hrsg.): Jahrbücher, hier Bd. 1, S. IX.
44 Droysen, Johann Gustav: *Historik*. Bd. 1: Rekonstruktion der ersten vollständigen Fassung der Vorlesungen
    (1857). Grundriß der Historik in der ersten handschriftlichen (1857/1858) und in der letzten gedruckten
    Fassung (1882), hrsg. v. Peter Leyh, Stuttgart-Bad Cannstatt 1977, S. 46f. u. 50f.

zunächst einmal die deutsche Tradition „an Fleiß und Gelehrsamkeit, an Umfang und Scharf-sinn der Untersuchungen im Felde des positiven Wissens" hervor, bevor er in Ranke „einen neuen Geschichtsforscher vom ersten Range" begrüßte, dem er „eine durchaus neue, umfas-sende Erforschung der Quellen" zuschrieb.[45]

Also keine Debatte, keine Kontroverse? Wenn es dabei bliebe, hätte ich wirklich das The-ma verfehlt. Indessen zeigen sich bei näherem Zusehen in dem bisher so einheitlichen Bild be-trächtliche Risse, die es durchaus rechtfertigen, von Debatten und Kontroversen zu sprechen. Sie drehten sich nicht so sehr um die kritische Quellenforschung selbst wie um die Bedeutung, die ihr in einem Gesamtkonzept historischer Wissenschaft zuzumessen war. Alle waren sich einig, dass die Quellenforschung kein Selbstzweck sei, sondern lediglich Mittel zum Zweck ei-ner darüber hinausgehenden Erkenntnis. Ranke verlangte von seinen Schülern, „jedes Einzel-ne sorgfältig festzustellen und zugleich im vollen und lebendigen Zusammenhang des histori-schen Lebens zu würdigen"[46]. Andererseits ordnete Droysen, ganz in diesem Sinne, die Kritik der Interpretation unter: „Man wird leicht einsehen, daß das noch weit entfernt ist, Geschichte zu sein."[47] Der Streit ging um den Zweck, dem die kritische Quellenforschung zu dienen hatte. Dabei kamen wiederum jene historischen Grundanschauungen ins Spiel, die Ranke und seine Gegner entzweiten. Von ihnen hing es ab, welcher Wert der kritischen Quellenforschung zu-zubilligen war.

Rankes Position wird nur begreiflich, wenn man nochmals auf seine Stellung gegenüber der alteuropäischen Tradition quellenkritischer Geschichtsforschung zurückgeht. Zwischen beiden herrschte Kontinuität, wie festzuhalten ist, aber es gab auch einen scharfen Bruch, auf den zu-letzt alles ankam. Die traditionelle historische Gelehrsamkeit stand in normativen Verwen-dungszusammenhängen, seien sie theologischer, ästhetischer, ethischer, politischer oder juris-tischer Art; sie hatte ein normatives Wissen zu fundieren, das einen universalen, überzeitli-chen, außergeschichtlichen Status hatte. Ein elaboriertes Beispiel war die an den deutschen Universitäten des 18. Jahrhunderts blühende Reichshistorie: die quellenmäßige Darstellung der Reichsverfassungsgeschichte, mit dem Ziel, das geltende Reichsverfassungsrecht zu legitimie-ren, das wiederum als im *ius publicum universale* verankert gedacht wurde; sie sollte aufzeigen, was immer schon Recht war und bis in alle Zukunft Recht sein würde.[48] Diese *historia magistra vitae* setzte dem historisch-kritischen Potential der Quellenforschung eine genaue Grenze: sie ermöglichte die immer mehr verfeinerte quellenkritische Erhebung einer Unmenge geschicht-licher Tatsachen, schloss aber eine Infragestellung ihrer normativen Prämissen und Ziele kate-gorisch aus. Dazu gehörte, dass man sich primär an die historiographischen Quellen hielt, aus denen man die durch die Zeiten gehende Tradition eines im Kern unveränderlichen geschicht-lichen Wissens ersah. Nirgends wurde der statische Grundcharakter der *historia magistra vitae* sinnfälliger als in dieser Hypostasierung der historiographischen Überlieferung zur Geschichte schlechthin, die die historische Kritik, so weitgehend sie auch immer sein mochte, auf einen untergeordneten Platz verwies.

Über diese Grenze hat sich Ranke hinweggesetzt. Er proklamierte für die quellenkritische Geschichtsforschung ein neues Ziel: nämlich kein anderes als die geschichtliche Erkenntnis selbst. Statt um die nachträgliche Illustrierung oder Exemplifizierung eines überzeitlichen Wis-

45 Varnhagen von Ense, Karl August: *Zur Geschichtschreibung und Literatur*. Berichte und Beurtheilungen. Aus den Jahrbüchern für wissenschaftliche Kritik und andern Zeitschriften gesammelt, Hamburg 1833, S. 596ff.
46 Waitz: Die historischen Übungen, S. 3.
47 Droysen: Historik, S. 11.
48 Dazu Hammerstein, Notker: *Jus und Historie*. Ein Beitrag zur Geschichte des historischen Denkens an deut-schen Universitäten im späten 17. und im 18. Jahrhundert, Göttingen 1972, bes. S. 177ff., 247ff. u. 344ff. und Ders.: *Reichs-Historie*. In: Ders.: *Res publica litteraria*. Ausgewählte Aufsätze zur frühneuzeitlichen Bil-dungs-, Wissenschafts- und Universitätsgeschichte, hrsg. v. Ulrich Muhlack/Gerrit Walther (Historische Forschungen 69), Berlin 2000, S. 235-256; ferner Stolleis, Michael: *Geschichte des öffentlichen Rechts in Deutsch-land*, Bd. 1, München 1988, S. 291ff.

sens handelte es sich jetzt um die Einstellung auf die in ihrer Zeit jeweils einmaligen historischen Phänomene. An die Stelle der *historia magistra vitae* trat die Historie als Selbstzweck, die
nur insofern normative Bedeutung hatte, als sie die Geschichtlichkeit menschlichen Lebens
bewusst machte: „Wer möchte da fragen, ob dies nützlich sei oder nicht. Es genügt zu erkennen, daß ein solches Wissen, wenn irgend ein anderes, zur Vollkommenheit des menschlichen
Geistes gehört.“[49] Der berühmte Satz aus der Vorrede der „Geschichten der romanischen und
germanischen Völker“ sollte in diesem Sinne verstanden werden: Ranke verweigert „das Amt,
die Vergangenheit zu richten, die Mitwelt zum Nutzen zukünftiger Jahre zu belehren“, sagt also einem Wissen ab, das Vergangenheit, Gegenwart und Zukunft überwölbt, in ihnen gleich
bleibt, und „er will bloß sagen, wie es eigentlich gewesen“, d.h. wie sich vergangenes Geschehen in seiner spezifischen, von Gegenwart und Zukunft verschiedenen Zeitsituation darstellt.[50]

Es verstand sich, dass die kritische Quellenforschung damit eine ganz andere Konsequenz
gewann als bisher. Wenn es das Ziel wurde, ein historisches Phänomen in seiner zeitspezifi-
schen Besonderheit zu erfassen, dann gab es für die historische Kritik keinerlei Hindernisse
mehr, dann musste sie vielmehr aufs Äußerste gesteigert werden. Wo alles Übergeschichtliche
wegfiel, wo vielmehr alles der Geschichte angehörte, ließen sich Auskünfte über die Vergangenheit nur noch aus den Quellen gewinnen, die aus ihr oder über sie da waren, und das erforderte wiederum die schärfste überhaupt denkbare Überprüfung des Erkenntniswertes, der
ihnen zukam. Die Wahrheitsfähigkeit der *historia magistra vitae* hing vornehmlich an den normativen Zwecken, denen sie zu dienen hatte; sie waren der Geschichte und damit dem Quellenstudium und der Quellenkritik entzogen. Dagegen war jetzt, im Zeichen einer autonom gewordenen Historie, geschichtliche Wahrheit nur dadurch zu erreichen, dass man sich ganz auf
die Geschichte selbst einließ, die allein auf dem Wege des Quellenstudiums und der Quellenkritik zugänglich war; es gab keinen anderen.

Eine Folge dieses Wandels war die Neubewertung oder besser Abwertung der historiographischen Tradition. Rankes kritische Abhandlung von 1824 lief auf den Nachweis hinaus, dass
die „neueren Geschichtschreiber“, die ihm vorlagen, notorisch unzuverlässig seien, und auf
die Forderung, die Darstellung der neueren Geschichte künftig allein auf die „originalen Papiere“, wie „Acten“, „Briefe“, „gesandtschaftliche Schreiben“, zu gründen: „hier ist nicht eine
Nachlese, sondern eine Ernte übrig“.[51] Das war der Übergang von der Geschichte als Tradition zur Geschichte als Forschung: der eigentliche Beginn einer quellenkritischen Geschichtsforschung im strikten Sinne des Wortes. Jedes der in der Folge erscheinenden Rankeschen
Werke trug zu dieser „Ernte“ bei; entscheidend war dabei nicht, dass Ranke venezianische
Relationen oder Reichstagsakten heranzog, die auch schon vorher bekannt waren, sondern die
neue Forschungssystematik, mit der das geschah. Wieder und wieder begleitete Ranke seine
Forschungspraxis mit programmatischen Äußerungen, in denen die sich stellende Aufgabe
immer genauer gefasst wurde. In der Vorrede zur „Deutschen Geschichte im Zeitalter der Reformation“ sah er

> „die Zeit kommen, wo wir die neuere Geschichte nicht mehr auf die Berichte selbst
> nicht der gleichzeitigen Schriftsteller, außer in so weit ihnen eine originale Kenntniß

49   Ranke, Leopold: *Ueber die Verwandschaft und den Unterschied der Historie und der Politik.* In: Ders.: Sämmtliche
      Werke, Bd. 24, Leipzig 1872, S. 280-293, hier S. 285.
50   Ranke, Leopold: *Geschichten der romanischen und germanischen Völker von 1494 bis 1535.* Erster Band, Leip-
      zig/Berlin 1824, S. V. Vgl. dazu zuletzt Süßmann, Johannes: *Geschichtsschreibung oder Roman?* Zur Konstituti-
      onslogik von Geschichtserzählungen zwischen Schiller und Ranke (1780-1824) (Frankfurter Historische
      Abhandlungen 41), Stuttgart 2000, S. 248.
51   Ranke: Zur Kritik, S. 173ff. Zum Forschungskonzept, das Ranke in der „Kritik neuerer Geschichtschrei-
      ber“ entwickelt, vgl. zuletzt Baur, Siegfried: *Versuch über die Historik des jungen Ranke* (Historische Forschun-
      gen 62), Berlin 1998, S. 74ff.

beiwohnte, geschweige denn auf die weiter abgeleiteten Bearbeitungen, zu gründen haben, sondern auf den Relationen der Augenzeugen und den ächtesten unmittelbarsten Urkunden aufbauen werden."[52]

Dreißig Jahre später sah er, in einer Vorlesungseinleitung, diese Zeit „wirklich gekommen": „Man schreibt die neuere Geschichte nicht mehr nach der Tradition, welche frühere Schriftsteller gebildet hatten und die sich dann fortsetzte, sondern aus den unmittelbaren Denkmalen der letzten Jahrhunderte, die sich in den Archiven finden."[53]

Dieser Bruch mit der alteuropäischen Gelehrsamkeit vollzog sich nicht voraussetzungslos, sondern ergab sich aus einer neuen dynamischen Zeiterfahrung, die mit dem Erlebnis der Französischen Revolution und des revolutionären 19. Jahrhunderts zusammenfiel. Der Einsturz überkommener politisch-sozialer Strukturen erschütterte auch die bisherigen normativen Gewissheiten und zog eine sich fort und fort radikalisierende Historisierung des Denkens über den Menschen und seine Welt nach sich. Ranke teilte diese Erfahrung mit seinen Zeitgenossen, und es gab manche, die daraus die gleiche Folgerung zogen; Niebuhr ging ihm voran, obwohl Ranke ihn, nicht ganz zu Unrecht, zuweilen eher der alten traditionalistischen Geschichtsauffassung annäherte.[54] Sofern ihm der Durchbruch selbst angehörte, fand er jedenfalls in einer wohlvorbereiteten Situation statt. Auch Rankes Kritiker, von Leo bis Treitschke, stellten sich dem keineswegs entgegen; vielmehr war augenscheinlich, dass sie die neue Zwecksetzung historisch-kritischer Quellenforschung und damit den neuen Begriff historischer Forschung akzeptierten, dass sie jedenfalls darin für sich eine regulative Idee sahen, von der im Grunde nicht abgewichen werden durfte. Der Hinweis mag genügen, dass Droysens Vorstellung von historischer Interpretation, der die Quellenkritik vorarbeiten sollte, zunächst einmal vollkommen der neuen Forderung nach historischem Verständnis entsprach, die Ranke aufgestellt und in seinen bisherigen Werken praktiziert hatte. „Das Wesen der geschichtlichen Methode ist forschend zu verstehen":[55] das war die Methodologie Rankes; die Droysensche „Historik" konnte insoweit überhaupt wie eine Explikation der Rankeschen Geschichtstheorie gelesen werden.

Und doch hieß es in der gleichen „Historik": „Ich danke für diese Art von eunuchischer Objektivität [...] Ich will nicht mehr, aber auch nicht weniger zu haben scheinen als die relative Wahrheit meines Standpunktes, wie mein Vaterland, wie meine religiöse, meine politische Überzeugung, meine Zeit mir zu haben gestattet".[56] Droysen brachte damit ein fundamentales Unbehagen über Ranke zum Ausdruck, das alle Kritiker, quer durch die verschiedenen Richtungen oder Parteien, verband, und es war signifikant, wenn er als Beispiel für diese Haltung die Reformationsgeschichte Döllingers nannte, der „sich dabei einfach auf den Standpunkt seiner Kirche stellt", ohne dass sich deswegen etwas „gegen ihn einwenden" lasse.[57] Sie wollten sich nicht damit begnügen, die Vergangenheit um ihrer selbst willen zu erforschen, sondern erstrebten davon eine normative Anwendung auf die Gegenwart: „eine lebenvolle Wis-

---

52 Ranke, Leopold: *Deutsche Geschichte im Zeitalter der Reformation*, Bd. 1, Berlin 1839, S. IX.
53 Ranke: Vorlesungseinleitungen, S. 415. Vgl. auch Schmidt, Julian: *Moderne Historiker. Leopold Ranke.* In: DIE GRENZBOTEN 6 (1847), S. 401-410 u. 441-449, hier S. 404: „So war uns der Boden unter den Füßen entzogen; die Kette der Tradition war gebrochen, und es galt nun, aus eigenen Kräften, [...] den Grund zu den eingerissenen Gebäude von Neuem zu legen."
54 Ranke: Aufsätze, S. 62, wo er sich von Niebuhr, „der eigentlich mehr der Tradition einen Sinn verschaffen will", wie auch von dem Philologen Gottfried Hermann, seinem Leipziger Lehrer, „der die Autoren im Einzelnen kritisiert", abhebt. Das gegenwärtige Standardwerk über Niebuhr: Walther, Gerrit: *Niebuhrs Forschung* (Frankfurter Historische Abhandlungen 35), Stuttgart 1993; zum Verhältnis Rankes zu Niebuhr S. 580ff. Über Hermann und Ranke vgl. Baur: Versuch, S. 84 ff.
55 Droysen: Historik, S. 22.
56 Ebd., S. 236.
57 Ebd., S. 237.

senschaft", keine „kahle Sammlerei, die Alles zu haben meint, wenn sie eine Neuigkeit hat".[58] Die Historie sollte mithin sehr wohl das „Amt" behalten, „die Vergangenheit zu richten, die Mitwelt zum Nutzen zukünftiger Jahre zu belehren". Freilich kam es keinem in den Sinn, gewissermaßen auf die Stufe des alteuropäischen Geschichtsverständnisses zurückzufallen; die Historie konnte diese didaktische Funktion vielmehr nur in den neuen Dimensionen erfüllen, die das Fach im Zuge der Historisierung erreicht hatte. Die Aufgabe war, Vergangenheit, Gegenwart und Zukunft wiederum zu verbinden, aber so, dass sich daraus kein überzeitlicher, sondern ein konkreter Wirkungszusammenhang in der Zeit selbst ergab. Man suchte die Gegenwart oder den Standpunkt, den man in ihr einnahm, aus dem besonderen Verlauf der je eigenen Vergangenheit abzuleiten und daraus eine Aussicht auf die Zukunft zu gewinnen; es ging also darum, die Normen, die in der Gegenwart und damit für die Zukunft bestimmend sein sollten, aus der Geschichte selbst heraus zu rechtfertigen; das war *historia magistra vitae* unter den Bedingungen des Historismus.

Diese Zielsetzung ließ sich so lange mit derjenigen Rankes vereinbaren, wie sie auf die Klärung der historischen Voraussetzungen der Gegenwart und Zukunft aus war, ohne diesen beiden ihr eigenes Recht zu nehmen; auch Ranke, der „jede Epoche" als „unmittelbar zu Gott" erklärte und den „Unterschied zwischen den einzelnen Epochen" betonte, kannte andererseits „die innere Notwendigkeit" ihrer „Aufeinanderfolge", „ohne geradezu zu behaupten, daß die späteren in allen Zweigen den früheren vorangingen",[59] und kannte damit zugleich die Notwendigkeit, sich in der jeweils gegebenen Situation historisch zu orientieren: „ein Verständniß der Gegenwart giebt es nicht ohne Kenntniß der früheren Zeiten".[60] Aber die Kritiker Rankes brachten in diese Form einer historischen Standortbestimmung der Gegenwart ein normatives Moment, das aus der geschichtlichen Betrachtungsweise herausfiel, sie vielmehr umgekehrt determinierte. Jeder hatte, mit Droysen gesprochen, seinen Standpunkt, und jeder versuchte seinen Standpunkt direkt aus der Geschichte zu begründen und damit in seinem Sinne handlungsanweisend zu wirken. Der eigene Standpunkt sollte als notwendiges Ergebnis der bisherigen Geschichte erscheinen und damit in Gegenwart und Zukunft maßgeblich sein; das war „die relative Wahrheit", von der in Droysens „Historik" die Rede war. Die Historiographie Droysens lieferte dazu das klassische Exempel; sie sollte evident machen, „daß in dem Gewordenen selbst und in dem Wege, wie es geworden, dem forschenden Auge sich die ewige Vernunft jenes Werdens offenbart, das zu begreifen Trost und Erhebung, das mitwirkend weiter zu führen des thätigen Mannes höchster Beruf ist",[61] sei es, dass Droysen aus dem Verlauf der neueren Weltgeschichte den notwendigen Sieg des nationalen Verfassungsstaates oder aus der brandenburgischen Geschichte seit dem Mittelalter die Berufung des Hohenzollernstaates zur deutschen Einheit erwies. Diese normative Teleologisierung stand im formulierten Widerspruch zu Rankes Auffassung von historischer Forschung.

Natürlich vertrat auch Ranke bestimmte Wertvorstellungen. Er war Protestant, und er war Konservativer, und es macht keine Schwierigkeiten, diese Positionen in seiner Geschichtsschreibung wiederzufinden. Aber er war kein Mann der Kirche und kein *homo politicus*, sondern ein Gelehrter, dem die Kontemplation über alles ging. Auch seine Geschichtsschreibung entsprang, sosehr sie hie und da von seinen konfessionellen und politischen Ansichten gefärbt sein mochte, keinerlei genuin konfessionellen oder politischen Impulsen, sondern genuinen Erkenntnisinteressen: er wollte wirklich wissen, „wie es eigentlich gewesen"; es wäre aussichtslos, ihm andere Motive zuschreiben zu wollen. Ja, der kontemplative Habitus Rankes war so

58   Gervinus, Georg Gottfried: *Einleitung in die deutschen Jahrbücher*. 1835. In: Ders.: Gesammelte kleine historische Schriften (Ders.: Historische Schriften 7), Karlsruhe 1838, S. 313-332, hier S. 325.
59   Ranke, Leopold von:, *Über die Epochen der neueren Geschichte*, hrsg. v. Theodor Schieder/Helmut Berding (Ders.: Aus Werk und Nachlaß 2), München/Wien 1971, S. 62.
60   Ranke: Ueber die Verwandtschaft, S. 289.
61   Droysen, Johann Gustav: *Vorlesungen über die Freiheitskriege*, Bd. 1, Kiel 1846, S. 17.

ausgeprägt, dass sogar viele seiner normativen Urteile eher wie historische wirkten. Als er seit 1832 die „Historisch-politische Zeitschrift" herausgab, die die damalige preußische Politik unterstützen sollte, erklärte er es für „wahre Politik", „wenn man Jedweden nach dessen eigenem Standpunct, nach dem ihm inwohnenden Bestreben würdigt";[62] er tat damit nichts anderes, als das Postulat der Objektivität, das ihn als Historiker leitete, unvermittelt auf die Sphäre der politischen Parteikämpfe seiner Zeit zu übertragen und damit aber „das Unpolitischste von der Welt, unparteiische Wahrheitsliebe" zu fordern,[63] und es ist daher begreiflich, dass dieser einzige Versuch Rankes, als politischer Publizist hervorzutreten, schon nach wenigen Jahren ein ruhmloses Ende fand. Allerdings war Rankes historischem Denken ein spezifischer politischer Zug eigentümlich, aber nur insoweit, als es sich darum handelte, die historischen Grundlagen der gegenwärtigen Politik nachzuweisen und damit die Voraussetzungen sichtbar zu machen, unter denen sie stattfand und von denen sie tunlichst nicht absehen durfte. Generell war es Rankes Sache, normative Probleme in Erkenntnisprobleme zu verwandeln, die historische Substanz freizulegen, die in ihnen enthalten war, und damit die Gegenwart über ihre Herkunft aufzuklären. Rankes Geschichtsschreibung sollte dieses Orientierungsbedürfnis erfüllen; das war jenes „Verständniß der Gegenwart", das es „ohne Kenntniß der früheren Zeiten" nicht gebe, und das war die einzige Gegenwartsbedeutung, die sich der autonom gewordenen Historie zusprechen ließ. Die Kritiker Rankes unterschieden sich dadurch von ihm, dass sie bei einem solchen „Verständniß der Gegenwart" nicht stehenblieben, sondern aus der „Kenntniß der früheren Zeiten" direktes Handlungswissen für die Gegenwart gewinnen wollten.

Das von Ranke verschiedene Ziel bedingte einen anderen Einsatz der kritischen Quellenforschung. Bei Ranke war sie auf eine zum Selbstzweck erhobene historische Erkenntnis hingeordnet und damit von allem entbunden, was sie bis dahin in Fesseln geschlagen hatte. Bei Rankes Kritikern war sie, über die bloße historische Erkenntnis hinweg, auf einen normativen Endzweck hingeordnet und damit wiederum, wenn auch auf einer höheren Ebene, in ihrer Reichweite begrenzt. Sie mochte noch so weit entfaltet sein; immer blieb ein unverfügbarer normativer Rest, dessen sie sich nicht bemächtigen konnte. Bei Ranke lieferte die kritische Quellenforschung Bausteine für ein noch zu errichtendes historisches Gebäude, bei Rankes Kritikern, jedenfalls zuletzt, Beweismittel für eine schon vorher feststehende normative Position.

Diese neue Bewertung berührte grundsätzlich nicht die Geltung des quellenkritischen Verfahrens selbst, führte aber bei dessen Anwendung zu gewissen Modifikationen, die sich in konträren oder konträr anmutenden Formen ausprägten. Auf der einen Seite stufte man die kritische Quellenforschung wiederum herab: sie war unerläßlich, aber sie trat qualitativ zurück hinter einer historischen Erkenntnis, die auf Handlungsanweisungen zulief. Wenn Droysen die Kritik der Interpretation nachordnete, dann schwang immer auch dieses normative Kriterium mit. Auf der anderen Seite suchte man, paradox genug, der Quellenforschung einen, verglichen mit Ranke, weiteren Umfang zu geben.

Ein durchgehender Vorwurf gegen Ranke lautete, dass er einseitig mit Regierungsakten arbeite. „Diplomatische Papiere und Relationen, Gesandtschaftsberichte, officielle Verhandlungen und Beschlüsse sind", so schrieben die „Hallischen Jahrbücher", „seine eigentliche, oft einzige Quelle"; aber oft ereigne es sich, „daß die Entwicklung und das Leben ganz aus der Verwaltung wie aus der Diplomatie gewichen ist, und die geschichtlichen Momente sich mithin nur da antreffen lassen, wo die Regierung und ihr Archiv nicht anzutreffen ist".[64] Bei Ger-

62 HISTORISCH-POLITISCHE ZEITSCHRIFT, hrsg. v. Leopold Ranke, Bd. 1, Hamburg 1832, S. 2.
63 Vossler, Otto: *Ranke und die Politik*. In: Ders.: Geist und Geschichte. Von der Reformation bis zur Gegenwart. Gesammelte Aufsätze, München 1964, S. 166-183, hier S. 176.
64 [Köppen]: Die berliner Historiker, S. 430f.

vinus heißt es im Eingang zu seiner „Geschichte des neunzehnten Jahrhunderts" noch schärfer,

> „daß doch die allgemeine Gestalt der Thatsachen dieser Zeit, das Wesentliche in ihnen,
> das nicht in den Geheimnissen der Regierungen und der Diplomaten sondern in den of-
> fenkundigen Bewegungen und Strebungen der Völker beider Erdhälften nach Freiheit
> und Selbstherrschaft gelegen ist, durch solche nachfließende Quellen wenige Verände-
> rungen erleiden wird",[65]

die Zeitgeschichte hatte also aus anderen Dokumenten zu schöpfen. Auch Droysen bemängelte die materiale Enge der „Kritischen Schule" und suchte demgegenüber den ganzen möglichen Reichtum historischer Zeugnisse auszumessen.[66] Es war offenkundig, dass hinter dieser
nicht ganz abwegigen Kritik ein ernstzunehmender wissenschaftlicher Anspruch steckte, aber
ebenso unleugbar, dass sich hier auch und vielleicht zunächst normative Präferenzen geltend
machten. Es gab einen Zusammenhang zwischen Gervinus' demokratischer Gesinnung oder
Stimmung nach 1848/49 und seiner Abneigung gegen die in den Staatsarchiven verwahrten
regierungsamtlichen Dokumente. Man unterstellte freilich manchmal auch bei Rankes Quel-
lenauswahl politische Motive; seine Charakteristik als gouvernemental eingestellter Quellenforscher war geradezu notorisch: „Von den Höfen, denen er seine diplomatische Kunde verdankte, blickte er ungern hinab in die Niederungen der Gesellschaft".[67] Diese Einschätzung
traf sicher Richtiges, aber doch gewiss nicht den Kern der Rankeschen Quellenforschung, die
eben nicht primär auf politische Interessen zurückzuführen war.

Noch ein anderer Unterschied war nicht zu übersehen; er betraf die Intensität der Quellenforschung und die Handhabung des wissenschaftlichen Apparats. Leo, der die kritische
Abhandlung Rankes von 1824 lobte, vermisste zugleich an den „Geschichten der romanischen
und germanischen Völker" selbst „Gründlichkeit der Forschung": „Man schlage nach, auf jedem Blatte fast wird ein verdrehtes, ein nichtssagendes oder nachlässig benutztes Citat zu finden seyn", „da nirgends in dem Werke ein zuversichtliches Vertrauen erweckt wird".[68] In der
Tat fällt die Lässigkeit auf, mit der Ranke sein Erstlingswerk annotierte; Anthony Grafton hat
das kürzlich in einem köstlichen Essay vorgeführt.[69] Schon früher hat Arthur Geoffrey Dickens nachgewiesen, dass es mit den Archivstudien Rankes im Vorfeld der „Deutschen Geschichte im Zeitalter der Reformation" nicht allzu weit her gewesen sei: er habe die Akten nur
obenhin durchgesehen und großenteils gedruckte Quellensammlungen benutzt.[70] Man kann
das verallgemeinern: Rankes Archivstudien und Quellenstudien überhaupt waren in höchstem
Maße selektiv, sein Desinteresse an ausufernder äußerlicher Dokumentation offensichtlich.
Das gewiss nicht unerfreuliche Ergebnis dieser Arbeitsweise war, dass er, von seinen Anfängen und von der „Weltgeschichte" abgesehen, alle seine historiographischen Projekte durchgeführt hat; seine klassischen Werke, von der „Geschichte der Päpste" bis zur „Englischen Geschichte", sind allesamt vollendet. Merkwürdig anders stand es auf der Gegenseite. Autoren
wie Droysen und Treitschke gerieten bei der Abfassung ihrer Hauptwerke immer tiefer ins
Quellenstudium hinein; sie jagten einem Hang nach Vollständigkeit nach, der sie schließlich in
den Massen des zu sichtenden Materials förmlich versinken ließ; die Anmerkungen spiegeln
das wider, auch wenn sie von den Exzessen der alteuropäischen wie der heute mancherorts
zur Schau getragenen Gelehrsamkeit weit entfernt sind. Es kann daher nicht verwundern, dass
weder die „Geschichte der preußischen Politik" noch die „Deutsche Geschichte im Neun-

---

65   Gervinus: Geschichte, hier Bd. 1, S. VII.
66   Droysen: Historik, S. 11f.
67   Treitschke: Deutsche Geschichte, hier Bd. 4, S. 457.
68   Leo: Ergänzungsblätter, Sp. 134, 136 u. 140.
69   Grafton: Die tragischen Ursprünge, S. 78ff. u. 225f.
70   Dickens, Arthur Geoffrey: *Ranke as Reformation Historian*. In: Ders.: Reformation Studies (History Series 9),
      London 1982, S. 565-581, bes. S. 574.

zehnten Jahrhundert" fertig geworden sind. Gewiss, Droysen und Treitschke starben über ihren Werken, aber sie hatten schon jahre- oder jahrzehntelang daran gearbeitet, und es war bei
ihrem Tod nicht abzusehen, wann jemals ein Ende erreicht sein würde, ja, ob es überhaupt eine klare Disposition für eine erfolgreiche Durchführung gab.

Das ist ein eigentümlicher Befund, der alle Verhältnisse auf den Kopf zu stellen scheint.
Natürlich bedarf es hier der Relativierung: Ranke hat selbstverständlich, bei aller Selektivität
seines Vorgehens, jeweils beträchtliche Quellenstudien betrieben, wie vor allem die Analekten
zu seinen Werken ausweisen, und andererseits haben die Kritiker Rankes, bei aller Redundanz
ihrer Quellenarbeit, nicht nur viele vollendete Werke herausgebracht, sondern auch in man-
chem Teilband ihrer unvollendeten Werke eine in sich geschlossene Darstellung geliefert.
Trotzdem ist an jenem Befund etwas dran, und er lässt sich ziemlich schlüssig aus der allgemeinen Differenz erklären, um die es hier geht.

Ranke hatte, aus seinem Wissenschaftsverständnis heraus, klare historische Fragestellungen, die es ihm ermöglichten, sein Quellenmaterial gewissermaßen zu beherrschen; er wusste,
wonach er zu suchen hatte, und konnte Schneisen schlagen, die ihn auch dann ans Ziel führten, wenn zwischendurch unerwartete Funde zu verarbeiten waren. Was die Dokumentation
zu seiner Darstellung anging, so fand sie weniger in den Anmerkungen als im Text selbst statt,
in dem das quellenkritisch erhobene Material in die historische Interpretation selbst einge-
schmolzen war. An ihr sollte der Erfolg der geleisteten Erkenntnis ablesbar sein; sie war der
Inbegriff jener historischen Forschung, die Ranke begründete oder mitbegründete; die Anmerkungen durften sich da mit knappen Hinweisen begnügen, die das professionelle Einverständnis des Lesers voraussetzten.[71]

Ganz anders Autoren wie Droysen und Treitschke. Sie hatten auch klare Fragestellungen,
aber politische, und wenn sie eines scheuen mussten, dann war es der Vorwurf der Tendenzhistorie, der Geschichtsklitterung. Was sie schrieben, musste den höchsten Ansprüchen an
Wissenschaftlichkeit genügen, und das erforderte vor allem ein so weit wie möglich ausge-
dehntes Quellenstudium und möglichst viele Belege. Anders gewendet: Die Quellen konnten
nur dann triftige Beweismittel für die normativen Zwecke sein, die diese Autoren verfolgten,
wenn sie *in extenso* erfasst und historisch korrekt aufbereitet wurden. Das Verfahren war bis zu
einem gewissen Grad das gleiche wie bei den alteuropäischen Gelehrten, die gleichfalls Testi-
monien für praktische Postulate, wie „Zeugenaussagen eines Gerichtsprotokolls"[72], beibrach-
ten. Droysen und Treitschke hatten mit diesen Gelehrten auch gemeinsam, dass sie die kritische Quellenforschung immer mehr von ihren normativen Zwecken abzog, zu denen sie sich
im Grunde heterogen verhielt. Sie wurden sozusagen Rankeaner wider Willen, die, da sie doch
ihren normativen Erkenntnisinteressen nicht abschwören konnten oder mochten, in dieser
Negation verharrten: ein Grund, warum sie gleichsam lebenslang und ohne Aussicht auf ein
Ende an ihren Hauptwerken schrieben, während Ranke scheinbar mühelos ein Werk nach
dem andern veröffentlichte.

---

71   Dazu vorzüglich Walther: Der „gedrungene" Stil, S. 112f.
72   Ebd., S. 112.

WIE VIEL GEGENWART VERTRÄGT HISTORISCHES URTEILEN?

DIE KONTROVERSE ZWISCHEN HEINRICH VON SYBEL UND JULIUS FICKER ÜBER DIE BEWERTUNG DER KAISERPOLITIK DES MITTELALTERS (1859-1862).

THOMAS BRECHENMACHER

Ein „politischer Professor" war Julius Ficker sicher nicht. Seine Ansichten „größeren Kreisen mundgerecht zu machen", bekannte er 1862 auf dem Höhepunkt seines Streites mit Heinrich von Sybel, dazu fehle ihm die „geeignete Darstellungsgabe."[1] Er leide unter Depressionen und Angst vor öffentlichem Auftreten.[2] Der ihm wohlgesonnene großdeutsche Historiker Onno Klopp attestierte Ficker schlichtweg mangelnden „politischen Blick".[3] Sogar Fickers jüngerer Freund Johannes Janssen ermahnte ihn: „Du mußt kürzere Sätze machen und mehr Abschnitte."[4]

Kurze Sätze bereiteten auf der anderen Seite Heinrich von Sybel wenig Probleme: Machtbewusst und durchsetzungskräftig, weltläufig, fähig zur pointierten, nicht selten auch gewaltsamen These, ein lustvoller Polemiker, verhehlte er nie, geschichtliche Entwicklungen nach ihrem jeweiligen politischen Erfolg zu bemessen.[5] „Ich bin zu 4/7 Professor und zu 3/7 Politiker."[6] In Bonn hielt Sybel 1864/65 auch eine stark besuchte Vorlesung über Politik, die der Neffe Jacob Burckhardts, Jacob Oeri, hörte. Der Onkel in Basel konnte dies nur loben, sich freilich eines suffisanten Zusatzes nicht enthalten: „Zur Vervollständigung würde nur gehören, dass gleichzeitig ein vir doctissimus in Wien vor eben so vielen Zuhörern über Preußen philosophierte und weissagte. Noch lieber wäre es mir freilich, es würde etwas eigentlich Historisches gelesen."[7] Wer den „politischen Professor" als einen solchen definiert, der nicht nur Hochschullehramt und politisches Mandat verbindet, sondern auch den Blick auf die Inhalte seines Faches aus der Perspektive politischer Zielsetzungen wirft, wird Heinrich von Sybel wohl mit Recht als eine glänzende Personifikation dieser Kategorie bezeichnen dürfen.[8]

Mit Sybel und Ficker rieben sich zwei Charaktere aneinander, die gegensätzlicher nicht hätten sein können: hier der scheu-vergrübelte Universitätslehrer und Methodiker, da der brillante offiziöse Geschichtsschreiber und – neudeutsch – Wissenschaftsmanager. Aufgrund dieser je persönlichen Schwerpunktsetzungen in der Ausübung ihres Faches deren berühmte geschichtspolitische Debatte über die Einschätzung der deutschen Kaiserpolitik des Mittelalters

---

1   Ficker an Onno Klopp, 27.12.1861 (Wien, Haus-, Hof- und Staatsarchiv [HHStA], NL Klopp, Karton 8).
2   Ficker an Thomas Georg Karajan, 19.2. und 3.3.1867 (Wien, Österreichische Nationalbibliothek [ÖNB], Autogr. 169/8).
3   Zit. aus einem Brief Klopps an seine Frau von 1867 (In: Schnabel, Franz (Hrsg.): *Onno Klopp*. Leben und Wirken, dargestellt von Wiard von Klopp, München 1950, S. 102).
4   Janssen an Ficker, 3.1.1862 (Wien, Institut für österreichische Geschichtsforschung [IÖG], NL Ficker).
5   Dotterweich, Volker: *Heinrich von Sybel*. Geschichtswissenschaft in politischer Absicht (1817-1861), Göttingen 1978, S. 217.
6   Bluntschli, Johann Caspar: *Denkwürdiges aus meinem Leben*. Hrsg. von R. Seyerlen, Bd. 2, Nördlingen 1884, S. 309.
7   Jacob Burckhardt an Jacob Oeri, 18.12.1864 (In: Burckhardt, Max (Hrsg.): *Jacob Burckhardt Briefe*, Birsfelden/Basel o. J. [1965], S. 251f.); vgl. auch Hübinger, Paul Egon: *Das Historische Seminar der Rheinischen Friedrich-Wilhelms-Universität zu Bonn*. Vorläufer – Gründung – Entwicklung. Ein Wegstück deutscher Universitätsgeschichte. Mit einem Beitrag von Wilhelm Levison (Bonner Historische Forschungen 20), Bonn 1963, S. 121.
8   Zum Begriff des „politischen Professors" vgl. jetzt Muhlack, Ulrich: *Der „politische Professor" im Deutschland des 19. Jahrhunderts*. In: Roland Burkholz/Christel Gärtner/Ferdinand Zehentreiter (Hrsg.): Materialität des Geistes. Zur Sache Kultur – im Diskurs mit Ulrich Oevermann, Göttingen 2001, S. 185-204.

zwischen die Pole einer „reinen" und einer „dienenden" Wissenschaft zu setzen, wäre gleichwohl verfehlt. Sie nach der Stichhaltigkeit der von beiden Seiten geäußerten politischen Urteile bewerten zu wollen,[9] wäre ebenso unzeitgemäß, wie es anachronistisch wäre, von einem heutigen Wissenschaftsbegriff her darüber befinden zu wollen, welche Partei sich auf einem höher entwickelten fachwissenschaftlichen Niveau bewegte. Weder stand, um einige Einschätzungen aus der Historiographiegeschichte zu bemühen, eine „ältere" gegen eine „neuere" Richtung,[10] weder stand *nur* großdeutsche gegen *nur* kleindeutsche Orientierung,[11] weder *nur* Idealismus gegen *nur* Realismus.[12] Auch eine zu strikte Spaltung in „wissenschaftliche" (Ficker) und „politische" Meinungsbildung (Sybel) trifft den Kern der Kontroverse nicht.[13] Obwohl Julius Ficker der „wissenschaftlichere" und höchstens „politisierende" Professor war, leiteten ihn in der Auseinandersetzung mit Sybel gleichwohl sehr klare politische Zielvorstellungen, und obwohl auf der anderen Seite Heinrich von Sybel als wirklich „politischer" Historiker agierte, lag seiner Arbeit doch auch ein klares und reflektiertes wissenschaftliches Ethos zugrunde.

In einer tagespolitisch stark aufgeheizten Situation traten zwei herausragende, persönlich, weltanschaulich und vom Fachverständnis her völlig inkommensurable Wissenschaftler zu einer politischen Debatte über die Lehren an, die aus der deutschen Geschichte für die Gegenwart zu ziehen seien. Dass und wie sich in den Positionen der Kontrahenten Ficker und Sybel angesichts des nationalen Gedankens die fundamentale politisch-historisch-konfessionelle Spaltung Deutschlands in ein großdeutsch-katholisches und ein kleindeutsch-protestantisches, borussianisches Lager verdichtete, ist oft genug dargestellt worden.[14] Für einen Versuch, den Stellenwert der Sybel-Ficker-Debatte innerhalb des Prozesses der Historisierung und Politisie-

---

9 Diese Tendenz z. B. in der Einleitung von Schneider, Friedrich (Hrsg.): *Universalstaat oder Nationalstaat. Macht und Ende des Ersten deutschen Reiches. Die Streitschriften von Heinrich von Sybel und Julius Ficker zur deutschen Kaiserpolitik des Mittelalters*, Innsbruck 1941, S. XI–XXXVI; ähnlich ders.: *Die neueren Anschauungen der deutschen Historiker über die Kaiserpolitik des Mittelalters*, Weimar 1934, 5. Auflage, Weimar 1942.

10 So Fueter, Eduard: *Geschichte der neueren Historiographie*, 3. Auflage, München/Berlin 1936, ND Zürich 1985, S. 539.

11 Mit dieser Tendenz Srbik, Heinrich Ritter von: *Geist und Geschichte vom deutschen Humanismus bis zur Gegenwart*, Bd. 2, München/Salzburg 1951, S. 33-39.

12 So etwa Jung, Julius: *Julius Ficker (1826-1902)*. Ein Beitrag zur deutschen Gelehrtengeschichte, Innsbruck 1907, S. 339, in Anschluss an die *Rezension* von Georg Waitz zu Fickers „Das deutsche Kaiserreich in seinen universalen und nationalen Beziehungen" und Sybels „Die deutsche Nation und das Kaiserreich". In: GÖTTINGISCHEN GELEHRTEN ANZEIGEN (1862), S. 121-132; Wiederabdruck der Rezension in: Schneider: Universalstaat oder Nationalstaat, S. 261-268; Tendenz noch bei Dotterweich: Sybel, S. 365.

13 Tendenz bei Ehlers, Joachim: *Die deutsche Nation des Mittelalters als Gegenstand der Forschung*. In: Ders. (Hrsg.): Ansätze und Diskontinuität deutscher Nationsbildung im Mittelalter (Nationes 8), Sigmaringen 1989, S. 11-58, hier S. 18-20.

14 Schneider: Universalstaat oder Nationalstaat; ausführlich Jung: Ficker, S. 307-354; Srbik: Geist und Geschichte II, S. 33-39; weiterhin: Davidsohn, Robert: *Die Vorstellungen vom alten Reich in ihrer Einwirkung auf die neuere deutsche Geschichte*, München 1917; Schieblich, Walter: *Die Auffassung des mittelalterlichen Kaisertums in der deutschen Geschichtschreibung von Leibniz bis Giesebrecht*, Berlin 1932; Hostenkamp, Heinrich: *Die mittelalterliche Kaiserpolitik in der deutschen Historiographie seit v. Sybel und Ficker*, Berlin 1934; Menzel, Werner: *Das Volkstum in der deutschen Geschichtsschreibung seit den Befreiungskriegen*, Halle 1939; Smidt, Wilhelm: *Deutsches Königtum und deutscher Staat des Hochmittelalters während und unter dem Einfluß der italienischen Heerfahrten. Ein zweihundertjähriger Gelehrtenstreit im Lichte der historischen Methode zur Erneuerung der abendländischen Kaiserwürde durch Otto I.*, Wiesbaden 1964; Kleinknecht, Thomas: *Mittelalterauffassung in Forschung und politischer Kontroverse*. In: Heinz Dollinger (Hrsg.): Weltpolitik, Europagedanke, Regionalismus. Festschrift für Heinz Gollwitzer zum 65. Geburtstag, Münster 1982, S. 269-286; Deisenroth, Alexander: *Deutsches Mittelalter und deutsche Geschichtswissenschaft im 19. Jahrhundert. Irrationalität und politisches Interesse in der deutschen Mediävistik zwischen aufgeklärtem Absolutismus und erstem Weltkrieg*, 2. Auflage, Rheinfelden 1985; Ehlers: Die deutsche Nation des Mittelalters als Gegenstand der Forschung; Boockmann, Hartmut: *Ghibellinen oder Welfen, Italien- und Ostpolitik. Wünsche des deutschen 19. Jahrhunderts an das Mittelalter*. In: Reinhard Elze/Pierangelo Schiera (Hrsg.): Das Mittelalter im 19. Jahrhundert in Italien und Deutschland, Bologna/Berlin 1988, S. 127-150. Auf Gramley, Hedda: „*Propheten des deutschen Nationalismus"*. Theologen, Historiker und Nationalökonomen (1848–1880), Frankfurt a. M. 2001, wurde ich erst nach Fertigstellung des Manuskripts aufmerksam.

rung des öffentlichen Lebens im Deutschland des 19. Jahrhunderts (5.1.) zu bestimmen, scheinen vielmehr zwei Fragen von Interesse: 1) Wie nachhaltig wirkte diese geschichtspolitische Debatte auf das Geschichtsbild der nichtwissenschaftlichen Öffentlichkeit (5.2.)? 2) Welche Folgen hatte sie für die weitere Entwicklung der Fachwissenschaft (5.3.)?

Die inhaltlichen Argumente brauchen im Detail nicht wiederholt, sondern nur insofern angesprochen zu werden, als sie für die Beantwortung dieser Leitfragen Bedeutung gewinnen. Einige Informationen zu den Biographien der Kontrahenten (1.) zu ihren historisch-politischen „Startpositionen" (2.), zum politischen Hintergrund der Debatte (3.), ihrem Ablauf und sachlichen Kern (4.) dienen jedoch der Vorbereitung entsprechender Überlegungen (5.).

1 Heinrich von Sybel – Julius Ficker. Zwei Biogramme

Heinrich von Sybel, geboren 1817 in Düsseldorf, Protestant, wuchs in seiner Heimatstadt im Milieu eines aufklärerisch-protestantisch geprägten, rheinischen, liberal-konservativen Besitz- und Bildungsbürgertums auf.[15] Dem Studium der Geschichte in Berlin, vor allem im Seminar Rankes, schlossen sich Jahre als Extraordinarius mit mediävistischem Schwerpunkt in Bonn und als Ordinarius in Marburg an. 1848 Abgeordneter des Frankfurter Vorparlaments, wandte er sich unter dem Eindruck der Revolution dauerhaft der neueren und neuesten Geschichte zu. 1856 berief ihn König Maximilian II. von Bayern statt des eigentlich gewünschten Leopold von Ranke zum Ordinarius der Geschichte nach München. Dort entfaltete Sybel eine ausgedehnte wissenschaftsorganisatorische Aktivität, gründete unter anderem das Historische Seminar an der Universität sowie die Historische Zeitschrift und wurde zum ersten Sekretär der Historischen Kommission bei der Bayerischen Akademie der Wissenschaften gewählt. In München aufgrund seines politischen Engagements nicht mehr haltbar, kehrte Sybel 1861 als Nachfolger Friedrich Christoph Dahlmanns nach Bonn zurück. 1862 bis 1864 sowie 1874 bis 1880 gehörte Sybel dem preußischen Abgeordnetenhaus an. Seit 1875 leitete er in Berlin als Direktor die preußischen Staatsarchive, seit 1886 als Präsident die Münchener Historische Kommission. Heinrich von Sybel starb 1895 in Marburg.

Äußerlich weniger glanzvoll war die Karriere Julius Fickers. Geboren 1826 in Paderborn, katholisch, wuchs er in Münster, im Milieu westfälisch-katholischer aber nicht preußenfeindlicher Beamtenaristokratie auf.[16] Nach dem Studium der Geschichte in Bonn und Münster begab er sich im Revolutionsjahr 1848 zunächst nach Berlin, dann nach Frankfurt, wo er im Umkreis der konservativ-katholischen Abgeordneten den großdeutschen(-katholizistischen)

---

15   Sybels Vater war Verwaltungsjurist, Eisenbahnaktionär und Rittergutbesitzer (vgl. Paul, Ina Ulrike: *Aufstieg ins Großbürgertum*. Lebensweg und Lebenserinnerungen des Geheimen Regierungsrats Heinrich Philipp Ferdinand von Sybel (1781-1870). Ein Beitrag zur Geschichte des rheinischen Bildungs- und Wirtschaftsbürgertums in der ersten Hälfte des 19. Jahrhunderts, München 1997). Varrentrapp, Conrad: *Biographische Einleitung*. In: Ders. (Hrsg.): *Heinrich von Sybel*. Vorträge und Abhandlungen, München/Leipzig 1897, S. 1-156; Seier, Hellmut: *Heinrich von Sybel*. In: Hans-Ulrich Wehler (Hrsg.): Deutsche Historiker, Bd. 2, Göttingen 1971, S. 24-38; Dotterweich: Sybel. Hinweise auf die ältere wie neuere Sybel-Literatur hier sowie bei Bahners, Patrick: *Akademischer Rausch und politische Ernüchterung*. Heinrich von Sybel als Geschichtsschreiber der deutschen Revolution. In: Ders./Gerd Roellecke (Hrsg.): 1848 – Die Erfahrung der Freiheit, Heidelberg 1998, S. 163-187.
16   Fickers Stiefvater war der Vizepräsident des Oberlandesgerichtes in Münster, Franz Scheffer-Boichorst. Über Ficker nach wie vor unentbehrlich: Jung: Ficker; mit weiterführenden Literaturhinweisen Gollwitzer, Heinz: *Westfälische Historiker des 19. Jahrhunderts in Österreich, Bayern und der Schweiz*. In: WESTFÄLISCHE ZEITSCHRIFT 122 (1972), S. 9-50; Oberkofler, Gerhard/Goller, Peter (Hrsg.): *Alfons Huber. Briefe 1859-1898*. Ein Beitrag zur Geschichte der Innsbrucker Historischen Schule um Julius Ficker und Alfons Huber, Innsbruck/Wien 1995; Brechenmacher, Thomas: *Julius Ficker*. Ein deutscher Historiker in Tirol. In: GESCHICHTE UND REGION/STORIA E REGIONE. JAHRBUCH DER ARBEITSGRUPPE REGIONALGESCHICHTE BOZEN 5 (1996), S. 53-92.

Historikern August Friedrich Gfrörer und Johann Friedrich Böhmer nahe trat. Vor allem Böhmer, Frankfurter Stadtbibliothekar und Schöpfer der „Kaiserregesten", prägte maßgeblich nicht nur Fickers Grundverständnis von der deutschen Geschichte, sondern auch seinen Wissenschaftsbegriff. 1851 Privatdozent in Bonn, erhielt Ficker 1852 im Zuge der Hochschulreform des österreichischen Unterrichtsministers Leo Graf Thun einen Ruf auf die Professur für allgemeine Geschichte in Innsbruck. Trotz mehrerer Gelegenheiten, an andere Universitäten zu wechseln, blieb Ficker Innsbruck treu. 1863 wechselte er in die juristische Fakultät auf die Professur für deutsche Reichs- und Rechtsgeschichte; 1879 zog er sich von der Universität zurück und lebte und arbeitete seitdem als Privatgelehrter. Julius Ficker starb 1902 in Innsbruck.

2 Startpositionen

Für eine Debatte über die Bewertung der Kaiserpolitik des Mittelalters waren beide 1859 sicherlich vergleichbar qualifiziert. Sybel hatte sich nach seiner frühen, von Ranke angeleiteten Arbeit über den ersten Kreuzzug (1841) der Geschichte des ersten nachchristlichen Jahrtausends zugewandt und 1844 eine eigenwillige Deutung der „Entstehung des deutschen Königthums" vorgelegt. Bereits hier zeigte sich seine Fähigkeit, quer zur dominanten Richtung liegende Thesen zu vertreten und kreativ zu begründen. Gegen Jacob Grimm vor allem und dessen Postulat eines uranfänglichen Vorhandenseins „deutscher Kultur", pochte Sybel auf den Aspekt des Gewordenen und schrieb den Germanen zur Zeit Cäsars nicht bereits Kultur selbst, sondern lediglich Kulturfähigkeit zu, aus der sich dann unter Anverwandlung römischer Einflüsse das „deutsche Königthum" im Laufe der Jahrhunderte aus halbnomadischen Anfängen erst herausgebildet habe.[17] Den Übergang vom Nomadentum zum sesshaften Stamm versuchte er auch agrarhistorisch nachzuweisen; den auch hinter einer Kritik seines Alters- und Studiengenossen Georg Waitz verborgenen Vorwurf des mangelnden Patriotismus wies er souverän zurück. Waitz' Einwand, Sybel stelle die Deutschen den Schwarzen gleich, die „jeder eigentümlichen Entwicklung unfähig erscheinen und nur in den Formen, mit den Elementen europäischer Civilisation hier und da zur unabhängigen Herrschaft gelangt" seien, entgegnete Sybel:

> „Waitz fürchtet, daß meine Behauptungen geeignet seien, eine Vergleichung der deutschen Reiche vom Jahr 500 mit den Neger- und Mulattenstaaten Amerikas zu veranlassen: ich kann nur erwidern, daß die Statthaftigkeit dieses Vergleichs unbestreitbar sein wird, wenn nach einem Jahrtausend die westindischen Neger auf uns zurücksehen dürfen, wie wir auf die Augusteischen und Konstantinischen Zeiten."[18]

Am Nachweis eines autochthonen, bis in alle Ewigkeit zurückreichenden „deutschen Nationalcharakters" war Sybel nicht interessiert, nachdem er erkannt hatte, dass ein solches Bemühen unhistorisch gewesen wäre. Romantisierender Patriotismus widersprach seinem wissenschaftlichen Ethos, wie er überhaupt der Konstruktion von Kontinuitäten – vorzugsweise aus dem katholisch-konservativen und „ultramontanen" Lager – mit Misstrauen gegenüberstand. In seiner ersten großen, öffentlichkeitswirksamen Polemik führte Sybel 1844/45 zusammen mit dem Orientalisten Johannes Gildemeister die kritische Methode gegen die Echtheit des Trierer Heiligen Rockes ins Feld, provozierte damit freilich die Replik eines noch fähigeren Polemikers, Joseph Görres', der Sybels Ansatz dadurch den Boden entzog, dass er die kritische Methode nicht für zuständig erklärte, wo es um Fragen christlicher Symbolik ging.[19] Eine

---

17   Sybel, Heinrich von: *Entstehung des deutschen Königthums*, 2. Auflage, Frankfurt a. M. 1881, S. 5f.
18   Zit. nach Varrentrapp: Biographische Einleitung zu Sybel: Vorträge und Abhandlungen, S. 28f.
19   Vgl. Görres, Joseph: *Die Wallfahrt nach Trier (1845)*. Bearb. von Irmgard Scheitler (Gesammelte Schriften 17.4), Paderborn/München/Wien 2000.

Kontinuitätslegende zu entlarven, war Sybel auch in seinem Aufsatz über die christlich-germanische Staatslehre 1851 angetreten, hatte zu zeigen versucht, dass das in der Reaktion auf die Revolutionszeit hervorgetretene katholisch-legitimistische Staatsdenken der Restauration irre, wenn es sich zum Erben und Sachwalter unabänderlicher abendländisch-christlicher Wertvorstellungen stilisiere. Glaubenseinheit, Katholizität zumal, erachtete Sybel nicht als notwendig für das Gedeihen eines Staates; das „mittelalterliche Princip: ohne den rechten Glauben keine Moral noch Rechtssicherheit!" habe alle Bedeutung verloren.[20] Fünf Jahre später, noch in Marburg, hatte er in einer Rede „Über den Stand der neuern deutschen Geschichtschreibung" Kernthesen der späteren Debatte mit Ficker vorweggenommen und ein „enges Bündniß der Politik und Wissenschaft" als Voraussetzung einer „sittlich begeisternden" Geschichtsschreibung gefordert.[21] Schließlich war er in seiner eigenen historiographischen Arbeit 1859 bereits weit in die neuere Geschichte vorgedrungen, hatte 1853, 1854 und 1858 die ersten drei Bände seiner „Geschichte der Revolutionszeit" vorgelegt, jenes Monumentalwerks, dessen Ergebnisse zehn Jahre nach der Kontroverse mit Ficker ebenfalls zum Gegenstand einer geschichtspolitischen Debatte werden sollten.

War Sybel der geistig beweglichere, leichthändigere Historiker, so Ficker der gründlichere, nachdenklichere. Julius Fickers historische Interessen erwuchsen aus einer Verbindung von rheinisch-westfälischer Regionalgeschichte und der Reichsgeschichte der Stauferzeit, in der er, Böhmer folgend und nicht ohne idealisierende und stilisierende Tendenzen, den Höhepunkt „der Größe und Macht unseres Vaterlandes" sah, „als der deutsche Name noch geachtet und gefürchtet wurde in der ganzen Christenheit, als der Gedanke der deutschen Einheit nicht bloss in Erinnerungen und Hoffnungen lebte, sondern verwirklicht war in einem nach Innen wie nach Aussen starken und mächtigen Reiche".[22] Geschichtsphilosophische Spekulation lag Ficker eher fern, obgleich er über klare metahistorische Prinzipien verfügte, die er gerade auch in der Auseinandersetzung mit Sybel präzisierte und formulierte. Zu seinem eigentlichen Metier sollte sich in Innsbruck freilich die Ausarbeitung einer „mittelalterlichen Alterthumskunde systematisch geordnet"[23] entwickeln, zu deren Kernbereichen Quellenkunde, Hilfswissenschaften, insbesondere Diplomatik, historische Kritik und historische Hermeneutik zählten. Seit 1854 trug Ficker seine vielgerühmte „Anleitung zur Geschichtsforschung" vor, mit der er eine der Lieblingshoffnungen seines Frankfurter Lehrmeisters erfüllte und eine methodisch fundierte Mediävistik in Österreich einführte. Seine Forschungen zum Reichsfürstenstand, deren erster Band 1861 erschien, sowie die an die Auffindung der Deutschenspiegelhandschrift in der Innsbrucker Universitätsbibliothek anknüpfenden Untersuchungen über Genese und Verhältnis von Sachsenspiegel und Schwabenspiegel von 1859 führten Ficker für sein ganzes weiteres wissenschaftliches Leben auf das Gebiet der Rechts- und Verfassungsgeschichte des mittelalterlichen Reiches. Während Sybel thematisch wie methodisch in die Breite wirkte, konzentrierte sich Ficker nach 1860 ohne weitere Rücksichtnahme auf öffentliche Wirkung oder weitere akademische beziehungsweise wissenschaftspolitische Karriere zunehmend auf sein Spezialgebiet, dem er in monumentalen, bis heute rezipierten Werken von schwerer und spröder Wissenschaftlichkeit wesentliche Grundlagen schuf.[24]

20   Sybel, Heinrich von: *Die christlich-germanische Staatslehre*. In: Ders.: Kleine Historische Schriften I, 3. Auflage,
     Stuttgart 1880, S. 365-414, hier S. 406.
21   Sybel, Heinrich von: *Über den Stand der neuern deutschen Geschichtschreibung*. In: Ders.: Kleine Historische
     Schriften I, S. 349-364, hier S. 354.
22   Ficker, Julius: *Reinald von Dassel*. Reichskanzler und Erzbischof von Köln 1156-1167, Köln 1850, ND Aalen
     1966, S. 1; vgl. auch Brechenmacher: Ficker, S. 57-65.
23   Ficker an Böhmer, 12.12.1854 (IÖG, NL Ficker).
24   Fickers anhaltende Bedeutung für die mediävistische Forschung belegt der große, dreibändige Nachdruck
     seiner wichtigen Schriften von 1981. Ficker, Julius: *Ausgewählte Abhandlungen zur Geschichte und Rechtsgeschichte
     des Mittelalters*, 3 Bde., zusammengestellt und eingeleitet von Carlrichard Brühl, Aalen 1981.

3 Der politische Hintergrund

Nicht von ungefähr entspann sich die Sybel-Ficker-Kontroverse in jener Phase, als sich nach zehnjähriger Flaute die deutsche Frage zum ersten Mal seit der Revolution von 1848/49 wieder zu regen begann. Der Impuls kam aus der Tagespolitik : Die „Neue Ära" in Preußen und vor allem der italienische Krieg vom Sommer 1859 hatten leidenschaftliche Diskussionen über Sinn und Zukunft des Deutschen Bundes, über die Rolle der beiden Großmächte in einem deutschen Nationalstaat hervorgerufen. Die Frage nach dem Bündnisfall, nach einer Mobilisierung des Bundesheeres und insbesondere preußischer Hilfe für Österreich gegen Frankreich erhitzte monatelang die Gemüter. Wenn auch die einschlägigen Bestimmungen der Bundesakte ein solches Eingreifen nicht ausdrücklich forderten, so doch eine wachsende patriotische Strömung, als deren Wortführer nicht nur ausgewiesene Großdeutsche auftraten. Preußens hinhaltendes Taktieren trug in diesem Fall nicht dazu bei, „moralische Eroberungen" in Deutschland zu machen, wie der Regent Prinz Wilhelm als Leitmotiv der „Neuen Ära" ausgegeben hatte. Der eilige Waffenstillstand und Präliminarfrieden von Villafranca, der Österreich die Lombardei kostete und den Weg zur Gründung des italienischen Nationalstaates ebnete, beendete die akute Krise vor der Entscheidung über einen preußischen Waffengang. Keineswegs ebbte jedoch der neuentfachte politische Wellengang in Deutschland ab; die Lager begannen sich – etwa durch die Gründung des deutschen Nationalvereins im Herbst 1859 – neu zu formieren; das italienische Beispiel blieb nicht ohne Rückwirkung auf Deutschland.

Die politisch-militärische Zuspitzung der Situation in Oberitalien musste eine auch aus der Geschichte schöpfende politische Auseinandersetzung geradezu provozieren. Nicht so sehr der Wortlaut der Bundesakte, so lautete ein Argument, sei maßgeblich, sondern die Tradition des Alten Reiches, die oft genug Truppen von jenseits der Alpen zur Unterstützung der Reichsbelange in Italien gesehen habe. Julius Ficker hielt die preußische Politik von 1859 für schlichtweg verräterisch und, mit Blick auf Pläne eines „gothaischen Kaiserthums", für „tückisch"; Preußen habe Österreich im Stich gelassen.[25] In jenem Jahr Rektor, konnte er sich in der Kompanie der Innsbrucker Universität am Feldzug selbst nicht beteiligen; erst im Krieg von 1866 sollte Ficker als Leutnant einer freiwilligen akademischen Schützenkompanie nach Italien ziehen.[26] Sybel in München wiederum musste infolge seines offenen Eintretens für preußische Zurückhaltung eine erste wirkliche Schwächung seiner dortigen Stellung hinnehmen.[27] Die Stimme der gegen die „Nordlichter" gerichteten einheimischen Konservativen fand seit 1859 in der Öffentlichkeit und auch bei Hofe wieder mehr Gehör; auch traten die Dissonanzen zwischen König Maximilians bevorzugtem deutschlandpolitischem Modell, der Trias, und Sybels Präferenz für eine kleindeutsch-borussianische Lösung seit jenem Jahr stärker zutage.[28] Zwar versuchte Sybel, seine stark frequentierten öffentlichen Vorträge des Frühjahrs 1860 in ihrer gewöhnlich österreichfeindlichen Tendenz etwas zu mildern und so die Spannungen abzubauen;[29] gleichwohl musste er im November eine schmerzliche gremienpolitische Niederlage hinnehmen. Nicht ihn, sondern Ignaz Döllinger wählte die historische Klasse der Bayerischen Akademie der Wissenschaften zu ihrem Sekretär. Die Anfrage aus Bonn vom Frühjahr 1861, dort die Nachfolge Dahlmanns anzutreten, bot dem in seinem Streben

25   Ficker an Böhmer, 29.7.1859 (IÖG, NL Ficker).
26   Jung: Ficker, S. 308; Huber: Briefe, S. 107-112.
27   Dotterweich: Sybel, S. 358-374.
28   Zu dieser Thematik insges. vgl. Sing, Achim: *Die Wissenschaftspolitik Maximilians II. von Bayern (1848-1864)*. Nordlichterstreit und gelehrtes Leben in München (Ludovico Maximilianea. Forschungen 17), Berlin 1996.
29   Ficker an Böhmer. 11.4.1860 (IÖG, NL Ficker); vgl. auch Jung: Ficker, S. 311, mit falscher Datierung des Briefes. Sybel, Heinrich von: *Die Erhebung Europas gegen Napoleon I*. Drei Vorlesungen, gehalten zu München am 24., 27. und 30. März 1860. In: Ders.: Kleine Historische Schriften, S. 247-347.

nach wissenschaftlicher und politischer Richtlinienkompetenz verletzten Sybel eine willkommene Gelegenheit, München zu verlassen.[30]

4 Die Kontroverse: Ablauf, Inhalte, Weiterungen

Als Sybel am 28. November 1859 aus Anlass des königlichen Geburtstages „Über die neueren Darstellungen der deutschen Kaiserzeit" sprach,[31] waren die österreichische Niederlage und der oberitalienische Gebietsverlust im Frieden von Zürich seit wenigen Wochen definitiv besiegelt. Sybel konnte allein aus Rücksicht auf seinen Monarchen keine Rede zur aktuellen politischen Situation halten; mit dem von ihm gewählten Thema verstand er trotzdem deutlich zu machen, welche Effekte er sich von einer Geschichtsschreibung auf dem Boden eines Bündnisses von Politik und Wissenschaft vor dem Hintergrund der Tagesereignisse erwartete. Bezeichnenderweise entwickelte er seine Vorstellungen nicht anhand eines Produkts der „ultramontanen Richtung" – diese war (von Johann Friedrich Böhmer vielleicht abgesehen) schlichtweg nicht satisfaktionsfähig –, sondern wählte die „Geschichte der deutschen Kaiserzeit" des protestantischen Königsberger Historikers Wilhelm Giesebrecht, deren erste Bände seit kurzem vorlagen. Bereits das der Kritik vorangestellte Lob Giesebrechts ist eigentlich kontrafaktisch zu lesen und legte den Finger auf die wesentlichen, auch von anderer, zum Beispiel Fickers Seite monierten konzeptionellen Schwächen des in seinem Grundduktus naiv-populären Werkes Giesebrechts. „Eine liebevolle Hingebung an die Dinge, eine beinahe weiche Milde gegen abweichende Meinungen, ein Darstellungstalent, welches sich vor allem bei dem Eintreten allgemein menschlicher und sittlicher Züge belebt", – kurz: „ästhetische Freude am Mittelalter". Droysen gegenüber drückte Sybel sich deutlicher aus: Es sei ihm darum gegangen, „aus dem allgemeinen Gerede der ‚erhabenen Kaisergestalten' [...] einmal auf festen politischen Boden zu treten und einen sichern Maßstab hinzustellen, um daran das unitarische Streben im Mittelalter mit dem modernen zu vergleichen."[32] Zwar sei es ehrenwert patriotisch, das mittelalterliche Kaisertum pauschal als „eine echt nationale Gewalt", die Kaiserzeit als jene Periode, „in der unser Volk durch Einheit stark, zur höchsten Machtentfaltung gedieh", gegen die spätere Zersplitterung und Ohnmacht zu setzen; freilich aber könne diese Auffassung einem „festeren und schärferen politischen Blick" nicht standhalten.

> „Ich bin weit entfernt, die persönliche, geistige und sittliche Größe der alten Kaiser herabzusetzen: für immer wird es der Stolz der Nation bleiben, Männer wie Karl und Otto die Großen, die geharnischte Reihe der Salier, die strahlenden Heldengestalten der Staufer hervorgebracht zu haben. Aber ganz unabhängig davon ist die Frage, ob die Politik dieser Fürsten die richtige, ob sie den Bedürfnissen und dem Gedeihen der Nation die entsprechende war, ob jene gewaltigen Herrscher selbst nicht ein ganz anderes Ziel als die Pflege der deutschen Nation im Auge gehabt haben."[33]

Die Aufgabe einer Geschichtsdarstellung der mittelalterlichen Kaiserzeit müsse, so Sybel, darin bestehen, statt romantisierend-ästhetisierender Bewunderung der großen Kaiser eine diffe-

---

30   Alles über Sybel und die Universität Bonn bei Hübinger: Das Historische Seminar der Rheinischen Friedrich-Wilhelms-Universität zu Bonn, hier bes. auch die Quellenbeilagen Nr. 20-34 (S. 262-281) über die Verhandlungen zur Neubesetzung des Dahlmann-Lehrstuhls.

31   Sybel, Heinrich von: *Über die neueren Darstellungen der deutschen Kaiserzeit*, München 1859, hier – wie alle Streitschriften der Sybel-Ficker-Kontroverse – zit. nach dem Wiederabdruck in: Schneider: Universalstaat oder Nationalstaat, S. 1-18.

32   Sybel an Droysen, 19.1.1860 (In: Hübner, Rudolf (Hrsg.): *Johann Gustav Droysen*. Briefwechsel II (Deutsche Geschichtsquellen des 19. Jh. 26), Stuttgart/Berlin/Leipzig 1929, ND Osnabrück 1967), S. 658f., hier S. 658.

33   Alle Zit. Sybel: Über die neueren Darstellungen, S. 9f.

renzierte Antwort auf diese Frage zu geben. Denn die sich aus dem Handwerk der historischen Kritik ergebende „Sammlung und Sichtung des tatsächlichen Materials, die Ermittlung des objektiven Tatbestandes" sowie dessen künstlerisch-sprachliche Verarbeitung seien nur zwei der wichtigen Aufgaben des Historikers.

> „Nun gibt es aber noch ein dritte Tätigkeit [...], in der Mitte liegend [...], ich meine die geistige Ergreifung und Verarbeitung des Stoffes nach politischen und sittlichen Prinzipien und Gruppierung und Verbindung der Tatsachen nach organischen, durchgreifenden, einheitlichen Gesichtspunkten. Es ist das vielleicht die höchste und schwerste unter allen Funktionen des Historikers; es ist jedenfalls die unerläßliche Voraussetzung sowohl der echten Kunstform als des gerechten historischen Gerichtes."[34]

Das war der Kern Sybelscher Historik; worin jedoch bestanden seine „politischen und sittlichen Prinzipien"? Darüber hatte er bereits in der Rede über den Stand der neueren deutschen Geschichtsschreibung keinen Zweifel gelassen. Die Geschichte sei seit der Zeit der nationalen Erhebung gegen Napoleon „dem lebenden Geschlechte näher gerückt", ein Sinn für den „Zusammenhang der Zeiten", ein „Band persönlicher Beziehung und menschlichen Gefühles zwischen Gegenwart und Vergangenheit" sei geknüpft worden. Wenn sich die Gegenwart aus der Vergangenheit entwickelt hatte, musste es in Sybels Logik auch statthaft sein, über die Vergangenheit mit den Begriffen der Gegenwart zu urteilen. „Alle Stimmungen der Gegenwart" warfen „ihre Reflexe und ihre Schatten auf die Darstellung der Vergangenheit" zurück.

> „Es gab keine objectiven, unparteiischen, blut- und nervenlosen Historiker mehr. Ein höchst erheblicher Fortschritt! Denn so gewiß der echte Historiker nicht ohne sittliche Gesinnung heranreifen kann, so gewiß gibt es keine echte Gesinnung ohne ein bestimmtes Verhältniß zu den großen weltbewegenden Fragen der Religion, der Politik, der Nationalität."

Wer sich hier der Neutralität befleißige, werde niemals sittlich begeistern, „wird vergebens nach Styl und Schönheit trachten. Daß unsere Geschichtschreibung sich zu Vaterlandsliebe und politischer Ueberzeugung bekannt, hat ihr erst die Möglichkeit zu erziehender Kraft und zu fester Kunstform gegeben."[35]

Der sittliche Maßstab für die Beurteilung der Geschichte folgte für Sybel aus den jeweils großen weltbewegenden Fragen. Diese wiederum gipfelten für ihn und seine Zeit im Prinzip des Nationalstaates. Sybels „Sittlichkeit" folgte nicht, wie für Hegel, aus einem spekulativen philosophischen System, nicht, wie für Droysen, dessen erster Manuskriptdruck der „Historik" just 1858 erschienen war, aus der Empirie der jeweiligen historischen Situation selbst, sondern schlicht aus der Empirie der Gegenwart, deren mächtiges Wollen ihm die Urteilskriterien über Geschichte direkt in die Hand gab. Sybel war insofern Pragmatiker oder auch „Realist", als er für diese Kriterien ewige Gültigkeit nicht beanspruchte; auch die Sittlichkeit konnte sich ändern. Entscheidend war, was jeweils die Welt bewegte; – für seine Zeit war das eben der nationale Gedanke.

Sybels Folgerungen für die deutsche Kaiserpolitik des Mittelalters lagen vor dem Hintergrund dieser Aufgabenstellung auf der Hand. Das Streben von Universalisten wie Karl dem Großen, Otto dem Großen oder der Staufer seit Barbarossa nach Errichtung einer „theokratisch gefärbten Weltmonarchie" war entschieden zu verurteilen, weil es die nationalen Interessen der Deutschen missachtete und deren Kräfte in den „mörderischen Romfahrten" und den endlosen Auseinandersetzungen mit dem Papsttum verschliss; die Bestrebungen eines Heinrich I., Herzogs Liudolf von Schwaben, Herzogs Heinrich des Löwen oder auch Kaisers Ludwig des Baiern, ein „nationales deutsches Königtum" unter Aufgabe der universalen Expansi-

---

34   Ebd., S. 8.
35   Alle Zit. Sybel: Über den Stand der neuern deutschen Geschichtschreibung, S. 355f.

on sowie unter strikter Trennung der weltlichen von der geistlichen Sphäre zu begründen, waren lobend hervorzuheben und als solche der kollektiven Erinnerung des nationalen Deutschland hinzuzufügen.[36] Sybel zog in groben Strichen die Linien über die Frühe Neuzeit hinweg bis in die Gegenwart weiter. Das habsburgische Kaisertum des Heiligen Römischen Reiches deutscher Nation, als Erbe der unheilvollen universalmonarchischen Bestrebungen der kritisierten mittelalterlichen Kaiser zu verstehen, habe Deutschland unablässig in seine „Weltkriege" verwickelt. Die „Führung der wahrhaft nationalen Bestrebungen" habe hingegen unter „mehreren der deutschen Fürstengeschlechter" abgewechselt, von denen Sybel – angesichts des Adressaten seiner Rede verständlich – insbesondere die Wittelsbacher hervorhob. Von Preußen sprach Sybel explizit noch nicht; freilich waren einige seiner Ausführungen über die Einheitsbestrebungen König Heinrichs I. oder die Politik Heinrichs des Löwen sehr deutlich auf jene Rolle zu beziehen, die Sybel Preußen innerhalb des zu gründenden deutschen Nationalstaates zudachte.

Sybels Festrede ließ im Kern die wesentlichen Themen der nachfolgenden Debatte anklingen: 1) die Interpretation der gesamten deutschen Geschichte angesichts der offenen „deutschen Frage", exemplarisch abgehandelt anhand der Kaiserpolitik des Mittelalters sowie der Funktion der Habsburgermonarchie und Österreichs; 2) die Aufgaben des Geschichtsschreibers –, ein methodologischer Komplex, von Bedeutung vor allem deshalb, weil sich aus seiner Behandlung durch die beiden Kontrahenten im wesentlichen die Folgen der Sybel-Ficker-Debatte für die Entwicklung der Fachwissenschaft ableiten lassen.

Julius Ficker antwortete nicht direkt auf Sybel, ja legte Wert auf die Feststellung, seine Kernaussagen über die Kaisergeschichte bereits vor Kenntnisnahme der Sybelschen Rede zusammengestellt zu haben. Wie diesen bewegte auch ihn die politische Situation von 1859; in einem Artikel für die Tiroler Schützenzeitung, der dann auch in seine Schrift „Das deutsche Kaiserreich in seinen universalen und nationalen Beziehungen" einfloss, hatte er am Ende jenes Jahres sein Ideal eines mitteleuropäischen Staatenverbundes dargelegt, als dessen Umsetzung er das mittelalterliche und daran anknüpfend das Heilige Römische Reich deutscher Nation unter habsburgischer Führung betrachtete. Solche aktuell-politischen Erwägungen verbanden sich mit den Ergebnissen seiner Forschungen zum Reichsfürstenstand zu einer öffentlichen Vorlesungsreihe im Innsbrucker Museum Ferdinandeum, die Ficker – auch auf Drängen seiner Münchner Freunde – im ersten Halbjahr 1861 zu jener längeren Schrift über das deutsche Kaiserreich ausarbeitete.[37]

Wenn aufgrund dieser Textgeschichte direkte Bezüge auf Sybel nur hie und da, vor allem in Einleitung und Schluss zu finden sind, so war doch eigentlich Ficker derjenige, der die Debatte zu ihrer ganzen Breite führte, indem er ihre Inhalte bis auf die Problematik des preußisch-österreichischen Dualismus im Deutschen Bund und die Frage nach dem deutschen Nationalstaat ausdehnte. Seinem detailgesättigten Abriss – nicht nur über die Kaisergeschichte des Mittelalters, sondern über die gesamte deutsche Geschichte seit ihren Anfängen – stellte er eine längere methodologische Einleitung voran; im Schlusskapitel wandte er sich der „späteren politischen Gestaltung Deutschlands", also den Entwicklungen seit dem 18. Jahrhundert zu. Ficker baute seine Ausführungen formal auf eine wissenschaftstheoretische, inhaltlich auf eine staatsphilosophische Grundposition. Sybels Forderung der „Verarbeitung der Geschichte nach sittlichen und politischen Prinzipien", schrieb er im Januar 1862 an Onno Klopp, sei „entweder eine ganz bedeutungslose Phrase" oder müsse zur „heillosesten Geschichtsverdrehung" führen.[38] Ficker unterschied Tatsachenurteil von Werturteil und trennte die Aufgaben

---

36   Sybel: Über die neueren Darstellungen, passim.
37   Ficker, Julius: *Das deutsche Kaiserreich in seinen universalen und nationalen Beziehungen,* Innsbruck 1861. In: Schneider: Universalstaat oder Nationalstaat, S. 19-158.
38   Ficker an Klopp, 21.1.1862 (HHStA, NL Klopp, Karton 8).

des Historikers von denen des Politikers; Sybels „geistige Ergreifung und Verarbeitung des Stoffes nach politischen und sittlichen Prinzipien" verwies er in die Sphäre des letzteren. Im übrigen sei es doch, wie er genussreich anmerkte, ein Zirkelschluss, nach von vornherein feststehenden Kriterien den historischen Stoff zu selektieren und aus dieser Selektion wiederum eine Bestätigung der übergeordneten Kriterien abzuleiten.

Seine eigene Historik entwickelte Ficker in dem anschließenden umfangreichen Plädoyer für eine „historische Betrachtungsweise der geschehenen Dinge". Geistige Ergreifung und Verarbeitung des Stoffes lehnte er nicht ab, freilich:

> „Der Historiker soll bei Erwägung der Dinge der Vergangenheit von jeder vorgefaßten Ansicht absehen, er soll sich einfach an die Tatsachen selbst halten, wie die kritische Forschung sie als wirklich geschehen hinstellt. Er wird sie möglichst allseitig betrachten, er wird möglichst allen Ursachen nachgehen, deren Zusammenwirken sie veranlaßten, wird ihre Folgen möglichst nach allen Richtungen aufzudecken suchen, wird zugleich erwägen, was durch dieselben nicht allein einerseits erreicht, sondern andererseits verhindert wurde. Und will er dann auf solcher Grundlage über die Gründe des Gelingens oder des Mißlingens, über ihren Wert oder Unwert urteilen, so wird er sich vor allem die Bedürfnisse und Anschauungen der Zeit zu vergegenwärtigen suchen, welcher die Tatsachen selbst angehören, nicht moderne Anschauungen auf sie übertragen; denn nicht das ist ja zunächst die Frage, welchen Wert die entsprechende Tat in unserer Zeit würde beanspruchen können."[39]

Ficker war nicht so naiv, zu behaupten, aus solcher Zugriffsweise ließen sich objektive Urteile über Geschichte ableiten. Jeder Forscher bringe, mehr oder minder unbewusst, seinen eigenen vorgefassten Standpunkt mit ein. Als Korrektiv und Kontrollmechanismus sei deshalb eine freie pluralistische Wissenschaft zu fordern, aus deren Spiel und Widerspiel sich die *comunis opinio* über einzelne historische Sachverhalte herausbilden könne, ohne einzelnen Parteistandpunkten zuviel Spielraum und Dominanz zu lassen.

> „Die Zuverlässigkeit der aus geschichtlicher Erwägung abgeleiteten Grundsätze, wie sie zunimmt mit der Zahl der Erfahrungstatsachen auf welche sie sich stützt, nimmt ebenso zu mit der Zahl der Forscher, welche in der Auffassung dieser Tatsachen übereinstimmen und zumal, wenn diese Forscher den Verhältnissen der Gegenwart gegenüber verschiedene Standpunkte einnehmen und damit doppelte Bürgschaft gegeben ist, daß der Einfluß moderner Anschauungen sich nicht geltend gemacht haben kann."[40]

Ficker hegte Misstrauen gegenüber Extremurteilen. Entsprechend siedelte er den Interpretationsrahmen seiner eigenen Deutung mittelalterlicher Kaisergeschichte in der Mitte zwischen jenen Positionen an, die einerseits das Streben nach einem Universalreich verteidigten,[41] andererseits die Notwendigkeit zu nationaler Konzentration proklamierten. Seine Auffassung fasste Ficker als eine dritte, welche

> „beide gleichsam vermittelt, welche in dem deutschen Kaiserreiche, wie es einerseits weit hinausgriff über die Grenzen der Nation, andererseits doch weit zurückblieb hinter einem die ganze Christenheit umfassenden Universalreiche, gerade die staatliche Gestaltung sieht, in welcher den nationalen wie den allgemeineren Bedürfnissen am geeignets-

39 Ficker: Das deutsche Kaiserreich in seinen universalen und nationalen Beziehungen, S. 27f.
40 Ebd., S. 30f.
41 Dies richtete sich nicht so sehr gegen die Auffassungen „ultramontaner" Historiker wie Constantin Höfler oder Friedrich Emanuel Hurter (Eindämmung der Kaisermacht durch den Papst), sondern gegen ältere Formen eines „protestantischen Ghibellinismus", wie ihn etwa Ludwig Häusser vertreten hatte; vgl. Brechenmacher, Thomas: *Großdeutsche Geschichtsschreibung im neunzehnten Jahrhundert. Die erste Generation (1830-1848)* (Berliner Historische Studien 22), Berlin 1996, S. 501f.

ten Rechnung getragen war; eine Auffassung, welche das Unglück der Nation nicht aus der Gründung, sondern aus dem Verfalle dieses Kaiserreichs herleiten möchte."[42]

Damit war Ficker bei seiner staatsphilosophischen Grundposition angelangt, die sich, nicht minder als die wissenschaftstheoretische, von derjenigen Sybels fundamental unterschied. Aus dem Studium der deutschen Geschichte seit den Ottonen vermeinte er, einen spezifisch „germanischen Staatsgedanken" ableiten zu können, der dem nationalen Gedanken diametral gegenüberstand.[43] Dieses Prinzip habe sich vom mittelalterlichen Kaiserreich auf Österreich übertragen. Hier – und vielleicht noch in der Gruppe der Mittelstaaten – wirkten „noch wesentlich die Tendenzen unserer früheren Geschichte" nach, „während Preußen eine diesen vorwiegend entgegenlaufende Richtung" vertrete.[44] Das Wesen des „germanischen Staatsgedankens" bestehe darin, „daß die Vereinigung des Einzellandes mit dem Staatsganzen hier nicht zugleich die Bedeutung des Verlustes jeder politischen Sonderstellung hatte, daß die eigentümliche Lebenskraft der Einzelkreise nicht im Interesse der Einförmigkeit des Staatsganzen ertötet wurde."[45] Mit anderen Worten: Nicht das Bestreben, Nation und Staat in zentralisierter Einheitlichkeit zur Deckung zu bringen, sei für das Verständnis der deutschen Reichsgeschichte von Bedeutung, sondern in die Aufgabe, als mitteleuropäischer, übernationaler Machtfaktor die vielfältig-individuellen, organisch gewachsenen Untereinheiten zu erhalten, diese aber gleichzeitig unter einem Dach zu organisieren.

„Dieses Heilige Römische Reich Deutscher Nation war weder ein Weltreich, noch ein Nationalreich; aber es war eine Staatsbildung, geeigneter wie mir scheint als irgendeine andere, um gleichzeitig der Lösung nationaler wie universaler Aufgaben gerecht werden zu können, eine Staatsbildung, welche sich naturwüchsig aus den besonderen Bedürfnissen jener Zeit entwickelt hat."[46]

Ergo erwachse Österreich – als dem Repräsentanten dieses Prinzips – noch in der Gegenwart die Bestimmung, sich als Nukleus einer „Staatenbildung" ins Gespräch zu bringen,

„welche den [...] Tendenzen unserer Geschichte entspricht, welche den reindeutschen Staaten wieder die Möglichkeit vor Augen führt, in ein und derselben Gestaltung den Gesamtinteressen wie den Sonderinteressen in freiheitlicher Weise gerecht zu werden und damit den Weg zeigt, welcher anscheinend allein zu einer allen Bedürfnissen genügenden Wiederbefestigung der deutschen und mitteleuropäischen Verhältnisse führen könnte, welcher [...] wenn nicht auf die Form, doch auf das Wesen des Kaiserreiches zurückleiten würde, auf eine mannigfach gegliederte staatliche Gestaltung, welche einmal gewonnen [...] leicht wieder mit den Anschauungen der Nation verwachsen würde und vielleicht wieder, wie einst das Kaiserreich, auf Jahrhunderte hin den Weltteil vor großen Umwälzungen sicherstellen könnte."[47]

Dass demgegenüber Preußen „die Möglichkeit einer auf durchaus anderen Grundlagen beruhenden staatlichen Entwicklung" vor Augen führe, „eine ganz verschiedene Auffassung der äußeren Aufgaben der Nation" vertrete, stellt Ficker mit Bedauern fest.[48] Im übrigen glaube er, dass ein ganzes, nur auf der Grundlage von Nationalreichen beruhendes, in friedlicher Ordnung verharrendes Staatensystem nicht mehr als ein Phantasiegebilde sei.[49]

---

42   Ficker: Das deutsche Kaiserreich in seinen universalen und nationalen Beziehungen, S. 31.
43   Die Karolingische Zeit, insbesondere das Kaisertum Karls des Großen zählte für Ficker noch nicht zur deutschen Geschichte; im Gegensatz zum „germanischen" sah er hier noch ein „romanisches Staatsprinzip" vorwalten; Ficker: Das deutsche Kaiserreich in seinen universalen und nationalen Beziehungen, S. 50f.
44   Ebd., S. 131.
45   Ebd., S. 132.
46   Ebd., S. 69.
47   Ebd., S. 143f.
48   Ebd., S. 145.
49   Ebd., S. 112.

Fickers Ausdehnung der Debatte auf die neueste Zeit bot Sybel den willkommenen Anlass, seine eigene, in der Festrede nur implizit vorhandene Position zur Rolle Österreichs und Preußens darzulegen. In seiner rasch publizierten Antwortschrift „Die deutsche Nation und das Kaiserreich. Eine historisch-politische Abhandlung", schlug er deutlich polemischere Töne als Ficker an, wiederholte seine bekannte Position über die mittelalterlichen Kaiser, wobei er sich auf Investiturstreit und Stauferzeit konzentrierte, und ging dann alsbald auf die gegenwartsrelevanteren Fragen über. Österreich als geschichtlich legitimierter Alleinverfechter des Rechtsprinzips – das seien doch, hielt er Ficker entgegen, Relikte längst vergangenen Mittelalters. Gut, Friedrich Wilhelm I. „fuchtelte" seine Untertanen „mit herrischer Rauheit", gut, Preußen war ein „Beamten- und Militärstaat", doch – er war modern,

> „hatte das Gemeinwohl zu seinem höchsten Zweck und die materiellen Interessen zu seinem wichtigsten Gegenstand; er durchbrach damit in voller Überlegenheit das Gebäude der ständischen Privilegien und Sonderinteressen und setzte an die Stelle der mittelalterlichen Überschwänglichkeiten, der beiden Schwerter, des Glaubensschutzes, der Kirchenvogtei, eine völlig realistische, auf Nutzen und Zweckmäßigkeit, auf Entfaltung und Benutzung aller Kräfte zielende Politik".[50]

Österreich hingegen habe weder an den politischen wie kulturellen Errungenschaften der neueren Zeit Anteil genommen.[51] Nüchtern betrachtet sei es ja bereits in der Mitte des 15. Jahrhunderts aus dem Reichsverband ausgeschieden, nachdem Kaiser Friedrich III. den Kurfürsten die Zustimmung zu dem sogenannten *Privilegium maius* abgenötigt habe, das – unabhängig davon, dass es sich dabei um eine Fälschung des 14. Jahrhunderts handelte – doch „bis auf die neueste Zeit die staatsrechtliche Stellung Österreichs zu Deutschland" bestimmte und dem „österreichischen Länderkomplex eine völlig unabhängige und gesonderte Stellung neben dem Reiche" zusicherte.[52] „Mit einem Worte also: seit vollen drei Jahrhunderten bildete Österreich nur dem Namen nach einen Teil des deutschen Reiches und stand in Wahrheit völlig außerhalb der Reichsverfassung und der Reichsgesetze."[53] Was Ficker als „germanischen Staatsgedanken" begreife, sei in Wahrheit „die Abwesenheit des Staatsgedankens".[54] Wie könne man angesichts dessen im Ernst verlangen, Österreich in hervorgehobener Funktion in ein zukünftiges deutsches Staatswesen zu integrieren? Im Gegenteil, die Erfahrungen deutscher Geschichte lehrten geradezu, dass Österreich ausscheiden *müsse*, wenngleich, aufgrund identischer Interessen nach außen, enge Beziehungen des unter preußischer Führung geeinten nationalen Kleindeutschland und des davon abgetrennten Vielvölkerstaates Österreich weiterhin bestehen sollten. Denn, davon war trotz aller nationalpolitischer Erwägungen selbst Heinrich von Sybel grundsätzlich überzeugt: „Österreich steht außer Deutschland, aber es gehört zu Deutschland."[55]

Ficker hatte indessen die Lust auf weitere polemische Auseinandersetzungen verloren. Auch hielt er sich auf dem Feld der neueren Geschichte nicht für kompetent genug, Sybel brillant zu parieren; eine bloße Wiederholung seiner bereits vorgetragenen Grundposition wollte er sich ersparen. Also beschränkte er sich in seiner abschließenden Stellungnahme von 1862 „Deutsches Königtum und Kaisertum. Zur Entgegnung auf die Abhandlung Heinrichs von

---

50   Sybel: Die deutsche Nation und das Kaiserreich, S. 248 und 251.
51   Ebd., S. 247-249.
52   Ebd., S. 239f.
53   Ebd., S. 241.
54   Ebd., S. 251.
55   Ebd., S. 258. Vgl. hierzu auch Brechenmacher, Thomas: *„Österreich steht außer Deutschland, aber es gehört zu Deutschland."* Aspekte der Bewertung des Faktors Österreich in der deutschen Historiographie. In: Michael Gehler/Rainer F. Schmidt/Harm-Hinrich Brandt/Rolf Steininger (Hrsg.): Ungleiche Partner? Österreich und Deutschland in ihrer gegenseitigen Wahrnehmung. Historische Analysen und Vergleiche aus dem 19. und 20. Jahrhundert (Historische Mitteilungen der Ranke-Gesellschaft 15), Stuttgart 1996, S. 31-53.

Sybel ‚Die deutsche Nation und das Kaiserreich‘"[56], auf eine Erörterung der Sybelschen Ausführungen über die Politik Barbarossas und Heinrichs VI., die ihm aufgrund der eigenen Forschungen viel geläufiger war als diesem, bemühte sich aber gleichzeitig darum, einen Kreis
gleichgesinnter Historiker zu weiterem Auftreten gegen Sybel zu bewegen. Sein Freund Johannes Janssen sollte, was dann freilich nie geschah, die Bedeutung des Hauses Habsburg für
die deutsche Geschichte zur Zeit Maximilians I. hervorheben; schließlich drängte Ficker Onno
Klopp, dessen Ruf als großdeutscher Polemiker sich in eben jenen Jahren durch ein Buch über
König Friedrich II. von Preußen und eine daran anknüpfende Fehde mit Ludwig Häusser
konsolidierte,[57] mit einer Diskussion der „österreichisch-preußischen Partie" seit dem
siebzehnten Jahrhundert in die Debatte einzusteigen.[58] Klopp veröffentlichte daraufhin eine
Streitschrift über die „gothaische Auffassung der deutschen Geschichte" mit Bezug auf Sybels
Schrift über die deutsche Nation und das Kaiserreich.[59]

Klopps Intervention gehört bereits zu den Weiterungen der Sybel-Ficker-Kontroverse, die
einen wesentlichen Teil ihrer auch für den Verlauf von Geschichtsdebatten im allgemeinen
exemplarischen Bedeutung ausmachen. Die Hauptprotagonisten hielten sich nach Publikation
der vier Programmschriften im wesentlichen zurück; die Debatte selbst lief weiter, gewann –
abgesehen von dem Beitrag Georg Waitz' – an Breite, jedoch weder an wissenschaftlichem
noch inhaltlichem Niveau, popularisierte sich.[60] Neben Klopp beteiligten sich mit eigenen
Streitschriften auf der Seite Fickers der ehemalige Münchner, dann Prager Historiker Constantin Höfler[61] sowie der ehemalige Minister in Sachsen-Weimar und Paulskirchenabgeordnete
Oskar von Wydenbrugk[62] – ein Politiker, kein Historiker.

Eine Sybel beispringende Streitschrift aus der Feder eines Fachwissenschaftlers erschien
nicht, wie überhaupt die gleichgesinnten Historiker – Waitz, Giesebrecht,[63] Droysen,[64] später

---

56   Ficker, Julius: *Deutsches Königtum und Kaiserthum*. Zur Entgegnung auf die Abhandlung Heinrichs von Sybel
     „Die deutsche Nation und das Kaiserreich", Innsbruck 1862. In: Schneider: Universalstaat oder National-
     staat, S. 269-365.

57   Klopp, Onno: *Friedrich II. von Preußen und die deutsche Nation*, Schaffhausen 1860; Ders.: *Offener Brief an den
     Herrn Professor Häusser in Heidelberg*, betr. die Ansichten über den König Friedrich II. von Preußen, Hanno-
     ver 1862; Ders.: *Nachtrag zu dem offenen Brief an den Herrn Professor Häusser in Heidelberg*, betr. die Ansichten
     über den König Friedrich II. von Preußen, Hannover 1862; Häusser, Ludwig: *Zur Beurtheilung Friedrichs des
     Großen*. Sendschreiben an Dr. Onno Klopp, Heidelberg 1862. Zu Klopp vgl. Matzinger, Lorenz: *Onno Klopp
     (1822–1903). Leben und Werk* (Abhandlungen und Vorträge zur Geschichte Ostfrieslands 72), Aurich
     1993.

58   Ficker an Klopp, 27.12.1861, 21.1.1862 und 7.2.1862 (HHStA, NL Klopp, Karton 8).

59   Klopp, Onno: *Die gothaische Auffassung der deutschen Geschichte und der Nationalverein*. Mit Beziehung auf die
     Schrift des Herrn von Sybel: Die deutsche Nation und das Kaiserthum [sic!], Hannover 1862.

60   So erreichten z.B. die Streitschriften Klopps nicht unerhebliche Auflagen. Der Frankfurter katholische
     Publizist Eugen Theodor Thissen bestellte 1864 1000 Sonderdrucke des Kloppschen Aufsatzes „Wie man
     in Deutschland Religionskriege macht", um sie über katholische Lesevereine vertreiben zu lassen. Dies war
     der Anfang des „Katholischen Broschürenvereins", der das Ziel verfolgte, „monatlich oder alle 2 Monate
     eine kleine zeitgemäße Broschüre in mehreren Tausend Exemplaren für wenig Geld" auszugeben, damit
     „die Arbeiten unserer Gelehrten den Weg ins große Publikum finden" (Thissen an Klopp, 24.2.1864
     (HHStA, NL Klopp, Karton 8)).

61   Höfler, Constantin: *Kaiserthum und Papstthum*. Beitrag zur Philosophie der Geschichte, Prag 1862.

62   Wydenbrugk, Oskar von: *Die deutsche Nation und das Kaiserreich*. Eine Entgegnung auf die unter demselben
     Titel erschienene Schrift H. von Sybel, München 1862.

63   Georg Waitz besprach Fickers „Das deutsche Kaiserreich in seinen universalen und nationalen Beziehun-
     gen" und Sybels „Die deutsche Nation und das Kaiserreich" mit kritischen Tönen gegen beide Autoren in
     den GÖTTINGISCHEN GELEHRTEN ANZEIGEN (1862), S. 121-132; Wiederabdruck der Rezension in
     Schneider: Universalstaat oder Nationalstaat, S. 261-268. Döllinger zufolge habe sich Giesebrecht „höchst
     ungünstig" über Sybels Ficker-Replik „Die deutsche Nation und das Kaiserreich" von 1862 geäußert. „Sie
     sei ein leichtfertiges, oberflächliches, die stärksten historischen Schnitzer enthaltendes Product" (Ignaz Döl-
     linger an Joseph Edmund Jörg, 26.4.1862 (In: Albrecht, Dieter (Hrsg.): *Joseph Edmund Jörg*. Briefwechsel
     1846-1901, Mainz 1988, S. 198f.)). Zu Sybels Kritik an seiner Kaisergeschichte nahm Giesebrecht, soweit
     ich sehe, nicht direkt Stellung.

64   Droysen, Johann Gustav: *Geschichte der preußischen Politik* I, 2. Auflage, Leipzig 1868, S. 9; Ficker an Klopp,
     7.2.1862 (HHStA, NL Klopp, Karton 8).

Treitschke,[65] selbst Sybels Lehrer Ranke[66] – zu mehr oder weniger vorsichtiger Distanz und verhaltener Kritik neigten. Breitenwirkung erzielte die Sybelsche Interpretation der Kaiserge-schichte vor allem durch die Unterstützung von Seiten der kleindeutsch gesinnten liberalen Presse, die die politischen Folgerungen dieses Geschichtsbildes in den Vordergrund spielte. Alle wichtigen multiplikatorischen Organe der Zeit verstärkten mit ihren je nach Standpunkt gefärbten Stellungnahmen das öffentliche Echo der Sybel-Ficker-Debatte: die „Preußischen Jahrbücher", die von Sybel mitbegründete „Süddeutsche Zeitung", Gustav Freytags Zeitschrift „Die Grenzboten" ebenso wie dessen vielgelesene „Bilder aus der deutschen Vergangenheit"; auf der anderen Seite die „Historisch-Politischen Blätter" für das katholische Deutschland, die Hefte des von Johannes Janssen mitherausgegebenen Katholischen Broschürenvereins, die „Kölnischen Blätter", die „Wiener Zeitung" und nicht zuletzt Cottas „Allgemeine Zeitung".[67] In Briefwechseln, Autobiographien, Erinnerungen von Zeitgenossen finden sich darüber hin-aus ausreichend Reflexe, die breite und nachhaltige Wirkung dieser Geschichtsdebatte zu bele-gen.[68]

5 Politisierung der Geschichte – Verwissenschaftlichung der Historie

Freilich scheint aber doch Vorsicht angebracht und Differenzierung notwendig, wenn die Fra-ge nach den Wirkungen der Sybel-Ficker-Debatte in Öffentlichkeit und Fachwelt zur Diskus-sion steht. Aus den temporären Wallungen der Jahre 1859 bis 1862 auf ein langandauerndes Nachbeben hier wie dort zu schließen, wäre gefährlich. Wirkung nach außen, auf eine größere nichtfachliche Öffentlichkeit, und Wirkung nach innen, auf die Entwicklung der Fachwissen-schaft Geschichte, sollten unterschieden werden.

5.1 Die Sybel-Ficker-Kontroverse und die historisch-politische Dauerdebatte des 19. Jahrhunderts

Mit der Sybel-Ficker-Debatte wurde die geschichtspolitische Kontroverse des 19. Jahrhun-derts in Deutschland nicht erfunden. Sie war Teil einer größeren viel grundsätzlicheren histo-risch-politischen Dauerdebatte, in der sich die fundamentale Spaltung in Nord und Süd, preu-ßisch und österreichisch, protestantisch und katholisch spiegelte. Über die Sinnfälligkeit einer modischen (und nicht einmal neuen) Stilisierung dieses Jahrhunderts zum „zweiten konfessio-nellen Zeitalter" lässt sich streiten.[69] Tatsache bleibt, dass innerhalb der historisch-politischen Dauerdebatte das konfessionelle Element zur Mitte des Jahrhunderts hin zurückgedrängt wurde und erst nach der Reichsgründung – nachdem die nationale Frage beantwortet war, vor dem Hintergrund des Kulturkampfes wieder an Gewicht gewann.

---

65   Heinrich von Treitschke an seinen Vater, 19.11.1864 (In: Cornicelius, Max (Hrsg.): *Heinrich von Treitschkes Briefe 2*, Leipzig 1913, S. 351f.).
66   Lord Acton an Döllinger, 1.5.1862: Ranke „ist zornig über den Streit der politischen Historiker, und neigt offenbar mehr zu Waitz und Giesebrecht" (Conzemius, Victor (Hrsg.): *Ignaz von Döllinger – Lord Acton. Briefwechsel 1850-1890. I: 1850-1869* (Ignaz von Döllinger: Briefwechsel 1820-1890 1), München 1963, S. 260). Der Ranke-Brief, auf den sich Acton bezieht, ist in den bisherigen Publikationen von Ranke-Briefen nicht enthalten.
67   Ein Überblick bei Jung: Ficker, S. 344-352.
68   Vgl. z. B. Hüffer, Hermann: *Lebenserinnerungen*, hrsg. von Ernst Sieper, Berlin 1914; Jörg: Briefwechsel; Döl-linger: Briefwechsel; Janssen, Johannes (Hrsg.): *Johann Friedrich Böhmer's Leben, Briefe und kleinere Schriften*. 3 Bde., Freiburg i. Br. 1868; Pastor, Ludwig Freiherr von (Hrsg.): *Johannes Janssens Briefe*. 2 Bde., Freiburg i. Br. 1920.
69   So propagiert z.B. von Blaschke, Olaf (Hrsg.): *Konfessionen im Konflikt. Deutschland zwischen 1800 und 1970. Ein zweites konfessionelles Zeitalter*, Göttingen 2002.

Mindestens die Geschichte der deutschen Historiographie des 19. Jahrhunderts – wenn nicht dessen historisch-politische Ideengeschichte als solche – ließe sich als Geschichte dieser Dauerdebatte schreiben. Die Form des erregten und bewegten Disputs, sei es in Streitschrift, Fachblatt, Zeitung oder Parlament, bildet die unablässige Voraussetzung der umfassenden, weite Teile der Gesellschaft ergreifenden Politisierung. Dass sich die Inhalte der Debatte nicht in Theorien verliefen, sondern aus der Fülle der Geschichte schöpften, hat damit unmittelbar noch nichts zu tun. Aber Romantik und Historisierung, die Einsicht in das Geworden- und Gewachsensein der eigenen Existenz verliehen dieser Dauerdebatte ihre Intensität, ihr Leben. Nicht am Reißbrett wurde die Zukunft entworfen, sondern als Ausdruck und Fortschreibung des individuell, historisch gewordenen Notwendigen sollte sie entstehen. Die Geschichte sollte den Weg in die Zukunft begründen, und der debattierende „politische Professor" wusste sie entsprechend zu ordnen.

Auf der anderen Seite – auch dies ein Schlüsselprozess des Jahrhunderts – verwissenschaftlichte sich das Fach „Geschichte". Es schärfte seine Fragestellungen, entwickelte seine Methoden, vertiefte seine Kenntnisse, differenzierte sich institutionell und personell. Beide Prozesse – Politisierung der Geschichte und Verwissenschaftlichung der Historie – griffen ineinander und prägten die Dauerdebatte, wobei Politisierung und Verwissenschaftlichung innerhalb einzelner Kontroversen jeweils unterschiedliche Gewichtung erfuhren.

Noch stark vom konfessionellen Gegensatz geprägt zeigte sich die Kontroverse von 1846 zwischen dem Münchner, später Prager Professor Constantin Höfler und dem Schlosser-Schüler Ludwig Häusser in Heidelberg. In den „Monatsblättern zur Ergänzung der Allgemeinen Zeitung" stritten sich hier eine katholische und eine protestantische Fraktion um die Beurteilung des Stauferkaisers Friedrich II. Den wahren kaiserlichen, „ghibellinischen" Standpunkt zu vertreten, nahm, unter offensiver Besetzung von Begriffen, der kleindeutsche Protestant Häusser für sich in Anspruch; selbst gegen kaiserliche Universalmachtpolitik hatte er nichts einzuwenden, rechtfertigte sie im Gegenteil, solange sich nur der Kaiser nicht dem Papst neben- oder gar unterzuordnen hatte. Das von Höfler entgegengehaltene Ideal des Dualismus von Kaiser und Papst verurteilte Häusser als pfäffische und obendrein wissenschaftlich schlecht vorgetragene Interpretation.[70] Noch ging der Streit nicht in erster Linie um die Frage nach dem Nationalstaat; wenn Häusser versuchte, Protestantismus und Deutschtum zur Deckung zu bringen, stand sie freilich bereits im Hintergrund.

Wichtige Strukturelemente der späteren Sybel-Ficker-Debatte finden sich im Höfler-Häusser-Streit vorgebildet: die Bündelung der gesamten deutschen Geschichte in einer Schlüsselgestalt oder Schlüsselepoche; der Disput zweier herausragender Vertreter der Zunft, die jeweils ein Programm, eine Schule vertreten, nicht allein vor Fachpublikum, sondern vor einer größeren Öffentlichkeit; die Durchmischung fachwissenschaftlicher Argumentation mit persönlicher und politischer Polemik, kurz, die Verschmelzung von Geschichte und Politik.

Runde zehn Jahre später hatte sich der Akzent völlig verschoben, hatte der nationalpolitische Aspekt den konfessionellen auf einen nachgeordneten Rang verwiesen.[71] Besonders Sybel vermied systematisch, sich auf das religiöse Glatteis zu begeben. Auf der anderen Seite handelte sich Julius Ficker von orthodox-,„ultramontaner" Seite den Vorwurf ein, die katholischen Interessen nicht ambitioniert genug zu vertreten.[72] Freilich ergab sich diese Verlagerung

---

70   Ausführlich über die Höfler-Häusser-Debatte Brechenmacher: Großdeutsche Geschichtsschreibung, S. 496-503.

71   Fickers Freund Wilhelm Junkmann sah den „Kultus der Hohenzollern, Friedrichs des Großen, Schillers, Lessings" bereits als „neue Religion an die Stelle des Christentums" getreten (Junkmann an Ficker, 25.1.1862 (Zit. nach Jung: Ficker, S. 347)).

72   „Nur dann treten die Herren zimperlich auf, wenn sie unter eigenem Namen erscheinen, wie an Ficker zu sehen. Es ist ergötzlich, daß der Protestant Wydenbrugk die Idee des Kaiserthums in ihrer ungeschwächten

der Perspektive folgerichtig aus der politischen Tagesdiskussion. Auch der fast gleichzeitig zur Sybel-Ficker-Kontroverse geführte Streit zwischen – wiederum – Ludwig Häusser und Onno Klopp über die Bedeutung Friedrichs des Großen für deutsche Geschichte und deutsche Zukunft war nahezu ausschließlich nationalpolitsch-polemisch gefärbt,[73] obwohl sich hier zwei Kontrahenten befehdeten, die konfessionell sehr viel extremer Stellung beziehen konnten und bezogen hatten als Sybel und Ficker es jemals taten. In einer Situation, in der sich das Ausscheiden Österreichs als wesentlicher Teil einer bevorstehenden Lösung der deutschen Frage mehr und mehr abzeichnete, erschienen Diskussionen um ein „katholisches" oder „protestantisches" Kaisertum nicht mehr aktuell. Um die Form eines deutschen Nationalstaates ging es jetzt, unter Zurückweisung der Idee des Kaisertums schlechthin (Sybel) und unter Hervorhebung des preußischen Königtums als des aussichtsreichsten Gegenmodells (Häusser).

Gerade im Kontrast zum Häusser-Klopp-Streit tritt das höhere Niveau, die exemplarischere Bedeutung der Sybel-Ficker-Kontroverse zutage. Dominierte bei Häusser und Klopp die nationalpolitische Polemik, so war diese bei Sybel und Ficker stets überlagert, kontrolliert und reflektiert durch den stark ausgeprägten methodischen Aspekt. Sybel und Ficker gaben sich nicht einer hemmungslosen Politisierung der Geschichte hin, sondern rangen gleichzeitig um einen wissenschaftlich soliden und seriösen Standpunkt angesichts des unabweisbaren Politisierungsprozesses der Geschichte. Die Frage nach der Möglichkeit historischer Erkenntnis unter den Bedingungen der jeweiligen Gegenwart durchzog wie ein roter Faden die gesamte Kontroverse; daraus, viel weniger aus den konkreten Schlüssen auf eine wünschenswerte Zukunft Deutschlands, speist sich der andauernde Wert, die bleibende Aktualität dieses geschichtspolitischen Streites.

Julius Ficker ließ von der Politik ab und widmete sein weiteres Schaffen ausschließlich der Verwissenschaftlichung der Historie; Sybel hingegen blieb, wissenschaftlich ambitioniert, der Politisierung der Geschichte treu. Aber auch er musste erkennen, dass sich beides nicht unbegrenzt verträgt. Ein nationalpolitisches Nachhutgefecht mit seinem Bonner Kollegen Hermann Hüffer zog Sybel 1868/69 wohl wider Erwarten fast ganz in die Sphäre eines rein wissenschaftlichen Disputs. Sicher, auch hinter dieser Debatte über das „vaterländische" oder „nichtvaterländische" Verhalten Österreichs im Revolutionskrieg stand noch die Aktualität der deutschen Frage.[74] Das hauptsächlich strittige Thema, die österreichische und preußische Politik im Vorfeld des Basler Friedens von 1795, emanzipierte sich jedoch, erlangte Selbstwert und verlor ihren Charakter als Exemplum der deutschen Geschichte insgesamt. Das große Publikum nahm an der materialgesättigten Erörterung von Detailfragen nicht mehr teil, während die Disputanden ihre persönlichen Animositäten zurückstellten, sich mehr und mehr gegenseitig befruchteten, zuletzt würdigten und respektierten.[75] Die Verwissenschaftlichung der Historie hatte über die Politisierung der Geschichte gesiegt.

Gestalt gegen den Innsbrucker Professor in Schutz nehmen muß" (Jörg an Döllinger, 4.5.1862 (In: Jörg: Briefwechsel, S. 203-205, hier S. 203)).

73 Vgl. Anm. 57.

74 Ausführlicher hierzu Brechenmacher: Österreich steht außer Deutschland, S. 40-43.

75 „Ich liebe historische Controversen überhaupt nicht", schrieb Hermann Hüffer 1883 an Wilhelm Oncken. „Förderlich, ja nützlich sind solche Meinungsverschiedenheiten nur dann, wenn man sie als gemeinsame Untersuchungen betrachtet" (Hüffer an Wilhelm Oncken, 29.8.1883 (UB Gießen, Hs 139/101-40)). Carl Adolf Cornelius berichtet unter dem 2.10.1886 von einem Gespräch mit Sybel nach dessen Wahl zum Präsidenten der Historischen Kommission: „Sybel freut sich, erwähnt die früheren Differenzen; ich kündige ihm kräftige Opposition an, finde, daß es ihm nicht immer nur um die Sache allein ist, sondern daß er Recht behalte. Wir sprechen von Hüffer von dem er gelernt habe, der sagte, Sybel glaubt, wenn er recht laut spricht, Recht zu behalten" (BSB München, NL Cornelius ANA 351, III A). In späteren Auflagen der „Geschichte der Revolutionszeit" erwähnte Sybel die Forschungen Hüffers denn auch mehrfach mit Anerkennung (Heinrich von Sybel: Geschichte der Revolutionszeit 1798-1800. Bd. 8, Wohlfeile Ausgabe, Stuttgart 1899, S. 153, 167, 201). Zwischen Sybel und Ficker hat, soweit ich sehe, eine derartige Annäherung

Natürlich: Die nationalpolitische „Front" war 1871 spätestens weggefallen. Geblieben war die konfessionelle, die nun, als geistesgeschichtliche Begleitmusik des Kulturkampfes wieder in den Vordergrund drängte. 1878, im Jahr der Beilegung der politischen Auseinandersetzung, erschien der erste Band von Johannes Janssens „Geschichte des deutschen Volkes seit dem Ausgang des Mittelalters" und löste eine erbitterte Debatte um Stellenwert und Deutung der Reformation aus.[76] Stritten hier auch eher die Theologen denn die Historiker, so war doch das Muster dasselbe: Politisierung der Geschichte und Verwissenschaftlichung der Historie durchdrangen sich und zeitigten, denjenigen der Sybel-Ficker-Kontroverse nicht unähnliche Ergebnisse.

5.2 Wirkung über die engere Fachwissenschaft hinaus

Bezeichnet „Politisierung der Geschichte" eine wesentliche Stoßrichtung der historisch-politischen Dauerdebatte des 19. Jahrhunderts, so wird sich die Frage nach dem jeweiligen Erfolg der Einzelkontroversen auch anhand ihres Einflusses auf das Geschichtsbild einer breiteren, nichtfachlichen Öffentlichkeit beantworten lassen. Für die Sybel-Ficker-Kontroverse steht seit Ottokar Lorenz die Annahme einer starken und langanhaltenden öffentlichen Breitenwirkung im Raum. Aber inwieweit trifft dessen rückblickendes Urteil von 1902, Sybel habe einen „literarischen Hexensabbat" angerichtet, wirklich zu?

„Von diesem Augenblicke an, wo in der Literatur, selbst in der populären, das deutsche Kaisertum von den preußisch gerichteten Politikern als etwas Abgetanes, Fremdes, Antinationales, in vielem Betracht höchst Schädliches erkannt war, gab es kaum einen Schüler und Schulmeister, der nicht mündlich und schriftlich versicherte, daß es kaum etwas Unglücklicheres und Widerwärtigeres in unserer deutschen Vergangenheit gegeben habe, als das Kaisertum von Karl dem Großen bis Otto, Heinrich, Friedrich und bis an das glückliche Ende desselben unter Franz II."[77]

Zweifellos hat vor allem die Sybelsche Deutung mittelalterlicher Kaisergeschichte, auch und gerade in ihrer Multiplikation durch die einschlägige Presse sowie durch populäre Geschichtswerke wie Freytags „Bilder aus der deutschen Vergangenheit" großen Eindruck in bestimmten Schichten des liberalen protestantischen Bildungsbürgertums hinterlassen.[78] Andererseits wirkten die regionalen Gegebenheiten einer breiteren Rezeption entgegen. Im katholischen Süddeutschland, im katholischen Rheinland, auch in Österreich, insbesondere Tirol dürfte die Sybelsche Auffassung niemals ähnliche Verbreitung erlangt haben wie in den protestantischen Gebieten und vor allem in Preußen. Wenn auch empirisch gestützte Untersuchungen zur Rezeption Sybels, etwa in Schulbüchern, nicht vorliegen, so dürfte doch zumindest für die bayerische Öffentlichkeit sicher sein, dass die nationalpolitische Auseinandersetzung zwischen Sybel und Ficker über die Interpretation deutscher Geschichte nicht das einzige, und wohl auch nicht dauerhaft vorherrschende Feuilletonthema war. Gerade auch als Folge der italienischen Ereignisse von 1859 drängte hier bald die Frage nach der Zukunft des Kirchenstaates in den

nicht stattgefunden, was sicherlich auch an der etwas starrköpfigen Abneigung Fickers gegen versöhnliche Gesten lag.
76 Vgl. Janssen, Johannes: *An meine Kritiker*. Nebst Ergänzungen und Erläuterungen zu den drei ersten Bänden meiner Geschichte des deutschen Volkes, Freiburg i. Br. 1882; Ders.: *Ein zweites Wort an meine Kritiker*. Nebst Ergänzungen und Erläuterungen zu den drei ersten Bänden meiner Geschichte des deutschen Volkes, Freiburg i. Br. 1883; zu Janssen vgl. neuerdings die – bisher noch unpubliziert – Dissertation von Troxler, Walter: *Ein Außenseiter der Geschichtsschreibung: Johannes Janssen (1829-1891)*. Studien zu Leben und Werk eines katholischen Historikers, Fribourg 2001.
77 Lorenz, Ottokar: *Kaiser Wilhelm und die Begründung des Reichs 1866-1871*, Jena 1902, S. 32f.; Fehrenbach, Elisabeth: *Wandlungen des deutschen Kaisergedankens 1871-1918*, München/Wien 1969, S. 27-30.
78 Vgl. Dotterweich: Sybel, S. 366.

Vordergrund, drehte sich das Gespräch lange und erregt um Ignaz Döllingers Odeonsvorträge vom April 1861, deren scharfsinnige Prophezeiungen über das baldige Ende des weltlichen päpstlichen Dominiums Stürme der Entrüstung innerhalb des deutschen Katholizismus aus-lösten.[79] Die Sybel-Ficker-Kontroverse und die deutsche Frage standen vor allem in Bayern längst nicht ohne Konkurrenz da.

Wichtiger noch als solches Zurechtrücken der öffentlichen Bedeutsamkeit scheint schließ-lich die Beobachtung, dass sowohl Sybels als auch Fickers Einlassungen insgesamt zu sehr ins Detail gingen, zu differenziert und zu kompliziert, kurz: zu „wissenschaftlich" waren, um wirklich und dauerhaft zu einem populären Geschichtsbild umgeformt werden zu können. „Gute" und „schlechte", „richtig" und „falsch" handelnde Kaiser waren einem großen Publi-kum nur schwer zu vermitteln, weil es die Argumente für solche Unterscheidungen kaum pa-rat hatte. Die Verwissenschaftlichung des Stoffes in der Kontroverse stand der breiten Rezep-tion entscheidend entgegen. Johann Gustav Droysen, beileibe kein schlechterer Wissenschaft-ler als Sybel oder Ficker, erkannte deutlicher, welche Bedürfnisse ein wirklich populäres Ge-schichtsbild bedienen musste: „In der Sehnsucht der Nation blieb der ghibellinische Gedan-ke."[80]

Dieses vage Streben nach Identifikation mit einer irgendwie „großen" kaiserlichen Vergan-genheit konnten weder Sybel noch Ficker befriedigen. Literatur und Kunst sprangen hier ein, wie Heinz Gollwitzer gezeigt hat.[81] Dichtungen, Bühnenstücke – Kyffhäuser-Mythos und Hohenstaufendramen – ebenso wie die Historienmalerei von Julius Schnorr von Carolsfeld bis Hermann Wislicenus formten die Kaisergeschichte des Mittelalters zum „Erinnerungsort" um.[82] Aber auch eine bestimmte Art von Geschichtsschreibung spielte in diesem Prozess ihre Rolle –, nicht die verwissenschaftlichte Sybels und Fickers, sondern eben jene von Sybel als romantisierend-ästhetisierend verurteilte Giesebrechts. Dessen Kaiserbild verbreitete jene schon von Häusser 1846 im Streit mit Sybel propagierte Idee eines „protestantischen Ghibel-linismus" mit der für Popularisierungen nötigen Unschärfe.[83] Wer Heinrich von Sybels mo-nopolistisches Wirken auf den Geschichtslehrernachwuchs in München und Bonn als ge-schichtspolitische Multiplikationsstrategie *par excellence* bewertet, sollte nicht Giesebrecht ver-gessen, der nach Sybels Weggang eben diese Geschichtslehrerausbildung am Historischen Se-minar der Universität München im wesentlichen übernahm und bis in die achtziger Jahre hin-ein ausübte. An stiller aber nichtsdestoweniger nachhaltiger Breitenwirkung übertraf Gie-sebrechts Bild vom deutschen Mittelalter dasjenige Sybels weit. Hier lag der späte Sieg Gie-sebrechts über seinen Kritiker Sybel.

Freilich: Die Wendungen der deutschen Politik kamen der Häusser-Giesebrechtschen Kon-zeption vom protestantischen Ghibellinismus entgegen. Wie bewusst oder unbewusst auch immer die Droysensche „Sehnsucht der Nation" nach dem Kaiser aufnehmend, trat 1871 ein protestantisches Kaisertum tatsächlich ins Leben und forderte Kontinuität, Legitimation, Anknüpfung an vermeintliche Traditionen deutscher Geschichte.

79   Vgl. Döllinger, Johann Joseph Ignaz von: *Kirche und Kirchen, Papstthum und Kirchenstaat*, München 1861, ins-
      bes. S. 666-684; Acton an Döllinger, 4.5.1861. In: Döllinger: Briefwechsel I, S. 200-206; Jörg: Briefwechsel,
      S. 134-153;
80   Droysen: Geschichte der preußischen Politik 1, 2. Auflage, 1868, S. 9.
81   Gollwitzer, Heinz: *Zur Auffassung der mittelalterlichen Kaiserpolitik im 19. Jahrhundert*. Eine ideologie- und wis-
      senschaftsgeschichtliche Nachlese. In: Rudolf Vierhaus/Manfred Botzenhart (Hrsg.): Dauer und Wandel
      der Geschichte. Aspekte europäischer Vergangenheit. Festgabe für Kurt von Raumer zum 15. Dezember
      1965, Münster 1966, S. 483-512.
82   Beispiele ebd., S. 503-506.
83   Maltzahn, Christoph von: *Wilhelm Giesebrecht*. In: Rüdiger vom Bruch/Rainer A. Müller: Historikerlexikon.
      Von der Antike bis zum 20. Jahrhundert, München 1991, S. 109.

Noch einmal, in der Adressdebatte des Reichstages vom 30. März 1871 flackerte die Thematik der Sybel-Ficker-Debatte auf. In der vom Reichstag zu verabschiedenden Antwort auf die Thronrede Kaiser Wilhelms I. wollte die nationalliberale Mehrheit einen Passus verankert wissen, der das neue Kaisertum ausdrücklich von den unheilvollen „Einmischungen" der alten Kaiser „in das Leben anderer Nationen" distanzierte.[84] Wenn überhaupt eine von Sybel aber auch Gustav Freytag inspirierte Abneigung des protestantischen Bildungsbürgertums gegen die Erneuerung der Kaisertums existierte, kam sie in der Adressdebatte ein letztes Mal zum Ausdruck. Denn schon war das Kaisertum erneuert, war eine weitere Diskussion über seinen Sinn obsolet. In der Wendung des Kronprinzen Friedrich Wilhelm, des späteren Kaisers Friedrich III. gegen den vor allem von Gustav Freytag vorgetragenen antikaiserlichen Affekt[85] lag wohl während des Krieges von 1870/71 das deutlichste Signal für den bevorstehenden geschichtspolitischen Paradigmenwechsel. Friedrich

> „erkannte den Symbolwert und die integrierende Kraft der Kaiserwürde, und es fehlte ihm nicht an Verständnis dafür, daß die Weltgeltung eines künftigen geeinten deutschen Reiches im Hinblick auf eine machtpolitische Rivalität der Imperien durch die Errichtung eines Kaisertums unterstrichen würde".[86]

Der Kronprinz forderte für sich „gerade jene uralte Krönungskrone, weil sie recht eigentlich das Attribut der deutschen Kaiserwürde ist".[87] Gegen eine derartige Traditionsstiftung von höchster Seite konnte den Sybelschen Distinktionen keine weitere Durchsetzungskraft verbleiben.

5.3 Folgen der Debatte für die Fachwissenschaft

Sehr viel nachhaltiger als in der größeren Öffentlichkeit, wenngleich dem ersten Blick weniger offensichtlich, wirkte sich die Sybel-Ficker-Kontroverse für die Entwicklung der Fachdisziplin „Geschichte" selbst aus. Hier, so steht zu vermuten, liegt der eigentliche Grund der dauerhaften Verankerung dieser Debatte im kollektiven Gedächtnis des Faches.

Zunächst: Fickers Auftreten gegen Sybel trug wesentlich dazu bei, der katholischen und großdeutschen Geschichtsschreibung den Ruf wirklicher Wissenschaftlichkeit zu erobern. Dies bedeutet nicht, dass die ältere Generation katholisch-(oder katholizistisch[88])-großdeutscher Historiker wissenschaftlich nichts geleistet habe oder hätte leisten können. Die „katholische Inferiorität" ist kaum mehr als eine, wenn auch sehr erfolgreiche wissenschaftspolitische Kampfbehauptung der Gegenseite. Aber Julius Ficker war doch – von Johann Friedrich Böhmer vielleicht abgesehen – der erste „echte" Historiker dieser Richtung, den die dominant meinungsbildenden Vertreter der Ranke-Schule als prinzipiell auf gleicher Augenhöhe stehend anerkannten. Vor allem die Würdigung seiner Fachkompetenz – bei allen Unterschieden in den politischen Auffassungen – durch Georg Waitz und wenig später auch durch Ranke selbst hätte Ficker bedeutende Karrierechancen eröffnen können. Er war ernsthaft als Sybel-Nachfolger in München im Gespräch und wurde 1870 zum Mitglied der Historischen Kom-

84   *Stenographische Berichte über die Verhandlungen des Deutschen Reichstags.* I. Legislaturperiode. I. Session 1871. Bd. 1, Berlin 1871, S. 70; ausführlich zu dieser Debatte Gollwitzer: Zur Auffassung der mittelalterlichen Kaiserpolitik, S. 484-492.

85   Freytag, Gustav: *Neues und altes Kaiserzeremoniell* (1871). In: Ders.: Politische Aufsätze (Gesammelte Werke. Neue wohlfeile Ausgabe. Erste Serie 7), Leipzig/Berlin o. J., S. 532-541, hier z.B. S. 535; vgl. auch Lorenz, Ottokar: *Gustav Freytags politische Thätigkeit.* In: Ders.: Staatsmänner und Geschichtsschreiber des neunzehnten Jahrhunderts. Ausgewählte Bilder, Berlin 1896, S. 327-360, hier S. 356f.

86   Gollwitzer: Zur Auffassung der mittelalterlichen Kaiserpolitik, S. 500; vgl. jetzt auch Kroll, Frank-Lothar: *Herrschaftslegitimierung durch Traditionsschöpfung.* Der Beitrag der Hohenzollern zur Mittelalter-Rezeption im 19. Jahrhundert. In: HISTORISCHE ZEITSCHRIFT 274 (2002), S. 61-85.

87   Kaiser Friedrich III.: *Kriegstagebuch 1870–1871,* Berlin/Leipzig 1926, S. 260.

88   Zu dieser Begrifflichkeit vgl. Brechenmacher: Großdeutsche Geschichtsschreibung, S. 35-38.

mission bei der Bayerischen Akademie der Wissenschaften gewählt, sogar mit Zustimmung Sybels; trotz Rankes ausdrücklicher Bitte trat er, aus einem Bündel sehr unterschiedlicher Gründe, die Mitgliedschaft nicht an.[89] Julius Fickers kompetent geführter Streit mit Sybel etablierte die zweite Generation der großdeutschen Historiker innerhalb der Zunft und trug zu einer Klimaveränderung bei, von der auch Historiker wie Carl Adolf Cornelius, Hermann Hüffer und, in der nächsten Generation, Moriz Ritter profitierten.

Sodann: Die Sybel-Ficker-Debatte brachte auch die mediävistische Forschung wesentliche Schritte voran, erweiterte die Kenntnisse über die Geschichte des Mittelalters, präzisierte Fragestellungen, klärte Begriffe, erörterte die Quellensituation und vertiefte die Quellennutzung. Aus dem geschichtspolitischen Disput erwuchsen klare Erkenntnisfortschritte gegenüber den bisherigen oder gleichzeitigen Werken von Raumer, Leo oder Giesebrecht.

Die wichtigste Folge der Sybel-Ficker-Kontroverse für die Fachwissenschaft bestand aber vor allem in der verstärkten Reflexion auf die erkenntnis- und wissenschaftstheoretischen Grundlagen der Geschichtswissenschaft. So paradox es klingt: Diese hochpolitisierte Debatte barg einen Fortschritt in der methodischen Entwicklung der wissenschaftlichen Disziplin Geschichte. Gerade die Politisierung der Geschichte brachte die Verwissenschaftlichung der Historie voran. Georg Waitz, der älteste und neben Sybel wohl prominenteste Ranke-Schüler, ging darauf in seiner Rezension der Sybel-Ficker-Streitschriften in den Göttingischen Gelehrten Anzeigen ausführlich ein. Obwohl er nicht verhehlte, im politischen Urteil ganz auf der Seite seines Studienfreundes Sybel zu stehen, obwohl er Fickers Bild vom Kaiserreich als „eigentümliche Art von Idealismus" charakterisierte, lehnte er auf der anderen Seite Sybels erkenntnistheoretischen Standpunkt völlig ab und rief Rankesche Maßstäbe zurück ins Gedächtnis, wie denjenigen, dass jede Entwicklung, „wie irgend eine ihr Recht, ihre historische Begründung" habe. Vor allem warnte er nach beiden Seiten vor der Vermischung historischer und tagesaktueller Fragen.

> „Ich halte daran fest, daß diese Fragen [über Österreichs und Preußens Stellung, über die wünschenswerte Gestaltung unserer Zukunft, T.B.] mit der Würdigung des alten Kaisertums nichts zu tun haben und daß in aller Weise [...] danach gestrebt werden soll, daß unsere historische Wissenschaft von den Stimmungen und Wünschen der Gegenwart unbeirrt bleibe."[90]

Die Sybel-Ficker-Debatte kann in diesem Lichte als ein Probelauf dafür gelten, wieviel Gegenwart historisches Urteilen verträgt. Nicht dass diese Frage im Lauf der Debatte bereits gelöst worden wäre, scheint hier von Bedeutung, sondern dass ihre Implikationen ein erstes Mal in so krasser Deutlichkeit und mit soviel metahistorisch reflektierender Kompetenz aufgeworfen wurden. Gerade Sybels Position, so überzogen sie war, ist ja nichts als der dem Rankeschen diametral gegenüberstehende Entwurf, der wiederum ein bezeichnendes Licht zurückwirft auf die Problematik der „Objektivität historischer Urteile". Fickers Gegenstandpunkt, auch Waitz' Einwendungen lieferten allenfalls Bausteine zur Lösung der von Sybel aufgeworfenen Problematik. Hier war eine Grundfrage historischer Erkenntnis angesprochen, eine Aufgabe gestellt, der sich die Geschichtswissenschaft stets von neuem zuwenden musste und muss.

---

89   Ranke an Ficker, 27.12.1870 (In: Hoeft, Bernhard/Herzfeld, Hans (Hrsg.): *Leopold von Ranke. Neue Briefe*, Hamburg 1949, S. 546); vgl. auch Ranke an Giesebrecht, 8.1.1871 (In: Ranke, Leopold von: *Zur eigenen Lebensgeschichte*. Hrsg. von Alfred Dove, Leipzig 1890, S. 495f.).
90   Waitz: Rez. Sybel/Ficker, S. 268.

6 Nachspiel 1941

Abseits solcher das Grundsätzliche streifenden und zeitlos fruchtbaren Fragen erlebte die Sybel-Ficker-Debatte eine bizarre ideologische Nachblüte in der Zeit des Nationalsozialismus. Wieder publiziert, sollten die Sybel-Ficker-Streitschriften jetzt zur Stärkung eines neuen „Einheitsbewußtseins im großen deutschen Reich" dienen.[91] Die vermeintlichen „Sehnsüchte" Sybels und Fickers nach dem Ende der Zersplitterung und nach Auferstehung des mittelalterlichen Reiches seien, so der Herausgeber, „im Großdeutschen Reich durch Adolf Hitler" erfüllt worden,[92] – eine seltsam-gewalttätige Synthese der beiden doch so gegensätzlichen Positionen, ein Präludium aber auch der geistig zwar weit über den üblichen weltanschaulichen Versatzstücken des Nationalsozialismus stehenden aber angesichts des politischen Kontexts, in dem sie entstand, doch fatal verfehlten „gesamtdeutschen Geschichtsschreibung" Heinrich Ritter von Srbiks.[93] Völlig ahistorisch wurde hier versucht, die je für sich bedeutenden und in ihrer spezifischen historisch-politischen Situation erwachsenen Stellungnahmen Sybels und Fickers zu vereinnahmen, dabei jedoch nichts als eine Geschichtsklitterung erreicht, deren einziges Verdienst, immerhin, darin besteht, wenigstens die Texte unentstellt in einer auch heute noch die Antiquariate vielfach bereichernden Ausgabe wieder zugänglich gemacht zu haben.

Das Jahr 1945 brachte glücklicherweise das Ende solcher Interpretationen. Die Deutungskontroversen um die deutsche Geschichte verlagerten sich auf andere Ebenen; das mittelalterliche Kaisertum etablierte sich nicht als „Erinnerungsort" der Deutschen der zweiten Hälfte des 20. Jahrhunderts.[94] Nur das Thema „Österreich und die deutsche Nation" blühte in der Debatte über Karl Dietrich Erdmanns Konzept „Drei Staaten, zwei Nationen, ein Volk" noch einmal kurz auf.[95] Vor die alten Diskussionslinien des 19. Jahrhunderts schob sich zusehends der Nationalsozialismus, und wenn seither von „Großdeutschland" als historisch zu deutendem Phänomen die Rede war, dann vor allem mit Blick auf die Frage nach Schuld, Mit- oder Unschuld, nach Opfern und Tätern der Jahre 1933 bis 1945. Um Sybel und Ficker kehrte Ruhe ein. Freilich, jedem Proseminaristen in mehr oder weniger lieber Erinnerung, leben beide weiter im Gedächtnis ihres Faches, und dies zurecht. Friedrich Meinecke hebt in seinen autobiographischen Aufzeichnungen das Bestreben der Neorankeaner Max Lenz und Max Lehmann hervor, die „kritische Unbefangenheit Rankes zurückzuerobern". Dieses Ziel sei auch deshalb zu erreichen gewesen, weil die „Kämpfe der Reichsgründungszeit" ausgekämpft waren.[96] Die Sybel-Ficker-Kontroverse bedeutete einen wichtigen, einen zentralen Schritt dorthin. Ohne an dieser Stelle darüber urteilen zu können, inwieweit die Ranke-Renaissance die von Meinecke attestierte Unbefangenheit wirklich zurückerobert hat, bleibt mit Blick auf die Debatte zwischen Heinrich von Sybel und Julius Ficker zweifellos zu sagen: Die Geschichtswissenschaft hat in ihr ihre Naivität im Umgang mit der Tagespolitik verloren. Das zumindest war ein Meilenstein.

---

91 Schneider: Die neueren Anschauungen, S. 7.
92 Schneider: Universalstaat oder Nationalstaat, S. XXXV.
93 Srbik, Heinrich Ritter von: *Deutsche Einheit*. Idee und Wirklichkeit vom Heiligen Reich bis Königgrätz, 4 Bde., München 1935-1942; Schneider, „z. Zt. bei der Wehrmacht", widmete Srbik die fünfte Auflage der „neueren Anschauungen" von 1942 (S. 7); vgl. auch Brechenmacher: Österreich steht außer Deutschland, S. 48-51.
94 Diesen Eindruck muss zumindest erhalten, wer die von Etienne François und Hagen Schulze zusammengestellten „Deutschen Erinnerungsorte", 3 Bde., München 2001, als einigermaßen repräsentativ anzusehen geneigt ist. Unter dem Stichwort „Reich" erscheinen hier im ersten Band nur „Karl der Große" und „Canossa", kein Ottone, kein Staufer, kein Heinrich der Löwe.
95 Erdmann, Karl Dietrich: *Die Spur Österreichs in der deutschen Geschichte*. Drei Staaten, zwei Nationen, ein Volk?, Zürich 1989; vgl. ebenfalls Brechenmacher: Österreich steht außer Deutschland, S. 32f. und 52f.
96 Meinecke, Friedrich: *Autobiographische Schriften*. Hrsg. von Eberhard Kessel (Friedrich Meinecke: Werke 8), Stuttgart 1969, S. 111f.

DIE DISKUSSION ÜBER DIE PIRENNE-THESE

CARL AUGUST LÜCKERATH

1 Zur Genese und Deutung von Epochenwandel

Im Spannungsrahmen von *Roma fuit* und *Roma aeterna* – Rom ist gefallen und Rom währt ewig,[1] bewegt sich die Frage nach dem Übergang von der Spätantike zum Frühmittelalter. Für diese Frage suchen Historiker und Kulturgeschichtstheoretiker seit dem Humanismus überzeugende Antworten.

In diesen Diskurs schaltete sich seit 1917 Henri Pirenne, Mediävist und belgischer Nationalhistoriker,[2] der auch mit der weniger spektakulären „neuzeitlichen Pirenne-These" die lange Entstehung Belgiens als „Nation" propagierte,[3] mit unüberhörbarer Stimme und mit noch vernehmlicherem Echo ein.

Die wegen ihres kontroversen Ansatzes berühmte sog. Pirenne-These geht auf dessen Jahre in der deutschen Internierung (1916-1918) zurück, als Pirenne die Bekanntschaft mit einigen russischen Kriegsgefangenen machte, die ihn dazu inspirierten, eine Geschichte Europas[4] zu schreiben, in der die Rolle Konstantinopels und des östlichen Mittelmeeres besondere Berücksichtigung finden sollten. Ohne einen wissenschaftlichen Apparat oder eine Bibliothek zur Hand zu haben, hat Pirenne während besagter Internierung dieses Werk in einem Guss abgefasst. Die Konturen der Pirenne-These wurden einige Jahre später, 1922, mit einem Beitrag in der „*Revue Belge de Philologie et d'histoire*" sichtbar und nachvollziehbar.[5] Ein Jahr später veröffentlichte Pirenne in derselben Zeitschrift einen Artikel,[6] in dem er noch pointierter auf den Unterschied zwischen den Epochen der Merowinger und der Karolinger einging. Später ließ er weitere spezifizierende Studien folgen. Bereits früher hatte er durch eine Vielzahl von Vorträgen seine These erläutert, so vor den Internationalen Historikertagen von Brüssel und Oslo (1923 und 1928) sowie in Vorlesungen und Gastvorträgen an den Universitäten Brüssel, Lille, New York Columbia College, Cambridge, Montpellier, Algier, Kairo und Rom (Belgisches Historisches Institut) in den Jahren 1921 bis 1934.[7]

Für Pirenne ist der entscheidende Unterschied zwischen beiden fränkischen Dynastien der Merowinger und der Karolinger vor allem ein sozio-ökonomischer. Die Pirenne-These brach

---

1 Vgl. Hübinger, Paul Egon (Hrsg.): *Kulturbruch oder Kulturkontinuität im Übergang von der Antike zum Mittelalter* (Wege der Forschung 201), Darmstadt 1968, S. IX; zur vorläufigen Information siehe: *Mohammed und Karl der Große*. Die Geburt des Abendlandes, Stuttgart/Zürich 1993 (it. Ausgabe: Milano 1987) mit Literaturauswahl.

2 *23.12.1862, Verviers, Belgische Wallonie, Industriellensohn. Studium: Lüttich, Leipzig, Berlin und Paris. 1884 Berufung nach Lüttich. 1886 bis 1930 ordentlicher Professur für mittelalterliche Geschichte in Gent. †24.10.1935 in Uccle bei Brüssel.

3 Pirenne, Henri: *Geschichte Belgiens*. Dt. Übersetzung des französischen Manuskriptes von Fritz Arnheim. 3 Bde. (Auswahl), Gotha 1899-1913; *Geschiedenis van België*. 7 Bde., Gent 1902-1933; *Histoire de Belgique*. 7 Bde., Brüssel 1900-1932.

4 Pirenne, Henri: *Geschichte Europas*. Von der Völkerwanderung bis zur Reformation. Übersetzt von Wolfgang Hirsch. Frankfurt a.M. 1956; Lizenzausgabe als Fischer-Taschenbuch 7321 (FW 2980) Frankfurt a.M. 1982; Original: *Histoire de l'Europe*. Des invasions au XVIe siècle, Paris/Brüssel 1936 (posthum).

5 Pirenne, Henri: *Mahomet et Charlemagne*. In: REVUE BELGE DE PHILOLOGIE ET D'HISTOIRE 1 (1922), S. 77-86.

6 Pirenne, Henri: *Un Contraste économique*. Merovingiens et Carolingiens. In: REVUE BELGE DE PHILOLOGIE ET D'HISTOIRE 2 (1923), S. 223-225.

7 Pirenne, Jacques: *Einführung*. In: Henri Pirenne: *Geburt des Abendlandes*. Untergang der Antike am Mittelmeer und Aufstieg des germanischen Mittelalters. Übertragen von P.E. Hübinger, Amsterdam 1939, S. 6. Der Titel der Originalausgabe: *Mahomet et Charlemagne* hebt auf den Kern der These ab, die Pole der „neuen mittelalterlichen Welt" seien mit den herausragenden historischen Persönlichkeiten kontaminiert.

mit der zu seiner Zeit vorherrschenden, sogenannten Katastrophentheorie Gibbons.[8] Gibbon vertrat die Ansicht des katastrophalen Bruchs beim Epochenwechsel der Antike zum Mittelalter unter Zugrundelegung der These, dass das Christentum die Schuld am Untergang des Römischen Reiches trage. Eine Position, die u.a. auch dezidiert von Alfons Dopsch[9] abgelehnt wurde:

> „Was ich aber als die Hauptsache betrachte, die viel zuwenig Berücksichtigung findet: Sowohl die materielle wie auch die geistige Kultur dieser spätrömischen Zeit war längst herabgesunken und in starker Wandlung begriffen [...]. Die Katastrophentheorie hat sich in einem selbstmörderischen Widerspruch bewegt. Denn hätten die Germanen wirklich als wilde Plünderer alles zerstört und wäre tatsächlich eine so bedeutende Kulturzäsur eingetreten, wie jene annimmt: wie hätten ‚die Barbaren‘ alsdann bei der angeblichen Schwäche ihrer primitiven Kultur so rasch jene Blüte schon zeitigen können, welche für das 8. Jahrhundert, die Karolingerzeit, bereits allgemein gerühmt wird?"[10]

Diese Kehre von Dopsch erfolgte in gewisser Abhebung von Karl Lamprecht,[11] der seit dem Spurenlegen der italienischen Humanisten von einem völligen Zusammenbruch des Römischen Reiches, der durch eine lange Phase der Dekadenz, der sittlichen Erosion und der politischen Lethargie vorbereitet wurde, ausging. Die antike Zivilisation, die für das Abendland seit der Renaissance Vorbildcharakter hat, wird nach dieser Diskontinuitäts-These von einer reduzierten mittelalterlichen Staatlichkeit, von Finsternis in jenem historischen Moment eingehüllt und von roher Kraft überwältigt, in dem sich die hochdifferenzierte antike Gesellschaft in Schwäche und Dekadenz verliert.

2 Das Konzept Pirennes

Die These, mit der Pirenne dieser Auffassung entgegentrat, besteht aus zwei wesentlichen Komponenten: Eine, die man argumentativ-offensiv nennen könnte, denn in ihr werden durchschlagende Argumente gegen die Thesen Gibbons angeführt, und eine zweite deutende, in der Pirenne seine neue Theorie darüber präsentierte, was den Untergang des römischen Kulturraumes und die Entstehung des Karolingischen Reiches, welches das frühe Mittelalter dominierte, tatsächlich verursacht hat. Zunächst widerlegte Pirenne die Auffassung, dass zwischen den Römern und ihren germanischen Nachfolgern ein eklatanter Bruch entstanden sei. Pirenne führte dies *in nuce* bereits ab 1929 aus,[12] dann umfassend im ersten Teil seines 1936 posthum in französischer Sprache erschienenen Werkes „*Mahomet et Charlemagne*":

> „Auf den ersten Blick scheint der Zusammenbruch so ungeheuer, so gewaltig, dass man vom Sturz des Romulus an ein neues Zeitalter rechnet. Bei näherem Zusehen freilich stellt sich die Katastrophe als weniger bedeutend dar. Denn de jure ist das Kaisertum nicht untergegangen. Es hat nichts an Souveränität preisgegeben [...]. Rechtlich besteht

8   Edward Gibbon (*8.5.1737 bis ✝16.1.1794), Hauptwerk des engl. Historikers: *History of the decline and fall of the Roman Empire*. 6 Bde, London 1776-88; dt. gekürzte Ausgabe: Saunders, D.A. (Bearb.): *Verfall und Untergang des Römischen Reiches*, Kiel 1987.
9   Breit ausgeführt in: Dopsch, Alfons: *Wirtschaftliche und soziale Grundlagen der europäischen Kulturentwicklung. Aus der Zeit von Cäsar bis auf Karl den Großen*. 2 Teile, Wien ²1923-²1924, ND Aalen 1968.
10   Dopsch, Alfons: *Vom Altertum zum Mittelalter*. In: ARCHIV FÜR KULTURGESCHICHTE 16 (1926), S. 159-182, hier S. 160f., 182.
11   Karl Lamprecht (*25.2.1856 bis ✝10.5.1915), Prof. in Marburg und ab 1891 in Leipzig. Vertreter einer gesetzmäßigen Sozialgeschichte unter Einwirkung sozialpsychologischer Kräfte. Mit seiner Auffassung löste er einen Methodenstreit aus. Vgl. seine Werke: *Die kulturhistorische Methode*, Leipzig 1900; *Einführung in das historische Denken*, Leipzig 1912.
12   Pirenne, Henri: *L'instruction des marchands au Moyen Age*. In: ANNALES D'HISTOIRE ECONOMIQUE ET SOCIALE 1 (1929), S. 13-28.

das Reich in einer Art mystischen Gegenwärtigkeit fort; tatsächlich – und dies ist das bei weitem Wichtigste – lebt Romania weiter."[13]

Die germanisierten Gebiete waren nach Pirenne zunächst nur Randbezirke des Reiches, das in seinen Kernzonen römisch blieb. Die Germanisierung des Römischen Imperiums ist im Großen und Ganzen eher eine Romanisierung einwandernder Germanen. Im Grunde änderte sich politisch gesehen nur eines: Die Einheit des weströmischen Reiches zerfiel und an ihre Stelle trat ein Staatensystem verschiedener regionaler Volksstämme. Das entscheidende Merkmal der spätantiken Epoche aber war die römische Kultur, die den gesamten Mittelmeerraum zu einem einheitlichen Kulturraum machte. Diese Einheit blieb noch lange nach der Absetzung des letzten römischen Kaisers durch den Germanenkönig Odoaker (476) erhalten. Sie änderte sich erst, als mit den Karolingern eine neue Kultur begründet wurde. Insgesamt fand bei Pirenne eine Verschiebung der Epochenwende vom Altertum zum Mittelalter um etwa 300 Jahre statt.

Die zweite, deutende Komponente der These befasst sich mit dieser Epochenschwelle, die eng mit der Persönlichkeit Karls des Großen (768-814) verknüpft ist. Für Pirenne lag der Grund für den Untergang des Römischen Reiches in der militanten Expansion des Islams im Mittelmeerraum. Diese Eroberungen erfolgten zunächst um 651 in einer ersten Phase von der arabischen Halbinsel aus, mit einem Ausgreifen nach Westen bis in die Cyrenaica, nach Osten bis an die ostiranischen Gebirge und bis an den Fluss Oxus. Das Byzantinische Reich behauptete noch das gesamte Kleinasien. Unter der seit 661 herrschenden Kalifen-Dynastie der Omajjaden (Residenz Damaskus) wurde unter Verdrängung des Griechischen die arabische Sprache in Verwaltung und Handel gegen Ende des Jahrhunderts durchgesetzt. Kalif Walid I. (705-715) betrieb die zweite, nach Westen und Osten ausgreifende, Expansionsphase: Im Osten wurde das Industal erreicht, im Westen stießen die Muslime über ganz Nordafrika, wo das bereits 697 gefallene Karthago ein Fanal für die Zerschlagung von Kirchenstrukturen und Auslöschung christlicher Kultur war, bis nach Spanien (711) vor, hier unter Vernichtung des Westgotenreiches. Die arabische Flotte, die 717/18 Konstantinopel belagerte und Zypern sowie Kreta bedrohte, begründete die Seeherrschaft über die Ägäis als Rückhalt für den Einfluss auf das westliche Mittelmeer. Der Angriff auf das Frankenreich scheiterte mit der Niederlage gegen Karl Martell bei Tours und Potiers 732, jedoch gerieten Teile der südlichen Provence unter arabischen Einfluss. Trotz des Sturzes der Omajjaden durch die Dynastie der Abbasiden (ab 749) konnte der Omajjade Abd Ar-Rahman I. auf der iberischen Halbinsel in Córdoba 756 ein vom Kalifat unabhängiges Emirat als islamischen Staat mit blühender Zukunft errichten. 849 standen die Sarazenen vor Rom. Diese Eroberungen der muslimischen Araber und die folgende Ausdehnung des Kalifenreiches führten dazu, dass der florierende Seehandel, der das wirtschaftliche Rückgrat des Byzantinischen Reiches war, beinahe gänzlich zum Erliegen kam. Die antik-römische Einheit des Mittelmeerraumes war damit zerbrochen; Byzanz war also, auf die Adria und bedingt auf das Tyrrhenische Meer begrenzt, als lokale Macht übriggeblieben, die keine vitalen Beziehungen nach Westen, auch kaum noch zum Papsttum in Rom, unterhielt. In dieser Zeit wurde zwar der Grundstein zu anderen, neuen See- und Handelsmächten gelegt. Insgesamt aber war das Mittelmeer nun nicht mehr die Drehscheibe der römisch geprägten Welt, sondern: „Das Meer, das die große Verbindungsstraße war, ist jetzt eine unüberwindbare Schranke".[14] Zudem erwies sich der herkömmliche Handelsweg über den Balkan (Landweg) als nicht mehr sicher. Mit dieser neuen geopolitischen Situation setzte nach Pirenne das Mittelalter ein.

---

13 Pirenne, Henri: *Mahomet et Charlemagne*, Paris 1936 (Dt. Ausgabe in der Übersetzung von P.E. Hübinger unter dem Titel: *Geburt des Abendlandes*, Leipzig o.J. (1939) und unter dem Titel *Mahomet und Karl der Große. Untergang der Antike am Mittelmeer und Aufstieg des germanischen Mittelalters* (Fischer-Bücherei. Bücher des Wissens 553), Frankfurt a.M. 1963, S. 32.).
14 Ebd., S. 139.

Entgegen früherer Ansichten über das Frankenreich betrachtete Pirenne die Herrschaft der Merowinger und der Karolinger nicht als ein fränkisches Ganzes, sondern sah den entscheidenden Bruch gerade im Übergang zwischen diesen beiden fränkischen Königsdynastien: auf der einen Seite Merowinger, auf der anderen die Karolinger. Die Schwäche der Merowinger-Könige führte dazu, dass die karolingischen Hausmeier spätestens seit Karl Martell die faktischen Machtpositionen innehatten.[15] Dies resultierte nach Pirenne nicht nur aus den allgemeinen Degenerationserscheinungen der Merowinger-Dynastie, sondern zu einem großen Teil aus dem Erlahmen des Handels und einer daraus hervorgehenden wirtschaftlichen Schwäche des merowingischen Königtums. Der sog. „Staatsstreich" des Hausmeiers Pippin I. 751 gegen den merowingischen Adel vollzog, was länger schon geschichtliches Faktum war. Pippin festigte seine Machtposition und übergab sie seinem Sohn Karl. Das Reich Karls des Großen, das für den Epochenwandel von einer antik-römischen zu einer mittelalterlich-germanischen Kultur steht, sah sich durch die Eroberungszüge und die Reichsgründung der muslimischen Araber größtenteils vom Mittelmeer und den antiken Handelswegen abgeschnitten. „Das westliche Mittelmeer ist zu einem mohammedanischen See geworden und hört auf, wie bis dahin immer noch, Straße für Waren und Gedanken zu sein."[16] In der Folge orientierte sich das Karolingische Reich in Richtung Norden. „Die Achse des geschichtlichen Lebens [hat sich] vom Mittelmeer weg nach Norden verlagert"[17]. Karl der Große ließ sich zwar mit dem programmatischen Anspruch einer *renovatio imperii* 800 n. Chr. in Rom zum (Römischen) Kaiser krönen, seinen tatsächlichen politischen Mittelpunkt hatte er jedoch im fränkischen Aachen und anderen Pfalzen. Die wirtschaftliche Grundlage war nicht mehr der Fernhandel mit Seide, kostbaren Tuchen und Gewürzen, wie dies noch bei den Merowingern der Fall war, sondern der Bodenertrag. Der Handel beschränkte sich auf kleinere Märkte von ansässigen Produzenten und Verbrauchern. Dementsprechend ging der allgemeine Geldumlauf zurück. Im Verlauf der weiteren geschichtlichen Entwicklung gewann der Nord- und Ostseehandel immer stärkere Bedeutung, wobei, vor allem von den britischen Inseln aus, eine kulturelle Renaissance der lateinischen Sprache als Sprache des Klerus und der Gelehrten ausging. Über die Sprache kam es auch aus den zuvor missionierten insularen Gebieten heraus zu einer Erneuerung der religiösen Kultur auf dem westeuropäischen Kontinent.

2.1 Fazit

Resümierend lässt sich sagen, dass nach Pirenne in politischer Hinsicht das Kaisertum Karls des Großen das Ergebnis eines Schutzbündnisses zwischen der weströmischen Kirche[18] und dem sich in West- und Mitteleuropa einrichtenden und nach Italien ausgreifenden fränkischen Herrscher war, das nur deswegen in dieser Form möglich wurde, weil die Verbindung Roms und des Westens zum Byzantinischen Kaisertum durch die Eroberungen der Mohammedaner rund um das Mittelmeer unterbrochen worden war. Mit dem politischen Wandel ging nach Pirenne ein grundlegender Umbruch der Wirtschaft einher.

---

15   Vgl. sozusagen als Gegenbild: Ganshof, F.L.: *Le traits généraux du système d'institutions de monarchie franque*. In: SETTIMANE 9 (1962).
16   Pirenne, Henri: *Geburt des Abendlandes*. Untergang der Antike am Mittelmeer und Aufstieg des germanischen Mittelalters, Leipzig 1939, S. 286.
17   Ebd., S. 287.
18   Vgl. dazu: Ewig, Eugen: *Die Abwendung des Papsttums vom Imperium und seine Hinwendung zu den Franken*. In: Hubert Jedin (Hrsg.): Handbuch der Kirchengeschichte. Bd. 3, Freiburg i.Br. 1973, S. 3-30, hier S. 19ff.; Schieffer, Rudolf: *Die Karolinger* (Urban 411), Stuttgart 1992, S. 70-111 und 236-238; Angenendt, Arnold: *Das Frühmittelalter: Die abendländische Christenheit von 400 bis 900*, Stuttgart/Berlin/Köln ³2001, S. 233ff.

3 Zur Rezeptionsgeschichte

3.1 Die Rezeption in Frankreich und Belgien

Pirennes Darlegungen stießen im frankophonen Raum nicht auf allgemeine Resonanz, so erfolgte die erste Rezeption durch die sogenannten „Annalisten", eine Gruppe junger Historiker um das gleichnamige Periodikum.

Die Beziehung Pirennes zu jenen geht auf Vorlesungen zurück, die dieser 1919 in Straßbourg hielt. Marc Bloch und Lucien Febvre hatten dann 1921 die Vision einer historiographischen Zeitschrift, die sich weniger an politischen, legalistischen und institutionellen Aspekten orientieren sollte, sondern vielmehr an ökonomischen, klimatischen, geopolitischen, sozialen und historischen Faktoren der Geschichte. Sie schlugen Pirenne vor, Herausgeber ihrer Zeitschrift zu werden, da er der einzige sei, der die Autorität besäße, diese Gruppe junger Historiker um sich zu scharen; doch er lehnte ab, versprach jedoch, das Projekt nach Kräften zu unterstützen.[19] Das besondere Interesse der Annalisten lag vor allem im methodologischen Bereich; weil der sozio-ökonomische Geschichtsansatz, den die frühen Annalisten anstrebten, eine stärkere Berücksichtigung soziologischer Forschungsmethoden erfordert. Die Pirenne-These war auch deshalb für die neue, von den Annalisten angestrebte Geschichtsschreibung produktiv, weil sie sich bei ihrer Interpretation der geschichtlichen Prozesse nicht auf den abendländischen Raum beschränkte, sondern einen direkten Bezug zu den Ereignissen im Orient herstellte, und so den Westen, abweichend von den west-eurozentrischen Tendenzen, in einem universalen Kontext verankerte. Georges Espinas, einer der früheren Schüler Pirennes, rezipierte dessen These im Kontext der von seinem Lehrer aufgezeigten Städteentwicklung im Mittelalter.[20] Er hob dabei vor allem die Fähigkeit Pirennes hervor, aus der begrenzten Anzahl der Fakten unter Hinzuziehung von sozialen, ökonomischen, juristischen, geographischen und politischen Aspekten ein in sich konsistentes Gesamtbild europäischer Stadtentwicklung im Mittelalter zu „synthetisieren". Er verwies auf die Untersuchungen Rietschels[21] über die Städte und Märkte zwischen Rhein und Elbe, in denen die These Pirennes bestätigt wurde.

1933 veröffentlichte Pirenne in den „Annales" einen größeren Artikel über den Weinexport Frankreichs im Mittelalter.[22] Hier wurden vor allem jene Thesen aufgestellt, die auch in seiner im selben Jahr erschienenen „Sozial- und Wirtschaftsgeschichte Europas im Mittelalter"[23] im Vordergrund stehen. Der Weinhandel vom Golf von Biscaya nach England hat beispielsweise die Grundlage für ein einheitliches Seehandelsrecht geschaffen, welches den späteren europäischen Wirtschaftsraum wesentlich ermöglicht hat.

Marc Bloch griff danach das Problem des Goldes im Mittelalter[24] auf. Bloch führte numismatische Untersuchungen über den Gold- und Silbergehalt (Legierungen) der in der Zeit der

---

19   Informationen über diese Kontakte bietet der Briefwechsel zwischen Bloch, Febvre und Pirenne: Lyon, Bryce/Lyon, Mary (Hrsg.): *The birth of the Annales historien: The letters of Lucien Febvre and Marc Bloch to Henri Pirenne (1921-1935)*, Brüssel 1991.

20   Espinas, Georges: *Histoire urbaine*. In: ANNALES 9 (1936), hier S. 462; vgl. dazu: Pirenne, Henri: *Les villes en Moyen Age*. Essaie d'histoire économique et sociale, Brüssel 1927; Prevenier, W.: *Henri Pirenne et les villes des anciennes Pays-Bas au bas Moyen Age*, Gent 1986.

21   Rietschel, S.: *Das Burggrafenamt und die hohe Gerichtsbarkeit in den deutschen Bischofsstädten während des früheren Mittelalters* (Untersuchungen zur Geschichte der deutschen Stadtverfassung 1), Leipzig 1905; ders.: *Markt und Stadt in ihrem rechtlichen Verhältnis*, Leipzig 1897; ders.: *Zur Lehre von den städtischen Sondergemeinden*. In: HISTORISCHE VIERTELJAHRESSCHRIFT 1 (1898).

22   Pirenne, Henri: *Un grand commerce d'exportation au moyen age: les vins de France*. In: ANNALES 5 (1933), S. 226-243.

23   Pirenne, Henri: *La civilisation occidentale au Moyen Age du milieu du XVe siècle. Le mouvement économique et sociale*, Paris 1933 (dt. Ausgabe: *Sozial- und Wirtschaftsgeschichte Europas im Mittelalter*. Übersetzt von Marcel Beck., Bern 1946 und (UTB 33), München ⁴1976.

24   Bloch, Marc: *Le problème de l'or au moyen age*. In: ANNALES 5 (1933), S. 1-34.

Merowinger und Karolinger im Umlauf befindlichen Münzen durch und rekonstruierte auf diese Weise aus den Schwankungen der Gold- und Silberkurse die Geldpolitik der damaligen Zeit. Er bestätigte die Pirenne-These dahingehend, dass sich der Handel insgesamt in der fränkischen Periode verlangsamte. Er relativierte sie jedoch dahingehend, dass diese Entwicklung zwar schon vor der muslimisch-arabischen Invasion zu beobachten war, sie jedoch durch das Eindringen des Islam noch beschleunigt wurde.[25]

Im Jahre 1935 findet sich ein kurzer Nachruf von Febvre auf Pirenne, in dem er als großer Freund und Förderer, ja als ein Lehrer der Annalisten gewürdigt wird, der über Jahre in ständigem Kontakt zu diesen stand und sie mit Rat, auch mit Kritik unterstützte. Wenn Febvre und Bloch eine schwere Entscheidung zu fällen gehabt hätten, hätten sie sich immer gefragt, wie wohl Pirenne darüber gedacht hätte. Diese Aussage unterstreicht noch einmal, wie bestimmend – nicht nur auf Grund der Rezeption seiner These – Pirenne für die frühen Annalisten war.[26]

1935, im Todesjahr Pirennes, rezensiert Bloch den Band VIII einer von Gustave Glotz herausgegebenen Universalgeschichte „Die abendländische Zivilisation im Mittelalter vom 11. bis zum 15. Jahrhundert". Dort werden von Pirenne neben Kunst, Intellekt, Moral und Literatur die ökonomischen und sozialen Aspekte beschrieben. Die begeisterte Rezension Blochs fordert am Ende: „Wir müssen alle unsere Studenten dazu bringen, dieses Buch zu lesen."[27] Eine andere kurze Notiz in dieser Ausgabe befasst sich mit Aussagen von Pirenne über den Niedergang der syrischen Handelsniederlassungen.[28] Der Rückgang des christlichen Seehandels in Syrien wurde als Beleg für die These Pirennes gesehen, dass sich der Mittelmeerraum mit der Invasion der Mohammedaner für den romanisierten Raum verschloss. Diese These, so Bloch „wird, so scheint es, nicht immer exakt interpretiert".[29]

1938, in der zehnten und letzten Ausgabe, in der die Zeitschrift unter ihrem vollen Namen als „*Annales d'histoire économique et sociale*" erschien, rezensierte Marc Bloch[30] das letzte, 1937 posthum erschienene Werk von Henri Pirenne: „*Mahomet et Charlemagne*". Für Marc Bloch war es dem Perfektionismus Pirennes zuzuschreiben, dass er das lange versprochene Werk, welches er in einigen Aufsätzen und Vorträgen bereits den Fachkreisen vorgestellt hatte, nicht bereits vor seinem Tode veröffentlicht, sondern nur als Entwurf fertiggestellt hat. Die These, dass es nämlich ohne Mohammed niemals einen Karl den Großen gegeben hätte, gibt nach Bloch dem Bild Europas im 4. bis 8. Jahrhundert schärfere Konturen. Er bemängelte, dass im Werk von Alfred Dopsch, der ebenso wie Pirenne von einem kontinuierlichen Übergang zwischen romanischem und germanischem Reich ausging, der Name Mohammeds überhaupt nicht vorkommt. Für Bloch zeichnete „*Mahomet et Charlemagne*" die Linien vor, die durch weitere Untersuchungen zur europäischen Wirtschaftsgeschichte des Mittelalters ausgefüllt werden sollten. Allerdings stellte Bloch das von Pirenne konstatierte Erliegen des Ost-West-Handels in Frage. So fuhren die Griechen bis zum Ende des 9. Jh. den Handelshafen Arles an, ebenso wie die Münzprägewerkstätten Karls des Kahlen auf das Bestreben schließen ließen, den Handel des Königreiches mit der mediterranen Welt anzutreiben. Auch der Landweg in den Orient jenseits der Donau, mit den Etappen Regensburg, Prag und Kiew, wurde zu dieser Zeit genutzt. Es wurde überdies die Frage gestellt, ob die Handelsbeziehungen zum muselmanischen Spanien wirklich so unbedeutend waren, wie Pirenne behauptet: Der spanisch-maurische „*mancus*" war lange Zeit in Europa gegenüber dem hellenistischen „*besan*" die bevorzugte Währung. Doch stellt sich die Frage, ob derartige Indizien die These falsifizieren. Charakteristisch ist zwar für die großen Neuerungen, die sich im Abendland durchsetzten, z.B. Butter

25   Ebd., S. 10f.
26   Febvre, Lucien: *Necrologe Henri Pirenne*. In: ANNALES 7 (1935), S. 529f.
27   Bloch, Marc: *Gustave Glotz (ed.): Die abendländische...* In: Ebd., hier S. 78.
28   Pirenne, Henri: *Les villes de moyen-âge*, Brüssel 1927, pm.
29   Bloch, Marc: Gustave Glotz (ed.): Die abendländische, S. 100.
30   Bloch, Marc: *La dernière oeuvre d'Henri Pirenne*. In: ANNALES 10 (1938).

und Fett anstatt Öl für die Zubereitung der Speisen zu verwenden, den Papyrus durch das Pergament zu ersetzen, die Suche nach neuen Lösungen, ob aber alle im Zeichen eines Strebens nach Autarkie von den byzantinischen und islamischen Handelsgütern erfolgten, steht dahin. Auch stellte er die Frage, ob die Piraten an der Mittelmeerküste wirklich für das Verschwinden des Mittelmeerhandels mitverantwortlich gemacht werden konnten. Piraten gab es auch zu Zeiten der Hanse an Nord- und Ostsee. Die These Pirennes stützt sich nicht allein auf externe, sondern auch auf interne Faktoren: die Entwicklung der Gesellschaft auf eine bäuerlich geprägte, geschlossene Sozial- und Wirtschaftsstruktur hin. Doch für derartige weitreichende Aussagen fehlen zum einen die Daten, zum anderen können Gesellschaftsordnungen, die auf Tauschwerten basierten, und Agrargesellschaften, die auf Gebrauchswerten basierten, nur sehr schlecht mit ökonomischen Begriffen miteinander verglichen werden.

Bloch war der Meinung, dass die These vom stetigen Verfall, die einer solchen von plötzlicher Veränderung entgegenstand, nicht verworfen werden sollte, weil nur ein umfassender Blick, der von der Herrschaft Chlodwigs bis zu Karl dem Großen reicht, darüber Aufschluss geben könnte. All dies waren nach Auffassung Blochs jedoch keine fundamentalen Probleme, welche die Gesamtkonzeption in Frage stellten, sondern nur präzisierten, „wie die Kurve zu konstruieren ist"[31], die Pirenne von der Entwicklung des Abendlandes gezeichnet hat. Insgesamt sah Bloch das Hauptverdienst Pirennes darin, dass er die Historiker seiner Zeit gegenüber dem Übergang von der Antike zum Mittelalter sensibilisiert hat. Er hielt das wissenschaftliche Testament Pirennes für ein erhellendes Werk von suggestiver Evidenz.[32]

1940, in einer der letzten Ausgaben der „Annales", wiesen Bloch und Febvre darauf hin, dass viele Bände der Werke Pirennes nicht mehr erhältlich waren, und versuchten, zu einer Neuauflage anzuregen.

Nachdem die „Annales" ihr Erscheinen eingestellt hatten, wurde es still um die Thesen Pirennes, da die Diskussion ein wichtiges Organ verloren hatte. Die Zeitschrift erschien erst wieder nach dem Krieg, als eine neue Generation die Redaktion der Zeitschrift übernommen hatte. Zu ihnen gehörten Historiker wie Fernand Braudel, Felix Duby, Philippe Aries und Jaques le Goff.[33] .

Alle diese Autoren zeichnen sich durch einen Ansatz aus, mit dem sie sich als Gruppe oder Schule von anderen Autoren abheben. Dieser Ansatz ist geprägt von den Ideen der Gründer der Annales: eine Geschichte von unten, nicht aus der Sicht der Herrscher und Könige, sondern der Bauern und Kaufleute. Da die weniger privilegierten Schichten weniger materielle Reichtümer aufhäuften, die wertvoll genug waren, um über die Jahrhunderte hinweg zu überdauern, muss die Quantität der Funde die Qualität wettmachen oder ganz auf materielle Artefakte verzichtet werden, um statt dessen Handelsregister, Preislisten, Münzgeld etc. zur historischen Vergangenheit zu befragen. Methodisch bedeutet das eine Hinwendung zur Sozial- und Wirtschaftsgeschichte, die sich dann zu einer langfristigen, quantitativen Sozialanalyse entwickelt. Dahinter steht ein dialektisch-materialistisches Geschichtsverständnis, das an Hegel und Marx geschult ist, die wohl auch Pirennes Denken indirekt beeinflusst haben. Die späten Annalisten haben vor allem versucht, nicht eine Geschichte der Kriege und spektakulä-

---

31 Ebd.

32 Im selben Heft wird übrigens die Veröffentlichung von Jaques Pirenne, dem Sohn Henri Pirennes, über eine Tagung, die 1936 zu Ehren seines Vaters stattfand, angezeigt.

33 Ein weiterer Autor, der allerdings eher aus der Ferne von dem Ansatz der Annalisten geprägt ist, ist der französische Philosoph und Soziologe Michel Foucault, dessen synchronistisches Geschichtsbild in seinen Genealogien und Archäologien des Wissens (über die Psychiatrie, die Krankenhäuser und die Justiz) zum Ausdruck kommen und in vielerlei Hinsicht ohne die Annalisten nicht denkbar sind. Ebenso wird Pirennes Werk über die Stadt im Mittelalter in Norbert Elias' Zivilisationstheorie angeführt. Die Untersuchungen über die Entstehung von Fremd- und Selbstzwang befassen sich vor allem im ersten Teil mit einer Rekonstruktion des Alltags. Abseits der großen Schlachten wird die Wirkung des höfischen Benehmens auf das abendländische Sozialleben und das politische System untersucht (Vgl. Elias, Norbert: Über den Prozess der Zivilisation. 2 Bde., Frankfurt a.M. 1997.).

ren Krönungsereignisse, sondern eine Geschichte des Alltags oder der Lebenswelt[34] zu entwerfen, um hieraus signifikante Ergebnisse herzuleiten. Lokal zu beobachtende Wirkungen wurden so zu mondialen Ursachen in Beziehung gesetzt und erklärt; diese Sichtweise ist auch ein innovatives Moment der Thesen Pirennes.

Als paradigmatisches Beispiel der Annalisten-Schule gilt die Untersuchung über das Mittelmeer von Fernand Braudel.[35] In dieser Abhandlung untersuchte Braudel zusammen mit Duby und Aymard den Mittelmeerraum hinsichtlich vieler verschiedener Aspekte: geographisch, meeresbiologisch, erdgeschichtlich, kulturgeschichtlich, ökonomisch, agrarisch, ja sogar kulinarisch. Alle diese Aspekte fließen zusammen zu einem vielschichtigen Bild des Mittelmeerraumes als kulturelle Drehscheibe Europas, Afrikas und Asiens. Der Schatz des Meeres ist nach Braudel seine Eignung als Transportfläche. In diesem Text griff er verschiedene Elemente der Thesen Pirennes auf, ohne sie jedoch mit derselben zwingenden Kausalität miteinander zu verknüpfen. Für Braudel gab es in jedem Ereignis, in jedem Wandel, welche der mediterrane Kulturraum durchgemacht hat, ein Element der Kontinuität. Deshalb stimmte er zumindest in puncto Kontinuität den Thesen von Pirenne und Dopsch zu, die einen kulturellen Bruch zwischen römischer und germanischer Herrschaft ablehnten.[36] Umso radikaler wirkte die Zäsur durch die Islam-Expansion um das Mittelmeer; hierfür sprach, wie zuvor schon Pirenne,[37] Ibn Haldun:[38] „Dem Christen gelingt es kaum, auch nur eine Bohle darüber zu flößen".[39] Für Braudel verschwand die islamische zusammen mit der byzantinischen Seemacht, sobald im 11. Jahrhundert die Seemacht der italienischen Handelsstädte die Vorherrschaft errang.

Zu den wesentlichen Stimmen – auch außerhalb der „Annales" – aus den 30er bis 50er Jahren können folgende gehört werden: Nach A. Covilles,[40] der in einem Beitrag aus dem Jahre 1938 das Werk noch begeistert feierte, gab es zwar in einigen weniger entscheidenden Punkten Diskussionsbedarf, doch die Thesen wurden wie in den „Annales" als Beginn einer neuen Ära der Geschichtsschreibung gewertet.

Auch Pierre Lambrechts[41] glaubte, dass die Eroberungszüge der Mohammedaner die Wirtschaftsstrukturen der Provence zerstört und so den gallischen Mittelmeerhandel zum Erliegen gebracht haben. Er gestand zwar auch einigen internen Faktoren, wie z.B. dem Zerfall der Merowinger-Kultur eine Rolle zu, prinzipiell seien es aber externe Faktoren, die das Zentrum des karolingischen Reiches zwischen Seine und Rhein verlagert haben.

34 Hierzu ließe sich auch über Elias eine Verbindung zu der späten Lebensweltkonzeption Husserls herstellen, in der er die Entwicklung der wissenschaftlichen Erkenntnis aus den Erfordernissen des täglichen Lebens herleitet und die Kontinuität geschichtlicher Epochenfolgen auf der Basis seines Intentionalitätskonzeptes begründet (Elias, Norbert: Über den Prozess der Zivilisation. 2 Bde., Frankfurt a.M. 1997).
35 Braudel, Fernand (Hrsg.): Die Welt des Mittelmeeres. Zur Geschichte und Geographie kultureller Lebensformen, Frankfurt a.M. 1987; Franz. Ausgabe, Paris 1985 mit Beiträgen von Georges Duby und Maurice Aymard.
36 Ebd., S. 99ff.
37 „Die Christen", so Ibn-Haldun besonders eindrücklich, „können darauf kein Brett mehr schwimmen lassen" (Pirenne: Geburt des Abendlandes, o.J., S. 6).
38 Ibn Chaldun, *27.5.1332 in Tunis bis †17.3.1406 in Kairo. Span.-arab. Gelehrter mit umfassender geschichtlicher Bildung, im Dienste nordafrikanischer Fürsten, Verfasser juristischer und historischer Studien sowie eines Geschichtswerkes mit einer einleitenden Kulturmorphologie und Soziologie der islamischen Welt (mugaddima). Vgl. Übersetzung von Schimmel, A.: Ausgewählte Abschnitte aus der mugaddima, 1951.
39 Braudel: Welt des Mittelmeeres, S. 109.
40 Covilles, A.: Le commencements du moyen âge d'après Henri Pirenne. In: JOURNAL DES SAVANTS (1938), S. 97-104 und in: P.E. Hübinger (Hrsg.): Bedeutung und Rolle des Islam, Darmstadt 1968, S. 23-31.
41 Lambrechts, Pierre: Les thèses de Henri Pirenne sur la fin du monde antique et les débuts du moyen âge. In: BYZANTION 14 (1939), S. 513-536 und in: P.E. Hübinger (Hrsg.): Bedeutung und Rolle, S. 32-57.

Léopold Génicot[42] kam hinsichtlich der Ursprünge der okzidentalen Zivilisation zu dem Ergebnis, dass das Karolingische Reich direkt von den Merowingern vorbereitet wurde, dass die Umstände für den Aufstieg Karls des Großen also nicht auf die arabische Invasion, sondern auf interne Faktoren zurückzuführen sind, die sich in der Stammregion der Karolinger, zwischen Rhein und Loire, abgespielt hätten.

Maurice Lombard[43] befasste sich in seinem Artikel über „Mahomet et Charlemagne" mit den ökonomischen Fragen des Epochenüberganges. Hierbei ging er insbesondere auf die Goldwährung, den Handel mit kostbaren Stoffen, den Papyrushandel und den Handel mit Gewürzen ein. Nach Lombard hat sich Pirenne bezüglich seiner Aussage, dass der Islam ein Hindernis für den Ost-West Handel bildete, geirrt; im Gegenteil, das riesige islamische Reich verband das Mittelmeer mit dem indischen Ozean und Europa mit dem Fernen Osten und Spanien mit Indien und China. Dieser Austausch erfolgte über verschiedene Routen, auf dem Seeweg und auf dem Landweg über die Seidenstraßen Zentralasiens. Dies alles wurde erst durch die Durchsetzung der Goldwährung der Mohammedaner möglich. Das Wiederaufblühen der Städte, das Pirenne in seiner Geschichte der mittelalterlichen Städte beschrieb, erfolgte durch immigrierte Kaufleute. Dies widerspricht jedoch der These von einer Isolierung des Okzidents durch die islamischen Eroberer. Der Wiederanstieg des Handels erfolgte im 12. Jh. als Resultat der engen Wirtschaftsbeziehungen, durch welche die Handelsbilanzen der westlichen Welt von der Wirtschaftskraft des Ostens belebt wurden. Durch die im Fernhandel geschaffenen Strukturen, vor allem feste Währungskurse, konnte sich ein Waren- und Geldkreislauf zwischen Byzanz, Okzident und islamischer Welt entfalten, der auch zu einer lokalen Belebung des Marktes führte. Die Erweiterung des Handelsraumes zog eine Verschiebung der Handelszentren nach sich. Das Wiederaufblühen des Handels im Reich der Karolinger resultierte im Grunde aus seiner Bedeutung als Durchgangsland für viele wichtige Produkte. Die Anfangs- und Endpunkte allerdings waren zumeist in islamischer oder byzantinischer Hand. Für Lombard behielt „Mahomet et Charlemagne" immer noch seine ganze Erklärungskraft – allerdings in genau umgekehrten Sinne. Der Islam hat den Handel im Mittelmeer nicht unterbunden, sondern entscheidend ausgedehnt, was zu einer Verschiebung der Handelszentren geführt hat.

Francois-J. Himly[44] rekonstruierte die Wirtschaftsverbindungen an Hand der Münzfunde karolingischer und arabischer Provenienz in Nord- und Osteuropa, in England, Italien, Frankreich und Deutschland. Er sah im Ergebnis die christliche Welt vom achten bis zum elften Jahrhundert stärker zu einer politischen, aber mehr noch zu einer wirtschaftlichen Einheit geformt als die islamische Welt.

Insgesamt lässt sich zusammenfassen, dass die These Pirennes in Frankreich und Belgien relativ die breiteste Rezeption und auch die größte Zustimmung[45] gefunden hat, was gewiss auch als ein Reflex der Person Pirennes und seiner Biographie gelten darf.

42 Génicot, Léopold: *Aux origines de la civilisation occidentale*. Nord et Sud de la Gaule. In: MISCELLANEA HISTORICA IN HONOREM L. VAN DER ESSEN 1 (1947), S. 81-93 und in: P.E. Hübinger (Hrsg.): Bedeutung und Rolle, S. 105-119.

43 Lombard, Maurice: *Mahomet et Charlemagne*. In: ANNALES 3 (1948), S. 188-199 und in P.E. Hübinger (Hrsg.): Bedeutung und Rolle, S. 160-177. Vgl. dazu auch die weiterreichenden Erörterungen von: Billen, C.: *L'économie dans les anciens Pays-Bas du XIIe siècles*. Conceptions pirenniennes et voies de recherches actuelles, Gent 1986.

44 Himly, François-J.: *Y a-t-il emprise Musulmane sur l'économie des états européens du VIIIe au Xe siècle?* Une discussion de témoignages. In: SCHWEIZERISCHE ZEITSCHRIFT FÜR GESCHICHTE 5 (1955), S. 31-38 und in: P.E. Hübinger (Hrsg.): Rolle und Bedeutung, S. 276-324. Dieser Autor wird dem frankophonen Echo auf Pirenne zugerechnet.

45 Die daneben durchgängig virulent ablehnende Haltung jüngst bei: Lebecq, Stephane: *Nouvelle histoire de France médiévale*, Paris 1990, S. 148.

3.2 Die Rezeption in England und Amerika

Für die Rezeption Pirennes im angelsächsischen Raum insgesamt ist an erster Stelle dessen Biograph Bryce Lyon zu nennen,[46] der auch einen großen Teil des Briefwechsels Pirennes verbreitet sowie dessen Kriegstagebuch[47] veröffentlicht hat. Die große These erscheint so eingebettet in das Gesamtwerk, aber zugleich als dessen Aufgipfelung.

Einen umfassenden Überblick über den Rezeptionsprozess der Pirenne-These vermittelt Alfred F. Havighurst[48] durch den Sammelband: „The Pirenne Thesis".

Der britische historiographische Autor C. Deslisle Burns[49] zeichnete in einem Ausschnitt seines Werkes „The first Europe" (1948) ein Bild der Vorgänge, die sich in Europa zwischen 400 und 800 abspielten. Er stimmte insofern dem ersten Teil der Pirenne-These zu, als zu jener Zeit die Barbaren die römische Zivilisation nicht bekämpften, sondern sie annahmen, genauso wie umgekehrt die Römer die barbarischen Krieger benutzten, um ihr Reich zu verteidigen. Die mittelalterliche Zivilisation war für Burns das Produkt der Vermischung der archaischen barbarischen Lebensweise mit der verfeinerten römischen Zivilisation.

Henry St. L.B. Moss,[50] ein auch der byzantinischen Geschichte verbundener britischer Historiker, stellte 1937 die These Pirennes der These von Alfred Dopsch zur Seite. Beide gingen von einem kontinuierlichen Übergang zwischen römischer und germanischer Epoche aus, wobei Dopsch jedoch den Wechsel von der antik-römischen zur mittelalterlichen Wirtschaftsform nicht als einen Rückschritt begriff. Die regionalen Unterschiede in Frankreich ließen nach Moss derart weitreichende Schlüsse, wie sie in der Pirenne-These gezogen würden, nicht ohne weiteres zu. Um diese zu verifizieren, müssten stärkere Argumente herangezogen werden, als z.B. die anzweifelbare Interpretation der Aussagen des Gregor von Tours, mit denen Pirenne das Überdauern der hochkomplexen Handelssysteme begründete.

Der wesentlich byzantinistisch ausgerichtete Norman H. Baynes,[51] Universität London, bezweifelte 1929, dass der Ost-West-Austausch noch bis zur Mitte der merowingischen Epoche existiert hat. Die diesbezügliche Quelle Gregor von Tours wurde, wie schon von Moss, angezweifelt, da dieser zu jener Zeit keine Möglichkeit hatte, den gesamten römischen politischen Aktions- und Einflussraum zu beurteilen.

Eine konstruktiv-kritische Rezeption erfuhr die Pirenne-These durch Robert S. Lopez,[52] Yale-University. Er ging auf die Aspekte des Papyrus, der Luxusgüter und der Goldwährung ein. Pirenne zufolge waren diese Handelsgüter durch die islamischen Eroberungen aus dem Ost-West-Handel verschwunden, was als Beleg für den ökonomischen Bruch der Karolinger mit dem mediterranen Handelsraum gedeutet wurde. Lopez vertrat ferner die These, dass der Ost-West-Handel durch die Verausgabung der Gold- und Silber-Reserven des Karolingischen

46 Lyon, Bryce: *Henri Pirenne*. A biographical and intellectual study, Gent 1974; vgl. auch: Ders.: *Die wissenschaft-liche Diskussion über das Ende der Antike und den Beginn des Mittelalters*. In: Hübinger (Hrsg.): Kulturbruch, S. 7ff.

47 Bryce, Lyon and Mary: *The journal de guerre of Henri Pirenne*, Amsterdam/New York/Oxford 1976.

48 Havighurst, Alfred F. (Hrsg.): *The Pirenne Thesis*. Analysis, Criticism and Revision (Problems in European Civilization), Boston 1958, Lexington, Massachusetts/Toronto/London ³1976.

49 Burns, C. Delisle: *The First Europe*. In: Ebd., S. 1-8 und in: Ders.: The First Europe: A Study of the Establishment of Medieval Christendom, A.D. 400-800, London 1947, S. 23-26.

50 Moss, Henry St. L.B.: *Economic Consequences of the Barbarian Invasions*. In: Ebd., S. 48-53 und in: THE ECONOMIC HISTORY REVIEW 7 (1937), 209-216. Vgl. dazu: Weidemann, M.: *Kulturgeschichte der Merowinger Zeit nach den Werken Gregors von Tours*. 2 Bde., 1982, der auch die Wirtschaftsgeschichte kommentiert.

51 Baynes, Norman H.: *H. Pirenne and the Unity of the Mediterranean World*. In: Havighurst (Hrsg.): Pirenne-Thesis, S. 54-57 und in: Ders.: Byzantine Studies and Other Essays, London 1955, S. 310-316; vgl. dazu auch: Claude, D.: *Der Handel im westlichen Mittelmeer während des Frühmittelalters* (Abh. Ak. d. Wiss., phil.-hist. Kl. 3. Folge Nr. 144), Göttingen 1985.

52 Lopez, Robert S.: *Mohammed and Charlemagne: A Revision*. In: Havighurst (Hrsg.): Pirenne-Thesis, S. 58-73 und 74-78; Teil 1 auch in: SPECULUM 108 (1943), S. 14-38, Teil 2 unter dem Titel: *East and West in the Early Middle Ages: Economic Relations*. In: Relazioni del X Congresso Internazionale di Scienze Storiche. Vol. III, Rom 1955, S. 129-137.

Reiches, d.h. durch interne Währungsprobleme und nicht durch externe – islamische – Faktoren zum Erliegen kam. Diese Gelddeflation am Anfang des Mittelalters ließe den Schluss zu, dass die Goldreserven für das wachsende Handelsaufkommen nicht mehr ausreichten und deshalb nach einer Phase der Zahlungsknappheit neue Silberressourcen erschlossen werden mussten. Diese konnten dann als Zahlungsmittel in den Warenkreislauf eingespeist werden.

Für Daniel C. Dennett Jr.[53] galt, dass das, was Pirenne über die Merowinger gesagt hat, in vielen Punkten ebenso für die Araber zuträfe. Der Islam war der antiken Kultur gegenüber aufgeschlossen; die arabische Kultur wurde demnach gleichermaßen von hellenistischen, persischen und indischen Elementen beeinflusst.

Der amerikanische, wesentlich zur Technikgeschichte ausgerichtete Historiker Lynn White Jr.[54] stellte heraus, dass das sogenannte „dunkle Zeitalter" im Gegensatz zur Antike ein Zeitalter der technischen Innovationen – den Eigenwert des Mittelalters auf andere Weise als Pirenne betonend – war, insbesondere, was die effektive Nutzung der tierischen Arbeitskraft betrifft (Räderpflug, Kurbel, Zwillingsgespann, modernes Pferdegeschirr ohne Joch, Hufeisen). Die Revolution der Produktionsmittel resultierte jedoch nicht aus den lebensweltlichen Notwendigkeiten – der Wunsch, mühsame körperliche Arbeit zu erleichtern, bestand wohl schon immer –; die Bedingung, damit derartige technische Innovationen sich allgemein durchsetzen konnten, war in erster Linie die Haltung der christlichen Theologie bzw. Philosophie, die jedem Individuum eine Seele, d.h. eine eigene Persönlichkeit zuerkannte. Dies implizierte ein gewisses Recht auf Selbstbefreiung von der täglichen Mühsal durch technische Innovation.

In der angelsächsischen Rezeption wurde naturgemäß die Rolle der Angelsachsen als kulturelle Initiatoren herausgestellt, die dazu beitrugen, das Zentrum des Karolingischen Reiches in den Norden zu verlagern.[55] Der Nord- und Ostseehandel wurde hier stärker betont. Als weiteres Merkmal für das Entstehen der wirtschaftlichen Strukturen galt eine ökonomisch motivierte Sichtweise. Gemeinsame Orientierungspunkte waren die Merkmale der christlichen Kultur und der westlichen Zivilisation. Die amerikanischen Autoren brachten ob ihrer Distanz zum Raum der Ereignisse einen noch „ausgreifenderen" Blick als Pirenne mit. Sie zogen – wie z.B. Lopez – Ereignisse in Indien, Zentralasien und China hinzu, um die Ereignisse im Römischen Einflussraum zu erklären.

3.3 Die Rezeption in Deutschland

Pirennes Verhältnis zu den Deutschen war nach den Erfahrungen während des Ersten Weltkrieges problembehaftet. Pirenne hatte bekanntlich einige Zeit in Berlin studiert, wo er die Vorlesungen Schmollers besuchte.[56] Schmoller und mehr noch Lamprecht lenkten Pirennes Aufmerksamkeit auf die große Bedeutung , welche die ökonomischen, sozialen und kulturellen Aspekte für ein Verständnis der Geschichte haben, dass politische Entwicklungen aus dieser Sicht nur Manifestationen derartiger Befunde sind. Vor dem Ersten Weltkrieg stand Pirenne in engem Kontakt zu deutschen Historikern, vor allem zu dem Bonner Historiker Karl Lamprecht, der die „Westdeutsche Zeitschrift für Geschichte und Kunst" herausgab. Pirenne, der in hohem kollegialen Einvernehmen mit Lamprecht stand, war eingeladen, einen

53 Dennett Jr., Daniel C.: *Pirenne and Muhammad.* In: Ebd., S. 84-101 (1942) und in: SPECULUM 23 (1948), S. 165-190.
54 White Jr., Lynn: *The Northward Shift of the Europe's Focus.* In: Ebd., S. 79-83 und unter dem Titel: *Technology and Invention in the Middle Ages.* In: SPECULUM 15 (1940), S. 141-156.
55 Vgl. dazu: Holmes, George (Hrsg.): *The Oxford Illustrated History of Medieval Europa*, Oxford 1988, S. 88ff. u.ö.
56 Gustav von Schmoller (*24.6.1838 bis †27.6.1917). Wirtschaftswissenschaftler. Prof. in Halle/Saale, Straßburg und seit 1882 in Berlin. Hauptvertreter der jüngeren historischen Schule der Volkswirtschaftslehre. Verfechter des empirischen Induktivismus (geschichtliche Einzelforschung als Voraussetzung für Theoriebildung).

Artikel über die Geschichte Belgiens zu schreiben. Bei der Besetzung Gents im Ersten Weltkrieg wurde Pirenne aber nach Deutschland verschleppt, weil er sich weigerte, mit den Besatzern zu kollaborieren. In dieser Zeit, die den Entfremdungsprozess gegenüber den Deutschen generierte, entstand ein Entwurf zur Geschichte Europas, in dem Pirenne die prinzipielle Bedeutung und ökonomische Funktion des gesamten Mittelmeerraumes bereits berücksichtigte.

Die abschließende Veröffentlichung der Pirenne-These fiel 1936 in die Zeit der nationalsozialistischen Machtkulmination. In dieser politischen Situation stieß sie in Deutschland auf geringes Interesse. Sie fügte sich auch insofern nicht in die NS-Ideologie, als sie unter anderem davon ausging, dass nach der Absetzung des letzten römischen Kaisers die germanischen Stämme nichts anderes anstrebten, als sich in den Grenzen des Römischen Reiches niederzulassen, um unter dessen administrativen, militärischen und rechtlichen Strukturen zu leben.

Franz Steinbach[57] der Verfasser einer Geschichte des Frankenreiches setzte unmittelbar nach dem Erscheinen von *„Mahomet et Charlemagne"* in einer Besprechung seine „völkische bzw. volksgeschichtliche Sicht" gegen die Pirennes. Für ihn lag der Schlüssel des *Imperium Romanum* nicht im Handel, sondern in den kriegerischen Eroberungen. Steinbach ging davon aus, dass die Aufrechterhaltung der römischen Ordnung nur durch die Nutzung fremder, d.h. germanischer Volkskräfte möglich war, die dann von ihrer Ursprungskultur entfremdet und dekadent wurden. Diese Entwicklung ließe sich für das Römische Imperium wie auch für das Merowinger-Reich feststellen.

1939 führte R. Buchner[58] in einem Beitrag über den Beginn des Mittelalters aus: „Die Tatsache, dass das Germanentum seit Gründung des germanischen Reiches auf römischen Boden als selbstständige Macht in die Geschichte der südlichen Welt eingegriffen hat", sei von Pirenne völlig übersehen worden. Er verwies darauf, dass Pirenne ausschließlich lateinische Quellen benutzt hat, wobei sich die Germanen zu jener Zeit derer nicht selbst bedienen konnten, er also seine Annahmen über die Existenz einer germanischen Kulturnation nirgends schriftlich belegen könne. Ebenso glaubte Buchner, dass das im Merowinger-Reich entscheidende Element germanischen Ursprungs war: Vereinigung von Zivil- und Militärgewalt, der Bann, das Fehlen eines Gehaltes für hohe Beamte, allgemeine Heerespflicht, das germanische Wehrgeldsystem und die ungenaue Erbfolgeregelung. Auch hinsichtlich der ethnischen Zugehörigkeit der Beamten führte er Beispiele an, die belegen sollten, dass diese überwiegend aus Germanen bestanden. Buchner bezweifelte, dass die germanischen Könige im Verbande des Römischen Reichs die defensive Haltung des Kaisers übernommen hätten. Er verwies auf die Eroberungen in Süddeutschland und auf den expansiven „Gedanken einer Herrschaft an der Saale und am oberen Main".[59] Hinsichtlich der These über die islamischen Eroberungen stimmte er Pirenne zu, er sah die Ursache für den Aufstieg der Karolinger und die zunehmende Trennung von Osten und Westen in dem Widerstand gegen den stark „verwelschten" Westen. Insgesamt behauptete er gegen Pirenne eine Einheit der Merowinger und Karolinger als *Regnum Francorum*, die er auf viele, jedoch nicht genau belegte Gemeinsamkeiten zurückführte. Dennoch würdigte er das Verdienst Pirennes, mit seinen Thesen grundlegende Fragen aufgeworfen zu haben und das historische Denken über die Entstehung des Abendlandes aus seiner Erstarrung herausgelöst zu haben.

---

57   Steinbach, Franz: *Rezension zu Henri Pirenne: Mahomet et Charlemagne, Paris 1937.* In: RHEINISCHE
       VIERTELJAHRSBLÄTTER 8 (1939), S. 299-303 und in: Franz Petri/Georg Dröge (Hrsg.): Collectanea Franz
       Steinbach, Bonn 1967, S. 156-159, hier S. 157f.; Ders.: *Geschichte des Frankenreiches.* In: Brandt-Meyer-Just:
       Handbuch der dt. Geschichte. Bd. 1, Konstanz 1957 (auch als Separatausgabe).
58   Buchner, Rudolf: *Der Beginn des Mittelalters aus westlicher Sicht.* In: DEUTSCHES ARCHIV (1939), hier S. 60.
59   Ebd.

Bald nach dem Zweiten Weltkrieg befasste sich Hermann Aubin[60] mit der Frage der Abgrenzung beider Epochen. Für Aubin war das, was in der langen Zeit der Dekadenz des Römischen Imperiums überhaupt noch an zivilen und militärischen Institutionen übriggeblieben war, sehr wenig und meist „schon in den zwei oder drei ersten Jahrhunderten des Mittelalters eingesackt"[61]. Aubin lehnte, wie schon Buchner, die Kontinuitätsthese Pirennes ab. Er gestand aber dem Reich eine Zeit von 200 bis 300 Jahren nach der Absetzung des letzten Kaisers als Zerfallsepoche zu; eine Zeit, die nicht als eigenständige historische Epoche zu differenzieren sei. In dieser Verfallszeit liege der Rückgang des abendländischen Handels. Damit trat er der These Pirennes entgegen, der ja eine äußere Ursache für diesen Rückgang angenommen hat.

Franz Petri,[62] dessen Domäne u.a. der Sprachausgleich zwischen Romania und Germania war, befasste sich sachlich mit der sprachlich-kulturellen Auseinandersetzung zwischen Franken und Römern. Auf dem Hintergrund seiner Untersuchungen vertrat er – Pirenne folgend – die These vom Bruch zwischen Merowingern und Karolingern. Dieser Bruch zeigte sich nicht nur in der Verschiebung der Machtzentren, sondern auch auf der wirtschaftlichen Ebene, wie Münzfunde belegten.

Eugen Ewig,[63] der umfassende Erforscher des Frühmittelalters, insbesondere der merowingischen Geschichte, konnte die Kontinuitätstheorie für einen begrenzten Raum, nämlich das Trierer Land, glänzend bestätigen. Antike Lebensformen wurden dort erst nach Jahrhunderten durch Integration in den deutschen Sprachraum abgelöst. K. Böhner[64] hat 1958 diese Erkenntnisse erhärten können.

Paul Egon Hübinger, der sich 1968/69 noch einmal mit gleich drei Sammelbänden[65] in die Diskussion um „Kulturbruch oder Kulturkontinuität" von der Antike zum Mittelalter einklinkte, hat sich 1952 bereits zum Problem historischer Periodenbildung im Beitrag „Spätantike und frühes Mittelalter"[66] kritisch zu Pirenne eingelassen, er wies dort darauf hin, dass Eduard Fueter „fast gleichzeitig mit Pirenne" vorgeschlagen hatte, „das Mittelalter mit dem Aufkommen des Islam beginnen zu lassen".[67] Er relativierte Pirenne auch dahingehend, dass dessen These im Bereich der kausal-genetischen Erklärung als überwunden gelten kann, dass sie zugleich „als Monument einer auslaufenden geschichtlichen Denkform ohne Zukunft" bestünde.[68]

60   Aubin, Hermann: *Vom Absterben antiken Lebens im Frühmittelalter.* In: ANTIKE UND ABENDLAND 3 (1948), S. 88-119, hier S. 105 und in: P.E. Hübinger (Hrsg.): Kulturbruch, S. 203-258.

61   Ebd., S. 233.

62   Petri, Franz: *Zum Stand der Diskussion über die fränkische Landnahme und die Entstehung der germanisch-romanischen Sprachgrenze* (Libelli 12), Darmstadt 1954.

63   Ewig, Eugen: *Trier im Merowingerreich,* Trier 1954. Ders. hat in zahlreichen Einzelstudien und Handbuchbeiträgen diesbezügliche Erkenntnisse ausgebreitet; vgl. u.a. *Spätantikes und fränkisches Gallien.* Hrsg. v. H. Atsma (Beihefte der Francia 3/1 und 2), München 1976/1979; *Die lateinische Kirche im Übergang zum Frühmittelalter.* In: Hubert Jedin (Hrsg.): Handbuch der Kirchengeschichte. Band II.2: Die Kirche in Ost und West von Chalcedon bis zum Frühmittelalter (451-700), Freiburg i.Br. 1975, S. 95-329 (zur islamischen Invasion und Untergang des nordafrikanischen Christentums, S. 190ff.); *Frühes Mittelalter.* In: Franz Petri/Georg Dröge (Hrsg.): Rheinische Geschichte I.2, Düsseldorf 1980; *Die Merowinger und das Frankenreich* (Urban 392), Stuttgart 1988, S. 10ff.

64   Böhner, Kurt: *Die Frage der Kontinuität zwischen Altertum und Mittelalter im Spiegel der fränkischen Funde des Rheinlandes.* In: Ders.: Aus der Schatzkammer des antiken Trier, Trier ²1959, S. 85-109 und in: Hübinger (Hrsg.): Kulturbruch, S. 287-319. Vgl. auch: Ders.: *Die fränkischen Altertümer des Trierer Landes,* Trier 1958.

65   Hübinger (Hrsg.): Kulturbruch; Ders (Hrsg.): Bedeutung und Rolle; Ders. (Hrsg.): *Zur Frage der Periodengrenze zwischen Altertum und Mittelalter* (Wege der Forschung 51), Darmstadt 1969.

66   Hübinger, Paul Egon: *Spätantike und frühes Mittelalter. Ein Problem historischer Periodenbildung.* In: DEUTSCHE VIERTELJAHRESSCHRIFT FÜR LITERATURWISSENSCHAFT UND GEISTESGESCHICHTE 26 (1952), S. 1-48 und in: Ders. (Hrsg.): Zur Frage der Periodengrenze, Darmstadt 1969, S. 145-238.

67   Ebd., S. 184, A. 82.

68   Ebd., S. 186.

Mit vorsichtiger Kritik näherte sich Reinhard Schneider[69] der Pirenne-These, die er „fast parallel zu Dopsch" als Auslöser einer regen Forschungsdiskussion bewertete, die durch „das kontroverse Ringen [...] insgesamt das mittlerweile gereinigte Forschungsbild bereichert hat."

Wie leidenschaftslos inzwischen die Pirenne-These gehandelt wird, zeigt Herwig Wolfram,[70] indem er ausführt, Pirenne habe versucht, die im einzelnen so schwer bestimmbaren „Prozesse von Schrumpfung und Verlagerung zu erklären". Wolfram hebt sich als „nüchterner Historiker" von den „leidenschaftlichen Glaubensbekenntnissen und weltanschaulichen Polemiken" um Pirenne ab.

3.4 Heutiger Stand der Rezeption

Wesentliche Bestätigung der Pirenne-These kommt in der Gegenwart vonseiten der Archäologie. Das trägt zu nüchterner, sachlicher Betrachtung bei.

Aus der heutigen Distanz lassen sich im Übrigen die jeweiligen ideologischen und zeitgeschichtlichen Einfärbungen rekonstruieren, die dazu geführt haben, dass je nach politischer Haltung, die Rolle der Romanen beziehungsweise der Germanen gewichtet wurde. In dieser Diskussion wurden die Thesen von verschiedenen Aspekten her kritisiert und von fast allen Lagern in weiten Teilen revidiert. Im Zuge dieser Untersuchungen entwickelte man zunächst in Frankreich, dann im angelsächsischen Raum ein verstärktes Interesse an der Numismatik, die auch bei der erhärtenden Diskussion der Pirenne-Thesen einen immer größeren Raum einnahm.[71] Von der Numismatik her entfaltete sich die wachsende Bedeutung der Archäologie für die Rekonstruktion der mittelalterlichen Lebenswelt, die gerade aufgrund der technischen Entwicklung ein erhebliches Potential in sich birgt. Die archäologischen Funde haben, wie Heiko Steuer[72] 1987 ausführt, einiges der Thesen Pirennes bestätigt. Vor allem die These von der römischen-fränkischen Kontinuität und dem Rückgang der städtischen Kultur im Mittelalter konnte bestätigt werden; indessen ist die Indizienlage für den moslemischen Einfluss auf diese Vorgänge sehr schwach. Der grundlegend neue Aspekt, den Steuer für die heutige Rezeption ausmacht, ist die Tatsache, dass der Rückzug der Bevölkerung aus den Städten und die Besinnung auf autarke und rurale Existenzformen nicht allein vor dem Hintergrund der großen zentralistischen Reiche der Römer und der Karolinger, sondern als neuer alternativer Lebensstil gesehen werden muss, der ein eigenständiges historiographisches Recht beanspruchte.

1986 entstand ein Kolloquiums-Rapport, in dem festgehalten wird, dass die Thesen inhaltlich heute zumeist überholt sind, dass das Werk Pirennes selbst jedoch vor allem aufgrund seiner europäischen Dimension und seines schulbildenden Ansatzes bedeutsam bleibt. A. Verhulst[73] analysiert dort die heutige Bewertung Pirennes kritisch zusammenfassend.

Der Pirenne-Biograph Bryce Lyon[74] kommt zu dem Schluss, dass Pirenne zu den großen Klassikern der Mediävistik und der Historiographie insgesamt gezählt werden muss. Jenseits der fachlichen Kritik an seinen Thesen, besitzt das Werk „Mahomet et Charlemagne" seine dauerhafte Bedeutung als Paradigma eines bestimmten historiographischen Blickes. Die innovative Kraft verdankt die These in erster Linie dem Aspektwechsel, der von der politi-

69 Schneider, Reinhard: Das Frankenreich (Oldenbourg Grundriß der Geschichte 5), München/Wien 1982, S. 90.
70 Wolfram, Herwig: Das Reich und die Germanen. Zwischen Antike und Mittelalter (Siedler Deutsche Geschichte: Das Reich und die Deutschen), Berlin ²1990, S. 278ff.
71 Hodges, Richard/Whitehouse, David: Mohammed, Charlemagne and the Origins of Europe, Oxford 1983.
72 Steuer, Heiko: Die Kultur der Germanen von Theoderich dem Großen bis zu Karl dem Großen. In: Hübinger (Hrsg.): Kulturbruch, S. 207-300; vgl. auch: Jankuhn, H./Schlesinger, W./Steuer, H. (Hrsg.): Vor- und Frühformen der europäischen Stadt im Mittelalter. 2 Bde. (Abh. d. Ak. d. Wiss. Phil.-hist. Kl. 3 Folge, Nr. 84), Göttingen 1975.
73 Verhulst, A. (Hrsg.): La Fortune historiographique des Theses d'Henri Pirenne (Archives et Bibliotheques de Belgique 28), Gent 1986; vgl. auch: Ders.: Conclusion: L'Actualité de Pirenne, Gent 1986.
74 Wie A. 46 pm.

schen zur sozialen Geschichte, von einzelnen (symbolisch) bedeutsamen Ereignissen zu längeren Perioden und fließenden Übergängen geht.

Auch wenn Pirenne einerseits die Einflussbreite und die Auslöschungsintensität des Islam beim Epochenwechsel zu gering veranschlagte, wie er denn andererseits auch übersehen hat, dass auf dem islamisch gewordenen ehemaligen römischen Staatsterritorium antike Strukturen und Kulturstandards beachtet, bewahrt und deshalb überdauernd wirksam gehalten wurden, so hat er doch mit seiner Widerspruch evozierenden These Erkenntnisfortschritt[75] bewirkt.

---

75 Auch diese Feststellung ließe sich, wenn man nach der Wirkung über die engeren Fachgrenzen hinaus fragt, differenzieren. Vgl. dazu: Schaeder, Hans Heinrich: *Der Mensch in Orient und Okzident*. Grundzüge einer eurasiatischen Geschichte. Hrsg. v. Grete Schaeder, München 1960, 214f.

DIE „HISTORIKERSCHLACHT" UM DEN RHEIN

KLAUS PABST

Die „Historikerschlacht" um den Rhein, wie sie schon früher genannt wurde,[1] war keine wissenschaftliche Kontroverse herkömmlicher Art. Hier handelte es sich nicht um einen Methodenstreit, wie er beispielsweise zwischen Karl Lamprecht und seinen Gegnern geführt wurde.[2] Es ging auch nicht um die Bewertung mittelalterlicher Kaiserpolitik unter nationalstaatlichen Aspekten, wie sie der bekannten Sybel-Ficker-Kontroverse zugrunde lagen;[3] und auch nicht um die Beurteilung unserer jüngsten Vergangenheit, die Gegenstand des noch unvergessenen „Historikerstreits" zwischen Ernst Nolte und seinen Gegnern war.[4]

Die „Historikerschlacht" der Jahre 1914 bis 1925 wurde vordergründig vielmehr um die historische und kulturelle Zugehörigkeit der Rheinlande zum Osten oder zum Westen Europas, zum Kelten- oder zum Germanentum, zu Preußen-Deutschland oder zu Frankreich geführt, um nationale Ansprüche also, die durchaus auch politische Folgen haben sollten, und lieferte mit ihrer Beweisführung *pro et contra* die wissenschaftliche Begleitmusik zu den militärischen und diplomatischen Auseinandersetzungen, die zunächst auf den Schlachtfeldern des Ersten Weltkriegs und später an den Verhandlungstischen der europäischen und amerikanischen Diplomatie stattfanden.

Territoriale Ansprüche mit historischen und genealogischen Argumenten zu begründen, war freilich nichts Neues in der europäischen Politik; es war vielmehr lange die Regel gewesen. Erst der aufgeklärte Preußenkönig Friedrich II. hatte mit dieser Tradition gebrochen, als er seine Forderung nach Abtretung Schlesiens 1740 einfach damit begründete, dass die „Raison" des preußischen Staates diese verlange. Doch war die Tradition legitimistischer Untermauerung von Gebietsansprüchen damals noch so stark und wurde als so notwendig empfunden, dass auch Friedrich nicht umhin konnte, derartige Argumente wenigstens später noch nachzuschieben.

Das blieb auch so im nationalstaatlichen 19. Jahrhundert, nur dass es jetzt nicht mehr um historische Ansprüche der Dynastien, sondern der Völker ging. Oft genug standen sich dann ein historisch-ethnisch oder sprachlich, also „objektiv" begründetes Nationsverständnis wie in Deutschland und ein subjektiv-voluntaristisches, nach Meinecke also „französisches" gegenüber. Das bedeutete zugleich ein wachsendes Gewicht der öffentlichen Meinung und der Möglichkeiten ihrer Beeinflussung durch Propaganda, die man bald auch in ein wissenschaftliches Gewand zu kleiden lernte.

Ernst Moritz Arndts antifranzösische Kampfschriften wie „Germanien und Europa" (1803), „Geist der Zeit" (1805/08) oder „Der Rhein, Teutschlands Strom, nicht Teutschlands Gränze" von 1812[5] boten während der Befreiungskriege einen ersten Vorgeschmack davon, wie sich die öffentliche Meinung mit historisch-sprachlichen Argumenten beeinflussen und zu

---

1 Wein, Franziska: *Deutschlands Strom – Frankreichs Grenze*. Geschichte und Propaganda am Rhein 1919-1930, Essen 1992, S. 154 zitiert den Begriff bereits in Anführungszeichen, jedoch ohne nähere Belege.

2 Chickering, Roger: *The Lamprecht Controversy*. In: Hartmut Lehmann (Hrsg.): Historikerkontroversen, 2. Auflage, Göttingen 2001, S. 15-29. Einen Forschungsüberblick zum „Methodenstreit" um Lamprecht bietet Werner Buchholz in der *Einleitung* zu: Ders. (Hrsg.): Landesgeschichte in Deutschland. Bestandsaufnahme – Analyse – Perspektiven, Paderborn u.a. 1998, S. 17-20. Vgl. auch Schorn-Schütte, Luise: *Karl Lamprecht*. Kulturgeschichtsschreibung zwischen Wissenschaft und Politik, München 1984, sowie Steinberg, Hans-Josef: *Karl Lamprecht*. In: Hans Ulrich Wehler (Hrsg.): Deutsche Historiker I, Göttingen 1971, S. 60-62.

3 Vgl. hierzu den Beitrag von Thomas Brechenmacher in diesem Band.

4 Diner, Dan (Hrsg.): *Ist der Nationalsozialismus Geschichte?* Zu Historisierung und Historikerstreit, Frankfurt a.M. 1987.

5 Ennen, Edith: *Ernst Moritz Arndt 1769-1860*. In: Bonner Gelehrte. Beiträge zur Geschichte der Wissenschaften in Bonn. Geschichtswissenschaften, Bonn 1968, S. 9-35, bes. S. 13ff.

nationaler Begeisterung aufrufen ließ. Während der Rheinkrise von 1840 wurde die Macht nationaler und ethnischer Appelle von neuem sichtbar, wie sich an der großen und ein ganzes Jahrhundert anhaltenden Popularität von Nikolaus Beckers Rheinlied „Zum Rhein, zum Rhein, wer will des Stromes Hüter sein?" oder später an Moritz Schneckenburgers „Wacht am Rhein" zeigte. In der schleswig-holsteinischen Frage standen den traditionell-legitimistischen Ansprüchen Dänemarks ethnisch-nationale und demokratische der deutschen Seite gegenüber, zu denen politisch engagierte Historiker wie Friedrich Christoph Dahlmann, Georg Waitz oder Johann Gustav Droysen die nötigen Begründungen lieferten.

Auch die Diskussion über die Annexion des Elsass und Lothringens wurde 1870/71 vielfach von historischen und sprachlichen Rechtfertigungen begleitet, Zwar setzten sich letztlich auch hier die Militärs durch, doch versuchten Historiker auf beiden Seiten, die Ansprüche ihrer Nationen je nach Standort mit Hinweisen auf die deutsche oder französische Geschichte des Elsass zu begründen. Während nationalliberale Historiker wie Heinrich von Treitschke oder Hermann Baumgarten in den „Preußischen Jahrbüchern" die Annexion des Elsass und großer Teile Lothringens, von der sie zuvor nichts hatten wissen wollen, im Sommer 1870 aufgrund von deren ethnischer und sprachlicher Nähe zu Deutschland forderten,[6] widersprach ihnen der französische Orientalist und Religionsforscher Ernest Renan unter Berufung auf das subjektive Prinzip der Nation, hier also den vermuteten Mehrheitswillen der Elsässer und Lothringer.

„Ihr [Deutschen]", antwortete er 1870 auf einen Offenen Brief des Theologen David Friedrich Strauss, der am 12. August ebenfalls „diejenigen Teile unseres Hauses, welche der gewalttätige Nachbar in früheren Zeiten sich angeeignet", zurückgefordert hatte;[7]

> „habt an Stelle der liberalen Politik das Banner archäologischer und ethnographischer Politik entfaltet. Diese Politik wird euch [noch] zum Verhängnis werden. Die vergleichende Philosophie, die ihr geschaffen und zu Unrecht auf das Feld der Politik übertragen habt, wird euch übel mitspielen. Die Slawen werden sich dafür begeistern; [...] wie könnt ihr glauben, die Slawen würden euch nicht zufügen, was ihr andern antut? [...] Wenn eines Tages die Slawen Anspruch auf das eigentliche Preußen, auf Pommern, Schlesien und Berlin erheben werden, und zwar deswegen, weil alle diese Namen slawischen Ursprungs sind, wenn sie an Elbe und Oder das tun, was ihr an der Mosel getan habt, wenn sie auf der Karte den Finger auf die wendischen und obotritischen Dörfer legen, was werdet ihr dann zu sagen haben? Nation ist nicht gleich Rasse."[8]

Obwohl die ältere Geschichte und Sprache im elsässischen Fall zugunsten Deutschlands, die neuere und der Volkswille dagegen für Frankreich sprachen, gaben 1871 aber nicht sie, sondern strategische und wirtschaftspolitische Gründe sowie letztlich die Macht des Siegers den Ausschlag zugunsten der Annexion. Stets blieb die Rückgewinnung des Elsass und Lothringens für Frankreich jedoch ein nationales Ziel, das eigentlich keiner besonderen Begründung mehr bedurfte.[9] Dennoch finden sich vor 1914 und besonders nach Ausbruch des Weltkriegs in Frankreich nicht wenige Schriften, die nun das „historische Anrecht" auf die verlorenen Grenzprovinzen dem – ja ebenfalls historisch und dazu sprachlich begründeten – deutschen

6   Vgl. hierzu die Kontroverse zwischen Lipgens, Walter: *Bismarck, die Öffentliche Meinung und die Annexion von Elsaß und Lothringen 1870*. In: HISTORISCHE ZEITSCHRIFT 199 (1964), S. 31-112 und Gall, Lothar: *Zur Frage der Annexion von Elsaß und Lothringen 1870*. In: HISTORISCHE ZEITSCHRIFT 206 (1968), S. 265-326 mit der abschließenden Entgegnung von Lipgens, ebd.
7   Gall: Zur Frage, S. 289f.
8   Renan, Ernest: *Oeuvres Complètes*, Bd. I, Paris 1947, S. 454ff., zit. nach Krockow, Christian Graf von: *Nationalismus als deutsches Problem*, München 1970, S. 33.
9   Völkel, Markus: *Geschichte als Vergeltung*. Zur Grundlegung des Revanchegedankens in der deutsch-französischen Historikerdiskussion von 1870/71. In: HISTORISCHE ZEITSCHRIFT 257 (1993), S. 63-107.

Anspruch gegenüberstellten und damit implizit die deutsche These von der Kulturnation übernahmen.[10]

Doch nicht an diesem Streit über das Elsass ist der spätere Begriff „Historikerschlacht" haften geblieben, sondern an der vergleichbaren, quantitativ und qualitativ jedoch viel bedeutenderen Auseinandersetzung über die Geschichte und Mentalität der nördlichen Rheinlande. Sie hatten ebenfalls, wenn auch nur während der viel kürzeren Zeit zwischen 1798 bis 1814, zum revolutionären und später napoleonischen Frankreich gehört. Allerdings hatte der Modernisierungsschub, den sie damals auf vielen Gebieten erfuhren, tiefe Spuren hinterlassen, die auch während der folgenden preußischen, bayerischen oder hessischen Herrschaft nicht völlig verschwanden oder gar, wie etwa das „Rheinische Recht" des *Code Napoléon*, zu einem wesentlichen Teil rheinischen Identitätsbewusstseins gerade in der Opposition gegen die neuen Herren wurden. Andererseits hatten die Rheinländer das nationalstaatliche 19. Jahrhundert und die Reichsgründung als *Deutsche* erlebt und waren durch diese ihre jüngste, gemeinsame Geschichte ebenso eng mit Deutschland verbunden wie das Elsass durch die gemeinsame Revolution von 1798 mit Frankreich.

Trotzdem blieben die Erinnerungen an das napoleonische Rheinland auch in Frankreich nicht ganz vergessen. Man mag darüber streiten, ob das gründlich recherchierte und wissenschaftlich ausgewogene Buch des aus Lothringen stammenden Pariser Nationalarchivars Charles Schmidt über das napoleonische Großherzogtum Berg, das 1905 in Frankreich erschien[11] und erst vor wenigen Jahren auf Initiative des Bergischen Geschichtsvereins ins Deutsche übersetzt worden ist,[12] als Anspruchsliteratur gelten muss und dann den Beginn der hier in Rede stehenden deutsch-französischen Historikerstreits bilden würde. Denn Schmidt hat auch die negativen Seiten der französischen Herrschaft und die Abneigung großer Teile der bergischen Bevölkerung gegen sie objektiv geschildert. Jedenfalls rief sein Werk aber ebenso wie einige andere gleichzeitige Arbeiten seines akademischen Lehrers Charles Seignobos oder von Ernest Lavisse über die deutsche Geschichte die besonderen Beziehungen wieder in Erinnerung, die das zeitweise französisch geprägte Rheinland immer noch mit dem Nachbarn im Westen verbanden.

Erst nach dem Kriegsausbruch 1914 erschienen in Frankreich historische Schriften über das Rheinland und seine wie auch immer definierte „französische" Vergangenheit in größerer Zahl. Häufig handelt es sich dabei lediglich um kurze Flugschriften, in denen historische Gründe oft nur oberflächlich propagandistischen Zwecken dienstbar gemacht werden. So forderte Alphonse Aulard unter Berufung auf Kant und die Französische Revolution bereits 1915 die Neutralisierung des Rheinlands zur Sicherung eines künftigen Friedens, wobei die Rheinländer aber nicht daran gehindert werden dürften, Deutsche zu bleiben, wenn sie dies wollten.[13] Im gleichen Jahr fasste Jules Dontenville seine historischen Betrachtungen über den europäischen Frieden in der Forderung nach Zerschlagung der deutschen Einheit und Abtre-

---

10   Vgl. etwa Lichtenberger, Henri: *La France et l'Alsace-Lorraine*, Lausanne 1915; Wetterlé, Émile: *L'Alsace doit rester française*, Paris 1917; Reuss, Rodolphe: *La question d'Alsace-Lorraine*, Paris 1918; als Gesamtüberblick Gödde-Baumanns, Beate: *Deutsche Geschichte in französischer Sicht*. Die französische Historiographie von 1871 bis 1918 über die Geschichte Deutschlands und der deutsch-französischen Beziehungen in der Neuzeit, Wiesbaden 1971.

11   Schmidt, Charles: *Le Grand Duché de Berg (1806-1813)*, Paris 1905.

12   Schmidt, Charles: *Das Grossherzogtum Berg 1806-1813*. Eine Studie zur französischen Vorherrschaft in Deutschland unter Napoleon I. Aus dem Französischen übersetzt von Lothar Kellermann und mit Beiträgen von Burkhard Dietz, Jörg Engelbrecht und Hein-K. Junk hrsg. von Burkhard Dietz und Jörg Engelbrecht (Bergische Forschungen 27), Neustadt/Aisch 1999.

13   Aulard, Alphonse: *La paix future d'après la révolution française et Kant*. Conférence faite à la Sorbonne pour les Amis de l'Université de Paris le 7 mars 1915. (Nouvelle Édition), Paris 1915 (32 S.). Einen ausgezeichneten Überblick über die in den Jahren 1914-1929 auf französischer wie auf deutscher Seite erschienene politische Rheinliteratur bietet die teilweise kommentierte Bibliographie von Reismüller, Georg/Hofmann, Josef: *Zehn Jahre Rheinlandbesetzung*, Breslau 1929.

tung des linken Rheinufers an Frankreich und Belgien zusammen.[14] Edouard Driault forderte mit historischer Beweisführung in zwei Schriften 1916,[15] das linke Rheinufer wieder, wie zu Napoleons Zeiten, nach Westen zu orientieren, um den Frieden in Europa zu sichern und den Rheinländern auf dem Wege der Autonomie, nicht der Annexion, ihre *„libertés rhénanes"*, ihre *„virtualités du developpement français"* zurückzugeben.

Als bedeutendste Arbeit der französischen Rheinlandhistoriographie in den Kriegsjahren gilt bis heute jedoch Philippe Sagnacs große Studie von 1917 über *„Le Rhin Français pendant la Révolution et l'Empire"*, eine durchaus objektive Darstellung des rheinisch-französischen Zusammenlebens in jener Zeit, die sich zudem jeglicher Ratschläge für die französische Kriegszielpolitik des Weltkriegs enthält. Leider ist sie damit eine große Ausnahme geblieben.

Auffällig ist an vielen französischen Publikationen der Kriegszeit und auch später noch die bedeutende Rolle der sog. „Keltentheorie". Sie geht davon aus, dass die Rheinländer eigentlich keine Germanen, sondern in römischer Zeit oberflächlich germanisierte Kelten seien und als solche den keltischen Galliern an Mentalität, Kultur und Volkscharakter, also kurz durch ihre besondere *„civilisation rhénane"* näher ständen als den eigentlichen Germanen. Dies müsse ihnen die Annäherung an Frankreich erleichtern, ja wünschenswert machen, während Frankreich als die eigentliche *Gallia* geradezu verpflichtet sei, die Freiheit der keltischen Brüder vom germanischen Joch wiederherzustellen. Eng damit verbunden ist die Vorstellung von den „natürlichen Grenzen" Frankreichs, die das gesamte Siedlungsgebiet der Gallier umfassen und daher auch am Rhein wieder erreicht werden müssten.[16]

Auch solche Rückgriffe auf die Frühgeschichte zur Begründung zeitgenössischer politischer Ansprüche hatten in Deutschland schon Vorläufer gehabt. Hier hatte Gustaf Kossinna in seinem Buch „Die deutsche Vorgeschichte. Eine hervorragend nationale Wissenschaft" bereits 1912 dafür plädiert, archäologische Funde ethnisch zu deuten und, am Beispiel des deutschen Ostens und methodisch schon damals umstritten, aus vorgeschichtlichen Befunden nationale Ansprüche der Gegenwart abzuleiten.[17] Nach Kriegsausbruch griffen nicht wenige französische Archäologen solche Gedanken auf. Der „Altmeister der französischen Archäologie" Camille Jullian verlangte in *„Le Rhin Gaulois"* schon 1915, die angestammten Rechte der Kelten auf ihren „heiligen Strom" zu schützen; Chlodwig und Karl der Große seien ungeachtet ihrer Sprache keine Germanen, sondern keltische Gallier gewesen. Sein Fachkollege Émile Esparandieu zog in *„Le Rhin Français"* im selben Jahr eine durchgehende Linie vom keltischen Habitus der Rheinländer zu den Petitionen, in denen diese bereits 1798 um ihre Einverleibung in die französische Republik gebeten hätten.

Zum Standardwerk des französischen Nationalismus in der Rheinfrage wurden schließlich die drei 1916-1918 erschienenen Bände des Altertumsforschers Ernest Babelon über *„Le Rhin dans l'Histoire"* und über das Saargebiet, in denen er alle historischen und ethnischen Argumente noch einmal zusammenfasste und den Weltkrieg als Teil jenes ewigen Kampfes zwischen dem Romanismus, der Zivilisation, und dem Germanismus, der Barbarei, beschrieb. Nach Babelon lag die historisch vorgegebene Lösung der Rheinfrage aber nicht in einer Angliederung an Frankreich, sondern nach dem Vorbild der Politik Ludwigs XIV. in der Errichtung eines rheinischen Protektorats unter französischer Okkupation.

---

14 Dontenville, Jules: *Après la guerre*. Les Allemagnes, la France, la Belgique et la Hollande, Paris 1915 (56 S.).
15 Driault, Edouard: *La France au Rhin*, Paris 1916 (46 S.) und ders.: *La République et le Rhin*, 2 Bde., Paris 1916 (160 und 184 S.).
16 So etwa bei Sorel, Albert: *L'Europe et la Révolution Française*. Bd. 1, Paris 1914, der die Wiederherstellung der Grenzen von 1815 verlangte, und mehr noch bei Johannet, René: *Rhin et France*, Paris 1919, der als Mitglied der „Action Française" den „natürlichen Grenzen" Frankreichs Priorität vor einer nationalen Selbstbestimmung der Rheinländer einräumen will („Sans le Rhin, il n'y a plus de France!" (S. 201)). Zur nationalen Anspruchsliteratur in Frankreich vgl. insbesondere die umfassende Arbeit von Kern, Werner: *Die Rheintheorie der historisch-politischen Literatur Frankreichs im Ersten Weltkrieg*, Phil. Diss. Saarbrücken 1973.
17 Kater, Michael H.: *Das „Ahnenerbe" der SS 1935-1945*, 2. Auflage, München 1997, S. 21f.

Vergessen sollte man aber nicht, dass zu gleicher Zeit auch im Rheinland eine Welle poli-
tisch-historischer Rückbesinnung einsetzte. Äußerer Anlass war hier zunächst die Hundert-
jahrfeier der Zugehörigkeit zur preußischen Monarchie im Jahre 1915. Wenn auch die dazu
bereits detailliert vorbereiteten Ausstellungen und Kongresse wegen des Krieges nicht statt-
finden konnten, wie es Rüdiger Haude kürzlich noch am Aachener Beispiel gezeigt hat,[18] rief
das Jubiläum doch eine Reihe bis heute wichtiger Publikationen wie das zweibändige Sammelwerk des Kölner Stadtarchivars Joseph Hansen über „Die Rheinprovinz 1815-1915. Hundert Jahre preußischer Herrschaft am Rhein"[19] oder die dreibändige Geschichte der „Stadt
Cöln im ersten Jahrhundert unter preußischer Herrschaft" desselben Herausgebers von
1915/16 hervor. Doch selbst kritischere Veröffentlichungen wie die umfangreiche Denkschrift des Zentrumspolitikers Julius Bachem, „Zur Jahrhundertfeier der Vereinigung der
Rheinlande mit Preußen" von 1915,[20] ließen an der Absicht der Meinungsführer des Rheinlands, weiterhin Deutschland und Preußen anzugehören, keinerlei Zweifel.

Zwischen Waffenstillstand und Friedensvertrag und auch noch in den folgenden Jahren
blieb das Thema „Rheingrenze" und mit ihm auch deren historische Begründung erst recht
einer der zentralen Punkte der französischen Kriegszielpolitik. Es ist hier nicht der Ort, die
konkreten Ziele der französischen Regierung in dieser Hinsicht zu diskutieren; für die Publi-
zistik, auch für die historische, blieb die Rheingrenze bis etwa 1925 jedenfalls ein aktueller,
aber nie erfüllter Traum. Historische Studien von Henri Poullet,[21] Pierre de Pardiellan[22] und
Louis Engerand[23] befassten sich, anscheinend als Vorbild der geplanten Interalliierten Rhein-
landkommission und der Politik französischer Besatzungsorgane, mit der französischen Verwaltung des Rheinlands zur Zeit der Revolution und Napoleons und betonten, mit wie großer
Sympathie diese damals dort aufgenommen worden sei.

Der Historiker und Staatsmann Gabriel Hanotaux bemühte in seiner umfassenden Kritik
des Versailler Vertrages[24] neben politisch-militärischen auch historische Argumente und die
„Keltentheorie", um seine Forderung nach einer französischen Ostgrenze am Rhein zu begründen. Das gleiche historisch-ethnographisch-geographische Instrumentarium findet sich in
den als Buch gedruckten Kammerreden des Berichterstatters über den Friedensvertrag,
Charles Benoist.[25] Im Auftrag der „*Ligue des Patriotes*" versuchte Frantz Funck-Brentano aufgrund eines umfangreichen historischen Materials, das auch aus deutschen Quellen stammte,
die Kontinuität des politischen und kulturellen französischen Einflusses im Rheinland und
eine daraus resultierende fortdauernde Hinneigung der rheinischen Bevölkerung zu Frankreich nachzuweisen.[26] In populärer Form verbreitete Julien Rovère die Keltentheorie und das
angebliche Votum der Rheinländer von 1798 für Frankreich.[27] Eine Ausnahme von der sons-
tigen Konzentration auf diese oder die Keltenzeit bildet Georges Grosjean, der die Politik des

18   Haude, Rüdiger: „*Kaiseridee*" oder „*Schicksalsgemeinschaft*". Geschichtspolitik beim Projekt „Aachener Krö-
      nungsausstellung 1915" und bei der „Jahrtausendausstellung 1925" (Beihefte des Aachener Geschichtsver-
      eins 6), Aachen 2000.
19   Hansen, Joseph (Hrsg.): *Die Rheinprovinz 1815-1915*. Hundert Jahre preußischer Herrschaft am Rhein, Bonn
      1917. Ein Nachdruck der umfangreichen Einleitung Hansens, erweitert um eine Biographie des Archivars
      von Everhard Kleinertz, einem Forschungsüberblick von Beate-Carola Padtberg und einer Auswahlbiblio-
      graphie von Georg Mölich erschien 1990 in Köln unter dem Titel *Preußen und Rheinland. Hundert Jahre politi-
      schen Lebens am Rhein.*
20   Bachem, Julius: *Zur Jahrhundertfeier der Rheinlande mit Preußen*, Köln o.J. (1915).
21   Poullet, Henri: *Jean-Joseph Marquis, commissaire du gouvernement près les 4 nouveaux départements de la rive gauche du
      Rhin (7 mars-18 août 1799)* (Extrait des Annales Révolutionnaires oct.-déc. 1918), Besançon 1918 (48 S.).
22   Pardiellan, P. de: *Nos ancêtres sur le Rhin*. Episodes de la Révolution et du premier Empire d'après des sour-
      ces exclusivement allemandes, Paris o.J. (1919) (290 S.).
23   Engerand, Louis: *L'opinion publique dans les provinces rhénanes et en Belgique 1798-1815*, Paris 1919 (183 S.).
24   Hanotaux, Gabriel: *Le traité de Versailles du 28 juin 1919*. L'Allemagne et l'Europe, Paris 1919 (370 S.).
25   Benoist, Charles: *Les nouvelles frontières d'Allemagne et la nouvelle carte d'Europe*, Paris 1920 (184 S.).
26   Funck-Brentano, Frantz: *La France sur le Rhin*. Avec un Préface de Maurice Barrès, Paris 1919 (500 S.).
27   Rovère, Julien: *La Rive Gauche du Rhin de 1792 à 1814*, Paris 1919 (248 S.).

Außenministers Vergennes gegenüber dem Rheinland im 17. Jahrhundert und die Schutzfunktion Frankreichs für die damaligen rheinischen Territorialfürsten behandelte.[28]

Die militärische Besetzung des Rheinlands Ende 1918 erlaubte den französischen Behörden, diese – auch schon vor 1918 offiziell unterstützte – Geschichtspropaganda an Ort und Stelle zu erweitern und ihrer Zielgruppe, der rheinischen Bevölkerung, direkt näher zu bringen. Das lag genau auf der Linie der „pénétration pacifique", mit der Frankreich versuchte, auch ohne die im Friedensvertrag verweigerten staatsrechtlichen Änderungen dennoch die Herzen der Rheinländer für sich zu gewinnen.[29]

So wurden die auf rheinischen Friedhöfen noch zahlreich vorhandenen, den Rheinländern vertrauten Veteranendenkmäler der napoleonischen Kriege auf Befehl des Generals Mangin sorgfältig aufgelistet und manche von ihnen, so in Wörrstadt, zum Mittelpunkt öffentlicher Erinnerungsfeiern gemacht.[30] Dem Revolutionsgeneral Lazare Hoche, der sich intensiv um das Rheinland gekümmert hatte, wurde an der Stelle seines Rheinübergangs bei Weißenthurm 1919 ein Denkmal errichtet. Im Auftrag des „Service Presse et Information" der Besatzungsmacht, der sich mehr und mehr zur zentralen Koordinationsstelle der französischen Kultur- und damit auch Geschichtspropaganda in Deutschland entwickelte, erstellte und veröffentlichte der schon genannte Charles Schmidt ein umfangreiches Inventar der Akten über die französische Zeit des Rheinlands unter Napoleon in rheinischen und Pariser Archiven,[31] teils als Grundlage französischer Rückforderungen, vor allem aber, um „ernsthaften Forschern" ihre Studien über diese Epoche zu erleichtern. Zum gleichen Zweck wurden auch die Stadt- und Kirchenarchive im französischen Besatzungsgebiet von Beauftragten des französischen Hochkommissars auf Bestände dieser Zeit hin durchgesehen und diese verzeichnet. Dabei ergaben sich besonders im Stadtarchiv Mainz „ganz bedeutende", übrigens auch von der heutigen Forschung noch hochgeschätzte Funde.[32]

Auch in der übrigen Kulturpropaganda des „Service Presse et Information", etwa in der von diesem seit 1919 für die rheinische Bildungsschicht herausgegebenen Monatsschrift „Revue Rhénane – Rheinische Blätter"[33], später auch in der Schriftenreihe „Cahiers Rhénans"[34], spielten die früheren Gemeinsamkeiten deutscher und französischer Geschichte des Rheinlands stets eine bedeutende Rolle. Die „Revue Rhénane" wurde redaktionell maßgeblich von Charles Schmidt betreut, der als Autor auch einen großen Teil ihres historischen Inhalts beisteuerte. Einen Überblick über die von der Besatzungsmacht geförderten Einrichtungen französischer

28 Grosjean, Georges: La politique rhénane de Vergennes. Ouvrage publiée ... sous les auspices du Haut Commissariat de la Republique Française dans les provinces du Rhin (Les Cahiers rhénans 3), Paris 1925.

29 Vgl. dazu Krumeich, Gerd: Der Rhein als strategische Grenze. In: Peter Hüttenberger/Hansgeorg Molitor (Hrsg.): Franzosen und Deutsche am Rhein 1789-1918-1945, Essen 1989, S. 67-79.

30 Süss, Martin: Rheinhessen unter französischer Besatzung vom Waffenstillstand im November 1918 bis zum Ende der Separatistenunruhen im Februar 1924 (Geschichtliche Landeskunde 31), Stuttgart 1988, S. 43.

31 Schmidt, Charles u.a. (Bearb.): Les sources de l'histoire des territoires rhénans de 1792 à 1814 dans les Archives rhénanes et à Paris. Mit einem Vorwort v. Charles-Victor Langlois. Hrsg. vom Haut-Commissariat de la République française dans les provinces du Rhin, Paris 1921. Vgl. hierzu auch Dietz, Burkhard: Charles Schmidt (1872-1956). Zur intellektuellen Biographie eines Historikers und „politischen Archivars" im Kontext der französischen Historiographiegeschichte. In: Charles Schmidt: Großherzogtum Berg, S. 387.

32 Süss: Rheinhessen, S. 44.

33 Hierzu bes. Voss, Ingrid/Voss, Jürgen: Die „Revue Rhénane" als Instrument der französischen Kulturpolitik am Rhein (1920-1930). In: ARCHIV FÜR KULTURGESCHICHTE 64 (1982), S. 403-451; zur französischen Kulturpolitik im Rheinland allgemein s. Brunn, Gerhard: Französische Kulturpolitik in den Rheinlanden nach 1918 und die Wiesbadener Kunstausstellung des Jahres 1921. In: Hüttenberger/Molitor (Hrsg.): Franzosen und Deutsche, S. 219-242, sowie Pabst, Klaus: Der Vertrag von Versailles und der deutsche Westen. In: Kurt Düwell/Wolfgang Köllmann (Hrsg.): Rheinland-Westfalen im Industriezeitalter. Beiträge zur Landesgeschichte des 19. und 20. Jahrhunderts. Bd. 2: Von der Reichsgründung bis zur Weimarer Republik, Wuppertal 1984, S. 271-289; zur „Revue Rhénane" bes. S. 279f.

34 Außer der in Anm. 28 schon erwähnten Arbeit von Grosjean über die Rheinpolitik Vergennes' erschienen darin zwischen 1924 und 1928 u.a. Beiträge von P. de Vaissière über die französischen Emigranten in Koblenz 1789-1792 (1924), über Goethe im Elsass (Jean de Pange, 1925), über römische Altertümer im Rheinland (J. Colin, 1927) sowie über die Saar unter früherer französischer Herrschaft (R. Capot-Rey, 1928).

Kulturpolitik am Rhein aus der Feder des französischen Hochkommissars Paul Tirard selbst enthält der ebenfalls stark historisch ausgerichtete offiziöse Sammelband „*La Rhénanie*" von 1922.[35]

Die Antwort deutscher Historiker bestand zunächst in einer Reihe gewichtiger Sammelwerke, die vor allem den stets „deutschen" Charakter der rheinischen Geschichte betonten, ohne direkt auf die Geschichtspropaganda der französischen Kollegen einzugehen. Dazu gehörte etwa die zweibändige, im Auftrag der Gesellschaft für Rheinische Geschichtskunde von den Bonner und Kölner Historikern Hermann Aubin, Joseph Hansen, Justus Hashagen, Bruno Kuske, Wilhelm Levison und Werner Platzhoff zusammen mit dem Germanisten Theodor Frings und dem Kunsthistoriker Eduard Renard bearbeitete „Geschichte des Rheinlandes von der ältesten Zeit bis zur Gegenwart"[36] von 1922, das erste allgemeine Handbuch zur rheinischen Landesgeschichte überhaupt, oder ein von dem Bonner Aloys Schulte aus Anlass der rheinischen Jahrtausendfeier 1925 herausgegebener populärwissenschaftlicher Sammelband „Tausend Jahre deutscher Geschichte und deutscher Kultur am Rhein"[37], dessen Titel bereits das Programm enthielt. Von ihm wurden allein in der ersten Auflage über 16000 Exemplare verkauft; Mitarbeiter waren unter anderen die Bonner Professoren Max Braubach, Paul Clemen und Franz Steinbach. Schulte hatte schon 1918 eine umfangreiche Studie, „Frankreich und das linke Rheinufer", veröffentlicht, in der er die traditionelle Rheinpolitik Frankreichs aus deutscher Sicht darstellte und die keltologische Sicht Babelons, Jullians und Lavisses kritisierte.[38] Die Schrift wurde in einem Schweizer Verlag auch in französischer Sprache veröffentlicht.[39]

Auch das 1920 gegründete „Institut für geschichtliche Landeskunde der Rheinlande" der Bonner Universität verdankt seine Entstehung, wie wir aus neueren Forschungen wissen, unter anderem dem deutsch-französischen Historikerstreit.[40] Es sollte, wie der Initiator Hermann Aubin in seinen Denkschriften erkennen ließ, auch ein Zentrum der Verteidigung des Deutschtums der Rheinlande werden, also gewissermaßen eine Festung, die die deutsche Truppe in der „Historikerschlacht" mit geistiger Munition und, was die Finanzierung anging, wohl auch mit Verpflegung versorgen sollte, so wie es der „*Service Presse et Information*" und die Universität Strassburg bei den Franzosen taten.

Daneben entwickelte sich auch in Deutschland eine reichhaltige historische Flugblatt-, Reden- und Aufsatzliteratur, die meist direkte Antworten auf die französischen Schriften enthielt

---

35   *La Rhénanie*. Conférences organisées par la Société des anciens Élèves de l'École libre des Sciences politiques. Préface de Paul Tirard, Paris 1922.

36   *Geschichte des Rheinlandes von der ältesten Zeit bis zur Gegenwart.* 2 Bde., bearb. v. H. Aubin, Th. Frings, J. Hansen, J. Hashagen, F. Koepp, B. Kuske, W. Levison, W. Platzhoff, E. Renard, Bonn/Essen 1922. Das Vorwort des Kölner Stadtarchivars Joseph Hansen ließ an den nationalpolitischen Motiven der Publikation keinen Zweifel: „Wenn infolge des verlorenen Krieges ganz Deutschland wieder der Tummelplatz fremdländischen Machtstrebens geworden ist, so muß das von den Armeen unserer Kriegsgegner besetzte Rheinland jetzt den Kelch politischer Demütigung bis zur Neige leeren, und die Unversehrtheit des nationalen Territoriums scheint hier auf das äußerste gefährdet. Seit dem Jahre 1919 macht sich zudem im Rheinland eine ausländische Propaganda geltend, die den nationalen, den deutschen Charakter der rheinischen Vergangenheit zu trüben sucht [...]" (Ebd., S. V).

37   Schulte, Aloys (Hrsg.): *Tausend Jahre deutscher Geschichte und deutscher Kultur am Rhein.* Im Auftrage des Povinzialausschusses der Rheinprovinz herausgegeben, Düsseldorf 1925.

38   Schulte, Aloys: *Frankreich und das linke Rheinufer,* 1.u.2. Aufl., Stuttgart/Berlin 1918 (364 S.).

39   Schulte, Aloys: *La France et la rive gauche du Rhin,* Lausanne (Librairie nouvelle) 1918. Tatsächlich wurde das Buch in Stuttgart gedruckt.

40   Oberkrome, Willi: *Volksgeschichte.* Methodische Innovation und völkische Ideologisierung in der deutschen Geschichtswissenschaft 1918-1945 (Kritische Studien zur Geschichtswissenschaft 101), Göttingen 1993, S. 32-35. Oberkrome geht auch auf die beiden Parallelinstitute in Leipzig und Innsbruck ein, während die nach 1930 gegründeten „Volksdeutschen Forschungsgemeinschaften" bereits andere, aggressive Ziele verfolgten. Zur Gründung des Bonner Instituts vgl. Ennen, Edith: *Hermann Aubin und die geschichtliche Landeskunde der Rheinlande.* In: RHEINISCHE VIERTELJAHRSBLÄTTER 34 (1970), S. 9-41; weitere Hinweise und frühere Literatur jetzt bei Janssen, Wilhelm: *Das Institut für Geschichtliche Landeskunde der Rheinlande der Universität Bonn.* In: Werner Buchholz (Hrsg.): Landesgeschichte in Deutschland, Paderborn 1998, S. 315-323.

oder aber mit Vorliebe diejenigen Epochen französisch-rheinischer Geschichte behandelte, die für Frankreich weniger glanzvoll erschienen und daher in Frankreich meist ausgespart blieben, wie etwa die Reunionskriege Ludwigs XIV. oder die unzweifelhaften Schattenseiten der napoleonischen Zeit. „Französische Mordbrenner am deutschen Rhein" lautet einer der prägnantesten Titel;[41] ein gewisser Valentin v. Bismarck schrieb über „Französische Raublust an deutschen Landen und deutschfeindliche Politik in früheren Jahrhunderten – J'accuse!",[42] und eine Marie von Goeben nahm mit der Frage „Karl der Große oder *Charlemagne?*" unbewusst, aber mit verkehrter Frontstellung, schon eine später im „Dritten Reich" geführte Kontroverse vorweg.[43]

Aber auch angesehene deutsche Historiker wurden nicht müde, die historische Rheinpolitik Frankreichs für eine breite Öffentlichkeit an den Pranger zu stellen. Neben Schulte waren dies u.a. Friedrich Meinecke,[44] Hans Delbrück,[45] Hermann Oncken,[46] Josef Hansen,[47] Edmund Ernst Stengel,[48] Walter Platzhoff,[49] Franz Steinbach,[50] Justus Hashagen,[51] Hermann Stegemann[52] und der auch unter dem Pseudonym Hermann Coblenz schreibende deutschnationale Düsseldorfer Stadtarchivar Paul Wentzcke,[53] um nur die bekanntesten zu nennen; daneben auch Jüngere wie der Oncken-Schüler Alfred Karll mit einer nicht unpolemischen Untersuchung der öffentlichen Meinung im *Roerdepartement* in napoleonischer Zeit.[54] Auf den Spuren Gustaf Kossinnas nahm sich Hermann Aubin mit einer Analyse rheinischer Bodenfunde der Widerlegung der „Keltentheorie" an, wobei er etwas spitzfindig zwischen sprachlicher und kultureller Romanisierung sowie zwischen dieser und einer nur „unerheblichen" Rassevermischung der germanischen Bevölkerung am Rhein in römischer Zeit unterschied.[55]

---

41 Anonym herausgegeben vom Deutschen Schutzbund, Berlin 1923 (36 S.).
42 Bismarck, Valentin von: *Französische Raublust an deutschen Landen und deutschfeindliche Politik in früheren Jahrhunderten.* J'accuse !, Berlin 1921 (77 S.).
43 G[oeben], Marie von: *Karl der Große oder Charlemagne?,* Weimar 1925 (16 S.).
44 [Meinecke, Friedrich]: *Geschichte der linksrheinischen Gebietsfragen.* L'histoire des questions territoriales de la rive gauche du Rhin, [Berlin: Reichsdruckerei, 1919] (27 S.).
45 Delbrück, Hans: *Frankreichs Kampf um Freiheit und Gerechtigkeit,* [Berlin: Hobbing, um 1922] (16 S.).
46 Oncken, Hermann: *„Brulez le Palatinat!"* Eine Rede zum Pfalztage, Stuttgart 1924; ders.: *Die historische Rheinpolitik der Franzosen,* Gotha 1922 (16 S., auch in engl. Sprache: New York 1923).
47 Hansen, Joseph: *Rheinland und Rheinländer.* In: Westdeutsche Monatshefte, H.3, Bonn 1925, S. 273-312. Hansens in ihrer Materialfülle noch heute unerreichte vierbändige Quellenpublikation *Quellen zur Geschichte des Rheinlandes im Zeitalter der Französischen Revolution 1780-1801,* die ursprünglich auch zur Widerlegung französischer Geschichtsansprüche konzipiert war, erschien in Bonn jedoch erst 1931-38, als der Anlass historisch längst überholt war.
48 Stengel, Edmund Ernst: *Deutschland, Frankreich und der Rhein.* Eine geschichtliche Parallele, Langensalza 1926 (46 S.).
49 Platzhoff, Walter: *Die Stellung der Rheinlande in der deutschen Geschichte.* In: Festgabe f. F. v. Bezold, Bonn/Leipzig 1921; ders., *Die französische Ausdehnungspolitik von 1250 bis zur Gegenwart.* In: Frankreich und der Rhein. Beiträge zur Geschichte und geistigen Kultur des Rheinlandes von Rudolf Kautzsch, Georg Küntzel, Walter Platzhoff, Fedor Schneider, Franz Schulz, Georg Wolfram, Frankfurt a.M. 1925 [Inhalt einer öffentlichen Vorlesungsreihe an der Universität Frankfurt im WS 1923/24]; ders.: *Der tausendjährige Kampf um die deutsche Westgrenze.* In: Wilhelm Volz (Hrsg.): Der Westdeutsche Volksboden. Aufsätze zu Fragen des Westens, Breslau 1925, S. 106-131.
50 Steinbach, Franz: *Studien zu westdeutschen Stammes- und Volksgeschichte,* Jena 1926 (180 S.).
51 Hashagen, Justus: *Das Rheinland und die preußische Herrschaft,* Essen 1924 (42 S.).
52 Stegemann, Hermann: *Der Kampf um den Rhein.* Das Stromgebiet des Rheins im Rahmen der großen Politik und im Wandel der Kriegsgeschichte, Stuttgart 1924.
53 Wentzcke, Paul: *Rheinkampf.* Bd.1: *Tausend Jahre deutscher Schicksalsgemeinschaft;* Bd.2: *Im Kampf um Rhein und Ruhr 1919-1924,* Berlin 1925. Eine erste Kritik der historischen Rheinpolitik Frankreichs und ihrer Verlockungen zur Absonderung des linken Rheinufers erschien anonym bereits 1920: [Wentzcke, Paul]: *Gegenwartsbilder aus rheinischer Vergangenheit,* Frankfurt a.M. 1920 (15 S.); ferner Coblenz, Hermann [d.i. Paul Wentzcke]: *Frankreichs Ringen um Rhein und Ruhr.* Eine Schriftenreihe zur Abwehr. 12 Hefte, Berlin 1923; Linksrheiner [d.i. Paul Wentzcke]: *Zum Verständnis der großen rheinischen Frage,* München 1922.
54 Karll, Alfred: *Französische Regierung und Rheinländer vor 100 Jahren.* Ein Beitrag zur Geschichte der amtlichen Mache. Mit einer Einführung von Hermann Oncken, Leipzig 1921. Weitere Dissertationen, die sich zeitgenössisch mit der historischen Politik oder Verwaltung Frankreichs am Rhein befassten, können hier nicht einzeln angeführt werden.
55 Aubin, Hermann: *Kelten, Römer und Germanen in den Rheinlanden,* Bonn/Leipzig 1925 (25 S.).

Der Münchener Geologieprofessor Ernst Stromer wies gar nach, dass Arndts Wort vom Rhein als „Deutschlands Strom, aber nicht Deutschlands Grenze" in den geologischen und klimatischen Gegebenheiten des Rheintals seine Bestätigung finde.[56] Als Widerlegung französischer Vorgeschichtstheorien lässt sich auch Karl Schumachers „Siedelungs- und Kulturgeschichte der Rheinlande von der Urzeit bis in das Mittelalter" auffassen, die dreibändig in den „Handbüchern des Römisch-Germanischen Centralmuseums" in Mainz erschien.[57] Der aus Köln stammende, in Italien lehrende Soziologe Robert Michels meldete sich dagegen mit einer durchaus profranzösischen Studie zu Wort, in der er von der *„attraction latine"*, der Abneigung der Rheinländer gegen Preußen und ihrem ständigen „Drang nach Westen" sprach.[58]

Einen ersten Höhepunkt politischer Instrumentalisierung hatte diese historisch-ethnologische Auseinandersetzung bereits um die Jahreswende 1920/21 mit den Straßburger Vorlesungen des Publizisten und Historikers Maurice Barrès über *„Le Génie du Rhin"*[59] erlebt, die in hoher Auflage in Frankreich und gleichzeitig auch in Deutschland erschienen,[60] und der Gegenschrift des Bonner Germanisten Ernst Bertram über „Rheingenius und *Génie du Rhin".*[61] Von teutonischen Infiltrationen befreit, sollte der rheinische Genius nach Ansicht Barrès' mit Hilfe des wesensverwandten keltolateinischen französischen Geistes sein wahres Anlitz wiedererkennen und wiederherstellen können. Bertram antwortete darauf, indem er Barrès' Argumente nicht weniger polemisch Stück für Stück zerpflückte und ihm dazu zahlreiche sachliche Fehler nachwies. Auf den ebenfalls bedeutenden Anteil anderer Germanisten und Schriftsteller an dieser „Historikerschlacht" kann hier aus Raumgründen ebenso wenig wie auf die Rolle von Zeitschriften wie „Die Westmark",[62] der „Westdeutschen Monatshefte"[63] oder der vielfältigen, oft von der neuen „Reichszentrale für Heimatdienst" geförderten regionalen Heimatliteratur eingegangen werden.

Als zweiten Höhepunkt und gleichzeitigen Abschluss der Kontroverse mag man die rheinischen Jahrtausendfeiern des Jahres 1925 ansehen, die mit großem – und von zahlreichen öffentlichen Stellen finanziertem – Aufwand, mit Ausstellungen in vielen rheinischen Städten und einer letzten Welle einschlägiger Publikationen den Jahrestag eines in seiner historischen Bedeutung eher zweitrangigen und den meisten Rheinländern bis dahin unbekannten Ereignisses, der Anerkennung der Oberhoheit des deutschen Königs Heinrich I. über Lotharingien (925), als Jubiläum einer „tausendjährigen Zugehörigkeit" der Rheinlande zu Deutschland feierten.

Der politische Beschluss zu den über das ganze Rheinland verteilten Feiern von 1925 ging von der rheinischen Provinzialverwaltung und den im Provinziallandtag vertretenen rheini-

56   Stromer, Ernst: *Der Rhein, Deutschlands Strom, aber nicht Deutschlands Grenze*. Von einem Naturwissenschaftler, 2. Auflage, Nürnberg 1919 (16 S.). Es handelt sich um einen Vortrag des Münchener Geologieprofessors und ehemaligen Militärgeologen E.S. vor der Nürnberger Naturhistorischen Gesellschaft am 15. Februar 1919.
57   Schumacher, Karl: *Siedelungs- und Kulturgeschichte der Rheinlande von der Urzeit bis in das Mittelalter*. 3 Bde. (Handbücher des RGZM 1,2 und 3), Mainz 1921-1925.
58   Michels, Roberto: *Études sur les relations historiques entre la France et les pays du Rhin*. In: REVUE HISTORIQUE 139 (1922), S. 161-201, das Zitat S. 187. Auch als selbständige Veröffentlichung erschienen: Paris (Félix Alcan) 1922.
59   Barrès, Maurice: *Le génie du Rhin*, Paris 1921 (259 S., bereits in der 14. Auflage). Weitere Schriften von Barrès aus dieser Zeit: *La France dans les pays rhénans. Une tâche nouvelle* (L'appel du Rhin, 2), Paris 1919 (96 S.); ders.: *Discours sur la politique rhénane, prononcé à la séance de la chambre des Députes du 29 août 1919*. (Extrait du Journal officiel du 30 Août 1919, Paris 1919, sowie, sozusagen als Rückschau und Summe französischer Rheinpolitik der 1920er Jahre, *Les grands problèmes du Rhin*, Paris 1930 (467 S.).
60   Barrès, Maurice: *Der Genius des Rheins*. Eine Reihe freier Vorträge, gehalten an der Universität Straßburg, [Straßburg], Selbstverlag o.J. [um 1920].
61   Bertram, Ernst: *Rheingenius und Génie du Rhin*, Bonn 1922.
62   Heimann, Max u.a. (Hrsg.): *Die Westmark*. Rheinische Monatsschrift für Politik, Wirtschaft und Kultur, Köln 1921f. war als Gegengewicht zur ebenfalls für gebildete Leser bestimmten „Revue Rhénane" gedacht; es konnten lediglich zwei Jahrgänge erscheinen.
63   Koetschau, Karl (Hrsg.): *Westdeutsche Monatshefte für das Geistes- und Wirtschaftsleben der Länder am Rhein*, Bonn 1925.

schen Kommunen aus, während das Reich und Preußen einen Großteil der Finanzierung übernahmen. Als Initiatoren können wohl die auch in der Reichspolitik aktiven Oberbürgermeister Konrad Adenauer (Köln) und Karl Jarres (Duisburg) betrachtet werden.[64] Den Anstoß dazu hatten aber wiederum zwei rheinische Historiker geliefert.

In einem Vortrag vor der Hauptversammlung des Gesamtvereins der deutschen Geschichts- und Altertumsvereine in Aachen hatte der bereits genannte Düsseldorfer Stadtarchivar Paul Wentzcke schon 1922 angeregt, das Jahr 1925 zu einer großangelegten „tausendjährigen Jubelfeier des Deutschen Reiches" auszugestalten und bei dieser Gelegenheit vor allem die ebenso alte Zugehörigkeit der Rheinlande zu Deutschland der Öffentlichkeit zum Bewusstsein zu bringen.[65] Kurz zuvor hatte auch der Bonner Mediävist Wilhelm Levison auf dieses Datum als Beginn einer „Jahrhunderte ununterbrochenen Verbindung" der Rheinlande mit dem rechtsrheinischen Deutschland hingewiesen, ohne daraus allerdings sofort geschichtspolitische Vorschläge für die Gegenwart abzuleiten.[66] Es war dann aber vor allem Wentzcke, der die Idee unter ausdrücklicher Berufung auf Levison[67] weiterführte und zu den weit über Deutschland hinaus beachteten, von französischer Seite auch schwerlich zu verhindernden Feiern in zahlreichen rheinischen Städten ausgestaltet hat.[68] Beide Historiker haben jedenfalls im Jubiläumsjahr ebenso wie andere ihrer deutschen Kollegen eifrig über Zweck und Anlass dieser Feiern publiziert.[69] Überdies gab die staatlich geförderte Popularität des Jubiläums Anlass zu einer Fülle teils gewichtiger Veröffentlichungen zur rheinischen Geschichte, Literatur und Kunst,[70] die ihren Wert über die Tagespolitik hinaus oft bis heute behielten.[71]

64 Wein, Franziska: Deutschlands Strom, S. 126. Die genannten Beschlüsse datieren vom 16. Juni 1924 (Provinzialausschuss) und vom 26. Juni (Provinziallandtag); vgl. Koops, Tilman: Die rheinische Tausendjahrfeier 1925. In: Tilman Koops/M. Vogt (Hrsg.): Das Rheinland in zwei Nachkriegszeiten 1919-1930 und 1945-1949. Ergebnisse einer Tagung des Bundesarchivs in der Universität Trier vom 12.-14. Oktober 1994, Koblenz 1995, S. 91-102, hier S. 93.

65 Wentzcke, Paul: Die tausendjährige Jubelfeier des Deutschen Reiches. Erweiterte Niederschrift eines am 12. September 1922 vor der Hauptversammlung der deutschen Geschichts- und Altertumsvereine in der alten Königsstadt Aachen gehaltenen Vortrags. In: PREUßISCHE JAHRBÜCHER 191 (1923), S. 69-87. Mit Recht hat Guido Müller diesen Text als „geschichtspolitische Gründungsschrift für die Jahrtausendfeiern 1925" bezeichnet, obwohl Wentzcke nach eigener Behauptung, wenn auch noch nicht öffentlich, bereits 1919 auf „die historische Bedeutung des Jahres 1925" hingewiesen haben will (Haude: Kaiseridee, S. 116.). Vgl. auch Wentzcke, Paul: Die Rheinlande als Grenzgebiet und als europäische Verkehrslinie. In: PREUßISCHE JAHRBÜCHER 187 (1922), S. 29-48, hier S. 30.

66 „Die Zeit eines selbständigen Mittelreiches, das sich nicht als lebensfähig erwiesen hatte, und die Jahre des Schwankens sind beendet; mit 925 beginnen für die Rheinlande Jahrhunderte ununterbrochener Verbindung mit dem rechtsrheinischen Deutschland. Unter dem Gesichtspunkt der Staatszugehörigkeit bezeichnet überhaupt erst die Französische Revolution einen neuen Abschnitt in der rheinischen Geschichte" (Levison, Wilhelm. In: Geschichte des Rheinlandes 2, Bonn 1922, S. 73).

67 Wentzcke: Jubelfeier, S. 80f. Umgekehrt gestand Levison jedoch Wentzcke die Urheberschaft an den Feiern zu: Levison, Wilhelm: Der Sinn der rheinischen Tausendjahrfeier 925-1925, Bonn/Leipzig 1925, S. 31, Anm. 39.

68 Feiern und Ausstellungen fanden 1925 u.a. in Köln, Aachen, Düsseldorf, Koblenz und Trier statt. Als Beispiel vgl.: Ewald, W./Kuske B. (Hrsg.): Führer durch die Jahrtausendausstellung der Rheinlande in Köln 1925, 2., erg. Ausgabe, Köln 1925; für Aachen und darüber hinaus allgemein Haude: Kaiseridee, S. 111-131.

69 Levison, Wilhelm: Sinn der Tausendjahrfeier; Wentzcke, Paul: Tausend Jahre Rheinland im Reich, Berlin 1925 (24 S.). Weitere Reden zur Tausendjahrfeier hielten u.a. Schulte, Oncken, Marcks, Hashagen (Kölner Universitätsreden 13), Windelband, der Dichter Josef Ponten u.a. Ein Jakob Beyhl verstieg sich gar zu dem missverständlichen Titel Tausend Jahre Franzosenpolitik, München 1925.

70 Einen guten Überblick auch über den literarischen Ertrag bietet der Ausstellungskatalog des Instituts „Moderne im Rheinland" an der Heinrich-Heine-Universität Düsseldorf: Cepl-Kaufmann, Gertrude/Spiess, Carola (Bearb.): Deutscher Rhein – fremder Rosse Tränke? Die Rheinlandbesetzung im Spiegel der Literatur, Düsseldorf 2001.

71 So etwa das Sammelwerk von Wentzcke, Paul/Lux, Hans Arthur (Hrsg.): Rheinland. Geschichte und Landschaft, Kultur und Wirtschaft der Rheinprovinz, Düsseldorf 1925 mit Selbstdarstellungen zahlreicher Städte oder das als Beitrag der Provinz gedachte, heute noch hilfreiche Übersichtswerk Die rheinische Provinzialverwaltung, ihre Entwicklung und ihr heutiger Stand. Hrsg. zur Jahrtausendfeier der Rheinprovinz von Landeshauptmann Horion in Verbindung mit den oberen Beamten der Provinzialverwaltung, Düsseldorf 1925.

Wie zuvor in Frankreich gegenüber der französischen Rheinpublizistik gab es nun auch zu den deutschen Rheinlandfeiern nur wenige kritische Gegenstimmen im eigenen Land wie die des Kölner Föderalisten Benedikt Schmittmann, der die „Proklamierung des Jahres 925 als Geburtsstunde des deutschen Nationalstaats" völlig zu Recht eine „Irreführung" und „politische Unklugheit" nannte.[72] Kritiker wiesen auch darauf hin, dass die Fokussierung auf 925 den Eindruck erwecken könne, als habe die Rheinprovinz zuvor nicht zu Deutschland gehört. Da dies aber immer der Fall gewesen sei, gebe es für eine besondere Feier überhaupt keinen Grund.[73] Auch die Beschränkung auf das Rheinland in den Grenzen von 1925 stieß auf Kritik. So protestierte der Düsseldorfer Regierungspräsident gegen die Nichtberücksichtigung Elsass-Lothringens in der zentralen Ausstellung in Köln;[74] auch das an Belgien abgetretene Eupen-Malmedy wurde nicht erwähnt. Übersehen wurde auch, dass die patriotischen Jubiläumsfeiern der Rheinlande französischen Beispielen in Gestalt der 1921 von der Besatzung in vielen rheinischen Städten veranlassten aufwendigen Feiern zum 100. Todestag Napoleons folgten.[75]

Verlauf und Hintergründe dieser Jahrtausendfeiern sind in den letzten Jahren häufig behandelt worden, so dass es sich erübrigt, hier nochmals darauf einzugehen.[76] Ihre propagandistisch höchst wirksame eindrucksvolle Ausgestaltung genau zum richtigen Zeitpunkt – die Ruhrbesetzung war beendet, die Reparationsfrage beruhigt, und Stresemanns Locarno- und Völkerbundspolitik machten die bisherige französische Rheinpolitik gegenstandslos – haben die deutsche Geschichtspropaganda in den Augen der Weltöffentlichkeit weitgehend bestätigt, so dass die „Historikerschlacht" bis auf wenige Nachzügler 1925 beendet war. Den endgültigen Friedensschluss stellte dann wohl „Der Rhein und seine Geschichte" dar, in dem Lucien Febvre den Rhein 1935 erstmals wieder als europäischen Strom und gemeinsame deutsch-französische Schicksalslandschaft beschrieb.[77]

Fassen wir kurz zusammen. Die „Historikerschlacht" um den Rhein, deren Namensgeber ich bisher nicht gefunden habe, war nicht allein eine Sache der Historiker, wohl aber eine echte Schlacht um die politische und territoriale Herrschaft über das Rheinland, die auf dem Nebenkriegsschauplatz wissenschaftlicher Auseinandersetzungen auch und sehr intensiv mit historischen, ethnischen und sprachlichen Argumenten und Scheinargumenten geführt worden ist. Dass dabei wissenschaftliche Objektivität oft auf der Strecke blieb, dass es deutschen wie französischen Historikern geradezu als nationale Pflicht erschien, das Ziel über die Methode zu stellen, liegt in der Natur der Sache und beleuchtet allenfalls die beiderseitigen nationalen Verblendungen dieser Zeit. Sie treten in den parallelen Diskussionen unter Dichtern,

---

72   Sie könne in nationalstaatlicher Aufmachung nur dazu dienen, das Trennende zwischen Deutschland und Frankreich „in einer der geschichtlichen Grundlage gar nicht entsprechenden Weise zu betonen", anstatt sich auf die gemeinsame Kulturquelle des christlichen Abendlandes und die ja gerade übernationalen Traditionen des Rheinlandes zu besinnen. Schmittmann, Benedikt: *Die Jahrtausendfeier des Rheinlands* (Sonderdruck aus „Die Menschheit", Nr. 19/1925), Wiesbaden 1925. Zur Biographie des Landesrates und späteren Kölner Universitätsprofessors für Sozialpolitik Schmittmann vgl. Stehkämper, Hugo: *Benedikt Schmittmann (1872-1939)*. In: Aretz, J./Morsey, R./Rauscher, A. (Hrsg.): Zeitgeschichte in Lebensbildern. Bd. 6, Mainz 1984, S. 29-49 sowie Kuhlmann, Alfred: *Das Lebenswerk Benedikt Schmittmanns*, Münster 1971.
73   Wein: Deutschlands Strom, S. 123 zitiert das entsprechende Schreiben eines Kommerzienrats aus Stolberg; vgl. auch Koops: Tausendjahrfeier, S. 92.
74   Wein: Deutschlands Strom, S. 123; Koops: Tausendjahrfeier, S. 92.
75   Süss: Rheinhessen, S. 134f. Dem gleichen Zweck historischer Rückbesinnung dienten zwischen 1919 und 1923 zahlreiche Gedenkfeiern an den im Rheinland noch vorhandenen Veteranendenkmälern der „Grande Armée" (ebd., S. 41-43).
76   Vgl. hierzu Wein: Deutschlands Strom; Koops: Jahrtausendfeier; Pohl, Karl Heinrich: *Rheinische Jahrtausendfeier und deutsche Locarno-Politik*. Zu einigen innenpolitischen Voraussetzungen der Außenpolitik in der Weimarer Republik. In: RHEINISCHE VIERTELJAHRESBLÄTTER 43 (1979), S. 289-317; Pabst: Vertrag von Versailles sowie jetzt ausführlich Haude: Kaiseridee.
77   Febvre, Lucien/Demangeon, Albert: *Le Rhin. Problèmes d'histoire et d'Économie*, Paris 1935. Deutsche Übersetzung: Febvre, Lucien: *Der Rhein und seine Geschichte*. Hrsg., übersetzt und mit einem Nachwort von Peter Schöttler, Frankfurt a.M./New York 1994.

Schriftstellern, Linguisten, Wirtschaftswissenschaftlern, Diplomaten und Militärstrategen übrigens ebenso auf. Es wurde überdies mit verkehrten Fronten gekämpft: Während die Franzosen sich auf vermeintlich „objektive", also nach herkömmlicher Ansicht deutsche Kriterien der Nationalität beriefen, zitierten ihre deutschen Kollegen nur zu gern das rheinische Selbstbestimmungsrecht.

Als zeitliche Schwerpunkte ihrer historischen Beweisführung wählte jede Partei natürlich die Epochen, in denen das Bild der eigenen Nation am leuchtendsten strahlte, das der anderen aber negativ belastet war. Auf beiden Seiten beteiligten sich Historiker von Rang und Namen, keineswegs also nur die zweite oder dritte Garnitur. Auffällig ist, dass sich die Zentren in den Grenzuniversitäten Bonn und Köln sowie im wieder französisch gewordenen Straßburg lokalisieren lassen, die alle drei schon bei ihren Gründungen sinngemäß als „geistige Grenzfestungen" bezeichnet worden waren. Von den zahlreichen Einrichtungen, die damals zu propagandistischen Zwecken in Deutschland gegründet wurden, sind allein das Bonner Institut für geschichtliche Landeskunde und die Bundeszentrale für politische Bildung als Nachfolgerin der alten Reichszentrale geblieben, beide allerdings mit heute veränderten wissenschaftlichen bzw. politischen Zielen.

Der glanzvolle Verlauf der Jahrtausendfeiern und der Verbleib der Rheinlande bei Deutschland mag es so scheinen lassen, als ob der Sieg in dieser Auseinandersetzung auf deutscher Seite geblieben wäre. Doch gab es in diesem „Historikerstreit" letztlich keine Sieger oder Besiegte, weil sich die Historiker beiderseits der Grenzen darauf besannen, dass die Geschichte keine Magd der Tagespolitik sein und Historiographie nicht als Propaganda missbraucht werden sollte. Der Zweite Weltkrieg und seine Folgen konnten diese Einsicht zwar noch einmal vernebeln, auf Dauer aber nicht mehr rückgängig machen.

GESCHICHTSWISSENSCHAFT ALS OPPOSITIONSWISSENSCHAFT IM NATIONALSOZIALISTISCHEN DEUTSCHLAND

GERHARD RITTER UND DAS „REICHSINSTITUT FÜR GESCHICHTE DES NEUEN DEUTSCHLAND".

KLAUS SCHWABE

I.

Der Freiburger Historiker Gerhard Ritter gehört zu den wenigen Vertretern seines Faches, die seit 1933 gegenüber dem nationalsozialistischen Regime Distanz wahrten und die es wagten, seinen Vertretern auch in der Öffentlichkeit kritisch entgegenzutreten. Als Regimegegner kam er in Verbindung mit Carl Goerdeler und dem deutschen Widerstand. Nach dem 20. Juli 1944 wurde er von der Gestapo festgenommen und musste zur Vorbereitung seines Prozesses vor dem Volksgerichtshof eine halbjährige Untersuchungshaft u.a. im Konzentrationslager Ravensbrück durchmachen. Ritters Gegnerschaft zum Nationalsozialismus hatte einen religiösen, einen politischen und einen wissenschaftlichen Aspekt.[1] Hier geht es an erster Stelle um Ritters Auseinandersetzung mit dem Geschichtsverständnis des Nationalsozialismus, wie es der junge, auf das NS-Regime eingeschworene Historiker Walter Frank verkörperte. Die Kontroverse zwischen Ritter, der noch zur Frontgeneration des Ersten Weltkriegs gehörte, und Frank, der bereits der Nachkriegsgeneration angehörte und sich zum Sprecher eines jungen Nachkriegsdeutschland machte, wirft sehr grundsätzliche, auch heute noch aktuelle Fragen über die Rolle auf, welche die Historie als eigenständige Wissenschaft im politischen Leben spielen kann und darf. Darauf ist am Ende dieser Ausführungen einzugehen.

Zunächst gilt es, allgemein die Verstrickung der deutschen Geschichtswissenschaft in das Hitlerregime zu skizzieren, darauf in aller Kürze Ritters persönliche Haltung zum nationalsozialistischen Deutschland zu schildern und einen Blick auf die Persönlichkeit und das Verhalten von Ritters nationalsozialistischem Gegenspieler Frank zu werfen. Damit sind dann die Voraussetzungen geschaffen für den Versuch, etwas eingehender die Kontroverse auszuleuchten, auf die sich Ritter mit Frank, diesem selbsternannten Herold einer nationalsozialistischen Historie, eingelassen hat.

II.

Die deutsche Geschichtswissenschaft wurde im Dritten Reich nicht in der Weise politisch vereinnahmt, wie es mit derselben Disziplin später in der DDR geschehen sollte. Es waren nicht zuletzt Vertreter des NS-Regimes, die die unzureichende Politisierung der zeitgenössischen deutschen Historie immer wieder beklagten.[2] Dies hatte mehrere Gründe. Zum einen

---

1 Schwabe, Klaus: *Gerhard Ritter.* Wandel und Kontinuitäten seiner Geschichtsschreibung im Zeichen der deutschen Katastrophe (1933-1950). In: Hermann Schäfer (Hrsg.): Geschichte in Verantwortung. Festschrift für Hugo Ott zum 65. Geburtstag, Frankfurt a.M. 1996, S. 239-267. Für das Folgende vgl. auch Schwabe, Klaus: *Gerhard Ritter – Werk und Person.* In: Ders. (Hrsg.): Gerhard Ritter. Ein politischer Historiker in seinen Briefen, Boppard 1984, S. 1-170.

2 Elvert, Jürgen: *Geschichtswissenschaft* . In: Frank-Rutger Hausmann (Hrsg.): Die Rolle der Geisteswissenschaften im Dritten Reich 1933-1945 (Schriften des Historischen Kollegs. Kolloquien 53), München 2002, S. 87-135, hier S. 92f., 119, 122. Auf dem Höhepunkt des Zweiten Weltkrieges am 24. Juli 1942 resümierte ein

besaß die NS-Ideologie nicht so umfassende Vorgaben für ein universales Geschichtsbild wie der amtlich verordnete Marxismus der DDR. Gewiss gab es mit der Rassenlehre und dem barbarisierenden Germanenmythos Versatzstücke eines „braunen" Geschichtsbildes; doch ließen diese genug Freiräume für eine unpolitische Geschichtsschreibung.[3] Zum anderen gelang es dem neuen Regime nicht, sich in der erhofften Weise personalpolitisch auf den Universitäten durchzusetzen, da das alte Kooptationsprinzip im Kern erhalten blieb.[4] Das wirkte sich für das NS-Regime doppelt nachteilig aus, weil vor Hitlers Machtantritt überzeugte Nationalsozialisten an deutschen Hochschulen nur eine geringfügige Minderheit bildeten. Von einem gescheiterten Versuch des NS-Regimes, personalpolitisch Nägel mit Köpfen zu machen, wird noch zu sprechen sein. So kann es nicht verwundern, dass das NS-Regime am Ende seiner kurzen Existenz nur auf eine Handvoll wirklich linientreuer größerer historischer Werke zu verweisen vermochte.[5] Umgekehrt gab es viele wissenschaftliche Publikationen, die sich ganz bewusst von Anleihen bei der NS-Ideologie freihielten. Ein Beispiel ist die Habilitationsschrift des Gießener Mediävisten und späteren Freiburger Kollegen Ritters Gerd Tellenbach mit dem (vielleicht programmatisch gemeinten) Titel „*Libertas*", die im Jahre 1940, einem ersten Höhepunkt des Zweiten Weltkrieges, unverändert in Oxford in englischer Übersetzung erscheinen konnte.[6]

Damit soll in keiner Weise bestritten werden, dass es schon zur Zeit der Weimarer Republik „gemeinsame Schnittflächen" (H.-U. Wehler) zwischen nationalsozialistischen Ideen und Auffassungen der Mehrheit der damaligen deutschen Historiker gegeben hätte, unter denen die Forderung nach einer Revision des Versailler Vertrages und die Hoffnung auf eine neue Weltmachtrolle Deutschlands sicher die wichtigsten waren. Es lässt sich gleichfalls nicht leugnen, dass sich zahlreiche Historiker aus diesen Affinitäten heraus vom NS-Regime vereinnahmen ließen.[7] An die Rassenideologie des Regimes gab es ebenfalls bisweilen Anpassungen bei Historikern, die dem Nationalsozialismus von Hause aus nicht unbedingt nahe standen.[8] Auf der anderen Seite lassen die Forschungen der letzten Jahre auch nicht mehr die (früher

---

Bericht des SD eine Arbeitssitzung des „Kriegseinsatzes der neueren Historiker und Völkerrechtler" in Weimar, an der auch Ritter teilgenommen hatte, mit den folgenden selbstkritischen Worten: „Der Gesamteindruck der Arbeitssitzung [...] muß für den Freund einer weltanschaulich-politisch und zwar nationalsozialistisch ausgerichteten Wissenschaft recht niederdrückend sein. Es hat sich gezeigt, daß die Atmosphäre selbst dieser Tagung, [...] die dem militärischen und politischen Ringen der Gegenwart von der wissenschaftlichen Seite her Rüstzeug zu schmieden sucht, durchaus keine vom nationalsozialistischen Geist erfüllte war. Wortführend und tonangebend sind doch noch die mehr oder weniger reaktionären Elemente [...]. Demgegenüber sind die jüngeren Historiker [...] fachlich und rednerisch sehr im Hintertreffen. Hinzu kommt noch, daß von ihnen höchstens die SS-Angehörigen sich offen zu den Idealen einer politischen Historie bekennen, während einige andere es mit der Zunft gar nicht verderben wollen und sich deshalb sehr stark zurückhalten." Dieser Vorwurf wurde u.a. Theodor Schieder gemacht (zitiert nach: Lerchenmüller, Joachim: *Die Geschichtswissenschaft in den Planungen des Sicherheitsdienstes der SS*. Der SD-Historiker Hermann Löffler und seine Gedenkschrift „Entwicklung und Aufgabe der Geschichtswissenschaft in Deutschland", Bonn 2001, S. 267). Vgl. auch Anm. 19 und 52!

3   Werner, Karl Ferdinand: *Das NS-Geschichtsbild und die deutsche Geschichtswissenschaft*, Stuttgart 1967, S. 37.
4   Elvert: Geschichtswissenschaft, S. 109ff., 121f., 132.
5   So Buchner, Rudolf: *Das Artbewußtsein der Germanen und der Ursprung des Namens „deutsch"*, ungedruckt. Dazu: Heiber, Helmut: *Walter Frank und sein Reichsinstitut für die Geschichte des neuen Deutschlands*, Stuttgart 1966, S. 538. Steding, Christoph: *Das Reich und die Krankheit der europäischen Kultur, eine Polemik gegen die neutral-liberalistischen Nachbarn Deutschlands*, Hamburg 1940; Westphal, Otto: *Das Reich*. Aufgang und Vollendung, Stuttgart 1941 (aufgeführt bei: Werner: Das NS-Geschichtsbild, S. 29f., 93f.). Dazu auch: Franz, Günther: *Das Geschichtsbild des Nationalsozialismus und die deutsche Geschichtswissenschaft*. In: Oswald Hauser (Hrsg.): Geschichte und Geschichtsbewußtsein (Vorträge Ranke-Gesellschaft), Göttingen 1981, S. 103f.).
6   Tellenbach, Gerd: *Church, State and Christian Society at the time of the Investiture Contest*, Oxford 1940, das deutsche Original erschien 1936.
7   Wehler, Hans-Ulrich: *Nationalsozialismus und Historiker*. In: Winfried Schulze/Otto Gerhard Oexle (Hrsg.): Deutsche Historiker im Nationalsozialismus, 2. Auflage, Frankfurt 2000, S. 306-339, hier S. 315, S. 315.
8   So etwa bei Hermann Aubin oder auch Franz Petri. Vgl. Schulze, Winfried/Helm, Gerd/Ott, Thomas: *Deutsche Historiker im Nationalsozialismus*. In: Schulze/Oexle: Deutsche Historiker, S. 21f.; Schöttler, Peter: *Von der rheinischen Landesgeschichte zur nazistischen Volksgeschichte*. In: Ebd., S. 89-114, hier S. 97; Haar, Ingo: *„Kämpfende Wissenschaft"*. In: Ebd., S. 215-240, hier S. 228.

auch vom Verfasser geteilte) Ansicht zu, dass die in vielem höchst vage NS-Ideologie und das Kompetenzen-Chaos des Hitlerreiches gut durchorganisierte und originelle, ja zukunftweisende Forschungsvorhaben ausgeschlossen hätten. Dies gilt ganz besonders für die an sich auf die Zeit der Weimarer Republik zurückgehende Volkstumsgeschichte und die „Ostforschung", beides Bereiche, die erhebliche „Schnittflächen" mit dem Nationalsozialismus gemeinsam hatten und mit staatlicher Rückendeckung oder in staatlichem Auftrag durchaus forschungsorganisatorische und wissenschaftliche Leistungen vorweisen konnten. Ähnliches lässt sich für das im Kriege in die Wege geleitete Mammutprojekt eines „Kriegseinsatzes" der deutschen Geisteswissenschaften sagen.[9]

Nur liefern derartige, aus heutiger Sicht eindeutige Überschneidungen letztlich noch keine endgültig schlüssige Auskunft über die persönliche politische Einstellung und die Motive der Historiker, die sich auf diese Vorhaben einließen. Nicht allein für die Vertreter der damaligen deutschen Historie gilt, dass regimekonforme Äußerungen von Fall zu Fall gewiss in einem auch innerlich getragenen bedingungslosen Bekenntnis zum Nationalsozialismus wurzeln, dass sie aber ebenso gut auch bloße opportunistischer Anpassung widerspiegeln konnten. Zwischen diesen beiden Extremen gab es natürlich eine ganze Reihe von Übergängen. Wie der einzelne Historiker zum NS-Regime wirklich stand und wieweit er bereit war, seine erkenntnisleitenden Fragestellungen und vor allem seine Interpretationen nationalsozialistisch beeinflussen zu lassen, hing davon ab, ob er überhaupt über einen Sinn für Politisches verfügte und welche politisch-moralische Grundhaltung er einnahm, – eine Haltung, die er, wenn sie regimekritisch ausfiel, indessen öffentlich preiszugeben oft genug nicht riskierte und damit für die Nachwelt nicht nachvollziehbar machte. Auch die Mitgliedschaft oder Nichtmitgliedschaft in der NSDAP oder einer ihrer Unterorganisationen liefert nicht immer klare Indizien für die politische Haltung der Betreffenden: Es gab frühe Parteigenossen, die dem NS-Regime später mit wachsender Distanz gegenüberstanden (so, wie es scheint, Rudolf Stadelmann[10]), und es gab andererseits nominell „Parteilose", die sich ihm ohne Wenn und Aber verschrieben hatten. Wie wir sehen werden, gehörte Walter Frank zu diesen „parteilosen" Nationalsozialisten – daneben aber auch Ernst Anrich.[11]

Welches die wahre Einstellung eines Historikers zum NS Regime gewesen ist, lässt sich somit im Einzelfall vielfach nur schwer ausmachen. Der Sprachduktus eines damaligen Historikers zum Beispiel, der für den heutigen Geschmack Anleihen bei der Sprache des Dritten Reichs machte, ist als Beweis für Nazisympathien allein unzureichend. Ähnliches muss für die veröffentlichte Meinung damaliger Historiker wiederholt werden, bei der opportunistische Anpassung, taktische Verkleidungen und das Eingreifen der Reichsschrifttumskammer als letzter Kontrollinstanz den irreführenden Eindruck einer systemkonformen Gesinnung erwecken können, so kompromittierend derartige Äußerungen, von heute her gesehen, auch wirken mögen.[12] Kritik an bestimmten wissenschaftlich-historischen Glaubenssätzen des Natio-

9   Dazu bes. die Beiträge von Frank-Rutger Hausmann, Wolfgang Behringer, Wolfgang J. Mommsen und Michael Fahlbusch. In: Schulze/Oexle: Deutsche Historiker im Nationalsozialismus.

10   Für Stadelmann vgl. Heiber, Helmut: *Walter Frank und sein Reichsinstitut für die Geschichte des neuen Deutschlands,* Stuttgart 1966, S.228 (gegen Schulze, Winfried: *Deutsche Geschwissenschaft,* München 1989, S. 34); dazu: Franz: Geschichtsbild des Nationalsozialismus, S. 104ff. – Unter den Volkswirten lieferte Jens Jessen das Beispiel für einen derartigen Sinneswandel: Vor 1933 Sympathisant der NSDAP endete er wegen seiner Beteiligung an dem Komplott des 20. Juli 1944 auf dem Schafott (Heiber, Helmut: *Universität unter dem Hakenkreuz,* München 1991, S. 198ff.).

11   Anrich wurde wegen eines Zerwürfnisses mit Baldur von Schirach 1931 aus der NSDAP ausgeschlossen und trotz mehrfacher Gesuche nicht mehr wieder aufgenommen, Frank trat der NSDAP nie bei. Vgl. Heiber: Walter Frank, S. 541; Schulze, Hagen: *Walter Frank.* In: Hans-Ulrich Wehler (Hrsg.): Deutsche Historiker, Bd. 7, Göttingen 1980, S.69.

12   Werner: Das NS-Geschichtsbild, S. 60. Die alleinige Berücksichtigung der Außendarstellung deutscher Historiker unter dem NS-Regime stellt die Schwäche des sonst verdienstvollen Buches von Karen Schönwälder dar (Schönwälder, Karen: *Historiker und Politik.* Geschichtswissenschaft im Nationalsozialismus, Frankfurt a.M. 1992).

nalsozialismus konnte auf der anderen Seite von loyalen Regimeanhängern (so Erich Dannenbauer und Günther Franz) eher geäußert werden als von offenkundigen Regimegegnern.[13] Schließlich gab es von Fall zu Fall größere oder kleinere Bereiche einer ehrlich überzeugten Übereinstimmung mit den Zielen des Nationalsozialismus, die gerade aus heutiger Sicht auffallen – so zum Beispiel die Hoffnung auf einen Anschluss Österreichs. Indem Hitler an den deutschen Nationalismus appellierte und dementsprechende Ziele verkündete, fand er bisweilen die Zustimmung auch solcher Historiker, die sich sonst als NS-Regime-Kritiker verstanden (so im Falle von Hans Herzfeld und Gerhard Ritter).[14]

Dies alles vorausgesetzt, kristallisieren sich unter den Historikern, die nach 1933 in Hitlerdeutschland verblieben – und das taten fast alle von ihnen, soweit sie nicht aus rassischen Gründen diskriminiert oder verfolgt wurden – insgesamt und mit einiger Vereinfachung vier verschiedene Gruppen heraus: Eine erste Gruppe umfasste nur einige Ausnahmefälle – so Walter Götz, Friedrich Meinecke, Otto Vossler, Peter Rassow oder Franz Schnabel. Diese waren überzeugte Demokraten, die weiter auf dem Boden der Weimarer Verfassung verharrten und von da aus das NS-Regime ohne Wenn und Aber ablehnten. Auch einige katholische Historiker wären hier zu nennen (etwa Clemens Bauer).[15] Eine zweite Gruppe – zweifellos die große Mehrheit unter den deutschen Historikern – bestand aus Konservativen und Rechtsliberalen, die sich durch das Scheitern der Weimarer Republik in ihren Vorbehalten gegenüber der modernen Demokratie bestätigt sahen. In dieser Gruppe gab es alle Schattierungen der Einstellung gegenüber dem Dritten Reich – von unverhohlener Skepsis (so bei Ritters Lehrer Hermann Oncken[16]) bis zu weitgehender Anpassung an das sogenannte neue Deutschland (wie im Falle von Erich Brandenburg oder Heinrich v. Srbik[17]). Dabei spielte bei den Protestanten auch die Orientierung im Kirchenkampf eine Rolle. Eine dritte nicht unerhebliche Gruppe zählte vor allem die jüngere Generation zu den Ihren. Es waren Historiker, die ihrer Herkunft nach zwar der zweiten konservativ-liberalen Gruppe nahe standen, dann aber mit Hitlers Regierungsantritt den Schwenk hin zum NS-Regime vollzogen – teils aus Überzeugung, teils aus Karriererücksichten: Schließlich gab es spätestens mit der Wirtschaftskrise auch ein Überangebot an hoffnungsvollen jungen Historikern; und nur in jedem Einzelfall lässt sich – wenn überhaupt – genau nachweisen, wo die Überzeugung aufhörte und der Opportunismus begann. Zu derartigen „Maikäfern" oder „Märzgefallenen", wie man sie damals nannte, gehörten Rudolf Stadelmann, Adolf Rein, Günther Franz und Wilhelm Mommsen. Hinzukamen später u.a. Theodor Mayer, Erwin Hölzle, Egmont Zechlin und Hellmut Rößler.[18]

Die vierte Gruppe war auch nach nationalsozialistischem Urteil „verschwindend klein" – gewiss noch kleiner als die erste.[19] Dies waren die überzeugten Nationalsozialisten der ersten Stunde: das heißt vor der sogenannten Machtergreifung. Zu ihnen gehörten Karl Alexander von Müller, Rudolf Buchner,[20] Otto Westphal, Willy Hoppe, der im Elsass gebürtige Ernst Anrich (einer der wenigen Ex-Nazis, die auch nach 1945 nichts dazu lernten und in den sech-

13 Schönwälder: Historiker und Politik, S. 24. Ferner Werner: Das NS-Geschichtsbild, S. 48f., 56f.; und die (nachträgliche) Selbstaussage von Günther Franz (Franz: Geschichtsbild des Nationalsozialismus, S. 107).
14 Werner: Das NS-Geschichtsbild, S. 70; Schönwälder: Historiker und Politik, S. 29f., 125.
15 Heiber: Walter Frank, S. 221, 742; Elvert: Geschichtswissenschaft, S.114.
16 Dazu Schwabe, Klaus: *Hermann Oncken*. In: Hans-Ulrich Wehler (Hrsg.): Deutsche Historiker, Bd. 2, Göttingen 1971, S.94.
17 Schönwälder: Historiker und Politik, S. 125.
18 Heiber: Walter Frank, S. 170, 535; ders.: Universität unter dem Hakenkreuz, Teil 2, S. 511; Schulze: Deutsche Geschichtswissenschaft, S. 35f., 158, 202; Lerchenmueller: Die Geschichtswissenschaft, S.176ff., 183; Schönwälder: Historiker und Politik, S.85f., 311, Anm. 88.
19 Lerchenmueller: Die Geschichtswissenschaft, S. 208; so auch die Meinung Alfred Rosenbergs (Heiber: Walter Frank, S.262); ferner: Werner: Das NS-Geschichtsbild, S. 46; Schönwälder, Historiker und Politik, S. 285.
20 Lerchenmueller: Die Geschichtswissenschaft, S. 45f.

ziger Jahren der NPD beitraten),[21] der in Innsbruck lehrende Alldeutsche Harold Steinacker[22]
und eben Walter Frank – der wissenschaftspolitische Gegenspieler Gerhard Ritters.

Gerhard Ritter gehörte zu dem Gros der protestantischen, konservativ-rechtsliberalen
deutschen Historiker. Was ihn von zahlreichen seiner gleichgesonnenen Kollegen unterschied,
war seine frühe Gegnerschaft zum Nationalsozialismus – aus seinem Selbstverständnis heraus
in gewisser Weise eine Gegnerschaft „von rechts" und damit für all die Interpreten des „Dritten Reiches", für die eine echte Opposition gegen das NS-Regime nur „von links" denkbar
ist, ein Stein des Anstoßes. Ein Blick auf die Biographie Ritters liefert einen Schlüssel, der
diesen Sachverhalt erklären hilft. Als Hitler deutscher Reichskanzler wurde, hatte Ritter (Jg.
1888, 1933 also 45 Jahre alt) als Verfasser einer großen Steinbiographie, Kenner der Reformationsgeschichte und Historiograph der frühen Heidelberger Universität bereits den Ruf erworben, einer der führenden deutschen Historiker zu sein. Frontoffizier im Ersten Weltkrieg,
hatte er seit 1925 den Lehrstuhl für Neuere Geschichte an der Universität Freiburg inne.
Während des „Dritten Reiches" betrachtete er sich als Mitglied der „unsichtbaren Gemein-
schaft von Trägern des echten Frontgeistes im Reiche deutscher Wissenschaft", und „echt"
hieß bei ihm, wie wir sehen werden, nicht-nationalsozialistisch.[23]

Ritter verstand sich keineswegs als ein von der politischen Wirklichkeit abgehobener Historiker, sondern wollte gleichzeitig als patriotisch engagierter politischer Erzieher wirken, um
dem deutschen Volke ein historisch begründetes „lebendiges Verständnis seiner selbst" zu
vermitteln – ein Selbstverständnis, das auf Selbstkritik gewiss nicht verzichten, letzten Endes
aber Begeisterung und Bereitschaft zu patriotischer Tat erwecken sollte. Im Sinne Rankes
(oder auch Humboldts) erfüllte der politische Historiker für ihn seine Aufgabe allerdings nur
dann glaubwürdig, wenn er sich von Tagesströmungen freihielt und gleichzeitig offen blieb
für eine universal vergleichende Betrachtung der eigenen nationalen Geschichte, deren Cha-
rakteristika erst dann deutlich hervortreten könnten.[24]

In seiner politischen Haltung gehörte der Freiburger Historiker eher dem rechten politischen Spektrum an; er war kein Überzeugungsdemokrat, stand dem republikanischen
Deutschland mit einigen Vorbehalten gegenüber, lehnte eine Restauration der deutschen Mo-
narchie freilich ebenfalls ab.[25] Seine Skepsis gegenüber dem „Volkswillen" der Massen konnte
sich in den frühen dreißiger Jahren nur steigern, als in den letzten halbwegs freien
Reichstagswahlen im März 1933 fast 44% aller Deutschen für die NSDAP stimmten. Eine
Alternative zu einer rechtsradikalen Revolution sah Ritter in einem „liberal-autoritären
Rechtsstaat" im Stile Heinrich Brünings. Schon im Oktober 1931 erkannte er die Gefahr einer
„Überwältigung der bürgerlichen Mitte durch die politischen Extreme und einer Eroberung
gerade auch der akademischen Intelligenz durch den politischen Radikalismus".[26] Um diese
Gefahr in letzter Minute zu bannen, beschwor er im Februar 1933 die Führung der DVP, eine

21   Werner: Das NS-Geschichtsbild, S. 80f; Lerchenmueller: Die Geschichtswissenschaft, S. 43ff., 161ff., 183.
     Anrich blieb Nationalsozialist, obwohl er sich intern mit einigen Nazi-Größen befehdete (so v. Schirach)
     (zuletzt: FAZ vom 29.10.2001).
22   Lerchenmüller: Die Geschichtswissenschaft, S. 49, 259f.; Franz: Geschichtsbild des Nationalsozialismus, S.
     109ff.
23   Wolf, Ursula: *Litteris et Patriae*. Das Janusgesicht der Historie, Stuttgart 1996, S. 375ff.
24   Schwabe: Gerhard Ritter – Werk, S. 156.
25   Vgl. die neue umfangreiche Biographie Ritters von Cornelißen, Christoph: *Gerhard Ritter*. Geschichtswissen-
     schaft und Politik im 20. Jahrhundert, Düsseldorf 2001, S. 130f.
26   Brief Ritters an Walter Goetz (zitiert bei: Cornelißen: Gerhard Ritter, S.180). Ein weiteres Zeugnis: „Diese
     [nationalsozialistische] Selbstvergötterung des ‚Deutschen' übertrifft noch weit das Schlimmste, was man an
     ‚alldeutscher' Propaganda im Wilhelminismus der Vorkriegsära erleben konnte. Welche Volksvergiftung!
     ‚Muß' wirklich dieser ‚Sprung ins Dunkle' ‚einmal gemacht werden'? Ist es etwas anderes als Hysterie und
     Verblendung, was uns dazu zwingt?" (Ritter an R. Stadelmann, 23.7.1932, zitiert in der überaus materialrei-
     chen, darstellerisch freilich wenig befriedigenden Dissertation von Matthiesen, Michael: *Gerhard Ritter*. Stu-
     dien zu Leben und Werk bis 1933, 2 Bde., Köln 1993, hier Bd. 2, S. 1229). Rückblickend: Ritter, Gerhard:
     Das deutsche Problem. Grundfragen deutschen Staatslebens gestern und heute, München 1962, S.191.

Listenverbindung mit der demokratischen Staatspartei einzugehen, um dadurch die politische Mitte zu stärken.[27] In den ersten Monaten nach den Wahlen vom März 1933, die der Regierungskoalition NSDAP-DNVP die absolute Mehrheit bescherten, setzte er schließlich auf eine konservative Eindämmung Hitlers durch die Autorität Hindenburgs. Einige Zeitungsartikel, die er mit diesem Ziel veröffentlichte, brachten ihn in eine zumal aus heutiger Sicht kompromittierende Nähe des NS-Regimes.[28] An seiner persönlichen Ablehnung des Nationalsozialismus änderte dies nichts, ordnete er diesen doch historisch als eine skrupellose revolutionäre Massenbewegung in die Nachfolge der Französischen Revolution ein. Diese Analogie mag ihn aus heutiger Sicht fremdartig erscheinen lassen; doch stand er mit ihr durchaus nicht allein.[29]

Während der NS-Zeit hatte er sich nach eigenem nachträglichen Zeugnis in ein paar öffentlichen Äußerungen zwar selbst einige „Dreckspritzer" zugezogen – zum Beispiel 1938, als er den Anschluss Österreich als „kühnste außenpolitische Tat [...] unserer neuen Staatsführung" feierte;[30] doch änderte dies nichts an seiner grundsätzlichen Regimefeindlichkeit. Diese verschärfte sich im Gegenteil mit den Jahren noch – u.a. unter dem Eindruck der allgemeinen Judenverfolgung, des Judenpogroms vom November 1938 und der Euthanasie-Aktion Hitlers zu Anfang des Zweiten Weltkrieges.[31] Ritter fühlte sich „gewissermaßen als Emigranten [...] im eigenen Volk".[32] Außer seiner politischen Einstellung trennte Ritter von dem NS-Regime seine protestantische Glaubensauffassung (er gehörte von Anfang an zur Bekennenden Kirche) und sein Begriff von Wissenschaftlichkeit.[33]

An dieser Stelle geriet er mit dem nationalsozialistischen Historiker Walter Frank aneinander – ein Konflikt, über den wir durch Helmut Heibers Monographie über Walter Frank und sein „Reichsinstitut" und in allerjüngster Zeit durch die große Biographie Gerhard Ritters aus der Feder des Düsseldorfer Historikers Christoph Cornelißen aufs genaueste informiert sind.[34]

III.

Es war Walter Frank gewesen, der den Anlass für diesen Konflikt geliefert hatte. Dieser fanatische Anhänger der NS-Bewegung war bei Hitlers Regierungsantritt erst 28 Jahre alt und gehörte damit der Frontkämpfergeneration schon nicht mehr an.[35] Gutbürgerlicher Herkunft, hatte er seine politische Sozialisation in dem rechtsradikalen Radaumilieu Frankens erlebt. Als Historiker hatte er sich bereits einen Namen gemacht. Er wurde Schüler Karl Alexander von Müllers – wie erinnerlich, eines der wenigen nationalsozialistischen Historiker der ersten Stunde. Seine Dissertation behandelte den antisemitischen Hofprediger Adolf Stoecker, sein gut recherchiertes und glänzend geschriebenes zweites Buch – wohl als Habilitationsschrift gedacht – den Nationalismus in der französischen Dritten Republik, wobei diese für ihn das Gegenbild zu dem korrupten Weimarer „System" lieferte. Danach lebte er von Gelegenheits-

27 Schwabe: Gerhard Ritter – Werk, S.260.
28 Schwabe: Gerhard Ritter – Werk, S.77ff.; Cornelißen: Gerhard Ritter, S. 233ff. Dass Ritter mit diesen öffentlichen Äußerungen „indirekt" die vom NS-Regime vollzogene „Gleichschaltung" „gutgeheißen" habe, vermag ich, anders als Cornelißen (Gerhard Ritter, S.235), nicht zu erkennen.
29 Ritter hat an dieser Sicht auch nach 1945 festgehalten und sah seine Ansicht durch die große Untersuchung von Talmon, Jacob L.: *The Origins of Totalitarian Democracy*, London 1952, bestätigt. Vgl. Ritter: Das deutsche Problem, S. 48, 204, Anm. 12.
30 Cornelißen: Ritter, S. 285; Schwabe: Gerhard Ritter – Werk , S. 70, 81f.
31 Schwabe: Gerhard Ritter – Werk, S. 67, 376, Anm. 3.
32 Ritter an seinen Lehrer Hermann Oncken, 5.10.1939 (zit. bei: Schwabe: Gerhard Ritter – Werk, S. 344).
33 Schwabe: Gerhard Ritter. Wandel und Kontinuitäten, S. 244ff.
34 Cornelißen: Gerhard Ritter, S. 236ff., 254ff.
35 Schulze: Walter Frank, S. 69ff.

publikationen – war also, genau besehen, arbeitslos. Seine Stunde schlug am 30. Januar 1933. Er sah sich als Speerspitze der braunen Revolution in der deutschen Geschichtsschreibung. Ein Ordinariat – er hätte es jetzt haben können – verschmähte er trotzdem, einerseits weil ihm die akademische Routine mit Seminararbeiten, Prüfungen etc. nicht lag, andererseits wohl auch weil eine vereinzelte Professur bei dem Versuch, die deutsche Historie zu „revolutionieren", nicht genügend Breitenwirkung erhoffen ließ. Dagegen katapultierte er sich in ein wissenschaftspolitisches Zentrum seines Faches, indem er mit Rückendeckung Alfred Rosenbergs und des Reichserziehungsministeriums (Bernhard Rust) die noch unter der Weimarer Republik gegründete Historische Reichskommission personell säuberte und inhaltlich gleichschaltete. Zwei Umstände kamen ihm und seinen ebenso jugendbewegten wie karrierehungrigen Gesinnungsgenossen – wie etwa Günther Franz – dabei zu Hilfe : Die Reichskommission war überaltert, und sie war, wie man damals sagte, in ihrem Mitarbeiterkreis „verjudet".[36] Das Produkt von Franks organisatorisch-politischer Betriebsamkeit nannte sich „Reichsinstitut für Geschichte des Neuen Deutschlands". Er selbst übernahm die Leitung. Wenige Tage später ging – als Nebeneffekt – die Redaktion der Historischen Zeitschrift aus den Händen Friedrich Meineckes in die politisch zuverlässige Obhut von Franks Lehrer Karl Alexander von Müller über.[37]

Die feierliche Eröffnung des „Reichsinstituts" in Berlin mit Marschmusik und Fahnenabordnungen von SA und SS fand am 19. Oktober 1935 in der geschichtsträchtigen kleinen Aula der Berliner Universität statt. Würdenträger aus Partei und Staat – an der Spitze Rudolf Heß („Stellvertreter des Führers") und Alfred Rosenberg – verliehen dem Ereignis den gebührenden Glanz in gleicher Weise wie Vertreter der Altordinariengeneration (so Erich Marcks und Karl Alexander von Müller), die das „volkhafte Wollen" mit dem „jüngeren Deutschland" (Srbik[38]) teilten. Ein Glückwunschtelegramm Hitlers besiegelte den offiziösen Charakter des neuen Instituts.[39]

Das Programm, das Frank bei dieser Feier unter dem Titel „Zunft und Nation" wortgewaltig verkündete, hatte zwei Stoßrichtungen, die eine in Richtung gegen das Alt-Überwundene – das war die Zunft der „Epigonen" –, die andere mit dem Blick in die Zukunft, in der sich die Symbiose von Nation und Zunft vollenden sollte. Auf das Überkommene abschätzig herabblickend, erklärte Frank:

> „Es war das Zeitalter des Epigonentums zwischen 1890 und 1914. Und was sie [die E-
> pigonen] Objektivität nannten, das war nichts als der Ausfluß der bürgerlichen Sekuri-
> tät, in der sie [...] aufgewachsen waren. [...] Indem jene Akademiker vermeinten, die wis-
> senschaftliche Erkenntnis nur als eine Funktion des Intellektes verstehen zu können,
> indem sie den Glauben, den Willen und die Leidenschaft verbannen zu können glaub-
> ten [...], waren sie zur nachträglichen Anerkennung jeder vollendeten Tatsache gezwun-
> gen [...]. Das Wesentliche einer Wissenschaft [aber] ist nicht die Tatsache [...], das We-
> sen einer [...] Wissenschaft ist es, Antworten zu geben auf die großen Fragen, die die
> Welt der ringenden Menschenseele stellt".[40]

Diese Epigonen – „Griechlein" nannte er sie – waren für ihn neben „Spartakus" die eigentlichen Feinde echter „Wissenschaft". Auf sie gemünzt, sprach er „die Hoffnung" aus, dass, wenn „die Griechlein in falscher Freundschaft gegen die Laufgräben der deutschen Revoluti-

36 Heiber: Walter Frank, S.168ff., 180f., 183, 185, 265.
37 Heiber: Walter Frank, S. 258, 262.
38 Heiber: Walter Frank, S. 274, 278.
39 Heiber: Walter Frank, S. 278.
40 Frank, Walter: *Zunft und Nation.* In: HISTORISCHE ZEITSCHRIFT 153 (1936), S. 6-23, hier S. 9f. Weiter
    heißt es dort: Indem jene Akademiker [der alten Generation] „die wissenschaftliche Erkenntnis nur noch
    als Funktion des Intellekts" verstehen zu können „vermeinten, indem sie den Glauben, den Willen und die
    Leidenschaft verbannen zu können glaubten [...], waren sie zur nachträglichen Anerkennung jeder vollende-
    ten Tatsache gezwungen".

on vordringen würden [...], ihnen dann aus diesen Laufgräben zur rechten Zeit das rechte Kommando entgegentönen werde: ‚Achtung – Feuer'".[41]

Seine Zukunftsvision einer Verschmelzung von „Zunft und Nation" feierte Frank mit den folgenden Worten:

> „Wenn wir die Kraft besitzen, die Geschichte wieder so zu schreiben, daß die Geschichtemachenden sie im Tornister mit sich führen, dann haben auch wir Geschichte gemacht [...]. Ehrlicher Mittler zu sein zwischen den großen Traditionen der deutschen Geschichtswissenschaft und den großen Triebkräften der nationalsozialistischen Revolution, ist unsere Aufgabe".[42]

Das war eine Abrechnung mit der Generation von Franks akademischen Lehrern und zugleich ein Bekenntnis zu engagierter, oder besser: instrumentalisierter Historie.[43] Das Arbeitsprogramm, das Frank ankündigte, entsprach diesem Bekenntnis. Das neue Institut sollte die „europäische Judenfrage" bearbeiten, die Geschichte der Hitlerbewegung (der „Marsch vom Krieg zum Reich"), die deutsche politische Führung im (Ersten) Weltkrieg, reichsfeindliche Tendenzen des politischen Katholizismus, Grenz- und Volkstumsfragen im Westen.[44]

Franks Propagandarede richtete sich nicht nur allgemein gegen die ältere Generation deutscher Historiker, sondern sollte darüber hinaus seinen eigenen Mit-Doktorvater Hermann Oncken, der auch Ritters akademischer Lehrer gewesen war (und der durch sein Zweitgutachten Franks „Summa" bei dessen Promotion vereitelt hatte), öffentlich bloßstellen. Oncken hatte sich einige Monate zuvor in einer Rede herausgenommen, den Nationalsozialismus in einer historisch-relativierenden Perspektive erscheinen zu lassen und damit den Einmaligkeitsanspruch der NS-Bewegung in Zweifel gestellt.[45] Frank antwortete im „Völkischen Beobachter" mit einer publizistischen Breitseite, in der er Oncken als Vertreter einer liberalistischen Gesinnungslosigkeit „fertigmachte". Für diesen blieb dies nicht ohne Folgen: Er wurde vorzeitig aus seinem Lehramt und aus dem Vorsitz der Historischen Reichskommission entlassen und öffentlich totgeschwiegen. Rezensionen seiner Veröffentlichungen durften nicht mehr erscheinen.[46]

Ritter empörte dieser politische Charaktermord.[47] Er stellte seine Mitarbeit in der von Karl Alexander von Müller herausgegebenen „Historischen Zeitschrift" ein und bemühte sich um

---

41 Frank: Zunft und Nation, S. 14f.
42 Frank: Zunft und Nation, S. 23.
43 Quasi „klassisch" schon 1933 formuliert von dem Historiker Erich Keyser: „Die völkische Geschichtsauffassung bekennt sich [...] zu einer bewußten Einseitigkeit [...]. Es darf in Zukunft nur noch politische Historiker geben, nicht in dem überholten Sinne, daß jeder Historiker ausschließlich oder vornehmlich Staatengeschichte zu treiben hätte, sondern in dem Sinne, daß er seine Forschung und seine Lehre stets und überall auf die politischen Notwendigkeiten seines Volkes abstellt" (zitiert bei: Werner: Das NS-Geschichtsbild, S. 45); ähnliche Äußerung des Vorgeschichtlers La Baume (bei Franz: Geschichtsbild des Nationalsozialismus, S. 96).
44 Heiber: Walter Frank, S. 351ff., 384, 388. In den Folgejahren hielt Franks Institut in keiner Weise, was dieser hochgemut versprochen hatte. Auch eine Art nationalsozialistischer „Evaluierung" kam zu diesem Schluss, die von dem noch nicht promovierten Historiker und Altparteimitglied der NSDAP Hermann Löffler im Auftrage des der SS angegliederten Sicherheitsdienstes (SD) im Interesse „reichseinheitlicher Planung und Ausrichtung" durchgeführt wurde. Zu den etablierten Historikern, die hier mitarbeiteten, gehörten u.a. Günther Franz und Erich Maschke. Frank selbst ereilte das Schicksal manches Großordinarius vor und nach ihm: Er verzettelte sich in wissenschafts- und personalpolitischen Grabenkämpfen, legte sich mit hohen Würdenträgern der NSDAP, wie Reinhard Heydrich und Alfred Rosenberg, an und musste schon im Dezember 1941 von dem Direktorenposten seines „Reichsinstituts" zurücktreten. Er war in der Zunft wieder der Außenseiter geworden, als er begonnen hatte. Unmittelbar nach Kriegsende erschoss er sich, gerade 40 Jahre alt. Vgl. Löffler, Hermann: *Denkschrift über Lage und Aufgabe der Geschichtswissenschaft*, ungedruckt 8.2.1939, zitiert bei Lerchenmueller: Die Geschichtswissenschaft, S. 23f., 55ff., 97f., 99ff., auch S.137, 189ff., 228f.; ferner: Schulze: Walter Frank, S. 78f.
45 Cornelißen: Gerhard Ritter, S. 236ff.
46 Heiber: Walter Frank, S. 13f., 200-229, 236-241.
47 Gleiches galt für das charakterlose Verhalten des „Kollegengesindels, das vor Frank das Weihrauch schwenkt[e]" (Cornelißen: Gerhard Ritter, S. 238).

eine öffentliche Rehabilitierung seines geschmähten akademischen Lehrers. Er erreichte jedoch nichts.

Erst drei Jahre später eröffnete sich ihm auf dem Welthistorikertag in Zürich unerwartet die Gelegenheit, seiner Ablehnung der nationalsozialistischen Historie öffentlich Ausdruck zu verleihen. Das Historikertreffen fand Ende August/ Anfang September 1938 statt – und damit fast gleichzeitig mit der Zuspitzung der Sudetenkrise. Der Kieler Frühneuzeithistoriker Otto Scheel rückte dort vor einem internationalen Publikum Martin Luther als Vollstrecker eines heroischen, moralisch ungebundenen „Gesetzes" in die Nähe Hitlers. Ritter protestierte in einem Diskussionsbeitrag vorsichtig, aber unmissverständlich gegen diese politische Vereinnahmung des Reformators.[48] Mit dieser „Disziplinlosigkeit" trat er bei seinen regimekonformen Zuhörern eine Lawine der Entrüstung los.[49]

Frank war nicht zugegen, machte sich aber die Empörung seiner anwesenden Gesinnungsgenossen und Zuträger zueigen, um nun auch gegen den ihm verhassten Freiburger Historiker vorgehen zu können.[50] In einer Eingabe an das Erziehungsministerium berichtete er über das „reichsschädigende Auftreten des Professors Gerhard Ritter":

> „Daß Professor Ritter sowohl vom liberalen wie vom bekenntniskirchlichen Standpunkt aus dem neuen Werden in Deutschland ablehnend gegenübersteht, war allgemein bekannt. Daß er diese Gesinnung neuerdings auch öffentlich, ja ausgerechnet im Ausland betätigt, muß als sehr ernstes Zeichen eines Erstarkens reaktionärer [sic!] Tendenzen innerhalb der deutschen Geschichtswissenschaft gewertet werden [...]. Ritters Vorstoß erschien all den deutschen Teilnehmern, die einen nationalsozialistischen Instinkt besaßen, als ein Dolchstoß in den Rücken der deutschen Delegation [...]. Es handelte sich um die dreiste Kundgebung jener objektiven Wissenschaft, die in Wahrheit nur die wissenschaftliche Tarnung der liberalen Opposition gegen das neue Deutschland darstellt [...]. Ritters Auftreten stellt eine schwere Schädigung der Autorität des nationalsozialistischen Deutschlands dar und liegt auf derselben Linie wie die Versuche Ritters, an der Universität Freiburg eine Zelle weltanschaulicher Opposition zu bilden [...]. Notwendig erscheint es [...], den um Professor Ritter gebildeten Freiburger Oppositionsherd nunmehr endgültig zu liquidieren und Professor Ritter jener Universität Basel zu überlassen, wo sein politischer und kirchlicher Gesinnungsgenosse [gemeint war Karl Barth] bereits [...] sein Domizil aufgeschlagen hat [...]."

Frank überreichte dem Ministerium seine Forderung nach einer Absetzung Ritters mit der Bitte um „Prüfung und Entscheidung".[51]

Dem Versuch Franks, Ritter „abzuschießen", war nur ein Teilerfolg beschieden. Ritter blieb im Amt, und zwar einmal, weil nach Meinung des Justitiars im Erziehungsministerium sein Verhalten als Grund für seine Entpflichtung beamtenrechtlich nicht ausreiche. (Irgendwie funktionierte also auf unterer Ebene der Rechtsstaat noch.) Zum anderen konnte Ritter für sich erfolgreich geltend machen, dass sein Diskussionsbeitrag im Ausland als Demonstration für die weiter in Deutschland bestehende Meinungsfreiheit gerade günstig gewirkt habe.

---

48 Offensichtlich handelte Ritter auch mit Blick auf das nicht-deutsche Leserpublikum der von ihm erst seit kurzem herausgegebenen Zeitschrift „Archiv für Reformationsgeschichte" (Cornelißen: Gerhard Ritter, S. 256f.).

49 Heiber: Walter Frank, S.747ff.

50 Cornelißen: Gerhard Ritter, S. 236ff.

51 Frank an Harmjanz, 28.9.1938 (Bundarchiv Berlin Document Center, dankenswerterweise verfügbar gemacht von Herrn Dr. Cornelißen). In der Anlage fügte er unterstützende Gutachten einiger anderer linientreuer Kollegen bei. Erich Botzenhart sah im Vorstoß Ritters gegen Scheel eine „ungeheuer aufschlußreiche Bekundung des noch immer mächtig nachwirkenden Geistes der Oncken-Meinecke-Schule, von der Ritter herkommt, die, ihre eigene blutleere Geschichtsauffassung für die einzig objektive haltend, gegen jede völkische Geschichtsbetrachtung sofort und instinktiv mit dem Vorwurf einseitiger Geschichtsfälschung reagiert". Ein zweites Gutachten (von Gerhard Schröder) verwies auf die „hämische Freude", die das feindliche Ausland „angesichts dieses politischen Angriffs" an den Tag lege.

Allerdings wurde über ihn ein Auslandsreiseverbot verhängt. Er selbst wurde vergattert, Einladungen aus dem Ausland – ausgerechnet eine in das verbündete Italien stand an – mit einer ausschließlich persönlichen Begründung auszuschlagen und damit den wahren Grund seiner Absage nicht zu nennen. Auch der Unrechtsstaat legte also nach außen Wert auf die Maske bürgerlich-rechtlicher Wohlanständigkeit.[52] Ritter seinerseits erregte im Jahre 1942 mindestens noch zweimal bei Vertretern des NS-Regimes Anstoß: das erste Mal im Jahre 1942, als er bei einer Tagung des „Kriegseinsatzes" der neueren Historiker und Völkerrechtler in Weimar Beobachtern des SD als Gegner einer „weltanschaulich-politisch ausgerichteten Geschichtswissenschaft" unangenehm auffiel, das zweite Mal 1944, als ihm sein vor Wehrmachtsangehörigen gehaltener Vortrag „Über den Sinn des akademischen Studiums" eine Vorladung bei dem für ihn zuständigen NS Dozentenbund-Führer, dem Freiburger Physiker Eduard Steinke, einbrachte, der ihn im Auftrage des Reichsdozentenbundes über seine politische Haltung vernahm. Beide Fälle blieben ohne nachteilige Folgen für Ritters berufliche Tätigkeit.[53]

IV.

Ritter nahm seinen Disput mit Frank zum Anlass, um mit sich über seinen grundsätzlichen wissenschafts-theoretischen und methodischen Standpunkt als Historiker im „Dritten Reich" und allgemein über das Verhältnis des Historikers zu seiner politischen Gegenwart ins Reine zu kommen. Es ging, wie er an Oncken schrieb, letztlich um die Frage, ob das NS-Regime bereit war, eine seriöse und unabhängige Geschichtsschreibung noch zu dulden oder nicht.[54] Der Zufall einer Vortragseinladung nach Jena gab ihm zu dieser Selbstprüfung die Gelegenheit.[55] Natürlich wusste er, dass er eine Frontalattacke gegen die vom NS-Regime verordnete Geschichtsschreibung auf keinen Fall riskieren konnte, wollte er seine berufliche Stellung nicht (wie schon einmal zuvor) aufs Spiel setzen.[56] Stattdessen wählte er eine indirekte Form der Kritik an der Pseudohistorie des „Dritten Reiches": Er setzte sich mit den Ansichten des in der NS-Ideologie hoch im Kurse stehenden Friedrich Nietzsche über das Verhältnis zwischen Geschichte und Leben auseinander. Dabei bekannte auch er, kein Anhänger einer antiquarischen Historie zu sein, die sich im Elfenbeinturm versteckte, in der Erforschung winziger Details verlor und für die Bedeutung der Geschichte in der politischen Gegenwart kein Gespür aufbrachte.[57] Mit Nietzsche trat er vielmehr für eine Geschichtsschreibung ein, die

52 Auch im Erziehungsministerium galt Ritters Intervention in Zürich an sich als Versuch, die völkische Geschichtswissenschaft im Namen der „objektiven" Wissenschaft als Geschichtsfälschung bloßzustellen (Cornelißen: Gerhard Ritter, S. 258; Schwabe: Gerhard Ritter – Werk, S. 75f.).

53 Lerchenmueller: Die Geschichtswissenschaft, S. 267; auch: Schwabe: Gerhard Ritter – Werk, S. 385ff. und Cornelißen: Gerhard Ritter, S. 313f.

54 Ritter an Oncken, 19.1.1936 (Nachlaß Hermann Oncken, Niedersächsisches Staatsarchiv Oldenburg).

55 Ritter, Gerhard: *Historische Wissenschaft und Lebenspraxis in der Gegenwart.* In: DIE TATWELT 14 (1938), S. 187-198 (unter dem Titel: *Historie und Leben,* nahezu unverändert wieder abgedruckt in: Ritter, Gerhard: Vom sittlichen Problem der Macht, Bern 1961, S. 97-111).

56 Das erste Mal hatte er dies durch eine unvorsichtige öffentliche Äußerung während des Kirchenkampfes getan (Schwabe: Gerhard Ritter – Werk, S. 280, 283f.).

57 Ritter: Historie und Leben, S. 101f. Im Zusammenhang mit dem „Fall Oncken" hatte Ritter an den neuen nationalsozialistischen Herausgeber der Historischen Zeitschrift, Karl Alexander v. Müller, geschrieben: „Ich bin mit Ihnen einverstanden – und, wie Sie aus meinen Schriften wissen werden, nicht erst seit 1933 – daß eine Erneuerung deutscher Geschichtswissenschaft aus der Tiefe grundsätzlicher Besinnung auf ihre Lebensfunktionen im Ganzen des nationalen Daseins notwendig ist: sie muß aus der Sphäre der Unverbindlichkeit und Relativität in die Sphäre der echten geistigen Entscheidung hinübergeführt werden. Sie kann in einer Zeit, in der alle Kompromisse aufgehört haben und die überlieferten Lebensformen der europäischen Menschheit bis in ihre letzten geistigen Gründe hinein in Frage gestellt sind, unmöglich in der Haltung des bloßen Zuschauens verharren. Eine Erneuerung in diesem Sinne kann aber nicht durch bloße Aktualisierung, nicht durch einfache Dienerschaft gegenüber der Politik [...] herbeigeführt werden" (Ritter an K. A. v. Müller, 1.12.1935. In: Schwabe: Gerhard Ritter – Werk, S. 287). Ritters Kritik an einer rein anti-

politische Bedeutung besaß – eine Bedeutung, die sie allerdings gerade aus ihrer politisch dis-
tanzierten, unparteiischen Sicht gewann: Jawohl, so führte er aus, der Historiker solle öffentliche und politische Wirkung suchen, aber eben nur auf der Grundlage seiner wissenschaftlichen Erkenntnisse, die allein auf der „unzweifelhaften Wirklichkeit seines Quellenbefundes"
beruhten und insofern „objektiv" und „wahr" waren, gleichgültig ob diese so gewonnenen
Erkenntnisse gegenwartspolitisch nun nutzbringend waren oder nicht: Der wahre Historiker
müsse stets zwischen patriotischer Begeisterung einerseits und einem wissenschaftlich über-
prüfbaren Verständnis der Vergangenheit andererseits unterscheiden, das nur aus der fach-
männischen Anwendung der historischen Methode zu gewinnen sei. Historiker, die dagegen
Nietzsches Begriff einer kritischen Historie ungeprüft übernähmen und diese Unterscheidung
nicht träfen, produzierten „subjektive" und damit wahrheitswidrige „Tendenzhistorie".[58]

Doch Ritters Auseinandersetzung mit Frank reichte noch tiefer: Sie warf die Frage nach
den Prinzipien auf, auf denen die Werturteile des Historikers beruhen. Hier hatte bisher die
auf Ranke zurückgehende Maxime des deutschen Historismus gegolten, dass „jede Epoche
unmittelbar zu Gott" sei und dass jede historische Individualität in sich einen Wert trage.
Friedrich Meinecke hatte sich in seinem letzten großen Werk, die „Entstehung des Historismus", noch einmal zu dieser Maxime bekannt. Ritter konnte ihr nach allem, was er im Hitler-
reich erlebt hatte, nicht mehr folgen, und so wurde paradoxerweise gerade der liberale
Meinecke die Hauptzielscheibe von Ritters kritischer methodologischer Selbstreflexion, die
dieser freilich nur in einem brieflichen Meinungsaustausch entwickelte, von dem nichts an die
Öffentlichkeit drang.[59]

Ritter sah in der Wertneutralität des von Meinecke vertretenen Historismus – wie er sagte:
„das relativierende Verstehen individueller Ganzheiten" – eine gefährliche Fehlentwicklung,
die den nationalsozialistischen Versuchen, die Geschichte in ihrem Sinne zu instrumentalisieren, Vorschub leistete; lief diese Sicht doch letzten Endes auf eine Leugnung der Kräfte des
Bösen in der Geschichte hinaus. Für Ritter war diese Position in seiner eigenen Gegenwart –
im Klartext: im Angesicht des Nationalsozialismus – unhaltbar geworden. Die für die politi-
sierte NS-Historie typische Absage an zeitungebundene moralische Urteile bedeutete in seinen Augen die Aufgabe jedes echten Maßstabes in der Geschichtsschreibung; sie lief auf die
bloße Übernahme der angeblichen politischen „Notwendigkeiten" der eigenen Zeit hinaus.
Angesichts dieses politischen Zeitklimas erachtete es Ritter für um so notwendiger, dass der
Historiker bei der Beschreibung der Vergangenheit auf der Einführung von Werturteilen be-
harrte, die sich von gegenwartspolitischen Einflüssen freihielten, sich stattdessen an den Maß-

---

quarischen Geschichtsschreibung entsprach, bisweilen auch unabhängig von der politischen Orientierung,
einer breiten Tendenz in der damaligen deutschen Historikerschaft (Wolf: Litteris et Patriae, S. 171f.).

58 Als Ritter diesen Artikel schrieb, war ihm dieses Argument schon vertraut. Er hatte bereits von „Tendenz-
geschichte" gesprochen, als er zur letzten Monographie von Eckhart Kehr Stellung nahm. In seiner Auseinandersetzung mit Fritz Fischer sollte er es wiederaufnehmen (Ritter an das Preußische Ministerium des
Kultus u. Unterrichts, 1.12.1935. In: Schwabe: Gerhard Ritter – Werk, S. 237–241; dort auch die Einleitung
des Verfassers, S. 144f., 156, 165).

59 Wie aus Ritters Marginalien ersichtlich, hatte dieser sich bereits früher mit diesem Thema, nämlich bei der
Lektüre von Meineckes Aufsatz „Kausalitäten und Werte in der Geschichte" befasst (dazu: Meinecke,
Friedrich: *Kausalitäten und Werte in der Geschichte*. In: HISTORISCHE ZEITSCHRIFT 137 (1928), S. 1–27, und
Ritters mit Randbemerkungen versehenes Leseexemplar in der Bibliothek des Historischen Seminars der
Universität Düsseldorf, von dem Dr. Cornelißen dem Verf. eine Kopie dankenswerterweise anfertigte).
Außer Vorbehalten gegenüber Meineckes methodologischen Anleihen bei Ernst Rickert beanstandete Ritter bei Meinecke, soweit sich aus seinen knappen Bemerkungen erkennen lässt, die nicht zureichende Begründung des Begriffes „Werte" bei Meinecke. Er hielt Meineckes Behauptung, dass historische Individua-
litäten „nur solche Erscheinungen" seien, „die irgendeine Tendenz zum Guten, Schönen oder Wahren in
sich" hätten, für „doch sehr fraglich" (Randbemerkung zu S. 17). Meineckes Schluss, in dem dieser Rankes
bekanntes Wort zitierte, dass jede Epoche unmittelbar zu Gott sei, kommentierte Ritter: „Damit ist die einzelne ,Epoche', nicht die einzelne Kulturleistung gemeint. Ob sich das ohne weiteres deckt, ist doch fraglich" (Randbemerkung zu S. 27). Ritters –gleich darzustellende – spätere briefliche Debatte mit Meinecke
wird hier insofern vorweggenommen, als sich Ritter schon hier von dem idealistischen Humanismus
Meineckes distanziert.

stäben ewiger Gerechtigkeit orientierten und sich so politisch nicht instrumentalisieren ließen. „Ich meine", so forderte Ritter,

> „daß der Historiker in seiner Auseinandersetzung mit den geschichtlichen Phänomenen, trotz alles ‚Verstehens' zuletzt doch zu klaren Entscheidungen gezwungen ist wie der Mensch überhaupt in seinem täglichen Lebenskampf. Die Haltung Goethes und selbst Rankes empfinde ich oft als ein Ausweichen bzw. Augenschließen vor den bodenlosen Dämonien des Menschtums und seiner Geschichte [...]. Gleichzeitig scheint es mir [...] einer der größten Notstände unserer Zeit, daß sie, durchtränkt mit ‚Historismus' und ‚Lebensphilosophie', den verpflichtenden Glauben an die Erkennbarkeit zeitloser Wahrheit und an die zeitlose Gültigkeit von Normen verloren hat. Was das für Verwüstungen, besonders auf dem Gebiet der Rechtsprechung, angerichtet hat und täglich anrichtet, erleben wir alle mit Schrecken. Unsere längst haltlos gewordene Rechtswissenschaft ist ganz wesentlich mit Schuld daran. Das alte ‚Naturrecht' hatte ein sehr richtiges Empfinden dafür, daß ‚Gerechtigkeit' eine überzeitliche Norm ist und daß Recht und Moral irgendwo ganz eng zusammenhängen müssen. Das ‚naturrechtliche' Denken ist mir darum wesentlich sympathischer, als es Ihnen zu sein scheint. Und wer, wie ich, in der beständigen Auseinandersetzung mit einer geistig gänzlich verwirrten Studentenschaft für die Anerkennung der Möglichkeit ‚objektiver' Geschichtswissenschaft zu kämpfen hat, der weiß auch, daß geradezu der Fortbestand echter geschichtswissenschaftlicher Tradition von der Eindämmung eines übersteigerten ‚Historismus' abhängt [...]. Sie deuten in ihrer Vorbemerkung an, daß unsere Zeit den Begriff des Historismus ablehne. Mag sein, daß sie das Wort ärgert; in der Sache ist sie histori[is]tisch im Extrem [...]".[60]

Ritters Selbstaussage aus dem Jahre 1936 ist in vierfacher Weise bedeutsam: Einmal zeigt sie, dass Ritter wie Frank eine epigonenhaft-antiquarische Geschichtsschreibung verwarf. Zum anderen wird deutlich, dass er – als Reaktion auf Franks Tiraden über eine „kämpfende Wissenschaft", die nur noch politisch bestimmte Werte kannte – mit den moralisch relativierenden Tendenzen des deutschen Historismus Rankescher Prägung brach. Drittens und vor allem aber bekannte er sich in scharfem Gegensatz zu Frank (und damit paradoxerweise auch zu Meinecke!), wie er sich etwa gleichzeitig an anderer Stelle ausdrückte, zu dem „strengen und echten Vernunftbegriff des 18. Jahrhunderts in seiner unmittelbaren Bedeutung auch für uns". Nur dieser allein könne dem Historiker überzeitliche Wertmaßstäbe vermitteln und ihm damit gegenüber politischen Zeitströmungen ein gewisses Maß an Immunität verleihen.[61] Zum Vierten und in gewissem Widerspruch zu seinem Bekenntnis zur Aufklärung distanzierte er sich von dem auch bei Ranke nachwirkenden optimistischen Menschenbild des 18. und frühen 19. Jahrhunderts und bekannte sich – hier lutherischer Christ – stattdessen zu einem Geschichtsbild, das vor den „bodenlosen Dämonien des Menschtums" die Augen nicht verschloss.

Ritter bekannte sich damit zu einer Geschichtsschreibung, die dem Menschenbild der Aufklärung verpflichtet war – dem Bild einer selbstbestimmten, rational urteilenden Persönlichkeit, das er freilich durch die Übernahme der christlichen Vorstellung von der menschlichen Erbsünde ergänzte.[62] Von daher hätte der Freiburger Historiker, würde er heute leben, die moralisch neutrale interpretatorische Beliebigkeit eines nur an Textstrukturen interessierten Postmodernismus – eine Beliebigkeit, die ihre Auswirkungen dann noch durch eine gesell-

---

60 Ritter an Meinecke, 7.10.1936. In: Schwabe: Gerhard Ritter – Werk, S. 310, auch S. 307-311, und Einleitung, S.158ff. Eine ähnliche, wenn auch auf den unmittelbaren Zeitbezug verzichtende Historismuskritik findet sich in dem schon zitierten Aufsatz Ritters: Historische Wissenschaft und Lebenspraxis in der Gegenwart.

61 Ritter an Hans H. Schaeder, 15.6.1936. In: Schwabe: Gerhard Ritter – Werk, S. 310.

62 Lorenz, Chris: Konstruktion der Vergangenheit, Köln 1997, S. 154 und der Beitrag von Birgit Aschmann in diesem Bande (S. 270, Anmerkung 98).

schaftlich verordnete *political correctness* einzudämmen versucht – mit Sicherheit als wissen-
schaftsfremd verurteilt.[63]

V.

Die hier geschilderte Episode aus der Geschichte der deutschen Historie im „Dritten Reich"
ist schon insofern aufschlussreich, als sie dank günstiger Quellenüberlieferung erlaubt, bei
einem zeitgenössischen Wissenschaftler sowohl die „Außen"- wie auch die „Innen"-Seite
seines Verhaltens gegenüber dem NS-Regime zu schildern. Ritters Auseinandersetzung mit
dem selbst ernannten Führer der deutschen Historikerschaft im nationalsozialistischen
Deutschland lässt keinen Zweifel an seiner prinzipiellen weltanschaulichen Gegnerschaft zum
NS-Regime. Die Dimensionen dieser Gegnerschaft werden freilich erst durch den Rückgriff
auf vertrauliche Zeugnisse deutlich. Historiographisch ist es natürlich legitim, dieser „Innen-
seite" von Ritters damaliger politischer Einstellung öffentliche Äußerungen des Freiburger
Historikers entgegenzuhalten,[64] die ihn nicht in derselben Eindeutigkeit als Regimegegner
ausweisen, sondern bisweilen sogar als regimefreundlich erscheinen lassen – mochte es sich
dabei um Ähnlichkeiten in der Diktion handeln oder, was wichtiger ist, um ausdrückliche
Verbeugungen vor der NS-Führung (eben die paar „Dreckspritzer", die Ritter nach 1945
nicht abgestritten hat). Wie sich diese vereinzelten Konzessionen erklären, wurde in allgemei-
ner Form schon zu Anfang dieses Aufsatzes ausgeführt. Auch Ritter persönlich hat sich darüber im Nachhinein geäußert. Seine Selbstinterpretation sowie die heute vielfach rekon-
struierbaren Umstände, die diese Entgleisungen verständlich machen, legen die Schlussfolgerung nahe, dass bei diesen im Nachhinein kompromittierenden Äußerungen in der Tat ein
unübersehbares Maß an Opportunismus Ritters mit im Spiele gewesen ist. Was aber hieß
„Opportunismus" unter einer totalitären Diktatur? Ritter wollte sein Lehramt gewiss nicht
aufs Spiel setzen – allerdings nicht nur aus materiellen Gründen, sondern *auch* in dem Bewusstsein, dass er sich mit dem Ausscheiden aus seinem Amt der Möglichkeit beraubte, gerade bei der jüngeren Generation gegen den nationalsozialistischen Zeitgeist mindestens halböf-
fentlich, soweit möglich, gegenzusteuern.[65] Dass er sich damit, besonders aus der Rückschau
gesehen, politisch in ein gewisses Zwielicht begab, darf nicht geleugnet werden.
    Doch ändert dieser Befund letztlich etwas an der grundsätzlichen Gegnerschaft, die Ritter
gegenüber dem NS-Regime empfunden hat? Die vertraulichen Zeugnisse, die hier vorgelegt
werden konnten, legen eine Verneinung dieser Frage nahe. Sie bezeugen, dass der Ursprung
von Ritters Gegnerschaft gegen das NS-Regime letztlich ethischer Art gewesen ist. Der Aus-
sagewert dieser vertraulichen Selbstbekenntnisse reicht damit weiter und tiefer als seine wenigen Gelegenheitsäußerungen, die als regimefreundlich verstanden werden konnten. Es war für
den Freiburger Historiker eine Frage der moralischen Gesinnung und der intellektuellen Red-
lichkeit, wie er als Vertreter der deutschen Geschichtswissenschaft mit einer Geschichtsschreibung umging, die sich vielfach, wenn auch keineswegs immer, in vorauseilendem Ge-
horsam an die amtlich verordnete Geschichtsmythologie der braunen Bewegung anpasste,
statt sich selbst ernst zu nehmen und sich, im Namen wissenschaftlicher Unabhängigkeit und
von der Tagespolitik unabhängiger Wertmaßstäbe, von Anleihen an die braune Ideologie
fernzuhalten.[66] Von dieser allgemein moralischen Grundlage her gesehen, konnte Ritters

63   Lorenz: Konstruktion der Vergangenheit, S. 368, 380f., 388.
64   Cornelißen: Gerhard Ritter, S. 233, 655ff.
65   Diese hat ihn dann auch durchaus so verstanden. Ein Zeugnis: Thimme, Annelise: *Geprägt von der Geschichte*.
      Eine Außenseiterin. In: Hartmut Lehmann/Otto Gerhard Oexle (Hrsg.): Erinnerungsstücke. Wege in die
      Vergangenheit. Rudolf Vierhaus zum 75. Geburtstag, Wien 1997, S. 172.
66   So Ritter in einem Brief an Oncken , 15.11.1934 (mit Blick auf den Kirchenkampf): „Es geht um das kom-
      promißlose Sichselbsternstnehmen des deutschen Geistes, um die unbedingte Ernsthaftigkeit seiner Positi-

Gegnerschaft gegen das NS-Regime bei dessen Geschichtspolitik nicht stehen bleiben, sondern musste sich auch gegen das Regime selbst richten. Dafür gibt es genügend Zeugnisse. Sie lassen keinen Zweifel – und darauf kommt es an –, dass sich Ritter persönlich als Regimegegner verstanden hat.

Ritter liefert damit einen „Fall", der zum Verständnis der Rolle der deutschen Geschichtswissenschaft im NS-Regime, ja noch darüber hinaus zu einem besseren Verständnis des deutschen Widerstandes beitragen kann: Sucht man nach authentischen Kriterien für die politische Einstellung eines Zeitgenossen zum NS-Regime, können feststellbare Übereinstimmungen mit dem sprachlichen Zeitstil – etwa im Gebrauch des vom Nationalsozialismus propagierten Begriffes der „Volksgemeinschaft"[67] – nicht ausreichen, um diesen automatisch als Anhänger oder als Gegner des NS-Regimes kenntlich zu machen. Gleiches gilt für „objektive" Überschneidungen mit Aussagen nationalsozialistischer Herkunft zu bestimmten, sachlich begrenzten politischen Zeitproblemen oder für die Zugehörigkeit des Betreffenden zu dem einen oder anderen (linken oder rechten) politischen „Lager". Sobald dagegen, wie bei Ritter, vertrauliche Zeugnisse vorliegen, welche die subjektive Gegnerschaft des Betreffenden zum NS-Regime festhalten, müssen diese den entscheidenden Ausschlag geben bei der Antwort auf die Frage, ob der Betreffende im „Dritten Reich" zur Opposition gehört hat oder nicht.[68] Es besteht allerdings kein Zweifel, dass die *öffentliche* Äußerung einer Kritik am NS-Regime der Oppositionshaltung des Betreffenden einen höheren moralischen Rang verleiht als eine nur passive Regimefeindlichkeit. Auf jeden Fall sollte sich der Historiker, wenn es um die Beurteilung der deutschen Opposition gegen Hitler geht, stets vor Augen halten, dass Zeitgenossenschaft mit dem Hitlerregime nicht mit Mitverantwortung für dessen Politik verwechselt werden darf.

Wie hatte doch Ranke einen Historiker umschrieben, der sich von seiner Zeit nicht instrumentalisieren ließ:

> „Unmöglich kann man seinen Standpunkt in dem Leben nehmen und diesen auf die Wissenschaft übertragen: dann wirkt das Leben auf die Wissenschaft und nicht die Wissenschaft auf das Leben [...]. Wir können nur dann eine wahre Wirkung auf das Leben und auf die Gegenwart ausüben, wenn wir von derselben zunächst absehen und uns zu der freien objektiven Wissenschaft erheben".[69]

Ritter war zu politisch, um von seiner Gegenwart „absehen", das heißt diese ignorieren zu können Er war jedoch bemüht, gegen die Ansprüche eines totalen Staates sein eigenes Urteil, seine Unabhängigkeit und seine wissenschaftliche Integrität zu wahren. Indem er dies tat, musste er zum Gegner des NS-Regimes werden.

Seine nationalsozialistischen Feinde haben dies richtig erkannt.

---

onen, die ich früher als Historiker als den besonderen Vorzug des von Luther geprägten deutschen Geistes gerühmt habe" (zitiert bei: Schwabe: Gerhard Ritter – Werk, S. 277). In der Verteidigung dessen, was er in der Historie als wissenschaftlich ansah, gegen die Zumutungen einer im NS-Sinne ideologisierten Geschichtsschreibung stand Ritter durchaus nicht allein (vgl. dazu: Wolf: Litteris et Patriae, S. 401ff.).

67 Dieser lässt sich z.B. bei Meinecke schon 1924 nachweisen (Wolf: Litteris et Patriae, S. 113, allgemein: S. 400).

68 Dabei muss zwischen aktivem Widerstand, von dem hier nicht die Rede ist, und Opposition als Ausdruck einer politischen Gesinnung unterschieden werden.

69 Ritter: Historie und Leben, S. 149. Ähnlich schon Humboldt: „Die Wissenschaft aber gießt oft dann ihren wohltätigsten Segen auf das Leben aus, wenn sie dasselbe gewissermaßen zu vergessen scheint" (zit. bei: Schwabe: Gerhard Ritter – Werk, S. 1).

„GESTÜRZTE DENKMÄLER"? DIE „FÄLLE" AUBIN, CONZE, ERDMANN UND SCHIEDER

WOLFGANG J. MOMMSEN

Seit dem Frankfurter Historikertag haben sich die Wogen der öffentlichen Debatte über die Rolle einer Reihe von prominenten Historikern in der Zeit des Nationalsozialismus, zu denen vornehmlich Hermann Aubin, Theodor Schieder, Werner Conze und Karl Dietrich Erdmann gehören, ein wenig geglättet.[1] Aber die These Götz Alys, dass diese Historiker zu den „Vordenkern der Vernichtung" – sprich des Holocaust – gehört haben, steht nach wie vor im Raum und mit ihr der Vorwurf, dass die deutsche Historikerschaft sich ihrer eigenen Vergangenheit nur ungenügend und nicht mit offenem Visier gestellt habe, in jedem Falle aber nur mit beträchtlicher Verzögerung.[2] Die Zahl der Veröffentlichungen zum Gegenstand ist inzwischen nahezu unüberschaubar geworden. Auch die quellenmäßigen Grundlagen sind noch um einiges erweitert worden, wenngleich es in kritischen Punkten, insbesondere inwieweit es zu einer konkreten Zuarbeit zur nationalsozialistischen Umsiedlungs- und Vernichtungspolitik gekommen ist, nach wie vor Unsicherheiten und Leerstellen gibt.[3] Im Prinzip freilich hat sich die Enthüllungshistorie erschöpft, und dafür ist die schwerwiegendere Fragestellung in den Vordergrund getreten, wie ein solches Engagement von Historikern, die späterhin in der Bundesrepublik führende Positionen innerhalb des Fachs innegehabt haben, möglich war und was dies für die Geschichtswissenschaft der Bundesrepublik bedeutet.

Es ist ein wenig unglücklich, davon zu sprechen, dass es sich hier um „Fälle" handelt, was suggerieren könnte, dass es sich nur um einige wenige Historiker gehandelt habe, die der nationalsozialistischen Herrschaft in fataler Weise mehr oder minder weitgehende Hilfestellung geleistet haben, während doch tatsächlich die große Mehrheit der Historiker in hohem Maße in die Herrschaftsmechanismen des NS eingebunden war. Denn die vorgenannten Historiker sind doch nur deshalb in die Kritik geraten, weil sie zu den dominanten Persönlichkeiten der deutschen Geschichtswissenschaft in den drei Jahrzehnten nach dem Ende des 2. Weltkrieges gehörten und Schlüsselpositionen des Faches innegehabt hatten, ja, gemeinsam mit Gerhard Ritter, Hans Rothfels, Otto Brunner und – in Grenzen – Franz Schnabel, die Führungsriege der deutschen Historikerschaft bildeten. Wenn sie erst in jüngster Zeit in den Blickwinkel der öffentlichen Kritik geraten sind, so vor allem deshalb, weil ihre Verflechtungen in das nationalsozialistische Herrschaftssystem anfänglich nicht oder nur in geringem Umfang bekannt waren und, wie man annahm, keine tiefgehenden Spuren in ihrem späteren Werk hinterlassen

---

1   Siehe die dort gehaltenen Referate in: Schulze, Winfried/Oexle, Otto Gerhard (Hrsg.): *Deutsche Historiker im Nationalsozialismus*, Frankfurt a.M. 1999.

2   Aly, Götz: *Theodor Schieder, Werner Conze oder Die Vorstufen der physischen Vernichtung.* In: Ebd., S. 163-182, hier S. 177, sowie Aly, Götz/Heim, Susanne: *Vordenker der Vernichtung.* Auschwitz und die Pläne für eine neue europäische Ordnung, Hamburg 1991, S. 91ff.

3   Siehe dazu vor allem Haar, Ingo: *Historiker im Nationalsozialismus.* Deutsche Geschichtswissenschaft und der „Volkstumskampf" im Osten, Göttingen 2000. Sowie ders.: *Die Genesis der „Endlösung" aus dem Geiste der Wissenschaften.* Volksgeschichte und Bevölkerungspolitik im Nationalsozialismus. In: ZFG 49 (2001), S. 13-31. Jedoch neigt Haar zu einer extensiven, von Überspitzungen und Fehlinterpretationen nicht freien Auslegung der spärlichen Quellen. So hat er unter anderem eine Rundfunkrede von Hans Rothfels fälschlich als eine Akklamation für Adolf Hitler gedeutet (S. 129f.). Gemeint war hingegen Hindenburg. Winkler, Heinrich August: *Hans Rothfels – Ein Lobredner Hitlers?* In: VFZG 49 (2001), S. 643-652. Dazu jüngst auch die Entgegnung Haars in VFZG 50 (2002), S. 497-505. Siehe auch Haar: Historiker im Nationalsozialismus, S. 237f. Für die unakzeptable Ausdeutung einer Rezension Schieders über Otto Hoetzsch, vgl. Mommsen, Wolfgang J.: *Vom „Volkstumskampf" zur nationalsozialistischen Vernichtungspolitik in Osteuropa.* Zur Rolle der deutschen Historiker unter dem Nationalsozialismus. In: Schulze/Oexle: Deutsche Historiker, S. 183-214, hier S. 211, Anm. 14.

haben, teilweise aber auch, weil sie sich aus gegenwärtiger Perspektive als weit schwerwiegender darstellen als in den 50er Jahren.

Zunächst sollte man nicht übersehen, dass die historische Profession in ihrer übergroßen Mehrheit unterschiedlich weit reichende Konzessionen an den Zeitgeist gemacht hat und die Zahl derer, die wirklich als kompromisslose Gegner des Nationalsozialismus gelten können, außerordentlich gering gewesen ist. Selbst Gerhard Ritter, der dank seiner dezidiert nationalkonservativen Einstellung und seiner tief religiösen Überzeugungen gegenüber dem Sog der nationalsozialistischen Ideologie in hohem Maße immunisiert war und der es wiederholt auf mehr oder minder offene Konfrontationen mit dem Regime hat ankommen lassen, hat, wie die neuere Untersuchung von Christoph Cornelißen zeigt, gleichwohl immer wieder partielle Kompromisse mit den Machthabern geschlossen.[4] Durch jüngere Untersuchungen ist das ältere Bild des Verhältnisses der deutschen Geschichtswissenschaft zum Nationalsozialismus grundlegend verändert worden.[5] Gestützt auf die Arbeiten von Helmut Heiber und Karl Ferdinand Werner sowie die Selbstzeugnisse der betroffenen Historiker galt es lange als gesicherter Befund, dass die historische Zunft die Versuche einer Gleichschaltung jedenfalls der neueren und neuesten Geschichte, die durch Walter Frank und sein „Reichsinstitut für Geschichte des neuen Deutschland" unternommen worden waren, im wesentlichen erfolgreich abgewehrt habe, obwohl es mannigfaltige Konzessionen, namentlich die Berücksichtigung rassischer Geschichtsinterpretationen und eine regimekonforme Behandlung der „Judenfrage" gegeben habe, auch in der mit einigem Erfolg gleichgeschalteten „Historischen Zeitschrift". Ebenso habe die Ausschaltung von Friedrich Meinecke und Hermann Oncken, der sich in zwei mutigen Vorträgen dem Zeitgeist entgegengestellt hatte,[6] nicht verhindert werden können. Im Großen und Ganzen aber habe die Zunft gegenüber den Zumutungen der Nationalsozialisten, wenn auch vielfach mit verbalen Anbiederungen an das Regime, ihre Eigenständigkeit behaupten können. Demgegenüber ist inzwischen deutlich geworden, dass die Bereitschaft, sich wenigstens zu Teilen der nationalsozialistischen Ideologie anzupassen, schon in der zweiten Hälfte der 30er Jahre erheblich stieg, ja mehr noch, dass die große Mehrzahl der Historiker sich dem Sog des Zeitgeistes immer weniger entziehen konnte, zumal dann, wenn Karrieregesichtspunkte hinzutraten. Außerdem ist unübersehbar, dass nach dem Ausbruch des 2. Weltkrieges ein neuer Schub der Annäherung an das Regime einsetzte. Dabei spielte die Vermengung nationaler Gesinnung, die im deutschen Geschichtsbild immer schon einen hohen Stellenwert gehabt hatte, mit nationalsozialistischen Positionen eine wichtige Rolle; auch dezidierte Gegner des Regimes, und davon gab es nicht allzu viele, vermochten sich eine Niederlage des nationalsozialistischen Deutschlands nicht herbeizuwünschen, obschon dies bei nüchterner Analyse der Dinge nur logisch gewesen wäre, im Unterschied zu jenen, die in die Emigration gegangen bzw. in diese gezwungen worden waren. Der sog. „Kriegseinsatz der deutschen Wissenschaft", der im 2. Weltkrieg unter der Führung von Karl Brandi und Theodor Mayer in die Wege geleitet wurde, kulminierte in einer fortschreitenden Erosion der noch bestehenden Barrieren zwischen der Historikerschaft und dem nationalsozialistischen Regime. Eine wachsende Zahl von Historikern war aufgrund ihrer subjektiven Überzeugung in das nationalsozia-

---

4   Cornelißen, Christoph: *Gerhard Ritter. Ein Historiker im 20. Jahrhundert*, Düsseldorf 2001.
5   Vgl. Heiber, Helmut: *Walter Frank und sein Reichsinstitut für Geschichte des neuen Deutschlands*, Stuttgart 1966; Werner, Karl Ferdinand: *Das NS-Geschichtsbild und die deutsche Geschichtswissenschaft*, Stuttgart u.a. 1967; Schönwälder, Karen: *Historiker und Politik*. Geschichtswissenschaft im Nationalsozialismus, Frankfurt a.M. 1992; Wolff, Ursula: *Litteris et Patriae*. Das Janusgesicht der Historie, Stuttgart 1996; Lehmann, Hartmut/Horn Melton, James van (Hrsg.): *Paths of Continuity*. Central European Historiography from the 1930s to the 1950s, Cambridge 1994; Schreiner, Klaus: *Führertum, Rasse, Reich*. Wissenschaft von der Geschichte nach der nationalsozialistischen Machtergreifung. In: Peter Lundgreen (Hrsg.): Wissenschaft im Dritten Reich, Frankfurt a.M. 1985, S. 163-252.
6   Vorträge Hermann Onckens vom 20.12.1934 und 10.1.1935 in der Preußischen Akademie der Wissenschaften, auszugsweise abgedruckt in der DAZ v. 13.1.1935, abgedruckt unter dem Titel *Wandlungen des Geschichtsbildes in revolutionären Epochen*. In: HZ 189 (1959), S. 124-138.

listische Lager übergegangen und kritisierte unter dem Banner der „kämpfenden Wissenschaft" den angeblich altväterlichen Historismus der Zunft. Es ist unstrittig, dass in Westdeutschland nur ein Bruchteil dieser letzteren Historiker im Zuge der sog. Entnazifizierung
seine Lehrstühle verlor, aber späterhin zu einem großen Teil wieder in Amt und Würden ge-
langte.

Davon abgesehen entwickelten sich zahlreiche Bereiche der Affinität zwischen historischer
Forschung und nationalsozialistischer Ideologie, die, ohne direkt als nationalsozialistisch klas-
sifiziert werden zu können, den weltanschaulichen Positionen des Regimes entgegenkamen.
Ein prononciertes Beispiel ist Otto Brunners neue Deutung der mittelalterlichen Geschichte.
Sie betonte die eigenständige Rolle der aus den Tiefen der Gesellschaft heraufkommenden
politischen Kräfte und trat der traditionellen liberalen Deutung geschichtlicher Prozesse, die
sich vor allem am Staate orientierte, wirkungsvoll entgegen.[7] Diese Theorie gab insoweit nationalsozialistischen Vorstellungen, welche die Volksbewegungen dem Handeln des Staates
vorordneten, Flankenschutz. Auch Theodor Mayers berühmte Theorie vom „Personenver-
bandsstaat" ließ sich gut dazu verwenden, die uneingeschränkte Machtstellung des Herrschers
bzw. des „Führers" gegenüber traditionellen, am Staate und an der Rechtsordnung orientierten Deutungen der Politik zu legitimieren. Analoges wird man von den großdeutschen Interpretationen der deutschen Geschichte sagen können, die, mit Heinrich von Srbik als ihrem
großen Mentor, seit der Mitte der 20er Jahre in Mode gekommen waren und die herkömmliche „kleindeutsch" orientierte Geschichtsschreibung liberaler oder auch konservativer Obser-
vanz in die Defensive drängten. Vor allem aber konnte Hitler in den ersten Jahren seines Regimes die geballte Kraft der seit Anfang der 20er Jahre betriebenen Kampagne der deutschen
Historikerschaft gegen den Vertrag von Versailles und für die Wiedererrichtung eines macht-
vollen Deutschen Reiches in Mitteleuropa für sich und die NSDAP nutzen, innenpolitisch
und dann auch auf außenpolitischem Felde.

Noch ungleich bedeutsamer war, dass ein wachsender Teil der Historikerschaft unter dem
Einfluss der politischen Gegebenheiten der 20er und frühen 30er Jahre seine grundlegenden
Denkkategorien modifizierte: Nicht der Nationalstaat, schon gar nicht der durch die Bestimmungen der Pariser Vorort-Verträge angeblich tödlich amputierte Weimarer Staat, sondern
das „Volk" wurde nun zur Leitidee der historischen Forschung erhoben und zugleich zu einem Instrument der Legitimierung territorialer Revisionsansprüche in Ost und West gemacht,
die sich prinzipiell weit über die 1914 bestehenden territorialen Verhältnisse hinaus erstreck-
ten. Vor allem die Historiker der jüngeren Generation wurden von diesem Neuansatz angezogen, der ungemein zukunftsweisend schien. Aber auch die Großen des Fachs griffen diese
Tendenzen auf. Kurt von Raumer beispielsweise erklärte 1938 in einem Vortrag in Saarbrücken, in der Geschichtsauffassung habe sich eine „Kopernikanische Wendung" von der
Staatsgeschichte zur Volksgeschichte vollzogen.[8] Analog bekannte sich auch Karl Alexander
von Müller, der zu den wenigen Historikern gehörte, die sich schon vor der Machtergreifung
dem Nationalsozialismus angenähert hatten, schon 1933 zum „Volkscharakter", welcher der
deutschen Geschichtsschreibung als leitender Gesichtspunkt zu dienen habe, im Sinne einer
Spannung zwischen einer im Volkstum und in der Rasse angelegten besonderen Schöpferkraft
und deren unzureichender Realisierung im (nationalen) Machtstaat.[9] Ihre ideologischen Wurzeln hatte diese neue Denkform vor allem bei Max Hildebert Boehm, Moeller van den Bruck
und anderen Denkern der nationalkonservativen Rechten. Sie richtete sich gegen die angeblich
materialistische kapitalistische Kultur des Westens, durch welche alle natürlichen Ordnungen

---

7   Brunner, Otto: *Land und Herrschaft*. Grundfragen der territorialen Verfassungsgeschichte Südost-
     Deutschlands im Mittelalter, Leipzig u.a. 1939; zu Brunner siehe Algazi, Gadi: *Otto Brunner. Konkrete Ord-
     nung und Sprache der Zeit*. In: Peter Schöttler (Hrsg.): *Geschichte als Legitimationswissenschaft*, Frankfurt a.M.
     1997, S. 166-203.
8   Zit. bei Schönwälder: Historiker, S. 112.
9   Ebd., S. 118.

zersetzt und die gesellschaftliche Ordnung atomisiert würden. Ihre theoretische Abstützung erhielt sie unter anderem durch Hans Freyer, der, wie es in Hans Zehrers „Tat" hieß, die „theoretische Grundlage für die Soziologie als praktische Wissenschaft des Volkes" gelegt habe.[10]

Die Volkstumsforschung war anfänglich eine Domäne vor allem der Geographen. Sie geht in ihren Ansätzen bis in das späte 19. Jahrhundert, insbesondere auf Ernst Hasse und Friedrich Ratzel, zurück, erhielt dann aber in den 20er Jahren eine dramatische politische Aufladung. Ihr vornehmster Repräsentant war Albrecht Penck, der den Begriff des deutschen „Volks- und Kulturbodens" prägte, in dem sprachliche, ethnische und kulturelle, namentlich aber siedlungsgeographische Kriterien zu einem Konglomerat verschmolzen waren. Dies sollte als Argument für die Reklamierung weiter Gebiete im Osten für das Deutsche Reich weit über die Grenzen von 1914 hinaus dienen.[11] Nicht die Sprache und die Abstammung bzw. der ethnische Charakter der Individuen und Gruppen und schon gar nicht die subjektive Option des Einzelnen sei für die Zugehörigkeit zur deutschen Volksgemeinschaft maßgeblich, sondern ebenso objektive Kriterien wie die Siedlungsstruktur und bestimmte Arbeits- und Lebensformen zumal der ländlichen Gesellschaft.

Dabei war die Überzeugung maßgebend, dass die deutsche Volksgruppe im Zuge eines mehr als tausendjährigen Siedlungsprozesses weite Regionen des Ostens spezifisch durch deutsche Kultur und Lebensart geprägt habe, auch dort, wo eine unmittelbare Verbindung zu Deutschland im Bewusstsein der Betroffenen verloren gegangen sei. Die deutschen Sprachinseln in Ostmitteleuropa wurden aus dieser Perspektive als Pfeiler des deutschen Siedlungs- und Kulturbodens betrachtet, der sich als solcher weit über die Sprachgrenzen hinaus erstreckte, mit im Einzelnen unscharfen Abgrenzungen, und als solcher große Teile Ostmitteleuropas umfasste, bedingt durch die ethnisch durchmischte Siedlungs- und Bevölkerungsstruktur des osteuropäischen Raumes. Die Sprachgrenzen waren nach Ansicht der Theoretiker des „Volks- und Kulturbodens" notwendigerweise fließend und dem Wandel der Zeit unterworfen. Aus dieser gleichsam fundamentalistischen Sicht erschienen die staatlichen Gegebenheiten ebenso wie die politischen Grenzziehungen nachrangig. Geschichte war im wesentlichen Volkskampf, der den Niedergang, ja die Auslöschung originären Volkstums ebenso kennt wie den Aufstieg von kulturell wie wirtschaftlich leistungsfähigeren Völkern. In der „Stiftung für deutsche Volks- und Kulturbodenforschung" in Leipzig fand diese neue, zunehmend politisch aggressive Volkskulturforschung eine institutionelle Stütze und mit der Herausgabe des Handwörterbuchs des Grenz- und Auslandsdeutschtums ein wirksames publizistisches Organ.[12] Die vergleichsweise gemäßigteren Bestrebungen des Vereins zur Förderung des Deutschtums im Ausland wurden in den 20er und frühen 30er Jahren mehr und mehr in den Sog dieser radikalen, nationalkonservativen Strömungen hineingezogen.

Im Zuge ihrer Frontstellung gegen den Versailler Vertrag griffen viele jüngere Historiker diese Tendenzen ihrerseits auf, wenn auch mit im Einzelnen durchaus unterschiedlichen Zielvorstellungen. Dazu gehörten unter anderen auch Werner Conze, Theodor Schieder und in besonderem Maße Hermann Aubin. Hier schien sich ein vielversprechender Neuansatz für eine in ihrem Kern nationalpolitisch ausgerichtete Historiographie zu bieten, welche über die bisherige, an der Bismarckschen Tradition orientierte Geschichtsschreibung hinaus gehen könne. Insbesondere für Schieder und Conze, aber in gewissem Maße für die Historikerschaft in ihrer Gesamtheit, sofern sie in diesen Gegenstandsbereichen arbeitete, wurden die Argumente von Hans Rothfels wegweisend. Rothfels hatte das sogenannte System von Versailles, das im Grundsatz, wenn auch nicht immer in der konkreten Umsetzung auf dem Prinzip der

---

10 Oberkrome, Willi: *Volksgeschichte*. Methodische Innovation und völkische Ideologisierung in der deutschen Geschichtswissenschaft 1918-1945, Göttingen 1993, S. 98.
11 Dazu allgemein Burleigh, Michael: *Germany turns Eastwards*. A Study of Ostforschung in the Third Reich, Cambridge u.a. 1988.
12 Vgl. Fahlbusch, Michael: *„Wo der deutsche ... ist, ist Deutschland!"*. Die Stiftung für Volks- und Kulturbodenforschung in Leipzig 1920-1933, Bochum 1994, S. 49ff.

nationalen Selbstbestimmung beruhte, als rundweg unanwendbar auf die osteuropäischen Verhältnisse angegriffen.[13] Das Selbstbestimmungsprinzip sei der „besonderen, namentlich aus der mittelalterlichen Kolonisation gewachsenen Wesenheit des Ostens, der nicht nach den Maßstäben des europäischen Westens beurteilt sein will", in keiner Weise angemessen: „Der Nationalstaat im westeuropäischen Sinne mußte hier zur wirklichkeitsfremden und lebensfeindlichen Theorie werden."[14] Rothfels trug diesen seinen Standpunkt von der grundsätzlichen Verfehlung der Regelungen von Versailles unter anderem auf dem Historikertag von 1932, auf dem die osteuropäischen Fragen prominent behandelt wurden, mit großer Wirkung auf die Teilnehmer vor und verlieh ihm eine zusätzliche Abstützung, indem er nachzuweisen bemüht war, dass Bismarck im europäischen Osten niemals eine nationalstaatliche Lösung angestrebt habe. Grundsätzlich befürwortete Rothfels durchaus eine Verständigung mit der polnischen Nation, aber der 1919 neugeschaffene integrale polnische Nationalstaat in den Grenzen von 1772 war für ihn, wie für die übergroße Mehrheit der Historiker seiner Generation, inakzeptabel. Seine Vision war die Wiederherstellung der Vormachtstellung der Deutschen in Mittel- und Osteuropa durch Etablierung einer übernationalen Staatsordnung unter deutscher Führung. Es ist in diesem Zusammenhang bedeutsam, sich über die Definition der Nation klar zu werden, die Rothfels seinen Argumenten zugrunde legte. Nicht nur ethnische und sprachliche, sondern auch kulturelle und nicht zuletzt subjektive, auf die persönliche Entscheidung des Einzelnen gründende Kriterien waren dabei maßgebend; die Möglichkeit der Assimilation oder Dissimilation von Minderheiten war ausdrücklich offengehalten. Die „natürliche" und die „willensmäßige Nationalität" seien gleichermaßen gültige Varianten nationaler Orientierung in den ethnisch gemischten Regionen Osteuropas.[15] Im Kern war dies ein durchaus offener Nationsbegriff, der grundsätzlich eine friedliche Lösung der Nationalitätenkonflikte in Osteuropa ermöglicht hätte. Unter den obwaltenden Umständen wurde er freilich nicht zuletzt von ihm selbst in durchaus offensiver Weise in den tagespolitischen Kampf eingebracht. Die Universität Königsberg, an der Hans Rothfels lehrte, wurde zu einem Zentrum der nationalpolitischen Auseinandersetzungen über die Zukunft Ostmitteleuropas, und Breslau, wo Hermann Aubin seine Professur innehatte, zu einem zweiten.

Insbesondere Theodor Schieder, der gerade eben in München bei Karl Alexander von Müller promoviert hatte, wurde von Rothfels Thesen angezogen.[16] Er, wie auch Werner Conze, gehörten der Akademischen Gilde an, die schon seit Jahren den „Volkskampf" im Osten auf ihre Fahnen geschrieben hatte und zur Weimarer Ordnung in einem scharfen Gegensatz stand. Sie kultivierte ausgeprägt nationalkonservative Auffassungen in der Nachfolge Möllers van den Bruck. Rothfels' Idee einer übernationalen Gestaltung der politischen Verhältnisse in Ostmitteleuropa unter deutscher Führung berührte sich mit Schieders, damals allerdings noch wenig geformten, politischen Auffassungen. Ebenso war der Begriff des Volkes, wie ihn Schieder in einem frühen Aufsatz „Vom politischen Wesen der Gilde" erstmals formuliert hat, jenem bei Rothfels verwandt; nicht die ethnischen, sondern die kulturellen Komponenten standen dabei im Vordergrund und ebenso das Junktim der geistigen Führung der breiten

---

13 Zu Hans Rothfels siehe die jüngst erschienene Abhandlung von Roth, Karl Heinz: *Hans Rothfels*. Geschichtspolitische Doktrinen im Wandel der Zeiten. Weimar, NS-Diktatur, Bundesrepublik. In: ZfG 49 (2001), S. 1061-1072, die mir freilich in der Beurteilung von Rothfels' Deutung der Sozialpolitik Bismarcks über das Ziel hinaus zu schießen scheint.

14 Rothfels, Hans: *Das Problem des Nationalismus im Osten*. In: Ders.: *Ostraum, Preußentum und Reichsgedanke*. Historische Abhandlungen, Vorträge und Reden, Leipzig 1935, S. 183. Vgl. ferner Mommsen: „Volkstumskampf", S. 184.

15 Rothfels, Hans: *Der Vertrag von Versailles und der deutsche Osten*. In: BERLINER MONATSHEFTE 12 (1934), S. 3-24, hier S. 4.

16 Zu Schieder u. a. Gall, Lothar: *Theodor Schieder 1908-1984*. In: HZ 241 (1985), S. 1-25; Mommsen, Wolfgang J.: *Vom Beruf des Historikers in einer Zeit des beschleunigten Wandels*. Das historiographische Werk Theodor Schieders. In: Andreas Hillgruber (Hrsg.): Vom Beruf des Historikers in einer Zeit des beschleunigten Wandels, München 1985, S. 33-59.

Masse durch kleine Gruppen von intellektuellen Eliten, die politischen Parteien einschließlich der NSDAP ebenso wie das System des Parlamentarismus wurden hingegen strikt abgelehnt. Vielleicht schärfer noch war der Kampf gegen das System von Versailles. Schieders dezidiert ablehnende Haltung verstärkte sich im Zuge des intensiven Studiums der Abstimmungen vom Jahre 1920 noch mehr.

Vielleicht stärker noch wurde der damals ebenfalls in Königsberg studierende Werner Conze in den Sog der „Volkstumskampf"-Forschung hineingezogen, der sich in Königsberg unter aktiver Beteiligung von Hans Rothfels ausgebildet hatte.[17] Wesentlich unter dem Einfluss des Soziologen Gunther Ipsen, der sich voll der neuen Volkstumsforschung verschrieben und dieser eine theoretische Legitimierung zu verleihen gesucht hatte, widmete er sich in einer Kombination von politischen, sozialgeschichtlichen und statistischen Methoden dem Studium der deutschen Sprachinsel Hirschenhof.[18] Conze machte sich dabei uneingeschränkt die romantisierende Sicht Ipsens von der traditionellen bäuerlichen Gesellschaft deutscher Prägung zu Eigen, die gleichsam den Idealtypus einer „heilen", nicht durch Kapitalismus und Gewinnsucht verdorbenen ländlichen Gesellschaft repräsentiere. In seiner Habilitationsschrift „Agrarverfassung und Bevölkerung in Litauen und Weißrußland, 1. Teil: Die Hufenverfassung im ehemaligen Großfürstentum Litauen", die 1940 erschien, fanden diese sozialgeschichtlichen Studien, die sich insbesondere mit der traditionellen Agrarverfassung und ihrer Rückwirkung auch auf die ethnischen Strukturen befassen, eine Fortsetzung.

Beide, Conze wie Schieder, kamen von einer nationalkonservativen Position her, die zwar das Weimarer System leidenschaftlich ablehnte, aber gleichermaßen im Gegensatz zu der, aus ihrer Sicht plebejischen Massenbewegung des Nationalsozialismus stand. Aber im Zuge der Entwicklung näherten sie sich schrittweise nationalsozialistischen Positionen. Dabei spielte eine Rolle, dass Albert Brackmann, der Generaldirektor der preußischen Archive und der institutionell wohl einflussreichste deutsche Historiker jener Jahre, mit guten Verbindungen auch zu den preußischen Staatsbehörden, seit 1932 ein weitgespanntes Netzwerk zum Zwecke des wissenschaftlichen Kampfes gegen den neuen polnischen Staat und die diesen legitimierende polnische Wissenschaft aufzubauen begann.[19] Brackmann gab dabei die Devise aus, die Methoden dieses Kampfes müssten wissenschaftlicher Art sein, das „Endziel" aber sei „ein im weitesten und besten Sinne politisches".[20] Diese Arbeiten mussten allerdings nach dem Abschluss des deutsch-polnischen Nichtangriffspaktes 1934 zeitweilig im Halbdunkel betrieben werden, da nunmehr in der deutschen Öffentlichkeit offiziell Angriffe auf den polnischen Staat unterbleiben mussten. Daraus ging dann bekanntlich die sogenannte Nord- und Ostdeutsche Forschungsgemeinschaft (NOFG, späterhin Nordostdeutsche Forschungsgemeinschaft) hervor. Während die Zentrale, welche sich zur Verschleierung ihrer Zweckbestimmung bescheiden „Publikationsstelle" nannte, in Berlin am Preußischen Geheimen Staatsarchiv errichtet wurde, schuf man an den „Frontstädten" des „Volkstumskampfes", so insbesondere in Posen, Königsberg und Breslau, sogenannte Arbeitsstellen, welchen die Sammlung von Quellen und Material für den Volkstumskampf gegen Polen sowie von Fall zu Fall die Versorgung der jeweiligen Staatsbehörden mit einschlägigen Informationen vor allem über die nationale Differenzierung der Bevölkerungsstrukturen übertragen wurde.[21]

---

17 Zu Conze siehe insbesondere Koselleck, Reinhart: *Werner Conze*. Tradition und Innovation. In: HZ 245 (1987), S. 529-543, sowie Schieder, Wolfgang: *Sozialgeschichte zwischen Soziologie und Geschichte*. Das wissenschaftliche Lebenswerk Werner Conzes. In: GuG 13 (1987), S. 244-266; Zorn, Wolfgang: *Werner Conze zum Gedächtnis*. In: VJSWG 73 (1986), S. 153-157.

18 Conze, Werner: *Hirschenhof*. Die Geschichte der deutschen Sprachinsel in Livland, Berlin 1934, Neudruck 1963.

19 Zu Brackmann siehe u.a. Burleigh, Michael: *Albert Brackmann (1871-1952) Ostforscher*. The Years of Retirement. In: JOURNAL OF CONTEMPORARY HISTORY 23 (1988), S. 573-588.

20 Zitiert bei Volkmann, Hans-Erich: *Historiker aus politischer Leidenschaft*. Hermann Aubin als Volksgeschichts-, Kulturboden- und Ostforscher. In: ZFG 49 (2001), S. 32-49, hier S. 35.

21 Zu Aubins Aktivitäten als führender Ostforscher zusammenfassend Volkmann: Historiker.

An der Universität Breslau fiel dies dem schon seit 1929 bestehenden Institut für geschichtliche Landeskunde unter Leitung von Hermann Aubin zu, das in der Folge besonders große Aktivität entfaltete. Aubin sah es als eine tiefempfundene Aufgabe an, durch entsprechende Forschungen zur Geschichte Ostmitteleuropas und insbesondere Schlesiens die historische Legitimation der polnischen Herrschaft in den verlorenen Gebieten im Osten in Zweifel zu ziehen und umgekehrt die Rückgewinnung der verlorenen Territorien im Osten historiographisch mit den Methoden der „Kultur- und Volksbodenforschung" vorzubereiten. Im Zuge dieser Aktivitäten wurde Aubin, teilweise unter dem Einfluss Rudolf Kötzschkes, immer stärker in eine rassistische Richtung gedrängt, die sich nicht nur auf die fortschreitende Denationalisierung der slawischen Bevölkerung in den ehemals zum Deutschen Reich gehörenden Gebieten richtete, sondern darüber hinaus die Erweiterung des „deutschen Lebensraums" im Osten mit Gewaltmaßnahmen ins Auge fasste.

Für die Leitung der Arbeitsstelle in Königsberg, die sich euphemistisch „Landesstelle Ostpreußen für Landesgeschichte" nannte, wurde dann bekanntlich Theo(dor) Schieder gewonnen, der damals 31 Jahre und stellenlos war und die Chance wahrnahm, auf diese Weise eine Basis für die Fertigstellung seiner Habilitation zu erhalten. Diese sollte nach Schieders damaliger Aussage „der geistigen Vorbereitung und Grundlegung deutscher Ostgeschichte der Nachkriegszeit" (d.i. der 20er und 30er Jahre) dienen. In der Folge hat Schieders Arbeitsstelle dann offenbar zur vollen Zufriedenheit Brackmanns operiert. Damals stand die Sammlung von Material und die Erhebung von Daten über die Bevölkerungsverhältnisse im Vordergrund, nicht die Vorlage größerer Publikationen. Allerdings nahm Schieder selbst die Gelegenheit wahr, eine Geschichte des Deutschtums in den ostpreußischen Regionen in Angriff zu nehmen, die eine Kombination von politischen und ideengeschichtlichen Methoden zugrunde legte, aber nicht eigentlich sozialgeschichtlich arbeitete.

Die aus jenen Jahren stammenden kleineren Schriften weisen Schieder als strammen Nationalkonservativen und Gegner des demokratischen „Systems von Weimar" aus, nicht aber als Propagandist des Nationalsozialismus. Aber es kann kein Zweifel bestehen, dass er die Machtergreifung des Nationalsozialismus unter dem Gesichtspunkt der Rückgewinnung verlorenen deutschen Bodens entschieden begrüßt hat. Erst 1940 war dann explizit von „einer neuen Volksgesinnung und Volksidee" die Rede, „wie sie jetzt die nationalsozialistische Revolution geschaffen und zum gültigen Gesetz für das deutsche Volk erhoben" habe. Es sei nicht mehr das liberale Selbstbestimmungsrecht von 1919, das – wie die Erfahrung gelehrt habe – „doch nur zur Vergewaltigung von Volkstum durch die in der Mehrheit befindlichen Staatsvölker geführt hat. Es ist die Idee von der unauflöslichen, alle Klassen und Stämme umfassenden Einheit des Volkes, das fremdes Volkstum achtet, weil es das eigene liebt. Nur hieraus kann die Ordnung erwachsen, die nicht auf gegenseitigem Haß und dem Willen zur völkischen Vernichtung und Entnationalisierung, sondern auf der Gerechtigkeit für alle Völker gegründet ist".[22] Diese Passagen erinnern an Hans Rothfels und dürften Schieders damaligen Standpunkt zutreffend wiedergeben.

Wie verträgt sich dies freilich mit dem Inhalt der sog. Schieder-Denkschrift, oder genauer, der „Aufzeichnung über Siedlungs- und Volkstumsfragen in den wiedergewonnenen Ostprovinzen" vom 4.-7. Oktober 1939? Der Hintergrund der Dinge war, dass den Historikern der NOFG mit dem überraschend schnellen Sieg der Reichswehr über Polen die Felle wegzuschwimmen drohten. Ihre inzwischen einigermaßen etablierte Rolle als Berater der Reichsbehörden in Fragen der Siedlungspolitik und der territorialen Neuordnung im Osten drohte nun obsolet zu werden. Wie inzwischen nachgewiesen worden ist, kam der eigentliche Anstoß zur Abfassung dieser Denkschrift, die den Reichsbehörden die Ergebnisse von einem Jahrzehnt osthistorischer Forschungen zur Siedlungsfrage vorstellen sollte, von Hermann Aubin, der

22   Schieder, Theodor: *Zum 20. Jahrestag der Volksabstimmung in Ost- und Westpreußen.* In: MASURISCHER VOLKS-
     KALENDER (1940), S. 43.

von der Sorge erfasst wurde, dass die Forschungsergebnisse und mehr noch die politischen Zielvorgaben der NOFG angesichts des raschen Wechsels der Verhältnisse nach dem Ende des Polenfeldzuges nicht mehr angemessene Berücksichtigung finden würden.[23] So wurde eilends eine Arbeitssitzung in Breslau einberufen, auf welcher die Fragen der künftigen Neuordnung in Polen erörtert wurden und an welcher Schieder als (einziger) Abgesandter der Berliner Zentrale teilnahm; ihm wurde in der Folge dann der Auftrag erteilt, auf der Grundlage der Ergebnisse der Breslauer Beratungen, aber unter Einbeziehung der in Berlin verfügbaren Daten und Informationen, eine solche Denkschrift auszuarbeiten.

Dies hat Schieder dann (noch in Berlin) vom 4.-7. Oktober 1939 getan und das Papier, als Entwurf, dem Leiter der Publikationsstelle zugeleitet.[24] Die Radikalität des Programms ist erschreckend. Es fasste Bevölkerungsbewegungen – sprich Vertreibungen – allergrößten Ausmaßes ins Auge und sprach kühl von der „Entjudung Restpolens" – also nicht nur der einzudeutschenden Gebiete. Offenbar war in diese Denkschrift die inzwischen eingetretene Radikalisierung des Forschungsprogramms der NOFG eingegangen, die nicht mehr nur auf die Stärkung der deutschen Siedlungsgebiete und Volksinseln und die Rückwärtsrevidierung der Umsiedlungsmaßnahmen der frühen 20er Jahre gerichtet war, sondern auf die Umsetzung des radikalen Programms der Rückgewinnung des sog. deutschen Volks- und Kulturbodens zumindest bis zu den Grenzen von 1914. Gleichzeitig aber wurde nun das damit eigentlich unverträgliche Postulat der Herstellung eines ethnisch möglichst homogenen deutschen Siedlungsraums im Osten aufgestellt, was unvermeidlich Umsiedlungsmaßnahmen – *ethnic cleansing* – gewaltigen Umfangs erfordert haben würde.

Strittig ist hingegen, ob und in welchem Umfang die Denkschrift die persönlichen Auffassungen Schieders repräsentiert oder eher jene der Teilnehmer an der Breslauer Besprechung. Ich habe an anderer Stelle dargelegt, dass sich Schieders Position wohl eher in der gemäßigteren der beiden Varianten findet, die eine grundlegende Revision der Entwicklungen nach 1919 zum Ziele hatte und insoweit als relative Rechtfertigung umfänglicher Umsiedlungsmaßnahmen diente, die die Vertreibung der Polen einschließlich der polnischen Juden sowie die Ansiedlung von deutschen Bauern teils als Rücksiedlung, teils als Umsiedlung der Russlanddeutschen umfasste, wie sie soeben von Hitler als Ziel der deutschen Politik proklamiert worden war.[25] In diesem Zusammenhang taucht auch die schon von Ludendorff während des Ersten Weltkrieges ventilierte Idee der Schaffung einer deutschbesiedelten „Volksbrücke" wieder auf, welche die künftig dem Reich zuzuschlagenden Gebiete von „Restpolen" isolieren sollte, vergleichbar den von den österreichischen Herrschern im 17. Jahrhundert geschaffenen Militärgrenzen. Mit dieser Thematik hatte sich Schieder bereits in anderem Zusammenhang beschäftigt.[26]

Indirekt erscheinen hier auch Gesichtspunkte, wie sie gleichzeitig Werner Conze, der damals ein Stipendium der NOFG für seine agrargeschichtlichen Studien im Ostraum innehatte, vertreten hatte, nämlich der Notwendigkeit der Schaffung einer „gesunden Volksordnung", m.a.W. stabiler ländlicher Siedlungsverhältnisse unter Beseitigung der bestehenden Überbevölkerung einschließlich der „Herauslösung" der polnischen Juden aus den Städten im „polnischen Reststaat". Insgesamt wurde hier in Umrissen ein umfassendes Programm der Eindeutschung großer Teile Polens vorgestellt, das gewaltsame Umsiedlungsmaßnahmen größten Ausmaßes vorsah und mit der Vertreibung der polnischen Juden als einer bereits beschlossenen Maßnahme rechnete. Das Programm markierte einen scharfen Bruch mit den bisherigen Strategien der deutschen Volkstumspolitik im Osten, so wie die Forschungsstellen sie propa-

---

23   Vgl. Volkmann: Historiker, S. 37.
24   Ebbinghaus, Angelika/Roth, Karl Heinz: *Vorläufer des „Generalplans Ost"*. Eine Dokumentation über Theodor Schieders Polendenkschrift vom 7. Oktober 1939. In: 1999 7 (1992), S. 62-94.
25   Vgl. Mommsen: „Volkstumskampf", S. 200-203.
26   Vgl. die Belege bei Aly: Theodor Schieder, S. 170f.

giert hatten, und kam den radikalen Planungen der SS und des RSHA weit entgegen. Was Theodor Schieder selbst angeht, so ließ es sich mit seiner ansonsten nachweisbaren Vision eines deutsch geführten Reiches oberhalb der Nationalitäten bzw. „Volksgruppen" im Osten schwerlich vereinbaren.

Es ist umstritten, welcher Stellenwert dieser Denkschrift in den damaligen politischen Entscheidungsprozessen zuzumessen ist. Klar ist, dass ihre unmittelbare Wirkung gering war; die Publikationsstelle leitete die „Vorläufige Ausarbeitung", die noch geringfügig ergänzt worden war, während von der Erstellung einer ausführlichen Fassung ganz Abstand genommen wurde, nur den zuständigen „zivilen" Reichsstellen zu, mit denen man ohnehin in Verbindung gestanden hatte. Man verzichtete darauf, den weiteren Gang der Entscheidungen unmittelbar oder auch nur mittelbar beeinflussen zu wollen, übrigens zur Frustration vor allem von Hermann Aubin, der freilich auch weiterhin bemüht war, die Ziele der historiographisch untermauerten „Umvolkungspolitik" gegenüber den Behörden zu vertreten und auch dem Generalgouverneur Hans Frank nahezubringen. Tatsache bleibt, dass nun eindeutig rassistisch argumentierende Historiker wie Peter-Heinz Seraphim und Otto Resche in den Vordergrund traten, während die nationalkonservativen Mitglieder der NOFG an Einfluss verloren. Allerdings wurde von ihren Arbeitsstellen auch weiterhin den zuständigen Instanzen, und dazu gehörte im Osten die SS, statistisches Material über die Siedlungsstrukturen zugeliefert, auch von Theodor Schieders Arbeitsstelle für Landesgeschichte Ostpreußens.[27] Von substantiellen Vorarbeiten für den „Generalplan Ost" kann jedoch ernstlich nicht die Rede sein; und ebenso geht die These, dass die Informationen der Arbeitsstellen für die Gestaltung der späterhin erstellten deutschen Volksliste unmittelbar bedeutsam gewesen seien, an den Tatsachen vorbei.

Aber auch wenn dies alles gesagt ist, bleibt zurück, dass Aubin, Schieder und Conze sich dazu hergegeben haben, wenn auch nur indirekt, als Schildknappen des NS-Regimes zu agieren. Götz Aly hat diesen Sachverhalt in denkbar scharfer Form artikuliert: „Beide [d.s. Schieder und Conze] haben auf ihre Weise und professionell – als gut ausgebildete Historiker eben – am Menschheitsverbrechen Holocaust mitgewirkt."[28]

Dieses harte Urteil über Theodor Schieder und Werner Conze läßt sich nach allem keineswegs ohne weiteres entkräften. Allerdings wird man das Ausmaß ihres Engagements für den Nationalsozialismus insgesamt geringer einschätzen müssen, als dies beispielsweise Götz Aly und Ingo Haar tun. Sowohl Theodor Schieder wie Werner Conze konnten zum Zeitpunkt ihrer Befürwortung mehr oder minder großer Umsiedlungsaktionen im Osten das Ausmaß der späteren Massenvernichtungsplanungen nicht antizipieren, und die (damals amtlich bereits beschlossene) „Aussiedlung" von polnischen Juden aus den Städten im Osten war noch nicht gleichbedeutend mit deren physischer Vernichtung. Aber schlimm genug war dies gleichwohl. Das Hauptmotiv war die Herstellung oder Wiederherstellung eines möglichst geschlossenen deutschen Siedlungsraums im Osten, im Falle Conzes verbunden mit einer romantisierenden, antikapitalistischen Idealisierung bäuerlicher Lebensformen, die nationalsozialistischen Vorstellungen weit entgegenkam. Theodor Schieder stellte mit der Verfasserschaft der Denkschrift sein eigenes Zukunftsmodell, das nicht die rücksichtslose Eindeutschung bzw. Vertreibung, sondern eher die Verständigung mit den anderen osteuropäischen Völkern unter der Oberherrschaft eines deutsch geführten Reiches zum Ziele hatte, kurzerhand zurück, aus Gründen, die wir nicht kennen, in einer unübersehbaren Ambivalenz seiner Position. Unzweifelhaft hatten Hermann Aubin, der mit der sog. Schieder-Denkschrift gemeinhin nicht in direkte Verbindung gebracht wird, obschon er deren Veranlasser und eigentlich deren geistiger

27   Eingehend dazu auch Aly, Götz: „Daß uns Blut zu Gold werde". Theodor Schieder, Propagandist des Dritten Reichs. In: MEMORA (1998), S. 13-27.
28   Aly: Theodor Schieder, S. 177.

Urheber war, und seine Breslauer Forschungsgruppe an dieser weit größeren Anteil.[29] Aubin war bereits seit geraumer Zeit der Hauptpropagandist einer weit ausgreifenden deutschen Ostbewegung gewesen, welche die schrittweise „Eindeutschung" der kleineren slawischen Nationen in Ostmitteleuropa anstrebte.[30] In der durch die Niederwerfung Polens entstandenen Situation schwenkte Aubin dann teilweise auf die Politik der „Um- und Aussiedlung" um, unter dem Einfluss der rassistischen Ideologie, wie sie von anderen Historikern und Soziologen in seinem Umkreis, insbesondere von Reche und Rudolf Kötzschke sowie Peter-Heinz Seraphim[31] vertreten wurde, in Übereinstimmung mit den ideologischen Positionen der NSDAP. Wiederum war dabei das Bedürfnis, sich den Staatsbehörden und nun auch den im ostpolitischen Geschäft zunehmend dominierenden SS-Instanzen nach Möglichkeit dienstbar zu erweisen, ein wesentliches Motiv. Dieser Gesichtspunkt war insbesondere auch für Albert Brackmann maßgeblich, der die Aktivitäten der Ostforscher koordiniert und diese dazu angetrieben hatte, ihre Forschungen bedenkenlos an den Bedürfnissen der Staatsgewalt auszurichten.

Insgesamt zahlte sich für Schieder das Engagement aus: Als relativ linientreuer Mann wurde er zunächst auf eine Gastprofessur nach Innsbruck und schließlich auf Rothfels' Lehrstuhl in Königsberg berufen. 1942 war er sogar für eine Professur an der Universität Berlin im Gespräch, was aber aus uns nicht näher bekannten Gründen scheiterte. Vielleicht war er doch nicht linientreu genug.

Ungeachtet dieser Befunde ist festzuhalten, dass sich Schieder und Conze, aber auch Aubin, in ihren eigentlich wissenschaftlichen Veröffentlichungen weit weniger politisch exponiert haben als in ihren damaligen kleineren tagespolitischen Publikationen. Schieder veröffentlichte damals vor allem mehrere Arbeiten über den italienischen Faschismus, die deutlich seine Sympathien für das faschistische System erkennen lassen.[32]

Was geschah mit ihnen nach dem Ende des 2. Weltkrieges? Alle konnten ihre akademischen Karrieren, nachdem ihre „Heimatuniversitäten" verloren gegangen waren, nahezu bruchlos an westdeutschen Universitäten fortführen: Schieder in Köln, Conze, nach allerdings schwierigen Jahren ohne feste Anstellung, in Münster und dann in Heidelberg, und Aubin, nach einer kurzen Übergangsphase, in Hamburg. Die Zeitläufe halfen; in einer Zeit des intensivierten Ost-West-Konflikts und der Agitation für die Rückgewinnung nicht nur der deutschen Einheit, sondern auch der verlorenen Ostprovinzen des ehemaligen Reiches, welch letzteres offizielle Politik war, war die Herkunft dieser Wissenschaftler aus dem Osten und ihr bisheriges Engagement in der sog. Volkstumspolitik offenbar eher von Vorteil; auch die Riege der „Ostforscher" im engeren Sinne setzte ihre Aktivitäten mit Hilfe des „Herder-Instituts" in Marburg zunächst nahezu unverändert fort.[33] Eine Mahnung Walter Schlesingers zum Umdenken wurde damals vorsichtshalber gar nicht erst der Öffentlichkeit zugänglich gemacht.[34] Wenn es denn ein subjektives Unrechtsbewusstsein dieser Historiker gegeben hat, so war es nicht sehr ausgeprägt.

Hans-Ulrich Wehler hat an Theodor Schieder insbesondere die Lernfähigkeit, die dieser seitdem an den Tag gelegt habe, herausgehoben. Umgekehrt hat Werner Conze über Schieder, den er aus nächster Nähe erlebt hat, gesagt, dass dieser 1949 dort weitergemacht habe, wo er 1945 aufgehört hatte: Seine Historie sei „kontinuierlich über den geschichtlichen Bruch von

29 Vgl. Volkmann: Historiker, S. 43.
30 Nachweise ebd., S. 37f.
31 Ebd., S. 38.
32 Vgl. Schieder, Theodor: *Faschismus und Imperium*. In: Die große Weltgeschichte, Bd. 9: Geschichte des italienischen Volkes und Staates, Leipzig 1940, S. 467-503; Ders.: *Die Entstehung des italienischen Nationalstaates*. In: Volk und Reich 11 (1935), S. 25-36, hier S. 35.
33 Mühle, Eduard: „*Ostforschung*". Beobachtungen zum Aufstieg und Niedergang eines geschichtswissenschaftlichen Pradigmas. In: Zeitschrift für Ostmitteleuropaforschung 46 (1997), S. 317-350.
34 Ebd., S. 319f.

1945 hinweggegangen".[35] Ein vollständiger Bruch in Schieders historiographischem Werk ist denn auch nicht ohne weiteres erkennbar. Auch seine Gewährsleute, wie Hans Freyer und insbesondere Hans Rothfels, blieben dieselben. Allerdings hat er sich um eine theoretische Neubesinnung der Geschichtswissenschaft bemüht, in wegweisenden Aufsätzen über Ranke und Burckhardt, einem intensivierten Interesse an Otto Hintze und Max Weber sowie an Machiavelli und anderen politischen Theoretikern. Ansonsten hat er sich, wiederum vorsichtig, für einen Brückenschlag zwischen der klassischen individualisierenden Methode und den typologischen Verfahrensweisen der Sozialwissenschaften bemüht. Ein Thema blieb freilich dominant, nämlich das Nationalitätenproblem im europäischen Maßstab, nun freilich ohne Beimengung der Theorien vom deutschen Kultur- und Volksboden. Daneben praktizierte er eine Kombination von politischer Geschichte und Geistesgeschichte, mit zunehmender Berücksichtigung institutionengeschichtlicher und strukturgeschichtlicher Fragestellungen. Mit dem Großforschungsprojekt über die „Vertreibung der Deutschen aus Ost-Mitteleuropa" kehrte er dann noch einmal zu seinen ursprünglichen Forschungsfeldern zurück, nun aber in einer geläuterten, kritischen Form, die weithin Anerkennung gefunden hat.[36]

Werner Conze war auf einem engeren Gebiet vergleichsweise innovativer.[37] Sein zusammen mit Otto Brunner betriebenes Projekt einer Sozialgeschichte des industriellen Zeitalters knüpfte methodologisch an seine Siedlungsstudien der 30er Jahre an, übertrug die dort entwickelten Fragestellungen dann aber auf die Unterschichten der industriellen Welt und ihre Vorläufer, mit weitreichenden Auswirkungen. Der ursprünglich antimodernistische, gegen die kapitalistische Moderne gerichtete Duktus der älteren Arbeiten trat zurück, wenn auch die Idealisierung des „ganzen Hauses" der Vormoderne nicht vollständig verloren ging. Der Einfluss, der von Conze aus auf die Historische Sozialwissenschaft ausgegangen ist, wird dabei gemeinhin überschätzt; die jüngere Schule der Historischen Sozialwissenschaft ging andere Wege. Im Kern praktizierte Conze weiterhin die, allerdings nun vorzugsweise auf sozialhistorische Gegenstandsbereiche bezogene und zunehmend begriffsgeschichtlich operierende historistische Methode. In seinem Buch über die deutsche Polenpolitik im Ersten Weltkrieg wandelte er ganz auf herkömmlichen Bahnen.[38] Seine frühe, völlig ablehnende Rezension des Werkes von Karl Dietrich Bracher über den Fall der Weimarer Republik, die er dann später selbst ausdrücklich zurücknahm,[39] verweist zusätzlich darauf, dass der Innovationswert der Arbeiten Conzes nicht überschätzt werden sollte.

Hermann Aubin hat von Hamburg aus seine Aktivitäten, nun freilich in modifizierter Form, kontinuierlich fortgesetzt. Er gehörte zu den Begründern des Johann Gottfried Herder-Forschungsrates und wurde dessen Erster Vorsitzender. Mit Hilfe des aus dem Forschungsrat hervorgegangenen Johann Gottfried Herder-Instituts in Marburg konnte er weiterhin maßgeblichen Einfluß auf die deutsche Osteuropaforschung ausüben. Diesem stellte er 1950 die neue Aufgabe, den deutschen Anspruch auf die östlichen Gebiete zu verteidigen. Erst mit Eugen Lemberg kam in den 1960er Jahren eine wirkliche Wandlung der Arbeit des Herder-Instituts und der deutschen Ostforschung zum Zuge.

Insgesamt war die Haltung von Schieder, Conze und Aubin eigentlich durchweg mit behutsamer Anpassung an die Mächtigen verbunden. In der akademischen Lehre allerdings zeigten sie eine ausgeprägte Scheu vor tagespolitischen Themen. Namentlich Theodor Schieder suchte, seinen Schülern eben jene vorschnelle Politisierung abzugewöhnen, die er selbst in seinen

35   Conze, Werner: *Die Königsberger Jahre*. In: Hillgruber: Vom Beruf, S. 23-32, das Zitat S. 31.
36   Vgl. Beer, Mathias: *Im Spannungsfeld von Politik und Zeitgeschichte*. In: VFZG 46 (1998), S. 345-399.
37   Vgl. Koselleck: Conze; Schieder: Sozialgeschichte.
38   Conze, Werner: *Polnische Nation und deutsche Politik im ersten Weltkrieg*, Köln u. a. 1958.
39   Conze, Werner: *Rezension zu Bracher*. In: HZ 183 (1957), S. 378-382. Besprechung der Neuauflage in HZ 187 (1959), S. 407f. Zum Sachverhalt siehe auch Chun, Jin-Sung: *Das Bild der Moderne in der Nachkriegszeit*. Die westdeutsche Strukturgeschichte im Spannungsfeld von Modernitätskritik und wissenschaftlicher Innovation 1948-1962, München 2000, S. 226ff.

frühen Schriften allzu reichlich praktiziert hatte. Von seinem Wissen um die Vergänglichkeit persönlicher Werthaltungen mag auch die Suche nach Objektivität, verbunden mit ungewöhnlicher Liberalität gegenüber abweichenden Positionen, herzuleiten sein, die sein späteres Werk ebenso wie seine akademische Lehre in Köln auszeichnete. Gleiches läßt sich in vielleicht noch ausgeprägterer Weise von Werner Conze sagen.

Eine gänzlich andere Situation findet sich im Fall von Karl Dietrich Erdmann, der sich ursprünglich wohl in Marburg hatte habilitieren wollen, dann in den Schuldienst ging, aber zeitweilig berufliche Schwierigkeiten bekam, weil er für seine englische Verlobte und spätere Frau (zunächst) keinen Ariernachweis hatte beibringen können. Dieserhalb trat Erdmann aus dem Schuldienst aus; statt dessen übernahm er auf Anregung seines ehemaligen Schulleiters die Abfassung des zeitgeschichtlichen Teils eines Schulbuchs für höhere Schulen. Dieses hielt sich weithin an die damaligen politischen Vorgaben, war also nach heutigen Maßstäben durchweg im Sinne der nationalsozialistischen Ideologie verfasst. Allerdings wurde das Schulbuch aus anderen, von Karl Dietrich Erdmann nicht zu vertretenden Gründen nicht veröffentlicht und geriet in Vergessenheit.

Nach dem Zweiten Weltkrieg hat Karl Dietrich Erdmann dann, sich auf den nicht eben sonderlich gut begründeten Anspruch berufend, ein entschiedener Gegner des Nationalsozialismus gewesen zu sein, eine eindrucksvolle Karriere begonnen, die ihn schließlich bis an die Spitze des *Comité International des Sciences Historiques* geführt hat. Neuere Untersuchungen, die freilich aus dem Blickwinkel persönlicher Verbitterung über Erdmann entstanden sind, haben allerdings gezeigt, dass sich Erdmann sehr wohl streckenweise mit dem Nationalsozialismus identifiziert hat.[40] Schon als Stipendiat des DAAD in Paris und Sprecher der dortigen deutschen Stipendiaten hat sich Erdmann durchaus im Sinne des Regimes geäußert und das nationalsozialistische Regime gegenüber dem französischen Studenten verteidigt.[41] Schwerwiegender sind Erdmanns Darlegungen in dem Manuskript des bereits erwähnten Schulbuches zur neuesten Geschichte, dessen Veröffentlichung wegen politischer Einwände zu den von anderen Autoren verfassten Teilen von den Staatsbehörden dann abgelehnt worden war. Dieses Manuskript, das lange als verschollen galt, zeigt, dass Erdmann damals bereit war, den Vorgaben der nationalsozialistischen Schulbehörden weitgehend zu folgen.[42] Man wird ihm freilich zugute halten müssen, dass er wegen seines Rückzugs aus dem Schuldienst ökonomisch unter einigem Druck gestanden und das Buchprojekt deshalb betrieben hat. Es erscheint auch fraglich, ob man Erdmanns späteres Verhalten als Offizier an der Ostfront und seine Hoffnung, dass der Krieg mit einem deutschen Siege enden werde, ohne weiteres als Identifikation mit dem Nationalsozialismus und nicht mit der deutschen Nation in einem generelleren Sinne auslegen sollte. Kröger und Thimme haben nicht zufällig mit diesen Thesen eine hitzige Debatte ausgelöst, die gezeigt hat, dass Erdmanns positive Einstellung gegenüber dem Nationalsozialismus keineswegs so eindeutig war und ihn namentlich seine starke religiöse Bindung daran gehindert hat, sich uneingeschränkt dem nationalsozialistischen Zeitgeist anheimzugeben.[43] Aber ein eindeutiger Gegner des Regimes war er gewiss nicht, und namentlich nicht in

---

40   Siehe Kröger, Martin/Thimme, Roland: *Die Geschichtsbilder des Historikers Karl Dietrich Erdmann. Vom Dritten Reich zur Bundesrepublik*, München 1996.

41   Vgl. neben den Belegen bei Kröger/Thimme auch Thiemann, Dieter: *Deutsch-französische Jugendbeziehungen der Zwischenkriegszeit*, Bonn 1989, allerdings zeichnet dieser keineswegs ein so eindeutig pro-nationalsozialistisches Bild von Erdmanns Äußerungen, die eher als unbestimmte Deutschtümelei angesprochen werden. Man möge bedenken, dass Erdmann damals gerade einmal 23 Jahre alt war und seine diesbezüglichen Äußerungen nicht auf die Goldwaage gelegt werden sollten. Immerhin hielt er vor französischen Studenten einen öffentlichen Vortrag über Nationalsozialismus, der bei Lage der Dinge und angesichts des Konformitätsdrucks, der auf die deutschen Stipendiaten ausgeübt wurde, regimekonform gehalten war.

42   Siehe Kröger/Thimme: Geschichtsbilder, S. 59-78; dies., *Karl Dietrich Erdmann im „Dritten Reich"*. Eine Antwort auf Eberhard Jäckel und Agnes Blänsdorf. In: GWU 49 (1997), S. 462-478; dies.: *Karl Dietrich Erdmann. Utopien und Realitäten*. In: ZfG 46 (1998), S. 603-621.

43   Vgl. Schulze, Winfried/Jäckel, Eberhard/Blänsdorf, Agnes: *Karl Dietrich Erdmann und der Nationalsozialismus*. In: GWU 48 (1997), S. 221-241; Kröger/Thimme: Karl Dietrich Erdmann im „Dritten Reich"; Jäckel,

seinen freilich spärlichen öffentlichen Äußerungen. Vor allem weil Karl Dietrich Erdmann sich dann nach 1945 selbst als Antifaschist geortet hat, der wegen seiner politischen Auffassungen unter dem Nationalsozialismus keine akademische Karriere habe verfolgen können, ist er in die Schusslinie der Kritik geraten. Erdmann zum Antifaschisten zu stilisieren ist jedoch zuviel des Guten, und dies hat die jüngsten Proteste gegen ihn ausgelöst.

Wenn Erdmann nach 1945 unter den deutschen Historikern als Antifaschist auftreten konnte, so lag dies vor allem darin begründet, dass es unter jenen, die 1933-1945 im Lande geblieben waren bzw. hier sozialisiert worden waren, wirkliche Gegner des Nationalsozialismus so gut wie überhaupt nicht gegeben hat. Wenn Erdmann sich als Antifaschist gerierte, so auch weil er als entschiedener Christ in der Tat in seinen Karrieremöglichkeiten beschränkt gewesen war. Aber zugleich trieb ihn ein ausgeprägtes Geltungsbedürfnis. In der Folge trat er mit großem moralischen Pathos für eine aufrichtige Auseinandersetzung mit der nationalsozialistischen Vergangenheit ein. Bei der Eröffnung des 26. Deutschen Historikertages in Berlin 1964 forderte er im Hinblick auf die soeben eröffnete Gedenkstätte an die Opfer der Nationalsozialismus in Plötzensee, dass sich die deutschen Historiker dem Tatbestand der nationalsozialistischen Gewaltverbrechen stellen müßten: „In welcher Weise werden wir angesichts der Richtstätte von Plötzensee und der Mauer unserer Aufgabe gerecht, kritisch über die historische Erinnerung der Nation zu wachen und ihr Bewußtsein von der Geschichtlichkeit der Gegenwart zu schärfen?"[44] Er hat jedoch offenbar nicht das Bedürfnis empfunden, diese Maxime auch gegen sich selbst geltend zu machen. Vielmehr legte er in diesen Dingen einen kräftigen Schuss von Selbstgerechtigkeit an den Tag. Es ist vor allem dieser Umstand, der sein Bild als eines bedeutenden Historikers im Rückblick getrübt und seine Glaubwürdigkeit beeinträchtigt hat.

Als akademischer Lehrer war Erdmann, der 1947 in Köln bei Theodor Schieder habilitierte und dann 1953 nach Kiel berufen wurde, ungewöhnlich erfolgreich. Wissenschaftlich hat er sich vor allem Fragen der Geschichte der Weimarer Republik zugewandt. Seine Studien über die Konferenz von Genua 1922, über die Rheinpolitik Konrad Adenauers während seiner Zeit als Bürgermeister der Stadt Köln, den er von dem seinerzeitigen Vorwurf freisprach, mit den Separatisten gemeinsame Sache gemacht zu haben, betraten wissenschaftliches Neuland. Die Arbeiten über Gustav Stresemann waren bestrebt, die europäische Dimension der Außenpolitik Stresemanns einem größeren Publikum nahezubringen. Ansonsten spielte Erdmann auf dem Gebiet der historischen Forschung eher eine gemäßigt progressive, vielfach sogar eine retardierende Rolle, insbesondere in der sog. Fischer-Kontroverse, in der er, gestützt auf die zunächst ihm allein zugänglichen und späterhin veröffentlichten Tagebücher Kurt Riezlers, die herkömmliche Deutung der deutschen Politik in der Julikrise 1914 zu retten suchte. Die Sperrung des Zugangs zu dieser wichtigen Quelle für konkurrierende Historiker, namentlich Fritz Fischer, aber auch den Verfasser dieses Aufsatzes, weckte freilich vielfach Unmut, und dies um so mehr, als dann begründete Zweifel an der Zuverlässigkeit der Edition laut wurden. Aber dies tat seinem Ansehen in der deutschen und der internationalen historischen Wissenschaft keinen Abbruch, um so mehr, als er zu den entschiedenen Befürwortern einer Aussöhnung zwischen Ost und West und der Anerkennung der Oder-Neiße-Linie gehörte. Seine Darstellung der Geschichte der Zwischenkriegszeit in „Gebhardts Handbuch der deutschen Geschichte" hat das Geschichtsbild der Bundesrepublik lange maßgeblich geprägt. Als Herausgeber von „Geschichte in Wissenschaft und Unterricht" hat er darüber hinaus beträchtlichen Einfluss auf die Gestaltung des Geschichtsunterrichts in der sich entwickelnden Bundesrepublik gehabt. Seine großen Verdienste als akademischer Lehrer wurden schließlich 1975 gekrönt durch die Wahl zum Präsidenten des *Comité International des Sciences Historiques*, das er

Eberhard/Blänsdorf, Agnes: *Noch einmal zu Karl Dietrich Erdmann*. In: GWU 48 (1997), S. 744-747. Es ergibt sich gleichwohl ein differenziertes Bild des Verhaltens von Erdmann in jenen Jahren.
44   *Bericht über die 26. Versammlung deutscher Historiker in Berlin 1964*, Stuttgart 1965, S. 9.

mit viel Umsicht und Geschick erfolgreich durch die Konflikte des „Kalten Krieges" geführt hat.[45]

Es ist leicht, im Nachhinein und aus der Perspektive der Gegenwart den Stab über Historiker zu brechen, die sich in mehr oder minder großem Umfang mit dem Nationalsozialismus eingelassen oder sogar aktiv identifiziert haben. Albert Einstein hat während des Ersten Weltkrieges einmal gesagt: „Nur ganz selbständige Charaktere können sich dem Drucke der herrschenden Meinungen entziehen. In der Akademie scheint kein solcher zu sein."[46] Im Schnitt dürften die Historiker in ihrem Verhältnis zum Nationalsozialismus noch ein wenig günstiger davonkommen als Vertreter anderer Disziplinen. Gleichwohl ist dadurch die Glaubwürdigkeit einer ganzen Generation von Historikern dauerhaft beschädigt worden, mit Auswirkungen, die sich im einzelnen noch gar nicht abschätzen lassen.

Aus Anlass seines 75. Geburtstages hat sich Theodor Schieder, wenn ich dies recht sehe, zum einzigen Male, und dann auch nur in verschlüsselter Form, zu dem Problem seiner Verflechtung in das nationalsozialistische Herrschaftssystem geäußert. Er sprach von den Schwierigkeiten für den Historiker, sich selbst im beständigen Wandel der Zeit treu zu bleiben. Er bezog sich dabei auf ein Gedicht Peter Huchels, das davon handelt, dass dem Menschen, der durch ein Bachbett watet, nicht selten die Steine unter den Füßen weggeschwemmt werden, und verband es mit der Bemerkung:

> „Es scheint fast unmöglich zu sein, die Einheit mit sich selbst zu bewahren [...]. Es gelingt einem nicht immer und man bereut es, wenn man davon abgewichen ist, aber es bleibt schließlich der Trost, daß man jedenfalls den Versuch gemacht hat, in dem Ringen zwischen dem Wandel der Zeit und der Bewahrung des eigenen Selbst einen Ausgleich gefunden zu haben."[47]

Über das Ringen zwischen dem Wandel der Zeit und der Bewahrung des eigenen Selbst hätte man gern mehr gewusst, aber er verbarg es in sich selbst. Gleichwohl wird man dieses den hier besonders in den Blick genommenen Historikern nicht absprechen wollen, wie immer man auch über ihre Rolle in der Ära des Nationalsozialismus denken mag.

---

45   Vgl. Mommsen, Wolfgang J.: *Karl Dietrich Erdmanns Verdienste um die internationale Geschichtswissenschaft*, Vortrag in Kiel 1980.
46   Brief Albert Einsteins an Hendrick A. Lorentz vom 3.4.1917, zitiert nach: *The Collected Papers of Albert Einstein*, Bd. 8: *The Berlin Years. Correspondenz 1914-1918*, Princeton 1998, S. 430.
47   *Theodor Schieder zum 75. Geburtstag*, Köln 1983, S. 85.

NATIONALSOZIALISMUS ALS PROBLEM DEUTSCHER GESCHICHTSWISSENSCHAFT NACH 1945

IMANUEL GEISS

Wenn die Veranstalter der Tagung einen Nichtspezialisten zum Nationalsozialismus einluden, so erwarteten sie sicher nicht einen gleichsam kommentierenden Literaturbericht. Er wäre ohnehin hoffnungslos, da aus der Flut von Literatur, die der Nichtspezialist ohnehin nicht kennen oder auch nur überschauen kann, er nur willkürlich einige Titel herausheben könnte. Daher wäre ein solcher kommentierender Literaturbericht gar nicht zu leisten. Auch habe ich mir erlaubt, den Titel aus praktischen arbeitsökonomischen Gründen auf „deutsche" Geschichtswissenschaft einzuschränken, unter Aussparung derjenigen in der SBZ/DDR, die mir weniger vertraut ist und ohnehin so stark ideologisch überfrachtet war, dass ich sie für meine Zwecke besten Gewissens auf sich beruhen lassen darf.

1 Das Problem mit dem Problem Nationalsozialismus

Vielmehr nehme ich das eine Schlüsselwort im vorgegebenen Haupttitel – „Problem" – als Aufforderung, mir als Historiker Gedanken über das Gesamtproblem Nationalsozialismus samt komplexen Unterproblemen zu machen, ausgehend von der Realhistorie und ihrer Einordnung in breitere historische Perspektiven, die sich hier natürlich nur sehr allgemein skizzieren lassen. Aber schon jede Annäherung an das gewaltige Thema berührt sofort emotional ein Labyrinth von Kontroversen, wird kontrovers in sich, bei allem Bemühen um Sachlichkeit und Objektivität. Über den Daumen gepeilt: Je mehr wir uns der Gegenwart nähern, desto weniger Real-Objektivität können wir aufbringen.

1.1 Objektivität – Subjektivität

Hauptthema wären daher für mich die Reflexe, die der Nationalsozialismus in der deutschen Geschichtswissenschaft hinterlassen hat und noch weiter hinterlässt, auch bei Nichtspezialisten, denn der deutsche Nationalsozialismus mit seinen Voraussetzungen, Taten und Folgen geht uns alle an, treibt uns alle um und um. In einer Stunde kann kaum mehr herauskommen als ein Essay im ursprünglichen Sinn als notwendig subjektiver Versuch zur Ordnung der vielen Gedanken, die bei Nennung des Themas durch den Kopf schießen. Dennoch bleibt wenigstens das subjektive Bemühen um ein Maximum an Distanz und Objektivierung große Leitlinie, soweit überhaupt menschenmöglich. Zumal ein deutscher Historiker, aufgewachsen im Dritten Reich, seitdem im immer länger werdenden Schatten der „deutschen Katastrophe", die eine doppelte Weltkatastrophe auslöste – den Zweiten Weltkrieg und den Völkermord an den Juden, symbolisiert durch Auschwitz –, lebend, behält gegenüber selbst miterlebter Zeitgeschichte, seit Herodot und Thukydides immerhin Ausgangspunkt der Geschichtsschreibung, stets seine subjektive Befangenheit. So steht alles unter dem ständigen Vorbehalt subjektiver Beschränkung und des Irrtums, der natürlich nicht pausenlos zu wiederholen ist.

Zur Gewinnung des nur virtuellen archimedischen Punktes größtmöglicher Distanz im Willen zur wenigstens angestrebten Objektivität gehe ich vom Allgemeinen zum Besonderen vor, versuche erst eine abstrakte, „theoretische" Umschreibung des Gesamtproblems – der Historiker als partizipierender Beobachter des eigenen Systems: Jede Konkretisierung der abstrakten Problematik wird unweigerlich sofort empörte Aufschreie auslösen, weil sich im Gedränge das Betreten empfindlicher Hühneraugen kaum vermeiden lässt. Andererseits sind wir selber Teile unseres Systems. Selbst wenn wir uns wie Münchhausen am eigenen (ohnehin nicht vorhandenen) Zopf herausziehen könnten, also abstrahierend verflüchtigen wollten, bliebe wird doch unserem System verhaftet, verdammt in alle Ewigkeit zu Unzulänglichkeiten eigener Subjektivität.

Sollten hier eigene Erfahrungen mit handelnden Zeitgenossen oder gar Kollegen durchschlagen oder durchschimmern, so nicht aus überschießender Subjektivität oder Empfindlichkeit, gar im effekthaschenden Zeigen von Narben oder Wunden aus den Kämpfen der Wissenschaft. Aber Wissenschaft (wie Politik) ist nun einmal auch personal, d.h. verknüpft mit konkreten Individuen. Auch in unserer Zunft gibt es generalisierungsfähige Erfahrungen, die man selbst gemacht haben muss, um zu glauben, dass es sie überhaupt gibt.

1.2 Das Fundamentalproblem: Moralisierung kontra Realgeschichte

Mit Zweitem Weltkrieg und Auschwitz erhält jeder, zumal deutsche, Besinnungsaufsatz über den deutschen Nationalsozialismus automatisch und auf unabsehbare Zeit eine moralische Dimension. Aus der Verquickung von Moral und historischen Realitäten erwächst sofort das erste Fundamentalproblem mit dem Nationalsozialismus:

1.) Die NS-Verbrechen waren und sind noch immer so ungeheuerlich, werden im schieren Ablauf der Zeit immer noch unfassbarer, dass sich darüber nur in entschiedener Verurteilung sprechen lässt. Dennoch müssen Historiker im Dienste der Geschichtswissenschaft, gleichsam als Kollektiv-Psychotherapie, versuchen, sich in ihren Arbeiten eines nachträglichen und dann billigen Moralisierens zu enthalten, durch Versachlichung ihrer Sprache, auch auf die Gefahr hin, dass totale Moralisten sie des Zynismus und einer moralisch unzulässigen „Historisierung" des NS-Systems zeihen, einer unerträglichen Trennung von Moral und Wissenschaft, bis hin zur verallgemeinernden Anklage, Historiker lebten von Hause aus im stillschweigenden Einverständnis und in dem klammheimlichen Billigen der NS-Verbrechen.[1]

2.) Dagegen ist der bequemste Ausweg aus den Zumutungen des ungeheuren Geschehens Moralisieren, Zurechtbiegen der Vergangenheit zur Instrumentalisierung der eigenen Sicht von der Welt. Dazu gibt es zwei Extrempositionen, beide mit je eigenen Mythen und Lebenslügen, die manchmal erstaunlich lange Beine haben können: Affirmativ-positiv sind paläo- bis neonazistisches Leugnen und apologetische Schuldzuweisungen an andere, bis hin zur unbelehrbaren Glorifizierung Hitlers und des Dritten Reiches, der eine Extrempol. Das andere Extrem schwelgt spiegelbildlich in pauschaler antifaschistischer Dämonisierung, die, aus der, natürlich notwendigen und moralisch gebotenen Distanzierung, deutschen Faschismus auf alles Mögliche und viel Unmögliches projiziert, überall in seinen historischen Voraussetzungen wie Nachwirkungen. Natürlich hat alles in der Geschichte seinen Vorlauf und seine Nachwirkungen, und wenn nur, weil das Trägheitsgesetz auch für den geistig-intellektuell-politischen Bereich gilt, also auch für den deutschen Nationalsozialismus. Daher gibt es schier unendlich viele Möglichkeiten, Faschismus/Nationalsozialismus vor 1933 und nach 1945 zu entdecken, realen wie fiktiven.

Im gängigen politisch-ideologischen Sprachgebrauch gelten beide – aus praktischen Gründen zum Abrufen im weiteren Verlauf der Analyse – an dieser Stelle idealtypisch umrissenen Pole unseres Zeit-Spektrums als extreme, totalitäre Rechte und Linke, wie üblich in einem breiten Spektrum realer wie denkbarer Zwischenpositionen, zur Mitte hin mit vielfältigen Abstufungen und Varianten: Jede „rechte" oder „linke" Position lässt sich zum Extrem überbie-

---

1   Beispielsweise Jan-Philipp Reemtsma, vgl. unten unter 2.5.

ten, denunziert eine weniger „rechte" Position als „links", eine weniger „linke" als „rechts". Alle, die ihren totalen bis totalitären Anspruch ihrer jeweils „absoluten" Wahrheit und höheren Moral verfechten, sind in Wirklichkeit die ärgsten Relativierer: Im Wettkampf ideologischer Systeme im politischen Spektrum unserer Zeit erweisen sich angeblich absolute Wahrheiten als relativ, weil sie spiegelbildlich, nur mit entgegengesetztem ideologischen Vorzeichen, aber mit demselben totalen bis totalitären Wahrheitsanspruch, daherkommen.

Gerade Extreme auf beiden Seiten verweigern die „ideale Sprechsituation", den „herrschaftsfreien Diskurs" zur Ermittlung eines „Konsens" nur durch die Kraft besserer Argumente. Stattdessen wollen sie, bestenfalls lediglich durch den ideologischen „Wahrheitstrichter"[2], ihre partikulare „Wahrheit" in der „Lebenswelt" wie in der „Staatenwelt" durchdrücken, notfalls auf Kosten der eigenen intellektuellen Wahrhaftigkeit. Für den Wissenschafts-„Diskurs" im allgemeinen und zum deutschen Nationalsozialismus im besonderen zerstören so ideologisierte Positionen jede „Streitkultur", weil sie eine offene Diskussion um unvermeidliche Differenzen ersticken im hegemonialen absolut-totalen Wahrheitsanspruch, der die eigene „Wahrheit" als Konsens über eine „universale" Rationalität und Logik ausgibt. Ich verrate kein Berufsgeheimnis unserer Zunft, wenn ich sage, dass der wissenschaftliche Ertrag der Groß-Kontroversen zum Nationalsozialismus so deprimierend gering ist, weil sich in ihnen zu oft ein Exzess an Emotionen, ideologischer Voreingenommenheit bis hin zu persönlicher Gehässigkeit austobte, die Groß-Polemiker unserer Zunft gern als eigene lässliche Polemik schönreden, während sie selbst – bei noch so sachlich gemeinter Kritik an ihnen – mimosenhaft hochgehen.

3.) Das nächste Fundamentalproblem erwächst von selbst aus unserem existentiellen Verhaftetsein mit unserem eigenen System: Wir selbst als Teil des ideologisch-politischen Spektrums unserer Zeit bewegen uns in diesem Spektrum, in der Relativität zwischen „rechts" und „links". Jede Äußerung, ob zu objektiven Fakten oder subjektiven Ansichten, gerät sofort in die Rechts-Links-Dialektik, lässt sich in alle Richtungen beliebig interpretieren, denunzieren, vereinnahmen, durch Manipulation entsprechender Zitate so verzerren, bis es dem eigenen Vorurteil zur virtuellen oder realen Verurteilung passt. Exponenten beider totalitärer Ideologien und Systeme haben so gehandelt. Aber auch mehr gemäßigte Vertreter derselben Grundlinie, um Respektabilität eher zur Mitte hin bemüht, sind vor Versuchungen zu solchen Misshandlungen verschiedener Textsorten nicht gefeit – je weniger, je näher sie dem einen oder anderen Totalitätspol stehen, oft ohne es selbst zu wissen oder zuzugeben.

Erkennen kann man eher akademische Vertreter, die zumindest zum Totalitätspol tendieren, an wenigstens viererlei: 1. Anspruch auf eigene absolute Wahrheit; 2. Anspruch auf höhere Moral, die Andersdenkende als moralisch minderwertig herabsetzt bis vernichtet, in der Regel durch oft leichtfertige Identifizierung mit dem jeweils gerade als böse geltendem Totalitarismus; 3. Benutzung zumindest eines Teils des Vokabulars aus dem totalitären System, dem man näher steht, rechts oder links (z. B. „Renegat" für den Abweichler von einer unsichtbaren „linken" Generallinie); 4. Verniedlichung oder Apologie des einen Totalitarismus; manchmal auch bloßes Wegsehen, während sich Scharfäugigkeit ganz auf den je feindlichen Totalitarismus konzentriert. Solche Denkungsart tötet freie Diskussion, Lebenselixier jeder Wissenschaft und Demokratie.

4.) Schon mit dem Versuch zur abstrakten Bezeichnung des NS-Problems sind wir unversehens in eine der Fundamentalkontroversen hineingerutscht, die Totalitarismusdebatte. Sie

---

2   Kunnemann, Harry: *Der Wahrheitstrichter.* Habermas und die Postmoderne. Aus dem Niederländischen, Frankfurt a.M./New York 1991.

beginnt eigentlich schon im Ernstnehmen des offiziellen Namens der Hitlerpartei – *National-sozialistisch*: Der programmatische Name war mehr als nur gerissene Sozialdemagogie. Vielmehr gab und gibt es durchaus einen „Sozialismus in einem Land" (Stalin), der angebliche oder wirkliche Wohltaten des Sozialismus nur auf die eigene Kollektiv-Identität beschränkt, z.B. die Nation. Mussolini, Erfinder des stilprägenden Faschismus, umriss das Patentrezept für seinen Anfangserfolg selbst mit der Formel: „Faschismus= Sozialismus+ Nationalismus". Er musste es wissen, schließlich begann er politisch als Agitator für die italienische „*Irredenta*" in der Donaumonarchie und Führer des linken Flügels der italienischen Sozialisten. Mussolini schuf sogar die Eigenbezeichnung seines Systems – „totalitär".

In der Betonung des *National*sozialismus liegt schon der Akzent auf einer inhaltlichen Gemeinsamkeit zwischen beiden Groß-Totalitarismen des 20. Jahrhunderts – *Sozialismus* – und zumindest auf *einem* Strukturunterschied – *nationaler* Sozialismus, im Gegensatz zum *internationalen* Sozialismus, „marxistischer", sozialistischer bis kommunistischer Parteien und Systeme.

Damit evoziert „Nationalsozialismus", beim Wort genommen, sofort auch seine welthistorische Antimaterie, den Kommunismus, beide zusammengefasst als „totalitäre Systeme". Dem Anspruch nach gaben sich beide Totalitarismen als total konträr und feindlich zueinander. Aber in der Realhistorie enthüllen sich so viele Gemeinsamkeiten, dass der Vergleich berechtigt und notwendig ist – Denkstrukturen, Organisationsformen, Methoden, auch als jeweils nach rechts bzw. links extrem säkularisierte, ursprünglich christliche Dualismen. Schließlich ist Vergleichen nicht Gleichsetzen, besteht aus Inbeziehungsetzen von Gemeinsamkeiten und Unterschieden, in jeder Wissenschaft wie im Leben.[3]

5.) Vergleich der beiden Groß-Totalitarismen war Hauptausgangspunkt zur deutschen Groß-Kontroverse, dem „Historikerstreit", auf den später noch näher einzugehen ist. Aber hier nur so viel schon vorweg, als Verweis auf das fünfte Fundamentalproblem: Jeder Versuch zum noch so realhistorischen Strukturvergleich zwischen Nationalsozialismus und Kommunismus geriet, jedenfalls bis zur Wende 1989/91 zuzüglich einer Übergangsfrist, sofort erbarmungslos in die Mühle des angeblichen „Relativierens", der Verharmlosung bis Apologie des NS-Systems und seiner Verbrechen samt Auschwitz.

6.) Nicht minder kontrovers ist die Einordnung des Nationalsozialismus zunächst in die deutsche Realgeschichte: Schon der Versuch, ihn auch in die allgemeine Weltgeschichte einzuordnen – z.B. mit Verweis auf den universalen Mechanismus, dass der Sieg des Nationalsozialismus 1933 das mittelfristige Ergebnis der traumatischen Niederlage im Ersten Weltkrieg und der Folgekrise war – als vergleichbar, auch mit Russland 1917 und unzähligen anderen Fällen, wird vermutlich den Vorwurf der zumindest indirekten und unbewussten Apologie provozieren. Aber damit muss man eben leben.

7.) Die Geburt der NS-Revolution aus dem Ersten Weltkrieg, um Lenins bekanntes Diktum über seine Oktoberrevolution sinngemäß abzuwandeln, führt in die Bewertung des Ersten Weltkriegs, von seinem Ende bis zu seinem Anfang: in Deutschland zur emotional-moralisch hochaufgeladenen Kriegsschuldfrage 1914 und zur „Dolchstoßlegende".

8.) Gravierender ist der Missbrauch der Kontinuitätsthese zur Stigmatisierung der Deutschen von Anfang an, oder gar in alle Ewigkeit, jüngstens zugespitzt auf den angeblich von Anfang an strukturell in den Deutschen angelegten „eliminatorischen", d.h. massen- bis völ-

---

3   Für eine eigene Position vgl. Geiss, Imanuel: *Die Totalitarismen unseres Jahrhunderts.* Kommunismus und Nationalsozialismus im historisch-politischen Vergleich. In: Eckhard Jesse (Hrsg.): Totalitarismus im 20. Jahrhundert. Eine Bilanz der internationalen Forschung (Bundeszentrale für politische Bildung. Schriftenreihe 336), 2. Aufl. Bonn 1999, S. 160-175.

kermörderischen Antisemitismus, der sich nach 1933 endlich die Möglichkeit zur Erfüllung seines tausendjährigen Traumes selbst geschaffen hätte.[4]

9.) Aus der hochrechnenden Verlängerung deutscher Kontinuität von 1933 nach rückwärts über 1871 hinaus ergibt sich logisch das nächste deutsche Problem mit dem Nationalsozialismus, die fixe Idee vom „deutschen Sonderweg": Nur die Deutschen hätten einen Sonderweg, verengt auf die zwölf Jahre des „Tausendjährigen Reiches" im Dritten Reich. Und damit lässt sich natürlich alle deutsche Geschichte davor als Vorgeschichte zu 1933 und Auschwitz deuten, entpuppt sich aber als „Holzweg des deutschen Sonderwegs".[5]

2 Ein chronologischer Durchgang

Nach der abstrakt-theoretischen Problemskizze wagt der zweite Teil einen ungefähr chronologischen Durchgang durch die Problematik des Nationalsozialismus samt der Unterprobleme, ungefähr ähnlich der logischen Abfolge, in der sich deutsche Probleme mit dem Nationalsozialismus nach 1945 stellten. Davor, noch in der NS-Zeit selbst, erhob sich natürlich das existentielle Problem der je eigenen subjektiven Stellung zum NS-System, vom Extrempol des „fanatischen" (ein Lieblingszitat Hitlers) Engagements für das Dritte Reich über Mitmachen, Überlebenwollen bis hin zum entschlossenen Widerstand, ohne Rücksicht auf das eigene Leben. Die existentielle Dimension führt jedoch über den Bereich der Realhistorie hinaus ins Metaphysische bis Religiöse und bleibt daher hier ausgespart. Vielmehr beginnt die eigene Analyse mit dem Ende des Dritten Reiches im Mai 1945.

2.1 Deutsche Katastrophe und ihre versuchte Bewältigung, 1945-1961

Im Anfang war das niederschmetternde Bewusstsein der „deutschen Katastrophe" (Friedrich Meinecke, 1946), der Versuch zur historischen Einordnung der „deutschen Frage" (Gerhard Ritter, 1947), vor 1945 einst etikettiert als „Dämonie der Macht" (1943), schwankend zwischen dem „Irrweg einer Nation" (Alexander Abusch, 1946) und der „verspäteten Nation" (Helmut Pleßner). Beide aussagekräftigen Titel suggerieren, dass es einen richtigen Weg und Zeitpunkt für die deutsche Nation gegeben hätte – „verspätet" gegenüber wem oder was?

Zunächst dominierte, menschlich und politisch verständlich genug, eine apologetische Haltung gegenüber der historisch-politischen Verantwortung für das Aufkommen des Nationalsozialismus: Die deutsche Geschichtswissenschaft war im Durchschnitt, jedenfalls der älteren bis mittleren Historiker, die nach 1945 dort wieder anzuknüpfen suchten, wo sie, in ihrem Selbstverständnis, 1933 hatten aufhören müssen, weniger direkt oder offen nationalsozialistisch. Vielmehr lässt sie sich im politischen Spektrum der Zeit ungefähr auf der Position der Deutschnationalen einordnen, die immerhin auf ihre Weise Wegbereiter, zuletzt auch Koalitionsgenossen der NSDAP zur Machtergreifung Hitlers waren. Widerstand aus dieser Richtung vor 1945 speiste sich eher aus der klaren Einsicht, dass der vom Dritten Reich provozierte Weltkrieg gegen eine abermalige Welt-Koalition nicht zu gewinnen war, die Distanzierung vom Dritten Reich ab 1945 vom Bemühen, selbst nicht in den Strudel des katastrophalen Bankrotts hineingezogen zu werden.

---

4   Goldhagen, Daniel J.: *Hitlers willige Vollstrecker*. Ganz gewöhnliche Deutsche und der Holocaust. Aus dem Amerikanischen, Berlin 1996.
5   Für eine eigene ausführlichere Position, vgl. Geiss, Imanuel: *Der Holzweg des Deutschen Sonderwegs*. In: KIRCHLICHE ZEITGESCHICHTE 7 (2/1994), S. 191-208.

Auch war es menschlich nur zu verständlich, dass anfangs die, auch noch staatlich geteilte, Nation die unangenehmen Dinge des Dritten Reiches und Nationalsozialismus möglichst weit von sich wegschob und verdrängte, in der SBZ/DDR mit dem von oben verordneten Antifaschismus, der alle Schuld und Kontinuitäten auf die kapitalistisch-imperialistische „BRD" schob. Die Reaktion im deutschen Westen war komplexer, abzulesen an bundesdeutschen Historikern und ihrem Bemühen, mit dem Komplex des von ihnen miterlebten Nationalsozialismus in irgendeiner Weise fertig zu werden.

Hauptsprecher der Zunft bei dem „Fehlstart"[6] zur Bewältigung der „deutschen Frage" nach 1945 wurde, nach Friedrich Meineckes larmoyanter Klage über die „deutsche Katastrophe", in der noch nicht einmal Auschwitz vorkam, vor allem Gerhard Ritter. Jedoch waren zur Rettung der Respektabilität vor der Geschichte und der Fachkompetenz bei der geistigen Deutung und Führung der deutschen Gesellschaft einige riskante Gedankenoperationen erforderlich, um den historisch-moralischen Abgründen zu entgehen: Anders als nach 1918 waren sich alle Historiker einig, dass es im Zweiten Weltkrieg keinen „Dolchstoß" gab. Die totale Niederlage im selbst provozierten und proklamierten „totalen Krieg", völkerrechtlich die „*debellatio*", war diesmal total und selbst verursacht. Selbst der aktive Widerstand vom 20. Juli 1944 war Versuch zur Rettung des Reichs, kein neuer „Dolchstoß", obwohl er in der überwiegenden Volksmeinung 1944/45 und lange danach noch so gesehen wurde.

Der Zweite Weltkrieg samt Auschwitz ging nun, auch für die deutschen Historiker, eindeutig auf ein deutsches Konto, wurde jedoch umgebucht auf das Privatkonto „Hitlers und seiner Bande". Für „Hitler und seine Bande" machte Ritter aber weniger die deutsche Gesellschaft verantwortlich als außenstehende Dritte – vom „Massenzeitalter" seit der Französischen Revolution bis zu Versailles über die Alliierten, die Hyperinflation bis zur Weltwirtschaftskrise, die Hitler die deutschen Massen zutrieben. Natürlich steckte darin auch das berühmte Quentchen Wahrheit, aber reichspatriotische Nationalapologie zur ideologischen Selbstentlastung reicht nicht aus zur historischen Erklärung mit wissenschaftlichem Anspruch, der immer auch die Gegenseiten mitbedenken müsste.

So war in der Adenauer-Ära Gerhard Ritter tatsächlich repräsentativ für die verwundete deutsche Nationalseele. Dennoch lief, noch unter Adenauer, gleichsam gegen den Strich, das an, was „Vergangenheitsbewältigung" hieß, von dem, der für sich in Anspruch nahm, den Begriff erfunden oder in Umlauf gesetzt zu haben, dem ersten und langjährigen Direktor der Evangelischen Akademie in West-Berlin am Wannsee, Erich Müller-Gangloff, durchaus nationalkritisch gemeint, gegen die vorherrschende Verdrängungsapologie gerichtet. Wissenschaftliches Zentrum der anhebenden Selbstkritik durch historische Aufklärung wurde das Institut für Zeitgeschichte in München mit seinen „Vierteljahrsheften für Zeitgeschichte", dessen wissenschaftliche Mitarbeiter auch als Gutachter vor Gerichten in ebenfalls anrollenden NS-Prozessen auftraten. So bereitete sich schon die selbstkritische Aufarbeitung der NS-Geschichte vor, die einen ebenso klugen wie kritischen Beobachter, Alfred Grosser, dazu brachte, den Deutschen zu bescheinigen, dass sie insgesamt ihre totalitäre NS-Vergangenheit rückhaltloser aufgeklärt und erforscht haben, als je eine Gesellschaft einen analog belastenden Teil ihrer Geschichte.[7] Dieser Vorlauf ist gegenüber allen zu betonen, denen in antifaschistischem Rigorismus die historisch-politische Wendung gegen das NS-Regime immer noch nicht weit genug ging.

---

6 Geiss, Imanuel: *Die Westdeutsche Geschichtsschreibung seit 1945*. In: TEL AVIVER JAHRBUCH 3 (1974), S. 417-455.

7 Grosser, Alfred: *Ermordung der Menschheit*. Der Genozid im Gedächtnis der Völker, München 1990.

2.2 „Griff nach der Weltmacht" und Fischer-Kontroverse, 1961 ff.

Mitten in die beginnende Gärung, verschärft noch durch den Bau der Berliner Mauer im Jahre 1961, platzte Fritz Fischers „Griff nach der Weltmacht", seinerseits schon mit einem eigenen Vorlauf seit 1959. Das Buch war logische Konsequenz aus der an Gerhard Ritter illustrierten Ausgangslage, der kritischen Überprüfung der jüngeren deutschen Geschichte, chronologisch „im Krebsgang" rückwärts (H.-U. Wehler), mit ihrer existentiellen bohrenden Frage: Wie kam es zu 1945, wie zu 1933? Das Dritte Reich begann natürlich mit der „Auflösung der Weimarer Republik".[8] Hinter dem ungeliebten Interregnum der Weimarer Republik erhob sich dräuend der nächste belastende Komplex, der Erste Weltkrieg. Aber: Gegenüber der düsteren Folie des Zweiten Weltkrieges sollte wenigstens der Erste Weltkrieg strahlend bleiben, frei von den NS-Belastungen, obwohl nun einmal Hitler, wie Lenin und Stalin, aber auf der entgegensetzten Seite der ideologischen und machthistorischen Barrikaden, aus dem Chaos der „Urkatastrophe des 20. Jahrhunderts" (George F. Kennan) des Ersten Weltkrieges zum Weltfaktor aufgestiegen war.

So rutschte die „Kriegsschuldfrage" 1914 automatisch wieder auf die historisch-politische Tagesordnung, wieder apologetisch gemeint, aber nicht für das Dritte Reich, sondern das vorausgegangene Zweite Reich: Rückzugslinie war das Bemühen zu zeigen, dass zumindest Deutschland, um mit Lloyd George zu sprechen, 1914 nur in den Ersten Weltkrieg hineingeschlittert sei, wie die anderen Mächte auch. Wie zuvor schon die „Dolchstoßlegende" für 1918 nun nach 1945 allgemein als erledigt galt, versetzte Ritter als Militärhistoriker dem „Schlieffenplan" als angeblich unfehlbarem Siegesrezept zu Lande den letzten Stoß.[9] Gleichzeitig adelte er den in der traditionellen Optik als Schwächling erscheinenden Reichskanzler Bethmann Hollweg zur Lichtgestalt der „Staatskunst", während er den nun im Orkus versinkenden Luzifer Ludendorff als Exponent eines wildgewordenen „Kriegshandwerks" dämonisierte. Das war ein instruktives Beispiel für das Bild vom Nibelungen- oder Zauberflöteneffekt, das sich schon in der Fischer-Kontroverse einsetzen ließ, damals nach „rechts". Wie im Nibelungenlied und in der Zauberflöte wechselte das ideologische Vorzeichen im jeweils 2. Teil gegenüber dem 1., wie, um das Bild leicht abzuwandeln, Positiv und Negativ in der Photographie: Hell („Gut") und Dunkel („Böse") wechseln, aber das Bild, d.h. die Denkstrukturen, bleiben dieselben. Im Großen gilt Entsprechendes für die Denkfigur des „deutschen Sonderwegs": Zumindest bis 1945 war der „deutsche Sonderweg" zwischen „West und Ost" positiv aufgeladen bis dogmatisiert, spätestens nach dem Paradigmen- und Dogmenwechsel im Symboljahr 1968 überwiegend negativ.

Der Paradigmen- und Dogmenwechsel seit 1968 mit dem brüsken Wechsel des ideologisch-moralisierend wertenden Vorzeichens für ein und dasselbe Geschichtsbild fiel natürlich nicht vom Himmel herab, sondern wurde, der Sache nach, mit vorbereitet durch den „Griff nach der Weltmacht" und die sich anschließende, von Gerhard Ritter bald selbst so genannte „Fischer-Kontroverse",[10] kulminierend in der großen Debatte auf dem Berliner Historikertag 1964. Das Hauptergebnis war die Demystifizierung und Sanierung des vergiftenden Komplexes Erster Weltkrieg, gegen den Widerstand der meisten deutschen Historiker aus der Generation, die ihn noch aktiv selbst miterlebt hatte. Wie von einem von ihnen mündlich überliefert

---

8   Bracher, Karl-Dietrich: *Die Auflösung der Weimarer Republik*. Eine Studie zum Problem des Machtverfalls in der Demokratie (Schriften des Instituts für politische Wissenschaft 4), Stuttgart u.a. 1955.
9   Ritter, Gerhard: *Staatskunst und Kriegshandwerk*. 4 Bde., München 1954-1967.
10   Ders.: *Zur Fischer-Kontroverse*. In: HZ 194/3 (1961), S. 783-787.

wurde: „Ich laß' mir von dem Kerl [d. h.: Fritz Fischer] doch nicht mein Kriegserlebnis rauben!"

Eines der weiterführenden Stichworte war die „Kontinuität der jüngeren deutschen Geschichte", das versuchte, den deutschen Nationalsozialismus in die weitere deutsche Geschichte einzuordnen, darüber hinaus auch in breitete Perspektiven der Geschichte Europas und der Welt: Schließlich waren die beiden Weltkriege samt umstürzenden Konsequenzen auch Welt-Ereignisse. Da ich vor über 40 Jahren einst die Idee der Kontinuität in der neueren deutschen Geschichte Fritz Fischer im Zusammenhang mit seinem „Griff nach der Weltmacht" gab, darf es erlaubt sein, die Idee mit meinem heutigen Kenntnisstand weiter auszuführen: Kontinuität kann sich sinnvoll nur auf Deutschland als Machtzentrum zwischen den Symboldaten 1871 und 1945 beziehen, mit dem üblichen zeitlichen Vorlauf und Nachklappern, vom kleindeutschen Zweiten zum seit 1938 großdeutschen Dritten Reich, mit ihrem Ersten und Zweiten Weltkrieg als unerbittlichen Konsequenzen aus dem Exzess an Quantität und Qualität. Sind die Deutschen einmal staatlich vereint, so sprengen sie jedes Gleichgewicht der Kräfte in Europa.

Politische Konsequenzen aus dem „Griff nach der Weltmacht" lugten schon 1961 aus allen Ritzen hervor, wurden auch kritisch sofort wahrgenommen, wie der Aufschrei dagegen zeigt. Zugegeben, die politischen Konsequenzen waren so gewollt, wenn auch überraschte, wie relativ rasch sie eintraten – erst moralische, dann faktische Anerkennung der Oder-Neiße-Grenze, mithin die Neue Ostpolitik ab 1969 als Ausdruck der Notwendigkeit einer bescheidenen machtpolitischen Rolle für Deutschland, ob geteilt oder jetzt vereint.

2.3 1968: Umwertung aller ideologischer Vorzeichen

Erst recht überraschte, wie schnell das, was Klaus Epstein auf meine damals mündlichen Äußerungen ebenso scharf- wie hellsichtig ironisch-spöttisch schon die „Neue Orthodoxie" nannte. Nach dem Symboljahr 1968 wurde daraus die linke „kulturelle Hegemonie" (H.-U. Wehler, W.J. Mommsen) in dieser unserer Bundesrepublik, jedenfalls seit dem „Historikerstreit" der Jahre 1986ff. Dominierend im öffentlichen politisch-ideologischen „Diskurs" wurde nun die „Kritische Geschichtswissenschaft", eine sozialwissenschaftlich grundierte deutsche Wirtschafts- und Sozialgeschichte, symbolisiert von der Bielefelder Schule, mit einer phänomenalen Produktivität und Organisationsleistung ihres Oberhauptes, Hans-Ulrich Wehler. Bielefeld unterfütterte die zunächst überwiegend politik- und machtgeschichtliche Revision der jüngeren deutschen Geschichte seit Fritz Fischer.

Mit dem Symboljahr 1968 kündigten sich zwei weitere Paradigmen- und Dogmenwechsel an, die, jedenfalls von mir, so nicht gewollt waren: Nach 1945 dominierte in den Westzonen, später der Bundesrepublik zunächst ein antitotalitärer Konsens, gegen Nationalsozialismus und Kommunismus ungefähr gleichermaßen, in der SBZ/DDR dagegen ein antifaschistischer Konsens, der offiziell auch die „BRD" umfasste. Als Reaktion gegen die „Adenauer-Republik", wie viele von uns damals in jugendlichem Leichtsinn nachplapperten, löste sich im Kalten Krieg, auch als Reaktion gegen die partielle Rehabilitierung von NS-Personal und mancher „rechter" Ideen, nach 1968 der antitotalitäre Konsens zugunsten eines dogmatischen Anti-Antikommunismus auf. Er sah zunehmend vom dialektischen linken Zwillings-Totalitarismus, seiner Gebrechen und Verbrechen in dem selben Maße weg, wie die einäugig gewordene Fixierung auf den Nationalsozialismus immer schriller bis hysterisch wurde, bis hin zur Perhorreszierung jeglicher Distanzierung vom Kommunismus, da sie angeblich nur oder überwiegend verwerflichen „Antikommunismus" und Parteilichkeit im Kalten Krieg kultiviere. Da der Nationalsozialismus nun einmal ein deutscher war, färbte totalitärer Antifaschismus nun auch auf die deutsche Geschichte ab. Es trat das ein, was Gerhard Ritter, am Ende seiner Breitseite gegen Fritz Fischer so formulierte:

„Zugleich wird in ihm [d.h. Fischers Buch, I.G.] ein erster Gipfel erreicht in der poli-
tisch-historischen Modeströmung unserer Tage: In der Selbstverdunkelung deutschen
Geschichtsbewußtseins, das seit der Katastrophe von 1945 die frühere Selbstvergötte-
rung verdrängt hat und nun immer einseitiger sich durchzusetzen scheint. Nach meiner
Überzeugung wird sich das nicht weniger verhängnisvoll auswirken als der Überpatrio-
tismus von ehedem."[11]

Wir haben damals darüber gelacht oder die Achsel gezuckt, obwohl ich wenigstens das damals
wirklich nicht wollte, was nun tatsächlich eintrat: Die „Antifaschismuskeule" ging seit 1968
auch auf die gesamte deutsche Geschichte nieder. Gemäß dem Nibelungen- oder Zauberflöteneffekt wurde aus „Deutschland, Deutschland über alles", dialektisch-negativ verkehrt,
„Deutschland, Deutschland unter alles", aus „am deutschen Wesen wird dereinst die Welt
genesen" das pauschale Gegenteil – deutsche Geschichte war nur böse von Jugend an, alles
Schlechte kam aus Deutschland.[12] Wer anderes sagte, war bzw. ist Faschist, begeht deutsche
Nationalapologie. Nachdem die Stürme der 68er Bewegung, die ich anfangs im rationalen
Kern ihrer präludierenden Kritik mit kritischer Sympathie aufnahm, aber, vor denen ich seit
dem Ur-Erlebnis Universität Bremen zunehmend schärfer zurückprallte, einigermaßen vorüber waren, konnte man hoffen, der Kelch des dogmatischen Antifaschismus sei wenigstens
an der professoralen deutschen Geschichtsschreibung vorbeigegangen und sie hätte sich ihre
professionelle Solidität bewahrt. Aber manche Symptome sprachen schon seit den späten
1970er Jahren für ein Vordringen neo- oder wie auch immer gearteter Marxismen, deren Benennung schon als Beweis konservativer Gesinnung galt.

Einige Kontroversen, alle im Zusammenhang mit dem Dritten Reich, deuteten jedoch
schon Anderes an:[13] Der Streit um den Reichstagsbrand war verdüstert durch gegenseitige
Vorwürfe, die jeweilige Gegenseite bewege sich auf der schiefen Ebene gewollter oder unge-
wollter NS-Apologie, was für Hans Mommsen nun wirklich daneben ging. Der „deutsche
Sonderweg", zugespitzt auf die Frage, warum in Deutschland der Nationalsozialismus siegte,
aber nicht in England und Frankreich, erhob den Nationalsozialismus geradezu zum Haupt-
kriterium eines nun von links zum Dogma erhobenen „deutschen Sonderweges". Alles blieb
ohne rationale Definition – das Allgemeine wie das Besondere, andere Sonderwege wie spezifisch deutsche Sonderheiten, vor allem die für Deutschland vermutlich extreme Häufung
absoluter Ausnahmen und Extrempositionen in ganzen Spektren europäischer oder universaler Möglichkeiten, dazu mit, in der Mitte Europas und extrem vielen Nachbarn, besonders
verheerenden Folgen.

Bald kam auch die Rede von „deutscher Kriegsschuld" 1914 wieder auf, jetzt von linker
Progressivität, obwohl „Kriegsschuld" immer emotional-moralisierend ist, daher im Zusammenhang mit dem „Griff nach der Weltmacht" immer peinlich vermieden wurde, jedenfalls
von mir, nicht nur aus taktischen Gründen. Geradezu makaber war der Streit zwischen „In-
tentionalisten" und „Funktionalisten" über die Willensbildung und Befehlskette zur „Juden-
vernichtung" – einer der schrecklichen Begriffe neudeutscher Pseudo-Innerlichkeit, als ob
Juden Läuse oder anderes Ungeziefer gewesen seien. Der Dualismus zwischen Polykratie und

---

11   Ritter: Eine neue Kriegsschuldthese?, S. 668.
12   So schon 1988 Geiss, Imanuel: *Weltgeschichte als Korrektiv nationalgeschichtlicher Betrachtung*. In: Entstehung und
      Betrachtung einer Nation – ein Thema der Gesellschaftsgeschichte? Tagung des Landesverbandes Nord-
      rhein-westfälischer Geschichtslehrer in Zusammenarbeit mit der Landeszentrale für politische Bildung
      Nordrhein-Westfalen vom 27. bis 29. Juni 1988 im Gustav-Stresemann-Institut e.V. in Bonn (Geschichte,
      Politik und ihre Didaktik. Sonderheft 6), Paderborn 1989, S. 47-60.
13   Etwas ausführlicher schon in Geiss, Imanuel: *Der Hysterikerstreit*. Ein unpolemischer Essay, Bonn/Berlin
      1992, S. 10-15: „Frühere deutsche Historiker-Kontroversen".

Hitler als starkem Diktator bezeichnet in Wirklichkeit zwei extreme Pole, zwischen denen sich die historische Realität in vielfach miteinander verschlungenen komplexen Prozessen bewegt.

2.4 Historikerstreit 1986ff: Von der Rechts- zur Linkshysterie

Alle etwa noch vorhandenen Zweifel beseitigte 1986 schlagartig der „Historikerstreit", für seine Protagonisten offenbar immer noch „wichtig für die politische Kultur der Bundesrepublik".[14] Was für „Historikerstreiter" offenbar ihre *„finest hour"* war oder noch ist, entpuppt sich als das schlimmste Desaster, das sich die deutsche Geschichtsschreibung selbst und den Deutschen zufügte. Inhaltlich war es, seit der fulminanten Einleitung durch Jürgen Habermas in seinem Zentralorgan deutscher Gutmenschen, der einst liberalen „Zeit", geballter Antifaschismus als reine Weltanschauung, angewandt auf den Nationalsozialismus als deutschen Faschismus. Aber in seinem Eifern wider den deutschen Faschismus leistete sich Habermas mit seinem dogmatisierten Anti-Antikommunismus genau das, was er anderen vorwarf – Bagatellisierung und damit Apologie desjenigen Totalitarismus, den er aus der Kritik aussparte, des damals noch realexistierenden Sowjetkommunismus. Wissenschaftlich war die Habermas-Intervention Scharlatanerie pur, beruhte auf Verdrehung bis Verfälschung zentraler Zitate bis zum Gegenteil des Geschriebenen oder Gemeinten, u.a. durch Unterstellung referierter Ansichten Dritter, die als angeblich moralisch verwerflich durch eine raffiniert suggerierende Wortwahl passend zurecht verdreht wurden. Die Katastrophe vollendete sich, als renommierte deutsche Spitzenhistoriker (u.a. Hans-Ulrich Wehler, Hans und Wolfgang J. Mommsen) die Habermas-Verfälschungen aufgriffen, verbreiteten, teilweise noch überboten.[15]

Der „Historikerstreit" war und blieb ohne wissenschaftliche Substanz und entsprechendes Ergebnis, war eine einzige Rufmordkampagne der „Neuen Orthodoxie", die im Fall des Andreas Hillgruber buchstäblich über Leichen ging. Selbst sachliche Vermittlung eines damals noch Linken, wie es sich gehört, mit Kritik nach beiden Seiten, schwieg „herrschaftsfreier Diskurs" beharrlich tot. Sie wurde von höchster Stelle, nicht in diskussionsfähiger Öffentlichkeit, sondern im brieflich-privaten Halbdunkel, als „unerträgliches Renegatentum" (Wehler) denunziert und entsprechend behandelt. Vom so verfemten „Renegaten" wurde auch noch erwartet, er müsse Verständnis dafür aufbringen, dass man seine Arbeiten nicht mehr läse (Jürgen Kocka). Gleichwohl stilisierte sich die „Neue Orthodoxie" als „redliche Geschichtswissenschaft" (Wehler). Verstöße gegen jedes Minimum an wissenschaftlichem Ethos und zivilem Umgang zeigten sich in einer militaristischen Sprache und daran, dass die Tiefschläge gegen Hillgruber weitergingen, als er schon mit Krebs todkrank wehrlos am Boden lag. Jede Sachdebatte oder ihre Wiederaufnahme wurde verweigert, mit dem Argument, die Diskussion sei beendet, auch als der Zusammenbruch der Sowjetunion seit dem Fall der Berliner Mauer handgreiflich demonstrierte, dass Kritik am Sowjetkommunismus tausendfach berechtigt war, auch als die „Historikerstreiter", nach einer gewissen Schamfrist, dieselben Kategorien des Totalitarismus-Paradigmas kaltblütig aufnahmen („totalitär", „Sowjetimperium", „Sowjetdiktatur" u.ä.), als hätten sie nie anderes gesagt, obwohl es sich vor Tische bei ihnen ganz anders las. Die politisch argumentierende deutsche Geschichtsschreibung hat sich damit selbst entmündigt, indem sie sich dem neuen *Praeceptor Germaniae*, einer Mischung aus Calvin und Robespierre, unterwarf, sich seinen ideologischen Dilettantismus und säkularisiert-theokrati-

---

14 Z.B. Winkler, Heinrich-August: *Der lange Weg nach Westen*. Deutsche Geschichte, 2 Bde., München 2000, Bd. II, S. 445.

15 Ausführlicher dargelegt in Geiss, Imanuel: *Die Habermas-Kontroverse*. Ein deutscher Streit, Berlin 1988; ders.: Der Hysterikerstreit.

schem Pseudo-Moralismus wortlos gefallen ließ, sogar teilweise noch mitmachte und ihn
überbot.

2.5 Goldhagen und Reemtsma

Daher ist es nur konsequent, dass die Neue Orthodoxie der politisch argumentierenden Geschichtsschreibung keinen effektiven Protest erhob, als sich die Selbstentmündigung mit der
Debatte über die Goldhagen-These fortsetzte: Im Gegensatz zur Habermas-Scharlatanerie
(gemeint ist immer nur seine Intervention als Zeitgeschichtler im „Historikerstreit") war die
Goldhagen-Scharlatanerie zwar so offensichtlich, dass sich kaum ein reputierlicher Historiker
in der Welt fand, der es wagte, Goldhagens Grundthese zu verteidigen. Das, was Goldhagen
an Wissenswertem mitzuteilen hatte, hätte in einem schlichten Aufsatz Platz gefunden. So
verriss die jüdische wie nichtjüdische internationale und deutsche Geschichtswissenschaft das
Goldhagenbuch in der Luft, wie wohl noch keines in der Wissenschaftsgeschichte.

Aber was geschah in Deutschland? Auch hier waren, bis auf Wolfgang Wippermann, alle
Historiker, die sich dazu äußerten, kritisch bis ablehnend, am schärfsten Wehler, dessen här-
teste Passagen die „Zeit"-Redaktion, die Goldhagen mächtig moralisierend hochpuschte wie
einst Habermas zur Eröffnung des „Historikerstreites", hübsch wegredigierte, so dass sie erst
später in einem Sammelband nachzulesen waren.[16] Aber das meist jüngere Publikum bei
Goldhagens Publicity-Tour durch Deutschland lag ihm zu Füßen und dazu auch einige Ältere,
die es hätten besser wissen können, so die sonst so verdienstvolle und kritische Hildegard
Hamm-Brücher. Das Urteil kompetenter Historiker, selbst politisch unverdächtiger, die Habermas im „Historikerstreit" sekundiert hatten, wie Wehler und Hans Mommsen, zählte als
nichts.

Und die einst von der SED finanzierten „Blätter für deutsche und internationale Politik",
ehemals das Intelligenzblatt der DKP, verliehen Goldhagen ihren Demokratie-Preis. Die beiden *Laudationes* hielten Jürgen Habermas, inhaltlich im Gegensatz zu seinem lebenslänglichen
Freund Wehler, und Jan-Philipp Reemtsma. Mit ihrem akademischen Segen für die Goldhagen-Scharlatanerie ratifizierten beide eigenhändig das Urteil über ihre wissenschaftliche Kompetenz als angemaßte Zeithistoriker, als sie sich über das massive Votum der internationalen
und deutschen Geschichtswissenschaft einfach hinwegsetzten: Sie wussten alles besser.
Reemtsma ging noch weiter: Hatte sich Habermas zur Entfesselung des „Historikerstreits"
nur vier deutsche Historiker als Opfer seiner Denunziation herausgegriffen und sie, direkt
oder indirekt, explizit oder implizit der NS-Apologie von Auschwitz, damit des schlimmsten
Massenverbrechens der Weltgeschichte, gezogen, so fällte Reemtsma ein noch atemberau-
benderes Pauschalurteil über einen ganzen Wissenschaftsstand. Zur Begründung seiner These,
warum Goldhagens Buch nicht historisch angelegt sei, behauptete er allen Ernstes:

> „Nun gibt es so etwas wie ein unfreiwilliges Einverständnis zwischen einer Mentalität,
> die auf Verleugnung von Freiheit und Moral besteht, und der Historiographie. [...] Nicht
> die scheinbare Einfachheit der These Goldhagens gegenüber der komplexen Theorie
> der Historiker machten den Erfolg aus, sondern die Abkehr vom noch in die Rhetorik
> politisch vollkommen unverdächtiger Historiker eingegangenen Wunsch nach Verleug-
> nung. Ich weiß, daß es etwas altmodisch klingt, wenn ich vom komplementären Wunsch

---

16   Wehler, Hans-Ulrich: *Wie ein Stachel im Fleisch*. In: Schoeps, Julius (Hrsg.): Ein Volk von Mördern? Doku-
      mentation zur Goldhagen-Kontroverse im Holocaust, Hamburg 1996, S. 193; die von der Zeit nicht veröf-
      fentlichte zweite Hälfte S. 198–208, ab „Mit derselben kalten Leidenschaft [...]".

nach Wahrheit spreche, der sich gegen den nach Verleugnung doch durchzusetzen imstande ist. [...] Wo Wahrheit selber moralisch besetzt ist, lebt es sich mit der Lüge tatsächlich nicht gut."[17]

Also: Alle Historiker haben den „Wunsch nach Verleugnung", und da bei Goldhagen wie bei Reemtsma nur von Auschwitz die Rede war, kann sich der von Reemtsma entdeckte „Wunsch nach Verleugnung" der Historiker, sogar „politisch vollkommen unverdächtiger Historiker", wie des Habermasfreundes Wehler, nur auf Auschwitz als Symbol für den Holocaust oder den Völkermord an den Juden beziehen. Wir Historiker, deutsche allzumal, sind alle im Stand der ewigen Erbsünde, die da heißt – „Verleugnung von Freiheit und Moral". Und Habermas saß dabei, und sagte kein einziges Wort. Mehr noch: Als er, um die Entmündigung der deutschen Historiker in aller Öffentlichkeit perfekt zu machen, *urbi et orbi*, den Friedenspreis des deutschen Buchhandels erhielt, bestellte er sich denselben Reemtsma zur Verkündung der Laudatio, deckte damit stillschweigend Reemtsmas grundsätzliche Historikerschelte in der Goldhagen-Laudatio. Und die Spitzen der politischen Elite – Altbundespräsidenten, Bundespräsident, Bundeskanzler und Vizekanzler, Präsidentin des Bundesverfassungsgerichts – gaben in der säkularisierten Frankfurter Paulskirche hingerissen dem obersten *Praeceptor Germaniae* stehende Ovationen. Dabei ist er nichts weiter als ein republikanischer neuer Kaiser in neuen Kleidern, der alle seine schönen theoretischen oder sozialphilosophischen Grundsätze in seiner Praxis als politischer Autor verletzt. Wie seine willigen Historikerstreit-Vollstrecker wechselte er nach der Wende 1989/91 ein Hemd nach dem andern, entdeckte zuletzt, als bis dahin bekennender Atheist, nach dem 11. September, auch noch die Religion als wirkungsmächtige Kraft, über 2500 Jahre nach Zarathustra.

Analoges gilt für die Wehrmachtausstellung: Zur selben Zeit, da sie konzipiert und vorbereitet worden sein muss, gab Reemtsma, von Hause Germanist, für sein Institut einen Sammelband zur Folter heraus, mit eigenhändiger Einleitung und einem eigenen Beitrag.[18] Dort dokumentierte er seine Praxis als Auch-Historiker und die seiner Haus-Historiker: Mitten in der Ost-Wende prangerte Reemtsma Folter nur im Westen an – in Chile, Griechenland, Argentinien, der Türkei, (S. 18, 21, 209-237), als ob diese Länder repräsentativ für den Westen seien, mit moralisierendem Overkill gar in der „BRD", mit oder ohne Anführungszeichen. Dagegen verschwieg er Massenverbrechen und Folter im damals noch realexistierenden Sowjetkommunismus: Eine „weltweite ‚Bestandsaufnahme‘" wimmelte er salopp ab – „die ist anderswo zu haben" (S. 20). Wie sein späterer Freund Goldhagen gab er ein Extrem – Folter in Militärdiktaturen – als Norm „bürgerlicher Gesellschaft" (S. 19, 256, 260) aus: „Es geht um die Analyse des Herrschaftsmittels ‚Folter‘ (totaler physischer und psychischer Unterwerfung) auch dort, wo sie nicht an der Tagesordnung ist" (S. 20).

Der „BRD" widmete er unverhältnismäßig großen Raum, wegen des Vorwurfs angeblicher Folter gegen RAF-Mitglieder, aber nicht Systemen, deren harter Kern, schon damals zu erkennen, realer Terror und Massenverbrechen waren. Zu Reemtsmas Diskrepanzen gehört auch seine „Rhetorik der Entrüstung" und „Verdammung"[19]. In „polemischer Erbauung" (S. 10) schwelgt er, buchstäblich seitenlang (S. 26, 28-32, 34f., 252f., 257-260), mit „Interesse an

17   Reemtsma, Jan Philipp: *Abkehr vom Wunsch nach Verleugnung*. Über „Hitlers willige Vollstrecker" als Gegenstück zur historischen Erklärung. In: BLÄTTER FÜR DEUTSCHE UND INTERNATIONALE POLITIK 4 (1997), S. 417-423.

18   Reemtsma, Jan Philipp (Hrsg.): *Folter*. Zur Analyse eines Herrschaftsmittels. Hamburger Institut für Sozialforschung, Hamburg 1991. Alle folgende Zitate in Klammern stammen aus Reemtsmas Beiträgen zu diesem von ihm herausgegebenen Band.

19   Ebd., S. 91-154; Scheerer, Thomas M.: *Nacht und Nebel in Argentinien*. Repressionsverbrechen der Diktatur 1976-1983 und ihre Bewältigung. In: Ebd., das Zitat S. 135, das folgende Zitat S. 136.

den technischen Verfahrensweisen der Folter und Lust an dem Nachvollzug der dargestellten Qualen"[20], in abstoßenden Detailschilderungen, als Gutmensch-Voyeur. Im Vergleich dazu ist Goldhagen mit einschlägigen *Sex-and-Crime*-Passagen ein rechter Waisenknabe. Schon 1991 kündigte Reemtsmas Folter-Buch als „Skizze eines Forschungsprogramms" (S. 7-23) an, was er an Goldhagen lobte – moralisierende Emotionalisierung als „Gegenstück zur ‚historischen Erklärung'":

> „Der Vorwurf der Folter zielt aufs Ganze der staatlichen und gesellschaftlichen Ver-faßtheit. Kann man einigen Repräsentanten eines Staates vorwerfen, sie bedienten sich der Folter, so ist ihr Staat einer, in dem gefoltert wird, und es hat sich nicht nur der Rep-räsentant als Individuum, sondern der Repräsentant als Repräsentant etwas zuschulden kommen lassen und mit ihm das, was er repräsentiert" (S. 244f.).

> „Der Abscheu gegen die Folter richtet sich nicht auf individuelle Grausamkeiten, son-dern er richtet sich auf die – wie immer sie dann im Detail beschaffen sein mag – Ein-richtung von Grausamkeit als Institution" (S. 248).

Mit anderen Worten: Schon der Vorwurf der Folter, wie im Falle der „BRD" wegen der RAF erhoben, diskreditiert das ganze System, also die Bundesrepublik Deutschland, nach dem Mot-to: Es bleibt immer etwas hängen. In derselben Gesinnung ist auch die ursprüngliche Wehr-machtausstellung gehalten: Lust der Wehrmacht am Massenmord. Auch hier wieder zog die Antifaschismuskeule: Wer als Deutscher noch so begründeten Einspruch erhob, war rechtsex-trem und Nationalist. Kritik aus dem unbelasteten Ausland fand nur mühsam Gehör.

Was wir seit nunmehr fast 20 Jahren erleben, ist die moralische Selbstzerstörung der Deut-schen unter der Last der tatsächlich monströsen NS-Vergangenheit. Sie wird aber noch monströser, als sie wirklich war, durch das faktische Vergleichsverbot, jedenfalls bis lange nach der Wende von 1989/91, und das Verbot zur langfristigen Einordnung deutscher Ge-schichte, weil beides als angebliche deutsche Nationalapologie verpönt ist. Geschichte dient nicht mehr der nationalen Kollektiv-Therapie durch nationalselbstkritische wissenschaftliche Aufklärung, wie allein sinnvoll und legitim, sondern wirkt wie die nachträgliche Erfüllung des Nero-Befehls Hitlers – Aufgehen im historischen Nirwana durch Vernichtung aller Kollektiv-

---

20   Besonders ebenda, S. 28f.-31. Über Ausnahmen der Gewaltanwendung in der modernen Gesellschaft des Westens bzw. Nordens: „Es geschieht nicht vor aller Augen. Gleichermaßen wird der von der chilenischen (argentinischen, griechischen, türkischen) Militärpolizei Verschleppte nicht auf dem Marktplatz mit glühen-den Zangen gerissen, sondern in der Arrestzelle mit Zigaretten oder elektrischem Strom gebrannt" (S. 8). Reemtsmas Résumée aus dem Bericht „Nunca Mas" über Folter in Argentinien: „was mit Schlägen beginnt und mit Tritten, dann fortgeht im Prügeln mit Knüppeln, Brettern, Eisenketten und Hämmern, mit denen man Füße und Hände zerschlägt; Untertauchen in Schmutzwasser – oder es ist einfach nur die Plastiktüte über dem Kopf, die kurz vor dem Ersticken abgezogen wird oder nicht; die Augenbinde, die so fest ange-zogen wird, daß die Augäpfel in den Schädel gepreßt werden, oder sie ist verschmutzt und es fressen sich Würmer in die Bindehaut; ausgedrückte Zigaretten auf allen Teilen des Körpers oder Versengen mit glü-henden Nägeln; oder die Elektrizität: Elektroschocks an, wie es in unzähligen Protokollen heißt, allen be-sonders empfindlichen Teilen des Körpers, also: überall, und besonders an und in Genitalien, im After, durch einen unter Strom stehenden Metallknüppel etwa, an den Brustwarzen, unter den Achseln, an Augen, Ohren, Zahnfleisch, Zunge (da krampfen sich Zungenmuskeln und Schlund, daß nicht einmal mehr ein Schrei möglich ist); [...] Vergewaltigung von Frauen und Männern; lebendig Begrabenwerden; Scheinexeku-tionen, kochendes Wasser; Zerquetschen der Hoden; Abreißen der Haut von den Fußsohlen; tagelanger Durst und der Mund wird mit Pfeffer gefüllt" (S. 28f.).
     Ein Zitat aus „Nunca Mas": „Gegen die Juden wurden alle Arten von Folter eingesetzt, darunter auch eine ganz besonders grausame, das ‚Rektokoskop', das aus einer Röhre bestand, die man in den After des Op-fers oder in die Vagina der Frauen einführte; durch die Röhre ließ man eine Ratte laufen, das Nagetier suchte den Ausgang und versuchte sich zu befreien, indem es die inneren Organe des Opfers auffraß" (S. 31).
     Wem das immer noch reicht, findet noch mehr Zitate aus Beiträgen Reemtsmas zu seinem Sammelband auf den Seiten 34, 248f., 252f., 256-259.

Identität, durch Gleichsetzung von Nation und Reich, in diesem Fall dem Dritten Reich, nur jetzt negativ gemeint, was zuvor deutscher Reichschauvinismus positiv als „deutschen Sonderweg" hervorgehoben hatte, vom Zweiten zum Dritten Reich und noch lange danach.

DIE RANKE-GESELLSCHAFT UND EIN HALBES JAHRHUNDERT

MICHAEL SALEWSKI

Am 26. Oktober 1960, anlässlich der 10. Jahrestagung der Ranke-Gesellschaft, hielt der Vorsitzende der Gesellschaft, Gustav Adolf Rein, Rückblick:

> „Im April 1950 trafen sich 7 Historiker in einem Haus an der Elbe zur Besprechung verschiedener historisch-politischer Probleme und kamen zu dem Entschluß, eine Historisch-Politische Zeitschrift ins Leben zu rufen; im Mai 1950 wurde durch Unterschriften und Beitrittserklärungen dafür eine Vereinigung gegründet; Ende September 1950 wurde der Beschluß gefaßt, dieser Vereinigung für Geschichte im öffentlichen Leben den Namen Ranke-Gesellschaft zu geben. Mit der Wahl dieses Namens sollte zum Ausdruck gebracht werden, welchem Vorbild wir bei unseren Unternehmungen nachzueifern wünschten."[1]

Ein genaues Gründungsdatum ist nicht feststellbar, will man nicht den 13. April 1950 dafür nehmen, den Rein in seinen „Erinnerungen" als exaktes Datum des Zusammentreffens der sieben Historiker nannte.[2] „Damals kam es nicht zur Gründung einer Zeitschrift, sondern immerhin zum Aufbau einer historischen Gesellschaft, die unter den Namen Ranke gestellt wurde."[3] Vielleicht könnte man aber auch den 23. Mai 1950 als Gründungsdatum nehmen, denn unter diesem Datum wurde die Satzung der Ranke-Gesellschaft in einem Flugblatt veröffentlicht, das die Gesellschaft erstmals einer breiteren Öffentlichkeit vorstellte. Der §1 lautete: „Der Name des Vereins ist Ranke-Gesellschaft. Vereinigung für Geschichte im öffentlichen Leben. Der Verein hat seinen Sitz in Hamburg und ist beim Amtsgericht Hamburg einzutragen."

Den Gründungs- und Beitrittsaufruf haben 24 Persönlichkeiten unterzeichnet, darunter die Historiker Otto Becker, Andreas Predöhl, Alexander Scharff aus Kiel, Walther Hubatsch aus Göttingen, Wilhelm Schüßler aus Hemer, Gotthold Rohde, Heinrich Noack und Gustav Adolf Rein aus Hamburg.

Initiator des Treffens war der ehemalige Rektor der Universität Hamburg, Gustav Adolf Rein, der sich mit Studien zur Übersee- und Kolonialgeschichte sowie zu Bismarck einen Namen gemacht hatte.[4] Rein hatte seit ihrer Gründung der Universität Hamburg angehört, zuerst als „Hilfsarbeiter" am Historischen Seminar, später als Dozent, schließlich als „planmäßiger ordentlicher Professor". Von 1934 bis 1938 war er Rektor der Hamburger Universität gewesen, bis er vom NS-Dozentenbund förmlich aus dem Amt geekelt wurde.[5] Neben einigen Bankern gehörten mit John T. Essberger und Alfred Toepfer Hamburger Persönlichkeiten zu den Unterzeichnern, die später nicht nur für die Ranke-Gesellschaft viel Gutes tun sollten. Als Vorstandsvorsitzender der F.V.S.-Stiftung hatte Rein schon vor 1945 enge und freundschaftliche Beziehungen zu Toepfer unterhalten, und diese bewährten sich nun erneut, nachdem es vermutlich auch auf die Intervention Toepfers bei der Hamburger Universität zurückgegangen

1   Universitätsarchiv Hohenheim NL Franz N 6/ 4.12. (1-3), Beilage zu MITTEILUNGEN Nr. 30 der Ranke-Gesellschaft; fortan nur MITTEILUNGEN Nr. 30.
2   „Von den sieben Herren hatten fünf Angst wegen der Machthaber in Deutschland, einer ist später abgesprungen" (Staatsarchiv Hamburg, Handschriftensammlung 1231. Rein, Gustav Adolf: Politik und Universität. Erinnerungen, S. 253; fortan Rein: Erinnerungen).
3   Ebd.
4   Würdigungen Reins in: HPB (1970), S. 289f. (Franz, Günther); HPB (1975), S. 241f. (Hauser, Oswald); HPB (1979), S.33 (Nachruf von Hauser, Oswald). Rein hielt Hauser für einen außerordentlich würdigen Nachfolger (Erinnerungen, S. 256).
5   Vgl. die Personalakte Rein (Staatsarchiv Hamburg, Hochschulwesen. Dozenten- und Personalakten zu 1161 Bd. 1,2, Personalakte Rein, Prof. Dr. Adolf; fortan: Personalakte Rein).

war, dass Rein schließlich nach 1945 in einem allerdings langwierigen Prozess voll rehabilitiert wurde.[6]

Dem Aufruf vom 23. Mai 1950 sind zahlreiche Gespräche und Kontakte vorausgegangen, die sich bisher nur in Ansätzen haben rekonstruieren lassen.[7] Sicher ist, dass Rein seine noch aus der Rektoratsvergangenheit stammenden Kontakte im Hamburger Umfeld nutzte, aber es hat einen lebhaften Gedankenaustausch mit vielen Historikern gegeben, unter ihnen Werner Conze, Günther Franz, Hellmut Rößler, Rudolf Buchner. Die ersten drei haben denn auch dem ersten Vorstand der Gesellschaft angehört. Zwar nicht formell, aber ideell war auch Heinrich Ritter von Srbik mit von der Partie, und Rein war stolz darauf, den berühmten österreichischen Historiker der „Deutschen Einheit" und von „Geist und Geschichte"[8] auf seiner Seite zu wissen. Er zitierte ihn in seinem Gründungsaufruf:

> „Dem von Ihnen geplanten Unternehmen stehe ich mit lebendigstem Interesse und inniger Sympathie gegenüber. Der Wert einer historisch-politischen Monatsschrift, die dem unerhörten Überwuchern der Propaganda auf wissenschaftlichem Weg entgegentreten soll, erscheint auch mir aus dringender Notwendigkeit zu bejahen und alle von Ihnen ausgesprochenen Grundsätze leuchten mir durchaus ein."

Das bezog sich auf die „vier einfachen" Grundsätze,[9] die folgendermaßen formuliert wurden:

> „1. Reinigung des deutschen Geschichtsbildes von den vielfältigen propagandistischen Verfälschungen,
> 2. Erforschung des historisch Gemeinsamen in der europäischen Völkergemeinschaft gegenüber jeder Art von engem Nationalismus,
> 3. Behandlung der Geschichte der Weltpolitik, da unser aller Existenz in einen planetarischen Zusammenhang gerückt ist,
> 4. Aufgeschlossensein für die geschichts-philosophischen und geschichts-theologischen Fragen der Gegenwart in den verschiedenen weltanschaulichen Lagern Deutschlands und Europas."

Die Gründerväter der Ranke-Gesellschaft (Frauen waren nicht darunter) haben die Gründe für ihr Handeln klar umrissen:

> „Den Anstoß dazu haben vielfältige Gespräche mit jungen Historikern gegeben, welche aus dem Kriege in das Trümmerfeld Deutschland heimkehrend die Frage stellten: Was hat uns die Geschichtswissenschaft zum deutschen Schicksal zu sagen? Welche Orientierung gibt sie angesichts der Fragwürdigkeit, in welche die ganze deutsche Vergangenheit infolge des Umsturzes aller Verhältnisse hineingestellt worden ist? Wir erleben, daß die Weltöffentlichkeit zu Gericht sitzt über die deutsche Geschichte – welche Antwort hat die Geschichtswissenschaft auf die Verdammungsurteile, mit denen wir uns auseinanderzusetzen haben?"

Nun war es nicht so, dass es keine „Antworten" gegeben hätte – man braucht nur an Friedrich Meineckes „Die deutsche Katastrophe" oder die Säkularbetrachtungen zu 1848 zu denken, die 1948 erschienen waren. Hier hatten führende deutsche Historiker mit Meinecke an der Spitze, aber auch der kommende erste Bundespräsident, Theodor Heuß, jene Irrwege aufgewiesen,

6 Vorgänge in den Personalakten, Unterakte: Glückwünsche und Ehrungen bis 1970. Mit Wirkung vom 1.2.1955 wurde Rein die „Rechtsstellung eines entpflichteten Ordentlichen Professors zuerkannt" (Freie und Hansestadt Hamburg, Schulbehörde, Hochschulabteilung v. 14.2.1956 an den Rektor der Universität Hamburg).

7 Neben den bereits genannten Namen führte Rein in seinen Erinnerungen (S. 253) folgende auf, die bereit gewesen seien „zu uns zu stoßen": Keyser (Marburg), Aubin, Wittram (Göttingen), Brunner, Hagelstann (Göttingen), K.A. von Müller (München), Steinacker, von Muralt (Österreich).

8 Srbik, Heinrich Ritter von: *Deutsche Einheit. Idee und Wirklichkeit vom Heiligen Reich bis Königgrätz,* 4 Bände, versch. Aufl. (1935-1942), München 1963; Ders.: *Geist und Geschichte vom deutschen Humanismus bis zur Gegenwart,* 2 Bände, München/Salzburg 1950-1951.

9 Das erinnert an die „vier Fragen" von Rotary, aber es nicht bekannt, ob Rotarier an der Gründung der Gesellschaft beteiligt waren.

die über die Stufen der Reichsgründung, des Imperialismus, des Ersten Weltkriegs zum „Dritten Reich" geführt hatten. Hans Rothfels, bis 1934 an der „Grenzlanduniversität" Königsberg leidenschaftlich tätig, dann allein seiner jüdischen Herkunft wegen nach Amerika vertrieben, hatte schon 1948 sein wegweisendes Buch zur Geschichte des deutschen Widerstandes auch in Deutschland veröffentlicht, und wer nach Quellen zur Geschichte des Nationalsozialismus fahndete, dem boten 1950 die 42 Bände des Nürnberger Prozesses gegen die Hauptkriegsverbrecher, in jeder Volksbücherei, jeder Schule und Universität bequem zugänglich, reichhaltigen Lese- und Informationsstoff – aber den hatten die Sieger aufbereitet und dargeboten, das war vielen verdächtig, und damit nähern wir uns dem ersten Problem in der Gründungsgeschichte unserer Gesellschaft.

Rein hatte den Namen Ranke bewusst und mit Bedacht vorgeschlagen, und Rankes berühmter Satz, er habe die Absicht, mit der „Historisch-Politischen Zeitschrift" – sie erschien zwischen 1832 und 1836 – „zur Reinigung dieses verworrenen Getümmels, das von allen Seiten braust, etwas beizutragen", ließ sich unschwer auf die Gegenwart nach 1945 übertragen und tauchte deswegen im Gründungsmanifest der Gesellschaft auf. Ranke galt Rein als Historiker, der Geschichte und Politik zu verbinden getrachtet, gleichzeitig jedoch hoch *über* dem „Getümmel" gestanden hatte – und genau so deutete er sich und sein Wirken in der Zeit des „Dritten Reiches" selbst. Schnell stellte sich heraus, dass nicht nur er so empfand.[10] Wie Ernst Anrich, den aus Anlass seines Todes Patrick Bahners jüngst kritisch gewürdigt hat[11] und der selbstverständlich auch zu den ersten Mitgliedern der Ranke-Gesellschaft zählte,[12] waren auch Heinrich Ritter von Srbik, Erwin Hölzle, Günther Franz, Carl Schmitt und viele andere jener, deren Karrieren 1945 beendet schienen, hatten sie sich doch allzu tief in den Nationalsozialismus verstrickt, davon überzeugt, dass die historische Wissenschaft immer auch eine „politische" Wissenschaft sei und sein müsse, und tatsächlich hatten sie sich zwischen 1933 und 1945 redlich bemüht, der Politik Raum in der Wissenschaft zu geben. Auf diesem Feld hatte sich Gustav Adolf Rein einen besonderen Namen gemacht, denn seine kleine Schrift über die „Politische Universität", die schon 1931 erschienen war, verursachte in den sensiblen Monaten des Umbruchs 1932/33 erheblichen Wirbel, nachdem er seine Ideen am 13. Januar 1933 in einem großen Kreis vorgetragen hatte. „Die ‚Idee der politischen Universität' hat mich 1933 in die Verantwortung für die Universität Hamburg gebracht, denn das Schlagwort hatte die Hamburger Studentenführung fasziniert."[13] Folgerichtig wurde Rein 1934 Rektor und versah dieses Amt bis 1938. Dann wurde er „gestürzt", wie er es selbst formulierte, und zwar von NS-Dozentenbund, der sich heftige Kämpfe mit dem Rektor geliefert hatte.[14] Viele führenden Wissenschaftler hatten in der Zeit des „Dritten Reiches" ihrer Wissenschaft nur dienen können, weil ihnen die Politik die Mittel und Möglichkeiten dazu großzügig eingeräumt hatte.

---

10 Rein sah zwei weitere Vorbilder für die von ihm geplante historisch-politische Zeitschrift: Die Zeitschrift der Zentralstelle für Erforschung der Kriegsursachen DIE KRIEGSSCHULDFRAGE (1923-1936) und die PREUSSISCHEN JAHRBÜCHER (1858-1914) (Rein: Erinnerungen, S. 253 ff.).

11 Bahners, Patrick: *Wege der Forschung*. Von der SS zur WB: Die Karrieren des Historikers Ernst Anrich. In: FAZ, 28.10.2001.

12 Eine Aufgliederung der Mitglieder nach Berufen nahm Rein in seiner Rede zur Zehnjahresfeier der Ranke-Gesellschaft vor; danach war die Gruppe der „Forscher und Hochschullehrer mit 68, die der im „Lehr- und Erziehungswesen" Tätigen mit 36 vertreten. Wirtschaftler mit 31, Offiziere mit 35, schließlich Juristen mit 20 Mitgliedern bildeten die nächststärksten Gruppen (MITTEILUNGEN Nr. 30, S. 1-3).

13 Rein: Erinnerungen, S.73.

14 Typisch dafür die Denunziation des Reichsdozentenführers im NS-Dozentenbund, der in einem Schreiben vom 12.7.1940 an den Gauleiter des Gaues Hamburg der NSDAP, Karl Kaufmann u.a. behauptete: „Prof. Rein hat sich mit Händen und Füssen gesträubt, 1933 in die Partei einzutreten. Er wollte über den Parteien stehen. Er ist dann doch, insbesondere durch den damaligen Leiter der Studentenschaft und durch sanften Druck von obenher in die Partei eingetreten." In acht Punkten wurden Rein schwere Verstöße gegen die NS-Politik vorgeworfen; in Punkt 6 hieß es: „Die Bedeutung der Rassenfrage hat Rein bis heute in ihrer Bedeutung vollkommen verkannt, wie sich aus seinen Worten und Taten im Laufe von Jahren erwiesen hat." Kaufmann ließ sich von derlei Anschuldigungen nicht beeindrucken und hielt weiterhin seine Hand über Rein (Personalakte Rein. Persönlich, 1940).

Nun, nach 1945, stellte sich die Frage nach dem Politischen ganz neu; es mag typisch gewesen sein, dass beispielsweise Carl Schmitt 1960 im „Historisch-Politischen Buch" Wolfgang J. Mommsens „Max Weber und die deutsche Politik" enthusiastisch als „eine ganz außerordentliche Leistung" pries.[15] Wenn die politischen und politisierten Historiker in der Politik das Essentielle auch der Historie sahen, so stellte sich die Frage, welchem Politikbegriff man nunmehr vertrauen konnte, nachdem jener, für den das Kürzel NSDAP gestanden hatte, nicht mehr in Betracht kam. In ihren Augen hatte Politik nichts mit Partei zu tun; nicht die Politik einer Partei, einer besonderen weltanschaulichen Richtung, sondern die Politik im ursprünglichen, griechischen Sinn galt es zu rehabilitieren, denn der Mensch, davon waren sie überzeugt, war und blieb auch nach 1945 ein „*zoon politicon*", und die Entnazifizierung war der Versuch der Sieger, den Deutschen die Politik[16] auszutreiben – sie also gewissermaßen zu entmenschlichen. Gustav Adolf Rein nahm kein Blatt vor den Mund: „Das ist Terror, nichts anderes."[17] Er selbst hat geleugnet, Nationalsozialist gewesen zu sein; „Ich lehne es ab", so in einem Brief vom 13. November 1948,

> „als ‚Nazi' im Sinn der NSDAP und deren Organe gekennzeichnet zu werden. Mein offenes Bekenntnis zum National-Sozialismus d.h. zum nationalen und zum sozialen Denken beruht auf der Entwicklung meiner deutsch-patriotischen Gesinnung von den Tagen her, da mein Vater [Wilhelm Rein in Jena] Mitbegründer der von Friedrich Naumann ins Leben gerufenen national-sozialen Bewegung gewesen ist".[18]

Das Argumentationsmuster wird deutlich: Wer den Nationalsozialismus als National-Sozialismus im Naumannschen Sinn begriff, konnte sich nach 1945 von der NSDAP distanzieren, denn die hatte zur maßlosen Enttäuschung dieser Persönlichkeiten dann doch „Parteipolitik" getrieben, und das galt als Degenerierung des Politischen. Was man sich selbst vorwerfen konnte – auch Rein hat das getan – war, zu spät erkannt zu haben, dass die NSDAP eben nicht das Analogon zum „National-Sozialen Verein" eines Friedrich Naumann gewesen war. So konnten sich diese Intellektuellen mit Carl Schmitt und Ernst Rudolf Huber an der Spitze als von der NSDAP „verraten" fühlen, denn ursprünglich hatte diese die Weimarer „Parteipolitik" ja verachtet und betont, sie wolle gar nicht „Partei" sein, sondern eine „Bewegung" jenseits der parteipolitischen Sümpfe der Republik. Viele der damals noch jungen Historiker und Juristen glaubten, damit werde der ursprüngliche Sinn von Politik, von der Parteipolitik gleichsam gereinigt, wieder in seine Rechte gesetzt. An der damit möglichen fruchtbaren Symbiose aus Geschichte und Politik mit neuen Forschungsansätzen mitzuwirken, war das Bestreben jener, die dann in Königsberg, Posen oder Straßburg glaubten, die wissenschaftlichen Außenposten des Reiches verteidigen zu müssen. Um es vorwegzunehmen: Rein, Anrich, Otto Brunner, auch Günther Franz, Werner Conze, Theodor Schieder, um die wichtigsten Namen zu nennen, die mit der Geschichte der frühen Ranke-Gesellschaft eng verbunden sind, kamen aus dem Krieg mit der tiefen Überzeugung zurück, dass sie im ursprünglichen Sinne Wissenschaft und Politik miteinander verknüpft hätten, ohne sich an der realen Politik, der braunen nämlich, die Finger schmutzig gemacht zu haben. Deswegen gab es auch nichts zu bereuen,[19] und jene Ideen, die ihnen heute von einer jungen Generation von Historikern zum Vorwurf gemacht werden, galten ihnen wie vor 1945, so auch nach 1945 als richtig und allgemein gültig.

---

15 HPB (1960), S. 180.
16 Folgerichtig nannte Gustav Adolf Rein sein Alterswerk *Der Deutsche und die Politik*. Betrachtungen zur Geschichte der Deutschen Bewegung bis 1848, Göttingen 1970.
17 Rein an Franz v. 20.11.1956 (UnivArch Hohenheim, NL Franz N 6/4.38 – Schriftwechsel mit Prof. Rein 1957-65).
18 Rein an den Rektor der Universität Hamburg v. 13.11.1948 (StA Hamburg Hochschulwesen...Unterakte Akademischer Werdegang und Teilnahme an verschiedenen Gremien sowie Dienstreisen).
19 Eine seltene Ausnahme: Hermann Heimpel.

„Was die Entnazifizierer von heute betreiben", so Rein am 20. November 1956 in einem
Brief an Günther Franz, „ist Verfälschung der Wissenschaft aus politischen Gründen".[20] Um
sich gegen diesen Meinungsterror zu wehren, gingen sie daran, ein neues Netzwerk[21] aufzubauen, in dem der Ranke-Gesellschaft ein prominenter, wenn nicht der prominenteste Platz
zugedacht war. Rein schwebte nichts Geringeres vor als der Aufbau eines flächendeckenden
Netzes von „Ortsgruppen" [sic!] der Ranke-Gesellschaft. Soweit ich sehe, kamen nur zwei
davon zustande: Eine in Stuttgart, die sich jedoch rasch selbständig machte, und eine in Hamburg: Das war der historische Kern der „Hamburger Vorträge", die Jürgen von Klingspor bis
zu seinem Tod im Auftrag der Ranke-Gesellschaft mit großem Engagement betreut hat.[22]

Für jene, die sich 1950/51 in ihr zusammenschlossen, war das politische Lied nicht an sich
garstig, ganz im Gegenteil, und auf der Suche nach einem geeigneten Vorbild, ja einem „Beweis" für diese Art „politischen" und historischen Denkens stießen sie fast wie von selbst auf
Leopold von Ranke. Das Wort „Reinigung" konnte auf diese Weise einen ganz anderen Sinn
bekommen als den, der den Entnazifizierten und den zu Entnazifizierenden 1950 lebendig vor
Augen stand. „Entnazifizierer" war für Rein ein Schimpfwort[23], denn diese, so noch 1956,
wollten die „Ranke-Gesellschaft weg haben".[24] Wenn Ranke in diesem Sinne als „Politiker"
Vorbild sein sollte, war es konsequent, das Politische bei Ranke näher zu erforschen und einer
breiteren Öffentlichkeit zu vermitteln – schon früh tauchte der folgende Gedanke auf: „Es
wird angeregt, die politische Gedankenwelt Rankes gründlicher zu erforschen und darzustellen. Im Zusammenhang damit wurde erwogen, Leit- und Grundgedanken Rankes zusammen-
zustellen, vielleicht unter der Bezeichnung ‚Maximen und Reflexionen'."[25]

Daraus wurde nichts, aber Walther Peter Fuchs, ebenfalls Mitglied der Gesellschaft und ihr
eng verbunden – später sollte er Helmut Kohl promovieren, und auch der blieb der Ranke-
Gesellschaft gewogen –, hatte 1949 einen Band mit Ranke-Briefen herausgegeben,[26] der genau
in diese Kerbe hieb, wenn es schon im ersten Satz des Vorwortes hieß:

> „Im Zusammenwirken aller geistigen Bemühung um die Bewältigung unserer Gegen-
> wart ist es das besondere Amt geschichtlichen Fragens und Forschens, den Traditions-
> zusammenhang, der uns selbst übergreift, neu zu ergründen, ihn im Zuge seiner ge-
> schichtlichen Entfaltung von aller Verfälschung und Willkür zu befreien und in seinem
> wahren Sein so zu erhellen, daß er zu unserer Selbstbesinnung und Selbsterkenntnis we-
> sentliche Hilfe leistet."[27]

Die Rückkehr zu Ranke stand als Motto auch über den ersten drei Konferenzen, die die Ranke-Gesellschaft in Hamburg abhielt. „Der Name Rankes", so hieß es in einer offiziellen Ver-
lautbarung der Ranke-Gesellschaft – wahrscheinlich von Gustav Adolf Rein formuliert –

---

20   Siehe Anm. 5.
21   Ein Dr. Zilius vom Kohlhammer-Verlag schlug Rein vor, ein „Netzwerk" zu schaffen, das die Ranke-
     Gesellschaft koordinieren sollte. Ihm schwebten Jugendbünde, die Jugendburg Vlotho u.ä. als Ansatzpunk-
     te vor (Zilius an Rein v. 13.10.1959 (UnivArch Hohenheim, NL Franz N 6 /4. 38)).
22   Vorgänge in: UnivArch Hohenheim, NL Franz N 6/ 4.37 (1-5).
23   Rein wurde am 13.8.1945 entlassen, ohne Bezüge und Pensionsberechtigung, in einem Schreiben vom
     gleichen Tag wurde ihm mitgeteilt, er habe jede „unmittelbare oder mittelbare Tätigkeit in Ihrem früheren
     oder einem anderen Amte der deutschen Verwaltung einzustellen." Die *venia legendi* wurde ihm nicht entzo-
     gen (Verwaltung der Hansestadt Hamburg, Schulverwaltung, Hochschulwesen vom 13.8.1945 an Rein (Per-
     sonalakte Rein)). Rein erhob Einspruch, dem teilweise stattgegeben wurde; am 7. Juli 1947 wurden ihm
     50% der Ruhegehaltsbezüge zugesprochen und die Vermögenssperre aufgehoben; in seinem Spruchkam-
     merverfahren wurde er zuerst in die Kategorie IV, nach einem von ihm betriebenen Wiederaufnahmever-
     fahren in Kategorie V (entlastet) eingestuft. Damit war der Weg zur völligen Rehabilitierung frei. Verschie-
     dene Vorgänge in den Personalakten.
24   Ebd.
25   Mitteilungen Nr. 30.
26   Ranke, Leopold von: *Das Briefwerk*, eingeleitet und herausgegeben von Walther Peter Fuchs, Hamburg
     1949; Ders.: *Neue Briefe*, gesammelt und bearbeitet von Bernhard Hoft. Nach seinem Tod herausgegeben
     von Hans Herzfeld, Hamburg 1949.
27   Ranke: Briefwerk, S. IX (Fuchs).

„ist als Bekenntnis – nicht im Sinne irgendeiner Ranke-Orthodoxie, denn die Ge-schichtsschreibung kann bei Ranke nicht stehen bleiben – wohl aber zu dem Ethos sei-ner Geschichtsforschung und seiner Geschichtsdarstellung gewählt worden. Sein Geist soll auch in unserer Begegnung von Vergangenheit und Gegenwart, von Historie und Politik, von Gelehrtentum und Laientum im Bereich des historischen Interesses wirk-sam werden im Widerstreit gegen jeden Versuch, die Anschauung des Gewesenen pro-pagandistisch zu verfälschen und zu mißbrauchen oder den mannigfachen Ressenti-ments unserer Tage auszuliefern".[28]

Ranke als revisionistische Waffe? Ebenso sahen es die Kritiker der jungen Gesellschaft, und zu ihrem Wortführer machte sich Walther Hofer. Unter der Überschrift „Der mißbrauchte Ranke" stellte er die Frage, ob die Ranke-Gesellschaft nicht eine „‚Konservative Revolution' in der deutschen Geschichtsschreibung" anstrebe.[29] Dass Armin Mohler, dessen Standardwerk zur „Konservativen Revolution" aus eigenen Erfahrungen schöpfte, der Ranke-Gesellschaft nahestand, war wohl allgemein bekannt; 1955 war das erste Jahrbuch der Ranke-Gesellschaft unter dem Titel „Gibt es ein deutsches Geschichtsbild?" erschienen.[30] Hofer bescheinigte einigen der dort abgedruckten Vorträge „Ansätze zu einer Neubesinnung", andere qualifizierte er als „konventionell" ab. Seine Kritik aber konzentrierte sich auf den Einführungsvortrag von Rein und die „Thesen zu einem Vortrag über den Nationalsozialismus als geschichtliches Problem" von Hermann Rauschning, der zu dieser Zeit als einer der interessantesten Zeitzeu-gen galt; seine „Gespräche mit Hitler" sollten in den fünfziger Jahren Furore machen.[31] Ho-fers Kritik gipfelte in dem Verdikt: „Wir stehen hier vor dem Phänomen, daß eine Versamm-lung von Historikern den entscheidenden geschichtlichen Tatbestand der nationalsozialisti-schen Machtergreifung einfach unterschlägt."[32] Und, schärfer noch:

„Der Beitrag der Ranke-Gesellschaft zur Erforschung des Nationalsozialismus muß darum als völlig verfehlt betrachtet werden. Von Rankescher Objektivität und Ranke-schem Willen zur Wahrheit ist nicht sehr viel zu spüren. Die Anmaßung in der Kritik des bisher von anderen Geleisteten steht in schreiendem Gegensatz zu dem, was diese Kritiker selbst bieten."

Die Ranke-Gesellschaft diffamiere die „demokratische Geschichtsauffassung". „Was sich hier auf der Ebene der historischen Theorie abspielt, entspricht dem Bündnis zwischen ‚Konser-vativen' und Nationalsozialisten auf der Ebene der politischen Praxis."[33]

Mit diesen und ähnlichen Vorwürfen[34] hat die Gesellschaft lange leben müssen, im Grunde gibt es sie noch heute, wie beispielsweise Hans-Erich Volkmann unter der bezeichnenden Überschrift „Braune Schleifspuren" am 10. Oktober 2001 in der „Frankfurter Allgemeinen Zeitung" sagen zu müssen glaubte: Die Ranke-Gesellschaft habe, wie die Wissenschaftliche Buchgemeinschaft, „die Neuorientierung einer weitgehend nationalistischen Historiographie nachhaltig behindert"; Buchgemeinschaft und Ranke-Gesellschaft hätten „einer kritischen öffentlichen Reflexion jüngster deutscher Vergangenheit im Wege" gestanden.[35]

28   *Gibt es ein deutsches Geschichtsbild?* Konferenz der Ranke-Gesellschaft, Vereinigung für Geschichte im öffentli-chen Leben, Frankfurt a.M./Berlin/Bonn 1955, S.7.
29   Hofer, Walther: *Der mißbrauchte Ranke.* In: DER MONAT (1955), S. 542-547.
30   *Kontinuität und Tradition.* Ihre Problematik in der neueren deutschen Geschichte und Gegenwart. Konferen-zen der Ranke-Gesellschaft und der Historisch-Theologischen Kommission der evangelischen Akademien, Frankfurt a.M./Berlin/Bonn 1956; *Führungsschicht und Eliteproblem.* Konferenz der Ranke-Gesellschaft Ver-einigung für Geschichte im öffentlichen Leben, Frankfurt a.M./Berlin/Bonn 1957 (alle drei Bände erschie-nen im Verlag Moritz Diesterweg).
31   Dass es sich dabei um eine Fälschung handelte, wusste damals niemand, vgl. Hänel, Wolfgang: *Hermann Rauschnings „Gespräche mit Hitler": Eine Geschichtsverfälschung,* Ingolstadt 1984.
32   Hofer: Der missbrauchte Ranke, S. 547.
33   Ebd.
34   Buck, Rainer: *Zu Rolle und Funktion der Ranke-Gesellschaft in der Geschichtsschreibung der BRD.* In: ZEITSCHRIFT FÜR GESCHICHTSWISSENSCHAFT (1980), S. 223-232.
35   Volkmann, Hans-Erich: *Braune Schleifspuren.* In: FAZ, 10.10.2001.

„Sehr geehrter Herr Professor", hatte der nämliche Hans-Erich Volkmann am 11. Oktober 1971, also fast auf den Tag genau dreißig Jahre zuvor, an Günther Franz geschrieben,

„für die Gespräche während der Tagung der Ranke-Gesellschaft darf ich mich nochmals bedanken. Ich möchte hoffen, daß es gelingt, allmählich eine Reihe neuer Mitglieder der Gesellschaft zuzuführen, wozu ich gerne in dem begrenzten Rahmen meiner Möglichkeiten beitrage."[36]

Das hat er getan, wie drei Leitbesprechungen im „Historisch-politischen Buch" der Jahre 1971 bis 1973 ausweisen.[37]

Wie hat sich die junge Ranke-Gesellschaft 1955 mit diesen Vorwürfen auseinandergesetzt? Von Rein selbst war nichts zu erwarten; „der sich seit dem ‚Monat' meldende Einspruch", ließ er Günther Franz wissen, „ist in meinen Augen vor allem ein Anzeichen dafür, daß die Ranke-Gesellschaft zu wirken anfängt. Unser Programm ist doch klar ein Programm der ‚Versöhnung' von Gestern und Heute im Dienst am Morgen."

Rein blieb, übrigens bis zum Ende seines langen Lebens, er starb 1979 im Alter von 94 Jahren, davon überzeugt, dass es eine „Versöhnung" zwischen denen, die dem NS-Regime als Historiker gedient hatten, und jenen, die es nicht getan hatten, geben könne, müsse und werde. Er gab sich angriffslustig: „Nach der Eröffnung des Feldzuges gegen uns durch den Aufsatz von Hofer im Monat müssen wir in der Gefechtslinie bleiben."[38] Hofer habe nicht begriffen, worum es gehe: „Vom Historiker, der seines Amtes waltet", so Rein, „wird mehr gefordert: eben das Verstehen, warum 90-95 % der Deutschen mitgegangen oder sich gefügt haben etc."[39] Doch anstelle sich selbstkritisch zu prüfen, meinte Rein nur: „Aus den Kritikern der Ranke-Gesellschaft spricht das schlechte Gewissen der Zunft, die versäumt hat, was ihre Pflicht gewesen wäre".[40]

Diese Zunft wurde erneut aufmerksam, als der junge Privatdozent Karl Dietrich Bracher in der Berliner Hochschulzeitung „Colloquium" den Musterschmidt Verlag unter die rechtsradikalen Verlage, also in einem Atemzug etwa mit dem Druffelverlag, einreihte.[41] Der 1947 gegründete Musterschmidt Verlag verdiente sein Geld mit Farbmusterkarten und ähnlich geistvollen Produkten, es gereichte ihm daher um so mehr zu Ehre, dass er, nicht zuletzt durch das wissenschaftliche Umfeld der Göttinger Universität beflügelt, daneben auch geisteswissenschaftliche Publikationen förderte und verlegte, darunter auch die der Ranke-Gesellschaft – und zwar von Anfang an. Es scheint, als sei vor allem das „Historisch-Politische Buch" auch ein Lieblingskind des Verlegers Hans Hansen-Schmidt gewesen; die Zeitschrift brachte dem Verlag Reputation, aber kein Geld – woran sich bekanntlich bis heute nichts geändert hat. Ohne das Mäzenatentum dieses Grandseigneurs, später seiner ehemals engsten Mitarbeiterin, würde es das HPB, das nunmehr im 50. Jahrgang erscheint, wohl kaum noch geben.

Der Brachersche Verdacht war im übrigen völlig unbegründet und dürfte auf Falschinformationen basiert haben, dabei hätte ein Blick in das Verlagsprogramm genügt – Bracher hat ihn auch nie mehr wiederholt –, aber er löste innerhalb der Gesellschaft 1956 einen Konflikt aus, der als paradigmatisch bezeichnet werden kann.

Wilhelm Treue, einer der bisher Treuesten, teilte auf Grund dieser Anschuldigung dem Musterschmidt-Verlag mit: „Im Übrigen arbeite ich am HPB nicht mehr mit. Das Heft 7 war

---

36   Volkmann an Franz vom 11.10.1971 (Akten der Ranke-Gesellschaft (Hauser), Universität Köln, Erziehungswissenschaftliche Fakultät, Arbeitsstelle Geschichte und Öffentlichkeit).
37   HPB (1973), S. 97-98; HPB (1972) S. 161-163; HPB (1971), S. 65.
38   Ob die kritische Rezension von Seraphim zu Hofers „Entfesselung des Zweiten Weltkrieges" als Replik aufgefasst werden kann, muss offen bleiben, vgl. HPB (1954), S. 247. Im HPB (1962), S. 57f. hat Werner Conze Hofers „Die Diktatur Hitlers bis zum Beginn des Zweiten Weltkrieges" als „reife Zusammenfassung" bezeichnet und die Kriegsentfesselungsthese als „unbestreitbar" bezeichnet.
39   Alle Zitate: Rein an Franz v. 15.11.1955 (UnivArch Hohenheim NL Franz N 6/4.6 (1-6) Musterschmidt-Verlag).
40   Rein an Franz v. 20.11.1956 (Ebd.).
41   Der Titel des Beitrages lautete: *Rechtsradikalismus in der Bundesrepublik.*

nazistisch und das Heft 8 ist nationalistisch."[42] Günther Franz bemühte sich vergeblich um eine Präzisierung der Treueschen Vorwürfe. Wenn Carl Schmitt Max Weber preise,[43] so sei das doch nicht nationalsozialistisch.[44] Treue schwieg.

Aber genau diese Melange: Carl Schmitt, Max Weber, Wilhelm Treue lässt etwas von den Problemen erkennen, vor die sich die Gesellschaft gestellt sah. Auf der einen Seite arbeiteten in der Ranke-Gesellschaft Persönlichkeiten mit, die im „Dritten Reich" hohes Ansehen genossen oder ihm einschlägig gedient hatten – wie Werner Conze, Reinhard Höhn, Erwin Hölzle, Hermann Löffler, Theodor Schieder, Reinhard Wittram, die alle schon im ersten Jahrgang des HPB als Rezensenten auftauchen, – auf der anderen waren in dem gleichen Band Historiker zu Wort gekommen, die über jeden braunen Verdacht erhaben waren, so beispielsweise Karl Bosl, Walter Bußmann, Walther Peter Fuchs, Fritz Gause, Heinz Gollwitzer, Herbert Grundmann, Richard Konetzke, Richard Nürnberger, Gerhard Östreich, Helmut Schelsky, Wilhelm Treue. Dass es Günther Franz, dem, wie er sich nannte, „Schriftleiter" des „Historisch-Politischen Buches", auf Anhieb gelungen war, nahezu sämtliche deutschen Historiker von Rang zur Mitarbeit zu bewegen, bedarf gewiss einer Erklärung, denn dieser Umstand verweist die These, die Ranke-Gesellschaft sei, wie es Gustav Adolf Rein einmal sarkastisch ausdrückte, „ein abseitiger Klub von Außenseitern und Malkontenten"[45] in der Tat ins Reich der Fabel. Wie im HPB finden sich auch auf den Referentenlisten der Jahrestagungen der Ranke-Gesellschaft Namen, die völlig unverdächtig sind, irgendwie braun angehaucht zu sein. Mit Jacques Droz, Pierre Renouvin, Jacques Bariéty, Anthony Nicholls, A.J.P. Taylor, Alan Milward, um nur wenige Namen zu nennen, haben darüber hinaus schon in den fünfziger und sechziger Jahren auch ausländische Historiker wie selbstverständlich Vorträge in der Ranke-Gesellschaft gehalten – in einer „braunen" Gesellschaft? Und wenn die Gesellschaft in einem Bundesland tagte, und sie tagte in allen, so haben sich die dortigen Ministerpräsidenten und Kultusminister es sich meist nicht nehmen lassen, die Mitglieder der Gesellschaft zu empfangen und ihr Scherflein zur Finanzierung der Tagung beizusteuern, und das galt sowohl für die „A"- wie die „B"-Länder. Es sind mit dem Münchner Kultusminister Mayer und dem rheinland-pfälzischen Ministerpräsidenten Helmut Kohl darunter illustre Namen. Braun angehaucht? Warum also haben diese Wissenschaftler und Politiker – so manchen großzügigen Förderer aus der Wirtschaft nicht zu vergessen – so bereitwillig die Anliegen einer Gesellschaft unterstützt, die, um es milde auszudrücken, einem reaktionären Konservativismus gefrönt haben soll?

Ja warum, denn es hilft ja nun nichts: Die junge Ranke-Gesellschaft *war* braun angehaucht, Hofer hatte recht, und was Rein und Rauschning gesagt hatten, war unsäglich. Wer immer die ersten drei Tagungsbände studiert, wird nicht umhin kommen, die meisten Vorwürfe Hofers als richtig anzuerkennen.

Also haben wir ein Problem. Es spitzt sich auf die Frage zu, ob wir nicht einer falschen Wahrnehmung unterliegen, wenn wir *unser* Verständnis, *unser* Wissen vom Nationalsozialismus als Maßstab auch für die fünfziger und die frühen sechziger Jahre nehmen. Es ist in diesem Zusammenhang kennzeichnend, dass ein Mitglied des Vorstandes der Ranke-Gesellschaft gegen die Ehrung von Erwin Hölzle mit der Ranke-Medaille Protest einlegte – und dennoch Mitglied des Vorstandes blieb, sogar zum Leiter der „Büdinger Gespräche" avancierte. Ebenso charakteristisch ist es, wenn dessen Vorgänger frank und frei erklärte, er habe immer SPD gewählt und werde demnächst wohl DKP wählen – was natürlich ein wenig Aufsehen erreg-

42   Franz an die Herausgeber des HPB vom 19.10.1956 (UnivArch Hohenheim NL Franz, N 6/ 4.6 (1-6) Musterschmidt-Verlag).

43   Rezension von Carl Schmitt zu Weber, Max: Wirtschaft und Gesellschaft. Grundriß der verstehenden Soziologie. In: HPB (1956), S. 195.

44   Franz an W. Treue v. 10.10.1956 (UnivArch Hohenheim NL Franz, N 6/ 4.6 (1-6) Musterschmidt-Verlag).

45   Rein an Franz v. 17.11.1952 (UnivArch Hohenheim NL Franz N 6/ 4.6 (1-6) Musterschmidt-Verlag).

te.[46] Dennoch hat Hans Hubert Hofmann seine Büdinger Tagungen fortgeführt, und als er viel zu früh starb, hat die Ranke-Gesellschaft um ihn getrauert und sein Andenken geehrt. Wie passt das alles zusammen?

Opportunismus, Gesinnungslosigkeit, Karrieregeilheit, Ellenbogenmentalität, Seilschaften: In diesem Tenor bewegen sich die Erklärungsversuche vorwiegend seit dem Frankfurter Historikertag von 1998.[47] Einer der Übelsten soll Günther Franz gewesen sein, den man zusammen mit Gustav Adolf Rein als den eigentlichen *spiritus rector* der Ranke-Gesellschaft ansehen kann. Mit der Herausgabe des „Historisch-Politischen Buches" hat er über 36 Jahre ganz entscheidend zum Profil der Gesellschaft beigetragen. „Bauern-Franz und Rassen-Günther" hat Wolfgang Behringer das für Günther Franz auf dem Historikertag veranstaltete Autodafé genannt.[48]

Nun wird niemand leugnen wollen, er selbst hat es nicht getan,[49] dass Franz Nationalsozialist und hoher SS-Offizier gewesen ist; dass er kein Hehl aus seiner Weltanschauung gemacht hat, dass er schon als Mann in jungen Jahren ein begnadeter Organisator war; dass er nahezu alle deutschen Historiker kannte und zu nahezu jedem seine Meinung hatte; dass es ihm mit dem Aufbau einer „neuen" Geschichtswissenschaft, in der es vornehmlich um die Geschichte der Völker und ihrer Eliten, nicht mehr in erster Linie der Staaten und ihrer anonymen Strukturen gehen sollte, ernst war; dass auch er in mancherlei Vorgänge in seiner SS-Zeit verstrickt war, und nicht immer nur passiv, die keinerlei Entschuldigung verdienen – und dennoch: Gerade Vita und Œuvre von Günther Franz, aufs Engste mit der Geschichte der Ranke-Gesellschaft verbunden, machen deutlich, dass die anscheinend so problemlose Klassifizierung der Historiker in solche, die „braun" waren, es blieben, und solche, die braun waren und es nicht blieben, fragwürdig ist. Das gilt ganz besonders auch für Gustav Adolf Rein, dem kein Geringerer als Fritz Fischer in einem für die Philosophische Fakultät der Hamburger Universität angefertigten Gutachten bescheinigte, dass dessen bis 1931 erschienenen Schriften, die er wissenschaftlich als von höchstem Wert pries, „völlig unabhängig vom Nationalsozialismus [seien], und mir keine Zeile darin begegnet, die man zurückgenommen wünschte." Aber auch das, was Rein in den Jahren der nationalsozialistischen Herrschaft verfasste, war nach Fischers Überzeugung nicht nur vertretbar und verständlich, sondern galt ihm sogar als vorbildhaft für die Gegenwart des Jahres 1955![50]

Natürlich gab es auch einige wenige, die nie braun waren – aber gerade die haben die deutsche Geschichtswissenschaft nach 1945 nur zum Teil aufgebaut, die Gründe sind vielfältig und können hier nicht weiter erörtert werden.

Es würde den Rahmen dieses Beitrages ebenfalls sprengen, wollte ich detailliert darauf eingehen, wie gerade viele jener Historiker, die mit dem „Dritten Reich" verbunden waren, Entscheidendes zum Neuaufbau der Geschichtswissenschaft nach 1945 beigetragen haben, das gilt für den heute so renommierten „Konstanzer Arbeitskreis" der Mediävisten, dessen Gründung auf Theodor Mayer zurückgeht, einen in der Wolle gefärbten Nationalsozialisten; es gilt für die „Wissenschaftliche Buchgemeinschaft", der Ernst Anrich Pate stand, ein noch tiefer Gefärbter. Dass die Disziplin der Sozial- und Wirtschaftsgeschichte, wie sie nach 1945 neu

---

46   Den Denunzianten gab Erwin Hölzle in einem Brief an Oswald Hauser ab – der souverän darüber hinwegging. Hölze an Hauser v. 17.4.1973 (Handakten Hauser in Universität Köln, Erziehungswissenschaftliche Fakultät, Arbeitsstelle Geschichte und Öffentlichkeit).

47   Schulze, Winfried/Oexle, Otto Gerhard (Hrsg.): *Deutsche Historiker im Nationalsozialismus*, Frankfurt a.M., 2. Aufl. 2000.

48   Behringer, Wolfgang: *Bauern-Franz und Rassen-Günther. Die politische Geschichte des Agrarhistorikers Günther Franz (1902-1992)*. In: Ebd., S. 114-141.

49   Franz, Günther: *Das Geschichtsbild des Nationalsozialismus und die deutsche Geschichtswissenschaft*. In: Hauser, Oswald (Hrsg.): Geschichte und Geschichtsbewußtsein. 19 Vorträge. Für die Ranke-Gesellschaft Vereinigung für Geschichte im öffentlichen Leben herausgegeben, Göttingen/Zürich 1981, S. 91-111.

50   Gutachterliche Äußerung zur wissenschaftlichen Persönlichkeit von Prof. Dr. Ad. Rein vom18.1.1955 (Personalakte Rein, Unterakte „Persilscheine" und Beurteilungen).

definiert wurde, Wesentliches Otto Brunner und Werner Conze zu verdanken hat, ist ebenso unbestritten wie die Tatsache, dass es Theodor Schieder war, der mit dem monumentalen Werk zur Geschichte der Vertreibung der Deutschen aus dem Osten die Grundlage jeder modernen „Ostforschung" gelegt hat; in diesem Zusammenhang ist auch an das Marburger Herder-Institut zu erinnern und die Ostakademie in Lüneburg, der beispielsweise Walther Hubatsch eng verbunden war. Karl Dietrich Erdmann, seit einigen Jahren ebenfalls ins Kreuzfeuer einer wie ich meine ungerechtfertigten Kritik geraten, hat Bedeutendes zur Etablierung der deutschen Geschichtswissenschaft seit den fünfziger Jahren geleistet, wobei nicht allein an seine Tätigkeit als Vorsitzender der Historiker Deutschlands oder als Vorsitzender des Weltverbandes der Historiker zu denken ist, sondern auch an die Herausgabe der Zeitschrift für „Geschichte in Wissenschaft und Unterricht" (GWU), die als erste mit der Forderung ernst machte, die Geschichtswissenschaft auch didaktisch zu vermitteln. Dass er mit seinen „Gebhardt"-Bänden ganze Generationen von deutschen Historikern prägte, sei nur am Rand erwähnt. Auch Erdmann gehörte zu den aktiven frühen Mitgliedern unser Gesellschaft, wie Kiel überhaupt – ich erinnere an Otto Becker, Alexander Scharff, Georg von Rauch, Oswald Hauser – immer einen örtlichen Schwerpunkt der Gesellschaft gebildet hat. Auch der Wiederaufbau der Deutschen Forschungsförderung in der DFG wäre ohne das Mitwirken jener, die schon vor 1945 sich darum gekümmert hatten, wohl nicht möglich gewesen. Allerdings sollte Rein schmerzlich erfahren, dass die DFG nicht zu domestizieren war, was nicht zuletzt auf die unbeugsame Haltung von Wolfgang Treue zurückging.[51] Dass Persönlichkeiten wie Otto Brunner, Theodor Schieder, Hermann Heimpel, Fritz Petri geradezu stilbildend in der deutschen Geschichtswissenschaft nach 1945 gewirkt haben, bedarf keiner näheren Erläuterung – für die jungen wilden Historiker von heute gelten sie allesamt als „braun". Viele dieser Historiker haben es verstanden, einen Schülerkreis um sich zu bilden, der in ihrer Nachfolge ihrerseits das Bild der deutschen Geschichtswissenschaft bestimmen sollte – fast bis zum Ende des 2. Jahrtausends; die jedermann bekannten Namen, nahezu alle haben ihre Visitenkarte im „Kuhnkekreis" abgegeben, darf ich mir ersparen. Wie eigentlich ist es gekommen, dass ein Theodor Schieder einen Hans-Ulrich Wehler gleichsam wissenschaftlich „zeugen" konnte, ein Werner Conze einen Dieter Groh? Und wer wäre heute konservativer als der ehemalige enge Mitarbeiter von Fritz Fischer, Imanuel Geiss? Das klingt fast nach Satire, umschreibt aber die Wirklichkeit von heute.

Die Ranke-Gesellschaft und ihre Aktivitäten, sei es in Form der Jahrestagungen, der Büdinger Gespräche, der Hamburger Vorträge im Haus der „Albingia", des Kuhnkekreises, vor allem aber ihrer Publikationen, also des HPB, der „Historischen Mitteilungen", der „Deutschen Führungsschichten der Neuzeit" und lange auch der Reihe „Persönlichkeit und Geschichte", sind in diesem Netzwerk zu verorten; Gustav Adolf Rein schwebte sogar vor, die Ranke-Gesellschaft zum wichtigsten Sprachrohr der neuen Geschichtswissenschaft nach 1945 zu machen, und er empfand es als ärgerlich, dass ihm Hans Rothfels mit den „Vierteljahrsheften für Zeitgeschichte" zuvorgekommen war.

Aber die schwerwiegende Frage, wie braune Gesinnung und moderne Geschichtswissenschaft in den fünfziger und sechziger Jahren offensichtlich so problemlos zusammengingen, harrt noch einer plausiblen Erklärung. Ich denke, man muss von einer der unseren völlig verschiedenen Wahrnehmung des Nationalsozialismus ausgehen.

---

51   Rein an Franz v. 18.9.1956: „ad Treue: da haben wir einmal wieder das politische Misstrauen unserer Beamten und Halbbeamten: Staat ist für sie Partei-Angelegenheit, wer nicht spurt, wird ausgeschaltet. Wenn Treue Namen wie Anrich oder sogar Rauschning und nun Schlenke liest, dann sagt er: ich weiss Bescheid über den Laden, dem kann ich mich nicht aussetzen, dass irgendjemand mir vorwerfen könnte, ich würde eine Nazi-Terrororganisation oder auch nur das Sammelbecken von Ausgestossenen gefördert durch Bewilligungen. Das habe ich, bei aller Höflichkeit, so etwa in der Bundeszentrale für Heimatdienst und im Innenministerium erlebt" (UnivArch Hohenheim NL Franz 6/4.38).

Bis zur großen Wende der sog. „Achtundsechziger"-Bewegung war die Frage nach der NS-Vergangenheit jener, die die Bundesrepublik mitaufgebaut hatten, zwar nicht tabuisiert, wie jeder Blick in die Ausgaben des „Spiegel" belegen kann, aber doch sehr eingegrenzt. Noch gab es die Mentalitäts- und Geistesgeschichte nur in Ansätzen – die Gesellschaft für Geistesgeschichte wurde wenig später als die Ranke-Gesellschaft von Hans Joachim Schoeps, einem glühenden jüdischen Patrioten gegründet[52] – so dass jene Fragestellungen, die heute im Mittelpunkt des wissenschaftlichen Interesses stehen, damals gar nicht formuliert wurden, den meisten Zeitgenossen buchstäblich nicht in den Sinn kamen. Wer einigermaßen glimpflich das Spruchkammerverfahren überstanden hatte, keiner handfesten Verbrechen beschuldigt wurde, „nur" Parteigenosse gewesen war und „Mitläufer", brauchte sich nicht weiter zu rechtfertigen und konnte beim Wiederaufbau mithelfen – wie die bekannten Beispiele Globke oder Oberländer. Das war der stille Konsens in der Gesellschaft der Adenauerzeit, und das generierte das heute angeprangerte „Beschweigen" der Vergangenheit. Auf diese Weise entstand der Eindruck einer ungebrochenen Kontinuität, die nach rückwärts über das Jahr 1933 bis ins Jahr 1918, nach vorwärts über das Jahr 1945 bis in die späten sechziger Jahre reichte.

Dies auch und ganz besonders im wissenschaftlichen und universitären Bereich, und daraus wurde geschlossen, dass die Universität im allgemeinen, die Geschichtswissenschaft im Besonderen nicht besonders NS-anfällig gewesen seien – ein Zirkelschluss, der heute nicht mehr akzeptiert wird, damals aber einleuchtete. Wer den Nationalsozialismus in Analogie zu diesem Denkkonstrukt von der Kontinuität ebenfalls nur dann als „eigentlich" ansah, wenn dieser seine mörderischen Maximen konkret formuliert und verwirklicht hatte, sah von ihm tatsächlich so wenig übrigbleiben, dass er fast als *quantité négléable* in den Lebens- und Wissenschaftsentwürfen der Franz'schen und Rein'schen Generation begriffen werden konnte: Ja, ich war Nationalsozialist, aber meine Meinung habe ich weder vor 1933 noch nach 1945 ändern müssen: Das war die Quintessenz, auf die es Rein und, mit Einschränkung, auch Günther Franz brachten. Die meisten Historiker, die heute als in den nazistischen Unrechtsstaat verstrickt angesehen werden, hätten dieses Verdikt daher nach 1945 mit Emphase und guten Gewissens von sich gewiesen und darauf verwiesen, dass sie sich mit jenen Themen, die ihnen nun vorgehalten wurden – Ur- und Frühgeschichte, Ostforschung, Westforschung, Volkskunde, Überseegeschichte, Rassenkunde: sprich Genealogie – schon lange vor 1933 beschäftigt hätten. Schließlich könnten sie nichts dafür, dass der Nationalsozialismus, eine bekanntlich eklektische Weltanschauung, diese Themen aufgenommen und in *sein* Welt- und Handlungsmuster integriert habe.

Inzwischen wissen wir besser als in den fünfziger Jahren, dass die wesentlichen ideologischen Bausteine der NS-Weltanschauung tatsächlich schon lange vor 1933, ja 1914 entstanden und in der Zeit der Weimarer Republik lebhaft weiterdiskutiert worden sind. Diese wissenschaftsgeschichtlichen Zusammenhänge entgehen den jungen Wilden jedoch zumeist, auch wenn, wie es Hans Mommsen getan hat, gelegentlich die vertrackte Frage gestellt wird, ob es einen Nationalsozialismus vor dem Nationalsozialismus gegeben hat, bei dem sich die deutsche Geschichtswissenschaft besonders hervorgetan hätte.

Von hier aus wird es verständlich, dass sich die Gründer, Mitglieder und Mitarbeiter der Ranke-Gesellschaft nicht als Verein der Ausgestoßenen, sondern ganz umgekehrt als Speerspitze der modernen Geschichtswissenschaft gesehen haben, die nach 1945 da weitermachen konnte und sollte, wo die Alliierten 1945 so unsanft unterbrochen hatten.

---

52   Es sei mir erlaubt darauf hinzuweisen, dass ich nahezu zeitgleich sowohl in die Ranke- wie die Gesellschaft für Geistesgeschichte eingetreten bin und ebenso lange im Vorstand der einen wie der anderen Gesellschaft tätig war. Die hieraus sich ergebenden Synergieeffekte haben beide Gesellschaften geprägt, wie sich aus den Publikationen herauslesen lässt.

Und sie behielten recht, denn anders wären ihre großen Erfolge nicht zu erklären. Gewiss, Gustav Adolf Rein blieb in Kampen,[53] denn er war zu alt, aber Günther Franz brachte es zum Ordinarius in Hohenheim, wo er auch Rektor wurde, Erwin Hölzle wurde vom Land Baden-Württemberg mit dem Professorentitel geehrt; was aus Conze, Schieder, Erdmann usw. geworden ist, braucht man nicht zu erläutern: Sie waren die großen Zampanos unserer Zunft, alle hochgeehrt und weltweit anerkannt.

Gründung und Entfaltung der Ranke-Gesellschaft vollzogen sich also in voller Harmonie mit der Hauptströmung der deutschen Wissenschaftsgeschichte, aber der Ehrgeiz Reins und seiner Mitstreiter ging erheblich weiter.

Ursprünglich war die Ranke-Gesellschaft einzig mit dem Ziel gegründet worden, eine wissenschaftliche Zeitschrift herauszugeben. Rein schwebte ein Organ streng konservativen Zuschnitts vor.[54] Er gehörte auch dem Vorstand der „Gesellschaft zur Förderung Öffentlicher Verantwortung" an, und die trug sich mit dem Plan, eine Tageszeitung herauszubringen, „welche unabhängig ist von politischen Parteien, von Regierung und Opposition, von Wirtschaftsinteressen und kulturellen Monopolbestrebungen. Wir brauchen ein Organ", so Rein „das sich zur Aufgabe stellt – nach den schweren Erschütterungen des deutschen Volksganzen in zwei Weltkriegen, drei Staatsumwälzungen und einer totalen Revolutionierung der gesellschaftlichen Lebensbedingungen –, das Gewissen der Nation anzusprechen." Bruno Opalka, der sich später so rührend um das Rankegrab kümmern sollte, steuerte den Gedanken bei

„die genau vor 100 Jahren von altliberalen Historikern und Publizisten gegründeten Preußischen Jahrbücher in neuer Form unter dem Motto eines freiheitlichen Konservativismus von einer in der Ranke-Gesellschaft zusammengefaßten, im Geiste einer gemäßigten Rechten nicht nur antiquarisch-historisch, sondern auch aktuell-politisch arbeitenden Gruppe wieder aufleben zu lassen".[55]

Im Dezember 1959 preschte Rein erneut vor und schlug die Gründung einer „Historisch-Politischen Zeitschrift" vor – parallel zum „Historisch-Politischen Buch", das ja bereits seit 1953 existierte.[56] Als Titel schwebte ihm vor: „Um das Geschichtsbild. Historisch-politische Hefte der Ranke-Gesellschaft". Daraus entstand die Reihe „Studien zum Geschichtsbild", die allerdings nie über Anfänge hinauskam und in den siebziger Jahren sang- und klanglos einschlief. Wie ernst es Rein war, ging aus einer Art Prolog hervor, den er dieser neuen Zeitschrift voranstellen wollte. „Das Ethos der Rankeschen Geschichtsschreibung" solle verpflichtend sein und das bedeute,

„daß wir uns frei halten sollten von dem heute so häufigen Ressentiment gegen die eigene Vergangenheit, daß wir den Mut zur Wahrhaftigkeit in der Anschauung der historischen Wirklichkeit aufbringen, daß wir das Gewordene verstehen lernen ohne dabei das Gewesene zu idealisieren und ohne die Folgenschwere bestimmter Entwicklungen und Entscheidungen zu verschleiern. In diesem Sinne möge Ranke uns dazu helfen, unsere so oft berufene ‚Unbewältigte Vergangenheit' zu bewältigen".[57]

---

53 Daneben wurde ihm nach seiner Rehabilitierung von Seiten der Hamburger Universität eine Wohnung in Hamburg bereitgestellt. Die Universität versäumte es dann auch nicht, ihrem ehemaligen Rektor zu den „runden" Geburtstagen gebührend zu gratulieren.
54 Frauendienst an Rein, Durchschlag an Franz vom 3.2.1959 (UnivArch Hohenheim NL Franz N 6/4.37 (1-5) Ranke-Gesellschaft u.a.).
55 Bruno Opalka an Franz v. 8.7.1958 (Ebd.).
56 Verschiedene Vorgänge in: Ebd.
57 Ebd. In seinen Erinnerungen (S. 253) zitierte Rein aus seiner Ansprache vom 13.4.1950: „Die Zeitschrift soll den wissenschaftlichen Kampf aufnehmen gegen die Korrumpierung des deutschen Geschichtsbildes. Es gilt gegenüber denen, welche ‚der Geschichte ins Angesicht lügen', die Ehre der deutschen Geschichte zu verteidigen. Von den Ideologien und ihrer Propaganda her ist eine fortgesetzte Verfälschung des deutschen Geschichtsbildes im Gange. Es ist deshalb eine Gewissenssache des wissenschaftlichen Historikers, das Bewußtsein des Volkes von seinem historischen Werdegang von jeder dämonischen Verzerrung frei zu machen und frei zu halten."

Rein ließ sein Konzept den Mitgliedern der Ranke-Gesellschaft zugehen: Von 55 hatten nur 4 „richtungmäßige Bedenken", unter ihnen Werner Frauendienst, dem es als „zu preußisch und konservativ konzipiert" erschien.

Der Plan scheiterte, aber schon hatte Rein eine andere Idee: Er propagierte die Abfassung einer wohl mehrbändigen „Deutschen Geschichte" durch Mitglieder und Sympathisanten der Ranke-Gesellschaft, die eigenwilligerweise das Jahr 1940 zum Ausgangspunkt nehmen sollte. Als „Kerngedanke" schwebte ihm vor, „vom Volk selbst auszugehen" – die Anknüpfung an die Zeit vor 1945 springt in die Augen.

> „Das diese Zeit miterlebende, miterleidende, mittragende, mitgestaltende Volk soll als Träger der Darstellung des gesellschaftlichen, geistigen und politischen Lebens der Nation gesehen werden [...]. Kritische Geschichte haben wir die letzten 16 Jahre, mit Recht, getrieben; für die sogenannte ,skeptische Generation' [Helmut Schelsky zählte zu den Herausgebern des HPB] sollten wir jetzt über die kritische ,Zersetzung' unserer Geschichte das Verständnis für Größe, Gewalt und Unerforschlichkeit des Schicksals als dem uns Widerfahrenen aufwecken."

Rein lieferte eine Disposition gleich mit – man würde sie heute als blank rechtsradikal einstufen.[58] Ich vermute, dass sie schon aus diesem Grund der Plan sang- und klanglos in der Versenkung verschwand – allerdings haben sich später führende Mitglieder der Gesellschaft an dem Justi'schen Handbuch zur deutschen Geschichte beteiligt, doch das war nicht rechtslastig.

Es war nach alledem nicht verwunderlich, dass die Ranke-Gesellschaft in der Öffentlichkeit auch mit David L. Hoggan in Verbindung gebracht wurde, denn ein obskurer Verein verlieh dem Autor des „erzwungenen Krieges" in Düsseldorf einen „Leopold von Ranke Preis", und der Vorsitzende Gustav Adolf Rein musste sich gegen den Verdacht wehren, seine Gesellschaft habe damit etwas zu tun.[59] Wie sensibel die bundesrepublikanische Gesellschaft reagierte, mag man daran ermessen, dass das Fernsehen Rein in seinem Kampener Domizil aufsuchte und mit ihm ein Interview veranstaltete.

Aus den Plänen für eine Tages- oder Wochenschrift, ein Handbuch oder eine neue „Historisch-Politische Zeitschrift" wurde nichts, doch es gab eine Ausnahme: „Das Historisch-Politische Buch". Rein hat die Idee geboren, aber der Erfolg des HPB geht nur zum geringsten auf ihn zurück; entscheidend war von Anfang an Günther Franz.

In welche Richtung Rein dachte, ergibt sich aus seinem Vorschlag, Carl Schmitt als Mitherausgeber zu gewinnen. „Geht natürlich nicht" stellte er selbst bedauernd fest.[60] Auch Ulrich Scheuner war nicht zu gewinnen, und Predöhl hatte abgesagt. Rein hat sich auch an Hans Rothfels gewandt, der „brieflich an mich die Leitsätze der Ranke-Gesellschaft positiv anerkannt" habe – aber Rothfels plante seine eigene Zeitschrift, sehr zum Missvergnügen von Rein.[61]

Das HPB wurde bewusst nicht als Konkurrenz, sondern als Ergänzung, vielleicht Gegengewicht zu den „Vierteljahresheften für Zeitgeschichte" konzipiert. Im Januar 1952 versammelte Rein in Hamburg fünf Buchhändler, zwei Bibliothekare und sieben Historiker und diskutierte mit ihnen über „Leser und Käufer historischer Bücher". Die Buchhändler versicherten, eine Rezensionszeitschrift, die rasch arbeitete, würde geschätzt werden. Der Plan sei „lebensfähig und erfolgversprechend". Franz schien Rein der geeignete Mann dafür, ob Franz geneigt sei, so am 9. Juni 1952, den „Plan aufzugreifen"? Franz sagte am 15. Juni 1952 offensichtlich spontan zu.[62] Er war davon überzeugt, dass auch Rothfels die Idee gut fand, und Franz hatte

---

58   Vgl. Anm. 54.
59   Erklärung der Ranke-Gesellschaft vom 1.5.1964 (Ebd.).
60   Rein an Franz v. 8.11.1952 (UnivArch Hohenheim NL Franz N 6/4.6 (1-6)).
61   Rein an Franz v. 9.6.1952 (Ebd.).
62   Franz an Rein v. 15.6.1952 (Ebd.).

gegen den Plan, zusammen mit dem Institut für Zeitgeschichte eine Zeitschrift zur Zeitgeschichte ins Leben zu rufen, keinerlei Einwände.

Ganz anders Hans Günther Seraphim vom Institut für Völkerrecht in Göttingen. Der einer breiteren Öffentlichkeit im Zusammenhang mit den Nürnberger Prozessen bekannt gewordene Jurist gehörte zu den Männern der ersten Stunde in der Ranke-Gesellschaft, und ihm waren die VJHZG ein besonderer Dorn im Auge, während Rein davon ausging, Rothfels werde ganz in seinem Sinne agieren – ein Irrtum, wie sich schon nach den ersten Heften der VJHZG herausstellte. Seraphim empörte sich:

> „Darüber hinaus scheint mir diese Tendenz der Vierteljahrshefte – denn um eine solche handelt es sich nach meinem Eindruck des ersten Jahrganges offensichtlich – wieder die Frage nach der Notwendigkeit einer zweiten zeitgeschichtlichen Zeitschrift aufzuwerfen. Ich weiß, das ist eine schwierige Angelegenheit. Aber ist es zu verantworten, daß man die Festlegung der Linie der deutschen Zeitgeschichte jenen überläßt, die Thesen aufstellen und dann dazu Material sammeln?"[63]

Die ursprüngliche Idee des HPB fügte sich in die vielfältigen Bemühungen Reins, prägenden Einfluss auf die Zeitgeschichte zu gewinnen. Er stellte sich daher ein Rezensionsorgan vor, das so rasch arbeiten sollte, dass es die Meinungsführerschaft übernehmen konnte. Die Hamburger Buchhändler hatten ihn in dieser Idee bestärkt: Wenn es gelang, die *Crème de la Crème* der deutschen Historikerschaft zur Mitarbeit zu gewinnen; wenn die Herausgeber des HPB bestimmen konnten, was besprochen wurde und was nicht, wenn Rein darüber hinaus verfügen konnte, wer was besprach; wenn sich Bibliotheken und Buchhandel dann danach richteten – so wäre das Ziel, die deutsche Vergangenheit im Sinne der Ideen von Gustav Adolf Rein zu bewältigen, erreicht worden. Aus Papieren im Nachlass Franz geht hervor, dass Rein anfänglich tatsächlich versuchte, Franz in dieser Weise zu nötigen. Aber der sture Bauern-Franz hat sich nicht nötigen lassen, und deswegen wurde aus dem HPB keine Propagandamaschine für Gustav Adolf Reins Welt- und Wissenschaftsanschauung, sondern das, was es noch heute ist: ein zuverlässiger, unabhängiger Führer durch das Schrifttum. Es mag von Franz paradigmatisch gemeint gewesen sein, dass die erste Rezension in Form einer Leitbesprechung die Überschrift trug: „Der Wahrheit eine Gasse." Es folgte eine differenzierte, keineswegs lobhudelnde Besprechung der Papenschen Memoiren von Werner Jochmann, auf die Papen selbst reagierte, hatte ihm Jochmann doch „mangelnde Aufklärung über Gespräche, die ich in den Tagen nach dem 4. Januar 1933 geführt haben soll" vorgeworfen.[64] Papen führte aus:

> „Hierzu kann ich erklären, daß ich auf der Fahrt vom Besuche meiner Mutter in Düsseldorf nach Berlin, in Dortmund einen Zug überschlagen habe, um meinen alten Freund Springorum, Gen.Dir. der Hoesch-Werke, zu sehen. Gewiß haben wir uns bei diesem Besuch auch über die politische Lage unterhalten, aber ich kann versichern, daß unser Treffen in keiner Form einen politischen Zweck oder Inhalt hatte. Dieser Anstrich ist ihm lediglich von der Linkspresse gegeben worden. Andere Persönlichkeiten genannter Art habe ich nicht gesehen, noch gesprochen. Es bestand daher keinerlei Anlaß über die Unterhaltung mit Herrn Springorum in meinen Erinnerungen zu berichten."

Natürlich dauerte es eine gewisse Zeit, bis Franz die uralten Barden los war, das war manchmal auch ein menschliches Problem, und es ziemt dem Historiker, um mit Ranke zu reden, „mild und gut" zu sein. Hermann Löffler zählte zu ihnen; Ernst Anrich auch. Dieser hielt Löffler übrigens für einen „Hochstapler" und „eine ernste Belastung des Rufes sowohl unserer Strassburger Universität wie insbesondere unseres engeren Strassburger Kreises und unseres früheren Vereins".[65] Der „liebe gute Günther", wie Löffler Franz anredete, wurde sanft

---

63 Seraphim an Franz v. 15.10.1953 (Ebd.)
64 v. Papen an Franz v. 24.6.1953 (UnivArch Hohenheim NL Franz N 6/ 4.12. (1-3)).
65 Anrich an Franz v. 4.3.1953 (Ebd.).

aber nachdrücklich aus der Liste der Rezensenten entfernt, und so ging es noch dem einen oder anderen alten Kameraden.[66]

Es fehlt der Platz um darzutun, wie sich das HPB im Laufe der vergangenen 49 Jahre entwickelt hat. Als Günther Franz seine Tätigkeit 1988 beendete, konnte er auf 20 000 Buchbesprechungen verweisen, inzwischen dürften weitere 12 000 hinzugekommen sein. Es gibt kein großes historisches Werk, das nicht im HPB besprochen worden wäre, keine geschichtswissenschaftliche Kontroverse, die hier nicht ihren Niederschlag gefunden hätte und nahezu keinen bekannten deutschen Historiker, der seine ersten Gehversuche nicht im HPB gemacht hätte. Wer wissen will, was beispielsweise Hillgruber, Hildebrand, Messerschmidt, Deist, Hubatsch in jungen Jahren dachten und schrieben – im HPB wird er fündig. Ein paar Namen allerdings tauchen nicht auf, und an dieser Stelle gilt es denn doch, eine Einschränkung zu machen. Das HPB war und ist liberal, aber es ist bestimmten wissenschaftlichen Strömungen nicht gefolgt. „Wenn freilich unter Wissenschaftspluralismus verstanden werden soll", so hat es Heinz Gollwitzer einmal ausgedrückt,

> „daß die Ranke-Gesellschaft sich mit Marxismus nicht nur wissenschaftlich auseinandersetzt, sondern ihn auch liebevoll zu pflegen hätte, dann würde ich dem nicht zustimmen. Denn erstens ist der Marxismus eine intransigente Theorie, die da, wo sie die Herrschaft errungen hat, selber keinerlei Pluralismus mehr duldet, und zweitens gibt es in der Bundesrepublik bereits so viele akademische Bastionen des Marxismus, daß ich es nicht nur für überflüssig, sondern für grundfalsch hielte, dem Moloch weitere Opfer darzubringen."[67]

Deswegen wird man manche Namen im Mitarbeiterverzeichnis des HPB, aber auch in den Listen der Referenten vermissen, und das ist gut so.

Im hohen Alter von 78 Jahren hat Rein den Vorsitz der Ranke-Gesellschaft abgegeben, er ist am 6. Januar 1979 im 94. Lebensjahr gestorben, bis fast zuletzt der Ranke-Gesellschaft aufs Innigste verbunden, nach wie vor von Ideen sprühend. Sein Nachfolger wurde Hellmut Rößler, einer der engsten Mitarbeiter von Günther Franz. Nach Rößlers frühem Tod am 21. August 1968 wurde Oswald Hauser am 27. Juni 1969 zum Geschäftsführenden Vorsitzenden der Ranke-Gesellschaft gewählt. Er hat das Amt bis 1984 innegehabt, bevor ich es übernommen und bis 2000 ausgeübt habe.[68] *Geschäftsführende* Vorsitzende wurden Rößler und Hauser, weil Gustav Adolf Rein auf die pfiffige Idee verfallen war, die Position eines „Präsidenten" der Ranke-Gesellschaft zu schaffen – und dies *ad personam* eines Mannes, von dem er sich für die Ranke-Gesellschaft viel versprach: Hans Helmut Kuhnke wurde am 14. September 1972 vom Vorstand der Gesellschaft zum Präsidenten der Ranke-Gesellschaft gewählt, am 25. September 1972 hat er das Amt angenommen.[69] „Ich betrachte mich als ein Instrument in der Hand der Wissenschaftler bei der Verwirklichung der Zwecke, die diese in und mit der Ranke-Gesellschaft als der Vereinigung für Geschichte im öffentlichen Leben"[70] haben, hieß es in seiner Dankadresse.

> „Die Ranke-Gesellschaft [...] wird ein Echo in der Öffentlichkeit um so leichter finden, je stärker sie die Neugierde dieser Öffentlichkeit befriedigt. Dazu ist es notwendig, die

---

66   Löffler an Franz v. 16.5.1953 (Ebd.). Zu Löffler: Lerchenmüller, Joachim: *Die Geschichtswissenschaft in den Planungen des Sicherheitsdienstes der SS*. Der SD-Historiker Hermann Löffler und seine Gedenkschrift „Entwicklung und Aufgaben der Geschichtswissenschaft in Deutschland" (Archiv für Sozialgeschichte, Beiheft 21), Bonn 2001.

67   Gollwitzer an Hauser v. 29.11.1974 (Handakten Hauser in Universität Köln, Erziehungswissenschaftliche Fakultät, Arbeitsstelle Geschichte und Öffentlichkeit).

68   Seither ist Jürgen Elvert, Köln, der Vorsitzende der Ranke-Gesellschaft.

69   Nach einigem Zögern; so schrieb er am 17. Juli 1969 an Hauser, er sehe sich außerstande, das Amt anzunehmen. Hauser hat ihn dann wohl davon überzeugt, dass das Amt nicht mit Arbeit verbunden sei (Kuhnke an Hauser v. 17.7.1969 (Handakten Hauser in Universität Köln, Erziehungswissenschaftliche Fakultät, Arbeitsstelle Geschichte und Öffentlichkeit)).

70   Kuhnke an Hauser v. 25.9.1972 (Ebd.).

drei jeweils lebenden Generationen, nämlich die lernende, die handelnde und die betrachtende anzusprechen. Geschichte im öffentlichen Leben: Das ist gewissermaßen die Hintergrundinformation zur Aufhellung des eigenen Erlebens und Erleidens des einzelnen Menschen."

Kuhnke dachte gar nicht daran nur zu repräsentieren. Soweit es seine Zeit erlaubte – als Vorstandsvorsitzender der Ruhrkohle AG und des Stifterverbandes für die deutsche Wissenschaft war er schließlich über Gebühr ausgelastet – beteiligte er sich an den Jahrestagungen der Ranke-Gesellschaft und half über seine wissenschaftspolitischen Verbindungen der Ranke-Gesellschaft mehr als einmal über materielle Hürden. Hatte Erich Lübbert[71] einen Preis für Nachwuchshistoriker der Überseegeschichte gestiftet, nachdem sich Rein vehement für die Stiftung eines „Geschichtspreises" eingesetzt hatte,[72] Toepfer den Entwurf der Ranke-Medaille (ursprünglich: Münze) bezahlt, der von dem Hamburger Bildhauer H.M. Ruwoldt geschaffen worden war[73] – die erste Medaille erhielt Wilhelm Schüßler[74] –, die Mannheimer Firma Merck das der Ranke-Gesellschaft in Personalunion, wie man sagen könnte, eng verbundene Bensheimer Institut zur Erforschung der Führungsschichten unterstützt, so schuf Hans Helmut Kuhnke mit jenem Kreis an Rhein und Ruhr, der seinen Namen bis heute trägt, etwas Fort- und Weiterwirkendes, das zu würdigen mir hier nicht zukommt. Geschichte im öffentlichen Leben: Darum hat sich Kuhnke in der Zeit seiner Präsidentschaft ständig bemüht; wesentlich ihm ist es zu verdanken, dass unsere Vereinigung nach und nach bekannt wurde. Bisher sind 5 Bände aus den sonnabendlichen Vortragsreihen entstanden, die von Otmar Franz herausgegeben worden sind – weitere werden hoffentlich folgen.

Man geriete in große Schwierigkeiten, wollte man systematisch auch nur annäherungsweise die Aktivitäten der Ranke-Gesellschaft in den vergangenen fünfzig Jahren aufzählen – außerdem wäre es langweilig. Aber es ist von Interesse, diese verschiedenen Initiativen, Veranstaltungen und Publikationen in der Tektonik der deutschen geschichtswissenschaftlichen Landschaft zu verorten, und an diesem Punkt müssen wir erneut zurück in die frühen fünfziger Jahre.

Aus der Konkursmasse des Dritten Reiches waren genealogische Trümmer in die Nachkriegszeit hinübergelangt, herrenloses Strandgut einer verbrecherischen Ideologie, gleichwohl von höchstem wissenschaftlichem Wert. Die NS-Forderung nach einem „Ariernachweis" hatte gleichzeitig die ehrwürdig-traditionelle Hilfswissenschaft der Genealogie aufblühen lassen. Jeder Historiker kennt vor allem die Ysenburgischen Stammtafeln zur deutschen und europäischen Geschichte, sie sind bis heute Standard. Inwieweit jene biographischen Interessen, die das wissenschaftliche Werk sowohl von Günther Franz wie auch von Hellmut Rößler auszeichneten, irgend etwas mit dem der braunen Machthaber zu tun hatten, entzieht sich meiner Kenntnis, aber sowohl Rein wie auch Franz und Hellmuth Rößler waren davon überzeugt, dass es ein neues „Geschichtsbild" nur geben konnte, wenn man von einer kollektiven und rein strukturellen Betrachtungsweise abrückte und dem historischen Individuum wieder den gebührenden Platz in der „Mär der Weltgeschichte" einräumte. Das von Rößler und Franz in unglaublicher Fleißarbeit verfasste Biographische Wörterbuch zur deutschen Geschichte war nichts weniger als der Versuch, das „Personal" der deutschen Geschichte nach dem Ende des „Dritten Reiches" gleichsam neu aufzustellen und zu rangieren. Das passte vorzüglich in die Vorstellungswelt von Gustav Adolf Rein sowie seiner Ranke-Mitstreiter, und deswegen ging er, wie es seinem Temperament entsprach, gleich einen Schritt weiter: Die Ranke-Gesellschaft solle eine biographische Reihe herausbringen, in der nach und nach alle Großen der deutschen

71 Seit 1937 Alleinaktionär der Dyckerhoff & Widmann AG.
72 MITTEILUNGEN Nr. 24 v. Juli 1959 (UnivArch Hohenheim NL Franz N 6/4.37 (1-5) Ranke-Gesellschaft u.a.).
73 MITTEILUNGEN Nr. 28 (Ebd.).
74 Aus Anlass des 75. Geburtstages von Rein und des 10. Jubiläums der Ranke-Gesellschaft.

und der europäischen, aber auch der Überseegeschichte in kurzen, präzisen aber auf dem Stand der Forschung konzipierten Biographien behandelt werden sollten. Auf diese Weise wurde das neu angestrebte „Geschichtsbild" seines anonymen und strukturellen Charakters zugunsten einer Individualisierung entkleidet, und damit entsprach es in den Augen Reins erneut den Rankeschen Idealen. Es ist nicht ganz klar, auf wen die Initiative zu dieser „Biographischen Reihe des Musterschmidt Verlages" – so das ursprüngliche Konzept von Franz – zurückgeht. Den zündenderen Reihentitel jedenfalls steuerte Rein bei. Die Reihe solle „Persönlichkeit und Geschichte" heißen, teilte er Franz mit.[75] „Es ist sozusagen die Verdeutschung von ‚historische Biographien'".[76] Auch diese Publikationsreihe sollte Franz herausgeben, und er hat es getan – man fragt sich, ob dieser Mann jemals Zeit zum Schlafen gefunden hat.

Es wurde eine Erfolgsstory sondergleichen – inzwischen gibt es über einhundert Bände der Reihe, auch wenn sie nicht mehr formell „im Auftrag der Ranke-Gesellschaft" herausgegeben werden, was außerordentlich bedauerlich ist, denn sie spiegeln wie wenige andere Produktlinien den Geist unserer Vereinigung. Was Franz mit dem HPB bereits gelungen war, gelang ihm auch jetzt: In einer erstaunlichen Kraftanstrengung bewog er die jeweils kompetentesten deutschen Historiker zur Mitarbeit. Peter Rassows „Karl V." machte den Auftakt, dann folgten Hellmut Rößlers „Freiherr vom Stein", Werner Hahlwegs „Clausewitz", Paul Wentzkes „Heinrich von Gagern" usw. Allein im ersten Jahr wurden 7 Bände von „Persönlichkeit und Geschichte" ausgeliefert.

Man kann die „PuG"-Reihe auch als eine Art „Abfallprodukt" von Büdingen begreifen. In der staufischen Ministerialenburg der Fürsten zu Ysenburg und Büdingen tagte nämlich seit 1963 ein zumeist kleiner, aber außerordentlich illustrer Kreis von Historikern, die nahezu allesamt aus der genealogischen Forschung stammten, und die die schon besagten genealogischen Trümmer in einem 1967 gegründeten „Institut zur Erforschung historischer Führungsschichten"[77] in Bensheim an der Bergstraße zusammentrugen – eine riesige, über 2000 Ordner umfassende personengeschichtliche Materialsammlung. In der Privatvilla des Archivars Friedrich Euler wurden diese einmaligen Quellen mehr schlecht als recht untergebracht, und nur dem unermüdlichen und manchmal penetrantem „Trommeln" Eulers war es zu verdanken, dass die Mäzene, in erster Linie die Darmstädter Firma Merck, die die Aufbewahrung und Aufbereitung dieses Materials – eine wahre Herkulesarbeit, für die man Jahrzehnte in Ansatz bringen musste – nicht irgendwann einmal der Mut verließ.[78]

Das Schloss Büdingen war der optimale Tagungsort, und der *genius loci* beflügelte ein Unternehmen, das zu den erfolgreichsten der Ranke-Gesellschaft zählen sollte. Inzwischen sind 23 Bände in der Reihe „Deutsche Führungsschichten in der Neuzeit" erschienen. Ging es im ersten Band um den „Deutschen Adel 1430-1555" so im 23. um „Frauen auf dem Weg zur Elite"[79] – man mag den wissenschaftlichen Fortschritt und das Walten des Zeitgeistes auch in der Ranke-Gesellschaft ermessen.

Die führenden Persönlichkeiten des Bensheimer Instituts und der „Büdinger Gespräche der Ranke-Gesellschaft", an ihrer Spitze natürlich Günther Franz, haben wesentlich auch die Konzeption der „Neuen Deutschen Biographie" (NDB) bestimmt, die die „Allgemeine Deut-

75   Rein an Franz v. 31.1.1957 (UnivArch Hohenheim NL Franz N 6/4.38).
76   Ebd.
77   Unter den 14 Gründungsmitgliedern waren u.a. Peter Berglar, Friedrich Wilhelm Euler, Günther Franz, Alfred Graf von Kageneck, Dr. Hans-Joachim Langmann, stellv. Vorsitzender des Vorstandes der E. Merck AG, Darmstadt und Gesellschafter der Emanuel Merck oHG in Darmstadt, Nikolaus von Preradovich, Hellmuth Rößler. Rößler, Franz und Euler bildeten den Vorstand.
78   Kurze Geschichte des Instituts und seiner Verfassung (Handakten Hauser in Universität Köln, Erziehungswissenschaftliche Fakultät, Arbeitsstelle Geschichte und Öffentlichkeit). Am 8.4.1969 fand die konstituierende Sitzung des Beirates statt.
79   Schulz, Günther (Hrsg.): *Frauen auf dem Weg zur Elite* (Büdinger Forschungen zur Sozialgeschichte 23), München 2000. Die beiden ersten Bände der Reihe wurden von der Wissenschaftlichen Buchgesellschaft in Darmstadt verlegt – die Verbindung Franz-Anrich bewährte sich anscheinend nur anfänglich.

sche Biographie" (ADB) aus dem 19. Jahrhundert nicht ersetzen, sondern ergänzen soll, inzwischen ist sie beim Buchstaben „R" angekommen. Man kann ohne Übertreibung sagen,
dass dieses Mammutunternehmen der Bayerischen Akademie der Wissenschaften, das die
deutsche Geschichtswissenschaft auf Jahrzehnte, wenn nicht Jahrhunderte hinaus prägen wird,
unmittelbares Resultat des Wirkens der Ranke-Gesellschaft ist. Denkt man an die von der
Wissenschaftlichen Buchgesellschaft unter Federführung von Rudolf Buchner initiierte und
herausgegebene Freiherr vom Stein-Gedächtnisausgabe, die achtbändige Bismarckedition von
Gustav Adolf Rein und Wilhelm Schüßler, so sieht man an der Wiege der deutschen Geschichtswissenschaft und der akademischen Lehre seit den fünfziger Jahren die Ranke-
Gesellschaft stehen. Es ehrt sie, dass sie darum nie groß Aufhebens gemacht hat. Zusammen
mit der NDB, den Büdinger Forschungen zur Sozialgeschichte, der Reihe „Persönlichkeit und
Geschichte", den „Historischen Mitteilungen der Ranke-Gesellschaft" und ihren mittlerweile
nahezu 50 „Beiheften" – in Wirklichkeit sind es veritable Bücher – basiert ein gutes Stück der
deutschen Historiographie nach 1945 auf den wissenschaftlichen Leistungen von Mitgliedern
der Ranke-Gesellschaft und der Ranke-Gesellschaft selbst. Während sich die Konstruktion der
„Historischen Sozialwissenschaft", wie sie von der sogenannten „Bielefelder Schule" so laut-
hals propagiert worden ist, inzwischen als wenig widerstandskräftig erwies, hat das, was die
Ranke-Gesellschaft geleistet hat, Bestand – ich denke, nach soviel Kritik an unseren Altvorde-
ren in der Ranke-Gesellschaft darf man dies auch einmal sagen.

Dass am Ende der Rückblick zum Ausblick führen muss, bedarf sicher keiner Begründung.
Man kann es sich einfach machen: Weiter so! Aber das entspräche nicht dem Geist unserer
Gesellschaft, die immer innovativ gewesen ist. Schließlich hat sich die Ranke-Gesellschaft mit
der Sozialgeschichte schon zu Zeiten beschäftigt, als die konventionelle Geschichtswissenschaft davon kaum noch berührt war; sie hat sich mit Elitenforschung beschäftigt, als das als
äußerst obskur und *degoûtant* galt, sie hat eine moderne Militärgeschichte[80] gepflegt, als alles
Militärische des Teufels war, sie hat die historische Biographie hochgehalten, als niemand einen Pfifferling für sie geben wollte; sie hat, von Anfang an ein, wie es Rein ausgedrückt hatte,
„planetarisches" historisches Bewusstsein gefordert und in ihren Tagungen gefördert und
praktiziert – ich denke beispielsweise an „Weltmächte, Großmächte, Supermächte" – als kein
Mensch von „Globalisierung" sprach. Sie hat schon in den fünfziger Jahren sich mit „Weltpolitik"[81] beschäftigt, ist der Frage „Die Deutschen und die Revolution"[82] nachgegangen, hat
sich mit der deutschen Wiedervereinigung befasst, als das geradezu Anathema war,[83] und sie
hat als eine der ersten, wenn nicht überhaupt als erste westdeutsche wissenschaftliche Gesellschaft schon 1991 in Leipzig getagt und den „Umbruch in Osteuropa"[84] wissenschaftlich analysiert.

Dabei ist sie nie irgendwelchen Moden hinterhergelaufen, und so wäre es ganz töricht,
wollte sie nun auf den Globalisierungszug aufspringen, sich in den Kampf der Kulturen à la
Huntington verwickeln lassen, sich der so schicken „Postmoderne" hingeben und die Geschichte nach Kräften „dekonstruieren". Alle diese Trends wird sie sorgfältig zu verfolgen und
zu beobachten haben, und das „Historisch-Politische Buch" wie auch die „Historischen Mit-

---

80   Es gab allein drei Büdinger Tagungen in Zusammenarbeit mit dem Militärgeschichtlichen Forschungsamt;
     vgl. Hofmann, Hans Hubert (Hrsg.): *Das deutsche Offizierkorps 1860-1960.* Büdinger Vorträge 1977. In Ver-
     bindung mit dem Militärgeschichtlichen Forschungsamt herausgegeben (Deutsche Führungsschichten in
     der Neuzeit 11), Boppard 1980.
81   *Weltpolitik 1933-1939; Weltpolitik II:* 1939-1945; *Weltpolitik III:* 1945-1953, herausgegeben von der Ranke-
     Gesellschaft, Göttingen 1973, 1975 und 1978.
82   Salewski, Michael (Hrsg.): *Die Deutschen und die Revolution.* 17 Vorträge. Für die Rankegesellschaft, Vereini-
     gung für Geschichte im Öffentlichen Leben herausgegeben, Göttingen/Zürich 1984.
83   Jahrestagung 1959: „Teilung und Wiedervereinigung europäischer Völker." Der Vorschlag kam von Buch-
     ner. „Herr Spuler hatte zunächst dem Thema ebenfalls widersprochen, kam aber nachher mit dem vorzüg-
     lichen Gedanken, dazu durch ein Referat über Polens Politik und Einstellung in der Zeit seiner Teilung bei-
     zutragen." (Rein an Franz v. 28.7.1958 (UnivArch Hohenheim NL Franz N 6/4. 38)).
84   Elvert, Jürgen/Salewski, Michael (Hrsg.): *Der Umbruch in Osteuropa* (HMRG Beiheft 4), Stuttgart 1993.

teilungen der Ranke-Gesellschaft" werden auch in Zukunft all dies nicht nur zu registrieren, sondern auch gebührend zu würdigen haben, aber sie sollte sich dabei auf ihre alten Stärken besinnen: den langen Atem nicht nur der Geschichte, sondern auch der Geschichtswissenschaft. Ob Gustav Adolf Rein nun Ranke „missbraucht" hat oder nicht: Dass die Ranke-Gesellschaft aufgerufen ist, mit dem kulturellen Skandal endlich ein Ende zu machen, dass es keine wissenschaftlichen Standards genügende Ranke-Edition gibt, sollte selbstverständlich sein – und mag es Jahrzehnte dauern, bis sie fertig wird. Auch das Grimmsche Wörterbuch wurde nicht an einem Tag geschrieben.

Schon immer war unsere Gesellschaft dem großen Ganzen der Geschichte verpflichtet, und das HPB dürfte die einzige wissenschaftliche Zeitschrift in Deutschland sein, die damit wirklich Ernst gemacht hat und von der Vor- und Frühgeschichte bis zur aktuellen politischen Wissenschaft sämtliche Felder berücksichtigt. Die interdisziplinäre Zusammenarbeit jenseits der üblichen Standards und Lippenbekenntnisse muss Ziel unserer Bemühungen sein, und dabei gilt es auch das Außergewöhnliche, das anscheinend gar nicht Zusammenpassende zu berücksichtigen – beispielsweise Militär- und Frauengeschichte, Geistes- und Wirtschaftsgeschichte, Wissenschafts-, Technik- und Wahrnehmungsgeschichte.

Die Ranke-Gesellschaft ist vielleicht nicht *per aspera ad astra* gelangt, aber ein Stern, ein möglichst hell leuchtender, ein Leitstern sollten wir im Kosmos der der *historia* und der *historia rerum gestarum* doch sein wollen. Ob es gelingt, werden wir in fünfzig Jahren sehen.

DAS GROßE TABU!

HISTORIKER-KONTROVERSEN IN ÖSTERREICH NACH 1945 ÜBER DIE NATIONALE VERGANGENHEIT

GEORG CHRISTOPH BERGER WALDENEGG

Anfang 1987 erschien in einem österreichischen Verlag ein Sammelband mit dem Titel „Das große Tabu. Österreichs Umgang mit seiner Vergangenheit". Als Herausgeber zeichneten ein Politologe sowie eine Historikerin, Anton Pelinka und Erika Weinzierl, verantwortlich. Mit ihrer Spannung verheißenden Veröffentlichung beabsichtigten sie, „einen Beitrag zu der ‚Trauerarbeit' zu leisten, zu der Alexander Mitscherlich die Deutschen aufgerufen hat und zu der sich die Österreicher offenkundig nicht mit der gleichen Deutlichkeit aufgefordert fühlten."[1] Dabei wollten die beiden auch über die Grenzen Österreichs hinaus bekannten Geisteswissenschaftler „aufklären", und zwar objektiv aufklären, wie sich präzisieren lässt[2]. Der Obertitel ihres Buches erweist, dass sie damit auf die Beseitigung eines regelrechten, in Österreich herrschenden – und auch von anderen Geisteswissenschaftlern behaupteten – langjährigen Tabus[3] und dabei wiederum des großen Tabus schlechthin abzielten. Genauer gesagt, ging es ihnen um den vermeintlich ebenso problematischen, wie falschen, ja potentiell gefährlichen Umgang mit der eigenen, also der österreichischen Vergangenheit. Dabei verwiesen sie auf die „auch österreichischen [...] Wurzeln des Nationalsozialismus"[4], mithin auf ein Thema, das letztlich der Zeitgeschichte zugeordnet werden kann.[5]

Die Notwendigkeit, an der Zerstörung dieses Tabus zu arbeiten, sahen die beiden Wissenschaftler auch noch zehn Jahre später, als sie ihr Buch in einer unveränderten Neuauflage publizieren ließen.[6] Zwar hatte sich ihrer Auffassung nach in der Zwischenzeit diesbezüglich in

---

*   Das Manuskript des Vortrags wurde überarbeitet und erweitert. Für wertvolle inhaltliche Hinweise danke ich insbesondere Michael Gehler, für redaktionelle Hilfe Tobias Fraund.

1   Weinzierl, Erika/Pelinka, Anton: *Vorwort*. In: Dies. (Hrsg): Das große Tabu. Österreichs Umgang mit seiner Vergangenheit, 2. Auflage, Wien 1997 (1987), S. 6f., hier S. 6.

2   Denn es heißt weiter: "[...] das Hoffen auf Aufklärung setzt einen gewissen Optimismus voraus – dass eben Aufklärung nicht vergeblich ist, dass Veränderungen des Bewußtseins und Veränderungen des Verhaltens durch Argumente, durch Rationalität [!] möglich sind." (ebd.). Das hierbei mitspielende moralisch-aufklärerische Moment verdeutlichen besonders klar Ausführungen Erika Weinzierls von 1989: Ernst Hanisch verstehe unter Aufklärung u.a. den Versuch, zu „verhindern", „dass so etwas Schreckliches [wie 1938 und folgende] wieder passiert" (*Österreichische Nation und österreichisches Nationalbewusstsein*. In: ZEITGESCHICHTE 17 (1989), S. 44-62, hier S. 59-60); vgl. Hanisch, Ernst, *Zeitgeschichte als politischer Auftrag* In: ZEITGESCHICHTE 13 (1985), S. 81-91, hier S. 84.

3   So sprach etwa noch kürzlich Michael Gehler von einer bis 1986 andauernden „Tabuisierung der NS-Vergangenheit" (*Die Affäre Waldheim: Eine Fallstudie zum Umgang mit der NS-Vergangenheit in den späten achtziger Jahren*. In: Rolf Steininger/Michael Gehler (Hrsg.): Österreich im 20. Jahrhundert. Ein Studienbuch in zwei Bänden. Band 2: Vom Zweiten Weltkrieg bis zur Gegenwart, Wien/Köln/Weimar 1997, S. 355-414, hier S. 377). Rudolf Neck konstatierte 1972 ebenfalls „ausgesparte Tabus" (*Der Februar 1934. Die politische Entwicklung. In: Ludwig Jedlicka/ders. (Hrsg.): Österreich 1927 bis 1938. Protokoll des Symposiums in Wien, 23. bis 28. Oktober 1972. Vorwort (Wissenschaftliche Kommission des Theodor-Körner-Stiftungsfonds und des Leopold-Kunschak-Preises zur Erforschung der österreichischen Geschichte der Jahre 1927 bis 1938 1), München 1973, S. 104-109, hier S. 105).

4   Pelinka/Weinzierl: Vorwort zur 2. Auflage. In: Das große Tabu, S. 6.

5   In Anlehnung an Thomas Angerer hat Michael Gehler jüngst dafür plädiert, den Begriff Zeitgeschichte – bezogen auf Österreich – erst für die Jahre ab „1939/45" anzuwenden (*Zeitgeschichte im Mehrebenensystem. Zwischen Regionalisierung, Nationalstaat, Europäisierung, internationaler Arena und Globalisierung* (Herausforderungen. Historisch-politische Analysen 12), Bochum 2001, S. 46). Ungeachtet dieser diskussionswerten Überlegung halte ich mich hier noch an den durch lange Zeit üblichen und noch nicht überwundenen Periodisierungsansatz. Danach beginnt die österreichische Zeitgeschichte mit dem Jahr 1918.

6   Wien 1997.

Österreich „einiges" zum Positiven „geändert"; da aber die „Ursachen der Tabuisierung nach wie vor wirkten", könne ihre „Benennung [...] niemals überholt" sein.[7]

Wohlgemerkt machten Weinzierl und Pelinka ein solches Tabu nicht nur in der Bevölkerung im Allgemeinen, sondern auch im „akademischen Bereich" im Besonderen aus, obgleich sich die konstatierte Veränderung laut ihnen „vor allem" hier bemerkbar gemacht hat.[8] Unausgesprochen dürften sie damit nicht zuletzt Historiker gemeint haben. Schließlich sind diese quasi von Berufswegen mit der Untersuchung der Vergangenheit befasst.

Diesen Befund haben unsere beiden Autoren keineswegs als erste formuliert.[9] Ihm widerspricht aber zumindest auf den ersten Blick eine Äußerung Adam Wandruszkas aus dem Jahre 1990, die der mittlerweile schon seit einigen Jahren (1997) verstorbene Nestor der österreichischen Nachkriegsgeschichte nur wenige Jahre nach der Erstauflage des angeführten Sammelbandes im Rahmen einer Debatte „über Faschismus" tätigte: „Uns [Österreichern] wird immer wieder vorgeworfen, die Österreicher hätten keinen Historikerstreit. Die Österreicher haben einen Historikerstreit seit dreißig Jahren, nur ist er nicht so spektakulär wie jener in der Bundesrepublik Deutschland."[10] Die grundsätzliche Berechtigung dieser, speziell auf die „Diskussion über Faschismus" bezogenen Behauptung kann weder aus damaliger noch aus heutiger Sicht abgestritten werden. Denn zweifellos wurden in Österreich wenigstens seit 1960 historische Kontroversen über die nationale jüngere Vergangenheit ausgefochten, auch wenn ein „Historikerstreit" zuweilen vermisst beziehungsweise sein Entstehen erhofft und sogar vermutet wird.[11] Daran ändert auch die Tatsache nichts, dass manche dieser Auseinandersetzungen in gewissem Sinne tatsächlich kaum „tiefer reichen als ein oberflächliches ideologisches Hick-Hack".[12] Insofern kann also mit Bezug auf die österreichische Geschichtswissenschaft nicht von einem Tabu und noch weniger von einem großen Tabu gesprochen werden.

Meine folgenden Ausführungen widmen sich dem Problem österreichischer zeitgeschichtlicher Historikerkontroversen. Dabei sei vorab dreierlei angemerkt: Erstens versuche ich, einen vergleichenden Blick zur Situation in der Bundesrepublik Deutschland im Auge zu behalten. Zweitens fasse ich den Begriff Kontroverse eher weit, verstehe darunter also nicht nur spektakuläre, auch öffentliches Aufsehen erregende Debatten, wie es etwa aus bundesdeutscher Perspektive für den Historikerstreit des Jahres 1986 gelten würde.

Drittens schließlich stellt sich die Frage nach dem Erkenntniswert meiner Darlegungen. Es kann nicht nur darum gehen, bundesdeutschen Historikern eine ihnen oftmals weitgehend unvertraute Thematik näher zu bringen. Denn die Situation beziehungsweise die Entwicklung der österreichischen Zeitgeschichtsforschung ist schon verschiedentlich Gegenstand von Betrachtungen gewesen. Entsprechendes ließe sich also leicht nachlesen.

Besondere Erwähnung verdient die 1990 publizierte, in zwei Aufsätze aufgeteilte und als „Standortsbestimmung" intendierte Darstellung von Gerhard Botz „„Eine neue Welt, warum

---

7   Vorwort zur 2. Auflage, S. 6.

8   Ebd.

9   So hat Fritz Fellner bereits 1966 in seiner Antrittsvorlesung in Salzburg von der „Verdrängung" der „Gegenwart und jüngsten Vergangenheit [...] aus dem Bewußtsein des Historikers" gesprochen (*Geschichte und Gegenwart*. Antrittsvorlesung gehalten am 1. Dezember 1964 (Salzburger Universitätsreden 6), S. 5-17, hier S. 9).

10   Wandruszka, Adam: *Diskussionsbeitrag*. In: Gerald Stourz/Brigitta Zaar (Hrsg.): Österreich, Deutschland und die Mächte. Internationale und österreichische Aspekte des „Anschlusses" vom März 1938, Wien 1990, S. 60 (siehe dazu auch das folgende Zitat).

11   So Helmut Konrad im Vorwort einer 1992 publizierten Studie Heidemarie Uhls: „Die Arbeit könnte das Startsignal für einen österreichischen Historikerstreit darstellen" (*Zwischen Versöhnung und Verstörung. Eine Kontroverse um Österreichs historische Identität fünfzig Jahre nach dem „Anschluß"* (Böhlaus Zeitgeschichtliche Bibliothek 17), Wien/Köln/Weimar 1992, S. 11). Dies gilt im übrigen auch für einen „„Historikerinnenstreit' zur Frauen- und Geschlechtergeschichte des Nationalsozialismus" (Gehmacher, Johanna: *Kein Historikerinnenstreit [...]. Fragen einer frauen- und geschlechtergeschichtlichen Erforschung des Nationalsozialismus in Österreich*. In: ZEITGESCHICHTE 22 (1995), S. 109-123, hier S. 109).

12   Hanisch: Zeitgeschichte, S. 87.

nicht eine neue Geschichte?". Österreichische Zeitgeschichte am Ende ihres Jahrhunderts".[13] Gerade ihr Tenor rechtfertigt aber, einen erneuten Versuch in dieser Richtung zu unternehmen. Botz' Ausführungen sind nämlich zwar sehr informativ und grundsätzlich neutral gehalten. Sie enthalten allerdings gewisse Einseitigkeiten, die mit der noch zu erörternden Politisierung der österreichischen Zeithistoriographie zusammenhängen. Nun bin ich zwar selbst österreichischer Staatsbürger, zugleich aber in Deutschland aufgewachsen und damit in der deutschen Wissenschaftslandschaft sozialisiert worden. Insofern werfe ich also eher einen Blick von außen auf das hier zur Debatte stehende Problem: Ein solcher Zugriff ist gewiss mit spezifischen Risiken behaftet, birgt jedoch aufgrund einer größeren Distanz auch spezifische Chancen für eine neutrale Beurteilung. Außerdem berücksichtige ich zahlreiche Aussagen insbesondere von Historikern, die im Zuge einer Analyse der Entwicklung der Zeitgeschichtsforschung in Österreich bisher – soweit ich sehe – völlig vernachlässigt worden sind. Gemeint sind umfangreich publizierte Diskussionsprotokolle, die im Rahmen zahlreicher Tagungen der sogenannten Wissenschaftlichen Kommission des Theodor-Körner-Stiftungsfonds und des Leopold-Kunschak-Preises zur Erforschung der österreichischen Geschichte der Jahre 1927 bis 1938 stattgefunden haben.[14]

Ich gehe in vier Abschnitten vor: Zunächst (1) werfe ich zum besseren Verständnis des Nachfolgenden einen kurzen Blick auf die konkrete Entwicklung der österreichischen Zeitgeschichtsforschung. Danach (2) erläutere ich die angeführte vergleichsweise starke Politisierung, um anschließend (3) die zitierten Worte Wandruszkas näher zu analysieren. Zuletzt (4) skizziere ich Grundzüge besonders heftig diskutierter zeitgeschichtlicher Fragen. Dabei richtet sich mein Augenmerk fast ausschließlich auf die Epoche des sogenannten Staates, den keiner wollte,[15] also auf die Erste Republik von 1918 bis 1938.[16] Diese Beschränkung hat mit Platzgründen sowie damit zu tun, dass sich – wie noch erläutert wird – auch die zeitgeschichtlichen Analysen und Debatten recht lange fast ausschließlich auf diese Jahre konzentrierten beziehungsweise der „Abschied vom dominanten Bezug auf die erste Hälfte des 20. Jahrhunderts"[17] recht lange dauerte. Am Ende stehen zusammenfassende Überlegungen.

13   Botz, Gerhard: „*Eine neue Welt, warum nicht eine neue Geschichte?*". Österreichische Zeitgeschichte am Ende ihres Jahrhunderts, Teil I. In: ÖSTERREICHISCHE ZEITSCHRIFT FÜR GESCHICHTSWISSENSCHAFTEN 1 (1990), S. 49-67, hier S. 49; „Eine neue Welt, warum nicht eine neue Geschichte?". Die „goldenen Jahre der Zeitgeschichte" und ihre Schattenseiten, Teil II. In: Ebd., S. 67-86. Instruktiv nunmehr des weiteren: Gehler: Zeitgeschichte, S. 45-71; Mattl, Siegfried: *Bestandaufnahme zeitgeschichtlicher Forschung in Österreich*, hrsg. v. Bundesministerium für Wissenschaft und Forschung, Wien 1983, siehe vor allem S. 9-14, 27-53. Er nimmt auch eine quantitative Gewichtung vor.

14   Zu dieser Kommission weiter unten. Allerdings wurden die zunächst fast wörtlich wiedergegebenen Diskussionsprotokolle (Jedlicka, Ludwig/Neck, Rudolf: *Vorwort*. In: Österreich 1927 bis 1938, S. 7f., hier S. 7) im Laufe der Zeit nur noch in „gestraffter" Form publiziert (Neck, Rudolf/Wandruszka, Adam: *Vorwort*. In: Dies. (Hrsg.): Anschluß 1938. Protokoll des Symposiums in Wien am 14. und 15. März 1978 (Wissenschaftliche Kommission des Theodor-Körner-Stiftungsfonds und des Leopold-Kunschak-Preises zur Erforschung der österreichischen Geschichte der Jahre 1927 bis 1938 7), München 1981, S. 9f., hier S. 10). Auch wurden die Diskussionsbeiträge den „Rednern zur Genehmigung vorgelegt" (Jedlicka, Ludwig/Neck, Rudolf: *Vorwort*. In: Dies. (Hrsg.): Das Jahr 1934: 12. Februar. Protokoll des Symposiums in Wien am 5. Februar 1974 (Wissenschaftliche Kommission des Theodor-Körner-Stiftungsfonds und des Leopold-Kunschak-Preises zur Erforschung der österreichischen Geschichte der Jahre 1927 bis 1938 2), München 1975, S. 7-8, hier S. 7). Eine Ausnahme bilden die Protokolle des 10. Tagungsbandes; siehe dazu Ackerl, Isabella: *Vorwort*. In: Dies./Rudolf Neck (Hrsg.): Geistiges Leben in Österreich der Ersten Republik. Auswahl der bei den Symposien in Wien vom 11. bis 13. November 1980 und am 27. und 28. Oktober 1982 gehaltenen Referate (Wissenschaftliche Kommission zur Erforschung der Geschichte der Republik Österreich 10), Wien 1986, S. 7).

15   So der bekannte Titel eines Werks von Helmut Andics (*Der Staat, den keiner wollte. Österreich 1918-1938*, Wien 1962).

16   Manche Historiker schränken die Dauer der Ersten Republik auf die Zeit bis zur Errichtung des Ständestaates 1933/34 ein. Dies bildet jedoch keine Mehrheitsmeinung, der ich mich hier der Einfachheit halber anschließe.

17   Gehler: Zeitgeschichte, S. 46.

1 Die Entwicklung der österreichischen Zeitgeschichtsforschung

Zunächst sei also ein Blick auf die konkrete Entwicklung der Zeitgeschichtsforschung in Österreich geworfen. Grundsätzlich ist festzustellen, dass sie um einiges später als in der Bundesrepublik Deutschland einsetzte. Deren quasi programmatische zeitgeschichtliche „Geburtsstunde" lässt sich ja mit der Gründung des Instituts für Zeitgeschichte 1950 (sowie mit dem Beginn der Herausgabe der Vierteljahrshefte für Zeitgeschichte durch Hans Rothfels (1953) festmachen).[18]

In Österreich hingegen schlug eine solche Geburtsstunde nach „Jahren des historiographischen Schweigens"[19] frühestens Ende 1960. Im Dezember dieses Jahres trat in dem südwestlich von Wien gelegenen Reichenau die erste einschlägige „Expertentagung"[20] zusammen, deren Ergebnisse in einer gut dokumentierten Veröffentlichung vorliegen.[21] Dort ging es aber zunächst einmal um die Frage einer etwaigen künftigen Institutionalisierung und Organisierung österreichischer zeitgeschichtlicher Forschung. So „fehlten" etwa noch „universitäre zeitgeschichtliche Institute",[22] womit es auch weitgehend an der „universitären Verankerung der Zeitgeschichtsforschung" mangelte.[23] Erst 1966 erfolgte die als „wichtiger Schritt im längeren Prozeß der Ausdifferenzierung des Faches Zeitgeschichte"[24] beurteilte Gründung des ersten Instituts für Zeitgeschichte in Wien. Und es dauerte nochmals sechs Jahre, ehe die erste größere Tagung über das wenigstens aus damaliger Sicht dezidiert zeitgeschichtliche Thema Österreich 1927 bis 1938 abgehalten werden konnte.[25]

Für diese „relative"[26] Verspätung zeichneten mehrere Gründe verantwortlich. Erstens wurden in der Bundesrepublik Deutschland die Archive vergleichsweise zügiger geöffnet und einschlägige zeitgeschichtliche Akten rascher publiziert[27]. Dieser Punkt verdient Beachtung. Denn auch Österreich bildete ja seit März 1938 einen Teil des nationalsozialistischen Herr-

---

18   Allgemein zur Entwicklung der bundesdeutschen Geschichtswissenschaft nach 1945, also auch der zeitgeschichtlichen Forschung siehe: Schulze, Winfried: *Deutsche Geschichtswissenschaft nach 1945*, München 1993 (1989).
19   Botz: Eine neue Welt, S. 51.
20   Jedlicka, Ludwig: *Die Entwicklung der zeitgeschichtlichen Forschung von der Reichenauer Tagung 1960 bis heute*. In: Österreich 1927 bis 1938, S. 11-17, hier S. 11.
21   Anton Kolbabek (Hrsg.): *Österreichische Zeitgeschichte im Geschichtsunterricht*. Bericht über die Expertentagung von 14. XII. bis 16. XII. 1960 in Reichenau, Wien 1961.
22   So richtig Neugebauer, Wolfgang: *Widerstandsforschung in Österreich*. In: Das große Tabu, S. 163-173, hier S. 165.
23   Stuhlpfarrer, Karl: *Eigenheit und Fremde*. Die österreichische Transformation der NS-Vergangenheit. In: ZEITGESCHICHTE 26 (1999), S. 28-37, hier S. 33.
24   So auf einer Website des Instituts für Zeitgeschichte selbst (www.univie.ac.at/zeitgeschichte/leitbild.htm, 23.1.2002).
25   Vgl. Anm. 3. Der von dieser Kommission betrachtete Zeitraum erstreckte sich zunächst also nur auf die Jahre 1927-1938, wurde dann aber zurück bis 1918 ausgedehnt (Neck, Rudolf: *Von der Koalition zur Konfrontation: Die erste Etappe*. In: Ders./Adam Wandruska (Hrsg.): Die Ereignisse des 15. Juli 1927. Protokoll des Symposiums in Wien am 15. Juni 1977 (Wissenschaftliche Kommission des Theodor-Körner-Stiftungsfonds und des Leopold-Kunschak-Preises zur Erforschung der österreichischen Geschichte der Jahre 1927 bis 1938 5), München 1979, S. 11-16, hier S. 11). Die zunächst gewählte Begrenzung hängt damit zusammen, dass der 15. Juli 1927 „oft" als ein „Wendepunkt in der politischen Geschichte der Ersten Republik" (Botz, Gerhard: *Die „Juli-Demonstranten", ihre Motive und die quantifizierbaren Ursachen des „15. Juli 1927"*. In: Ebd., S. 17-59, hier S. 17) und als „Nabel der österreichischen Republikgeschichte" (Haas, Karl: *Diskussionsbeitrag*. In: Ebd., S. 236) angesehen wurde. Die zeitliche Ausdehnung erfolgte im Fünften Band (dazu Neck, Rudolf: *Diskussionsbeitrag*. In: Ludwig Jedlicka/Ders. (Hrsg.): Das Juliabkommen von 1936. Vorgeschichte, Hintergründe und Folgen. Protokoll des Symposiums in Wien am 10. und 11. Juni 1976 (Wissenschaftliche Kommission des Theodor-Körner-Stiftungsfonds und des Leopold-Kunschak-Preises zur Erforschung der österreichischen Geschichte der Jahre 1927 bis 1938 4), München 1977, S. 471-472, hier S. 472).
26   Botz: Eine neue Welt, S. 50.
27   Eine Ausnahme bildeten insbesondere Akten von Gerichtsverfahren (siehe hierzu kurz ebd., S. 53, auch Anm. 11).

schaftssystems, in dem Österreicher überdies teilweise prominente Funktionen ausübten.[28] In dieser Beziehung könnte der Österreich durch die alliierte Moskauer Deklaration vom 1. November 1943 zugewiesene Status als das „erste" durch die „Hitleraggression besetzte freie Land" und damit also als „Opfer"[29] wirksam geworden sein. Diese Tatsache, die letztlich in der „Kernfrage" mündet, ob „‚Auschwitz' als negativer Pol zur österreichischen Geschichte" gehört,[30] wird uns im Folgenden noch wiederholt beschäftigen.

Zweitens wurde die öffentliche Zugänglichkeit der Archive durch einen zunächst teilweise beharrlich ausgeübten bürokratisch-politischen Widerstand behindert, der sich offenbar vor allem auf Ebene der Länder bemerkbar machte[31]. Doch auch auf Bundesebene trat in dieser Hinsicht erst 1966 „nach jahrelangem Tauziehen" und teilweise erst infolge eines „Gesinnungswandels in der Mentalität" der Archivare[32] eine Änderung ein. Noch Anfang der siebziger Jahre konnte der damalige Geschäftsführer der Wissenschaftlichen Kommission Ludwig Jedlicka – der erste Historiker in Österreich überhaupt, der Zeitgeschichte lehrte – in dieser Hinsicht „noch immer [...] vorhandene [...] beträchtliche Schwierigkeiten"[33] konstatieren. Folgt man Karl Stuhlpfarrer, so sind sie bis heute nicht vollständig ausgeräumt.[34]

Drittens ist im Zusammenhang mit der erwähnten Opferrolle die in Österreich auch unter Historikern weit verbreitete und im sogenannten kollektiven Gedächtnis partiell wohl recht tief verankerte Einstellung zu nennen, dass man sich eben als gleichsam anerkanntes Opfer nationalsozialistischer Expansion der Erforschung der eigenen näheren Vergangenheit nicht näher kritisch zuwenden müsse. Diese Einstellung hielt wenigstens bis Mitte der sechziger Jahre an[35]. Dies gilt sowohl für die „allzu lange [...] vernachlässigten"[36] Jahre des sogenannten Anschlusses[37] zwischen 1938 und 1945, über die noch 1985 „nur wenig bekannt" war,[38] als auch für die dahin führende Entwicklung. Mehr oder minder kollektivpsychologische Momente wie „Schuldabwehr"[39] spielten hierbei sicher eine Rolle.[40] Doch auch um eine möglicherweise bestehende eigene Verantwortung für die Vorgänge um den in wenigen Tagen im März

28 Siehe hierzu etwa Stuhlpfarrer, Karl: *Österreich – Mittäterschaft und Opferstatus. Die Partizipation der Österreicher am NS-Regime*. In: Ulrich Herbert/Axel Schildt (Hrsg.): Kriegsende in Europa. Vom Beginn des deutschen Machtzerfalls bis zur Stabilisierung der Nachkriegsordnung 1944-1948, Essen 1998, S. 301-317.

29 Zu generellen interessanten Überlegungen zu diesem Begriff und zu seiner Anwendung in Österreich siehe Botz, Gerhard: *Opfer/Täter-Diskurse. Zur Problematik des „Opfer"-Begriffs*. In: Gertraud Diendorfer/Gerhard Jagschitz/Oliver Rathkolb (Hrsg.): Zeitgeschichte im Wandel, 3. Österreichische Zeitgeschichtstage 1997, Innsbruck/Wien 1998, S. 223-236. Die Moskauer Deklaration ist jetzt abgedruckt in: Keyserlingk, Robert H.: *1. November 1943: Die Moskauer Deklaration – Die Alliierten, Österreich und der Zweite Weltkrieg*. In: Österreich im 20. Jahrhundert, S. 9-39, hier S. 34 (Dokument 1). Dort heißt es unter anderem: „[...] first free country to fall victim [...]."

30 Hanisch, Ernst: *Der Ort des Nationalsozialismus in der österreichischen Geschichte*. In: Emmerich Tálos/ders./Wolfgang Neugebauer/Reinhard Sieder (Hrsg.): NS-Herrschaft in Österreich. Ein Handbuch, Wien 2001 (Nachdruck der Ausgabe von 2000), S. 11-24, hier S. 11.

31 Jedlicka: Entwicklung, S. 12 (siehe dazu auch das folgende Zitat).

32 Einen solchen Gesinnungswandel forderte 1960 der damalige Unterrichtsminister Heinrich Drimmel ein (*Diskussionsbeitrag*. In: Österreichische Zeitgeschichte im Geschichtsunterricht, S. 114-116, hier S. 116).

33 Jedlicka: Entwicklung, S. 11.

34 Stuhlpfarrer: Eigenheit und Fremde, S. 33.

35 Botz spricht von „fast zwanzig Jahren" (Eine neue Welt, S. 51).

36 So Gerald Stourzh noch 1989 (*Einige Überlegungen zur Lage der Zeitgeschichte*. In: Eberhard Busek/Wolfgang Mantl/Meinrad Peterlik (Hrsg.): Wissenschaft und Freiheit. Ideen zu Universität und Universalität, Wien/München 1989, S. 141-143, hier S. 141).

37 Zu unterschiedlichen Facetten dieses problematischen Begriffs kurz Botz, Gerhard: *Die Eingliederung Österreichs in das Deutsche Reich. Planung und Verwirklichung des politisch-administrativen Anschlusses (1938-1940)* (Schriftenreihe des Ludwig Boltzmann Instituts für Geschichte der Arbeiterbewegung 1), 2., ergänzte Auflage, Wien 1976 (1972), S. 11, Anm. 1.

38 Luža, Radomír: *Der Widerstand in Österreich 1938-1945*, Wien 1985, S. 13-16, hier S. 13.

39 Bailer, Brigitte: *Kriegsschuld und NS-Gewaltverbrechen in der österreichischen Nachkriegsdiskussion*. In: Zeitgeschichte im Wandel, S. 122-129, hier S. 122.

40 Siehe hierzu: Ziegler, Meinrad/Kannonier-Finster, Waltraud: *Österreichisches Gedächtnis. Über Erinnern und Vergessen der NS-Vergangenheit* (Böhlaus Zeitgeschichtliche Bibliothek 25), Wien/Köln/Weimar 1991.

1938 durchgeführten sogenannten[41] Anschluss selbst meinte man sich nicht allzu sehr kümmern zu müssen. Vielmehr bezog man gerne „im allgemeinen" einen „Standpunkt der Selbstbemitleidung".[42] Ob letztere freilich tatsächlich nicht selten an „Selbsthass" im Sinne einer „schweren Identitätsstörung" grenzte, sei dahingestellt.[43] Das Übergehen des Anschlusses verwundert: Denn schließlich stellt dieses Ereignis zweifellos eine „einschneidende Zäsur in der Geschichte Österreichs des 20. Jahrhunderts" dar.[44] Damit nicht genug, führt es zugleich „in das tiefste Dunkel unserer jüngsten Vergangenheit" hinein, wie zwei zeitweilige Geschäftsführer der angeführten Wissenschaftlichen Kommission, Rudolf Neck und Wandruszka, anlässlich der Publikation eines 1981 erschienenen Tagungsbandes mit dem einschlägigen Titel „Anschluß 1938" feststellten.[45] Dessen ungeachtet konnten die Herausgeber eines 1988 erschienenen Sammelwerks über NS-Herrschaft in Österreich zu Recht, aber eigentlich „kaum glaubhaft" äußern, den „ersten Versuch österreichischer Historiker und Sozialwissenschaftler [...] einer Gesamtdarstellung" über diese Zeit „gewagt" zu haben.[46]

Außerdem war viertens der historiographische Blick noch immer stark auf die Zeit bis 1918 gerichtet. Dabei wurde unter anderem über die freilich noch immer aktuelle Frage diskutiert, ob die Habsburgermonarchie beziehungsweise Österreich-Ungarn nun ein „Notwendiger Völkerverein" oder aber ein „Völkerkerker" gewesen sei.[47] Im internationalen Vergleich dürfte diese Konzentration auf „weiter zurückliegende Epochen der Geschichte" wohl tatsächlich eher außergewöhnlich sein;[48] die Situation im sogenannten Nachfolgestaat Österreich wird damit freilich relativ treffend beschrieben. Der für pointierte Formulierungen bekannte ehemalige Salzburger Ordinarius Fritz Fellner hat es sogar für „einer historischen Untersuchung wert" erachtet, „nachzuforschen, ob es je ein anderes Staatsgebilde gegeben hat, das so ausschließlich mit dem Rücken zur Zukunft und dem Blick in die Vergangenheit begründet worden ist wie die Zweite Republik Österreich".[49] Freilich spielte bei dieser Hinwendung auf die Zeit vor 1918 wohl auch die Hoffnung mit, sich auf diese Weise eben gerade nicht mit der jüngeren und von der ersten Generation der Nachkriegszeithistoriker im Sinne von Hans Rothfels noch miterlebten Geschichte konfrontieren zu müssen.[50] Dies könnte um so mehr der Fall gewesen sein, als man diese Geschichte eventuell auch mit zu verantworten hatte.

41 Wie Klemens v. Klemperer richtig gemeint hat, ist der Begriff Anschluss „reflexiv und voluntaristisch", tatsächlich handelte es sich im März 1938 aber zunächst um eine Annexion (*Bemerkungen zur Frage Anschluß – Annexion – Identitätsbewußtsein in der neueren Geschichte Österreichs*. In: Österreich, Deutschland und die Mächte, S. 45-52, hier S. 45).

42 Neck, Rudolf: *Bemerkungen zum Ende der Ersten Republik*. In: Anschluß 1938, S. 11-15, hier S. 13.

43 Siehe dazu Hanisch, Ernst: *„Selbsthaß" als Teil der österreichischen Identität*. In: ZEITGESCHICHTE 23 (1996), S. 136-145, hier S. 140.

44 So richtig Stourzh, Gerald: *Vorwort*. In: Österreich, Deutschland und die Mächte, S. IX-X, hier S. X.

45 Neck/Wandruszka: Vorwort. In: Anschluß 1938, S. 9.

46 Tálos, Emmerich/Hanisch, Ernst/Neugebauer, Wolfgang/Sieder, Reinhard: *Vorwort*. In: NS-Herrschaft in Österreich, S. 9f., hier S. 9.

47 Wandruszka, Adam: *„Notwendiger Völkerverein" oder „Völkerkerker"?* In: Adam Wandruszka/Peter Urbanitsch (Hrsg.): Die Habsburgermonarchie 1848-1918, Bd. 3: Die Völker des Reiches, Teilband 1, Wien 1980, S. XIII-XVIII. Zur Aktualität dieser Frage siehe die programmatische Stellungnahme der Herausgeber der Österreichischen Zeitschrift für Geschichtswissenschaften: Sie beanspruchen eine „kritische" Auseinandersetzung „mit der Frage nach der Unterdrückung von nationaler Selbstbestimmung und von Menschenrechten in jener Donaumonarchie, die heute im Zusammenhang mit dem imaginierten neuen ‚Mitteleuropa' gerne verklärt wird" (*Editorial. Zur Gründung der ÖZG*. In: ÖSTERREICHISCHE ZEITSCHRIFT FÜR GESCHICHTSWISSENSCHAFTEN 1 (1990), S. 5-8, hier S. 6f.).

48 So Schausberger, Norbert: *Zeitgeschichte, die Geschichte unserer Zeit*. Fachwissenschaftliche und didaktische Implikationen. In: ZEITGESCHICHTE 7 (1979/80), S. 79-105, hier S. 79.

49 Fellner, Fritz: *Tradition und Innovation aus historischer Perspektive*. In: 25 Jahre Staatsvertrag. Protokolle des Staats- und Festaktes sowie der Jubiläumsveranstaltungen im In- und Ausland, hrsg. v. der österreichischen Bundesregierung und dem Bundesministerium für Auswärtige Angelegenheiten in Zusammenarbeit mit dem Institut für Geschichte der Universität Wien, Wien 1981, S. 237-245, hier S. 238.

50 Siehe hierzu Hans Rothfels' programmatische, mit *Zeitgeschichte als Aufgabe* überschriebene Einführung im ersten Band der VIERTELJAHRSHEFTE FÜR ZEITGESCHICHTE 1 (1953), S. 1-8.

Diese vor langem bereits von Botz geäußerte Vermutung[51] erscheint um so berechtigter unter Berücksichtigung eines fünften Aspekts. Er betrifft die universitäre personelle Nachkriegssituation der österreichischen Geschichtswissenschaft. Zwar hat unmittelbar nach Kriegsende in diesem Bereich eine nicht unbeträchtliche Erneuerung stattgefunden; doch kehrten nicht wenige der von Entlassungen betroffenen Historiker später in ihr Amt zurück. Somit hatten in den ersten Jahrzehnten nach 1945 noch Historiker Schlüsselpositionen an Universitäten inne, die selbst in der Zeit davor entweder auch schon gelehrt oder aber ihre universitäre Ausbildung erfahren hatten. Nicht alle von ihnen konnten aufrichtig an einer möglichst unvoreingenommenen Aufarbeitung der jüngeren Vergangenheit interessiert sein. Vielleicht wollte der längere Zeit auch als Generaldirektor des Österreichischen Staatsarchivs fungierende Neck darauf anspielen, als er bei der „Begrüßung" der Teilnehmer der ersten Tagung der erwähnten Wissenschaftlichen Kommission „ganz erhebliche Widerstände" anmerkte, „die Zeitgeschichte auch auf akademischem Boden gesellschaftsfähig zu machen".[52]

Inzwischen hat sich zumindest die beschriebene institutionelle Situation deutlich gebessert. Da wäre etwa das erwähnte, in Wien beheimatete und sich „bis in die 80er Jahre hinein"[53] vorwiegend mit den „Entwicklungen und Konflikten in der Ersten Republik"[54] beschäftigende Institut für Zeitgeschichte. Auch andere Institute beziehungsweise Lehrstühle widmen sich nunmehr zeitgeschichtlichen Fragestellungen.[55] Zudem setzen sich manche außeruniversitäre Einrichtungen wie das Ludwig Boltzmann Institut für die Geschichte der Arbeiterbewegung und das 1963 ins Leben gerufene Dokumentationsarchiv des österreichischen Widerstandes mit speziellen zeitgeschichtlichen Problemen auseinander. Seit 1973 gibt es zudem ein einschlägiges Publikationsorgan mit dem Titel „Zeitgeschichte".[56] Überdies werden seit 1993 in zweijährigem Abstand sogenannte Österreichische Zeitgeschichtstage abgehalten. Sie sollen als „Standortbestimmung, Leistungsschau und Diskussionsforum" zugleich dienen.[57] Es ließe sich noch manch anderes mehr anführen. Nicht zuletzt fällt dabei gerade im Vergleich mit der Bundesrepublik auf, dass die Zeitgeschichte in Österreich ein „gleichberechtigter Pflichtgegenstand im Studienplan Geschichte" ist.[58]

Man kann also durchaus von einem „Aufschwung der österreichischen Zeitgeschichtsforschung" sprechen, wie es Wolfgang Neugebauer, Wissenschaftlicher Leiter des erwähnten Dokumentationsarchivs, bereits 1987 getan hat.[59] Ebenso trifft die Feststellung einer „seit einigen Jahren" bestehenden „Hochkonjunktur" der Zeitgeschichte zu,[60] die ihrem „Schattendasein" ein allmähliches Ende bereitet hat.[61] Dennoch haben es Zeithistoriker nach wie vor schwerer als anderswo, auch als in der Bundesrepublik. Dabei fällt einmal mehr die Quellenla-

51 Botz: Die Eingliederung Österreichs, S. 13.
52 Neck, Rudolf: *Begrüßung*, In: Österreich 1927 bis 1938, S. 11.
53 www.univie.ac.at/zeitgeschichte/history.htm, 23.1.2002.
54 www.univie.ac.at/zeitgeschichte/leitbild.htm, 23.1.2002.
55 Für einen diesbezüglichen Überblick siehe bei Botz: Eine neue Welt, S. 57-59, 70-72.
56 Hierzu kurz Kluge, Ulrich: *Historische Österreich-Forschung: Drei jüngere Zeitschriften*. In: Geschichte und Gesellschaft 11 (1985), S. 132-142, hier S. 138-142.
57 So die drei Herausgeber des dritten Tagungsbandes (Diendorfer, Gertraud/Jagschitz, Gerhard/Rathkolb, Oliver: *Einleitung*. In: Zeitgeschichte im Wandel, S. 13-15, hier S. 13).
58 Gehler: Zeitgeschichte, S. 13. Deshalb wurden freilich noch lange nicht auch immer die brisanten zeitgeschichtlichen Themen aufgegriffen. Siehe dazu für die Universität Wien: Derndarsky, Michael: *Die Berücksichtigung der Zeitgeschichte im Lehrbetrieb der Wiener Universität*. Ein Versuch. In: Austriaca, Sondernummer 2 (1979), S. 235-275, vor allem S. 249-275.
59 Neugebauer: Widerstandsforschung, S. 166.
60 So schon einige Jahre zuvor der damals als Assistent am Institut für Geschichte in Salzburg tätige Robert Hoffmann (*Forschungsschwerpunkt österreichische Zeitgeschichte*. Bemerkungen zu drei Symposien des Jahres 1977. In: Zeitgeschichte 8 (1980/81), S. 122-131, hier S. 122).
61 Neck, Rudolf: *Zur Edition der Ministerratsprotokolle der Ersten Republik*. In: Eszter Dorner-Bader/Adam Wandruszka (Hrsg.): Protokolle des Ministerrates der Ersten Republik, Abteilung V: 20. Oktober 1926 bis 4. Mai 1929, Band 1: Kabinett Dr. Ignaz Seipel: 21. Oktober 1926 bis 29. Juli 1927, Bearbeiter Eszter Dorner-Bader, Wien 1983, S. VII-X, hier S. VIII.

ge ins Gewicht. Der Wissenschaft stehen nämlich noch immer verhältnismäßig wenig publizierte Archivalien zur Verfügung, was Fellner bereits 1972 angemahnt[62] und Neck gut zehn Jahre danach nochmals betont hat.[63] Die Mitte der siebziger Jahre einsetzenden „Vorbereitungen für eine Aktenedition"[64] auf „systematischer"[65] und nicht auch von „politischen Motiven" gelenkter Basis[66] kamen nur langsam voran. Dies gilt sowohl für innen- als auch für außenpolitische Materialien. Während die systematische Veröffentlichung innenpolitischer Dokumente immerhin schon 1983 einsetzte, trifft dies für außenpolitische Dokumente erst seit 1993 zu.[67]

Schließlich sind noch zwei weitere Hindernisse zu erwähnen, deren Auswirkungen nur schwer einzuschätzen sind. Zum einen gibt es ganz einfach weniger Historiker und zum anderen sind die finanziellen Möglichkeiten – etwa zur umfangreichen Publikation von Akten – geringer. Das letzte Problem, auf das auch der in Salzburg lehrende Ernst Hanisch verweist,[68] spielte nicht zuletzt im Zusammenhang mit der Veröffentlichung von Tagungsbänden der Wissenschaftlichen Kommission eine Rolle.[69] Es bewirkte aufgrund einer „völlig defizitären Gestaltung des Budgets"[70] zeitweilig sogar eine „Unterbrechung" der Publikationstätigkeit von nicht weniger als „eineinhalb Jahren".[71] Ein anderer Band konnte erst zehn Jahre nach der entsprechenden Tagung veröffentlicht werden.[72] Dieses Manko wurde auch durch das Interesse ausländischer Historiker im Allgemeinen und angelsächsischer Geschichtswissenschaftler im Speziellen an österreichischer Geschichte nur partiell kompensiert.[73]

Angesichts all dieser Gegebenheiten war das Ziel der ersten größeren Tagung (1972) zu einem zeitgeschichtlichen Thema auch relativ bescheiden. Es ging zunächst darum, „[...] einen Boden zu schaffen, auf dem wir miteinander über diese Dinge sprechen können, auf dem wir auch unabhängig von unserer persönlichen politischen Einstellung doch wissenschaftlich die Vergangenheit untersuchen können".[74] So formulierte es damals zu Anfang des Symposiums Wandruszka. Zugleich gab er sich optimistisch, dass dies auch gelungen sei. Die Durchsicht der gedruckt vorliegenden Diskussionen zu den einzelnen Tagungsbeiträgen erweist freilich, dass der besagte Boden doch noch sehr brüchig war. Zwar konstatierte der an den Konferenzen des öfteren teilnehmende und auch als Mitglied der Wissenschaftlichen Kommission fungierende[75] Hans Mommsen ungeachtet „verschiedener" zutage getretener „Standpunkte" eine „fruchtbare [...] Diskussion".[76] Aber mit Neck befürchtete immerhin einer der beiden Geschäftsführer der Wissenschaftlichen Kommission vorübergehend ein „Scheitern unseres Un-

---

62   Fellner, Fritz: *Diskussionsbeitrag*. In: Österreich 1927 bis 1938, S. 258-259, hier S. 258.
63   Neck: Zur Edition, S. VII.
64   Siehe dazu Jedlicka, Ludwig/Neck, Rudolf: *Vorwort*. In: Das Jahr 1934, S. 7f., hier S. 8; Neck, Rudolf: *Diskussionsbeitrag*. In: Das Juliabkommen von 1936, S. 471-472, hier S. 471.
65   Neck: Zur Edition, S. VII.
66   Solche Motive konstatiert Neck für frühere begrenzte Editionen (ebd.).
67   Zu Recht wurde noch 1989 das Fehlen einer „umfassenden und brauchbaren Aktenedition zur Außenpolitik der Ersten Republik" beklagt (Ackerl, Isabella/Neck, Rudolf: *Vorwort*. In: Dies. (Hrsg.): Saint-Germain 1919. Protokoll des Symposiums am 29. und 30. Mai 1979 in Wien (Wissenschaftliche Kommission zur Erforschung der Geschichte der Republik Österreich 11), München 1989, S. 9f., hier S. 9).
68   Hanisch: Zeitgeschichte, S. 88.
69   Siehe etwa Neck, Rudolf/Wandruszka, Adam: *Vorwort*. In: Die Ereignisse des 15. Juli 1927, S. 9f., hier S. 9.
70   Rudolf Neck: *Diskussionsbeitrag*. In: Anschluß 1938, S. 295.
71   Rudolf Neck und Adam Wandruszka im Vorwort zum fünften Band der Publikationsreihe. Dann waren die „finanzielle[n] Schwierigkeiten [...] überwunden" (*Vorwort*. In: Die Ereignisse des 15. Juli 1927, S. 9).
72   Ackerl, Isabella/Neck, Rudolf: *Vorwort*. In: Saint-Germain 1919, S. 9f., hier S. 9. Hier schreiben sie auch, die Kommission würde „erst seit drei Jahren auf relativ gesicherter Basis" stehen. Vgl. dazu Ackerl, Isabella: *Vorwort*. In: Dies./Rudolf Neck (Hrsg.): Österreich November 1918. Die Entstehung der Ersten Republik. Protokoll des Symposiums in Wien, 14. und 25. Oktober 1978 (Wissenschaftliche Kommission zur Erforschung der Geschichte der Republik Österreich 9), Wien 1986, S. 9.
73   Dieses Interesse resultiert unter anderem aus einer starken Emigration nach dem Anschluss.
74   Wandruszka, Adam: *Diskussionsbeitrag*. In: Österreich 1927 bis 1938, S. 62-64, hier S. 64.
75   Siehe hierzu Mommsen, Hans: *Diskussionsbeitrag*. In: Ebd., S. 259-261, hier S. 260; vgl. Kreissler, Felix: *Les travaux de la commission de recherche scientifique de l'histoire de l'Autriche de 1927 à 1938*. In: AUSTRIACA 1 (1975), S. 93-120, hier S. 94.
76   Mommsen: *Diskussionsbeitrag*. In: Österreich 1927 bis 1938, S. 139.

ternehmens".[77] Dies begründete er mit dem Versuch, die „Kommission" in einen „Untersuchungsausschuss" umzufunktionieren, um „über die Vergangenheit Gericht zu sitzen". Diese Gefahr bestand durchaus, da sich die Kommission „mit umstrittenen und durch viele Jahre sogar heftig umkämpften Fragen der österreichischen Geschichte des letzten halben Jahrhunderts" beschäftigen musste.[78]

Gegen Ende der Tagung artikulierte Neck sogar seine „Überraschung, um nicht zu sagen, Schockiertheit, über die emotionellen Entladungen, die sich hier namentlich in den ersten Tagen [...] manifestierten".[79] Dabei hatte er vorübergehend noch optimistischer geklungen, wenn er es als „hervorstechendes Merkmal" betonte, „dass sich der Zug der Sachlichkeit, das Bestreben Emotionen abzubauen, mehr und mehr durchsetzt".[80] Auch während anderer Symposien wurde die wissenschaftliche Debatte durch emotionale Ausbrüche überlagert beziehungsweise letztere spielten in diese Debatte mit hinein.[81] Wiederum Neck mahnte also nicht ohne Grund noch Jahre danach dazu – diesmal konkret bezogen auf die Vorgänge um den Anschluss –, sich bei Betrachtungen von „Emotionen" freizuhalten.[82]

2 Die Politisierung der zeitgeschichtlichen Forschung in Österreich

Damit bin ich auch beim zweiten Abschnitt meiner Darlegungen angelangt. Er befasst sich mit einer von zahlreichen „*peculiarities of Austrian History*".[83] Gemeint ist die wenigstens nach außen hin vergleichsweise „besonders starke"[84], also nicht nur „vermutete", sondern „tatsächlich" vorhandene „Politisierung" insbesondere der zeitgeschichtlichen Forschung: Diese, auch von der Öffentlichkeit als solche „wahrgenommene"[85] Politisierung wird von Historikern unterschiedlicher Richtung nicht bestritten. Sie manifestiert sich in mehrfacher Hinsicht, sowohl direkt als auch indirekt.

So ist gar mancher Zeithistoriker parteipolitisch engagiert, vor allem in der ÖVP und SPÖ. Andere wiederum weisen wenigstens starke parteipolitische Affinitäten auf oder stehen bestimmten Interessenverbänden nahe.[86] In Österreich weiß man oft, wer ein „Schwarzer" oder ein „Roter" ist. Dies gilt selbst für Fälle, in denen das jeweilige Parteibuch oder die jeweilige Nähe zu einer Partei nicht offen mit sich herumgetragen wird, wie es für das „deklarierte SPÖ-Mitglied" Helmut Konrad gilt, der in Graz Zeitgeschichte unterrichtet.[87] Zudem verdankt manch ein Historiker seine Karriere auch einem bestimmten Parteibuch. Das in diesem Kontext einmal in Anspielung auf den österreichisch-ungarischen Dualismus nach 1867 geprägte und mehrfach verwendete Wort von den beiden „Reichshälften" – im übertragenen Sinne also Schwarze hier und Rote da – trifft den Sachverhalt sehr gut.[88] Ungeachtet ähnlicher Beispiele auch in der bundesdeutschen historiographischen Wissenschaftslandschaft verweist diese Situation wohl doch auf einen signifikanten Unterschied.

---

77 Neck: Februar 1934. In: Österreich 1927-1938, S. 104.
78 So Kann, Robert A.: *Österreich, das Erbe und die Erben*. In: Ebd., S. 182-192, hier S. 182.
79 Neck, Rudolf: *Überblick über die bisherige Tätigkeit der Kommission. Ergebnisse dieses Symposiums. Ausblick auf die künftige Arbeit*. In: Ebd., S. 252-257, hier S. 255. Vergleiche hierzu kurz Botz: Eine neue Welt, S. 67f.
80 Neck: Schlusswort. In: Österreich 1927-1938, S. 192-194, hier S. 193.
81 Dies gilt etwa für eine Tagung, die sich mit dem Putschversuch der Nationalsozialisten von 1934 beschäftigte (Jedlicka/Neck: Vorwort, S. 7).
82 Neck: Bemerkungen, S. 13.
83 So Ritter, Harry: *From Habsburg to Hitler and Haider: The Peculiarities of Austrian History*. In: German Studies Review 22 (1999), S. 269-284, hier S. 270.
84 So richtig Botz: Eine neue Welt, S. 54.
85 Ebd.
86 Letzteres gilt insbesondere für die Anfangszeit (siehe dazu prägnant bei ebd., S. 59).
87 Hanisch: Zeitgeschichte, S. 82.
88 Vizekanzler a.D. Fritz Bock 1972 (*Diskussionsbeitrag*. In: Österreich 1927 bis 1938, S. 47-48, hier S. 47); Robert A. Kann: *Österreich*. In: Ebd., S. 187.

Ein weiterer, wenngleich wohl weniger markanter Kontrast liegt in der aktiven Beteiligung von Historikern an Organisationen, die dezidiert gesellschaftspolitische Zielsetzungen verfolgen. So sind Weinzierl und Pelinka Mitglieder der Gesellschaft für politische Aufklärung, worauf sie im Vorwort ihres Sammelbandes auch ausdrücklich verweisen.[89] Nun ist es legitim, sich etwa „jahrzehntelang Aufklärungsbemühungen [...] über die Vergangenheit der Österreicher in der NS-Zeit sowie ihrem alt-neuen Antisemitismus" zu widmen, wie es die einmal als „Mutter Courage der österreichischen Zeitgeschichte" bezeichnete[90] „Historikerin und Geschichtsschreiberin"[91] Weinzierl explizit für sich in Anspruch nimmt;[92] und sollte die Beschäftigung mit Geschichte tatsächlich vorrangig dazu dienen, etwas aus der Vergangenheit zu lernen, so ist es ebenso legitim, den Versuch einer „Neutralisierung der Vergangenheit" kritisch zu hinterfragen[93] oder in „erinnernder Aufklärung [...] unserer Geschichte den Sinn eines Weges zur Freiheit in Europa zu geben".[94] Es fragt sich aber, ob solche Bestrebungen – bewusst oder unbewusst – nicht immer auch von politischen beziehungsweise eben gesellschaftspolitischen und also nicht wissenschaftlichen Beweggründen genährt sind. Und vermögen wiederum vermeintlich objektiv erbrachte historiographische Ergebnisse nicht in relevanter Weise subjektiv zu beeinflussen? Beschreibt zudem Pelinka seine rechtzeitig zum Jubiläumsjahr 1985 publizierte Schrift „Windstille. Klagen über Österreich" als einen „Versuch, subjektive Aussagen zu machen", so wäre daran nichts weiter auszusetzen. Doch aufhorchen lässt sein Zusatz, dies geschehe „in der Erkenntnis, dass Privates politisch ist"; in diesem Sinne solle sein Buch „auch [...] politikwissenschaftlich" sein.[95] Aufhorchen lässt auch die Lektüre des sicherlich wohlgemeinten Satzes von Weinzierl: „Nur eine Humanität und Solidarität vermittelnde Erziehung durch Elternhaus, Schule, Religionsgemeinschaften und Gesellschaft sowie die Kenntnis vergangener Schuld auch im eigenen Volk können auf lange Sicht eine Veränderung zum Besseren erhoffen lassen."[96] Aus Sicht der Bundesrepublik erstaunt auch die folgende Bemerkung der Herausgeber eines kürzlich erschienenen und nicht nur von Historikern bestrittenen Sammelbandes über NS-Herrschaft in Österreich: Die einzelnen Autoren würden „unterschiedliche politische Positionen" vertreten.[97] Zwar wird des Weiteren die „Gemeinsamkeit" unter anderem der „Orientierung an Demokratie und universellen Menschenrechten" betont; doch abgesehen davon, dass dies eigentlich ebenso selbstverständlich sein sollte wie die ebenfalls postulierte generelle „rückhaltlose Ablehnung des Nationalsozialismus", darf eines gefragt werden: Kann die Orientierung an Demokratie im Rahmen einer wissenschaftlich-historischen Analyse nicht dazu führen, etwaige bestehende demokratische Defizite zu übersehen oder gering zu schätzen?

Nicht minder verwundert das Editorial zum 1990 publizierten ersten Heft der Österreichischen Zeitschrift für Geschichtswissenschaften: Laut den Herausgebern geht es bei diesem Unternehmen „nicht" um die „Durchsetzung einer bestimmten Richtung innerhalb der Geschichtswissenschaften".[98] Ganz überzeugend wirkt diese Versicherung aber nicht: Denn zu-

89 Pelinka/Weinzierl: Das große Tabu, Vorwort zur 1. Auflage, S. 7.
90 Hanisch, Ernst: *Vorwort*. In: Erika Weinzierl: Ecclesia semper reformanda, Wien 1985.
91 So der Klagenfurter Germanist und Historiker Ulfried Burz (*Geschichtswissenschaft und Politik am Beispiel der Ausstellung „Vernichtungskrieg. Verbrechen der Wehrmacht 1941 bis 1944".* In: Zeitgeschichte im Wandel, S. 237-240, hier S. 237). Worin er hierin genau einen Unterschied sieht, bleibt offen.
92 Weinzierl, Erika: *Schuld durch Gleichgültigkeit.* In: Das große Tabu, S. 174-195, hier S. 174.
93 So wiederum Weinzierl, Erika: *Christen und Juden nach der NS-Machtergreifung in Österreich.* In: Anschluß 1938, S. 173-205, hier S. 205). Das Zitat im Zitat stammt von dem Rechtsgelehrten René Marcic.
94 So der auch hohe politische Ämter bekleidende Professor für Recht und Politik Manfried Welan (*Einleitung.* In: Anton Pelinka/Ders.: Austria Revisited. Demokratie und Verfassung in Österreich, Wien 2000, S. 7-17, hier S. 9).
95 Pelinka, Anton: *Windstille.* Klagen über Österreich, Wien/München 1985, S. 7.
96 Weinzierl: Schuld, S. 194. Ein wenig verwundert der Gebrauch des historisch vorbelasteten und als heuristische Kategorie mittlerweile problematisch gewordenen Terminus Volk.
97 Tálos/Hanisch/Neugebauer/Sieder: Vorwort, S. 10.
98 Editorial, S. 5 (siehe dazu auch folgende).

gleich wird ein die „geistige Arbeit zunehmend hemmendes [...] wirkungsmächtiges humanis-
tisch-staatskonsensuales Geschichtsbild" konstatiert, was immer das auch sein mag. Dieses
wollen die Herausgeber „von innen erodieren". Somit mag die Zeitschrift also „nicht an [...]
eine [...] politische Organisation gebunden" sein, wie es weiter heißt.[99] Dennoch bleibt der
Verdacht einer politischen Absicht bestehen, weil „die alten und die neuen Brücken-Me-
taphern" bezüglich der „Beschwörungen der Mittlerrolle Österreichs zwischen ‚Ost‘ und
‚West‘" nach wie vor der „Verschleierung politischer Herrschaft und materieller Interessen"
dienen würden.

Der Verdacht der Politisierung erhebt sich freilich auch bei der Betrachtung der Zielsetzungen, welche die Mitglieder der Wissenschaftlichen Kommission mit ihren Veröffentlichungen verfolgten: Sie waren nicht nur zur „Grundlage" und als „Anregung für die weitere Forschung gedacht", sondern sollten zugleich „eine Hilfe für die Bildung des staatsbürgerlichen
Bewusstseins, namentlich für die Jugend und für den Unterricht an den Schulen, darstellen".[100] Kann bei einem solchen Unterfangen die wissenschaftliche Glaubwürdigkeit nicht
wenigstens hin und wieder Schaden nehmen?[101]

Schließlich – und nicht zuletzt – manifestiert sich die Politisierung in der aus deutscher
Sicht durch lange Zeit ungewöhnlich stark ausgeprägten aktiven Beteiligung von Politikern an
historiographischen Diskussionen, die nicht nur mittels der Medien oder des parlamentari-
schen Podiums erfolgte. Vielmehr partizipierten Politiker auch unmittelbar an Tagungen zur
Zeitgeschichte. Überdies waren sie direkt institutionell in die Organisierung zeitgeschichtlicher
Forschung eingebunden. Dies lässt sich besonders klar am Beispiel der zeitweise mehr als 40
Mitglieder umfassenden Wissenschaftlichen Kommission aufzeigen, der durch lange Zeit so
etwas wie ein „Monopol zur Abhaltung zeitgeschichtlicher Symposien" zukam.[102]

Eigentlich sollte diese Kommission „ursprünglich [...] nur" mit Historikern – auch mit solchen internationaler Herkunft[103] – besetzt werden, wie Neck relativ zu Anfang ihrer Tätigkeit
meinte.[104] Dann aber „kam der Gedanke" auf, sie zudem mit „Publizisten und Politiker[n]" zu
bestücken, wie er hinzufügte. Über die hierfür verantwortlichen Motive ließ er sich nicht näher aus. Doch dürften hierfür drei Momente ausschlaggebend gewesen sein: Erstens die enge
Verflechtung der Historie mit der Politik, zweitens die finanzielle Abhängigkeit der Geschichtswissenschaft von der Politik und drittens das von vielleicht sogar „weiten Teilen [...]
der österreichischen Geschichtsschreibung"[105] geteilte Verlangen nach einer Art von „Koalitionsgeschichtsschreibung":[106] Seine Ursprünge lagen bereits recht lange zurück,[107] wobei man

99 Ebd., S. 6 (siehe dazu auch folgende).
100 Jedlicka/Neck: Vorwort. In: Österreich 1927 bis 1938, S. 7. Ganz ähnlich heißt es auch schon in der Publi-
     kation über die Expertentagung von 1960: „Allgemein stellte sich heraus, dass das Ziel des Unterrichtes in
     Zeitgeschichte vor allem Österreichs in der Vorbereitung für eine Gewinnung österreichischen Staatsbe-
     wußtseins liegen soll" (*Arbeitsbericht*. In: Österreichische Zeitgeschichte im Geschichtsunterricht, S. 179-182,
     hier S. 179).
101 Allerdings mag diese Gefahr bei der Wissenschaftlichen Kommission geringer als bei anderen Unterneh-
     mungen ähnlicher Natur sein. Denn sie war parteipolitisch gewissermaßen paritätisch besetzt (hierzu weiter
     unten mehr). Dies könnte eine gewisse Kontrolle bewirkt haben, vor allem mit Blick auf die politische Ver-
     ortung der einzelnen Vortragenden. Insofern also könnte sich ein prinzipieller Nachteil doch als Vorteil
     ausgewirkt haben.
102 Hoffmann: Forschungsschwerpunkt, S. 122.
103 Siehe hierzu Kreissler: Les travaux, S. 94.
104 Neck: Überblick, S. 252.
105 So Stuhlpfarrer, Karl: *Österreich, das erste Opfer Hitlerdeutschlands. Die Geschichte einer Sage und ihre Bedeu-
     tung*. In: Gustavo Corni/Martin Sabrow (Hrsg.): Die Mauern der Geschichte. Historiographie in Europa
     zwischen Diktatur und Demokratie, Leipzig 1996, S. 233-244, hier S. 242.
106 So der Historiker und ehemalige Leiter des Ludwig Boltzmann-Instituts für die Geschichte der Arbeiterbe-
     wegung Stadler, Karl R.: *Diskussionsbeitrag*. In: Österreich 1927 bis 1938, S. 43f., hier S. 43. Den Begriff
     „prägte entscheidend Botz" (Hanisch, Ernst: *Der forschende Blick. Österreich im 20. Jahrhundert: Interpretationen
     und Kontroversen*. In: CARINTHIA 189 (1999), S. 567-583, hier S. 573, Anm. 32).
107 Siehe dazu indirekt Wandruszka, Adam: *Das „nationale Lager" in der Ersten Republik*. In: Anschluß 1938, S.
     164-172, hier S. 164.

den Prinzipien des „Proporzsystems" gehorchte.[108] Gemäß den polemisch intendierten, aber doch nicht von der Hand zu weisenden Worten eines betroffenen Historikers sollte damit letztlich das folgende historiographische Ergebnis herbeigeführt werden: „[...] na ja, wir haben alle geirrt und daher ist es schief gegangen".[109] Mit anderen Worten und ebenfalls polemisch ausgedrückt: Es ging darum, die historische „Verantwortung" für das Scheitern der Ersten Republik „ganz gerecht auf zwei Teile aufzuteilen".[110] Diese „Koalitionsmentalität auf dem Geschichtssektor"[111] war aber verbunden mit der Erteilung „bestimmter Fragegebote und -verbote",[112] mit der Vermittlung von „Mythen, Halbwahrheiten und Nachkriegstabus"[113] sowie mit der auch offen eingestandenen Aufgabe, „einen Beitrag zur Bewältigung der Vergangenheit zu leisten".[114] Konnte letzteres allerdings bei einer gewissermaßen paritätisch besetzten Kommission und bei gleichermaßen paritätisch beschickten Tagungen wesentlich anders als im Sinne einer Teilung der Schuld zu gleichen Teilen geschehen, vorausgesetzt, dass die kommissionelle Zusammenarbeit erfolgreich fortgeführt werden sollte? Nicht umsonst deutet Hanisch die von der Wissenschaftlichen Kommission geleistete „Arbeit" zwar als „ausgezeichnet" in der „Tatsachenrekonstruktion", kritisiert sie aber als „reinste Form der Koalitionsgeschichtsschreibung".[115] Wandruszka hat die Existenz einer solchen Form von Historiographie allerdings positiv von der zuvor bestehenden „hagiographisch-apologetisch" orientierten Historiographie abgehoben,[116] obwohl er einer der vermeintlich Hauptverantwortlichen einer solchen Art von Geschichtsschreibung war.[117]

Die von universitärer Seite wenigstens vereinzelt beklagte[118] Beteiligung von Politikern an der Wissenschaftlichen Kommission hat der Politisierung unzweifelhaft Vorschub geleistet. Die Tagungen gerieten dadurch partiell zu einer „Arena von Politik und ‚Zeitgeschichte'", wie Botz treffend bemerkt hat.[119] Eine Durchsicht der Protokolle deutet darauf hin, dass dies insbesondere in den ersten Jahren der Tätigkeit dieser Kommission der Fall war. Von parteipolitischer Seite aus wurde der Geschichtswissenschaft sogar nahegelegt, „gewisse heikle Probleme wie etwa die Südtirolfrage" aus der Betrachtung „auszuklammern".[120]

Doch noch in anderer Hinsicht und zu einem viel späteren Zeitpunkt lässt sich ein möglicherweise problematischer Nexus zwischen universitärer Historiographie einerseits und bestimmten politischen Positionen andererseits annehmen. Dies zeigt etwa die Person Franz Schausberger, prominenter Politiker der Österreichischen Volkspartei und Historiker (Dozent in Salzburg). 1993 erschien seine Studie über die sich bereits 1932 anbahnende innenpolitische Wende mit dem bezeichnenden Titel „Letzte Chance für die Demokratie". Schausberger widmete sie dem, wie er schrieb, „großen Politiker und Förderer der Zeitgeschichte, Herrn

108   So der 1938 emigrierte Sozial- und Rechtswissenschaftler Zeisel, Hans: *Diskussionsbeitrag.* In: Österreich 1927 bis 1938, S. 228-229, hier S. 228.
109   K. Stadler: *Diskussionsbeitrag.* In: Österreich 1927 bis 1938, S. 43f., hier S. 43.
110   Kerekes, Lajos: *Diskussionsbeitrag.* In: Österreich 1927 bis 1938, S. 53-55, hier S. 53.
111   Neck, Rudolf: *Das Jahr 1918 – Einleitende Bemerkungen.* In: Österreich November 1918, S. 11-16, hier S. 13.
112   Botz: Eine neue Welt, S. 57.
113   Bischof, Günter: *„Opfer" Österreich?* Zur moralischen Ökonomie des österreichischen historischen Gedächtnisses. In: Dieter Stiefel (Hrsg.): Die politische Ökonomie des Holocaust. Zur wirtschaftlichen Logik von Verfolgung und „Wiedergutmachung" (Querschnitte 7), Wien/München 2001, S. 305-335, hier S. 327.
114   So 1977 im Rahmen einer Tagung der damalige Präsident des Nationalrates Alfred Maleta (*Eröffnung der Tagung.* In: Die Ereignisse des 15. Juli 1927, S. 179f., hier S. 179).
115   Hanisch: Der forschende Blick, S. 575.
116   Wandruszka: Das „nationale Lager", S. 165.
117   Für eine scharfe Kritik an einer solchen Sichtweise Anton Staudinger (*Diskussionsbeitrag.* In: Anschluß 1938, S. 373-374, hier S. 373).
118   Neck: Überblick, S. 255: „[...] was mich hier bedrückt hat [...] und was auch damit zusammenhängt, dass viele Nichthistoriker hier sind, das sind die Hypothesen, das starke hypothetische Element, das hier in der Diskussion aufgetaucht ist [...]".
119   Botz: Eine neue Welt, S. 64.
120   Bock, Fritz: *Diskussionsbeitrag.* In: Österreich 1927 bis 1938, S. 18.

Landeshauptmann a.D. Dr. Wilfried Haslauer".[121] Doch in welcher Form ist diese Förderung erfolgt? War sie völlig ergebnisoffen? Und wurden diejenigen, die bei ihren Arbeiten von dieser Förderung profitierten, nicht wenigstens unbewusst von den Wünschen ihrer christlichsozialen Förderer beeinflusst? Solche Fragen stellen sich nun auch mit Blick auf die als „erster Band einer Reihe über die Geschichte der christlich-sozialen Parteien" publizierten[122] und von dem der ÖVP nahestehenden Karl-von-Vogelsang-Institut herausgegebene Untersuchung Schausbergers. Dieses Institut will nämlich unter anderem das „Gedenken an verdienstvolle Mitarbeiterinnen und Mitarbeiter der ÖVP" bewahren, wie es in seiner Homepage heißt.[123] Erteilt der Autor zugleich der bisherigen „wissenschaftlichen" Beschäftigung mit Engelbert Dollfuß kein gutes Zeugnis, weil sie ihm „bis heute von starken parteipolitischen Ressentiments belastet zu sein scheint",[124] so fällt zweierlei auf: Erstens macht er solche Ressentiments lediglich bei „sozialdemokratisch orientierten Zeitgeschichtlern" aus, wobei nicht zuletzt infolge einer nicht zu übersehenden „‚Geschichtslosigkeit' der ÖVP als Nachlassverwalterin des christlichsozialen Lagers"[125] in der Tat „Arbeiten christlich-demokratischer Provenienz" über Dollfuß „kaum" existieren;[126] und zweitens weist er die „Hauptverantwortung" für das Scheitern der letzten Chance für die Demokratie den Sozialdemokraten zu.[127]

Allerdings gilt es bei aller kritischen Beurteilung doch eines festzuhalten: Die Politisierung der historiographischen Debatte wurde durch die aktive Beteiligung von Politikern verschiedener Couleur zweifellos begünstigt. Doch waren viele Beiträge von Historikern ohnehin politisiert beziehungsweise parteipolitisch gefärbt oder nicht frei von aus wissenschaftlicher Sicht fragwürdig erscheinenden Einschätzungen.

Da ist etwa das Beispiel von Botz, der das Wiener Institut für Zeitgeschichte leitet. In einem längeren Beitrag aus dem Jahre 1994, basierend auf einem 1987 gehaltenen Vortrag, hat er sich mit Krisen der österreichischen Zeitgeschichte auseinandergesetzt. Seine Abhandlung ist über weite Strecken neutral gehalten, verschiedene Positionen werden eher referiert denn beurteilt, geschweige denn abgeurteilt. Dies gilt selbst für Aspekte, die zu einer pointierten Stellungnahme herausfordern, zumindest aus Sicht eines Historikers, der sich zweifellos den Postulaten einer sogenannten kritischen Geschichtsschreibung verpflichtet fühlt. Doch wenigstens an einer Stelle vermag Botz seine Perspektivität nicht ganz zu verleugnen, wenn er nämlich den sogenannten „Ständestaat" (1934-1938) als „autoritär-halbfaschistisch" etikettiert.[128] Immerhin gibt er zu, dass die „Benennung" dieses Regimes „bis heute stark divergiert".[129]

121 Schausberger, Franz: *Letzte Chance für die Demokratie*. Die Bildung der Regierung Dollfuß I im Mai 1932. Bruch der österreichischen Proporzdemokratie (Studien zur Geschichte der christlich-sozialen Parteien 1), Wien/Köln/Weimar 1993, S. 9. Haslauer war von 1977 bis 1989 Salzburger Landeshauptmann.
122 Ebd.
123 http://www.modernpolitics.at/kvvi/karl_von_vogelsang.htm, 7.2.2002.
124 F. Schausberger: Letzte Chance, S. 11.
125 Binder, Dieter A.: *Vorwort*. In: Geschichte der Republik Österreich 1918-1938, Wien/München 1992, S. 7-11, hier S. 10.
126 Ebd., S. 11f. Neutraler hat Gottfried-Karl Kindermann das Forschungsdefizit formuliert, wenn er schlicht von der „Nichtexistenz einer umfassenden wissenschaftlichen Biographie" spricht (*Zur neuen Selbstfindung Österreichs durch Geschichtskrisen und Widerstand*. Unter besonderer Berücksichtigung der Österreich-Ideologie der Dreißiger Jahre. In: ZEITSCHRIFT FÜR POLITIK 32 (1985), S. 279-295, hier S. 285, Anm. 13).
127 F. Schausberger: Letzte Chance, S. 140. Auffallend ist, dass er von „faschistischen Heimwehren" schreibt (Schausberger, Franz: *Wandel der Proporzdemokratie und der politischen Kultur in den Bunsesländern*. In: Robert Kriechbaumer (Hrsg.): Österreichische Nationalgeschichte nach 1945. Die Spiegel der Erinnerung: Die Sicht von innen. Band 1, Wien/Köln/Weimar 1998, S. 327-342, hier S. 332). Ähnliche Bedenken lassen sich auch gegenüber der Schuschnigg-Biographie Anton Hopfgartners anmelden: So soll der Kanzler „seine ganze Leistungsfähigkeit" für die ihm „unerlässlich" erscheinende „Sache" der „Verteidigung der Unabhängigkeit Österreichs gegen Hitler" eingesetzt haben, und dies „bis zum bitteren Ende" (*Kurt Schuschnigg*. Ein Mann gegen Hitler, Graz/Wien/Köln 1989, S. 13). Angesichts dieser apodiktischen Formulierung fragt man sich, wieso er nicht das Militär gegen Hitler marschieren ließ. Zu diesem Punkt siehe weiter unten.
128 Botz, Gerhard: *Krisen der österreichischen Zeitgeschichte*. In: Gerhard Botz/Gerald Sprengnagel (Hrsg.): Kontroversen um Österreichs Zeitgeschichte. Verdrängte Vergangenheit, Österreich-Identität, Waldheim und die

Andere legen in dieser Beziehung weniger Wert auf Nuancen. Nehmen wir zunächst das Beispiel des Politologen Emmerich Tálos. Er schreibt heutigen „Aussagen" über „Austrofaschismus" aufgrund der relativ weiten zeitlichen Distanz einen „wohl" geringeren „Grad an Vorläufigkeit" zu als etwa entsprechenden „Einschätzungen über aktuelle Entwicklungsprozesse"[130]. Zwar hat er noch jüngst den Terminus „Austrofaschismus", wie er ihn gebraucht, ausdrücklich als einen „nicht [...] aus parteipolitischer Auseinandersetzung abgeleiteten Begriff", sondern als ein „Ergebnis der Forschungsarbeit" bezeichnet;[131] nicht nur er[132] verschweigt jedoch, dass nach wie vor umstritten ist, ob es überhaupt so etwas wie Austrofaschismus gegeben hat und wenn, wie stark dieser ausgeprägt war. „Es gab keinen ‚Austrofaschismus'", diese apodiktische These des ehemals der christlich-sozialen Partei nahestehenden Ludwig Reichhold[133] dürfte Faschismustheoretiker an die – eine singuläre, auf Italien eingeschränkte Faschismustheorie favorisierende – Aussage „What fascism is not"[134] erinnern. Der in Wien lehrende Tálos übergeht diese These jedoch. Aber es handelt sich hierbei offenbar nicht um ein Versehen. Denn auch anderswo spricht er von einem „austrofaschistischen Herrschaftssystem" und einem „Austrofaschismus".[135]

Nicht anders hält es der in Salzburg lehrende und insbesondere Regionalgeschichte betreibende Historiker Hanns Haas, wenn er unkommentiert vom „austrofaschistischen System" und von der „faschistischen Führungsschicht" spricht.[136] Sein Kollege Neugebauer konstatiert ohne weiteres ein „faschistisches Herrschaftssystem",[137] nachdem er immerhin kurz zuvor den Begriff austrofaschistisch noch mit Anführungszeichen versehen und „wesentliche Unterschiede zwischen Austrofaschismus und Nationalsozialismus" festgestellt hat. Um so mehr springt ins Auge, dass sich die angeführten Charakterisierungen allesamt in einem Sammelband finden, dessen Herausgeber Tálos, Reinhard Sieder, Hanisch und Neugebauer sich „sachliche Information" ihrer Leserschaft zum Ziel gesetzt haben.[138] Besonders aufschluss-

Historiker (Ludwig-Boltzmann-Institut für Historische Sozialwissenschaft: Studien zur Historischen Sozialwissenschaft 13), Frankfurt a.M./New York 1994, S. 16-76, hier S. 23.
129 Ebd. Zu seiner diesbezüglichen Position siehe auch noch weiter unten.
130 Tálos, Emmerich: *Die achtziger Jahre: Eine Phase der Veränderungen als Thema von Sozialwissenschaften und Zeitgeschichte.* In: Zeitgeschichte im Wandel, S. 54-60, hier S. 54.
131 Ders.: *Zum Herrschaftsystem des Austrofaschismus: Österreich 1934-1938.* In: Erwin Oberländer (Hrsg.): Autoritäre Regime in Ostmittel- und Südosteuropa 1919-1944, Paderborn/München/Wien/Zürich 2001, S. 143-162, hier S. 161.
132 So spricht etwa der am Institut für Zeitgeschichte beschäftigte Oliver Rathkolb schlicht von „Austrofaschismus" („... *Für die Kunst gelebt".* Anmerkungen zur Metaphorik österreichischer Kulturschaffender im Musik- und Sprechtheater nach dem Nationalsozialismus. In: Das große Tabu, S. 60-84, hier S. 60).
133 Reichhold, Ludwig: *Kampf um Österreich.* Die Vaterländische Front und ihr Widerstand gegen den Anschluß 1933–1938, 2. Auflage, Wien 1985, S. 13. Reichhold ist kein universitär verankerter Berufshistoriker, aber doch vielfältig als Historiograph tätig.
134 Allardyce, Gilbert: *What fascism is not: Thoughts on the Deflation of a Concept.* In: AMERICAN HISTORICAL REVIEW 84 (1979), S. 367-388.
135 Tálos, Emmerich: *Von der Liquidierung der Eigenstaatlichkeit zur Etablierung der Reichsgaue der „Ostmark".* Zum Umbau der politisch-administrativen Struktur. In: NS-Herrschaft in Österreich, S. 55-72, hier S. 55; vgl. auch S. 71.
136 Haas, Hanns: *Österreich und das Ende der kollektiven Sicherheit,* S. 49. Den Begriff „austrofaschistisches System" verwendet etwa auch der Salzburger Neuzeitler Reinhold Wagnleitner (*Diskussionsbeitrag.* In: Das Juliabkommen von 1936, S. 363-365, hier S. 365). Das Wort System erweckt den Eindruck, als habe es sich um ein geschlossenes, festgefügtes Herrschaftsgefüge gehandelt, was nicht zutrifft, ungeachtet möglicher faschistischer Herrschaftselemente.
137 Neugebauer, Wolfgang: *Widerstand und Opposition.* In: NS-Herrschaft in Österreich, S. 187-212, hier S. 189. Anderswo sieht er „austrofaschistische Kräfte" am Werk (*Die illegale Arbeiterbewegung in Österreich 1934 bis 1936* (mit besonderer Berücksichtigung des Juliabkommens). In: Das Juliabkommen von 1936, S. 136-155, hier S. 139; vgl. S. 154). Und wieder anderswo erblickt er zwar einen „qualitativen Unterschied zwischen Austro- und Nazifaschismus", hält aber eben am Terminus faschistisch fest (ders./Steiner, Herbert: *Widerstand und Verfolgung in Österreich* (im Zeitraum vom 12. Februar 1938 bis zum 10. April 1938). In: Anschluß 1938, S. 86-108, hier S. 89).
138 Tálos/Hanisch/Neugebauer/Sieder: Vorwort, S. 10. Für ein weiteres entsprechendes Beispiel in diesem Band siehe: Weber, Wolfgang: „*Die sich vom Westen nach Osten erstreckende Wurst ...".* Aspekte der NS-Herrschaft in Vorarlberg, Tirol und Salzburg 1938 bis 1945, S. 260-291, hier S. 263f., 266.

reich erscheint in diesem Zusammenhang das diesem Werk beigefügte Stichwortverzeichnis: Dort finden sich zwar die Einträge Austrofaschismus und Ständestaat; doch unter dem letzteren Begriff wird nur auf den Eintrag Austrofaschismus verwiesen[139]. Dazu passt, dass der Dozent für Geschichte und Wissenschaftsphilosophie Friedrich Stadler „Ständestaat/Austrofaschismus" als auswechselbare Termini verwendet.[140]

Alles in allem bleibt festzuhalten: Botz stellte zwar 1990 lediglich für die Anfänge zeitgeschichtlicher Analysen und Diskussionen „manchmal wenig gezügelte politische Interpretation" fest.[141] Doch scheinen gerade die zuletzt erwähnten Beispiele – der angeführte Sammelband stammt von 2001 – die nach wie vor bestehende Gültigkeit einer recht resigniert klingenden Äußerung Hanischs aus dem Jahre 1988 zu bestätigen: „Nicht neue Quellen, neue Fragen und Personalisierung des Disputes bestimmen die Frontstellung, sondern die alten parteipolitischen Fragmentierungen, bestenfalls neu aufpoliert."[142] Zugleich wird so begreiflich, warum demselben Autor nur drei Jahre zuvor der „politische Auftrag" der „wissenschaftlichen" österreichischen „Zeitgeschichte" darin zu liegen schien, „sich zunächst von der Sphäre der Politik möglichst fern zu halten".[143] Ihm zufolge ging es damals darum, „Zeitgeschichte als Wissenschaft, d.h. entsprechend dem theoretischen und methodischen Standard der modernen Geschichtswissenschaft, überhaupt erst voll zu entwickeln".

3 Die Analyse von Wandruszkas Zitat

Ich komme damit zum dritten Abschnitt, kehre also nochmals zu dem eingangs angeführten Zitat Wandruszkas zurück. Zur besseren Erinnerung sei es nochmals angeführt: „Uns [Österreichern] wird immer wieder vorgeworfen, die Österreicher hätten keinen Historikerstreit. Die Österreicher haben einen Historikerstreit seit dreißig Jahren, nur ist er nicht so spektakulär wie jener in der Bundesrepublik Deutschland."[144] Wie gesagt, treffen diese Worte grundsätzlich zu. Sie bedürfen jedoch in vierfacher Hinsicht einer Präzisierung und teilweise auch einer Korrektur.

Erstens wird der österreichische Historikerstreit Wandruszka zufolge offenbar besonders hartnäckig geführt. Denn er dauert laut ihm ja seit nicht weniger als dreißig Jahren an. Dieser Feststellung ist nur beizupflichten, und zwar nicht nur mit Bezug auf die Diskussion über Faschismus, auf die sich Wandruszkas Worte ja allein beziehen. Hier sind nicht zuletzt die Ereignisse des Februar 1934 zu erwähnen, als gewalttätige Auseinandersetzungen zwischen nicht unbeträchtlichen Teilen der sozialdemokratisch engagierten Arbeiterschaft einerseits und staatlichen Kräften andererseits ausbrachen. Die auch nachträgliche „Brisanz"[145] dieser Ereig-

139 NS-Herrschaft in Österreich, S. 939, 944.
140 Stadler, Friedrich: *Wissenschaft und Österreichische Zeitgeschichte.* Methodologische und metatheoretische Untersuchungen zu einer historischen Wissenschaftsforschung. In: ÖSTERREICHISCHE ZEITSCHRIFT FÜR GESCHICHTSWISSENSCHAFTEN 7 (1996), S. 93-116, hier S. 108f. Auch Ausführungen im Vorwort zu einem wiederum von Tálos sowie Neugebauer edierten Band frappieren: „Die Begriffe Autoritärer Staat, Ständestaat, Austrofaschismus, Halbfaschismus oder konservativ-bürgerliche Diktatur sind Ausdruck für die in der Literatur verbreiteten kontroversiellen Einschätzungen des 1933/34 in Österreich etablierten Herrschaftssystems." Dies trifft zweifellos zu. Doch noch im weiteren Verlauf des Vorworts sprechen die beiden Wissenschaftler kommentarlos von „Austrofaschismus" und vom „österreichischen Faschismus" (Dies. (Hrsg.): *„Austrofaschismus".* Beiträge über Politik, Ökonomie und Kultur 1934-1938 (Österreichische Texte zur Gesellschaftskritik 18), 4., erweiterte Auflage, Wien 1988 (1984), ohne Seitenangabe). Immerhin räumt Tálos später ein, dass über die Anwendung dieser Begrifflichkeit „keineswegs eindeutiger Konsens" besteht (*Das Herrschaftssystem 1934-1938: Erklärungen und begriffliche Bestimmungen.* In: Ebd., S. 345-369, hier S. 365).
141 Botz: Eine neue Welt, S. 60.
142 Hanisch, Ernst: *Überlegungen zu einer Geschichte Österreichs im 20. Jahrhundert.* In: ZEITGESCHICHTE 16 (1988), S. 1-12, hier S. 1.
143 Hanisch: Zeitgeschichte, S. 81 (siehe dazu auch das folgende Zitat).
144 Wandruszka: Diskussionsbeitrag. In: Österreich, Deutschland und die Mächte, S. 60.
145 Jedlicka/Neck: Vorwort. In: Österreich 1927 bis 1938, S. 7.

nisse, die gleichsam die „Schlußphase der Ersten Republik [...] markierten",[146] war groß. 1974 wurden sie sogar zum Gegenstand einer eigenen Tagung der Wissenschaftlichen Kommission gemacht. Damals meinte Neck unter Verweis auf den „40 Jahre danach im großen und ganzen überwundenen [...] amerikanischen Bürgerkrieg", dass auch „wir [...] in Österreich" – mithin auch die Historiker – „uns" von dem „Trauma des Februar 1934 freimachen sollten".[147] Folgt man freilich Hanisch, so hatte diese Aufforderung bestenfalls sehr bedingt Erfolg. Ihm zufolge wurde nämlich noch 1985 immer dann „losmoralisiert", wenn „das Jahr 1934 auftaucht".[148]

Zudem liegt in dieser langlebigen Hartnäckigkeit wenigstens partiell ein deutlicher Unterschied zur bundesdeutschen Situation. Hier haben sich etwa die im Zusammenhang mit der sogenannten Fritz-Fischer-Kontroverse einst hochgehenden Wogen mittlerweile weitestgehend geglättet, obgleich die Sache noch immer nicht entschieden ist. Aus einer früher noch unbewältigten Vergangenheit scheint nun endgültig vergangene Geschichte geworden zu sein, an die man sich ohne politische oder sonstwie bedingte Emotionen heranwagen kann[149].

In Österreich hingegen vermag etwa die Frage nach dem möglichen faschistischen Charakter des sogenannten Ständestaates, die „so alt wie dieser selbst" ist,[150] nach wie vor heftigen Streit und „emotionale Ausbrüche"[151] hervorzurufen. Nicht anders verhielt es sich durch lange Zeit mit den „prinzipiell kontrovers" diskutierten Ereignissen des Februar 1934.[152] Die zuletzt deutlich wahrnehmbare Verlagerung der Forschungsinteressen auf die Zeit nach 1938 beziehungsweise 1945 ist nicht auf einen endlich erreichten historiographischen Konsens über die Entwicklung der Ersten Republik zurückzuführen.

Zweitens erwecken Wandruszkas Worte den Eindruck, als hätten die Historikerkontroversen in Österreich – anders als in der Bundesrepublik – nicht mit der Zeit der nationalsozialistischen Herrschaft zu tun. Durch lange Zeit traf dies auch zu, konzentrierten sie sich doch, wie angedeutet, auf die Erste Republik. Dies hängt zum einen mit der erwähnten Opferthese zusammen, deren Verfechter im Anschluss ein ausschließlich oder doch vorrangig vom Deut-

146 So zutreffend Botz, Gerhard: *Der Aufstandsversuch österreichischer Sozialdemokraten am 12. Februar 1934: Ursachen für seinen Ausbruch und seinen Misserfolg.* In: Ders., Krisenzonen einer Demokratie. Gewalt, Streik und Konfliktunterdrückung in Österreich seit 1918 (Studien zur Historischen Sozialwissenschaft 19), Frankfurt a.M./New York 1987, S. 181-199, hier S. 181.

147 Neck, Rudolf: *Diskussionsbeitrag.* In: Das Jahr 1934, S. 126.

148 Hanisch: Zeitgeschichte, S. 83.

149 Eine Emotionalisierung anderer Natur im Sinne des Gefühls persönlicher Betroffenheit ist vor allem bei älteren österreichischen Historikern erkennbar: So spricht Neck im Zusammenhang mit den Vorkommnissen des Juli 1927 von „verhängnisvollen Julitagen" und stellt sie in Bezug zu der schließlichen „Katastrophe" (Von der Koalition, S. 11). Gleichzeitig konstatiert er einen „verhängnisvollen Gang der Geschichte der Ersten Republik" (ebd., S. 13) und ein „Unglück für Österreich" (ebd., S. 16). Andere machen eine „Tragödie" aus, so etwa Norbert Schausberger (*Österreich und die Friedenskonferenz.* Zum Problem der Lebensfähigkeit Österreichs nach 1918. In: Saint-Germain 1919, S. 229-264, hier S. 264) und Robert Kriechbaumer (*Einleitung.* In: Ders. (Hrsg.): Liebe auf den zweiten Blick. Landes- und Österreichbewußtsein nach 1945, Wien/Köln/Weimar 1998, S. 7-13, hier S. 9). Und Erika Weinzierl beklagt („leider"), dass die 1918 „aus der Not geborene Vernunftehe" zwischen Sozialdemokratie und Christlichsozialen „so rasch wie möglich" geschieden wurde (*Diskussionsbeitrag.* In: Ebd., S. 364). Auch Isabella Ackerl und Gertrude Enderle-Burcel verwendeten einmal den Terminus „leider" (*Historische Einführung.* In: Rudolf Neck/Adam Wandruszka (Hrsg.): Protokolle des Ministerrates der Ersten Republik, Abteilung VIII: 20. Mai 1932 bis 25. Juli 1934, Band 3: Kabinett Dr. Ebgelbert Dollfuß: 22. März 1933 bis 14. Juni 1933, Bearbeiter Gertrude Enderle-Burcel, Wien 1983, S. XI-XIX, hier S. XIX). Laut Kann hat sich damals sogar „für viele von uns eine Tragödie, wenn nicht die Tragödie unseres Lebens abgespielt" (Österreich, S. 192).

150 So unter Bezugnahme auf die Diskussion über den „Charakter des Franco-Regimes" Walther L. Bernecker (*Der Streit um das Franco-Regime: Faschismus, Autoritarismus, Modernisierungsdiktatur?* In: Volker Dotterweich (Hrsg.): Kontroversen der Zeitgeschichte. Historisch-politische Themen im Meinungsstreit, München 1998, S. 63-86, hier S. 63).

151 So schon 1972 Kerekes: Diskussionsbeitrag, S. 53.

152 Neck, Rudolf: *Begrüßung.* In: Ludwig Jedlicka/Rudolf Neck (Hrsg.): Das Jahr 1934: 25. Juli. Protokoll des Symposiums in Wien am 8. Oktober 1974 (Wissenschaftliche Kommission des Theodor-Körner-Stiftungsfonds und des Leopold-Kunschak-Preises zur Erforschung der österreichischen Geschichte der Jahre 1927 bis 1938 3), München 1975, S. 76.

schen Reich „erzwungenes" Ereignis sahen und sehen.[153] Diese Einstellung avancierte für
viele österreichische Staatsbürger zu einer Art „Staatsdoktrin"[154] beziehungsweise zur „Grün-
dungsthese"[155] der Zweiten Republik. Sie wurde aber teilweise „instrumentalisiert", wie der in
New Orleans unterrichtende, aber eng mit österreichischer Zeitgeschichte befasste Günter
Bischof 1993 bemerkt hat.[156] Dabei ging es eben darum, sich mit der Zeit des Anschlusses
möglichst wenig auseinandersetzen zu müssen. Bischof und andere sprechen hierbei sogar von
einem regelrechten „Opfermythos"[157], andere vom „Gründungsmythos"[158]. Er mag zwar
mittlerweile in der Tat „zum Stereotyp geronnen" sein und „keine wissenschaftliche Kreativi-
tät mehr enthalten". Aber unbestreitbar haben Historiker an ihm selbst eifrig mit gestrickt.[159]

Zum anderen kommt hier wohl teilweise ein Generationsproblem zum Tragen.[160] Um dies
zu verstehen, sei ein weiteres Zitat Wandruszkas angeführt, das ebenfalls von 1990 stammt:

> „Ich bin kein Theoretiker und möchte mich nicht in den Methodenstreit der jüngeren
> Kollegen, die diese Zeit nicht unmittelbar miterlebt haben, einmischen, sondern ich
> möchte Beiträge geben, die Sie vielleicht für ihren Streit verwenden können, wie die
> Menschen, nämlich die führenden Leute in Österreich, damals diese Diskussion gesehen
> haben."[161]

Diese Worte erscheinen mir in zweierlei Hinsicht bemerkenswert. Erstens spricht aus ihnen
zumindest indirekt die Anschauung, dass Mitlebende (und Mitleidende) besser als Nachgeborene wissen, wie es eigentlich gewesen, um das berühmte Wort Leopold v. Rankes zu zitieren;
dass mehr oder weniger endlose und fruchtlose theoretische Diskussionen aufhören könnten,
würden letztere doch einfach nur zeitgenössische Äußerungen ernst, das heißt beim Wort
nehmen. Dazu passt auch, dass Wandruszka in einer Diskussion darum „bat", sich „einmal
nicht als Historiker, sondern als Zeitgenosse zum Wort melden zu dürfen".[162] Gewiss hat er
hiermit indirekt ein grundlegendes Problem einer jeden – und nicht nur zeitgenössischen –
Geschichtsschreibung angesprochen. Hanisch hat diesen Aspekt prägnant auf den Punkt gebracht. Ihm zufolge „wimmelt" es bei zeitgeschichtlichen Betrachtungen einerseits „von
selbsternannten Fachleuten".[163] Jeder, der das Zeitgeschehen bewusst miterlebt habe, fühle
sich dazu berechtigt, „darüber zu reden, zu schreiben, zu urteilen".[164] Andererseits aber kritisiert er die von ihm als „penetrant" gebrandmarkte „Besserwisserei des Nachgeborenen" Historikers.

Wandruszka befand sich in dieser Beziehung jedoch gewissermaßen in einer Zwitterstel-
lung. Denn der 1914 geborene Historiker analysierte historische Vorgänge der Ersten Republik nicht nur aus wissenschaftlicher Perspektive, sondern auch als Zeitgenosse. Somit ging es
also auch um die Aufarbeitung seiner eigenen Geschichte und zwar in einem ganz besonderen
Sinne: Er neigte nämlich vor und auch noch nach dem Anschluss wenigstens phasenweise –

---

153 Klemperer, Klemens v.: *Das nachimperiale Österreich, 1918-1938: Politik und Geist.* In: Heinrich Lutz/Helmut
     Rumpler (Hrsg.): Österreich und die deutsche Frage im 19. und 20. Jahrhundert. Probleme der politisch-
     staatlichen und soziokulturellen Differenzierung im deutschen Mitteleuropa (Wiener Beiträge zur Geschich-
     te der Neuzeit 9), München 1982, S. 300-317, hier S. 315.
154 Botz: Eine neue Welt, S. 51.
155 Ders.: Opfer/Täter-Diskurse, S. 223.
156 Bischof, Günter: *Die Instrumentalisierung der Moskauer Erklärung nach dem 2. Weltkrieg.* In: ZEITGESCHICHTE,
     20 (1993), S. 345-366.
157 Ebd., S. 348. Vgl. Botz, Gerhard: *Fernsehen in der Zeitgeschichte.* „Zeitgeschichte im Fernsehen" – „Video
     History" in der „Zeitgeschichte": drei Perspektiven. In: MEDIEN & ZEIT 4 (1993), S. 2-5, hier S. 3.
158 Hanisch: Der Ort des Nationalsozialismus. S. 13.
159 Für eine kürzliche Kritik an diesem Begriff siehe Gehler: Zeitgeschichte, S. 49-51.
160 Siehe hierzu auch Diendorfer, Gertraud/Jagschitz, Gerhard/Rathkolb, Oliver: *Einleitung.* In: Zeitgeschichte
     im Wandel, S. 13-15, hier S. 13.
161 Wandruszka, Adam: *Diskussionsbeitrag.* In: Österreich, Deutschland und die Mächte, S. 505; siehe dazu dens.
     auch schon 1972 (*Die Erbschaft von Krieg und Nachkrieg.* In: Österreich 1927 bis 1938, S. 20-31, hier S. 20).
162 Ders., *Diskussionsbeitrag.* In: Das Juliabkommen von 1936, S. 389-391, hier S. 389.
163 Hanisch: Zeitgeschichte, S. 83.
164 Ebd., S. 81.

und nach einer eher linken Periode[165] – nationalsozialistischem Gedankengut zu. Sein vorübergehendes Wirken als „illegaler Nationalsozialist"[166] hat er zwar nicht geleugnet; aber konnte ihm die Trennung von zeitgenössischem Erleben und nachträglicher historischer Beurteilung wirklich gelingen?[167] Diese Frage stellt sich um so dringender, als es die österreichische „Historikerzunft" – und damit auch Wandruszka – durch lange Zeit „verabsäumt" hat, „die von ihr selbst vielbeschworene Vergangenheitsbewältigung im eigenen Bereich systematisch zu leisten".[168]

Dies verweist auf eine weitere Überlegung. Wandruszka war in den ersten Jahrzehnten der Nachkriegszeit nicht irgendein österreichischer Historiker, sondern einer der bedeutendsten und zugleich einflussreichsten Vertreter seiner Zunft. Einmal abstrahiert von seiner Person fragt sich generell, inwiefern die nach Kriegsende durch lange Zeit festzustellende starke historiographische Vernachlässigung der Jahre 1938 bis 1945 nicht auch aus bestimmten Machtpositionen innerhalb der universitären Historikerzunft resultiert haben könnte. Insofern mag sie weniger „erstaunlich" sein, als es zunächst den Anschein haben mag.[169] Dies gilt um so mehr, als „viele" der nach Kriegsende „anfangs entlassenen Lehrkräfte nach einigen Jahren wieder an die Stätte ihres Wirkens zurückgekehrt sind".[170] Manche Wissenschaftler nehmen einen solchen Zusammenhang an[171]. So hat Bischof vor gerade neun Jahren die „jungen Zeithistoriker" zu einer Entlarvung der „offiziellen Geschichtsmythen" aufgefordert – ein Unterfangen, das ihnen ungerechtfertigt „zum Vorwurf gemacht" und als „Nestbeschmutzertum" angekreidet werde,[172] zugleich aber konstatierte er eine „tiefer denn je" auftretende „Kluft zwischen Zeitzeugen und der Fachwissenschaft [womit Bischof aber nur ‚nachgeborene Zeithistoriker' meint]"[173] und betonte überdies die „Wichtigkeit", der „‚revisionistischen' Literatur in Schulen und auf Universitäten zum Durchbruch zu verhelfen".[174]

Seine in diesem Zusammenhang geäußerte „Skepsis" mag mittlerweile zumindest mit Blick auf die Geschichte der Ersten Republik nicht mehr wirklich „am Platz" sein. Zwei Jahrzehnte früher war sie für diese Epoche aber sehr wohl angebracht. Dazu muss an dieser Stelle die Äußerung eines Teilnehmers an der ersten zeitgeschichtlichen Tagung von 1972 genügen. Ihr Verlauf brachte den sozialistisch orientierten und auch historische Studien verfassenden Schriftsteller Otto Leichter nämlich „absolut zu der Überzeugung", dass „eine Aussicht auf eine wissenschaftliche und durchdringende Darstellung der Geschichte nur möglich ist, wenn wir Alten darauf verzichten, die Dinge zu wiederholen und es den jungen Gelehrten überlas-

---

165 „[...] möchte ich betonen, dass ich in jener Zeit als ganz junger Mensch mit meiner Sympathie ganz entschieden auf der Seite der Linken gestanden bin und nicht auf der Seite der Heimwehr. Ich bin nicht immer auf der Seite der Linken gestanden, das gebe ich also sehr gerne zu [...]." (Wandruszka, Adam: *Diskussionsbeitrag*. In: Österreich 1927 bis 1938, S. 63).

166 Ders.: Diskussionsbeitrag. In: Das Jahr 1934, S. 113.

167 Er war auch nach dem Anschluss in der NSDAP tätig und wirkte zugleich als SA-Obergruppenführer (siehe dazu kurz bei Lichtenberger-Fenz, Brigitte: *Österreichs Universitäten 1930 bis 1945*. In: Friedrich Stadler (Hrsg.): Kontinuität und Bruch. 1938 – 1945 – 1955. Beiträge zur österreichischen Kultur- und Wissenschaftsgeschichte, Wien/München 1988, S. 69-82, hier, S. 76f.).

168 So zutreffend Günter Fellner. Sein moralisierender Zusatz, dies „beschäme", ist allerdings überflüssig (*Die Österreichische Geschichtswissenschaft vom „Anschluß" zum Wiederaufbau*. In: Ebd., S. 135-155, hier S. 147).

169 Blänsdorf, Agnes: *Die Einordnung der NS-Zeit in das Bild der eigenen Geschichte*. Österreich, die DDR und die Bundesrepublik Deutschland im Vergleich. In: Werner Bergmann/Rainer Erb/Albert Lichtblau (Hrsg.): Schwieriges Erbe. Der Umgang mit Nationalsozialismus und Antisemitismus in Österreich, der DDR und der Bundesrepublik Deutschland (Schriftenreihe des Zentrums für Antisemitismusforschung Berlin 3), Frankfurt a.M./New York 1995, S. 18-45, hier S. 24.

170 G. Fellner: Österreichische Geschichtswissenschaft, S. 148.

171 Siehe dazu: Ebd.; Blänsdorf: Die Einordnung der NS-Zeit, S. 23.

172 Bischof: Instrumentalisierung, S. 359.

173 Ebd., S. 366, Anm. 86.

174 Ebd., S. 360.

sen, mit einem frischen Geist an die Dinge heranzutreten".[175] Aufschlussreich erscheinen in dieser Beziehung auch Bemerkungen der beiden Herausgeber des fünften, 1979 publizierten und speziell den Ereignissen des 15. Juli 1927 gewidmeten Bandes der Wissenschaftlichen Kommission: Wie Wandruszka und Neck richtig schreiben, handelte es sich hierbei wenigstens damals noch um ein „emotional angereichertes Thema".[176] Bei den Diskussionen hierüber sei ein „auch schon früher bemerktes Phänomen in Erscheinung" getreten. Die „miterlebenden älteren Jahrgänge" hätten sich „viel mehr engagiert als die jungen Zeithistoriker". Sie hätten auch in der Diskussion „kühler und gelöster" gewirkt.[177]

, Noch ein drittes Moment erscheint an Wandruszkas Zitat einer Erörterung bedürftig. Laut ihm war der Historikerstreit in Österreich „nicht so spektakulär" wie in Deutschland. Damit wollte er wohl entweder auf die geringere Resonanz der einschlägigen Debatten innerhalb oder aber außerhalb der Geschichtswissenschaft anspielen. Beides trifft insgesamt zu. Aber wenigstens während zweifelhafter Jubiläumsjahre wie 1984 (1934) und 1988 (1938) wurde vor allem öffentlich und unter reger Beteiligung von Publizisten und Intellektuellen ausgiebig über die nationale Vergangenheit gestritten.[178] Warum man hierfür vielleicht nicht zufällig die etwas euphemistisch und je nach persönlichem Geschmack auszulegenden Bezeichnungen wie „Bedenkjahr" oder „Gedenkjahr"[179] gefunden hat, darüber darf spekuliert werden.

Viertens schließlich suggerieren Wandruszkas Worte, es habe in Österreich nach 1945 nur einen einzigen zeitgeschichtlichen Historikerstreit gegeben, eben die Diskussion über den Faschismus. Dies würde einen merklichen Unterschied zur Situation in der Bundesrepublik bilden, obgleich man dort ja speziell einer dieser Kontroversen das Etikett Historikerstreit verliehen hat. Tatsächlich aber kam es seit Anfang der siebziger Jahre auch in Österreich zu einer ganzen Reihe von teilweise heftig ausgefochtenen historiographischen Debatten. Sie bezogen sich wiederum lange vor allem auf die Epoche der Ersten Republik. Doch spätestens seit dem aufgrund der damals entfachten Waldheimaffäre etwas verkürzend[180] als „annus mirabilis" der österreichischen Zeitgeschichte bezeichneten Jahr 1986 änderte sich die Perspektive. Nunmehr wurde der Blick verstärkt auf die bis dahin weitgehend als integraler „Teil der österreichischen Geschichte" ausgeblendeten oder aber hauptsächlich auf die preußisch-deutsche Unterdrückung reduzierten Jahre 1938 bis 1945 gerichtet. Deshalb kann auch die noch 1998 geäußerte These, diese Jahre seien „totgeschwiegen" worden[181], so nicht stehen bleiben. Die besagte Neuorientierung evozierte wiederum neue und „leidenschaftlich"[182] geführte historiographische Auseinandersetzungen. Und so konnte Botz 1989 von einer „auch in Österreich

175 Leichter, Otto: *Diskussionsbeitrag*. In: Österreich 1927 bis 1938, S. 166-167, hier S. 166. Ganz ähnlich auf einer anderen Tagung Neck: Bemerkungen, S. 15. Mit dieser Ansicht stand er im übrigen nicht alleine da (siehe hierzu einen Diskussionsbeitrag Zeisels. In: Ebd., S. 228).
176 Neck/Wandruszka: Vorwort. In: Die Ereignisse des 15. Juli 1927, S. 9.
177 Ebd. Hierbei mag er auch an sich selbst gedacht haben. Felix Kreissler beurteilte die „Diskussion" gleichfalls als „einigermaßen emotionsgeladen" (*Diskussionsbeitrag*. In: Ebd., S. 242). In diesem Tenor auch Kreissler: Les travaux, S. 118.
178 Ich verweise hier zudem auf ein kleines Werk Robert Menasses (*Das Land ohne Eigenschaften*. Essay zur österreichischen Identität, überarbeitete Fassung der Originalausgabe, Frankfurt a.M. 1995 (Wien 1992)).
179 So etwa bezogen auf den Februar 1934 Jedlicka/Neck: Vorwort. In: Das Jahr 1934, S. 8.
180 Stuhlpfarrer verweist zu Recht darauf, dass sich die „beiden großen Gegenpositionen [...] schon 1975 [...] angekündigt" hatten, anlässlich der „Auseinandersetzung [...] über die SS-Vergangenheit des damaligen freiheitlichen Parteichefs Friedrich Peter" (Eigenheit und Fremde, S. 29). Allgemein zu dieser Affäre siehe Mitten, Richard: *The Politics of Antisemitic Prejudice*. The Waldheim Phenomenon in Austria, Boulder/San Francisco/Oxford 1992.
181 *Goldhagen und Österreich*. Ganz gewöhnliche ÖsterreicherInnen und ein Holocaust-Buch. Die Rezeption des Buches „Hitlers willige Vollstrecker" von Daniel Jonah Goldhagen in den österreichischen Printmedien, hrsg.v. Arbeitskreis Goldhagen, Wien 1998, S. 7.
182 Moll, Martin: *Der Griff nach Österreich im März 1938 – erster Schritt in den Krieg?* Offene Fragen zu einem scheinbar eindeutigen Sachverhalt. In: Werner Röhr/Brigitte Behrenkamp/Karl Heinz Roth (Hrsg.): Der Krieg vor dem Krieg. Ökonomik und Politik der „friedlichen" Aggressionen Deutschlands 1938/1939, Hamburg 2001, S. 156-187, hier S. 176.

ins Rollen gekommenen Historikerkontroverse" sprechen.[183] Wandruszkas These lässt sich somit wenigstens in dieser Schärfe nicht aufrechterhalten. Dies gilt selbst bei einer zeitlichen Beschränkung auf die Erste Republik.

4 Grundzüge besonders heftig diskutierter zeitgeschichtlicher Fragen 1918 bis 1938

Damit ist nun auch der vierte Abschnitt meiner Darlegungen erreicht. Darin will ich – eben bezogen auf die Erste Republik und unterteilt in fünf Themenkomplexe – Grundzüge der wohl am heftigsten diskutierten Kontroversen skizzieren.

4.1 Die innenpolitische Wende 1933/1934

Der erste Komplex betrifft die innenpolitische, antidemokratisch orientierte und nicht selten als „verhängnisvoll"[184] beurteilte Wende der Jahre 1933/34, mithin die Etablierung des bereits erwähnten Ständestaates. Traditionell weisen Historiker diesem Prozess besonders große historische Bedeutung zu. Botz erblickt hierin das „zentrale Problem der neuesten österreichischen Geschichte überhaupt",[185] Hanisch die „schlechthin wichtigste Frage der österreichischen Zeitgeschichte".[186] Schon lange zuvor hat Neck die Jahre 1932 bis 1934 als die „schwerste Periode der Ersten Republik" eingeschätzt[187]. Ungeachtet dessen bildete diese Phase 1984 „noch immer" ein „unbekanntes Phänomenen der jüngeren Vergangenheit" und wurde damals deshalb einer eingehenden Analyse unterzogen.[188]

Konkret wurde und wird zunächst darüber gestritten, welcher der beiden damals führenden politischen Kräfte für die Etablierung des ständestaatlichen Regimes die Hauptverantwortung zukommt: Den von dieser Wende ja insbesondere profitierenden konservativen Kräften, sprich zunächst vor allem der Christlich-Sozialen Partei, oder aber der neben anderen politischen Kräften unter dieser Wende leidenden Linken, sprich den Sozialisten? Die hierüber entbrannte Debatte erfolgte ungeachtet der erkenntnistheoretisch nicht unplausiblen Auffassung Wandruszkas, keiner könne auf die „grundsätzliche Frage, warum die Demokratie zusammengebrochen ist, [...] Antwort geben" oder hierfür gar ein „Patentrezept nennen".[189] Hans Mommsen hat diese „seit jeher im Blickfeld"[190] stehende Kontroverse im Rahmen einer einschlägigen Tagung einmal treffend (und mit warnendem Unterton) als „innenpolitisch" motivierte „Republikschuldfrage" charakterisiert.[191] Ebenso lässt sich hier von einem „leidenschaftlich" geführten „Spiel freigebiger Schuldzuweisungen" sprechen, so Hanisch vor einigen

183 Botz, Gerhard: *Österreichs verborgene Nazi-Vergangenheit und der Fall Waldheim.* In: FORUM Heft 430/31 (1989), S. 47-55, hier S. 48.
184 So etwa von Adam Wandruszka (*Historische Einführung.* In: Rudolf Neck/ders. (Hrsg.): Protokolle des Ministerrates der Ersten Republik, Abteilung VIII: 20. Mai 1932 bis 25. Juli 1934, Band 2: Kabinett Dr. Engelbert Dollfuß: 26. Oktober 1932 bis 20. März 1933, Bearbeiter Gertrude Enderle-Burcel, Wien 1982, S. XI-XIV, hier S. XIIIf.)
185 Botz, Gerhard: *Die Ausschaltung des Nationalrates und die Anfänge der Diktatur Dollfuß' im Urteil der Geschichtsschreibung von 1933 bis 1973.* In: Vierzig Jahre danach. Der 4. März 1933 im Urteil von Zeitgenossen und Historikern, Wien 1973, S. 31-59, hier S. 57f.
186 Hanisch: Zeitgeschichte, S. 85f.
187 Neck: Zur Edition, S. X.
188 Kluge, Ulrich: *Der österreichische Ständestaat 1934-1938*, Entstehung und Scheitern, München 1984, S. 7.
189 Wandruszka, Adam: *Diskussionsbeitrag.* In: Rudolf Neck/ders. (Hrsg.): Die österreichische Verfassung von 1918 bis 1938 (Wissenschaftliche Kommission des Theodor-Körner-Stiftungsfonds und des Leopold-Kunschak-Preises zur Erforschung der österreichischen Geschichte der Jahre 1927 bis 1938 6), München 1980, S. 248f. Entscheidend ist, wie wahr eine solche Antwort beziehungsweise ein solches Patentrezept sein soll.
190 Hanisch, Ernst: *Der lange Schatten des Staates. Österreichische Gesellschaftsgeschichte im 20. Jahrhundert*, 2. Auflage, Wien 1995 (1994), S. 279.
191 Mommsen, Hans: *Diskussionsbeitrag.* In: Österreich 1927 bis 1938, S. 58-60, hier S. 59.

Jahren in seiner in Österreich einiges Aufsehen erregenden und „kontroversiell"[192] aufgenommenen, umfangreichen Darstellung zur Österreichischen Gesellschaftsgeschichte im 20. Jahrhundert mit dem bezeichnenden Titel „Der lange Schatten des Staates".[193]

Dabei sehen eher konservativ orientierte Historiker die Verantwortung für die damaligen Vorgänge eher geteilt. Manchmal schreiben sie ihnen gar Züge einer „griechischen Tragödie" zu, die dann nicht nur im Untergang der Ersten Republik mündete, sondern vielmehr „unvermeidlich" darin münden musste.[194] Dies manifestiert sich besonders in Überlegungen, die Wandruszka 1972 auf der ersten von der Wissenschaftlichen Kommission abgehaltenen Tagung geäußert hat: In Reflexionen über „Die Erbschaft von Krieg und Nachkrieg in Österreich" kam er zu dem Ergebnis, „daß bei aller Anerkennung menschlicher Willensfreiheit und auch des Elements des Zufalls im einzelnen, das geschichtliche Handeln der Menschen doch weitgehend bereits durch eine vorgesehene Ausgangssituation, durch ‚das Gesetz, nach dem sie angetreten', bestimmt ist".[195] Demgegenüber leugnen eher links orientierte Historiker eine Mitverantwortung der Sozialdemokratie zwar gemeinhin nicht.[196] Sie kritisieren beispielsweise den „Verbalradikalismus führender sozialdemokratischer Funktionäre",[197] „gewisse ideologische Momente im Austromarxismus", die der Chance der Bildung einer „Koalition" mit den Christlich-Sozialen entgegenstanden,[198] sowie die nach 1927 „verstärkte Militarisierung" des Republikanischen Schutzbundes, der eine Art paramilitärische Organisation der Sozialistischen Partei darstellte;[199] insgesamt aber setzen sie die Gewichte bei der Frage der „Verantwortungszuschreibung" sehr anders.[200]

Entsprechend „wehren" sie sich im Allgemeinen „aufs Entschiedenste gegen [...] die Theorie von der geteilten Schuld"[201] (zuweilen sogar gegen die Behauptung auch nur einer „Mitschuld") und stempeln solche Thesen auch schon einmal als „völlig falsch" ab.[202] Und gerade mit Blick auf die prozessuale Wende der Jahre 1933/34 erheben sie gegenüber ihren Kontrahenten den bereits problematisierten Vorwurf, eine „Koalitionsgeschichtsschreibung" betreiben und im öffentlichen Bewusstsein verankern zu wollen.[203] Im Rahmen darüber stattfindender Diskussionen wurde – allerdings von politischer Seite aus – nichts weniger als die These einer bewusst geförderten „Geschichtslüge von der sogenannten ‚geteilten Schuld'" proklamiert.[204] Mit diesem Verdikt gemeinte Kollegen wie Wandruszka stritten – gewissermaßen im Gegenzug – strikt ab, dass ihre Analysen von einer „Koalitionsideologie"[205] genährt würden. Dies bezeugt eindringlich die emotionale Brisanz dieses Themas. Schon alleine aufgrund seiner Komplexität, letztlich also infolge geschichts- beziehungsweise erkenntnistheoretischer Erwägungen, dürften hierüber auch „künftige Diskussionen" kein „übereinstimmendes Ur-

---

192 Ritter: From Habsburg to Hitler, S. 270 („greeted with controversy").
193 Hanisch: Der lange Schatten, S. 279. Zur Debatte über sein Buch siehe Gehler: Zeitgeschichte, S. 39-45.
194 So zurecht – kritisch – K. Stadler: Diskussionsbeitrag, S. 43.
195 Wandruszka: Erbschaft, S. 31. Vergleiche ders.: Historische Einführung. In: Rudolf Neck/ders. (Hrsg.): Protokolle des Ministerrates der Ersten Republik, Abteilung VIII: 20. Mai 1932 bis 25. Juli 1934, Band 1: Kabinett Dr. Engelbert Dollfuß: 20. Mai 1932 bis 18. Oktober 1932, Bearbeiter Gertrude Enderle-Burcel, Wien 1980, S. XIII-XVII, hier S. XVII.
196 Siehe hierzu etwa K. Stadler: Diskussionsbeitrag, S. 43.
197 Schausberger, Norbert: *Der Griff nach Österreich*, München 1978, S. 387.
198 Neck, Rudolf: *Thesen zum Februar*. Ursprünge, Verlauf und Folgen. In: Das Jahr 1934, S. 15-24, hier S. 24.
199 Hanisch: Der lange Schatten, S. 291. Siehe dazu ausführlich Haas, Karl: *Zur Wehrpolitik der österreichischen Sozialdemokratie in der Ersten Republik*. In: Österreich 1927 bis 1938, S. 75-84.
200 So K. Stadler: Diskussionsbeitrag, S. 43.
201 So auch Otto Leichter, der kein Historiker ist (*Diskussionsbeitrag*. In: Österreich 1927 bis 1938, S. 130f., hier S. 130).
202 So Neck: Thesen, S. 24. Allein der „Regierung" weist er auch die „Schuld" dafür zu, dass 1938 über den Anschluss eine „begeisterte Zustimmung der Straße" herrschte (*Diskussionsbeitrag*. In: Die Ereignisse des 15. Juli 1927, S. 235).
203 K. Stadler: Diskussionsbeitrag. In: Ebd., S. 43.
204 So der nach dem Anschluss in die USA emigrierte und erst 1954 nach Österreich zurückgekehrte Manfred Ackermann (*Diskussionsbeitrag*. In: Ebd., S. 57f., hier S. 57).
205 Wandruszka: Diskussionsbeitrag. In: Ebd., S. 60-62, hier S. 61.

teil" erbringen.[206] Die emotionale Komponente mag mit zunehmendem Zeitabstand geringer werden.

Die Frage der Verantwortung für die sogenannte autoritäre Wende bildet aber nur einen unter mehreren heftig diskutierten Aspekten der Jahre 1933/34. Beispielsweise wird intensiv und zugleich emotional mit verhärteten Fronten darüber gestritten, ob es sich bei dieser Wende um eine aufgrund der gegebenen innenpolitischen Verhältnisse – Stichwort Unregierbarkeit – praktisch unvermeidliche „Notlösung" oder aber nicht vielmehr um einen gezielt angestrebten „Eigenweg" zu einer Diktatur handelte?[207] Diesen Aspekt, der eng mit dem soeben eingehender erörterten Punkt zusammenhängt, lasse ich aus Platzgründen beiseite.[208]

4.2 Die Frage des Faschismus in Österreich

Statt dessen wende ich mich nun, zweitens, einer anderen Debatte zu. Sie kreist um die Frage, inwiefern es im Österreich der Ersten Republik faschistische Bewegungen beziehungsweise Regime gegeben hat.

Die Beantwortung dieser Frage hängt naturgemäß sehr davon ab, was man unter Faschismus versteht.[209] Zwar kam es in Österreich kaum zu allgemeinen „Diskussionen über Faschismustheorien", deren Vermeidung auch angemahnt wurde,[210] wahrscheinlich, um so ebenso unendlichen wie eventuell fruchtlosen polemisch-politischen Debatten aus dem Weg zu gehen. Doch kann generell gesagt werden, dass Befürworter einer generisch orientierten Faschismustheorie bestimmten politischen Bewegungen der Ersten Republik oft faschistische Züge zuschreiben. Umgekehrt lehnen Verfechter einer singulär orientierten Faschismustheorie solche Etikettierungen im Allgemeinen ab. Dabei neigen politisch eher links stehende Historiker gemeinhin generischen Faschismustheorien zu, während politisch eher rechts stehende Historiker häufig singulär angelegte Faschismustheorien favorisieren.

Die Kontroversen über die Existenz oder Nicht-Existenz eines „Austrofaschismus" beziehungsweise eines regelrechten „‚austrofaschistischen' Herrschaftskomplexes"[211] entzünden sich besonders mit Blick auf zwei historische Phänomene, nämlich die Heimwehr und das aus der Wende von 1933/34 hervorgegangene ständestaatliche Regime.

Die Heimwehr war eine „aus den bürgerlichen und bäuerlichen Selbstschutzorganisationen der ersten Nachkriegszeit, aus den Abwehrverbänden gegen die Angriffe der Jugoslawen im Süden entstandene" und in ihrer Zusammensetzung äußerst „heterogene"[212] Bewegung. Unter Verweis auf die Mitte der achtziger Jahre publizierte und bisher zugleich einzige umfassend angelegte Studie über die Heimwehr (Walter Wiltschegg) warnte etwa Wandruszka 1990 davor, sie als halbfaschistisch oder auch nur als faschistoid zu bezeichnen, wie es etwa der Zeitgeschichtler Karl Haas getan hat.[213] Allenfalls Züge eines „Möchtegernfaschismus" oder

---

206   So allgemein dazu Kluge, Ulrich: *Österreich zwischen Revolution und „Anschluß" (1918-1938)*. In: NEUE POLITISCHE LITERATUR 41 (1996), S. 53-60, hier S. 50.
207   Bracher, Karl D.: *Nationalsozialismus*. In: Österreich, Deutschland und die Mächte, S. 1-27, hier S. 20.
208   Hierzu sei insbesondere auf zwei Tagungsbände verwiesen: Erstens „Österreich 1927 bis 1938" und zweitens „Das Jahr 1934: 25. Juli".
209   Allgemein zu Faschismustheorien siehe: Wippermann, Wolfgang: *Faschismustheorien. Die Entwicklung der Diskussion von den Anfängen bis heute*, 7., überarbeitete Auflage, Darmstadt 1997 (1972); Nolte, Ernst: *Vierzig Jahre Theorien über den Faschismus*. In: Ders. (Hrsg.): Theorien über den Faschismus, Köln/Berlin 1967, S. 1-75; de Felice, Renzo: *Die Deutungen des Faschismus*, Göttingen 1980 (italienische Originalausgabe 1969).
210   So hat Rudolf Neck eine solche „Diskussion" zwar zum einen als „sehr notwendig", zum anderen aber als wenig hilfreich beurteilt (*Diskussionsbeitrag*. In: Das Jahr 1934, S. 89). Hierin pflichtete ihm Felix Kreissler bei (*Diskussionsbeitrag*. In: Ebd., S. 96).
211   Botz, Gerhard, *Eine deutsche Geschichte 1938 bis 1945?* Österreichische Geschichte zwischen Exil, Widerstand und Verstrickung. In: ZEITGESCHICHTE 14 (1986), S. 19-38, hier S. 23. Auch abgedruckt in: Bernd Hey/ Peter Steinbach (Hrsg.): Zeitgeschichte und politisches Bewußtsein, Köln 1986, S. 160-185.
212   Hanisch: Der lange Schatten, S. 289. Allgemein dazu Wiltschegg, Walter: *Die Heimwehr. Eine unwiderstehliche Volksbewegung?* (Studien und Quellen zur österreichischen Zeitgeschichte 7), Wien 1985.
213   Haas: Zur Wehrpolitik, S. 75.

eines „Maulfaschismus" wollte ihr Wandruszka zugeschrieben wissen.[214] Damit hat er seine Beurteilung gegenüber früheren Jahren zwar nicht unbedingt modifiziert;[215] er fällte sie jedoch ungeachtet der sicher auch ihm bekannten Tatsache, dass mit Ernst R. Fürst Starhemberg niemand geringerer als der Führer der Heimwehr dieser Bewegung das Etikett „Austrofaschismus" verliehen hat.[216] Wandruszka selbst hat diesen Mann einmal als „Faschisten" charakterisiert.[217]

Hanisch hingegen spricht ohne Wenn und Aber von der „faschistischen Heimwehr",[218] sein ehemaliger Kollege Neck konstatierte gleichfalls ohne Einschränkung eine „faschistische Machtergreifung" der Heimwehr „im Bereich der Länder und der Gebietskörperschaften".[219] Botz bezeichnet diese Bewegung als „Konkurrenzfaschismus"[220] und charakterisierte sie bereits Anfang der siebziger Jahre als „im vollen Sinne" des Wortes „faschistisch".[221] Daran hat sich auch später nichts geändert.[222] Der einst in Salzburg lehrende Historiker, der einmal eine „zunehmende Faschisierung Österreichs" schon in den zwanziger Jahren konstatierte,[223] steht aber politisch ebenso eher links wie Neck. Dies gilt letztlich wohl auch für Hanisch, der im Allgemeinen vergleichsweise differenziert argumentiert. Dies unterscheidet ihn etwa von einem Kollegen wie dem Historiker Wolfgang Maderthaner, der zwar – bezogen auf den Ständestaat – den Begriff „Austrofaschismus" in Anführungszeichen setzt,[224] dafür aber der Heimwehr eine „dezidiert faschistische Programmatik" zuschreibt.[225] So sieht es wohl auch der bis vor kurzem am Wiener Institut für Zeitgeschichte unterrichtende Anton Staudinger: Ihm zufolge hat sich die Heimwehr „zunehmend in Richtung Faschismus [...] emanzipiert".[226]

Auch bezüglich der Einordnung des Ständestaates verlaufen die historiographischen Fronten oftmals entlang der politischen Einstellungen.[227] Das Beispiel der beiden zuvor genannten Historiker Wandruszka und Botz erweist dies eindringlich: Wandruszka beurteilt diese Herrschaftsform als eher gemäßigt autoritär,[228] Botz hingegen zwar nicht als faschistisch im „engeren" Sinne, aber doch als „halbfaschistisch-autoritär",[229] als „eher" eine „Kombination von

214 Wandruszka: Diskussionsbeitrag von 1990. In: Österreich, Deutschland und die Mächte, S. 60, hier sich auf Wiltschegg beziehend (Heimwehr, S. 270).
215 Noch 1981 meinte Wandruszka, „gewisse Heimwehrgruppen" hätten sich „wirklich zum Faschismus bekannt" (ders.: Diskussionsbeitrag. In: Anschluß 1938, S. 371-372, hier S. 371).
216 Zitiert nach Wiltschegg: Heimwehr, S. 269.
217 Wandruszka, Adam: Diskussionsbeitrag. In: Das Jahr 1934, S. 78-88, hier S. 88.
218 Hanisch, Ernst: *Wien: Heldenplatz.* In: TRANSIT 15 (1989), S. 120-140, hier S. 138.
219 Neck: Thesen, S. 21.
220 Botz: Eine deutsche Geschichte, S. 22.
221 Botz, Gerhard: *Diskussionsbeitrag.* In: Österreich 1927 bis 1938, S. 66f., hier S. 67; vgl. ders.: *Der „15. Juli 1927", seine Ursachen und Folgen.* In: Ebd., S. 31-42, hier S. 40 („Heimwehrfaschismus", (S. 42)). Von „Heimwehrfaschismus" spricht auch Michael Gehler (*Politischer Wandel in ausgehender Monarchie und Erster Republik: Staat, Gesellschaft, Regierung, Parteien, Kommunikation. Einführung am Beispiel von Affären und Skandalen.* In: ders./Hubert Sickinger (Hrsg.): Politische Affären und Skandale in Österreich. Von Mayerling bis Waldheim, Thaur/München/Wien 1995, S. 19-52, hier S. 51).
222 Siehe dazu Botz, Gerhard/Müller, Albert: *Differenz/Identität in Österreich. Zu Gesellschafts-, Politik- und Kulturgeschichte vor und nach 1945.* In: ÖSTERREICHISCHE ZEITSCHRIFT FÜR GESCHICHTSWISSENSCHAFTEN 6 (1995), S. 7-40: „faschistische Kräfte" (S. 16); „faschistische Bewegung der Heimwehr" (S. 17f.).
223 Botz: Der „15. Juli 1927", S. 38.
224 Maderthaner, Wolfgang: *12. Februar 1934: Sozialdemokratie und Bürgerkrieg.* In: Rolf Steininger/Michael Gehler (Hrsg.): Österreich im 20. Jahrhundert. Ein Studienbuch in zwei Bänden. Band 1: Von der Monarchie bis zum Zweiten Weltkrieg, Wien/Köln/Weimar 1997, S. 153-202, hier S. 165.
225 Ebd., S. 175.
226 Staudinger, Anton: *Christlichsoziale Partei und Heimwehren bis 1927.* In: Die Ereignisse des 15. Juli 1927, S. 110-136, hier S. 136 (vgl. *Diskussionsbeitrag.* In: Ebd., S. 251f., hier S. 251).
227 Zum Forschungsstand siehe Gellott, Laura: *Recent Writings on the Ständestaat, 1934-1938.* In: AUSTRIAN HISTORY YEARBOOK 26 (1995), S. 207-238.
228 Siehe dazu schon Adam Wandruszka in seinem 1954 publizierten Beitrag *Österreichs politische Struktur. Die Entwicklung der Parteien und politischen Bewegungen.* In: Heinrich Benedikt (Hrsg.): Geschichte der Republik Österreich, München 1954, S. 289-485.
229 Botz, Gerhard: *Zwischen Akzeptanz und Distanz. Die österreichische Bevölkerung und das NS-Regime nach dem „Anschluss".* In: Österreich, Deutschland und die Mächte, S. 428-455, hier S. 440. Von „halbfaschis-

Faschismus und traditioneller konservativer Diktatur".[230] Außerdem bezeichnet er den Ständestaat im Gegensatz zu einer „faschistischen Diktatur" wie den Nationalsozialismus zwar als „eher traditional-autoritäres" Regime, das aber doch eine „Reihe faschistischer Merkmale" aufwies.[231] Zuweilen vermerkt er auch nur ein „stark von faschistischen Vorbildern beeinflusstes autoritäres Regime".[232] Auch der ebenfalls links orientierte und inzwischen emeritierte Wirtschaftshistoriker Norbert Schausberger erkennt im Ständestaat „typisch faschistische Merkmale".[233] Dabei hebt er speziell auf die laut ihm bereits unter Bundeskanzler Dollfuß praktizierte „Strafsanktionierung der Gesinnung" der Bürger ab. Besonders signifikant erscheint, dass Neck im Zusammenhang mit dem seiner Meinung nach von der „Arbeiterschaft" geleisteten „Widerstand" gegen den „Faschismus" ausdrücklich die Bemerkung für notwendig erachtet, „dieses Wort ohne jede Abwandlung zu benützen".[234] Dies zeugt wohl von dem Bewusstsein, hiermit ein heißes Eisen angepackt zu haben.[235]

Immerhin stehen nicht zuletzt in dieser Frage manche Urteile der eigentlichen politischen Position des jeweiligen Autors eher quer entgegen: So spricht Pelinka vom „autoritären Ständestaat".[236] Der eigentlich wohl eine generische Faschismustheorie vertretende Hanisch[237] erblickt zwar in Dollfuß „vom Typus her" eher keinen „Faschisten",[238] sieht im Ständestaat aber faschistische Elemente: So weiß er von „Ritualen" bei der Vaterländischen Front, „die in der Massenliturgie des Faschismus üblich waren",[239] und spricht auch vereinzelt vom „Austrofaschismus",[240] wobei er diesen Begriff nicht immer in Anführungszeichen setzt.[241] Diese, alles in allem etwas uneinheitliche Argumentation belegt freilich lediglich, wie schwer es ist, den Ständestaat auch nur einigermaßen zuverlässig in eine politische Systemtheorie einzuordnen, will man sein Wesen nicht in der einen oder anderen Richtung „verfälschen"[242].

4.3 Die Notwendigkeit eines Widerstandes gegen den Anschluss

Ich komme damit zum dritten Fragekomplex. Er steht im Zusammenhang mit dem Anschluss. Eine hierbei kontrovers diskutierte Frage lautet: Hätte in den entscheidenden Märztagen unter allen Umständen militärischer Widerstand geleistet werden müssen?

In diesem Kontext herrscht über einen Punkt weitestgehend Einigkeit: Ein solcher Widerstand wäre aller Wahrscheinlichkeit nach allenfalls im „Anfangsstadium", höchstens einige Tage lang, erfolgreich,[243] „à la longue" jedoch mit Sicherheit „hoffnungslos" gewesen.[244] An der

---

tisch-autoritär" spricht er auch in seinem zusammen mit Müller publizierten Aufsatz Differenz/Identität in Österreich (S. 12).

230 Botz: Diskussionsbeitrag. In: Österreich 1927 bis 1938, S. 66.

231 Botz, Gerhard: *Schuschniggs geplante „Volksbefragung" und Hitlers „Volksabstimmung" in Österreich*. In: Anschluß 1938, S. 220-243, hier S. 223, 243.

232 Botz: Eine deutsche Geschichte, S. 22.

233 N. Schausberger: Griff nach Österreich, S. 257.

234 Neck: Februar 1934, S. 104f.

235 Später schrieb er auch den Christlichsozialen „faschistische Tendenzen" zu (Neck: Thesen, S. 15).

236 Pelinka, Anton: *Der verdrängte Bürgerkrieg*. In: Das große Tabu, S. 143-153, hier S. 144.

237 Siehe hierzu etwa seine Rede vom „faschistischen Block" (Hanisch, Ernst: *Überlegungen zum Funktionswandel des Antikommunismus*. In: Zeitgeschichte im Wandel, S. 37-45, hier S. 38).

238 Ders.: Der lange Schatten, S. 298.

239 Ders.: Wien: Heldenplatz, S. 126.

240 Ders.: *Überlegungen zu einer Geschichte Österreichs im 20. Jahrhundert: Eine Replik*. In: Herwig Wolfram/Walter Pohl (Hrsg.): Probleme der Geschichte Österreichs und ihrer Darstellung (Veröffentlichungen der Kommission für die Geschichte Österreichs 18), Wien 1991, S. 79-82, hier S. 82.

241 So macht Hanisch einmal eine „austrofaschistische' Elite in Regierung, Bürokratie, Polizei und Heimwehr aus" (ders.: *Gab es einen spezifisch österreichischen Widerstand?* In: Peter Steinbach (Hrsg.): Widerstand. Ein Problem zwischen Theorie und Geschichte, S. 163-175, hier S. 166).

242 Ludwig Reichhold hat einmal von einer „faschistischen Verfälschung des Ständestaates" gesprochen (*Diskussionsbeitrag*. In: Ludwig Jedlicka/Rudolf Neck (Hrsg.): Das Juliabkommen von 1936, S. 390-391, hier S. 390).

243 N. Schausberger: Griff nach Österreich, S. 572.

schließlichen Heimkehr der Ostmark ins Reich hätte er mithin nichts zu ändern vermocht. Dies wird zum einen mit der eigenen militärischen Unterlegenheit begründet. Zum anderen erhebt sich hier die von N. Schausberger während einer einschlägigen Tagung über den Anschluss 1938 zu Recht formulierte Frage nach der „internationalen Reaktion [...] im Falle eines österreichischen Widerstandes".[245] Dies bildet prinzipiell eine „Hauptfrage", wie er hinzu setzte, die seine Kollegen aber bezeichnenderweise nicht weiter aufgriffen. Sie erblickten hierin wohl eine Frage rein rhetorischer Natur: Das insbesondere ins Gewicht fallende Verhalten der Regierungen in Rom, London und Paris wäre auch im Falle eines militärischen Widerstandes durch passive Hinnahme des nationalsozialistischen Vorgehens gekennzeichnet gewesen.

Weitestgehend Konsens besteht deshalb auch über den „einzigen Zweck" eines mit militärischen Mitteln geleisteten Widerstandes: Er hätte „Österreichs Ruf in der Nachkriegszeit verbessert", wie es Gordon Brook-Shepherd noch vor rund einem Jahrzehnt unwidersprochen im Kreis österreichischer Kollegen formuliert hat.[246]

Anders formuliert: Wäre es aus gleichsam „symbolisch[en]"[247] beziehungsweise moralischen Gründen in jedem Falle notwendig gewesen, militärischen Widerstand zu leisten? Genau hieran scheiden sich die Geister. Schon 1978 wurde dazu von politischer Seite aus im Rahmen einer einschlägigen Diskussion beinahe resignierend gemeint, man sei „schon wieder einmal bei der alten Frage, über die wir uns leider nicht einigen können".[248] Und noch 1994 konnte auch von historiographischer Seite aus Hanisch diese Frage als „umstritten wie eh und je" bezeichnen.[249]

Wir sehen: Bei dieser Problematik geht es nicht um die Suche nach unmittelbar wirksamen Handlungsalternativen. Zur Debatte stehen vielmehr die möglichen Auswirkungen der damaligen passiven Tolerierung des deutschen Einmarsches auf das internationale Ansehen Österreichs und das eigene Selbstverständnis in der Nachkriegszeit. Wie also „würde Österreich nach 1945 international dagestanden sein, wenn es Widerstand gegeben hätte"?[250]

Abgesehen davon, dass ja bereits die angeführte Opferthese die „internationale Position Österreichs" in der Nachkriegszeit positiv begründet hat,[251] resultieren die hierzu vertretenen, weit in den Bereich kontrafaktischer Geschichtsschreibung hineinreichenden Auffassungen nicht aus wissenschaftlichen, sondern vielmehr aus Erwägungen moralischer beziehungsweise moralisch-politischer Natur. Dabei plädieren links stehende Historiker gemeinhin für einen unbedingt zu leistenden militärischen Widerstand. Zumindest aber erachten sie es für erforderlich, die Frage nach dem Sinn eines solchen Widerstandes ernsthaft zu erörtern: Neben N. Schausberger[252] ist hier beispielsweise Eduard März zu nennen: Der mittlerweile verstorbene Wirtschaftshistoriker konstatierte die „Notwendigkeit" eines Widerstandes am „12. März [...], selbst wenn er aussichtslos erschienen" wäre[253]. Schließlich sei auch der „Widerstand der Sozialdemokraten im Februar 1934" aussichtslos erschienen, aber „dennoch von den größten Folgen für die Moral der Arbeiterbewegung in den späteren Jahren" gewesen. Einen „ähnlichen" moralischen Schub vermutet März aber nun auch für „Österreich" im Falle eines im März 1938 geleisteten Widerstandes.

244 Brook-Shepherd, Gordon: *Diskussionsbeitrag*. In: Österreich, Deutschland und die Mächte, S. 315-316, hier S. 315.
245 N. Schausberger: Diskussionsbeitrag. In: Anschluß 1938, S. 350-351, hier S. 351.
246 Brook-Shepherd: Diskussionsbeitrag. In: Anschluß 1938, S. 315.
247 Hanisch: Der lange Schatten, S. 344.
248 Bock, Fritz: *Diskussionsbeitrag*. In: Anschluß 1938, S. 326-327, hier S. 326.
249 Hanisch: Der lange Schatten, S. 344.
250 Botz, Gerhard: *Diskussionsbeitrag*. In: Anschluß 1938, S. 358.
251 Kreissler, Felix: *Nationswerdung und Trauerarbeit*. In: Das große Tabu, S. 127-142, hier S. 137.
252 N. Schausberger: Diskussionsbeitrag. In: Anschluß 1938, S. 351. Siehe ähnlich Steinböck, Erwin: *Diskussionsbeitrag*. In: Ebd., S. 352.
253 März, Eduard: *Diskussionsbeitrag*. In: Ebd., S. 356.

Ganz ähnlich argumentiert der einst in Rouen lehrende Felix Kreissler, unter Anführung des Beispiels der „im illegalen Kampf" agierenden „Widerständler der Jahre 1938 und 1939".[254]

Wandruszka hingegen beurteilte die damaligen „Möglichkeiten" der Regierung als „doch sehr, sehr beschränkt".[255] Entsprechend nennt er die Skizzierung alternativer Handlungsoptionen „unnütze Gedankenspiele" und indirekt eine Suche nach Wundern (ähnlich auch Weinzierl[256]). Dies „müssen wir als Historiker sagen"[257]. Bezeichnete es dabei Neugebauer audrücklich als „seltsam", dass Wandruszka seine „eigene Meinung als die Meinung der Historiker angeben" würde,[258] so bezeugt dies den hohen Grad an Emotionalisierung der Debatte.

Zwei weitere Momente verschärfen die Kontroverse noch zusätzlich: Zum einen wird den Soldaten – ungeachtet einer partiell bereits stattgefundenen nationalsozialistischen Unterwanderung von Teilen des Heeres – im allgemeinen Widerstandsbereitschaft attestiert, zum anderen wollten Teile der österreichischen Führung damals durchaus Widerstand leisten.[259] Dies gilt insbesondere für den Generalstabschef Alfred Jansa – zweifellos eine „Schlüsselfigur" für einen potentiellen österreichischen Widerstand[260] – sowie für Staatspräsident Wilhelm Miklas. Die militärische Widerstandsmöglichkeit kann also nicht nur als eine nachträglich von gleichsam besserwisserischen Historikern konstruierte Handlungsalternative abgetan werden. Sie bildete eine durchaus real bestehende Option, deren Erfolgsaussichten freilich äußerst gering gewesen sein dürften.

Dies wirft nun wiederum eine weitere Frage auf: Wer hat es letztlich zu verantworten, dass die Truppen in den Kasernen verharrten und der schon fertige Mobilmachungsbefehl in der Schublade blieb beziehungsweise erst verspätet herausgegeben wurde: N. Schausberger schreibt Bundeskanzler Kurt Schuschnigg hierfür einmal sogar nichts weniger als die „alleinige" Verantwortung zu.[261] Er habe nicht nur „neutrale Militärs" in entscheidenden Stellen platziert, sondern zugleich Jansa in den Ruhestand geschickt,[262] hiermit „eine rein politisch" – und also eben nicht moralisch-symbolisch motivierte – „Entscheidung" getroffen und schon seit seinem Treffen mit Adolf Hitler am 12. Februar auf dem Obersalzberg „nicht mehr kämpfen" gewollt.[263] Eine Rolle spielte hierbei laut Schausberger auch ein „verhängnisvolles Stück Deutschnationalismus",[264] worauf wir noch zurückkommen werden.

Vor diesem Hintergrund beurteilt Schausberger auch Schuschniggs Entschluss, die von dem Kanzler eigentlich für den 13. März anberaumte Volksbefragung,[265] in der die Bevölkerung über die Unabhängigkeit ihres Landes befinden sollte, doch noch abzusagen. Auch mit Blick auf diese vermeintlich „selbstmörderische Niederlage"[266] meint niemand, dass ein Fest-

254 Kreissler, Felix: *Diskussionsbeitrag*. In: Ebd., S. 357f., hier S. 357.
255 „Es wäre schön gewesen, wenn einmal das Christkind gekommen wäre oder wenn der Hitler auf einmal gestorben wäre, aber damit kommen wir ja eigentlich als Historiker nicht weiter." (Wandruszka, Adam: *Diskussionsbeitrag*. In: Ebd., S. 327-328, hier S. 328; vgl. ebd., S. 356f., hier S. 357).
256 Weinzierl, Erika: *Diskussionsbeitrag*. In: Ebd., S. 328.
257 Wandruszka: Diskussionsbeitrag. In: Ebd., S. 328.
258 Neugebauer, Wolfgang: *Diskussionsbeitrag*. In: Ebd., S. 330-332, hier S. 330.
259 Siehe hierzu Schmidl, Erwin A.: *März 38. Der deutsche Einmarsch in Österreich*, 2. Auflage, Wien 1988 (1987), S. 47-57.
260 Neugebauer/Steiner: Widerstand, S. 91.
261 N. Schausberger: Griff nach Österreich, S. 561.
262 Ebd., S. 499.
263 Ebd., S. 565.
264 Ebd., S. 566. Eine „politische [...] Entscheidung" sieht partiell auch März als gegeben an (Diskussionsbeitrag. In: Anschluß 1938, S. 356).
265 Es handelte sich um eine Volksbefragung und nicht um eine Volksabstimmung, wie noch heute immer wieder zu lesen ist. Dieser Unterschied ist fein, aber nicht unerheblich. Denn eine Befragung wird im Allgemeinen als weniger bindend als eine Abstimmung angesehen.
266 Müller, Franz: *Gemeinsam oder getrennt zum „Neubau in Mitteleuropa"? Das „Dritte Reich" im Kampf gegen den „Ständestaat" 1933-1938*. In: Michael Gehler/Rainer F. Schmidt/Harm-Hinrich Brandt/Rolf Steininger (Hrsg.): Ungleiche Partner? Österreich und Deutschland in ihrer gegenseitigen Wahrnehmung. Historische

halten an dieser „Flucht nach vorne"[267] den Vollzug des Anschlusses hätte verhindern können. Dennoch sehen manche Historiker in der Annullierung der Befragung einen folgenrei-
chen Fehler. Die Messlatte bilden dabei einmal mehr die daraus resultierenden, angeblich negativen Folgen für das moralische Ansehen Österreichs, wobei sich die Argumentationslinien
größtenteils erneut mit den politischen Standpunkten decken.

Abschließend sei hierzu noch eine weitreichende Gemeinsamkeit zwischen Befürwortern
und Gegnern eines Widerstandes hervorgehoben: Unter der Prämisse, den Anschluss eventuell doch noch zu verhindern, hätte dieser Widerstand beiden Lagern zufolge wesentlich früher
als im März 1938 einsetzen müssen. Gemeinhin werden das von Berlin mit großem Nachdruck geforderte und forcierte Juliabkommen von 1936 beziehungsweise die rund sechsein-
halb Monate „vor dem Abschluß des Vertrags mit Deutschland" als „letzter" möglicher
„Zeitpunkt" genannt[268] und seine Unterzeichnung als die wichtigste „Zäsur" zum Schlechte-
ren beurteilt.[269] Dies gesteht selbst März zu.[270]

Doch auch in dieser Beziehung sind die Fronten eher verhärtet. März zufolge hätte
Schuschnigg „schon damals die Alternative eines bewaffneten Widerstandes gegen Hitlerdeutschland in Betracht ziehen", wenn nicht sogar umsetzen „müssen".[271] Zwar wären „wir
dann sehr wahrscheinlich auf den Füßen stehend und kämpfend untergegangen, aber [...] die
Geschichte hätte dann wohl doch etwas anders ausgeschaut". Denn dadurch wäre „der übrigen Welt klar vor Augen geführt worden [...], daß der sogenannte Anschluß ein Gewaltakt und
kein Akt der brüderlichen Vereinigung war".[272] Andere lehnen solche Überlegungen, die nicht
selten in Schuldzuweisungen zu münden drohen,[273] als fruchtlose Wenn-und-Aber-Gedanken-
spielereien ab. Sie beurteilen die außenpolitische Lage des Kanzlers schon damals als im
Grunde genommen zu aussichtslos, um einen Widerstand rechtfertigen zu können, der eventuell militärisch-zivile Opfer kosten würde.[274] Auf den ersten Blick scheint auch Neugebauer
eine solche Position zu vertreten, erachtet er die damalige „außenpolitische Situation Österreichs" doch als „ziemlich hoffnungslos".[275] Dennoch will er die „austrofaschistischen Machthaber" nicht aus ihrer „großen historischen Verantwortung [...] entlassen", für die er wiederum „in erster Linie Schuschnigg selbst" haftbar macht: Die Regierenden hätten den „Untergang Österreichs" nichts weniger als „leichtfertig" herbeigeführt und „schließlich kampflos
vor dem ärgsten Feind des österreichischen Volkes kapituliert".[276] Obsiegt hier nicht doch
subjektive politische Anschauung über das Streben nach objektiver historischer Beurteilung?
Dies gilt um so mehr, als Neugebauer eine völlig undifferenzierte Lobeshymne auf die „Arbeiterbewegung" anschließt: Sie sei „in allen ihren Teilen" zur „Verteidigung der Unabhängigkeit
Österreichs" bereit gewesen.[277]

Analysen und Vergleiche aus dem 19. und 20. Jahrhundert (Historische Mitteilungen. Beiheft 15), Stuttgart
1996, S. 481-496, hier S. 496.

267 Kube, Alfred: *Pour le mérite und Hakenkreuz*. Hermann Göring im Dritten Reich, München 1986, S. 243.
     Schuschniggs entsprechender Aufruf ist abgedruckt in: Werner Frauendienst (Hrsg.): *Weltgeschichte der Ge-
     genwart in Dokumenten*, 1937/38. Internationale Politik, Bd. 5, Essen 1940, Nr. 118, S. 440f.
268 März: Diskussionsbeitrag, S. 356. Allgemein zum Abkommen siehe: Das Juliabkommen von 1936.
269 Hanisch: Der lange Schatten, S. 322.
270 „Ich gebe zu, daß es dann im [...] März 1938 zu spät war [...]." (März: Diskussionsbeitrag, S. 356).
271 Ders.: Diskussionsbeitrag, S. 326.
272 „Ich glaube, das müßten auch wir in Betracht ziehen." (Ebd.).
273 Hans Mommsen mahnte diesbezüglich dazu, „unseren Gegenstand etwas aus einer moralischen Beleuch-
     tung herauszunehmen. Man kann das Wort Schuld [...] durchaus eliminieren" (*Diskussionsbeitrag*. In: Ludwig
     Jedlicka/Rudolf Neck (Hrsg.): Das Juliabkommen von 1936, S. 366f., hier S. 367).
274 So etwa Wandruszka: Diskussionsbeitrag. In: Anschluß 1938, S. 356 („Das galt in gewisser Hinsicht auch
     schon für das Jahr 1936").
275 Neugebauer: Die illegale Arbeiterbewegung, S. 154.
276 Von einem „kampflosen Untergang" spricht er auch anderswo (ders./Steiner: Widerstand, S. 102).
277 Neugebauer: Die illegale Arbeiterbewegung, S. 155.

4.4 Die Frage eines genuin österreichischen Widerstandes

Die Widerstandsfrage wird im Übrigen noch in anderer Hinsicht kontrovers diskutiert: Wie steht es nämlich mit einem genuin österreichischen Widerstand gegen die Herrschaft des Nationalsozialismus in Österreich? Gab es überhaupt einen spezifisch österreichischen Widerstand, wie Hanisch einschlägige Überlegungen einmal überschrieben hat?[278] Dies bildet zugleich den vierten Komplex, der hier aber nur kurz angerissen werden soll. Seine Brisanz resultiert nicht zuletzt aus der einmal als „Magna Charta der Zweiten Republik" bezeichneten Moskauer Deklaration.[279] Darin wurden die Österreicher nämlich nicht nur als Opfer bezeichnet, sondern auch zur Leistung eines „selbständigen Beitrags" zu ihrer Befreiung aufgerufen.[280] Niemand bestreitet, dass ein solcher Beitrag geleistet worden ist. Doch gehen die Meinungen darüber weit auseinander, wie stark er war und ob er stark genug war.

Viel hängt hierbei von dem jeweiligen Verständnis von Widerstand ab: Dem Emigranten Klemens von Klemperer zufolge hat er zum größten Teil „individuell", aber kaum als regelrecht organisierte „österreichische Widerstandsbewegung", und in dieser Hinsicht allenfalls in Form von „kleinen Gruppen" existiert.[281] Der in München eine Professur für Internationale Politik bekleidende Gottfried-Karl Kindermann hingegen bezeichnet ihn in direkter Abgrenzung von v. Klemperer als „eine ganz gewaltige historische Leistung".[282] Hier verlaufen die Fronten oftmals einmal mehr parallel zu politischen Positionen: Zudem wird insbesondere von stark links orientierter – speziell politischer – Seite ein „bewußtes Unterspielen der Rolle der Kommunisten" beklagt.[283] Nimmt es da Wunder, dass von politisch rechter Seite aus eine gezielte Vernachlässigung des konservativen Widerstands kritisiert wird?

4.5 Die Einstellung der österreichischen Bevölkerung und von Regierungskreisen gegenüber einem Anschluss

Ich habe zuvor das Problem des Deutschnationalismus erwähnt. Damit ist indirekt auch schon die Essenz des fünften und letzten Komplexes angesprochen, den ich erörtern will: Er betrifft die Einstellung der österreichischen Bevölkerung im Allgemeinen und von Regierungskreisen im Speziellen gegenüber einem Anschluss und die hierfür verantwortlichen Motive.

Dabei dreht sich die Debatte zunächst darum, wie viele Österreicher für einen Anschluss waren. „Exakte" Zahlen hierüber werden wohl niemals auch nur annähernd zu liefern sein:[284] Erstens fehlen entsprechende Umfragen, zweitens hat Schuschnigg seine Volksbefragung ja abgeblasen und drittens kann die von Hitler am 10. April durchgeführte Volksabstimmung nicht als frei bezeichnet werden.[285]

Für den März 1938 wird aber oft mit nur rund 30-40 Prozent Befürwortern eines Anschlusses kalkuliert. Deshalb führt Hanisch Hitlers triumphalen und nicht nur bestellten be-

---

278 Hanisch: Gab es einen spezifisch österreichischen Widerstand?, S. 163.
279 Albrich, Thomas: „*Es gibt keine jüdische Frage*". Zur Aufrechterhaltung des österreichischen Opfermythos. In: Rolf Steininger (Hrsg.): Der Umgang mit dem Holocaust. Europa – USA – Israel, unter Mitarbeit v. Ingrid Böhler (Schriften des Instituts für Zeitgeschichte der Universität Innsbruck und des Jüdischen Museums Hohenems 1), Wien/Köln/Weimar 1994, S. 147-166, hier S. 148.
280 Im Original ist von „her own contribution" die Rede (Keyserlingk: 1. November 1943, S. 34).
281 Klemperer, Klemens v.: *Diskussionsbeitrag*. In: Österreich, Deutschland und die Mächte, S. 533-535, hier S. 533.
282 Kindermann, Gottfried-Karl: *Diskussionsbeitrag*. In: Ebd., S. 536f., hier S. 536. Siehe dazu pointiert ders.: *Hitlers Niederlage in Österreich*. Bewaffneter NS-Putsch, Kanzlermord und Österreichs Abwehrsieg 1934, Hamburg 1984, S. 10f.
283 Hornik, Leopold: *Diskussionsbeitrag*, in: Österreich 1927 bis 1938, S. 240-242, hier S. 241.
284 Hanisch: Der lange Schatten, S. 345.
285 Zu deren Modalitäten und Durchführung siehe Botz, Gerhard: *Schuschniggs geplante „Volksbefragung" und Hitlers „Volksabstimmung" in Österreich*. Ein Vergleich. In: Ders.: Krisenzonen einer Demokratie, S. 249-277.

ziehungsweise angeordneten Empfang auf einen „kollektiven Orgasmus" zurück, der nicht mit „Zustimmung zum Nationalsozialismus verwechselt werden" dürfe.[286] Gerald Stourzh konstatiert ein vorübergehendes „massenpsychologisches ‚Umkippen'".[287] Ganz ähnlich spricht v. Klemperer von einer „Massenpsychose", der man nicht mit „Mitteln einer rationalen, auf Sozialanalyse beruhenden Prozentrechnung beikommen" könne.[288] Zudem wird betont, dass die mit dem Anschluss verknüpften Hoffnungen bald Ernüchterung gewichen seien. Kritiker einer solchen Deutung nennen die erwähnten Zahlenangaben eine „müßige Spekulation".[289] Sie deuten die bei Hitlers Blumenfeldzug vielfach auch über nationalsozialistische Kreise hinaus herrschende Begeisterung als klares Zeichen für tiefer gelegene, mental bedingte Zustimmungsmotive. Dies mag erklären, warum etwa Botz das „‚Ja'-Ergebnis von 99 Prozent" der Hitlerschen Volksabstimmung zwar einerseits „terroristischer Einschüchterung" zuschreibt, sie aber zugleich „als Ganzes" für durchaus „nicht gefälscht" erachtet.[290]

Worin sollen diese tieferen Motive bestanden haben? Hier wird häufig der seit dem Zusammenbruch des Habsburgerreiches grassierende Glauben geltend gemacht, das als Rumpfstaat empfundene Österreich sei wirtschaftlich auf sich alleine gestellt nicht überlebensfähig.

Das Gewicht dieses Motivs, das allerdings durchaus unterschiedlich begründet gewesen sein kann,[291] leugnen auch jene nicht, die ihm lediglich sekundäre Bedeutung zuweisen. Ein prominenter Zeitgenosse wie der Sozialistenführer Victor Adler hat nun einmal seine Forderung nach einer freilich relativ föderativ ausgeprägten „Angliederung" an Deutschland – etwa in Form eines „Sonderbundstaates" – nicht nur unter dem unmittelbaren Eindruck des Endes der Doppelmonarchie besonders mit einem bestehenden ökonomischen „Zwang" begründet.[292] Doch wird in dieser Beziehung manchmal die Konstruktion einer regelrechten „Legende" und deren bewusste Instrumentalisierung vorgeworfen. Dabei soll es darum gehen, die entscheidenden Anschlussmotive zu verschleiern, nämlich „Existenzängste", „Heimatlosigkeit" sowie den Wunsch nach wiederhergestellter „politischer Größe".[293] Vor allem jedoch sollen viele Österreicher während der gesamten Epoche der Ersten Republik ein ethnisch-kulturell begründetes Gefühl der Zusammengehörigkeit mit den Deutschen empfunden haben, das bis in die höchsten Regierungsspitzen hinein reichte.

In letzterer Hinsicht wird dann gerne auf die von Schuschnigg favorisierte und propagandistisch geförderte Vorstellung vom sogenannten zweiten und angesichts der Verhältnisse im Dritten Reich auch besseren deutschen Staat verwiesen. Auch der Bundeskanzler sei dem „Deutschnationalismus verbunden" geblieben, meint etwa Botz;[294] hingegen war sein Vorgänger Dollfuß wiederum Botz zufolge „noch dem groß- und gesamtdeutschen Denken verpflichtet", und zwar „selbst in seinem Versuch, aus staatspolitischer Räson ein Österreich-Bewußtsein zu schaffen".[295] Es verwundert nicht, dass demgegenüber von eher konservativer Seite aus die Ausformung eines österreichischen Sonderbewusstseins – verstanden als „Abwendung von den vielgestaltigen Formen des Anschlussdenkens" sowie einer „entschiedenen Hinwendung der regierenden Kräfte zum Willen zur österreichischen Eigenstaatlichkeit" – als

---

286 Hanisch: Der lange Schatten, S. 346.
287 Stourzh: Vorwort, S. IXf.
288 v. Klemperer: Diskussionsbeitrag. In: Österreich, Deutschland und die Mächte, S. 465.
289 N. Schausberger: Griff nach Österreich, S. 553.
290 Botz: Eine deutsche Geschichte, S. 24.
291 Siehe dazu entsprechende grundsätzliche Überlegungen bei: N. Schausberger: Österreich, S. 229-264, hier S. 229f.; siehe gleichfalls Mathis, Franz: *Wirtschaft oder Politik?* Zu den „wirtschaftlichen" Motiven einer politischen Vereinigung zwischen 1918 und 1938. In: Ungleiche Partner?, S. 427-439.
292 Adler am 21. Oktober 1918 (zitiert nach Hanisch: Der lange Schatten, S. 265).
293 Goldinger, Walter/Binder, Dieter A.: *Geschichte der Republik Österreich 1918-1938*, Wien/München 1992, S. 82f.
294 Botz: Eine deutsche Geschichte, S. 22.
295 Ebd., S. 19.

der „revolutionärste Wendepunkt in der politischen Geistesgeschichte des republikanischen Österreich" bezeichnet wird.[296]

Grassierte nun aber damals der ethnische Anschluss-„Traum", verdeckt oder offen, tatsächlich in weitesten Kreisen, vielleicht mit der einzigen Ausnahme der Monarchisten beziehungsweise Legitimisten?[297] Also auch bei vielen Einwohnern, die weder im März 1938 noch im April für eine Angliederung an das Deutsche Reich gestimmt hätten? Oder wurde er vielfach allenfalls „mit halbem Herzen" verfochten, wie es in der bis heute „strenggenommen"[298] einzigen aus universitärer Feder stammenden Gesamtdarstellung zur Ersten Republik heißt,[299] sieht man einmal von der von Heinrich Benedikt herausgegebenen Geschichte der Republik Österreich aus dem Jahre 1954 ab.[300]

Immerhin herrscht mit Blick auf die Zustimmung zu einem Anschluss Einigkeit über die einschneidende Bedeutung des 30. Januar 1933, also über Hitlers Machtergreifung. Sie wurde als ein die Existenz Österreichs unmittelbar bedrohendes Ereignis wahrgenommen. Dies „diskreditierte" wenigstens partiell die „Anschlußideologie"[301] und bewirkte die verstärkte Ausbildung eines nicht mehr am Habsburgerreich orientierten, rückwärtsgewandten, sondern vielmehr genuin, auf den kleinen Nachfolgestaat bezogenen Österreichbewusstseins, das von oben in breiteren Kreisen verankert werden konnte; ob es freilich bis Anfang 1938 mehr als nur zarte Wurzeln schlagen konnte, darüber wird gestritten.

Dieser Streit wird sehr intensiv geführt,[302] was nicht erstaunt, trifft er doch gleichsam den Nerv des österreichischen Selbstverständnisses, wie es sich nach 1945 entwickelt hat. Es geht hier um das Bewusstsein, eine eigene, wenn auch „verspätete"[303] österreichische Nation zu bilden, ungeachtet eingestandener ethnischer oder kultureller Gemeinsamkeiten mit den Deutschen.

Heutzutage wird dieses Bewusstsein als mehr oder weniger fest verankert bei den meisten Staatsbürgern erachtet, trotz eines Phänomens wie Jörg Haider und seiner Anhänger.[304] Wie kann dies aber sein, wenn doch wenigstens bis zum Anschluss nur verhältnismäßig wenige Einwohner österreichisch gedacht haben sollen? Hinweise auf Entwicklungen in der Nachkriegszeit – wie die Verankerung der „österreichischen Neutralität", die zum „Kristallisationspunkt eines eigenwüchsigen Nationalbewusstseins" geworden sein soll – beantworten diese Frage bestenfalls teilweise.[305] Deshalb verweisen die einen entweder auf die direkte Erfahrung der nationalsozialistischen Herrschaft: Sie habe vielen Österreichern gleichsam die Augen über das wahre deutsche Wesen geöffnet. Dem Jahr 1938 wird „aus Sicht der österreichischen Gegenwart" sogar „eine gewisse positive Bedeutung zugemessen". Bedeutete „doch der Anschluß letzten Endes den entscheidenden historischen Impuls zur Bildung einer österreichi-

---

296 Kindermann: Zur neuen Selbstfindung Österreichs, S. 285.

297 Hanisch: Der lange Schatten, S. 265f.

298 So richtig Kluge: Österreich, S. 53.

299 Goldinger/Binder: Geschichte, S. 74.

300 *Geschichte der Republik Österreich.* Dieses, unter Mitarbeit von Walter Goldinger, Friedrich Thalmann, Stephan Verosta und Adam Wandruszka entstandene Werk wurde aber dem Anspruch nur bedingt gerecht, eine möglichst „unbefangene, wissenschaftlicher Kritik standhaltende Geschichte einer Zeit zu schreiben, welche die Bearbeiter selbst miterlebt haben" (so Benedikt in seinem *Vorwort*, S. 7-14, hier S. 7).

301 Neck: Diskussionsbeitrag. In: Österreich November 1918, S. 189.

302 Zur Entwicklung der einschlägigen Diskussion siehe etwa: Heiss, Gernot: *Pan-Germans, Better Germans, Austrians: Austrian Historians on National Identity from the First to the Secon Republic.* In: GERMAN STUDIES REVIEW 16 (1993), S. 411-433.

303 Hanisch, Ernst: *Anklagesache: Österreichische Gesellschaftsgeschichte. Der Verteidigung des Ernst Hanisch.* In: ÖSTERREICHISCHE ZEITSCHRIFT FÜR GESCHICHTSWISSENSCHAFTEN 6 (1995), S. 457-466, hier S. 459.

304 Siehe dazu etwa Bruckmüller, Ernst: *Nation Österreich. Kulturelles Bewußtsein und gesellschaftlich-politische Prozesse* (Studien zu Politik und Verwaltung 4), 2., ergänzte und erweiterte Auflage, Wien/Köln/Graz 1996, insbesondere S. 61-85.

305 Rill, Bernd: *Die österreichische Neutralität als Kristallisationspunkt eines eigenwüchsigen Nationalbewusstseins.* In: Heiner Timmermann (Hrsg.): Nationalismus in Europa nach 1945 (Dokumente und Schriften der Europäischen Akademie Otzenhausen 96), Berlin 2001, S. 287-304, hier S. 287.

schen Nation im modernen Sinne".[306] Oder es wird behauptet, dass auch schon vor 1938 wesentlich mehr Österreicher als angenommen genuin österreichisch gefühlt hätten. Die anderen hingegen sehen vor allem in der zweiten Annahme eine Verzerrung, wenn nicht gar eine Verdrängung der Realität. Ihnen zufolge empfanden sich sowohl vor[307] als auch nach dem Krieg zunächst noch viele Österreicher gleichsam als Deutsche,[308] ein „seit 1945 tabuisiertes" Wort, wie Fellner vor rund zwei Jahrzehnten recht treffend festgestellt hat,[309] ohne dass man deshalb gleich unter Rückgriff auf letztlich alltagspsychologische Erfahrungen „neurotische Berührungsangst" und „hysterische Identitätskriecherei" konstatieren müsste.[310]

Die Diskussion kreist also letztlich um folgende, nach wie vor tages- beziehungsweise gesellschaftspolitisch aktuelle Frage: Waren beziehungsweise sind Österreicher wirklich Österreicher oder waren beziehungsweise sind sie nicht vielmehr Deutsche oder zumindest Deutschösterreicher oder umgekehrt österreichische Deutsche? Diese Frage, die zugleich das Problem einer eventuell „häufig überzeichneten Betonung des ‚Österreichischen' in Absetzung vom ‚Deutschen'" aufwirft,[311] kann nicht mehr Gegenstand meiner Analyse sein. Wahrscheinlich aber trifft für nicht wenige österreichische Staatsbürger noch immer zu, was Hanisch für das 19. Jahrhundert ausgemacht hat, nämlich die Tatsache einer „charakteristischen doppelten Identität": In „staatlicher" Hinsicht „österreichisch", in „ethnischer" beziehungsweise kultureller Hinsicht jedoch „deutsch".[312]

5 Schlussbetrachtung

Ich komme zum Schluss: Stellt nun für österreichische Historiker die Beschäftigung mit der eigenen nationalen Vergangenheit das große historiographische Tabu dar oder nicht?

In zweierlei Hinsicht kann dies verneint werden: Zum einen gab und gibt es ja zweifellos eine ganze Reihe von teilweise scharf ausgefochtenen Historikerkontroversen. Die heißen Eisen werden also sehr wohl aufgegriffen und intensiv diskutiert. Zum anderen hat die österreichische Zeitgeschichtsforschung in den letzten Jahrzehnten durchaus wichtige und keinesfalls nur den Vorgaben einer wie auch immer gearteten Koalitionsgeschichtsschreibung verpflichtete Ergebnisse erbracht. Insofern kann also bestenfalls bedingt von einem Tabu und vielleicht noch weniger von einem gar großen Tabu gesprochen werden.

Doch bildet dies nur die eine Seite der Medaille: Auf der anderen Seite wurden die besagten heißen Eisen teilweise mit gehöriger Verspätung aufgegriffen. Außerdem haben politisch und auch moralisch motivierte Beurteilungen das historiographische Urteil häufig getrübt. Dabei sind die erwähnten Kontroversen und andere mehr nicht ausschließlich von historischem Interesse. Vielmehr wohnt ihnen eine aktuelle politische und teilweise auch gesellschaftspolitische Relevanz inne.

Etwas vereinfacht ausgedrückt, geht es stets um die Frage der Zugehörigkeit oder Nichtzugehörigkeit Österreichs, der Österreicher, der Deutschösterreicher, der österreichischen Deut-

---

306 Neck/Wandruszka: Vorwort. In: Anschluß 1938, S. 9.
307 In diesem Sinne „energisch" Botz (Eine deutsche Geschichte, S. 19).
308 In dieser Richtung argumentiert etwa, wenn auch verhalten, ders.: Ebd., S. 33.
309 Fellner, Fritz: *Die Historiographie zur österreichisch-deutschen Problematik als Spiegel der nationalpolitischen Diskussion*. In: Österreich und die deutsche Frage, S. 33-59, hier S. 34.
310 Mattl, Siegfried/Stuhlpfarrer, Karl: *Abwehr und Inszenierung im Labyrinth der Zweiten Republik*. In: NS-Herrschaft in Österreich, S. 911-935, hier S. 903. Dass die Autoren sich von solcher Berührungsangst und Hysterie ausschließen, versteht sich von selbst. Bereits 1956 bemängelte Roland Nitsche, der Österreicher sei „mit sich selbst nicht fertig geworden" (*Der Historiker und die Nation*. Über die vorhandene deutsche und die fehlende österreichische Geschichtsschreibung. In: FORUM 3 (1956), S. 132-136, hier S. 132).
311 So Stourzh, Gerald: *Um Einheit und Freiheit*. Staatsvertrag, Neutralität und das Ende der Ost-West-Besetzung Österreichs 1945-1955, 4., völlig überarbeitete und wesentlich erweiterte Auflage (Studien zu Politik und Verwaltung 62), Wien/Köln/Graz 1998, S. 26f.
312 Wien: Heldenplatz, S. 137.

schen zur deutschen Geschichte. Die Brisanz dieser Frage belegt nicht zuletzt die Mitte der
achtziger Jahre durch den Kieler Historiker Karl D. Erdmann entfachte Auseinandersetzung,
inwiefern es sich bei Österreich, der Bundesrepublik Deutschland sowie der Deutschen Demokratischen Republik um Drei Staaten, Zwei Nationen, ein Volk handelt. Dies hat eine kontroverse Diskussion in Österreich selbst ausgelöst,[313] wobei es für die Teilnehmer nicht zuletzt
darum ging, „ein Bekenntnis zur österreichischen Nation" abzulegen.[314]

Man kann es noch zuspitzen: Es geht bei österreichischen Historikerkontroversen letztlich
um die richtige Art der „Bewältigung der Vergangenheit", wie einmal formuliert wurde.[315]
Noch zugespitzter: Lässt sich die Geschichte der Ersten Republik – ungeachtet aller Verirrun-
gen und Wirrungen – in irgendeiner Form *positiv* in das nationale Geschichtsbild integrieren?

Diese Fragen lassen sich sicherlich auch für den deutschen Fall stellen. Aspekte wie die Suche nach Identität und Standortgebundenheit spielen eben überall eine Rolle. Sie beeinflussen
auch Historiker in ihren Urteilen, bewusst oder unbewusst. Deshalb sollte man sich vor dem
Glauben hüten, dass eine Geschichtsforschung wie die bundesrepublikanische, die wenigstens
nach außen hin weniger politisiert ist beziehungsweise erscheint als die österreichische, *per se*
objektiver sein muss. Vielmehr sollte das österreichische Beispiel die Augen schärfen für eigene, wenn auch vielleicht weniger offensichtliche subjektive historiographische Maßstäbe der
Beurteilung.

---

313 Siehe hierzu Bruckmüller: Nation Österreich, S. 53-60.
314 So indirekt Bruckmüller, Ernst: *Die Frage nach dem Nationalbewußtsein in der österreichischen Geschichte unter
sozialhistorischem Aspekt.* In: Probleme der Geschichte Österreichs, S. 49-55, hier S. 50.
315 So der ehemalige Redakteur der Arbeiter-Zeitung Scheu, Friedrich: *Diskussionsbeitrag.* In: Österreich 1927
bis 1938, S. 84. Siehe etwa Stellungnahme Felix Kreissler: *Diskussionsbeitrag.* In: Ebd., S. 129.

VOM SONDERFALL ZUM MODELLFALL?

ÖSTERREICH IM SPANNUNGSFELD VON KALTEM KRIEG, „TAUWETTER“,
SEMI-DÉTENTE UND SOWJETISCHER DEUTSCHLANDPOLITIK 1945-1955:
EIN LITERATURBERICHT MIT ZEITGESCHICHTLICHEN KONTROVERSEN

MICHAEL GEHLER

Mit den drei zu besprechenden Publikationen von Gerald Stourzh[1], Günter Bischof[2] sowie Günter Bischof und Saki Dockrill[3] sind in den letzten Jahren neue Forschungsergebnisse zu Österreichs Staatsvertrags- und Außenpolitik der Jahre von 1945 bis 1955 und wertvolle Beiträge zu den internationalen Beziehungen vorgelegt worden.

1 Gerald Stourz: Um Einheit und Freiheit

Monumental ist die vierte, sowohl total überarbeitete als auch materialmäßig äußerst stark erweiterte Ausgabe des Werks von Gerald Stourzh und auffallend dabei auch der veränderte Buchtitel: Die erste Ausgabe (1975) trug den knappen Sachtitel „Kleine Geschichte des österreichischen Staatsvertrages“, die zweite (1980) und dritte (1985) hießen ebenso nüchtern „Geschichte des Staatsvertrages – Österreichs Weg zur Neutralität“. Das neue, programmatisch klingende Motto im Titel der vierten Auflage „Um Einheit und Freiheit. Staatsvertrag, Neutralität und das Ende der Ost-West-Besetzung Österreichs 1945-1955“ signalisiert sowohl eine thematische Verbreiterung als auch eine interpretatorische Akzentverschiebung.

Österreichs Politik rang nach 1945 um Einheit *und* Freiheit – nicht um Teilstaatlichkeit und Freiheit, worum es der bundesdeutschen Politik ab 1949 ging. Die stärkere Betonung der Wahrung der territorialen Integrität vor der nationalen und politischen Freiheit – diese sollte ja durch die 1955 erlangte Neutralität auch eingeschränkt sein – ist auffallend.

Geschichte ist ohne den jeweiligen politisch-kulturell-historischen Hintergrund nicht zu schreiben. Das *opus magnum* von Stourzh reflektierte die veränderte Machtkonstellation in Ost- und Mitteleuropa. 1985 war Deutschland noch geteilt, 1998 bereits seit acht Jahren geeint. Als ordentlicher Professor für Neuere Geschichte unter besonderer Berücksichtigung der amerikanischen Geschichte an der Freien Universität (FU) Berlin hatte Gerald Stourzh seit 1964 das bedrückende Szenario der gespaltenen Stadt, der Mauer und des Übergangs „Bahnhof Friedrichstraße“ als unauslöschliche Impressionen empfangen. Er hat sie nach Wien mitgenommen, wo er von 1969 bis 1997 als Ordinarius für Neuere Geschichte wirkte und lehrte.

Der österreichischen Bundeshauptstadt blieb ein Schicksal wie der ehemaligen Reichshauptstadt erspart, Österreich hatte keine Konfrontationspolitiker, die eine Spaltung ihres Landes in Kauf nahmen, sondern nationale Führungspersönlichkeiten. Es verfügte über genügend politisches Selbstbewusstsein, diplomatisches Potential und entsprechende Moral, um

1   Stourzh, Gerald: *Um Einheit und Freiheit.* Staatsvertrag, Neutralität und das Ende der Ost-West-Besetzung Österreichs 1945-1955 (Studien zu Politik und Verwaltung, hrsg. v. Christian Brünner, Wolfgang Mantl und Manfried Welan 62), 4., völlig überarbeitete und wesentlich erweiterte Auflage, Wien/Köln/Graz 1998 (Böhlau), 831 S.

2   Bischof, Günter: *Austria in the First Cold War, 1945-55.* The Leverage of the Weak (Cold War History Series, hrsg. von Saki Dockrill), Basingstoke (Macmillan)/New York (St. Martin's Press) 1999, 237 S.

3   Bischof, Günter/Dockrill, Saki (Hrsg.): *Cold War Respite.* The Geneva Summit of 1955 (Eisenhower Center Studies on War and Peace, hrsg. von Stephen E. Ambrose/Günter Bischof), Louisiana State University Press, Baton Rouge 2000.

eine deutsche Lösung zu verhindern. Darin hat die österreichische Historiographie bisher kaum eine Erfolgsgeschichte gesehen wie auch die „kritische" Zeitgeschichtsschreibung über dieses Faktum weitgehend hinweggegangen ist. Stourzh tut dies als ehemaliger Angehöriger des diplomatischen Corps des österreichischen Außendienstes mit der ihm eigenen Bedachtsamkeit und Ausgewogenheit.

Zu Recht misst er der Problematik und Gefahr der Teilung Österreichs, v.a. für die vierziger Jahre, stärkeres Gewicht als noch in den früheren Ausgaben seiner Staatsvertragsgeschichte bei, zu Recht wird auch von einer „Ost-West-Besetzung" Österreichs gesprochen (S. 584). Das Land war nicht nur von den „Russen" besetzt. Der „Sonderfall", wie ihn Außenminister Karl Gruber in seinem persönlich gefärbten Ereignisbericht titulierte, welches er nicht als Memoirenwerk verstanden wissen wollte (so Stourzh, S. 76), befand sich von 1945 bis 1955 in einer transitorischen Entwicklung, einer wechselvollen Übergangsphase zwischen „Befreiung und Freiheit",[4] wobei starke regionale Unterschiede gegeben waren: Im Westen des Landes konnte man sich 1945 wirklich befreit fühlen, im Osten beileibe nicht; im Westen existierte ab 1953 so gut wie keine Militärokkupation mehr, im Osten sehr wohl noch.

Gerald Stourzh macht auf die „eigentümliche Zwischenstellung" (S. 35-38) aufmerksam, in der sich Österreich befand. Es hatte weder Krieg erklärt noch einen geführt, war aber von 1938 bis 1945 Teil Deutschlands gewesen. Es war nicht besiegt, galt aber als befreit, es war weder Verbündeter noch Siegerstaat, aber auch kein Feindstaat. In dieser Ambivalenz war sein spezieller Status als einzigartiger Fall in Europa gegeben und als solcher wurde der "Sonderfall" (so Manfried Rauchensteiner nach Karl Gruber) des vierfach besetzten Staates begründet. Daher wurde auch über diesen Spezialfall auf der Friedenskonferenz in Paris 1946 nicht verhandelt. Friedensverträge erhielten 1947 Bulgarien, Finnland, Italien, Rumänien und Ungarn, nicht aber Österreich.

Immerhin konnte Karl Gruber in Paris am 5. September 1946 eine, wenn auch innenpolitisch sehr umstrittene, inhaltlich bescheidene und in Folge auch nur begrenzt wirksame Grundlage für die deutschsprachige Minderheit südlich des Brenners schaffen, ausgehend von der die Südtiroler sich ihre Autonomie in den sechziger, siebziger und achtziger Jahre schrittweise erkämpfen konnten. Zu diesem Themenkomplex bewegt sich die Darstellung von Gerald Stourzh (S. 52-54) auf dem Forschungsstand der siebziger und achtziger Jahre. Sie geht – wie schon die Ausgabe von 1985 – zeitlich nicht über das Jahr 1946 hinaus, die Verquickungen zwischen Staatsvertragsregelung und Behandlung der Minderheitenfrage bzw. der österreichischen Südtirolpolitik 1947-1955 bleiben ebenso unberücksichtigt, während der Kärntner Frage und den jugoslawischen Gebietsforderungen 1945-1949 (S. 63-85) entsprechende Aufmerksamkeit zuteil wird. Österreich hatte erst 1949 die Gewissheit erhalten, dass es in seinem Gebietsstand des Jahres von 1937 wiederhergestellt werden würde.

Unter „Voraussetzungen und Vorbereitungen" (Kapitel I) beschäftigt sich das Werk zunächst mit Entstehung und Bedeutung der Moskauer Deklaration von 1943. Stourzh bietet hierzu die bislang umsichtigste und ausgewogenste Interpretation. Er nuanciert die Darstellungen und Interpretationen von Robert H. Keyserlingk und Günter Bischof. Er differenziert die Intentionen der Anti-Hitler-Koalition und bringt den sowjetischen Anteil empirisch neu ein: die Deklaration war demgemäss neben unbestreitbaren propagandistischen und kriegspsychologischen Zielen *auch* ein Dokument mit politischer Aussagekraft, v.a. mit Blick auf die bewusst inserierte Verantwortungsklausel.

Gerald Stourzh relativiert auch die Kritik an der „Instrumentalisierung"[5] der Opferthese durch die österreichische Politik. Vielmehr sieht er diese u.a. in der *biographischen Sozialisation*,

4   Gruber, Karl: *Zwischen Befreiung und Freiheit.* Der Sonderfall Österreich, 2. Auflage, Wien 1953.
5   Bischof, Günter: *Die Instrumentalisierung der Moskauer Erklärung nach dem 2. Weltkrieg.* In: ZEITGESCHICHTE 20 (1993, 11/12), S. 345-366.

der *soziopolitischen Konstellation* ihrer Protagonisten im Jahre 1945 sowie in einer *traditionell legisla-torisch-advokatorischen Argumentationstradition* der Ballhausplatzdiplomatie begründet. Als Staat war Österreich ein Opfer der NS-Aggression im Jahre 1938 gewesen – daran wird zu Recht kein Zweifel gelassen. Das Diktum von der „Lebenslüge", verstärkt vor dem Hintergrund der Waldheim-Debatte, entkleidet Stourzh damit indirekt seiner Überzogenheit und Radikalität. Die „Instrumentalisierung" der Opferthese *des Staates Österreich* entbehrte mit Blick auf den Nationalsozialismus und Zweiten Weltkrieg weder der historischen Berechtigung noch der politischen Sinnhaftigkeit. So falsch war diese Etikettierung also nicht, wie in jüngeren und jüngsten, medial aufgeheizten Debatten getan wurde. Die Kritiker an der (staatlichen) Opferthese werden von Stourzh dezent eines anderen belehrt, während am Beitrag der *Österreicher* für den Nationalsozialismus nichts relativiert oder minimiert wird. Nachdem sich der Bildersturm gegen den „Opfermythos" gelegt hatte, konnte der Verfasser das angegriffene Objekt in die richtigen Proportionen bringen (S. 23-27).

Stourzh spricht für die Zeit von Oktober 1945 bis Juni 1946 wie in früheren Ausgaben von der „Periode der totalen Kontrolle", der die Phase „einer relativen Autonomie der Provisorischen Staatsregierung" vorausgegangen war (S. 33). Mit dem Zweiten Alliierten Kontrollabkommen vom 28. Juni 1946 setzte dann die Phase wachsender innerer Souveränität ein. Österreich konnte sich schrittweise von den Besatzungsmächten emanzipieren, in den westlichen Zonen gelang dies früher als in der sowjetischen. Dort herrschte bis 1955 Okkupationszustand, während in den westlichen Zonen, wie bereits erwähnt, schon ab 1953 quasi besatzungslose Verhältnisse gegeben waren. Hier oder an anderen Stellen hätte sich eine Diskussion der zum Teil provozierenden Thesen des Stourzh-Schülers Thomas Angerer angeboten, wonach die Behauptung von der „alliierten Bevormundung" ein Stück weit Innenpolitik („rhetorische Munition zur Beschuldigung der Alliierten") und die Souveränitätswerdung Österreichs auch zu einem großen Teil von Fremdbestimmungen („kein historisch-politisches Gebilde in Europa, das so sehr außengesteuert ist wie Österreich", bei Angerer zitiert nach Friedrich Heer) gekennzeichnet war.[6] Zum Beispiel schreibt Stourzh im Zusammenhang mit dem Jahr 1953, „daß Österreichs erste Schritte der Emanzipation von der diplomatischen Vormundschaft der Westmächte" (S. 235) ein sehr kritisches Echo bei denselben gefunden hätten. Hier taucht der Tutoriatsvorwurf unhinterfragt auf. Eine Debatte mit den Überlegungen Angerers unterbleibt, wie auch dessen Beitrag im Literaturverzeichnis fehlt.

Wenn Gerald Stourzh das Jahr 1947 durch die beabsichtigte Teilnahme am Marshall-Plan als bestimmend für die österreichische Außen- und Staatsvertragspolitik ansieht (S. 105-109), so fehlen europa- und integrationspolitische Perspektiven – v.a. auch im Zusammenhang mit der Staatsvertragspolitik –, obwohl sich die historische Forschung seit über einem Jahrzehnt dieses Themas bereits angenommen hat. Aufschlussreich wäre es gewesen zu wissen, wie der Staatsvertragshistoriker *par excellence* die für die österreichische Außenpolitik der vierziger und fünfziger Jahre zeitgenössischen Herausforderungen der westeuropäischen Integration und die jüngeren Arbeiten hierzu im Lichte seines Untersuchungsgegenstandes gesehen und gewichtet hätte. Der Staatsvertrag steht nach wie vor im Zentrum der Überlegungen des Autors, obwohl sich hierin von 1950 bis 1953 kaum etwas bewegte und in der österreichischen Außenpolitik mit Blick auf EZU, GATT und EGKS neue Westorientierungskonzepte und -projekte zum Tragen kamen.

Gerald Stourzh hat die Einteilung seines Werks und die Großkapitel-Benennung im Wesentlichen beibehalten, die seit der dritten Auflage beträchtlich angewachsene und ihm relevant erscheinende Literatur für sein Werk rezipiert und zahlreiche inzwischen freigewordene

---

6   Angerer, Thomas: *Der „bevormundete Vormund".* Die französische Besatzungsmacht in Österreich. In: Alfred Ableitinger/Siegfried Beer/Eduard Staudinger (Hrsg.): Österreich unter alliierter Besatzung 1945-1955 (Studien zu Politik und Verwaltung 63), Wien/Köln/Graz 1998, S. 159-204, hier S. 163, 166, 168ff.

Aktenbestände in internationalen und nationalen Archiven herangezogen, so dass die Materialbasis enorm ausgeweitet werden konnte. Stellenweise erliegt der Verfasser der Faszination der neu ermittelten Quellenfunde, wenn daraus Einschätzungen, Lagebeurteilungen und Analysen von Österreich-Beobachtern wie Diplomaten der vier Besatzungsmächte mitunter ausführlich referiert werden. Diese narrativ-deskriptive Methode vermittelt historische Stimmungslagen und dokumentiert das Atmosphärische der Zeit. Ich gehöre nicht zu den Kritikern dieser Darstellungsweise, sondern halte sie für belangvoll, um dem Leser ein Bild von den zeitgenössischen Einschätzungen zu machen, zumal derartige Passagen bei Stourzh auch immer wieder durch analytische und interpretatorische Einheiten abgelöst werden.

Im zweiten Großkapitel („Die Verhandlungen beginnen", S. 59-112) zeichnet Stourzh die Phase von London bis zur Wiener Vertragskommission im Jahre 1947 nach, im dritten („Um den Preis der Freiheit", S. 113-161) dreht es sich v.a. um die strittige Regelung der Frage des „deutschen Eigentums", den Kompromiss von Paris und die Entstehung des Minderheitenschutzartikels im Staatsvertrag.

Stourzh weist auf deutlich erkennbare Auswirkungen des Kalten Krieges in Österreich hin, wobei hier zu sagen ist, dass der damit angesprochene Manfried Rauchensteiner im Unterschied zu seinem früher alliteriert-pointiert vorgetragenen Diktum „Kein Kalter Krieg in Kakanien"[7] dieses bereits selbst abgeschwächt und eingeräumt hat, dass die Konfrontation zwischen West und Ost „sicherlich" Auswirkungen auf Österreich hatte.[8] Die teilweise Zurücknahme und Nuancierung des Rauchensteiner-Diktums sollte daher nicht übersehen werden (S. 143, Anm. 74).

Das vierte Großkapitel ist mit „Kalter Krieg und Tauwetter" überschrieben und befasst sich mit den „Erbsenschulden", der Triester Frage, dem Kurzvertrag und UNO-Appell sowie Österreich als „geheimem Verbündeten" des Westens, mit den Erleichterungen der sowjetischen Besatzungsherrschaft und dem Versuch, die Inder für eine Vermittlung in Moskau zu gewinnen (S. 173-239).

Die Ereignisse des 17. Juni 1953 in der DDR mit „Arbeiterunruhen" (S. 226) zu bezeichnen, erscheint im Lichte neuerer Forschungen verharmlosend. Spätestens an diesem Tag handelte es sich bereits in Berlin-Ost und in anderen größeren Städten der DDR um einen Volksaufstand, dessen blutige Niederschlagung einen schweren Rückschlag für die *semi-détente*, jene Anzeichen von Lockerungsversuchen und Entspannungsansätzen in der sowjetischen Politik seit Stalins Tod (5. März 1953), bedeutete und damit auch die Staatsvertragspolitik überschattete. Dem Nexus zwischen Deutschlandfrage und dem Massenaufstand vom 17. Juni einerseits und der Österreichfrage und dem Gruber-Nehru-Treffen vom 20. Juni 1953 andererseits geht Stourzh nicht weiter nach, was lohnenswert auch mit Blick auf das Scheitern dieser österreichischen Initiative sein könnte.

Auffallend ist, dass (wie in den früheren Ausgaben) die Darstellung der Staatsvertragspolitik in den Jahren von 1950 bis 1952/53 relativ mager ausgefallen ist (S. 177-192). Die Jahre 1954 und 1955 zeichnet Stourzh dagegen mit einer unvergleichlichen Akribie nach, wobei die Kapitel V, VI und VII das Gros des Buchs (S. 301-578) umfassen und in dieser Form wohl unübertroffen bleiben werden.

Für diese Kapitel zog der Wiener Emeritus zahlreiche Akten aus den Archiven der westlichen Hauptstädte, aber auch aus dem Bestand Büro Walter Ulbricht in Berlin sowie v.a. bis dato noch nicht ausgewertete Materialien aus Moskau heran. Stärker als bisher wird die „Militarisierung des Kalten Krieges" (so ein Diktum von Vojtech Mastny) und die Rearmierung Westösterreichs („*rearmement clandestin de l'Autriche occidentale*" nannten es die Franzosen, S. 192-

---

7   Rauchensteiner, Manfried: *Der Sonderfall.* Die Besatzungszeit in Österreich 1945 bis 1955, Graz/Wien/Köln
     1979, S. 221, 248.
8   Rauchensteiner, Manfried: *Die Zwei.* Die Große Koalition in Österreich 1945-1966, Wien 1987, S. 122.

220, hier S. 204, Anm. 84) geschildert und analysiert. Stourzh setzt den „geheimen Verbündeten" zu Recht in Anführungszeichen, fragt sich doch wie geheim, intensiv und effizient dessen Rolle wirklich war. Mit der deutschen Wiederbewaffnung war der *casus Austria* keinesfalls vergleichbar. Mit jüngst freigewordenen Aktenbeständen zur Gründungs- und Aufbauphase der NATO in Brüssel werden sich hier wahrscheinlich noch offene Fragen beantworten lassen.

Im V. Kapitel „Bündnisfreiheit als Bedingung der Freiheit" (S. 241-331) leitet Stourzh mit dem erweiterten Exkurs der Geschichte und Problematik des Neutralitätsgedankens in Österreich 1918-1938 ein, der bestechend ist. Dem schließen sich Ausführungen zu Blockfreiheit und „Neutralität" 1945-1953 an. Unentschieden erscheint hierbei dem Rezensenten lediglich die Feststellung, wonach seit 1945 „die Anziehungskraft jenes Großraumdenkens, das zwischen 1918 und 1938 noch eine beträchtliche Rolle in Österreich gespielt hatte" (S. 252), weggefallen sei. Gewiss gab es kein Liebäugeln mit dem Anschluss mehr. Auch spielten Donauraum-Konzeptionen eine ungleich weniger bedeutsame Rolle als vor 1938, aber der stark propagierte „Europa"-Gedanke in den vierziger und fünfziger Jahren (Stourzh weist selbst darauf hin, S. 266), Österreichs ambitionierte EWG-Annäherungsversuche in den sechziger Jahren und der mit dem plebiszitären Akt des 66,6%-Referendums erfolgte Sturm in die EU 1994/95 zeugen doch von einer nicht zu unterschätzenden Latenz von Wunschdenken, sich in Wirtschaftsgroßräumen zu etablieren, unter den politischen Eliten wie in der breiteren Bevölkerung. Kreiskys globalisierte Außenpolitik der siebziger Jahre scheint in diesem Kontext auch kompensatorische Funktion für die Nicht-EWG-Mitgliedschaft gehabt zu haben.

Die Österreichfrage auf der Berliner Außenministerkonferenz im Februar 1954 und die Suche nach Alternativen nach deren Scheitern sind weitere Themenschwerpunkte, die von Stourzh eingehend analysiert werden (S. 301-331).

Mit dem Großkapitel VI setzt das *„annus mirabilis I"* ein, das Österreich als Gewinner aus der Kontroverse zwischen UdSSR-Außenminister Wjatscheslaw Molotow und dem Ersten Sekretär der KPdSU, Nikita S. Chruschtschow, hervorgehen sieht (S. 335-485, hier 462). Dabei wird auch die kontroverse Frage behandelt, ob die sowjetische Österreichpolitik „NATO-Abwehr, ‚Modellfall' für Deutschland, oder mehr?" gewesen sei. Hierauf darf gesondert eingegangen werden, weil die jüngere adenauerfreundliche bzw. -apologetische Literatur mit Genugtuung registriert hat, dass Stourzh Thesen zur Modellfall-Frage zurückgewiesen habe.[9]

Ob die Sowjetunion mit dem Österreichbeispiel im Frühjahr 1955 ein Muster für Deutschland schaffen wollte, ist eine alte zeithistorische Streitfrage. Sie ist in Zeiten des Kalten Krieges aus ideologischen Überzeugungen und politischen Inopportunitätserwägungen aus westlicher Sicht in der Regel voreilig verneint, wenn nicht als Denkoption von vornherein kategorisch ausgeschlossen worden. Hinzu kam, dass sie geeignet war, einerseits den Wert und die Eigenständigkeit der österreichischen Politik zu mindern, andererseits die folgenschwere Entscheidung der Westbindungspolitik der Bundesrepublik Deutschland grundsätzlich in Frage zu stellen und ein unerwünschtes alternatives Szenario zum deutschen Weststaat anzudeuten. Aus den letztgenannten Momenten heraus erklärt sich die Tabuisierung dieser Debatte nicht nur in der Tagespolitik – die Westalliierten spielten dieses Thema immer schnell herunter, weder am Rhein noch an der schönen blauen Donau war diese Frage ein Thema gewesen –, sondern auch in der zeithistorischen Forschung bis Ende der achtziger Jahre. Letztlich ging es um die fundamentale Frage, inwieweit 1955 die in Europa geschaffene Nachkriegskonstellation unveränderbar, d.h. nicht mehr oder doch noch revidierbar war. Im Falle Österreichs war ein Durchbruch möglich, weshalb sich seither um diese Lösung Modellfall-Überlegungen zu ranken begannen.

---

9   Pape, Matthias: *Ungleiche Brüder.* Österreich und Deutschland 1945-1964, Köln/Weimar/Wien 2000, S. 304-305, Anm. 48.

Im Unterschied zu früheren Auflagen ist diese Thematik nun von Stourzh ausführlich (S. 388-391, 450-485) dargestellt und mittels eines Mehrebenenmodells nuanciert interpretiert worden. Er benennt den Kontext der sowjetischen Österreichpolitik in Form von vier Punkten: 1. „Die Sorge vor der intensivierten Nutzung des westösterreichischen Raumes nach der Eingliederung der Bundesrepublik Deutschland in das westeuropäisch-atlantische Verteidigungssystem [...]" (S. 463); 2. „die Situation Jugoslawiens sowie die Evolution der sowjetisch-jugoslawischen Beziehungen von 1954 bis 1955" (S. 464); 3. die „sogenannte Modellfall-These – also die Frage möglicher und vor allem von der Sowjetunion beabsichtigter Beispielswirkungen der Österreich-Lösung auf die Bundesrepublik Deutschland" (S. 466-467); 4. die „neue Flexibilität der sowjetischen Außenpolitik mit Überraschungseffekten und wesentlich weiter ausgreifende[n] Dimensionen" (S. 480).

Für Stourzh besteht die „sogenannte Modellfall-These" aus drei Komponenten der sowjetischen Außenpolitik im Frühjahr und Frühsommer 1955, die er „zur Erhärtung der [...] eigenen Interpretationen" ausführlich erörtert: (a) die resolute Hinwendung zu einer Politik der direkten Kontaktaufnahme mit den Machthabern der Bundesrepublik Deutschland – d.h. mit der Bundesregierung und der in jeder Hinsicht dominierenden Persönlichkeit, Konrad Adenauer, und damit Hinwendung zu einer Politik der ‚zwei deutschen Staaten'" (S. 473); (b) „eine ‚Politik der Verunsicherung' gegenüber den Westmächten und der Bundesrepublik, indem sie in vertraulichen und inoffiziellen Äußerungen, unter der Hand die Möglichkeit weitestgehender Konzessionen in der Deutschlandfrage ins Gespräch brachte" (S. 476); (c) auf der Ebene „der öffentlichen Äußerungen und der Beeinflussung der westlichen, vor allem westdeutschen Öffentlichkeit, wurde die Bedeutung der Österreichlösung stark herausgestrichen" (S. 478).

Bei den genannten vier Haupt- und drei Unterpunkten fällt auf, dass sich fünf (mehr oder weniger direkt) auf die Deutschlandproblematik beziehen und lediglich zwei davon abgehen oder darüber hinausweisen. Als Dreh- und Angelpunkt der Ausführungen erweist sich jene Thematik als geradezu unvermeidlich, über die die Politik der UdSSR hinauszureichen scheint.

Der erste von Stourzh angeführte Punkt zeigt das 1955 nach wie vor gültige sowjetische Interesse an Sicherheitsgarantien in Mittel- bzw. Zentraleuropa. Was allerdings für die Integration Westösterreichs in die NATO-Sphäre galt, musste noch viel mehr für die Einbeziehung des westdeutschen Potentials in das nordatlantische Bündnis gelten bzw. gegolten haben; auch wenn sich die Westintegration der Bundesrepublik bereits zu vollziehen drohte und im Laufe des Jahres 1955 die Realitäten immer mehr gegen andere Alternativen sprachen, dürfte diese sich abzeichnende und dann vollendete Tatsache grundsätzlich an sowjetischen Neutralisierungsvorstellungen und -absichten 1954/55 für Deutschland nichts geändert haben.[10] Es verwundert, dass sich die Forschung einer solchen Einsicht, für die es eigentlich keiner Dokumente aus Moskau bedarf, verschließen kann.[11]

Im berühmt-berüchtigten Prozentabkommen zwischen Stalin und Churchill aus dem Jahre 1944 war Österreich nicht erwähnt worden. Es wurde nicht in die russische Interessenssphäre einbezogen, sondern zusammen mit einem neutralisierten Gesamtdeutschland und anderen Staaten als „Puffer" zwischen einer sowjetischen und britischen Einflusszone gruppiert.[12] Es

---

10   Vgl. Meissner, Boris: *Die sowjetische Deutschlandpolitik unter Chruschtschow*. In: Boris Meissner/Alfred Eisfeld (Hrsg.): 50 Jahre sowjetische und russische Deutschlandpolitik sowie ihre Auswirkungen auf das gegenwärtige Verhältnis (Studien zur Deutschlandfrage 14), Berlin 1999, S. 55-74, hier S. 61.
11   So die Auffassungen von Thoß, Bruno: *Der Beitritt der Bundesrepublik Deutschland zur WEU und NATO im Spannungsfeld von Blockbildung und Entspannung (1954-1956)*. In: Hans Ehlert/Christian Greiner/Georg Meyer/Bruno Thoß: Die NATO-Option (Anfänge westdeutscher Sicherheitspolitik 3, hrsg. v. Militärgeschichtlichen Forschungsamt), München 1993, S. 3-234, S. 119 und Stourzh: Um Einheit und Freiheit, S. 450-485.
12   Siehe hierzu Pechatnov, Vladimir O.: *The Big Three after World War II: New Documents on Soviet Thinking about Post War Relations with the United States and Great Britain* (CWIHP-Working Paper 13), Washington 1995, S. 10-11; auch bei: Rathkolb, Oliver: *Historische Fragmente und die „unendliche Geschichte" von den sowjetischen Absichten in Österreich 1945*. In: Ableitinger/Beer/Staudinger: Österreich unter alliierter Besatzung, S. 137-158, hier S. 141f.

spricht viel dafür, dass Stalins Ziele für das Nachkriegsdeutschland aus den Jahren 1944/45 für die sowjetische Führung auch noch 1955 – trotz aller Abschwörungsversuche seiner Nachfolger und Diadochenkämpfe – weiterhin gültig waren. Strukturell gesehen blieb sowjetisches Interesse an Sicherheitsgarantien vor Deutschland gegeben, eher verschärfte sich diese Notwendigkeit noch durch die sich abzeichnende Blockeinbindung der Bundesrepublik 1954/55.

Es ist außerdem festzustellen, dass die Eingliederung der BRD in das NATO-Verteidigungssystem vertragsrechtlich erst am 5. Mai 1955 Rechtswirksamkeit erlangte und das erfolgreich vorausgegangene Ratifizierungsverfahren der Pariser Verträge in der Bundesrepublik Deutschland – im Deutschen Bundestag am 27. Februar – und in Frankreich – in der Nationalversammlung am 30. Dezember 1954 und im Rat der Republik am 28. März 1955 – erst in die Praxis umgesetzt werden musste, d.h. die innenpolitisch höchst umstrittene Aufstellung der zwölf deutschen Divisionen beanspruchte noch Zeit. Zwischen dem Inkrafttreten der Verträge und der Schaffung deutscher Streitkräfte im NATO-Rahmen bestand also ein gewisser Spielraum. Hier schienen sich noch Verzögerungsmöglichkeiten für die UdSSR durch neue Entspannungsoffensiven zu eröffnen, wobei fast alles von der innenpolitischen Opposition in Deutschland, der SPD, abhing.[13]

Die immer wieder vorhergesagte „Massenbewegung" im Westen Deutschlands, die die Agitatoren der DDR auszulösen hofften, blieb allerdings aus. Diese Hoffnung war ebenso eine Illusion wie jene der BRD, durch „Politik der Stärke" und Westintegration die Sowjetunion möglichst schnell zur Herausgabe der DDR zu veranlassen.[14]

Eine Kapitulation der UdSSR in der Deutschlandfrage war nicht zu erzwingen, zur Lockerung ihres Zugriffs auf den besetzten östlichen Teil des Landes waren ihr angemessene Gegenleistungen anzubieten.[15] Das war aber bei der mangelnden Bereitschaft zur Entspannung seitens der USA und der Inflexibilität wie dem Starrsinn Adenauers nicht zu erwarten. Von der Beweglichkeit der Wiener Diplomatie und der österreichischen Außenpolitik wollte er schon gar nicht lernen.[16]

Zwischen sicherheitspolitischem Wunschdenken und sicherheitspolitischem Realismus der sowjetischen Führung ist daher zu unterscheiden. Wenn die UdSSR im Laufe der zweiten Jahreshälfte 1955 mehr oder weniger gezwungen war, die DDR auf der internationalen Ebene salonfähig zu machen, so kann schwerlich etwas darüber hinwegtäuschen, dass ein neutralisiertes Gesamtdeutschland für Moskau immer noch die bevorzugte und wünschenswerte, weil günstigere, ja bessere Lösung als die NATO-Integration der Bundesrepublik gewesen wäre. An diesem Wunsch der Kremlführung kann trotz der von Stourzh angeführten, z.T. einsichtigen Argumente kaum ein Zweifel bestehen, wohl aber an deren Glauben, in der deutschen Frage das Blatt noch zu ihren Gunsten wenden zu können.

Wenn es im sowjetischen Interesse lag, eine Politik der Entspannung („friedliche Koexistenz") zu inaugurieren, so musste von Seiten des Kreml beim zentralen Konfliktherd Deutschland angesetzt werden. War diese „große" Lösung (Andreas Hillgruber) im Sinne einer Zwi-

---

13 Vgl. hierzu die vorzüglichen Beiträge in Ehlert/Greiner/Meyer/Thoß: Die NATO-Option; speziell jenen von Thoß, Bruno: *Der Beitritt der Bundesrepublik Deutschland zur WEU und NATO*. In: Ebd., S. 146-188 und Ehlert, Hans: *Innenpolitische Auseinandersetzungen um die Pariser Verträge und die Wehrverfassung 1954 bis 1956*. In: Ebd., S. 235-560, 296-309, 321-404.

14 Staritz, Dietrich: *Die Gründung der DDR*. Von der sowjetischen Besatzungsherrschaft zum sozialistischen Staat, München, 3. Auflage 1995, S. 218.

15 Loth, Wilfried: *Ost-West-Konflikt und deutsche Frage*. Historische Ortsbestimmungen, München 1989, S. 154.

16 Österreich war außen- und integrationspolitisch bereits flexibel als es die Bundesrepublik Deutschland noch gar nicht gab (z.B. als es die „blitzschnelle Entscheidung" für den Marshall-Plan traf (Stourzh: Um Einheit und Freiheit, S. 588)) und konnte diese Flexibilität auch ohne die „Politik der Stärke" Adenauers praktizieren. Österreichs politischer Manövrierraum war aufgrund der seit 1947 eingeschlagenen ökonomischen Westorientierung und der Unterstützung durch die Westmächte, v.a. der USA, möglich gewesen. Dagegen war die Außenpolitik Adenauers trotz des massiven Rückhalts durch die Vereinigten Staaten alternativlos zur totalen Westintegration. Diese Aspekte werden übersehen von Pape: Ungleiche Brüder, S. 304, Anm. 48.

schenzone neutralisierter Staaten vom Norden über Mitteleuropa bis zum Balkan nicht erfolg-versprechend, so ging es darum, damit in Nachbarschaftsregionen und in Randzonen Europas zu beginnen: Österreich, Jugoslawien (Siehe Punkt 2 bei Stourzh) und Finnland fügen sich logisch in ein solches Konzept, welches Deutschland weder unbedingt ein- noch zwingend ausschließen musste. Dass 1955 nur eine „kleine" Lösung mit der immerwährenden Neutrali-tät Österreichs[17] möglich war, lag nicht primär an einer unwilligen und nicht verhandlungsbe-reiten Deutschlandpolitik Moskaus, wie immer wieder getan und unterstellt wird, sondern war in erster Linie Ausdruck der seit 1952 kontinuierlich erfolgten Ablehnung russischer Neutrali-sierungsvorschläge durch den Westen. Insofern war die Österreichlösung als die „Stalin-Note des Jahres 1955" nur ein kleiner Sieg in der großen Niederlage der Deutschlandpolitik des Kreml.

Im Punkt 3 spricht Stourzh von der sogenannten These vom „Modellfall", ohne diesen auf seinen Begriffsinhalt hin zu überprüfen und entsprechend zu definieren. Bisher wurde in der Forschung auch überhaupt nicht differenziert, wie die Zeitgenossen den „Modellfall" wahrge-nommen haben und was darunter gemeint war (Testfall für eine Politik der Entspannung und des Abbaus der Konfrontationspotentiale?, einvernehmliche Vier-Mächte-Lösung zur Lösung offener Fragen?, nur ein Auftakt bilateraler Vorgespräche und Kontakte mit der UdSSR?, Bei-spielwirkungen für die Lösung der deutschen Frage? Neutralität oder Neutralisierung für Deutschland, die Bundesrepublik oder gar nur die DDR?, Verhinderung der Blockeinbindung eines deutschen Staates?, Schwächung der NATO?, Verhinderung der deutschen Wiederbe-waffnung oder nur Verzögerung der praktischen Implementierung der Pariser Verträge? etc.). Diese Unterscheidungen sind wichtig und notwendig, bevor man sich die Aufgabe stellt, die Modellfall-These zu untersuchen, sie zu diskutieren und zu widerlegen.

Stourzh sieht in der sowjetischen Haltung eine Politik der „resolute[n] Hinwendung" zur und „der direkten Kontaktaufnahme" mit der BRD, Verunsicherung gegenüber den West-mächten und der Bundesrepublik sowie Versuche zur Beeinflussung der westlichen, v.a. west-deutschen Öffentlichkeit. Da ist der Bericht der Studiengruppe Südost/München, bestimmt für das Auswärtige Amt in Bonn, in seiner Analyse der über Österreich hinausgehenden Wir-kungsmöglichkeiten der sowjetischen Politik scharfsinniger, analytischer und erhellender.[18] Diese im Politischen Archiv des Auswärtigen Amtes/Bonn (jetzt Berlin) vorhandenen Berich-te, die bereits vor 1955 beginnen und weit über das „annus mirabilis" hinausreichen, sollten herangezogen werden.

In der Frage der grundsätzlichen Ziele der sowjetischen Deutschlandpolitik in den Jahren von 1945 bis einschließlich 1955 gab es einen jahrzehntelangen Streit der Auffassungen in der Forschung. Im Sinne der traditionalistischen Kalten Kriegsdeutung haben Historiker und Poli-tikwissenschafter, mitunter insistierend, die These vertreten, dass die Führung der UdSSR niemals bereit war, einen gesamtdeutschen Staat mit einer demokratischen Grundordnung zuzulassen. Prominenteste Fürsprecher und Streiter dieser Interpretation waren und sind Hermann Graml und Gerhard Wettig.[19] Von revisionistisch, postrevisionistisch oder syntheti-sierend-historisierend argumentierenden Fachleuten wie Rolf Steininger, Wilfried Loth oder

17   Hillgruber, Andreas: *Alliierte Pläne für eine „Neutralisierung" Deutschlands 1945-1955* (Rheinisch-Westfälische Akademie der Wissenschaften Vorträge G286), Opladen 1987, S. 5-31, hier S. 25.
18   Zusammengefaßt in Gehler, Michael: *„Kein Anschluß, aber auch keine chinesische Mauer".* Österreichs außenpoli-tische Emanzipation und die deutsche Frage 1945-1955. In: Ableitinger/Beer/Staudinger: Österreich unter alliierter Besatzung, S. 205-268, hier S. 253-255.
19   Graml, Hermann: *Nationalstaat oder westdeutscher Teilstaat.* Die sowjetischen Noten vom Jahre 1952 und die öffentliche Meinung der Bundesrepublik Deutschland. In: VIERTELJAHRSHEFTE FÜR ZEITGESCHICHTE 25 (1977), S. 821-864; Ders.: *Die Legende der verpaßten Gelegenheit.* Zur sowjetischen Notenkampagne des Jahres 1952. In: VIERTELJAHRSHEFTE FÜR ZEITGESCHICHTE 29 (1981), S. 307-341; Wettig, Gerhard: *Die sowjetische Deutschland-Note vom 10. März 1952.* Wiedervereinigungsangebot oder Propagandaaktion? In: DEUTSCH-LAND ARCHIV 2 (1982), S. 130-148; Ders.: *Bereitschaft zu Einheit in Freiheit?* Die sowjetische Deutschland-Politik 1945-1955, München 1999.

zuletzt dem jungen Freiburger Historiker Thorsten Ripper ließen sich die zuerst genannten Kollegen nicht sonderlich beeindrucken.[20]

Die jüngere Forschung zur sowjetischen Deutschlandpolitik nach dem Zweiten Weltkrieg hat drei verschiedene Komponenten herausgefiltert: *Erstens* die Orientierung an einem „sozialistischen" Gesamt- bzw. später Ostdeutschland, *zweitens* die Konzeption von einem „harten Frieden" und *drittens* eine „gemäßigte Variante", die einen bürgerlich-demokratischen deutschen Staat bevorzugte, der außenpolitisch der sowjet-russischen Räson gehorchte und die Lösung der Grenz- und Reparationsfragen analog zu den Vorstellungen des Kreml akzeptierte. Diese Strategiemuster („sozialistisches" Gesamt- oder Teildeutschland, „harter Friede" und „bürgerlich-demokratischer deutscher Staat") konkurrierten laut Alexej Filitow miteinander, wobei der letzten Option der Vorzug gegeben worden sei. Die anderen Varianten spielten als taktische Mittel eine gewisse Rolle. Der „harte Frieden" stammte aus der Zeit der interalliierten Gespräche während des Krieges, der Sozialismus als gesamtdeutsche Variante sei nicht einmal propagandistisch ernsthaft verfolgt worden. Diese Optionen dienten dem Zweck, „vorbeugend oder nachwirkend den wirklichen oder vermeintlich unkooperativen Schritten des Westens im Nachkriegsdeutschland zu widerstehen und kooperative Lösungen herbeizuführen". Die „Benutzung untauglicher Strategien als angeblich taugliche Taktiken war schon theoretisch höchst fraglich", so Filitow weiter. Sie führten in der Praxis „zuerst zum Vertrauensschwund unter den Alliierten" und „dann zu schweren Niederlagen für die sowjetische Politik in Deutschland".[21]

Das ist eine fundamentale Erkenntnis. Die Sowjetunion stand sich demnach allzu oft in ihrer Deutschlandpolitik selbst im Wege. Sie blieb auch lange zu unbeweglich in ihrer Österreichpolitik und kam mit neuen Angeboten vielfach zu spät. Die Ambivalenz, Komplexität und Subtilität dieser außenpolitischen Haltung hinsichtlich ernstgemeinter, taktisch, strategisch oder propagandistisch motivierter Intentionen kritisch abzuwägen und zu beurteilen, ist die wohl schwierigste Aufgabe für den Historiker – auch nach dem Ende des Kalten Krieges.[22]

Dass die sowjetische Politik aufgrund ihrer (vielfach taktisch motivierten) Doppelgleisigkeit facettenreich, schillernd, widersprüchlich und vieldeutig blieb, sollte nicht verwundern, manches musste vor einer Abmachung offengelassen werden, weshalb vor deterministischen historischen Interpretationen zu warnen ist. Die Intentionendiskussion über die Absichten der Deutschlandpolitik der UdSSR nach 1945 ist schon alt. Sie fand in der jüngsten Forschungsliteratur zur sowjetischen Militäradministration (SMAD) in der DDR insofern ein Ergebnis, als sowohl die Einheit Deutschlands als auch die Sowjetisierung der sowjetischen Besatzungszone von Stalin gleichzeitig als Optionen bewusst offengehalten worden waren, wobei praktisch gesehen die Politik der SMAD nach und nach auf eine Sowjetisierung hinauslief.[23]

Die sowjetische Außenpolitik wurde nach Stalins Tod und besonders im Jahre 1954 im wesentlichen noch von Molotow gestaltet und geleitet, im Zuge der Absetzung von Georgij Malenkow als Ministerpräsident waren 1955/56 dann verschiedene Akteure (Chruschtschow, Bulganin, Molotow, Schukow) unterschiedlich stark eingeschaltet und aktiv. Mit der Ausschaltung der „Anti-Partei-Gruppe" im Jahre 1957 wird von einem Sowjetexperten wie Boris Meissner davon ausgegangen, dass erst ab diesem Zeitpunkt Chruschtschow allein die sowjet-

20 Eine vorzüglich ausgewogene Darstellung der endlosen Diskussion um die „Jahrhundertfrage" der deutschen Zeitgeschichte bietet Ripper, Thorsten: *Die Stalin-Note vom 10. März 1952. Die Entwicklung der wissenschaftlichen Debatte*. In: ZEITGESCHICHTE 26 (1999.6), S. 372-396, was in Deutschland leider kaum oder gar nicht zur Kenntnis genommen wird.

21 Filitow, Alexej: *Stalins Deutschlandplanung und -politik während und nach dem Zweiten Weltkrieg*. In: Meissner/Eisfeld: 50 Jahre sowjetische und russische Deutschlandpolitik, S. 43-54, hier S. 51-52, 54.

22 Vgl. hierzu wertvolle und anregende Berichtigungen und Reflexionen von Loth, Wilfried: *Die Historiker und die Deutsche Frage. Ein Rückblick nach dem Ende des Kalten Krieges*. In: HISTORISCHES JAHRBUCH 112 (1992.2), S. 366-382.

23 Vgl. hierzu Foitzik, Jan: *Sowjetische Militäradministration in Deutschland (SMAD) 1945-1949*. Struktur und Funktion (Quellen und Darstellungen zur Zeitgeschichte 44), Berlin 1999.

russische Außenpolitik bestimmte.[24] Die wechselnden kremlinternen Machtkonstellationen in den Jahren von 1953 bis 1956 erklären das Schwanken der einzelnen sowjetischen Politiker und machen zugleich eine eindeutige Klassifizierung der Außenpolitik der UdSSR sehr schwer, wenn nicht unmöglich.

Die Interpretation des hier besprochenen Werks bezogen auf die drei oben genannten Unterpunkte, v.a. die sowjetische „Zwei-Staaten-Politik", ist daher zu dominant und nicht ohne Inkonsequenz: Wer sich so entschlossen an die „Machthaber" der Bundesrepublik (im Sinne einer „friedlichen Koexistenzpolitik") hinwenden und direkten Kontakt im Sinne der für Stourzh praktisch bereits gegebenen Zwei-Staaten-Politik aufnehmen will, muss das begehrte Objekt und die es umgebenden und umgarnenden Verbündeten weder weiter verunsichern, noch deren Öffentlichkeit hinsichtlich einer anderen staats- und sicherheitspolitischen Alternative zu beeinflussen oder gar von diesen anderen Optionen zu überzeugen versuchen – wenn diese denn ernstgemeint waren.

Der Blick wird getrübt, wenn Frühjahr und Frühsommer 1955 in der Betrachtung zusammengezogen werden und zu wenig differenziert wird zwischen der ersten und der zweiten Jahreshälfte 1955, wodurch die Unterschiede der im Wechselspiel von drohender und vorhandener Zwei-Staaten-*Theorie* und -*Rhetorik* und der sich erst allmählich aufgrund des westlichen *fait accompli* und der Intransigenz Adenauers herausbildenden Zwei-Staaten-*Politik* und Zwei-Staaten-*Praxis* aus dem Gesichtsfeld geraten. Diese Möglichkeiten waren bis Mai 1955 noch keineswegs fixiert, wie es dann in der zweiten Jahreshälfte erscheinen konnte. Der *Status quo* festigte sich in Mitteleuropa erst im Herbst 1955.[25] Die Teilung Deutschlands war nicht das Ziel sowjetischer Deutschlandpolitik nach 1945. Es war eine „Spaltung wider Willen" (Wilfried Loth).[26]

Mit der „Österreichlösung" ging es meines Erachtens viel weniger um Verunsicherung als um die Demonstration der Glaubwürdigkeit der sowjetischen Politik am konkreten Beispiel, wie die Blockbildung in Europa überwunden werden könnte. „Verunsicherung" als alleiniges Motiv würde die operativen Bemühungen der Sowjets in der deutschen Frage erheblich unterschätzen. Dass sich die sowjetische Führung nicht nur bei der Genfer Gipfelkonferenz (18.-23. Juli),[27] sondern darüber hinaus auch noch bis hin zur Außenministerkonferenz (27. Oktober-16. November 1955) einem wiedervereinigten neutralisierten Deutschland gegenüber aufgeschlossen zeigte, geht aus einem unberücksichtigt gebliebenen Befund hervor, der von der Forschung schon längst ermittelt und publiziert worden ist.[28]

Am 19. Juli 1955 hatte Großbritanniens Premierminister Anthony Eden am Genfer Gipfel einen „*frank and intimate talk*" mit dem Ministerpräsidenten der UdSSR, Nikolaj A. Bulganin, außerhalb der Konferenzräumlichkeiten, den Eden in seiner langen Erfahrung aus Gesprächen mit sowjetischen Unterhändlern und Diplomaten als „die wichtigsten und sicherlich offensten Unterhaltungen" bezeichnete, die er jemals gehabt hatte („*in a long experience of talks with Russians [...] the most important and certainly the frankest conversations that I have known*"). Diese Unterredungen werden in der Literatur wie folgt beschrieben:

> „*Bulganin plunged into the problem of Germany. He explained in familiar terms how real the Soviet fears of a German recovery were. Almost every family in Soviet Russia, including his own, had suffered some personal loss. Eden replied that they in Britain also had no reason to feel tenderly towards the*

24 Meissner: Die sowjetische Deutschlandpolitik unter Chruschtschow, S. 60-61.
25 Thoß: Der Beitritt der Bundesrepublik Deutschland zur WEU und NATO, S. 171-188.
26 Loth, Wilfried: *Spaltung wider Willen*. Die sowjetische Deutschlandpolitik 1945-1955. In: TEL AVIVER JAHRBUCH FÜR DEUTSCHE GESCHICHTE 24 (1996), S. 283-297.
27 Loth, Wilfried: *Stalins ungeliebtes Kind*. Warum Stalin die DDR nicht wollte, München 1994, S. 220-221.
28 Steininger, Rolf: *Zwischen Pariser Verträgen und Genfer Gipfelkonferenz: Großbritannien und die Deutsche Frage 1955*. In: Ders./Jürgen Weber/Günter Bischof/Thomas Albrich/Klaus Eisterer (Hrsg.): Die doppelte Eindämmung. Europäische Sicherheit und deutsche Frage in den Fünfzigern (Tutzinger Schriften zur Politik 2), München 1993, S. 177-211, hier S. 205.

Germans after the experience of two wars. But one had to look to the future, and whatever the fear of Germany had been, he could not believe that in the nuclear age Germany could really be a formidable danger to Russia. Bulganin however, would not altogether accept this. He admitted that the Germans might not be able to make hydrogen bombs, but later they could be given to them. Then Bulganin said that he wanted to say something to Eden ,which he had said to nobody else': [,]It was really not possible for his Government to return to Moscow from this Conference having agreed to the immediate unification of Germany. They were a united Government and reasonably solidly based in the country but this was something that Russia would not accept and if they were to agree to it, neither the Army nor the people would understand it and this was not come to weaken the Government [...]. In further discussion with him, and later with Khrushchev it emerged that while they could not agree to the unification of Germany now, they might be prepared to consider terms of reference for the Foreign Secretaries, which would contemplate such unification together with other compensating conditions[']."[29]

Wenn man dieses Gespräch zu deuten versucht, dann kann kaum ein Zweifel bestehen, dass im Denken der sowjetischen politischen Führung, hier des Ministerpräsidenten der UdSSR, die Furcht vor den Deutschen nach wie vor tief verwurzelt war. Die Angst vor der deutschen Gefahr war 1955 nicht geschwunden, ganz im Gegenteil: Die Bedrohung war seit dem Krieg und seinem Ende subjektiv betrachtet permanent vorhanden und sie blieb es, wenn sie sich nicht noch zu steigern drohte. Eine Allianz der Westmächte und der USA mit den Deutschen musste wie ein nie enden wollender Alptraum erscheinen. Dass vor dem Hintergrund dieses Bedrohungsszenarios eine „Österreichlösung" für die Deutschlandfrage als wünschenswertes Ergebnis erschien, wird wohl kaum bezweifelt werden können.

Bis zur Genfer Gipfel- und Außenministerkonferenz im Juli und Herbst 1955 war sowjet-russisches Interesse durchaus noch vorhanden, über Deutschland als Ganzes zu verhandeln und zwar natürlich unter den von der UdSSR wiederholt genannten Bedingungen zur Regelung der Deutschlandfrage, so wie sie auch am „Präzedenzfall" Österreich anschaulich, rasch und glaubhaft vorexerziert worden waren: militärische Bündnis- bzw. Blockfreiheit/ Neutralität, nationale Streitkräfte, freie Wahlen.[30] Im Übrigen gab es in Österreich bereits dreimal auf nationaler Ebene einwandfrei durchgeführte Urnengänge, so 1945, 1949 und 1953.

Das war mit Blickrichtung Westen keine Politik der Verunsicherung (eher hinsichtlich der DDR-Führung, die ihrerseits in die Offensive gehen musste, um die sowjetische Politik im Westen „anzupreisen", möglicherweise in der Hoffnung, sie damit unattraktiver zu machen, dies zu den Ausführungen von Stourzh, S. 478-480), sondern eine Politik mit starken Elementen der Vertrauensbildung. „Modellfall" musste auch nicht automatisch und zwingend „Neutralisierung" Deutschlands bedeuten, wie manche hysterisch reagierenden Zeitgenossen in der Bundesrepublik sogleich meinten und in ihrem Sinne heute noch schematisch interpretierende Historiker annehmen.

In der bisherigen wissenschaftlichen Debatte über den „sogenannten" Modellfall wurde kaum oder gar nicht zwischen dem Lösungs*weg* und der Lösung *per se* unterschieden. Die Sowjetunion strebte im Frühjahr 1955 offensichtlich eine *Vier-Mächte*-Konferenz über Deutschland an – offen blieb natürlich das Ergebnis. Weder ging es ihr um eine Konferenz über die BRD noch um eine über die DDR. Zunächst und bis März 1955 wollte die UdSSR in einer solchen Deutschland-Konferenz die Österreichfrage noch gemeinsam mit der deutschen verhandeln.[31] Aus diesem gefährlichen und für Österreich verhängnisvollen Junktim gelang es der Ballhausplatzdiplomatie, sich (auch mit Hilfe der Westmächte) herauszumanövrieren.

---

29 Steininger, Rolf: *The German Question.* The Stalin Note of 1952 and the Problem of Reunification, New York 1990, S. 117-118; Meissner: Die sowjetische Deutschlandpolitik unter Chruschtschow, S. 62.
30 Loth, Wilfried: *Die Teilung der Welt.* Geschichte des Kalten Kriegs 1941-1955, erw. Neuausgabe, München 2000, S. 386.
31 Thoß: Der Beitritt der Bundesrepublik Deutschland zur WEU und NATO, S. 113, 116.

Nicht bezüglich Österreichs, Finnlands oder Jugoslawiens, sondern in der sie weit mehr tangierenden Deutschlandfrage war das Problem der Sicherheitsbedürfnisse der Sowjets nur auf dem Wege einer Vier-Mächte-Regelung zu lösen. Um überhaupt an ein Arrangement zu denken, geschweige denn eines zu erreichen, war Vertrauensbildung und – damit eng verbunden – ein gewisses *Mindestmaß an bilateraler Kontaktaufnahme* als Vorstufe für eine Vier-Mächte-Regelung Voraussetzung. Das hatte die österreichische Diplomatie im Frühjahr 1955 begriffen, und dieses symbolisch-wichtige Szenario demonstrierten die Sowjets auch mit Genugtuung gegenüber der Bundesrepublik.

„Um Einheit und Freiheit" zu erlangen, führte kein Weg an einem Vier-Mächte-Arrangement vorbei, wie die Sowjetunion überzeugender und deutlicher nicht mehr zeigen konnte. Dieser fundamentalen Einsicht verschloss sich – im Unterschied zur bundesdeutschen – die österreichische Regierungsspitze nicht. Sie hatte damit auch durchschlagenden Erfolg. Der Führung der Bundesrepublik ging es primär um teilstaatliche Freiheit, nicht aber um die gesamtstaatliche Einheit, was den wesentlichen Unterschied zwischen der Bonner und der Wiener Politik ausmachte.[32]

Sattsam bekannte deterministische Erklärungsansätze von bundesdeutscher Politiker- und Historikerseite, wie z.B. „es gab keinen anderen Weg", „man hätte sich nur zwischen die Stühle gesetzt" etc. können nach wie vor nicht überzeugen, wenn es schon am grundsätzlichen Willen zu einer solchen Politik fehlte. In Österreich war dieser Wille vorhanden, mit oder ohne deutsche Hilfe – die sogenannte „Politik der Stärke" via Westintegration seitens der Bundesrepublik war zunächst mehr Propaganda als Realität – waren Einheit und Freiheit das unumstößliche Ziel der österreichischen Außenpolitik.

Im Falle einer Annäherung und Einigung bei einer Vier-Mächte-Regelung über Deutschland im Jahre 1955 war die Einbeziehung der zwei deutschen Staaten in ein Verhandlungsszenario kaum mehr zu vermeiden ab dem Zeitpunkt, wo diese als Realitäten zu existieren begonnen hatten und auch nicht mehr zu übergehen gewesen waren: „Zwei plus Vier" im Jahre 1990 war eine späte wie unausweichliche Konsequenz dieser Tatsache – auch für Historiker, die die „Modellfall"-These ablehnen, eine schwer abweisbare historische Evidenz. Dass mit allen Vier Mächten verhandelt werden musste – vorausgesetzt man war an einer integralen Lösung interessiert –, war die Erkenntnis der Österreichlösung. Dass die Teilung Deutschlands vierjahrzehntelangen Fortbestand hatte, war *auch* die zwangsläufige Folge der Vernachlässigung und Verweigerung des Österreichbeispiels durch die bundesdeutsche Politik.

Eine vorzeitige Preisgabe der DDR ohne eine Vereinbarung über den Rückzug der westlichen Truppen aus der Bundesrepublik war von der neuen und selbstbewussten Kremlführung 1955 nicht mehr zu erwarten gewesen, nachdem es im Frühjahr 1953 unter Lawrentj Berija durch Verzicht des „Aufbaus des Sozialismus" in der DDR denkbar und möglich erschienen war.[33] Alles andere wäre zwei Jahre später einem beträchtlichen Prestigeverlust, wenn nicht einer Kapitulation der UdSSR vor den Westmächten gleichgekommen, so wie es intern im KPdSU-Präsidium Georgij Malenkow im Januar 1955 vorgehalten worden und dies auch ganz im Sinne der DDR-Führung war (Siehe Stourzh, S. 476-478). Dies musste jedoch kein Widerspruch zur „Modellfall"-These sein. Stourzh sagt selbst später an anderer Stelle: „Doppel- oder Mehrfachstrategien mit unterschiedlichem Zeithorizont waren Teil des Rüstzeugs der sowjetischen Politik, und ideologische Rechtfertigungen konnten immer, für jeden Schritt in jeder Richtung, geliefert werden" (S. 587).

---

32 Dies vermag Pape: Ungleiche Brüder, S. 304, Anm. 48 einfach nicht hinzunehmen, obwohl der Befund offenkundig ist.
33 Wettig, Gerhard: *Zum Stand der Forschung über Berijas Deutschlandpolitik im Frühjahr 1953.* In: Die Deutschlandfrage von der staatlichen Teilung Deutschlands bis zum Tode Stalins. Herausgegeben vom Göttinger Arbeitskreis, Berlin 1994, S. 183-200, hier S. 195.

Die Sowjetunion war durch ihre Diplomatie noch im ersten Halbjahr 1955 geneigt, einer Preisgabe der DDR zuzustimmen, was auch Stourzh zur Kenntnis nehmen musste. Kein Staat der Welt schien mehr um seine nationale Sicherheit besorgt als die nahezu unangreifbaren Vereinigten Staaten. Die Verweigerung der (berechtigten) Sicherheitsinteressen der Sowjetunion, dem ehemaligen Bundesgenossen der Anti-Hitler-Koalition, mutet als wesentlicher Bestandteil westlicher Politik an. Die hieraus entstehenden Folgen lassen sich deutlich an der Entwicklung bis zum Mauerbau[34] ablesen. Zu den vermeidbar erscheinenden Folgen zählten große Flüchtlingswellen der Bevölkerung aus dem Osten Deutschlands. Diese Entwicklung schadete dem sowjetischen Ansehen und Prestige enorm, ihre Militärverwaltung stand ihr lange Zeit hilflos gegenüber. Daher bestand auch kein forciertes Interesse an einer Aufnahme diplomatischer Beziehungen mit der Bundesrepublik Deutschland *vor* dem Sommer 1955, weil dies die internationale Anerkennung der DDR bedeutet hätte. Das ist *nach* der Genfer Gipfelkonferenz der Fall, die besondere Hervorhebung der Zwei-Staaten-*Theorie* durch Chruschtschow erfolgte auch erst nach dem *summit event*.[35]

Stichwort Determinismus: Wenn die seit 1954 anlaufende Planung für den Warschauer Pakt in der Argumentation gegen das Österreichbeispiel ins Treffen geführt wird, so ist darauf hinzuweisen, dass die Existenz dieses in Aussicht genommenen Paktsystems sowjetischerseits vom Fortbestand der NATO abhängig gemacht worden war. Nur und erst für den Fall der Einbeziehung der Bundesrepublik Deutschland in das atlantische Bündnis wurde die Lösung der Frage der deutschen Einheit von Moskau bis auf weiteres als aussichtslos bezeichnet.[36]

In einer bemerkenswerten Rede in Warschau am 11. Mai 1955 — wenige Tage vor der Gründung des östlichen Sicherheitspakts — erklärte der sowjetische Ministerpräsident Bulganin, dass die Errichtung eines geeinten, freien und demokratischen Deutschland nicht nur notwendig, sondern bei gutem Willen auch ohne weiteres realisierbar sei. Er verwies allerdings auf den notwendigen Verzicht Deutschlands auf eine Remilitarisierung und bemängelte den guten Willen der Westmächte, akzeptable Vorschläge zu machen.[37]

Vor Inkrafttreten der Pariser Verträge gab es noch Chancen, darüber zu diskutieren *und* zu verhandeln. Daran war man jedoch im Westen nicht interessiert, was in der deutschsprachigen Forschung nicht immer klar ausgesprochen und deutlich festgehalten wird. Die Einbeziehung der DDR in das Warschauer Pakt-System blieb ebenso von der analogen Integration der Bundesrepublik in die NATO abhängig. Die Warschauer Pakt-Gründung und die Aufnahme der DDR waren keine Aktionen, sondern Reaktionen oder „Gegenmaßnahmen"[38] (Gerhard Wettig) der Sowjetunion auf die NATO-Gründung und die geplante Aufnahme der Bundesrepublik Deutschland.[39]

Die DDR blieb übrigens mit Blick auf den Warschauer Pakt „in militärischer Hinsicht vorerst ausgespart". Sie hatte keinen Platz im Vereinten Oberkommando, ihre dortige Stellung wurde einer späteren Regelung vorbehalten. In Bezug auf die Beistandsvereinbarungen zwischen den Mitgliedsstaaten vermutet Gerhard Wettig auch eine Diskriminierung des ostdeut-

---

34 Zuletzt hierzu Steininger, Rolf: *Der Mauerbau.* Die Westmächte und Adenauer in der Berlinkrise 1958-1963, München 2001.

35 Meissner: Die sowjetische Deutschlandpolitik unter Chruschtschow, S. 63.

36 ARCHIV DER GEGENWART 1954, 4878 B; Thoß: Der Beitritt der Bundesrepublik Deutschland zur WEU und NATO, S. 67-68.

37 *Warschau ohne Säbelrasseln.* In: SALZBURGER NACHRICHTEN, 12.5.1955.

38 Wettig: Bereitschaft zu Einheit in Freiheit?, S. 279, 281, 282-286. Wettig argumentiert (fast immer) kontinuierlich gegen die Ernsthaftigkeit sowjetischer Deutschlandpolitik. Die „Modellfall"-Debatte 1955 lässt er vollkommen unberücksichtigt.

39 Diese Aspekte unberücksichtigt z.B. bei Pape, Matthias: *Die deutsch-österreichischen Beziehungen zwischen 1945 und 1955.* Ein Aufriß. In: HISTORISCH-POLITISCHE MITTEILUNGEN 2 (1995), S. 149-172, hier S. 164f. und Ders.: *„Keine Sicherheit in Europa ohne die Wiedervereinigung Deutschlands".* Zur Diskussion über die Kirkpatrick-Notiz vom 16. Dezember 1955 und Adenauers Deutschlandpolitik. In: HISTORISCH-POLITISCHE MITTEILUNGEN. ARCHIV FÜR CHRISTLICH-DEMOKRATISCHE POLITIK 6 (1999), S. 207-227, hier S. 214f.

schen Teilstaats. Erst im Januar 1956 beschlossen die Sowjetunion und ihre „Bruderstaaten" die Integration der Streitkräfte der DDR in das gemeinsame Militärbündnis.[40]

Die UdSSR war, wie sich daran deutlich zeigen lässt, 1955 sicherheitspolitisch bereits in der Defensive, sie reagierte in der Deutschlandfrage der ersten Hälfte der fünfziger Jahre weit mehr als sie agierte. Der „Modellfall" konnte angesichts der im Laufe des Jahres 1955 geschaffenen unabweisbaren Realitäten daher nur mehr einem zukünftigen Szenario vorbehalten bleiben. Realpolitik ließ sich damit ab Sommer 1955 nicht mehr machen.

Wenngleich der Doyen der Staatsvertragshistoriographie die Modellfrage für Deutschland traditionell wie tendenziell verneinte und Präferenzen für die Auslegung der sowjetischen Österreichpolitik seitens des deutschen Militärhistorikers Bruno Thoß (MGFA) zeigte, der darin „nicht die Funktion eines Modellfalles für Deutschland, sondern eines Testfalles für die Entspannung"[41] geortet hatte – worin meines Erachtens weder ein Widerspruch noch ein Gegensatz zur deutschlandpolitischen Dimension der sowjetischen Österreichpolitik zu sehen ist – hat Stourzh die strittige Frage mangels letztlich zwingender Belege bis zu einem gewissen Grad offen lassen müssen. Sonst hätte er wohl auch kein Fragezeichen hinter das genannte Teilkapitel gesetzt. Die Frage, ob die sowjetische Führung die „Österreichlösung" tatsächlich als Modell für Deutschland betrachtete, ist trotz der von Stourzh genannten Befunde nicht mit Sicherheit zu beantworten. Mit Bestimmtheit lassen sich deutschlandpolitische Intentionen der sowjetischen Österreichpolitik im ersten Halbjahr 1955 *nicht* ausschließen.

Für Stourzh blieb die Frage bestehen, ob die UdSSR mit ihrer Österreichpolitik (über Deutschland hinaus?) möglicherweise (noch?) mehr verfolgte. Dieser Denkansatz geht offensichtlich von ernstgemeinten Überlegungen und Absichten der Sowjetunion aus und schließt damit wohl auch Stör- und Täuschungsmanöver aus, wie an den Beispielen Finnland, Jugoslawien oder eben Österreich deutlich gezeigt werden kann.

In Einzelbeiträgen habe ich zu dieser „Kontroversfrage", wie sie Stourzh zu nennen pflegt, auf die von der Forschung noch nicht systematisch benutzten Akten aus dem französischen Außenministerium verwiesen. Dass es bei der sowjetischen Österreichpolitik 1955 in der Hauptsache um Deutschland ging, basierte auf daraus stammenden und entsprechend ausgewerteten und analysierten Einschätzungen der französischen Diplomatie: Mehr ist mit diesem Zitat zunächst nicht gesagt worden, außer man nimmt den Titel eines Beitrags[42] allein zum Nennwert der Ausführungen und Argumente des Verfassers: „*L'unique objectif des soviétiques est de viser l'Allemagne*". Stourzh verweist nun auch darauf (S. 467, Anm. 343).

40   Wettig: Bereitschaft zu Einheit in Freiheit?, S. 283f., 286.
41   Thoß, Bruno: *Modellfall Österreich?* Der österreichische Staatsvertrag und die deutsche Frage 1954/55. In: Bruno Thoß/Hans-Erich Volkmann (Hrsg.): Zwischen Kaltem Krieg und Entspannung. Sicherheits- und Deutschlandpolitik der Bundesrepublik im Mächtesystem der Jahre 1953-1956, Boppard am Rhein 1988, S. 93-136, hier S. 136; Ders.: Der Beitritt der Bundesrepublik Deutschland zur WEU und NATO, S. 119-120.
42   Gehler, Michael: „*L'unique objectif des Soviétiques est de viser l'Allemagne*". Staatsvertrag und Neutralität 1955 als „Modell" für Deutschland?. In: Thomas Albrich/Klaus Eisterer/Michael Gehler/Rolf Steininger (Hrsg.): Österreich in den Fünfzigern (Innsbrucker Forschungen zur Zeitgeschichte 11), Innsbruck/Wien 1995, S. 259-297; vgl. auch Lohse, Eckart: *Östliche Lockungen und westliche Zwänge.* Paris und die deutsche Teilung 1949 bis 1955 (Studien zur Zeitgeschichte, hrsg. v. Institut für Zeitgeschichte 46), München 1995, S. 174, der zwar infolge der „überraschenden" Österreichinitiative der Sowjets 1955 eine „gewisse Unruhe" in der festgefahrenen französischen Deutschlandpolitik konzediert, die am Quai d'Orsay Befürchtungen aufkommen ließ, die es seit 1952 nicht mehr so stark gegeben hätte (S. 175) [demnach wurde die sowjetische Politik hinsichtlich Deutschlands als ernsthaft eingeschätzt – war also doch mehr als nur ein „Störmanöver" bzw. „östliche Sirenengesänge" (so Lohse, S. 119)?], es aber als „Tatsache" ansieht, „daß Moskau im Herbst 1954 und Winter 1954/55 ohnehin eine Wende in der Deutschlandpolitik nicht wirklich anstrebte" (S. 168) und „schon längst auf einen Kurs der Festigung des Status quo in Europa eingeschwenkt war" (S. 177) – womit er von der gängigen bundesdeutschen Historikerinterpretation kein Jota abweicht. Von „Lockungen" spricht auch Wettig: Bereitschaft zu Einheit in Freiheit?, S. 287, beide Autoren sind der zeitgenössischen Diktion der Bonner Politik verpflichtet, die sowjetische Entspannungs- und Einheitsinitiativen zu stigmatisieren versuchte.

Nach neuer Lesart wollten die Sowjets mit Österreich möglicherweise nun viel mehr als nur auf Deutschland abzielen (Stourzh, S. 480-485), eine bemerkenswerte Interpretation, bei der in die Offensive gegangen wird, was aber neben der Konzession eines nicht unbeträchtlichen Seriositätsgehalts der russischen Politik auch gleichzeitig dem Eingeständnis nahe kommt, dass es der Sowjetunion gar nicht in erster Linie um die Alpenrepublik ging, sondern sie durch eine *Politik mit Österreich* andere, höherrangige, ja globale Anliegen verfolgte. Damit würde der für die Anglo-Amerikaner 1955 nicht vordringliche, ja mit Blick auf die sich vollziehende Westintegration der Bundesrepublik störende und riskante Staatsvertragsabschluss gekoppelt mit „frei" gewählter und selbst erklärter Neutralität aus sowjetischer Sicht primär als Mittel für verschiedene andere Zwecke erscheinen. Als „Modellfall" für andere Anliegen?

In der Darstellung von Gerald Stourzh wird mein Standpunkt zur Modellfall-Frage nur selektiv wiedergegeben, so dass ein unvollständiges Bild davon entsteht. Als gesichert erscheinen trotz der Ausführungen des Rezensierten bzw. aufgrund auch der nun von ihm angeführten Aspekte, die getrennt (S. 388-391) von seiner Kernargumentation zum „Modellfall" vorgetragen werden, folgende sechs Elemente:

Erstens erblickten maßgebliche Kreise der französischen Diplomatie in der sowjetischen Österreichpolitik eine Zielrichtung, die „einzig auf Deutschland gerichtet" war. So war es jedenfalls in einer Note der *Direction Politique* des *Quai d'Orsay* festgehalten worden.[43] Daran kann weiter festgehalten werden.

Zweitens überwog im anglo-amerikanischen Lager die Auffassung, die UdSSR meine es mit dem Modellfall für Deutschland ernst, was als „gefährliche" Lösung – allerdings auch für die Sowjetunion selbst – gesehen wurde[44] – so und ähnlich lauteten übrigens auch die Einschätzungen zu den Stalin-Noten vom Frühjahr 1952.[45] Mit Dwight D. Eisenhower, John Foster Dulles, Harold Macmillan, Guy Mollet und Paul Henri Spaak gibt es für die Einschätzung der Ernsthaftigkeit der Modellfall-These prominente zeitgenössische Referenzquellen, an denen man schwerlich vorbeikommt.

Drittens sah der deutsche Bundeskanzler selbst Moskaus Österreichpolitik gegen die Westintegration seiner Bundesrepublik gerichtet. Er erblickte darin eine große Gefahr. Die „Modellfall"-Wirkungen wurden daher auch von ihm als real und absolut ernstgemeint betrachtet, was die Adenauernahe Literatur tendenziell eher ausblendet bzw. keinesfalls im Sinne der Ernsthaftigkeit der sowjetischen Präzedenzfall-Politik gewertet wissen will.[46]

In sehr negativer Weise perzipierte der deutsche Bundeskanzler – wie die Westmächte – im „Modellfall" ein seinen Kurs bedrohendes Alternativ-Szenario, also ein Präjudiz für die alliierte Deutschlandpolitik. Die Vier sollten nicht mehr über Deutschland und seinen Kopf hinweg

---

43   Gehler: „L'unique objectif des Soviétiques est de viser l'Allemagne", S. 263-264; Stourzh: Um Einheit und Freiheit, S. 467, Anm. 343 verweist nun auch darauf.

44   Gehler: „L'unique objectif des Soviétiques est de viser l'Allemagne", S. 270-272; Stourzh: Um Einheit und Freiheit, S. 467-468.

45   Siehe hierzu Steininger, Rolf: *Eine Chance zur Wiedervereinigung?* Die Stalin-Note vom 10. März 1952. Darstellung und Dokumentation auf der Grundlage unveröffentlichter britischer und amerikanischer Akten (Archiv für Sozialgeschichte. Beiheft 12), Bonn 1985; Trotz der insistenten Gegenargumentation von Gerhard Wettig: *Bereitschaft zu Einheit in Freiheit?* Die sowjetische Deutschland-Politik 1945-1955, München 1999 gehört die Bewertung der Stalin-Note nach wie vor „zu den nicht enden wollenden zeitgeschichtlichen Kontroversen" (hierzu Brill, Heinz: *Fintenreiches Pokern mit verdeckten Karten.* Hin und Her in der sowjetischen Deutschlandpolitik (Besprechung des Buchs von Meissner, Boris/Eisfeld, Alfred (Hrsg.): 50 Jahre sowjetische und russische Deutschlandpolitik sowie ihre Auswirkungen auf das gegenseitige Verhältnis, Berlin 1999). In: DAS PARLAMENT, 15.12.2000, Nr. 51, S. 14.

46   Pape: Ungleiche Brüder, S. 306 verweist lediglich im Sinne der offiziellen Haltung Adenauers darauf, dass der deutsche Bundeskanzler die Österreichlösung „keinesfalls als Muster für ,Wesen und Methode der Regelung des deutschen Problems'" akzeptierte, unterbewertet bleibt dabei jedoch, dass Adenauer in der sowjetischen Österreichpolitik genau solche Absichten zu erkennen glaubte. In diesen Nuancierungsfragen ist Pape bemerkenswert taub auf beiden Ohren. Er bewegt sich hier auf der Ebene der offiziellen Verlautbarungen des Außenamts und der bundesdeutschen Politik von 1955 wie ein Defensor Adenauerscher Österreich- und Deutschlandpolitik.

beraten und verhandeln! Das war der tiefere Grund seines Argwohns über Österreich, welches ja seit 1954 schon selbst mit den Vieren verhandelte – die strittige Regelung des „deutschen Eigentums" im österreichischen Staatsvertrag kam nur noch als weiteres Ärgernis hinzu.[47]

Das Modell der plötzlichen einsetzenden (11.-15. April) wie blitzschnell durchgeführten Vier-Mächte-Lösung (2.-13./15. Mai) über Österreich, Eisenhowers öffentlich durchaus positive Stellungnahme zu einem neutralen Staatengürtel in Europa und die von ihm bekundete Sympathie für eine bewaffnete Neutralität nach dem Schweizer Muster (18. Mai 1955) und damit verbundene Ängste nach einer Rückverlegung von US-Truppen aus Europa waren die eigentlichen und ursächlichen Triebkräfte des Misstrauens und Argwohns, der Kern der Verstimmung und Verärgerung von Adenauer,[48] die Regelung des deutschen Eigentums im österreichischen Staatsvertrag nur ein Anlass, die seine österreichabschätzige und -feindliche Stimmung erst zur Explosion brachte.

Viertens sprechen nahezu alle Arbeiten und bisher ermittelten Dokumente dafür, dass Moskau mit der Österreichlösung einen Beweis des aufrechten Willens zu einer vertrauensbildenden Maßnahme und zur Entspannung liefern, also nicht unbedingt zur Verunsicherung beitragen wollte, was Abbau von Konfrontations- und Konfliktpotentialen bedeutete. Hierbei war es nur logisch, dass dabei auch der Kern der Problematik, die Deutschlandfrage, miteinbezogen und einer in diesem Sinne zu erfolgenden Lösung unterzogen werden sollte. Der Faktor Jugoslawien in der neuen und flexiblen sowjetischen Politik des Jahres 1955 ist im übrigen in der Forschung längst schon erkannt und erwähnt worden.[49]

Fünftens war im Frühjahr 1955 zeitweilig auch von der Schaffung einer neutralen Staatenzone für Europa die Rede, was die UdSSR über westliche Medien lancierte – strittig blieb jedoch, ob Deutschland zu diesem „*belt of neutral states*" zählte oder nicht.[50] Stourzh neigt zu letzterer Auffassung. Falsifizieren kann er aber weder die erste Variante noch die These, derzufolge die Sowjetunion „vordergründig Österreich sagte, tatsächlich aber Deutschland meinte" (Bruno Thoß),[51] zumal die deutsche Frage 1955 für sie immer noch ein Schlüsselproblem der wirtschaftlichen, politischen und militärischen Entwicklung in Europa war. Es ging dabei v.a. um essentielle Sicherheitsinteressen der UdSSR, nachdem sich die Situation mit dem sich abzeichnenden NATO-Beitritt der Bundesrepublik zugespitzt hatte.

Sechstens wollte Moskau die deutsche Opposition gegen Adenauers Westkurs stimulieren und damit indirekt die deutsche Wiederbewaffnung verzögern. So gesehen war die „Modellfall"-Wirkung als „Störversuch" gegen die Blockeinbindung der BRD zu verstehen, andererseits aber auch als konstruktiver Beitrag zu einer einvernehmlichen Regelung der Deutschlandfrage zwischen Ost und West, v.a. aber als Versuch zur Schaffung eines europäischen Sicherheitssystems beizutragen. Österreichs diplomatischer Vertreter in Moskau, Norbert Bischoff, dessen Nachlass im Österreichischen Staatsarchiv trotz neuerer Publikationen immer noch einer systematischen Aufarbeitung und Auswertung harrt und als *eine* nicht unwesentliche Quelle zur Einschätzung der Sowjets in der Österreich- und Deutschlandfrage betrachtet wer-

---

47   Der Konflikt um die deutschen Vermögenswerte und Adenauers Verbitterung sowohl über deren Regelung wie die österreichische Neutralitätsoption – vgl. hierzu Stourzh: Um Einheit und Freiheit, S. 533, Anm. 134 – sind dem Rezensenten durchaus bekannt gewesen; vgl. Gehler, Michael: „.... *österreichische Schweinerei*". Reaktionen des deutschen Bundeskanzlers Adenauer auf Staatsvertrag und Neutralität 1955. In: SALZBURGER NACHRICHTEN, 1. 7. 1995, S. II.; dies wurde auch übersehen von Pape: Ungleiche Brüder, S. 330, Anm. 36.

48   Gehler: „L'unique objectif des Soviétiques est de viser l'Allemagne", S. 278-280; siehe auch Lindemann, Mechthild: *Die Deutschlandfrage auf der Gipfelkonferenz und der Außenministerkonferenz in Genf 1955.* In: Die Deutschlandfrage vom 17. Juni 1953 bis zu den Genfer Viermächtekonferenzen von 1955, Berlin 1990, S. 177-205, hier S. 181-182, allgemein zu Adenauers Neutralisierungstrauma sehr treffend Loth: Ost-West-Konflikt und deutsche Frage, S. 149.

49   Gehler : „L'unique objectif des Soviétiques est de viser l'Allemagne", S. 265-268.

50   Ebd., S. 265-267.

51   Thoß: Der Beitritt der Bundesrepublik Deutschland zur WEU und NATO, S. 116.

den kann,[52] sah in der Verschiebung oder gar Verhinderung der Ratifizierung der Pariser Verträge das Ziel Nr. 1 der russischen Politik. Bischoff zufolge würden die Sowjets die Lage in Europa als „sehr ernst" betrachten und „nach wie vor an ihren alten Grundvorstellungen von der wünschenswerten Lösung der deutschen Frage" festhalten: „ein geeintes, friedliebendes (d.h. nicht auf Territorialgewinn im Osten ausgehendes), nicht militaristisches und selbstverständlich nicht in einem Militärbündnis mit Amerika stehendes Deutschland; nach Molotows bekanntem Wort eine verbesserte Weimarer Republik". In einem solchen Deutschland würde die KPD „nur eine recht bescheidene Rolle spielen". Trotzdem werde diese Lösung einer Zweiteilung Deutschlands entschieden vorgezogen.[53]

So hatte sich der sowjetische Außenminister sinngemäß auch Vizekanzler Schärf gegenüber in Moskau im April 1955 geäußert. Der SPÖ-Politiker hatte jene Beurteilung aber als wenig aussichtsreich eingestuft, niedriggehängt und seiner Interessenlage folgend den deutschen Genossen Fritz Heine (SPD) nach seiner Rückkehr aus Moskau informiert, der davon wenig angetan seine Heimreise antrat (zu diesem Punkt siehe auch weiter unten).[54]

Bischoff trug die Molotow-Einschätzung (und die daraus ableitbaren Konsequenzen und Interpretationen) wiederholt dem österreichischen Außenamt vor, was aufgrund seines persönlich engen Verhältnisses zu Bundeskanzler Julius Raab wohl auch diesem bekannt gewesen sein dürfte, wobei der als „*fellow traveller*" verschriene Diplomat die sicherheitspolitischen Interessen des Kreml meines Erachtens zutreffend einschätzte und zu Recht unterstrich: Für die UdSSR sei die Teilung Deutschlands und die Existenz eines ostdeutschen, kommunistisch geführten Staates „kein Selbstzweck". Sie würde die DDR in dem Augenblick opfern, in dem sie sicher sein könne, dass das geeinte Deutschland nicht mit Unterstützung und unter Antrieb Amerikas und des von ihm geführten Westens „von Neuem zur Eroberung des Ostens aufbrechen" werde.[55]

Anders, nämlich weniger parteiisch, polemisch und ideologisch verbrämt als von Bischoff vorgetragen, aber inhaltlich auf das Gleiche hinauslaufend formuliert: Für Moskau war auch 1955 noch ein blockfreies Gesamtdeutschland wünschens- und erstrebenswerter als ein NATO-integriertes Westdeutschland und ihr „ungeliebtes Kind" (Wilfried Loth), die DDR. Mit welchem Realismus aber durften zu dieser Zeit die Kremlführer eine derartige Lösung noch erwägen?[56]

52 Unzutreffend ist die polemische Feststellung Papes: Ungleiche Brüder, S. 297, Anm. 11, ich würde Bischoff als einen „Kronzeugen" für die Richtigkeit der Modellfallthese bemühen. Bischoff scheint Pape wegen seiner prosowjetischen Tendenzen verdächtig. Für diese Einschätzungen gibt es aber neben Bischoff genug andere gewichtige Stimmen von Gewährsmännern der westlichen wie österreichischen Diplomatie aus internationalen Archiven, die der Kritiker für seine Arbeit nicht konsultiert hat bzw. auch nicht zu kennen scheint, z.B. den US-amerikanischen Botschafter in Wien Llewellyn Thompson, den hohen Foreign Office Beamten Geoffrey Harrison oder den österreichischen Botschafter Johannes von Schwarzenberg in London oder Walter Wodak in Belgrad, um nur einige zu nennen (Charles „Chip" Bohlen war die einzige Ausnahme unter den seinerzeitigen westlichen Diplomaten). Daneben war nahezu die gesamte Prominenz der damaligen Politik (Eisenhower, Dulles, Macmillan, Mollet, Spaak und Adenauer) im ersten Halbjahr 1955 der Auffassung, die Sowjets wollten mit Österreich Deutschlandpolitik machen. Pape bezieht in seine Analysen den internationalen Kontext, in den die deutsch-österreichischen Beziehungen eingebettet waren, nicht ein. Amerikanische, britische und französische Archivdokumente scheint er nicht zu kennen. Der „Kronzeugen"-Vorwurf verweist auf seinen bilateral dominierten Quellencorpus.
53 Bischoff an Figl, 18. 1. 1955 (ÖStA, AdR, BKA/AA, II-pol, Zl. 319.014-pol/55) (GZl. 319.014-pol/55)).
54 Hierzu viel ausführlich Gehler: „L'unique objectif des Soviétiques est de viser l'Allemagne", S. 274-276 und letzteres auch aussagekräftiger als Ders.: Österreich, die Bundesrepublik und die deutsche Frage 1945/49-1955. Zur Geschichte der gegenseitigen Wahrnehmungen zwischen Abhängigkeit und gemeinsamen Interessen. In: Ders./Rainer F. Schmidt/Harm-Hinrich Brandt/Rolf Steininger (Hrsg.): Ungleiche Partner? Österreich und Deutschland in ihrer gegenseitigen Wahrnehmung. Historische Analysen und Vergleiche aus dem 19. und 20. Jahrhundert (Beiheft der Historischen Mitteilungen der Leopold von Ranke-Gesellschaft 15), Stuttgart 1996, S. 535-580, hier S. 572.
55 Bischoff an Figl, 6. 7. 1955 (ÖStA, AdR, BKA/AA, II-pol, International 2a, Zl. 323.803 (GZl. 321.845)). Diese Ansicht hat durch Loth: Stalins ungeliebtes Kind (Taschenbuchausgabe), München 1996 bereits Eingang in die wissenschaftliche Literatur gefunden.
56 Gehler: „L'unique objectif des Soviétiques est de viser l'Allemagne", S. 267.

Raab und Schärf spielten in diesem Zusammenhang unbewusst ein nicht ungeschicktes Doppelspiel. Der Bundeskanzler schloss gegenüber den Sowjets „Modellfall"-Möglichkeiten nicht aus, für sich selbst wollte und konnte er solche auch nicht ausschließen, ja er nährte diese in Moskau durch sein öffentliches Auftreten und Verhalten bis zu einem gewissen Grad, während er Adenauer gleichzeitig vertraulich die Richtigkeit seines Westkurses versicherte und ihn dazu beglückwünschte. Ob dies aber wirklich seiner innersten Überzeugung entsprang und nicht vielmehr ein gutes Stück gezielter Realpolitik und schlauer Pragmatik war, bleibt zu diskutieren. Die Lösung der Österreichfrage als „Modell" für Deutschland im Sinne einer Vier-Mächte-Regelung war für Raab durchaus denkbar.[57]

In der reflektierten Forschungsliteratur wurde nicht zu Unrecht gesagt, dass die Formel „Adenauer war kein Raab" doch etwas zu vereinfachend sei.[58] Zugespitzte Formulierungen haben aber, auch wenn sie über das Ziel hinausgehen mögen, den Wert, auf den Gegenstand als solchen aufmerksam zu machen.

Vielleicht ist es aus österreichischer Perspektive angemessener und treffender zu sagen: „Raab war kein Adenauer." Eine begrenzte Souveränität war für ihn nicht erstrebenswert. Separatverträge mit den Westmächten kamen für ihn nicht in Frage. Er hielt eine Vier-Mächte-Lösung über Österreich offen. Nur sie konnte seiner Ansicht nach die Freiheit für das *ganze* Land ermöglichen. Nach Molotows Rede vor dem Obersten Sowjet am 8. Februar 1955 fuhr er nicht nach Washington – wie Adenauer in Vorbereitung für die Genfer Konferenz –, sondern nach Moskau. Hätte er sich wie der deutsche Bundeskanzler verhalten, so wäre wahrscheinlich Österreich wie Deutschland geteilt worden und möglicherweise sogar, weil nicht oder nur bedingt lebensfähig, untergegangen. Bereits 1952 hatte Karl Gruber „den Abschluß von Sonderverträgen mit den einzelnen Mächten" mit dem Argument abgelehnt, dass dies „das Ende Österreichs" bedeuten würde (Stourzh, S. 581). Das war nicht von der Hand zu weisen.

Die Nerven bewahrt, Geduld geübt und die territoriale Einheit des Landes bewahrt zu haben, das war das Verdienst der Staatsvertragsgeneration unter Führung von Leopold Figl und Julius Raab. Solche nationalen Führungspersönlichkeiten fehlten Nachkriegsdeutschland. Dass dieser österreichische Erfolg von deutscher Seite aus mit Argwohn und Neid registriert wurde, ist menschlich wie politisch nur zu verständlich. Wie Molotow Schärf gegenüber zu Recht formulierte, war die Österreichlösung eine „moralische Niederlage Adenauers" (Stourzh, S. 470) und damit auch des Westens. Umso heftiger fiel dann auch das ablehnende Urteil vor allem der deutschen Christdemokraten aus, wonach Österreich ein „Modellfall" für Deutschland gewesen sein könnte. Das wirkt bis heute nach.[59]

Die bundesdeutsche Sozialdemokratie wollte im Frühjahr 1955 die Option des Österreich-Musters für Deutschland allerdings nicht vorschnell ausschließen und bat die österreichischen Genossen um Klärung der sowjetischen Haltung in der Deutschlandfrage. Der österreichische Vizekanzler (SPÖ) erklärte sich auf Verlangen der deutschen Sozialdemokraten zur Sondierung in Moskau bereit und berichtete von seinen Erkundungen an den SPD-Mittelsmann nach seiner Rückkehr (S. 468-471). Stourzh zieht für diesen Sachverhalt neue russische Quellen heran, die mehr Licht in die Sache bringen. Gegen die daraus gezogenen Schlussfolgerungen sind jedoch Einwände vorzubringen:

Erstens hatte Schärf für sich von vornherein eine Option, die die SPD-Führung prüfen lassen wollte, bereits ausgeschlossen, abgesehen davon, dass er im Frühjahr 1955 Neutralitäts-

---

57   Dies zu widerlegen, ist Pape: Ungleiche Brüder nicht gelungen, ja er liefert dafür mit der Darstellung des Raab-Plans von 1958 selbst Belege. Dass diese Initiative Raabs nicht ohne die Vorgeschichte des „annus mirabilis" zu sehen und zu denken ist, dürfte schwerlich von der Hand zu weisen sein.
58   Angerer: Der „bevormundete Vormund", S. 161-162.
59   Die Arbeit Papes: Ungleiche Brüder, 283-379, gibt hierfür beredtes Zeugnis. Er spricht für das österreichische „annus mirabilis" – aus bundesdeutscher Sicht – nicht zu Unrecht von einem „Krisenjahr".

und Neutralisierungskonzepten schon für Österreich allein misstrauisch, wenn nicht ablehnend gegenüberstand.

Zweitens hatte Schärf mit Molotow ausgerechnet jenen Vertreter sowjetischer Politik angesprochen, der stets die Deutschland- *vor* oder *in Verbindung* mit der Österreichfrage behandelt wissen wollte,[60] einen Gegner der vorzeitigen Österreichinitiative vom Frühjahr 1955, der mit beiden Positionen kremlintern gescheitert war. Von Molotow eine Empfehlung des österreichischen Modells für Deutschland zu erwarten, entbehrte nicht ganz einer gewissen Frivolität oder Naivität, wenn nicht bewusster Machiavellismus auf Seiten Schärfs dahinterstand, gerade weil Molotow bis 1955 mit seiner Deutschlandpolitik seit fast zehn Jahren erfolglos geblieben war.

Drittens kann nicht übersehen werden, dass das Verhältnis der SPÖ zur SPD in der Sozialistischen Internationale alles andere als konfliktfrei war, sowohl und v.a. mit Blick auf die Frage der Befürwortung des uneingeschränkten Westkurses von Adenauer als auch zur Neutralität. Die SPD hatte die alternativlose Westintegrationspolitik des deutschen Bundeskanzlers kategorisch abgelehnt mit dem zutreffenden Argument, die Einheit der deutschen Nation werde damit auf absehbare Zeit unmöglich, die SPÖ dagegen den Westkurs Adenauers freundlich beurteilt und rundweg befürwortet.

Viertens: Offenbleiben muss die Frage, wie ein Gespräch zwischen Raab und Bulganin im April 1955 zur Deutschlandfrage verlaufen wäre. Von Schärfs Unterredung mit Molotow hatte Raab bezeichnenderweise keine Kenntnis,[61] was von Stourzh nicht weiter kommentiert wird. Er referiert weiter, dass Molotow gegenüber Schärf die „Einheit Deutschlands als Ziel der sowjetischen Politik" erklärt habe, jedoch damit gescheitert sei, „so gab Schärf Molotows Ausführungen an Heine weiter" (S. 469). Tatsächlich war Molotow mit dieser Politik gescheitert, was jedoch nicht heißen muss, dass die sowjetische Führung damit bereits an einem wiedervereinigten, neutralisierten Deutschland nicht mehr interessiert war und das „Österreichmodell" nicht für diesen Zweck ins Spiel bringen wollte.

Fünftens ist auffallend, dass Fritz Heine von seinem zweiten Wienbesuch (nach den Mitteilungen von Schärfs Moskauer Erkundungen) laut Stourzh „enttäuscht" *und* „verstimmt" nach Deutschland zurückkehrte (S. 471, Fußnote 357). Eine Erklärung dafür wird aber nicht gegeben.[62]

Stourzh berücksichtigt die genannten fünf Aspekte bei der Interpretation der Sondierung durch Schärf in Moskau nicht und kommt daher auch zum Schluss, dass dieser die Mission einwandfrei durchgeführt habe. Es bestehen jedoch Zweifel, ob Schärf diese wirklich in bester Absicht, mit gutem Willen durchgeführt und entsprechend korrekt darüber berichtet hat. Die SPD hatte mit dem SPÖ-Spitzenrepräsentanten als Emissär für ihre Sondierungsabsichten meines Erachtens den denkbar ungeeignetsten Mediator gewählt.[63]

Stourzh hält fest, dass es zwischen Molotow und Schärf „ein gewisses Abtasten" bezüglich der gegenseitigen Intentionen gegeben habe, „ohne daß jedoch konkrete Absichten oder Vor-

---

60 Meissner: Die sowjetische Deutschlandpolitik unter Chruschtschow, S. 60.
61 Ungenau und zu undifferenziert hier Thoß: Der Beitritt der Bundesrepublik Deutschland zur WEU und NATO, S. 119. Nicht die österreichische Delegation hatte von den westdeutschen Sozialdemokraten die Bitte nach Moskau mitgenommen, ihre Gespräche auch zu einem Nachfragen über Deutschland zu nutzen, sondern lediglich die Sozialisten bzw. Schärf. Letzteren und Kreisky als Gewährsmänner für die sowjetische Deutschlandpolitik heranzuziehen, ist eine Quellenkritik problematisch.
62 Die Enttäuschung Heines dürfte vom Ergebnis der Mitteilungen Schärfs, seine Verstimmung von der Haltung des Vizekanzlers und möglicherweise auch von der Art seiner Sondierung herrühren. Heine wollte sich darüber verständlicherweise nicht auslassen. In meinem, ihm zugesandten damals noch unveröffentlichten Manuskript „L'unique objectif des Soviétiques est de viser l'Allemagne". Die Österreichlösung im Jahre 1955 als „Modell" für Deutschland? mit meiner Kritik an der Schärf-Mission hatte Heine „nichts gefunden", was ihm „Anlaß zur Kritik gäbe, – im Gegenteil"; Heine fand das Manuskript „höchst aufschlußreich" (Brief von Fritz Heine an den Verfasser, 7.10.1993).
63 Jean Chauvel an Quai d'Orsay, 28.1.1955 (Ministère des Affaires Étrangères (MAE), Série Europe 1944-1960, Vol. 30, Fol. 067).

schläge auf den Tisch gelegt [sic!] worden wären" (S. 469). War dies aber zu erwarten, gerade bei Schärfs Argumentation gegenüber Molotow?

Ohne Quellenkritik bleiben auf diese Weise die deutschlandpolitischen Implikationen der „Mission Schärf" unreflektiert: Seit den Mitteilungen des SPÖ-Vizekanzlers von seinen Moskauer Erkundungen an die deutschen Genossen ließ die „Bruderpartei", übrigens noch im Jahre 1955, von „Modellfall"-Überlegungen ab, wie sie auch in Folge ihre fundamentale Gegnerschaft zum Westkurs Adenauers abschwächte und letztlich aufgab. Immerhin hatte sie den Anstoß zu einer Sondierung gegeben, für die CDU oder die CSU sind vergleichbare Initiativen bisher nicht belegt.

Aus dem Tagebuch Heinrich Krones wissen wir lediglich, dass Figl einen CSU-Repräsentanten in Bayern wissen ließ, wonach in Wien „eine zu beachtende Meldung aus Moskau" vorliege, derzufolge

> „die Russen die Absicht hätten, eine Wiedervereinigung Deutschlands in Freiheit zuzu-
> stimmen, diesem Deutschland militärische Kräfte zuzugestehen und einen Teil des Ge-
> bietes jenseits der Oder-Neiße-Linie zurückzugeben [!]; die einzige Gegenleistung der
> Bundesrepublik müsse sein, daß Deutschland sich aus dem NATO-Bündnis löse"

(bei Stourzh lediglich zitiert in einer Fußnote: Anmerkung 373, S. 477, wobei er die an sich untergeordnete Frage, ob es sich bei dem bayerischen christdemokratischen Politiker um Hanns Seidel oder Franz Seidl gehandelt hat, vergeblich zu klären versuchte).

Diese brisante Mitteilung drang freilich nicht an die Öffentlichkeit, die auch durch zurückhaltende oder eher anderslautende Äußerungen österreichischer Politiker (des-)informiert worden war. Alles andere, nämlich eine Empfehlung des „Modellfalls", hätte mit Blick auf die Empfindlichkeit der Westmächte und den hypersensibel reagierenden Adenauer die Österreichlösung wieder in Frage gestellt oder gar gefährdet, was in Wien zu Recht befürchtet wurde und daher tunlichst vermieden werden musste. Auch auf diesen wichtigen Umstand wird nicht verwiesen.

Zusammenfassend lassen sich zum „Modellfall", dieser „Kontroversfrage", sechs Punkte resümieren.

Erstens: Die sowjetische Diplomatie drängte im Februar und März 1955, d.h. noch **vor** Ratifizierung der Pariser Verträge, auf die Abhaltung einer Vierer Konferenz, auf der sie die deutsche wie die Österreichfrage behandelt wissen wollte.

Zweitens ging es Moskau dabei nach wie vor um die Verhinderung der Wiederbewaffnung der Bundesrepublik bei gleichzeitiger Einbindung des westdeutschen Potentials in das System der NATO. Konnte die Ratifizierung der Pariser Verträge nicht mehr wirksam verhindert werden – man bereitete sich für diesen Fall schon auf die Gründung des Warschauer Paktes vor –, so sollte wenigstens ihre Anwendung möglichst lange verzögert werden. Das war auch die intern geäußerte Auffassung von Bruno Kreisky, die vom Großteil der französischen Diplomatie geteilt wurde.

Drittens spielte Propaganda beim Vorgehen der Sowjets inzwischen in geringerem Maß eine Rolle als z.B. 1952. Es handelte sich 1955 nicht um Rhetorik, sondern um eine Politik festzugesagter und umgehend vollzogener Schritte, was am Beispiel Österreichs unwiderlegbar gezeigt wurde. Die bereits früh formulierte „Schaufenster"-These[64] der österreichischen Diplomatie erfuhr dadurch eine späte Bestätigung.

Viertens: Mit der anglo-amerikanischen bzw. französischen Beurteilung der sowjetischen Politik im Frühjahr 1955, die einer Fehleinschätzung der Lage gleichkam, wäre Wien nicht weitergekommen, ja hätte die österreichische Diplomatie wohl auch keinesfalls so rasch den

---

64   Vgl. Gehler: Österreich, die Bundesrepublik und die deutsche Frage 1945/49-1955, S. 536f.; vgl. dagegen Stourzh: Um Einheit und Freiheit, S. 477, der für die „Zwei-Staaten-Politik" der UdSSR plädiert, wobei fraglich ist, wo hier 1955 die Rhetorik aufhörte und die Praxis begann. Wettig: Bereitschaft zu Einheit in Freiheit?, S. 281, spricht nur von „Vereinigungsrhetorik", was zu kurz greift.

entscheidenden Erfolg erzielt, d.h. eine Klärung noch ausstehender Fragen *mit* Moskau und den möglichst unverzüglichen Abschluss des Staatsvertrages mit allen Besatzungsmächten vorzunehmen.

Fünftens: Kanzler Raab verstand es, gestützt auf Informationen von Bischoff, die gewandelte Haltung der Sowjets sehr geschickt für die Interessen Wiens zu nutzen. Dies konnte nur mit folgendem Spagat gelingen: einerseits die Sowjets im Glauben zu lassen, dass ihre primär auf Deutschland abzielende Politik nicht wirkungslos sein würde, andererseits den Westen und Adenauer in der Sicherheit zu wiegen, dass die sowjetischen Initiativen nur im Sinne der Erlangung der Unabhängigkeit für das eigene Land aufgegriffen und diese Politik „keinesfalls" als „Modellfall" für Deutschland verstanden werde. Damit wurde eine zwischen Ost und West bestehende „Unvereinbarkeit" auf den „österreichischen Nenner" gebracht. So erklärt sich auch die *öffentliche* Zurückhaltung von Raab und Figl bezüglich eventueller Anwendungsmöglichkeiten der „Österreichlösung" auf die deutsche Frage, von Schärf und Kreisky ganz zu schweigen. Bundeskanzler und Außenminister schlossen das Musterbeispiel Österreich in öffentlichen Verlautbarungen aber *keineswegs grundsätzlich* aus, sie vermieden lediglich einen konkreten Hinweis auf die Deutschlandfrage. Mit ein bisschen Phantasie konnte man aber zwischen den Zeilen lesen, wenn der Staatsvertrag von Raab als „erster Schritt zur Lösung weiterer noch offener Weltprobleme" interpretiert und von Figl der 15. Mai als „Wendepunkt" nicht nur für Österreich, sondern auch „für die Weltpolitik" bezeichnet wurde.[65]

Sechstens: Die Integration der deutschen Teilstaaten in die jeweiligen Blocksysteme und die damit verbundene faktische Teilung Deutschlands hatten den Abschluss des Staatsvertrages allzu lange blockiert. Umso bemerkenswerter war die Flexibilität der österreichischen Außen- und Europapolitik. Die Österreichfrage war aber auch noch 1955 Teilaspekt der deutschen Frage und Reflex der Deutschlandpolitik der Supermächte. So erklärt sich abgesehen von der „Modellfallfunktion" des Staatsvertrages für die Sowjets auch die fehlende Bereitschaft der Westmächte, den Neutralitätsaspekt im Staatsvertrag zu verankern und einen solchen dann zu unterschreiben. Jeder Präzedenzfall – mit Wien als ausgleichenden und vermittelnden Ort zwischen Ost und West – für ein theoretisch denkbares neutralisiertes Deutschland sollte ausgeschlossen bleiben. Für einen derartigen Modus blieb die UdSSR trotz des Übergangs ihrer Deutschlandpolitik von der Zwei-Staaten-*Rhetorik* zur Zwei-Staaten-*Politik* nach wie vor ansprechbar.[66]

Feststehen dürfte darüber hinaus, dass die Debatte um den „Modellfall" die westlichen Mächte, die eine solche Lösung für Deutschland wie gesagt entschieden ablehnten, in ihrer reservierten bis kühlen Reaktion auf die österreichische Neutralitätslösung stark beeinflusste und das „Negativbeispiel" Österreich auch und v.a. in seiner weiteren Wahrnehmung nach 1955 eine nicht unerhebliche Rolle spielte. Immer wieder versuchten die Sowjets, Wien als Begegnungsstätte internationaler Konferenzen und Organisationen vorzuschlagen (wie z.B. in der Frage des Sitzes der Internationalen Atombehörde) – nicht ohne Grund.

Dem „Modellfall"-Diskurs ist von Stourzh zu Recht erheblich mehr Bedeutung beigemessen worden als dies zuletzt in seinen Werken der Fall war. Dies ist umso bemerkenswerter, als neutrale Staaten, ihre Diplomaten und Politiker den Status ihrer Länder eher exklusiv behan-

65 *Sonntag, 11 Uhr: Unterzeichnung des Staatsvertrages.* In: WIENER ZEITUNG, 13.5.1955.
66 Das sind die Ergebnisse der jüngsten Untersuchung zu diesem Thema: Gehler, Michael: *Österreich und die deutsche Frage 1954/55: Zur „Modellfall"-Debatte in der internationalen Diplomatie und der bundesdeutschen Öffentlichkeit aus französischer Sicht.* In: 20. Österreichischer Historikertag, Bregenz 1994, Tagungsbericht hrsg. v. Verband der österreichischen Historiker und Geschichtsvereine, Wien 1998, S. 83-134.

delt wissen und nicht gerne als Exportprodukt anpreisen wollen.[67] Österreich gab 1955 für
Deutschland keine Empfehlungen ab, im Übrigen auch nicht für Ungarn im Folgejahr – ganz
im Unterschied jedoch zu Bundeskanzler Raab in den Jahren 1957/58, was u.a. auch mit der
erst allmählich einsetzenden Akzeptanz der Neutralität in Österreich selbst korrelierte.[68]

Zu Recht stellt Stourzh am Ende seines eindrucksvollen Werks fest, dass das Zustande-
kommen des Staatsvertrags als eine „exemplarische Geschichte über die Kunst des Verhan-
delns" gelesen werden könne. Diese Kunst verstanden die Österreicher zusammen mit den
Westmächten *und* den Russen vorzüglich. Sie wurden u.a. dank ihrer Einsicht und ihres Mutes,
dass Politik die Kunst des Möglichen ist, mit einer „der dauerhaftesten friedlichen Kompro-
mißlösungen in der Geschichte des 20. Jahrhunderts" (S. 606) belohnt.

Stourzh' Werk ist eine klassisch-traditionelle Diplomatiegeschichte mit allen ihren Vorzü-
gen. Es ist bestechend in der Auswertung diplomatischer Akten und brillant in der nuancier-
ten Bewertung. Im Anmerkungsapparat setzt sich der Autor mit anderslautenden Thesen in
der Literatur auseinander, *gentleman like*, was unter „Kollegen" nicht immer der Fall ist. Bei
aller Würdigung von rein diplomatiegeschichtlichen Werken und den neuen Erkenntnissen,
die Stourzh zu Tage gefördert hat, ist er sich auch in vielen Punkten seiner früheren Darstellungen aus den siebziger und achtziger Jahren treu geblieben.

Es ist nicht zu übersehen, dass die gesellschafts- und innenpolitische Dimension, parteipolitische und innerparteiliche Aspekte der Staatsvertragsgeschichte wieder unberücksichtigt
geblieben sind. Die Helden des *„annus mirabilis"* treten als Individuen mit ihren Charakteren,
Stärken wie Schwächen so gut wie nicht in Erscheinung. Sie werden nahezu wertfrei als objektiv handelnde Akteure präsentiert. Das verleiht ihrem Wirken staatstragende Würde, die hinter
den Entscheidungen der österreichischen Außenpolitik von 1945 bis 1955 agierenden Menschen bleiben dem Leser weitgehend verschlossen.

Nicht unvermerkt soll bleiben, dass dieses große Werk auch im dokumentarischen Anhang
beträchtlich zugenommen hat (S. 607-779), v.a. eine Quelledition im eigentlichen Wortsinne
erstmals enthält, nämlich die Mitschrift der Verhandlungen vom April 1955 in Moskau von
Josef Schöner. Eine Zeittafel, ein Abkürzungsverzeichnis und eine umfassende Bibliographie
runden das eindrucksvolle Buch ab.

2 Günter Bischof: *Austria in the First Cold War*

Günter Bischofs Monographie stellt eine spannende und spannungsreiche Synthese zwischen
intensiver quellenorientierter, multiarchivalischer internationaler Geschichtsschreibung und
einer nahezu vollkommenen Einbeziehung und Reflexion des aktuellen Standes der Literatur
zur österreichischen Zeitgeschichte, insbesondere zur Zweiten Republik sowie zur anglo-
amerikanischen Kalten Kriegsforschung dar. Es ist eine sehr gut lesbare, ja geradezu ideale
Ergänzung zum Werk von Stourzh, geht dieser doch überwiegend von der österreichischen
Perspektive aus.

Bischofs konzentrierte Darstellung ist umso bemerkenswerter, als es einerseits die konden-
sierte Zusammenfassung seiner fast 1000seitigen Harvard-Dissertation ist,[69] und es sich ande-

---

67   Vgl. hierzu auch Gehler, Michael: *Quo vadis Neutralität?* Zusammenfassende Überlegungen zu ihrer Ge-
      schichte und Rolle im europäischen Staatensystem sowie im Spannungsfeld der Integration. In: Ders./Rolf
      Steininger (Hrsg.): Die Neutralen und die europäische Integration 1945-1995. The Neutrals and the Euro-
      pean Integration (Institut für Zeitgeschichte an der Universität Innsbruck. Arbeitskreis Europäische Integ-
      ration. Historische Forschungen. Veröffentlichungen 3), Wien/Köln/Weimar 2000, S. 711-754, hier S. 746.
68   Gehler, Michael: *The Hungarian Crisis and Austria, 1953-58: A Foiled Model Case?* In: CONTEMPORARY AUS-
      TRIAN STUDIES 9 (2001), S. 131-183.
69   Bischof, Günter: *Between Responsibility and Rehabilitation: Austria in International Politics, 1940-1950*, Ph.Th.
      Harvard University Cambridge Massachusetts 1989.

rerseits um einen zusätzlichen ebenso komprimierten Ausbau weiterer und jüngerer For-
schungsleistungen über die Jahre von 1950 bis 1955 handelt, die der Austro-Amerikaner systematisch vorangetrieben hat.

Ähnlich wie Stourzh geht Bischof auf die für das Verständnis der Zeit nach 1945 notwendige alliierte Österreichpolitik und Nachkriegsplanung der Jahre von 1938 bis 1945 ein. Er
reflektiert dabei die Opfer-Täter-Dichotomie nach dem „Anschluss" Österreichs an das Deutsche Reich und im Zweiten Weltkrieg stärker als Stourzh und kommt dabei zu einer Reihe von
Kritikpunkten auch mit Blick auf die Haltung Nachkriegsösterreichs in der Restitutions- und
Wiedergutmachungsfrage.

Bischof beanstandet gleich in seiner Einführung den in der Historiographie vertretenen
Standpunkt, wonach diese österreichische Position mit „nationaler Interessenpolitik" *„entschuldigt"* worden sei (S. xii). Sie ist damit jedoch nicht entschuldigt, sondern gegenüber historiographischen Darstellungen *erklärt* worden, die hierfür keine Auslegung fanden oder aus einer
Position der moralischen Anklage heraus argumentierten. „Nationale Interessenpolitik" kann,
muss aber nicht immer höchste moralische Standards aufweisen oder notwendigerweise mit
solchen korrelieren, wenn es um Lebensfragen geht, ja sie kann durch Moralpolitik fragwürdig
und unwirksam, ja möglicherweise sogar kontraproduktiv werden, so dass eigene existentielle
Interessen nicht mehr vom betreffenden Land selbst, sondern von anderen Staaten vertreten
werden. Österreich ging es nach 1945 um eine solche Lebensfrage, der Wiedererrichtung seiner Staatlichkeit und die Wiedererlangung seiner Souveränität. Alle Staaten der Welt hätten
wohl so oder ähnlich gehandelt. Solche, die sich in unangreifbarer Position befanden, die noch
nie von einer fremden Macht besetzt und ihre Integrität noch nie bedroht sahen, tun sich
wahrscheinlicher schwerer, diese angebliche Unmoral zu verstehen. Was für die Öffentlichkeit
dieser Staaten angehen mag, die in hohem Maße unter der Beeinflussung von Meinungsindust-
rien stehen, darf den Historiker nicht in Versuchung führen, Geschichte aus einem Land Uto-
pia heraus zu betrachten.

Die Souveränität beginnt bekanntlich damit, eigene Standpunkte nicht nur zu formulieren,
sondern auch *vis-à-vis* Dritten zu behaupten und bei der Definition und Auslegung anderer
Interessenvertretungen und Mächten gegenüber keine Ingerenzen zu ermöglichen. Dieses
einfache Einmaleins klassischer *Nationalstaats-* und *Souveränitätspolitik*, so anachronistisch und
anfechtenswert sie heute erscheinen mag, noch viel weniger aber die *staatliche Existenz-
sicherungspolitik* können dabei außer acht gelassen werden. Auch wenn bei der Betrachtung der
Dinge aus der Sicht der neunziger Jahre mit sehr hohen moralischen Standards die seinerzeitige österreichische Haltung in der Frage der Entschädigung von arisiertem Vermögen oder in
der Zwangsarbeiterabfindung als ungerecht und unmoralisch empfunden wird – es handelt
sich hierbei um eine gegenwärtige Sicht, nicht aber um die historische Perspektive – so fragt
sich, ob die Konfrontierung der österreichischen Geschichte mit der aktuellen Lesart der Dinge die Aufgabe der Historiker sein sollte oder nicht doch eigentlich die der Anwälte, der
Rechtssprechung und der Gesetzgebung ist. Vom offiziellen politischen Österreich in der
Nachkriegs- und Besatzungszeit kann zeitgeschichtliche Aufklärung zu seinem eigenen Nach-
teil ernsthaft nicht erwartet werden.

Viel stärker als Stourzh sieht Bischof Österreich in die Sachzwänge des Ost-West-Konflikts
eingebunden und mit den Konsequenzen des Kalten Krieges konfrontiert, den er mit 1945/46
beginnen lässt. Er sieht hier Österreich weniger als Opfer, setzt sich aber intensiv mit der
österreichischen „Opfermythologie" (S. 63, 154 mit und ohne Anführungszeichen) in bezug
auf den „Anschluss" und die Kriegsjahre auseinander – ein nach Ansicht des Rezensenten zu
starkes Wort: Die Bezeichnung „Opferthese" hätte es ebenso getan und wäre wohl der Sache
gerechter geworden. Zunächst war es auch nicht mehr. Zu einem Mythos und einer Mytholo-
gie braucht es einfach mehr Zeit. Diesen und eine solche entlarvten ja erst Historiker der

neunziger Jahre, wobei zu wenig zwischen *staatlicher* und *persönlicher, kollektiver* und *individueller* Opferthese differenziert worden ist und wird.

Kapitel II dreht sich um den *„Anglo-Soviet Cold War over Austria, 1945/6"*. Bischof macht hier zutreffend auf die Qualität der sowjetischen „Befreiungspolitik" (Ausplünderung und Ausbeutung) aufmerksam. Vor allem die Politik der Briten sieht er hier im Sinne eines frühen *containment*.

Das dritte Kapitel beschäftigt sich mit der inhaltlichen Struktur der österreichischen Außenpolitik, die aus drei Komponenten zusammengesetzt analysiert wird: (a) Erfindung und (b) Verkauf einer nützlichen Vergangenheit sowie (c) die Brückenkonzeption, die Bischof mit einem Fragezeichen versieht. Im Unterschied zu Stourzh billigt der Autor der Ballhausplatz-diplomatie Donauraumüberlegungen im Zeitraum 1945-1948 zu, die auch nicht jeglicher Relevanz entbehrten (S. 76).

Wenn von der „Okkupationsdoktrin" (S. 61ff.) als einer Schlüsseldoktrin der österreichischen Außenpolitik und entsprechenden Kontinuitäten von den vierziger bis zu den achtziger Jahren die Rede ist, so fragt sich jedoch, ob diese im entsprechenden Zeitraum wirklich verteidigt werden musste. Bischof spricht nämlich von *„the defence of the key doctrine in postwar Austrian foreign policy"* (S. 65). Ich behaupte, dass diese Theorie über die Jahrzehnte betrachtet nicht nur immer unbestrittener wurde, sondern beträchtlich an politischer Bedeutung verlor, jedenfalls ab Mitte der fünfziger Jahre nicht mehr ernstlich angefochten war und daher auch nicht sonderlich verteidigt werden musste. Dies hatte seine Gründe, die es zu analysieren gilt. Der Rezensent meint ferner: Wenn die österreichische Position, die Opferthese eingeschlossen, beanstandet wird, so müsste konsequenterweise auch die Haltung der ehemaligen Siegermächte, ja die der gesamten Staatenwelt, die diesen Status anerkannte, ebenso missbilligt oder zumindest kritisch reflektiert werden. Geht man von diesen inkriminierten Tatbeständen aus, so agierten die Alliierten nämlich hierbei wie Komplizen Österreichs.

Die Opferthese fand ihren Niederschlag in der Moskauer Deklaration von 1943. Sie war somit ursprünglich und im Grunde zunächst einmal eine „Erfindung" der Anti-Hitler-Koalition, tieferliegend eigentlich Ausfluss der gescheiterten Österreichpolitik der Westmächte in den zwanziger und dreißiger Jahren und Ausdruck der misslungenen Verhinderung der Einverleibung Österreichs in das Deutsche Reich. Die Opferrhetorik der Alliierten kaschierte zu einem guten Teil die mangelhafte Bewältigung des „Anschlusses" durch die Mächte, ja sie lenkte in gewisser Weise vom Versagen ihrer eigenen Österreichpolitik ab.

Dieser Befund mag nun rasch mit der „Exterritorialisierung" der österreichischen Verantwortlichkeit abgetan werden, daran vorbei wird man jedoch kaum können. Dass die politisch Verantwortlichen im Nachkriegsösterreich auf den rhetorischen Verhüllungsversuch und das politische Ablenkungsmanöver der Alliierten rekurrierten, es zu ihrem Vorteil aufgriffen und verwendeten, steht auf einem anderen Blatt der Geschichte. Bischof geht aber nicht nur aus moralischen Erwägungen darauf kritisch ein, sondern konfrontiert gezielt die verbalen Kunstgriffe der Gründerväter der Zweiten Republik mit den Forschungsergebnissen der österreichischen Zeitgeschichte aus den neunziger Jahren. Das hat durchaus seinen wissenschaftlichen Reiz und erkenntnisspezifischen Wert. Hier kann die Forschung viele wertvolle Kontrastierungen bieten.

Österreichs Politiker betraten die „goldene Brücke", die ihnen die Anti-Hitler-Koalition gebaut hatte. Sie wurde als große Chance begriffen, obwohl die Ambivalenz und Janusköpfigkeit der Moskauer Deklaration schon damals gesehen wurde. Dass daraus auch Missbrauch in der Auslegung, Verdrehungen der Geschichte und Verfehlungen im politischen Verhalten entstehen würden, war in dieser Schärfe in den ersten Nachkriegsjahren wohl aber nur wenigen so bewusst, wie es eine jüngere Historikergeneration im ausgehenden 20. Jahrhundert vor Augen hatte. Österreichs Repräsentanten konnten jedenfalls 1945 auf diese alliierte Konstruktion zurückgreifen, und sie taten es auch, so gut sie konnten und so weit ihnen die Geschichte

dabei diente: Sie half, den Opferstatus zu begründen und der Opferstatus, den Staat zu legitimieren.

Bischof sieht „*the most important victory in the post war success story of the Austrian Rip Van Winkle
mythology*" in der Anerkennung des österreichischen Staates als „befreites Land" während des
USA-Aufenthaltes von Karl Gruber im Herbst 1946 (S. 67). Es war gewiss ein großer politischer Erfolg, den der Außenminister hier für das um seinen Status ringende Nachkriegsösterreich erreichen konnte, ob es aber der wichtigste persönliche Triumph Grubers war, mag dahingestellt bleiben. Dem wegen des mageren Gruber-De Gasperi-Abkommens intern stark
unter Beschuss geratenen Tiroler half das US-amerikanische Entgegenkommen jedenfalls sehr.

Südtirol als zentrales Element der österreichischen Außenpolitik vom September 1945 bis
September 1946 bleibt von Bischof nicht unerwähnt (S. 74-75), wobei die Kritik des Sozialisten Schärf, dass durch die Forcierung der Südtirolpolitik Chancen in der Staatsvertragspolitik
vertan worden seien, eigentlich nicht haltbar ist (S. 75). Schärf hatte außerdem ebenso wenig
Interesse an einem Zuwachs Südtiroler ÖVP-Wähler wie Adenauer an SPD-Wählern aus der
sogenannten „Zone". Parteipatriotismus gab es hier und da. Er ging zum Teil immer noch
über staatspolitische Anliegen, ein Phänomen, welches immer wieder feststellbar ist.

Abgelöst wird dieser Abschnitt in Bischofs Werk durch den sowjetisch-amerikanischen
Kalten Krieg in Österreich 1946/47 (dieser hielt natürlich über 1947 weiter an), den der Autor
v.a. in den ökonomischen Zwangsmaßnahmen und dem wirtschaftlichen Druck der russischen Besatzungsmacht sieht. Zu Recht erkennt er das Dilemma, in dem sich Österreich mit
diesen wahrlich existentiellen Zwängen seiner Wirtschaftspolitik befand. Die Antwort auf die
katastrophale Ernährungslage und die sowjetische Repressionspolitik waren bilaterale US-
Wirtschaftshilfe und das ERP. Bischof führt erschütternde Zahlenmaterialien in Form von
Tabellen an und benennt hierbei die Unsummen von Quasi-Reparationszahlungen an die
UdSSR, die unter dem Vorkriegsstand laborierende Industrieproduktion und die tagtäglichen
Kaloriensätze der Durchschnittsösterreicher (Tabellen 1-3, S. 87-89).

„*In the Shadow of Germany: the Militarization of the Cold War in Austria, 1948-52*" lautet das
nächste Kapitel. Darin geht der Autor auf die Staatsvertragsverhandlungen, die kommunisti-
sche Bedrohung und die Remilitarisierung Österreichs sowie den Kurzvertrag von 1952 ein.
Freilich blieb die Regelung der Österreichfrage bis 1954 im Schatten der ungelösten Deutschlandfrage. Eine Zäsur sieht Bischof in Stalins Tod und dem anschließend einsetzenden „Tauwetter". Die sogenannte friedliche Koexistenzpolitik der UdSSR zieht Bischof insofern korrekt in Zweifel, als er sich nämlich fragt, ob sie in dieser Phase (1953-55) schon den *status quo*
in Europa für unabänderlich und unumstößlich hielt und auf einen solchen abzielte. Den Höhepunkt der austro-sowjetischen bilateralen Staatsvertragsdiplomatie erblickt der Verfasser im
Frühjahr von Februar bis Mai 1955. Sie führte zum heißersehnten Abschluss des Vertrags-
werks.

Acht instruktive Tabellen und eine Landkarte ergänzen die weiterführende Studie, die im
Unterschied zum *opus magnum* von Stourzh weniger deskriptiv, dafür kompakter und austrokri-
tischer ist. Folgt das Werk des Wiener Emeritus implizit doch mehr oder weniger einer staatstragenden Linie, so neigt Bischofs Analyse zu einer Kritik der österreichischen Außenpolitik.
Insbesondere diejenige von Karl Gruber (1945-1953), der nie seine besondere Wertschätzung
genoss, wird sehr kritisch beurteilt, dagegen erscheint der schwache und eher farblose Außenminister Figl zu mild beurteilt, während Raab als der bauernschlaue, ja geniale Staats-
vertragskanzler figuriert.

Ohne Grubers jahrelange Vorarbeit und die maßgeblich von ihm initiierte und in Folge
mitgetragene Westorientierung des Landes hätten die Westmächte 1955 aber nie so rasch in
die „Österreichlösung" eingewilligt. Diese Einsicht drängt sich bei der Lektüre der teilweise
faszinierenden Darstellung Bischofs förmlich auf.

Positiv, gewürdigt, fast salbungsvoll fällt das Urteil über die westlichen Diplomaten und das besondere Verdienst ihrer Militärs für das geeinte und freie Österreich am Ende des Buches aus (S. 155-156), wobei ihre dilatorische Haltung und der Widerstand gegen einen vorzeitigen Staatsvertragsabschluss mit Truppenabzug in diesem Zusammenhang unerwähnt bleiben und somit auch bemäntelt werden. Manche von ihnen hätten vorgezogen zu bleiben, so sehr gefiel ihnen ihr Aufenthalt in der Alpenrepublik.

Bischof bietet eine schöne Zusammenfassung der Forschungsliteratur, die er eingehender berücksichtigt als Stourzh. In der Terminologie sind jedoch Unschärfen erkennbar. Zwischen „Okkupationsdoktrin" (S. 52) und „Okkupationstheorie" (S. 61) ist ein Unterschied, der herausgearbeitet oder reflektiert sein sollte. Das Gleiche fällt auf, wenn Bischof von einer „Nebenaußenpolitik" (S. 72, 115) von Ernst Lemberger oder Walter Wodak spricht. Dabei wäre zu fragen gewesen, wozu diese diente, zu was sie führte und wie stark sie tatsächlich Grubers Politik desavouierte und inwieweit sie imstande war, die hauptsächliche außenpolitische Linie zu verändern oder gar zu konterkarieren.

Grubers Bezeichnung als „einer der frühen Kalten Krieger" (S. 95) als bereits bekannte These bleibt so im Raum stehen, seine Rubrizierung des Kommunismus als „roten Faschismus" (ebd.) lässt ihn wohl eher als frühen und vulgären Totalitarismustheoretiker erscheinen. Grubers Politik war viel zu facettenreich und komplex als dass er sich mit dem Etikett „Kalter Krieger", das für Adenauer, Eisenhower, Dulles oder Molotow wohl passender ist – zutreffend charakterisiert werden könnte. Seine antikommunistische Haltung (S. 51) hinderte ihn nicht an der Empfehlung und Bereitschaft zu bilateralen österreichisch-sowjetischen Verhandlungen (S. 108-109) in der deutschen Eigentums- oder Kompensationsfrage 1947/50. Seine pro-amerikanische Haltung hinderte ihn nicht an zeitweise scharfer bis ablehnender Haltung der US-Diplomatie (1948/49) gegenüber. 1953 emanzipierte er sich von ihr auch in öffentlich auffallender Weise. Diese Emanzipation von den Westmächten erfolgte übrigens in der österreichischen Außenpolitik schon vor seiner Demission (S. 133, 135).

Das Klischee vom „Kalten Krieger" Gruber passt nicht auf diesen merkwürdig widersprüchlich und eigenwillig agierenden Politiker. Seine zögernd-tastende „Samtpfoten-Instruktion" für Alois Vollgruber mit Blick auf die beabsichtigte Teilnahme an der Pariser Marshall Plan-Konferenz von 1947 ist ein beredtes Zeugnis für seine in der Literatur selten genannte Eigenschaft, abzuwarten und eine vermittelnd-ausgleichende „Politik der Mitte" zu betreiben. Bischof spricht hier von einem *„classical statement of a small country's circumspect Cold War foreign policy and also constitutes a harbinger of a neutral Austrian foreign policy after the conclusion of the treaty in 1955"* (S. 100). Gerade eine solche Haltung und Politik passt aber nicht recht in das Bild vom „frühen Kalten Krieger". Gruber agierte bezogen auf seine Amtszeit in der Phase des Korea-Krieges (1950-1953) eher als später Kalter Krieger.

Sein politisches Hauptverdienst war sein Beitrag zu Österreichs Teilnahme am Marshall-Plan. Dies kam auch in seiner bisher von der Forschung wenig beachteten Rolle als „Vizepräsident" der OEEC zum Ausdruck. Dass Österreich Top-Priorität bei der Verteilung der US-amerikanischen Wirtschaftshilfe bereits 1947 bekam (S. 101-102) und *special case*-Status in der OEEC ab 1948 hatte, hing mit der teilweisen antikommunistischen Rolle, die der Außenminister in dieser Zeit zu übernehmen begann, eng zusammen (S. 153).

Der Titel von Bischofs Werk („*Austria in the First Cold War*, 1945-55")[70] weckt weitere Erwartungen, fragt sich doch zwangsläufig, welche Rolle Österreich in den folgenden kalten Kriegen gespielt hat – ein Ausblick hierzu wäre da hilfreich gewesen. Vor kurzem hat Bischof

---

70   Halliday, Fred: *The Making of the Second Cold War*, 2. Auflage, London 1986, S. 3 charakterisiert die Phase von 1946 bis 1953 als „first Cold War".

separat von seiner Monographie einen solchen, sehr guten Überblick geliefert, in dem auch eine Periodisierung mit verschiedenen Kalten Kriegsszenarien geboten wird.[71]

In der Modellfall-Frage gibt Bischof eine knappe wie präzise Deutung basierend auf Einschätzungen von Bruno Kreisky, Konrad Adenauer und Hans-Peter Schwarz: Er hält es nicht für möglich, dass der Kreml 1955 die österreichische Neutralität als Modell für Deutschland betrachtete und entsprechend eingesetzt sehen wollte – beide Fälle wären zu verschieden gewesen (S. 151). Das mag durchaus sein, ist aber, wie schon oben ausgeführt, kein zwingendes Argument gegen die Modellfall-These.

In der sowjet-russischen Perzeption und Intention konnte die *Neutralisierung* Deutschlands ein *visionäres Maximalziel*, die Verhinderung der deutschen Wiederbewaffnung im Rahmen eines westlichen Militärbündnisses ein *aktuelles Primärziel* und eine diesbezügliche Vier Mächte-Verhandlung über Deutschland ein dafür *notwendiges Minimalziel* sein. Bis zur Genfer Gipfelkonferenz sind die genannten drei Elemente in der sowjetischen Deutschlandpolitik erkennbar – unabhängig davon, ob Österreich und Deutschland vergleichbar oder unvergleichbar waren. Die Strategie Julius Raabs als Leitbild, Archetyp oder als Kopie für die Art, wie bei den Sowjets zu sondieren war und wie die Verhandlungen von Bonn aus mit allen Mächten zu führen gewesen wären, setzt keine völlige Gleichheit der *causa Austria* mit der Frage der deutschen Einheit voraus. Vielmehr genügen Anknüpfungspunkte, die in dem Wunsch nach Blockfreiheit und Souveränität hätten gegeben sein können, wenn der Wille hierzu, selbstverständlich zunächst in Bonn selbst, zu spüren gewesen wäre.[72]

So sehr mich Bischofs These „*No 'triple containment' of Austria was needed*" (S. 151) überzeugt, so wenig treffend scheint mir die Formulierung, dass die Kremlführer mit der Unterzeichnung des Staatsvertrags „*a major diplomatic concession to the West*" (ebd.) machten. Die „Österreichlösung" war weniger eine russische Konzession, sondern ein Sieg nach Punkten der sowjetischen über die westliche Diplomatie – dank und mit Hilfe Österreichs.

Dieser Punktesieg schloss Modellfall-Absichten nicht aus, sondern ein. Der Westen und Adenauer argumentierten, dass die Räumung Österreichs durch russische Truppen ein Ergebnis ihrer „Politik der Stärke" gewesen sei.[73] Vielmehr war es so, dass das Ergebnis nicht durch eine „Politik der Stärke", sondern auf dem Wege beiderseitigen Nachgebens erreicht wurde, weil der Westen seine Truppen ebenfalls abzog – das Ergebnis „*admirabilis*" war *erstens* ohne die geschickte, ausgleichende und vermittelnde Politik der Österreicher nicht möglich gewesen, *zweitens* ließen sich die Russen den Abzug teuer bezahlen, erhielten *drittens* ein NATO-freies Westösterreich und konnten *viertens* eine entspannungspolitische Geste machen und mit Blick auf Deutschland *fünftens* ein immerhin zukünftiges Modellfall-Szenario simulieren bzw. demonstrieren: So wie sie sich das Maximalziel der Lösung der Deutschlandfrage, aus ihrer Sicht sozusagen den Idealzustand, vorgestellt haben dürften. Dabei ist zu überlegen, inwieweit Österreich durch die überproportionierte Marshall-Plan-Hilfe auch dank Karl Gruber nicht erst „in Form gebracht" worden war, die Zahlungen an die Sowjets leisten zu können. Diese erfolgten mithin zumindest teilweise durch US-Geld.

Bischofs kenntnisreiches Buch enthält viele wertvolle Einsichten und die Forschung stimulierende Kapitel, die vor allem die angloamerikanische Kalte Kriegsforschung reflektieren und

---

71 Bischof, Günter: *Eine historiographische Einführung: Die Ära des Kalten Krieges und Österreich*. In: Erwin A. Schmidl (Hrsg.): Österreich im frühen Kalten Krieg. Spione, Partisanen, Kriegspläne (Eine Publikation des Militärwissenschaftlichen Büros des Bundesministeriums für Landesverteidigung), Wien/Köln/Weimar 2000, S. 19-53.

72 Dies wird übersehen von Pape. Die Unvergleichbarkeit der beiden Fälle ist gebetsmühlenartig von der zeitgenössischen Gegnerschaft des Österreichbeispiels wiederholt worden, so z.B. durch die offiziösen und offiziellen Verlautbarungen aus Bonn (Bundeskanzleramt, Auswärtiges Amt). Pape: Ungleiche Brüder, S. 302f., übernimmt diese Lesart der Dinge unhinterfragt und reflektiert dabei nicht die damit verbundenen politisch-propagandistischen bundesdeutschen Immunisierungsabsichten gegen das Österreichbeispiel.

73 Diesen Aspekt gegen meine Argumentation auch unkritisch überbewertend: Pape: Ungleiche Brüder, S. 304, Anm. 48.

in die österreichische Debatte gewinnbringend eingeführt werden, ein expliziertes interpretatorisches Gesamtkonzept fehlt jedoch. Die Botschaft für die österreichische Politik der Jahre 1945-1955, im Untertitel des Werks mit „*The leverage of the weak*" zum Ausdruck gebracht, wird zwar mehrfach angesprochen (S. 142ff., 153), aber nicht näher ausgeführt, konkretisiert, theoretisch reflektiert, kategorial bestimmt oder vergleichend analysiert, was darunter eigentlich zu verstehen ist: Worin bestanden die Hebelkräfte des Schwachen? Warum wirkte diese Hebelkraft nicht schon vor 1955? Wie weit ging die von Bischof mit Vorliebe zitierte „Opfermythologie" mit der „Hebelkraft des Schwachen" Hand in Hand? Die „Stärke des Schwachen" liegt ja oft darin, zu demonstrieren, wie „schwach" er ist, wie „unterdrückt" er war, um Unrechtsbewusstsein bei den Großen zu erzeugen – nach dem Motto: Opfer haben immer Recht – Opfer dürfen nicht schlecht behandelt werden. Wie weit hingen Hinnahme und Akzeptanz von Souveränitätsverlusten und -vorenthaltungen z.B. im Rahmen des ERP, der OEEC und des COCOM (Stichwort „Westorientierung") mit erst später (1953-1955) erlangter und nutzbarer Hebelkraft zusammen? Wie weit wurde bewusster Westintegrationsverzicht in der Europa- (Europarat) und Integrationspolitik (EGKS) als Möglichkeit des souveränitätspolitischen Zugewinns von Hebelkraft (gegenüber der UdSSR) kalkuliert und verwendet? Bischof – im übrigen auch Stourzh – gibt dies für die Rearmierung der Westzonen zu erkennen. Hier wäre noch mehr an Interpretation möglich und zu erwarten gewesen.

Bischofs Teil-Interpretationen sind nicht widerspruchsfrei: Er zeigt sehr deutlich, wie „*weak*" und „*impotent*" Österreich nach 1945 war. Kann man Österreich dann aber vorwerfen oder kritisch vorhalten, dass es nach historisch-politischen Strohhalmen und Konstruktionen (Opferthese und Okkupationstheorie) griff, um seine Existenz zu sichern und dem gesamtdeutschen Verantwortlichkeitsstrudel zu entrinnen (an den Stourzh eindrucksvoll erinnert, S. 27)? Kann man dann problematisieren, dass es die Holocaust-Opfer nicht entsprechend entschädigt habe, was ja später dann ohnedies die Deutschen taten?

Es ist den Kritikern an der Opferthese zu konzedieren, dass sich die österreichische Politik des Zwangs zu Entschädigung und Restitution sehr wohl bewusst war, diese Anliegen allerdings auf die lange Bank zu schieben versuchte.[74] Österreichs Haltung in der Wiedergutmachungsfrage zu problematisieren, ist daher gewiss legitim, die tieferliegenden Ursachen und Gründe dieser Haltung aber unerörtert zu lassen, die existentiellen Zwänge der Zeit und souveränitätspolitischen Interessenskollisionen sowie den Schatten der deutschen Geschichte, v.a. in der konkreten Regelung von Vermögens- und Eigentumsfragen, mitzubedenken, sind keine einfachen Entschuldigungsversuche, sondern notwendige Erklärungsmuster, die zu diesem Zusammenhang gehören.

Ich weiß, dass eine derartige Interpretation heute eine sehr inopportune Argumentation darstellt, diese war aber historisch nicht nur sehr opportun, sondern vermutlich auch notwendig. Bischofs Standpunkt ist heute nicht nur politisch korrekt, sondern auch moralisch gerechtfertigt, ob er dabei aber historisch angemessen verfährt, ist fraglich. Es steht bei dieser „Kontroversfrage" auch grundsätzlich die Funktion der Geschichtsforschung zur Debatte: Ist es ihre Aufgabe, diese „Verfehlungen" (S. xii) der österreichischen Politik herauszuarbeiten? Damit wären wir bei Ed Fagan, der wie der österreichische Staat nach 1945 gezwungen ist, advokatorisch zu argumentieren, und der Problematik der politischen Funktion der vom Staat eingesetzten Historikerkommission angelangt. Trotz aller kritischen Einwände bleibt als Fazit dieser Rezension festzuhalten, dass Günter Bischof ein die Forschung sehr anregendes und wertvolles wissenschaftliches Buch vorgelegt hat.

---

74   Siehe hierzu den Editionsklassiker von Knight, Robert (Hrsg.): „*Ich bin dafür, die Sache in die Länge zu ziehen.*" Die Wortprotokolle der österreichischen Bundesregierung von 1945 bis 1952 über die Entschädigung der Juden, Frankfurt a.M. 1988.

3 Günter Bischof/Saki Dockrill (Hrsg.): *Cold War Respite*

Der von Günter Bischof und Saki Dockrill herausgegebene Band „*Cold War Respite. The Geneva Summit of 1955*" führt die Forschung zur Gipfelkonferenz-Diplomatie weiter. Die Einführung der beiden Kalten Kriegsexperten macht auf die historische Bedeutung und den politischen Hintergrund des „*Geneva Summit*" sowie die Komplexität der internationalen und globalen Konstellationen aufmerksam (S. 1-20).

Ernest May geht auf den *background* des frühen Kalten Krieges (S. 21-34) ein, während Richard H. Immerman mit „*Trust in the Lord but Keep Your Powder Dry*" die US-amerikanischen (S. 35-54), Vladislav M. Zubok die sowjetischen (S. 55-74), Antonio Varsori die britischen (S. 75-96) und Colette Barbier die französischen Ziele (S. 97-116) in Genf analysieren.

Günter Bischof behandelt in einem eigenen Beitrag „*The Making of the Austrian Treaty and the Road to Geneva*" (S. 117-154). Darin wird gleich zu Beginn von einer „*neutralization of Austria*" (S. 117 und an anderen Stellen weiterhin, z.B. S. 154) gesprochen, die nicht von „*neutrality*" unterschieden wird. Bischof schreibt, dass Österreichs Staatsvertragsverhandlungen eines der grundsätzlichen Opfer des Dissenses zwischen den Supermächten und ihrer psychologischen Kriegsführung (anstatt diplomatischer Verhandlungen) wurden und somit Österreich zu einer Geisel im Zeichen der Militarisierung des Kalten Krieges im Kontext des Korea-Krieges machten („*The Austrian treaty negotiations [...] became one of the principal victims of this superpower descent into psychological warfare in lieu of diplomatic negotiations, turning Austria into a hostage of the militarization of the cold war during the Korean War*" (S. 118)). Es ist bemerkenswert, dass Bischof hier von einem diplomatisch-verhandlungstechnischen Opferstatus Österreichs ausgeht. Der Rezensent stimmt dieser These vollkommen zu. Überzeugend beschreibt der Autor, dass Österreichs Emanzipation von den Westmächten in den Jahren von 1953 bis 1955 westliche Diplomaten und Staatsmänner beunruhigte und verunsicherte. Der „Fall Österreich" zeigte dem US-amerikanischen *Office of Intelligence Research of the Department of State*, dass ein Staat zum Erfolg gelangen konnte, wenn er – auch ohne vorherige Konsultation der Westmächte – seine Anliegen in die eigenen Hände nahm und mit der UdSSR verhandelte (S. 125). Verpasste Gelegenheiten zu einer Gipfelkonferenzdiplomatie mit einer vorzeitigen Österreichlösung sieht Bischof in Molotows und Eisenhowers Politik im Jahre 1953 (S. 123, 126). Wechselseitige Fehlwahrnehmungen und gegenseitige Befürchtungen vor möglichen unerwünschten Nebenfolgen und Rückwirkungen (Schwäche des eigenen Systems, deutsche Frage etc.) verhinderten eine Öffnung und wirkliche Entspannung. Eisenhowers Versagen, auf die sowjetischen Entspannungsinitiativen und Friedensfühler entsprechend zu reagieren und einzugehen, erklärt Bischof damit, dass der US-Präsident Opfer seiner eigenen Ideologie wurde, nämlich eines republikanischen Extremismus, eines rigiden Antikommunismus und des inneramerikanisch stark nachwirkenden, unduldsamen McCarthyismus (S. 127-130). Bischof spricht von einem „*ugly domestic climate*" (S. 128), das offensichtlich Eisenhowers außenpolitischen Handlungsspielraum limitierte. In der sowjetischen Haltung während der Berliner Außenministerkonferenz sah er keine Bereitschaft zu Konzessionen: weder in größeren (Deutschland-) noch in kleineren Angelegenheiten (Österreichfrage) (S. 133).

Das war noch Molotows Politik, der 1954/55 von Chruschtschow zurückgedrängt werden sollte (S. 134-135). Der erwähnte sowjetische Außenminister hatte jedoch oft genug versucht, eine gesamtdeutsche Verwaltung aufrechtzuerhalten oder wiederherzustellen, was Voraussetzung für die Verhinderung des Mauerbaus in Berlin gewesen wäre. Mauer und Todesstreifen wurden dann auch zu Kennzeichen der Niederlage Adenauerscher Deutschlandpolitik, die in ihrer Sterilität und Kunstlosigkeit das genaue Gegenbild Raabscher Initiativpolitik darstellt. Erst später erfolgte diese Einsicht unter bundesdeutschen Eliten. Zu Recht schrieb der seinerzeitige Bundestagsvizepräsident und FDP-Politiker Thomas Dehler Ende Mai 1963 an einen Freund: „Der tragische Geschichtsabschnitt Adenauer muß zu Ende gehen, bevor sich etwas

bewegen läßt." Dehler verlangte eine Kurskorrektur der deutschen Außenpolitik. Insbesondere strebte er ein anderes Verhältnis zur Sowjetunion an, da er davon überzeugt war, dass nur
mit Zustimmung der UdSSR die Wiedervereinigung der Deutschen möglich war. Es gebe ein
Sprichwort, sagte er im Hauptausschuss, das heiße, die Russen müsse man umarmen: „Bisher
haben wir ihnen eigentlich immer nur aufs Kinn geschlagen. Ich glaube, wir müssen eine andere Methode anwenden."[75] Hierzu war ein Wechsel im Bundeskanzleramt in Bonn unab-
dingbar. In Wien hatte man die Notwendigkeit eines geänderten Verhaltens gegenüber der
UdSSR schon 1953 erkannt, als der dortige Bundeskanzler durchblicken ließ, dass es nichts
nütze, „wenn man den russischen Bären, der mitten im österreichischen Garten drinsteht,
durch laut tönende Sonntagsreden in den Schwanzstummel zwickt". „Überflüssige Spitzen"
gelte es zu vermeiden.[76] Das war Voraussetzung für Vertrauensbildung und Annäherung der
Standpunkte.

Das Tempo der Österreich-Verhandlungen im Frühjahr 1955 bezeichnete der britische
Österreich-Spitzenexperte im *Foreign Office* als „*object-lesson to Germany, and perhaps to others as well,
on the desirability and utility of direct negociations with Moscow [...] certainly striking that, as soon as the
Austro-Soviet agreement had been made, the Moscow press began to hold it up as a model for other possible
settlements*" (S. 147). Genau dies aber wollten die Eisenhower-Administration und seine Verbündeten, an der Spitze John F. Dulles und sein willfähriger Satellit im Kalten Krieg, die Bundesrepublik unter Führung Konrad Adenauers, gerade nicht. Eisenhower war an keiner konkreten Vereinbarung mit den Sowjets in Genf interessiert. Das Trauma von Jalta mit der
nachgiebigen Politik des Demokraten Roosevelt und dem „Verkauf Osteuropas" (S. 126)
wirkten nach. Eine der größten Befürchtungen bestand darin, dass es der sowjetischen „Frie-
densoffensive" gelingen würde, die USA von ihren Verbündeten zu isolieren (S. 148). Die
Versprechungen mit Blick auf „*roll back*" und „aktive Deutschlandpolitik" sollten sich aber in
der Ungarn- (1956) und der zweiten Berlin-Krise (1958-1961) als heiße Propagandaluft erweisen. Von „Befreiung" konnte in der realen US-Politik gar keine Rede sein (S. 152f.). Eine aktive Deutschlandpolitik hätte früher und von deutscher Seite einsetzen müssen, um das Szenario der Verfestigung der deutschen Teilung zu verhindern. Dazu waren aber die deutschen
politischen Eliten weder willens noch fähig. Die „Verbündeten" in West wie Ost wollten
Deutschland freilich nur kontrollieren und für sich das möglichst Optimale aus dem deutschen Potential herausschlagen.

Bischofs Coeditorin beleuchtet den Eden-Plan und Fragen der europäischen Sicherheit
(S. 161-189), während Eckart Conze deutlich macht, dass es für die bundesdeutsche Politik
mit Blick von Mürren im Berner Oberland auf Genf keinen Weg zurück zum Cäcilienhof geben sollte: „*No Way back to Potsdam. The Adenauer Government and the Geneva Summit*" (S. 190-
214) lautet der Titel seines Beitrags. John Prados („*Open Skies and Closed Minds*" (S. 215-233))
beschäftigt sich mit Aspekten der Abrüstungspolitik auf dem Genfer Gipfel, während Robert
M. Spaulding Fragen des Ost-West-Handels nachgeht (S. 234-252). Der Rolle des *US-Secretary
of State* zwischen Gipfel und Genfer Außenministerkonferenz („*From Good Breakfast to Bad
Supper*") spürt der John F. Dulles-Kenner Ronald W. Pruessen nach (S. 253-270). John W.
Young beschäftigt sich eingehend mit der Außenministerkonferenz in Genf vom Oktober bis
November 1955, die mit „*The Acid Test of Détente*" überschrieben ist (S. 271-291).

Acht eindrucksvolle Bilder und eine Karikatur illustrieren den Band. Auf dem ersten Foto
von der Berliner Außenministerkonferenz ist rechts neben Leopold Figl „*an unidentified diplo-*

75   Die beiden Dehler-Zitate (das erste aus einem Brief Dehlers an Noack vom 31.5.1963) finden sich in:
      Wengst, Udo: *Thomas Dehler 1897-1967*. Eine politische Biographie, München 1997, S. 333f. Dies wäre noch
      hinzuzufügen, wenn man ausgeführt wird, dass Dehler 1955 der Österreichlösung für Deutschland eine Absage
      erteilte, vgl. hierzu Pape: Ungleiche Brüder, S. 303.
76   Rauchensteiner: Der Sonderfall, S. 316.

mat' abgebildet, der sich bei näherer Betrachtung als Frankreichs Außenminister Georges Bidault herausstellt.

Die Beiträge – sie sind übrigens von unterschiedlicher Güte und nicht immer auf der Grundlage einschlägiger Aktenmaterialien gearbeitet – machen deutlich, dass die Genfer Gipfelkonferenz das Schlüsselereignis der ersten Phase mit Entspannungsanzeichen nach Stalins Tod war. Das Top-Geschehnis der *semi-détente* brachte aber in den wesentlichen Punkten nur ein „*Let's agree to disagree*" und war daher kein Wendepunkt im Kalten Krieg: Die ungeheuerlichen Ausgaben für einen eventuellen Nuklearkrieg konnten nicht gestoppt werden, wenngleich der Öffentlichkeit das Bild vermittelt wurde, dass ein Atomkrieg zwischen den Supermächten sehr unwahrscheinlich sein würde; die Rüstungslobbies, internen Kalten Kriegsagenturen und nationalen Administratoren verstanden erfolgreich, Abrüstungsvorschläge und atomwaffenfreie Zonen zu verhindern; und die Teilung Deutschlands konnte nicht überwunden werden, weil ein NATO-integriertes Gesamtdeutschland ohne Gegenleistung für die Sowjetunion vollkommen inakzeptabel war. Genf war daher für Moskau mit einem weiteren Scheitern seiner Deutschlandpolitik verbunden: Die Bundesrepublik war nicht mehr aus der NATO herauszulösen, ein Arrangement zwischen Ost und West und eine damit verbundene Entspannung auf der Basis des geteilten Deutschlands, was man bundesdeutscherseits zu verhindern trachtete, zeichnete sich ab. All dies konnte aufgrund der *faits accomplis* vor Genf nicht verwundern. Mit Blick auf den ergebnislosen Gipfel und die gescheiterte Außenministerkonferenz konnte Österreich seinen Erfolg vom 15. Mai 1955 wenn nicht als kleines Wunder, so doch als bemerkenswerten diplomatisch-politischen Erfolg verstehen.

PRÄVENTIVKRIEG 1941?

ZUR KONTROVERSE UM EIN MILITÄRHISTORISCHES SCHEINPROBLEM

BERND WEGNER

„Immer und zu allen Zeiten ist Preußen-Deutschland der Wall gewesen, an dem sich die östlichen Horden brachen. Heute steht nun Deutschland für ganz Europa auf äußerster Wacht [...] Der Russe hatte sich das sehr klug überlegt. Indem er zunächst Deutschland wirtschaftlich auf allen Gebieten entgegenzukommen trachtete, legte er die letzte Hand an seine gewaltige Rüstung, und versuchte er nun dummdreist die Einkreisung zu beginnen. [...] Und nun, meine Kameraden, ob Feldmarschall oder Rekrut: nun bitt' ich euch alle, einmal zu überlegen, in welcher Lage unser Führer war, als er mit seinem politischen Ingenium ganz klar diese tödliche Gefahr erkennen mußte. [...] Und grade weil ihm gemeldet wurde: der Russe legt Hunderte von Flugplätzen an der Grenze an, der Russe hat zehnmal soviel Flugzeuge, wie wir glaubten, fünfmal soviel Panzer, wie wir glaubten, seine Rüstung ist noch gewaltiger geworden, da konnte der Führer nicht mehr zaudern – es wurde jetzt der Entschluß gefaßt über Bestehen oder Vergehen des Abendlandes" (Hermann Göring am 30. Januar 1943).[1]

Obgleich Wissenschaft ihrem Wesen nach eine öffentliche Veranstaltung ist, ist das Verhältnis zwischen wissenschaftlichem und öffentlichem Diskurs nicht ganz unproblematisch. Dies gilt insbesondere dort, wo beide Diskurse nicht ohne weiteres voneinander unterscheidbar sind, weil die Wissenschaft sich – wie im Falle der Geschichtswissenschaft – vorzugsweise der Alltagssprache bedient und damit zugleich zur wissenschaftlichen Verbrämung auch gänzlich unwissenschaftlicher Anliegen einlädt. Um so wichtiger ist die Erinnerung daran, dass wissenschaftliches Reden einerseits und öffentliches, insbesondere politisches Reden andererseits einer unterschiedlichen Grammatik unterliegen: Ersteres ist erkenntnisorientiert, letzteres legitimationsorientiert. Im einen Falle geht es primär um den Wahrheitsgehalt von Sätzen, im anderen um deren Wirkung. Mag die säuberliche Trennung zwischen beidem auch nur idealiter möglich sein, so zeitigt – wie mancherlei zeitgeschichtliche Kontroversen belegen – die allzu eilfertige Vermengung von erkenntnisorientierten und legitimatorischen Diskursen nicht selten gleich zweierlei fatale Wirkungen: Eine Irreführung der Öffentlichkeit auf der einen und einen Vertrauensverlust in die Geschichtswissenschaft auf der anderen Seite. Die bis heute anhaltende Kontroverse um Hitlers vermeintlichen „Präventivkrieg" gegen die Sowjetunion im Jahre 1941[2] bietet für beides ein treffliches Beispiel.

---

1   Zit. aus dem Anhang zu Krüger, Peter: *Etzels Halle und Stalingrad. Die Rede Görings vom 30.1.19.43.* In: Joachim Heinzle/Anneliese Waldschmidt (Hrsg.): Die Nibelungen. Ein deutscher Wahn, ein deutscher Alptraum. Studien und Dokumente zur Rezeption des Nibelungenstoffs im 19. und 20. Jahrhundert, Frankfurt a. M. 1991, S. 151-190, hier S. 175-177.
2   Den Stand der Debatte resümieren v. a. zwei – aus antirevisionistischer Sicht entstandene – Sammelbände von Ueberschär, Gerd R./Bezymenskij, Lev A. (Hrsg.): *Der deutsche Angriff auf die Sowjetunion 1941.* Die Kontroverse um die Präventivkriegsthese, Darmstadt 1998 sowie von Pietrow-Ennker, Bianka (Hrsg.): *Präventivkrieg? Der deutsche Angriff auf die Sowjetunion,* Frankfurt a. M. 2000. Hinweise zur historiographischen Verortung der Debatte geben überdies folgende neuere Forschungs- und Literaturberichte: Pohl, Dieter: *Rückblick auf das „Unternehmen Barbarossa".* In: JAHRBÜCHER FÜR GESCHICHTE OSTEUROPAS 42 (1994), S. 77-94; Meyer, Klaus: *Zwei Wege nach Moskau: Vom Pakt bis zum Überfall.* Neuere Literatur zur Geschichte der deutsch-sowjetischen Beziehungen von 1939 bis 1941. In: ZEITSCHRIFT FÜR OSTMITTELEUROPAFORSCHUNG NF 47 (1998/2), S. 215-230; Pfahl-Traughber, Armin: *Präventivkrieg oder Überfall?* Zu neuen Interpretationen des deutschen Krieges gegen die Sowjetunion von 1941. In: NEUE POLITISCHE LITERATUR 43 (1998), S. 264-277; Müller, Rolf-Dieter/Ueberschär, Gerd R.: *Hitlers Krieg im Osten 1941-1945.* Ein Forschungsbericht, Darmstadt 2000.

I.

Worum geht es bei dieser Kontroverse? Im Jahre 1985 erschienen zwei Aufsehen erregende Beiträge: Der eine in Deutschland aus der Feder des namhaften Soziologen und Wissenschaftstheoretikers Ernst Topitsch[3], der andere in einer britischen Militärzeitschrift unter dem bis dahin unbekannten Namen Viktor Suvorov[4], dem Pseudonym eines wenige Jahre zuvor in den Westen übergelaufenen ehemaligen Offiziers des sowjetischen militärischen Geheimdienstes. Beide Publikationen unterscheiden sich in mancherlei Hinsicht, treffen sich aber in der These, dass Hitler keineswegs die beherrschende Figur des Sommers 1941 gewesen sei, sondern, wie Topitsch formuliert, eine „beinahe episodenhafte Erscheinung, ja fast [eine] Schachfigur im Rahmen einer schon von Lenin konzipierten Langzeitstrategie zur Unterwerfung der kapitalistischen Welt".[5] In ganz ähnlichem Sinne weist Suvorov Hitler die Funktion eines „Eisbrechers" in Stalins Konzept einer Revolutionierung Europas zu.[6] Mit seiner Eroberung Westeuropas habe der Mohr Hitler für den sowjetischen Diktator seine Schuldigkeit getan und sollte, vom Kriege geschwächt, nun selber zur Beute der Roten Armee werden. Deren wohl vorbereitetem Angriff sei er mit seinem „Präventivschlag" vom 22. Juni 1941 schließlich nur um wenige Wochen zuvorgekommen.[7]

Keiner der beiden genannten Autoren war Historiker; ihre Werke waren unter rein fachwissenschaftlichen Gesichtspunkten undiskutabel. Topitschs Buch war die ebenso intelligente wie einseitige Konstruktion eines alternativen Geschichtsbildes, um dessen empirische Plausibilität sich der Verfasser erst gar nicht bemühte. Suvorov andererseits behauptete zwar eine umfassende Kenntnis sowjetischer Archive, gab davon aber nur wenige Kostproben. Dort, wo sein Umgang mit Quellen überprüfbar wird, erweist er sich nicht selten als schludrig und unkritisch.[8] Gleichwohl war die erhebliche Resonanz, die Topitschs und ganz besonders Suvorovs Buch fanden, keineswegs zufällig. Zum einen hatte der fast zeitgleich ausgetragene sogenannte „Historikerstreit", ausgehend von den Thesen Ernst Noltes, einen Teil der bundesdeutschen Öffentlichkeit bereits mit der Vorstellung vertraut gemacht, Hitler weniger als agierende denn als (auf den Kommunismus) reagierende Kraft der Geschichte anzusehen.[9] Zum anderen sorgten die Perestroika und der bald folgende Zusammenbruch der Sowjetunion mit der ihr folgenden Teilöffnung der Archive dafür, dass sich die empirische Basis der nun angestoßenen Debatte langsam erweiterte.

Vor diesem Hintergrund erschienen in den folgenden Jahren eine Reihe weiterer Bücher, welche die Präventivkriegsthese empirisch zu untermauern suchten; die wichtigsten dieser – im folgenden der Einfachheit halber als „revisionistisch" bezeichneten – Werke dürften jene von Walter Post[10] und Joachim Hoffmann[11] sein. Beide Autoren gehen von im Grunde paral-

---

3   Topitsch, Ernst: *Stalins Krieg*. Die sowjetische Langzeitstrategie gegen den Westen als rationale Machtpolitik, München 1985.
4   Suvorov, Victor: *Who was planning to attack whom in June 1941, Hitler or Stalin?*. In: JOURNAL OF THE ROYAL UNITED SERVICES INSTITUTE FOR DEFENCE STUDIES (RUSI) (1985/2), S. 50-55. Dem Artikel folgte ein Disput zwischen Suvorov und G. Gorodetsky (vgl. ebd. (1986/2), S. 69-74).
5   Topitsch: Stalins Krieg, S. 11.
6   Vgl. Suvorov, Victor (i.e. Resun, Vladimir): *Der Eisbrecher*. Hitler in Stalins Kalkül, Stuttgart 1989. In einem späteren Buch (*Der Tag M*, Stuttgart 1995) hat der Verfasser seine These noch einmal präzisiert, ohne ihr freilich Nennenswertes hinzuzufügen.
7   Ähnliche Behauptungen waren auch früher schon publiziert, fachwissenschaftlich aber nie ernsthaft rezipiert worden; vgl. beispielhaft Fabry, Philipp W.: *Der Hitler-Stalin-Pakt 1939-1941*, Darmstadt 1962 und Helmdach, Erich: *Überfall?* Der sowjetisch-deutsche Aufmarsch 1941, Neckargemünd 1976 (2. Aufl.).
8   Einzelnachweise hierzu bietet Gerhard Schreiber im Rahmen einer Sammelrezension. In: NEUE POLITISCHE LITERATUR 35 (1990/3), S. 365-389, hier S. 368-372.
9   Vgl. als Überblick Evans, Richard J.: *Im Schatten Hitlers?* Historikerstreit und Vergangenheitsbewältigung in der Bundesrepublik, Frankfurt a.M. 1991. Die hier gemeinten Thesen Noltes finden sich eingehend dargelegt in: Nolte, Ernst: *Der europäische Bürgerkrieg 1917-1945*. Nationalsozialismus und Bolschewismus, Frankfurt a.M./Berlin 1987.
10 Post, Walter: *Unternehmen Barbarossa: deutsche und sowjetische Angriffspläne 1940/41*, Hamburg 1995.

lelen Angriffsvorbereitungen auf deutscher und sowjetischer Seite aus, wobei Hitler, wie Hoffmann resümiert, „nur knapp einem mit Hochdruck vorbereiteten Angriff Stalins zuvorgekommen ist. Der 22. Juni 1941 war so ziemlich der letzte Termin, um überhaupt noch einen Präventivkrieg führen zu können".[12]

Ungeachtet zum Teil erheblicher publizistischer Unterstützung[13] ist die Präventivkriegsthese in Deutschland weit stärker in außerwissenschaftlichen Kreisen auf Zustimmung gestoßen als in der Wissenschaft selbst. Hier hat sich längst ein breiter, durchaus gemischter Chor antirevisionistischer Stimmen zusammengefunden, unter denen insbesondere die Osteuropahistoriker, wie jüngste Publikationen zeigen, berufen scheinen, der Debatte neue Einsichten abzugewinnen.[14]

Auffällig erscheinen schon bei flüchtiger Betrachtung die stark autistischen Züge der Kontroverse. Von Anfang an handelte es sich weniger um eine Debatte als um einen hochgradig ritualisierten Schlagabtausch. Es wurde und wird *über*einander geredet, nicht *mit*einander.[15] Der von Beginn an auffallend apodiktische Tonfall der um ihre Außenseiterolle wissenden Revisionisten trug hierzu ebenso bei wie die frühe Politisierung des Streits. Wechselseitige Vorwürfe der Art, dass die Revisionisten NS-Apologeten bzw. ihre Gegner die Agenten oder „nützlichen Idioten" sowjetischer Desinformationspolitik seien, waren schnell bei der Hand und haben den Blick auf den wissenschaftlichen Kern der Kontroverse lange verstellt.[16]

Weitaus stärker noch als in Deutschland ist die Politisierung und Ideologisierung der Kontroverse allerdings in Russland vorangeschritten, wo sich mittlerweile eine ganz eigenständige und facettenreiche Debatte über Stalins Kriegsvorbereitungen 1941 entfaltet hat. Sie folgt weitgehend eigenen Gesetzen, wobei vor dem Hintergrund einer noch immer gegenwärtigen stalinistischen Vergangenheit die Angst vor und die Lust an Tabubrüchen ebenso eine Rolle spielt wie das Erbe einer Zeitgeschichtsforschung, die sich von ihrem jahrzehntelangen Missbrauch als pure Legitimationswissenschaft nur langsam erholt und die historisch-kritische Methode als Fundament ihrer Arbeit erst allmählich wiederentdeckt.[17] In Anbetracht dieser Be-

11   Hoffmann, Joachim: *Stalins Vernichtungskrieg 1941-1945*, München 1996 (3. Aufl.). Schon vorher hatte Hoffmann seine These in einigen Werken entfaltet, so v.a. in seinen Beiträgen zu *Das Deutsche Reich und der Zweite Weltkrieg*, Bd. 4: Der Angriff auf die Sowjetunion, Stuttgart 1983, S. 38-97 und 713-809, ferner in seinem Aufsatz *Die Angriffsvorbereitungen der Sowjetunion 1941*. In: Wegner, Bernd (Hrsg.): Zwei Wege nach Moskau. Vom Hitler-Stalin-Pakt zum „Unternehmen Barbarossa", München/Zürich 1991, S. 367-388. In einem Nachruf auf den im Februar 2002 verstorbenen Verfasser spricht Georg Franz (DIE WELT, 23.3.2002, S. 7) davon, dass seine Arbeiten „der Präventivkriegsthese zum Durchbruch" verholfen hätten.

12   Hoffmann: Vernichtungskrieg, S. 61.

13   Neben „populärwissenschaftlichen" Kompilationen (s. beispielhaft Maser, Werner: *Der Wortbruch*. Hitler, Stalin und der Zweite Weltkrieg, München 1994) sei hier v.a. auf den Beitrag von Günter Gillessen in der FRANKFURTER ALLGEMEINEN ZEITUNG vom 20.8.1986: „*Der Krieg der Diktatoren*" verwiesen, der schon seinerzeit eine breite Leserbriefdiskussion auslöste.

14   Vgl. insbesondere die Beiträge von Bernd Bonwetsch in den in Anm. 1 genannten Sammelbänden, ferner die bedeutende Arbeit von Gorodetsky, Gabriel: *Die große Täuschung*. Hitler, Stalin und das Unternehmen „Barbarossa", Berlin 2001.

15   Wegner: Zwei Wege, ist m.W. der einzige deutschsprachige Band, in dem revisionistische und antirevisionistische Autoren vertreten sind.

16   Dass Hoffmanns Thesen selbst zeitweise den Deutschen Bundestag beschäftigten, ist für die Politisierung der Auseinandersetzung ebenso charakteristisch wie die Tatsache, dass führende revisionistische Autoren einem – mittlerweile gerichtsnotorischen – Rechtsradikalen öffentliche Reverenz erwiesen; vgl. hierzu die Beiträge von Topitsch, Hoffmann u.a. in Uhle-Wettler, Reinhard (Hrsg.): *Wagnis Wahrheit*. Historiker in Handschellen? Festschrift für David Irving, Kiel 1998. Die über jede erfrischende Polemik weit hinausgehende Vergiftung des Diskussionsklimas dokumentiert sich nicht selten allein schon im Sprachstil einschlägiger Publikationen; vgl. in diesem Sinne beispielhaft Thadden, Adolf von: *Zwei Angreifer*. Der Angriff der deutschen Wehrmacht auf die auch zum Angriff aufmarschierte Rote Armee im Juni 1941, Essen 1993.

17   Vgl. hierzu die aufschlussreiche Studie von Voß, Stefan: *Stalins Kriegsvorbereitungen 1941 – erforscht, gedeutet und instrumentalisiert*. Eine Analyse postsowjetischer Geschichtsschreibung, Hamburg 1998, ferner die knappe Skizze von Boroznjak, Alexander I.: *Ein russischer Historikerstreit?* Zur sowjetischen und russischen Historiographie über den deutschen Angriff auf die Sowjetunion. In: Ueberschär/Bezymenskij: Der deutsche Angriff, S. 116-128. Zum allgemeineren Hintergrund siehe auch die bedenkenswerten Überlegungen von Chiari, Bernhard: *Mythos und Alltag*. Voraussetzungen und Probleme eines west-östlichen Dialogs zur Historio-

sonderheiten sowie der Tatsache, dass die russische Debatte mit der deutschen und angelsächsischen nur sehr indirekt verknüpft ist, soll sie im folgenden nur insoweit Berücksichtigung finden, als aus russischen Archiven freigewordene Dokumente die „westliche" Diskussion beeinflusst haben.

II.

Jede begründete Antwort auf die Frage, ob ein spezifischer Krieg als „Präventivkrieg" einzustufen sei, setzt notwendigerweise Klarheit über eben jenen Begriff voraus, welcher der vorstehend skizzierten Kontroverse ihren Namen gegeben hat. Dabei zeigt sich sehr bald, dass eine abstrakte Bestimmung dessen, was ein Präventivkrieg eigentlich ist, nicht ganz leicht fällt. Obwohl das Phänomen in seiner allgemeinsten Form so alt sein dürfte wie die Kriegführung selbst, glaubte noch Anfang der 1930er Jahre ein Autor feststellen zu können, dass der Begriff im Völkerrecht „nicht zu existieren" scheine, „da alle maßgebenden Kommentare darüber schweigen."[18] Auch ein Vierteljahrhundert später konnte Karl-Ernst Jeismann in seiner – noch immer lesenswerten – Studie zum Thema „außer allgemeinen und weiten Abgrenzungen" keine Definition des Präventivkriegsbegriffs finden, „die der geschichtlichen Vielfalt seiner Erscheinungen gerecht zu werden vermöchte." Ihn zu definieren bedeute mithin „nichts weniger, als seine Geschichte zu schreiben".[19]

In der Tat klaffen, selbst wenn wir von allegorischen Verwendungen des Begriffs ganz absehen[20], älterer und neuerer, historischer und politischer, militärischer und völkerrechtlicher Wortgebrauch bis heute durchaus auseinander. Hinzu kommt eine meist fehlende Trennschärfe gegenüber inhaltlich verwandten neueren Begriffen wie dem *„pre-emptive strike"*[21] oder dem Interventionsrecht von Staaten[22]. Ganz grundsätzlich freilich wird man wohl zwischen einem älteren, sehr allgemeinen und einem jüngeren, enger gefassten Verständnis von Präventivkrieg zu unterscheiden haben. Im erstgenannten Sinne vertrat bereits Thukydides in seiner Geschichte des Peloponnesischen Krieges die These, dass es im Jahre 431 aufgrund des ständigen Anwachsens der athenischen Macht und der daraus resultierenden Furcht der Spartaner notwendiger Weise habe zum Krieg kommen müssen. Er zitiert Alkibiades mit den Worten, dass man sich gegen den Mächtigeren nicht erst zur Wehr setze, wenn man angegriffen werde, sondern indem man versuche, dem Angreifer zuvor zu kommen.[23] Im Tenor ganz ähnlich ver-

---

graphie des Zweiten Weltkriegs. In: MILITÄRGESCHICHTLICHE MITTEILUNGEN 54 (1995), S. 535-563. Um Sachlichkeit gar nicht erst bemüht und daher wissenschaftlich wertlos ist Strauss, Wolfgang: *Unternehmen Barbarossa und der russische Historikerstreit*, München 1998.

18 So Kloster, Walter: *Der deutsche Generalstab und der Präventivkriegs-Gedanke*, Stuttgart 1932, S. 5.

19 Jeismann, Karl-Ernst: *Das Problem des Präventivkriegs im europäischen Staatensystem mit besonderem Blick auf die Bismarckzeit*, Freiburg/München 1957, S. 3.

20 So etwa spricht Rudolf Morsey in einem Beitrag *Der Kulturkampf – Bismarcks Präventivkrieg gegen das Zentrum und die katholische Kirche* (abgedr. im Tagungsband: Das Staat-Kirche-Verhältnis in Deutschland an der Schwelle zum 21. Jahrhundert (Essener Gespräche zum Thema Staat und Kirche 34. Herausgegeben von Heiner Marré/Dieter Schümmelfelder/Burkhard Kämper), Münster 2000, o.S.) von „Bismarcks Präventivkrieg gegen das Zentrum und die katholische Kirche".

21 Vgl. hierzu die Diskussion bei Shaw, Malcolm N.: *International Law*, Cambridge 1991, S. 693ff. Soweit nicht identisch mit „preventive war" gebraucht, hat der Begriff vor allem in der modernen Nuklearkriegsstrategie im Sinne eines präventiven Erstschlages „on the assumption that an enemy state is planning an imminent nuclear attack" (*The International Relations Dictionary*, Oxford/Santa Barbara 1988, S. 183) Verwendung gefunden. Er hat sich damit zwar kaum hinsichtlich seiner Definition verändert, findet sich aber in einen anders gelagerten ethischen Diskurs eingebettet.

22 Vgl. dazu zuletzt die Grundsatzdiskussion in: DEUTSCHE ZEITSCHRIFT FÜR PHILOSOPHIE 48 (2000/1), hier v.a. die Beiträge von Wohlrapp, Harald: *Krieg für die Menschenrechte?* (ebd., S. 107-132) sowie von Ladwig, Bernd: *Militärische Interventionen zwischen Moralismus und Legalismus* (ebd., S. 133-147).

23 Vgl. Welwei, Karl-Wilhelm: *Das Problem des „Präventivkrieges" im politischen Denken des Perikles und des Alkibiades*. In: GYMNASIUM. ZEITSCHRIFT FÜR KULTUR DER ANTIKE UND HUMANISTISCHE BILDUNG 79 (1972), S. 289-305.

teidigte auch Machiavelli in seinem Werk „*Il Principe*" den Präventivkrieg als unerlässliches Mittel staatlicher Selbsterhaltung; von der Unausweichlichkeit kriegerischer Konflikte zwischen den Staaten ausgehend, erachtete er grundsätzlich jegliche Verzögerung eines Angriffs als eine Begünstigung des Gegners.[24] Auch rechtfertigte Bismarck noch 1873 die Idee des Präventivkrieges mit dem Hinweis, keine Regierung werde so töricht sein, für einen als unvermeidlich erachteten Krieg dem Gegner die Wahl von Zeit und Gelegenheit zu überlassen.[25] „Präventivkriege" in diesem Sinne waren keine Kategorie von rechtlicher oder moralischer Qualität, sondern allein Ausfluss eines machtpolitischen Kalküls. Sie blieben „Angriffskriege", die wir, um noch einmal Bismarck zu zitieren, nur „deshalb führen würden, weil wir vermutheten, daß wir sie später mit dem besser gerüsteten Feinde zu bestehen haben würden."[26] Das *praevenire* war, *so* verstanden, nichts anderes, als ein strategischer Kunstgriff, dessen Anwendung allein von pragmatischen militärischen Erwägungen bestimmt wurde. Diese freilich gehorchten ihrer eigenen Logik: Der Angriff zur Prävention einer drohenden Gefahr hatte um des Erfolges willen in der Regel möglichst früh zu erfolgen, selbst wenn über seinen eigentlichen Anlass, die vom Gegner drohende Aggression, durchaus noch Zweifel bestehen mochten. Vor dem Hintergrund einer solchen Praxis aber waren Angriffs- und Präventivkrieg bald nicht mehr unterscheidbar.

Für den Kontext unseres Themas maßgeblicher ist ein anderes, sehr viel stärker dem Gedanken der Selbstverteidigung verpflichtetes Verständnis von Präventivkrieg. Angelegt bereits in der Lehre vom gerechten Krieg,[27] entwickelte sich dieses Verständnis in der Neuzeit parallel zu den Bemühungen um eine völkerrechtliche Einhegung des Krieges und seine moralische Ächtung. So etwa betrachtete Richelieu, ganz im Einverständnis mit zahlreichen Theoretikern seiner Zeit, den Präventivkrieg nur dann als gerechtfertigt, wenn die drohende Gefahr „augenscheinlich" sei und auf andere Weise nicht abgewendet werden könne.[28] Von einem ganz ähnlichen Ausgangspunkt her betonte auch Hugo Grotius, einer der Väter des modernen Völkerrechts, dass Furcht allein einen Angriff nicht legitimiere. Ein Krieg, der unternommen werde, weil man von der Zukunft Böses erwarte, sei schon daher nicht gerechtfertigt, weil es vollkommene Sicherheit hinsichtlich der Zukunft nicht geben könne. Einen Krieg zu beginnen, um „das Anwachsen einer Macht, welche später schädlich werden könnte, zu hindern", sei vielleicht klug, aber nicht gerecht.[29] Der Schweizer Jurist und Diplomat de Vattel arbeitete im folgenden Jahrhundert die beiden entscheidenden Voraussetzungen für einen legitimen Präventivschlag präzise heraus: Entscheidend sei zum einen, dass die gegebene Bedrohung konkret sei. Das Machtpotential des Gegners für sich genommen sei hierfür nicht hinreichend; hinzukommen müsse der nachweisbare Wille, es einzusetzen. Zum anderen müssten, so Vattel, alle gewaltlosen Mittel zur Abwendung der Bedrohung – hierzu zählte er vor allem diplomatische Vermittlungsbemühungen – erschöpft sein.[30] Kennzeichnend für dieses neuere, sich betont normativ gebende Verständnis von Präventivkrieg war also, dass dieser nur seiner äu-

24   Vgl. Machiavelli, Niccolo: *Der Fürst / Il principe*, hrsg. von Rudolf Zorn, Stuttgart 1978, 3. Kapitel, S. 4-14.
25   Zit. nach Jeismann: Problem des Präventivkriegs, S. 100. Bismarcks Äußerungen zum Thema sind freilich alles in allem, wie Jeismann zeigt, durchaus widersprüchlich und stark situationsabhängig; als Kronzeuge für ein bestimmtes Präventivkriegsverständnis erscheint er daher eher ungeeignet.
26   Bismarck, Otto von: *Gedanken und Erinnerungen*. Vollständige Ausgabe in einem Band, Stuttgart 1966, S. 449.
27   Zur Rolle des Präventivkrieges im Kontext der in letzter Zeit neu belebten „bellum iustum"-Diskussion vgl. Walzer, Michael: *Just and unjust wars*. A moral argument with historical illustrations, London 1980 (dt. Ausg. u. d. T.: *Gibt es den gerechten Krieg?*, Stuttgart 1982), Kap. 5 („Anticipations"), S. 74-85 sowie Schmücker, Reinold: *Gibt es einen gerechten Krieg?* In: DEUTSCHE ZEITSCHRIFT FÜR PHILOSOPHIE 48 (2000/2), S. 319-340, hier S. 330ff.
28   Vgl. Jeismann: Problem des Präventivkriegs, S. 9ff.
29   Zit. nach ebd., S. 23. Zur Wirkung bis in das moderne Völkerrecht hinein s. Verdross, Alfred/Simma, Bruno: *Universelles Völkerrecht*. Theorie und Praxis, Berlin 1984 (3. Aufl.), § 471, S. 288f.
30   Vgl. Ballis, William: *The Legal Position of War*. Changes in its Practice and Theory from Plato to Vattel, Den Haag 1937, S. 155ff. sowie eingehender Ruddy, Francis Stephen: *International Law in the Enlightenment*. The Background of Emmerich de Vattel's Le Droit des Gens, Dobbs Ferry/New York 1975, S. 222ff.

ßeren Form nach ein offensiver, seiner Intention nach aber ein defensiver Akt ist.[31] In diesem Sinne erscheint die Offensive nicht als Aggression, sondern als Notwehr und eben daher gerechtfertigt. Die moralische Entlastung vom Odium des Aggressors hat für den, der zum Erstschlag entschlossen ist, also seinen Preis. Zum einen bedarf es einer konkreten und unmittelbaren Angriffsdrohung des Gegners, zum anderen darf das Ziel des eigenen, ohnehin nur als *ultima ratio* zulässigen Angriffs nicht die Eroberung, sondern nur die Bewahrung des *status quo* sein.

Der vorstehend skizzierte Unterschied zwischen einem eher machiavellistischen und einem betont legitimationsorientierten Verständnis von Präventivkrieg war in der neueren Geschichte der europäischen Staatenbeziehungen, ja selbst in der Geschichte der Völkerrechtslehre nicht immer so eindeutig auszumachen, wie er hier formuliert wurde. Nationalegoistisches Interesse und präventives Interventionsrecht überlagerten sich – nicht selten bis zur Ununterscheidbarkeit – vor allem da, wo es um die Sicherung einer bestehenden internationalen Ordnung ging,[32] ohne dass deren Störung durch einen *unmittelbar* bevorstehenden Feindangriff zu befürchten stand. So etwa machte Friedrich der Große in seinem „Antimachiavell" geltend, dass es neben den Verteidigungskriegen, den von allen militärischen Konflikten „gerechtesten und unvermeidlichsten", auch Angriffskriege gebe, „die ihre Rechtfertigung in sich tragen": „Es sind das die vorbeugenden Kriege, wie sie Fürsten wohlweislich dann unternehmen, wenn die Riesenmacht der größten europäischen Staaten alle Schranken zu durchbrechen und die Welt zu verschlingen droht."[33] Friedrichs eigene Politik bewies die fast grenzenlose Dehnbarkeit solcher Begründungen.

Auch von englischer Seite ist seit dem 17. Jahrhundert immer wieder ein Präventionsrecht gegenüber all jenen Staaten postuliert und in Anspruch genommen worden, die das Gleichgewicht der Mächte vorgeblich oder tatsächlich zu bedrohen schienen.[34] Ganz in diesem Sinne hatte Francis Bacon schon im 16. Jahrhundert die Staatsmänner dazu aufgefordert, darüber zu wachen, *„that none of their neighbours do overgrow so (by increase of territory, by embracing of trade, by approaches, or the like) as they become more able to annoy them, than they were"*. Ungeachtet der Meinung einiger Gelehrter sollten die Staaten, so der Rat des englischen Staatsmannes, der selbst ein Rechtsgelehrter war, lieber früher als später zu den Waffen greifen *"without waiting for the first blow"*. Für Bacon stand außer Frage, dass allein schon *„just fear of an imminent danger, though no blow be given, is a lawful cause of war"*[35]. Vor allem seit dem Utrechter Friedenskongress von 1713, der dem europäischen Gleichgewicht der Kräfte erstmals die Qualität eines völkerrechtlichen Postulats verliehen hatte, wurden vermeintliche Präventionsrechte zur Sicherung der *balance of power* immer wieder in Anspruch genommen.[36] Dabei waren es keineswegs allein Praktiker und Theoretiker der englischen Politik, die sie rechtfertigten. Unter Berufung auf das europäische Gleichgewicht verteidigten z. B. auch kontinentale Gegner Napoleons ihre Koalitionskriege gegen Frankreich; für die Architekten der Wiener Friedensordnung von 1814/15 stellte der Präventivkrieg eine Art von „Verfassungsschutz" für die im Zustand des Gleichgewichts le-

---

31 Clausewitz unterscheidet im 6. Buch seines Werkes „Vom Kriege" ausdrücklich zwischen dem für einen Angriffskrieg charakteristischen „positiven Zweck" (d.h. dem Erobern) und dem „negativen" (d.h. dem Erhalten) des Verteidigungskrieges; *Vom Kriege.* Hinterlassenes Werk des Generals Carl von Clausewitz. Vollständige Ausgabe im Urtext, hrsg. von Werner Hahlweg, Bonn 1980 (19. Auflage), S. 615. In diesem Sinne lässt sich der Präventivkrieg, obgleich rein militärisch ein Angriffskrieg, politisch insofern als Verteidigungskrieg definieren, als ihm ausschließlich der negative Zweck zugrunde liegt.

32 Ein hier nicht näher zu vertiefendes Beispiel dafür bietet die Monroe-Doktrin; vgl. auch Reibstein, Ernst: *Völkerrecht.* Eine Geschichte seiner Ideen in Lehre und Praxis, Bd. 2, Freiburg/München 1963, S. 417ff.

33 Zit. nach Ipsen, Knut: *Völkerrecht.* Ein Studienbuch, München 1990 (3. Aufl.), S. 30.

34 Zum allgemeinen Hintergrund vgl. Sheehan, Michael: *The Balance of Power.* History and Theory, London/New York 1996, hier v. a. S. 59ff.

35 Zit. nach Walzer: Just and unjust wars, S. 77.

36 Einen vorzüglichen Überblick bietet Duchhardt, Heinz: *Balance of Power und Pentarchie.* Internationale Beziehungen 1700-1785 (Handbuch der Geschichte der Internationalen Beziehungen 4), Paderborn 1997.

benden Staaten Europas dar. Gerechtfertigt erschien er durch den Zweck, einen Störenfried der europäischen *tranquillité*, der Völkerruhe, in das etablierte Staatensystem zurückzuzwingen.[37] Natürlich führe man, so schrieb 1806 der Berater Metternichs, Friedrich von Gentz, einen „Angriffskrieg im besten Sinne des Wortes", um „kolossalischer Übermacht Schranken, der Unterdrückung Europa's, dem Hinsinken seiner alten Verfassungen, den Qualen und Sorgen einer ganzen bedrängten Generation ein Ziel und eine Gränze zu setzen". Aber – und hier überschlägt sich die Argumentation des konservativen Denkers: „Ein gerechter und nothwendiger Krieg ist jederzeit ein Vertheidigungs-Krieg, wer auch zuerst die Waffen ergreife." [38]

Einen in mancher Hinsicht vergleichbaren, unserem Thema zeitlich näher gelagerten Beispielfall stellen die polnischen Präventivkriegspläne des Jahres 1933 dar. Auch die von Marschall Pilsudski zeitweilig erwogene, mangels Rückhalt in Paris freilich bald wieder aufgegebene Option einer präventiven militärischen Intervention gegen das sich in Deutschland etablierende NS-Regime verfolgte das Ziel, ein friedensvertraglich festgeschriebenes System, nämlich die – für Polen alles in allem sehr vorteilhafte – Versailler Ordnung, gegen eine zur kriegerischen Revision offenbar entschlossene Macht zu sichern, bevor dieser die für ihre Pläne notwendigen militärischen Machtmittel zur Verfügung standen.[39]

Ein derart weit gefasstes Verständnis des präventiven Selbstverteidigungsrechtes war freilich bereits in der Zwischenkriegszeit völkerrechtlich höchst umstritten. Die Erfahrung des Ersten Weltkrieges als Jahrhundertkatastrophe hatte die weltweiten Bemühungen um eine *outlawry of war* im allgemeinen und um eine Kriminalisierung des Angriffkrieges im besonderen in einer Weise beflügelt, die einer „Völkerrechtsrevolution"[40] gleichkam. Krieg galt nun prinzipiell nicht mehr als legitimes Mittel der Politik. Gleichwohl beinhalteten weder die Satzung des Völkerbundes noch der – in dieser Hinsicht strengere – Kellogg-Briand-Pakt ein uneingeschränktes Kriegsverbot. Das Recht der Staaten auf nationale Selbstverteidigung blieb gänzlich unberührt, die Legitimität von Krieg zur Durchsetzung von Rechtstiteln zumindest umstritten; auch war die Grenze zwischen (zulässigem) Verteidigungs- und (unzulässigem) Angriffskrieg völkerrechtspolitisch nicht eindeutig bestimmbar.[41] Erst mit dem in der Satzung der Vereinten Nationen (Art. 2 Nr. 4) unter Verzicht auf jegliche rechtsförmige Kriegsdefinition festgeschriebenen universellen Gewaltverbot kam man zu einer in dieser Hinsicht insofern eindeutigeren Regelung, als das *ius ad bellum* nun grundsätzlich kein den Staaten aufgrund ihrer Souveränität zukommendes Recht mehr war.[42] Was den Staaten blieb, war und ist ihr gewohnheitsmäßig angestammtes Recht auf individuelle oder kollektive Selbstverteidigung im Falle eines bewaffneten Angriffs. Inwieweit dieses Recht (nach Art. 51 der UN-Satzung) auch präventive Kriegsmaßnahmen einschließt, ist unter Völkerrechtlern offenbar umstritten[43], wobei

37   Vgl. Rebstein: Völkerrecht, S. 647ff.; zum historischen Hintergrund vgl. die souveräne Darstellung von Schroeder, Paul W.: *The transformation of European politics 1763-1848*, Oxford 1994.
38   Gentz, Friedrich von: *Fragmente aus der neusten Geschichte des Politischen Gleichgewichts in Europa.* Neudruck der 2. Auflage, St. Petersburg 1806, Osnabrück 1967, S. XI und XIIf.
39   Vgl. Jedrzejewicz, Waclaw: *The Polish plan for a „preventive war" against Germany in 1933.* In: THE POLISH REVIEW 11/1 (1966), S. 62-91.
40   So Menk, Thomas M.: *Gewalt für den Frieden.* Die Idee der kollektiven Sicherheit und die Pathognomie des Krieges im 20. Jahrhundert, Berlin 1992, S. 326. Vgl. auch Glahn, Gerhard von: *Law among Nations.* An Introduction to Public International Law, New York/London 1981 (4. Aufl.), Kap. 24 („Legal Nature of War today"), S. 575-599.
41   Vgl. neben der kursorischen Überblicksdarstellung von Ziegler, Karl-Heinz: *Völkerrechtsgeschichte.* Ein Studienbuch, München 1994, S. 254ff. auch Räber, Franz: *Das Recht zum Krieg im zwanzigsten Jahrhundert und die Auswirkungen auf den Kriegsbegriff*, Diss. jur., Zürich 1975, sowie vor allem die problemorientierte Erörterung bei Menk: Gewalt, S. 335ff.
42   Vgl. Menk: Gewalt, S. 46ff. und 70ff.; ferner Ipsen: Völkerrecht, § 57, S. 872ff.; Kimminich, Otto: *Einführung in das Völkerrecht*, 5. Auflage, Tübingen 1993, Kap. 7, S. 175-252; sowie Vitzthum, Wolfgang Graf: *Völkerrecht*, Berlin/New York 1997, Abschn. 7/I,1, S. 584ff.
43   Vgl. Menk: Gewalt, S. 207ff. sowie Verdross/Simma: Universelles Völkerrecht, §§ 470f., S. 287ff.

eine äußerst restriktive, vor allem auf Fälle unmittelbar drohender staatlicher Vernichtung abgestellte Interpretation zu dominieren scheint.[44]

Das hier skizzierte politische und völkerrechtliche Verständnis von Präventivkrieg hat sich, wie die historiographische Debatte über die Julikrise 1914 exemplarisch zeigt, spätestens seit Ende des Zweiten Weltkrieges auch in der deutschsprachigen Geschichtsschreibung durchgesetzt. So etwa stellte der Baseler Historiker Adolf Gasser 1968 in einem Aufsatz über „Deutschlands Entschluß zum Präventivkrieg 1914" fest, dass von einem solchen nur dann die Rede sein könne, wenn eine „feindliche Aggression wirklich kurzfristig und nachweisbar bevorsteht; innerhalb von Tagen oder höchstens Wochen. Handelt es sich lediglich um Vermutungen und zwar im Rahmen von Monaten oder gar Jahren, so sind sogenannte ‚Präventivkriege' in Wirklichkeit nichts anderes als (vor sich selbst oder vor der Welt) verschleierte Angriffskriege."[45] Fritz Fischer knüpfte daran die auch in unserem Falle plausible Erwartung, dass eine Anwendung des Präventivkriegsbegriffs „auf eine militärische Aktion [...], die nicht zum Zweck hat, einer gegnerischen, unmittelbar bevorstehenden Offensive zuvorzukommen, sondern gewagt wird, um das ‚Machtpotential' anderer Mächte nicht größer werden zu lassen – wegen der darin erblickten ‚potentiellen Existenzbedrohung'" – zumindest „einer besonderen Erläuterung" bedürfe.[46]

III.

Dass sich auch die NS-Propaganda in den Wochen, Monaten und Jahren nach dem 22. Juni 1941 des hier dargelegten Verständnisses von Präventivkrieg bediente, vermag kaum zu überraschen: *„Aufmarsch der Sowjetheere zerschlagen. Der Führer rettete Europa vor bolschewistischer Invasion"*, titelte der „Völkische Beobachter"[47] in den Tagen nach Anlaufen von „Barbarossa" und folgte damit jener – von Hitler selbst vorgegebenen[48] – Propagandalinie, die einzig geeignet schien, vor Volk und Weltöffentlichkeit die Verantwortung für den neuerlichen Krieg vorläufig abzuwälzen. Diese Linie blieb auch in den folgenden Jahren bestimmend und gewann in dem Maße an Bedeutung, da wachsende Verluste und schwindende Siegesaussichten die Notwendigkeit einer Legitimation des deutschen Krieges gegen die Sowjetunion verstärkten. Systematisch wurden nunmehr von ziviler wie von militärischer Seite Materialien zusammengestellt, die den präventiven Charakter des Unternehmens „Barbarossa" nachträglich unter Beweis stellen sollten.[49] Nicht zufällig auf dem vorläufigen Tiefpunkt der deutschen Kriegführung, in den letzten Tagen der Stalingrader Schlacht, berief sich Göring in seinem Appell an die deutsche Wehrmacht anlässlich des 10. Jahrestages der „Machtergreifung" am 30. Januar 1943 auf

---

44 Ein geradezu „klassisches", immer wieder diskutiertes Beispiel ist der israelisch-ägyptische Sechstagekrieg vom Juni 1967. Siehe dazu die Erörterungen u. a. bei Walzer: Just and unjust wars, S. 82-85 sowie bei Reiter, Dan: *Exploding the powder keg myth*. In: INTERNATIONAL SECURITY 20 (1995/2), S. 5-34, hier S. 16ff.

45 Zit. nach Fischer, Fritz: *Krieg der Illusionen*. Die deutsche Politik von 1911 bis 1914, 2. Auflage, Düsseldorf 1969, S. 679.

46 Ebd., S. 677f.

47 VÖLKISCHER BEOBACHTER. Schlagzeile vom 30. Juni 1941. Am 03. Juli 1941 notierte Goebbels in seinem Tagebuch: „Moskaus Angriffsabsicht steht jetzt außer Zweifel. Der Führer hat im letzten Augenblick gehandelt"; zit. nach: *Die Tagebücher von Joseph Goebbels: sämtliche Fragmente*, hrsg. von Elke Fröhlich im Auftrag des Instituts für Zeitgeschichte, 4 Bde., München 1987, Bd. 4, S. 731.

48 Schon in seinem Aufruf an die „Soldaten der Ostfront" vom 22. Juni 1941 hatte Hitler formuliert, dass die Wehrmacht angetreten sei, die von der Sowjetunion bedrohten Länder zu schützen und darüber hinaus „die ganze europäische Zivilisation und Kultur zu retten" (Abgedr. in: Ueberschär, Gerd R./Wette, Wolfram (Hrsg.): *„Unternehmen Barbarossa"*. Der deutsche Überfall auf die Sowjetunion 1941. Berichte, Analysen, Dokumente, Paderborn 1984, S. 319-323, hier S. 323).

49 Vgl. z.B. Berichte des Oberkommandos der Wehrmacht an die Reichsregierung über den sowjetrussischen Aufmarsch gegen Deutschland (Bundesarchiv-Militärarchiv, RW 4/v.884).

die – eingangs unseres Beitrages zitierten – angeblichen präventiven Ursprünge des nun erkennbar zur Katastrophe mutierenden Krieges.

Auch als nach Kriegsende die überlebende deutsche Generalität unter persönlichen Rechtfertigungsdruck geriet,[50] erwies sich die Präventivkriegsthese als zweckdienliche Argumentationsstrategie. Ganz in diesem Sinne gab bereits eine Woche nach der bedingungslosen Kapitulation Generaloberst Jodl, der Chef des Wehrmachtführungsstabes und engster militärischer Berater Hitlers, die Generallinie vor: „Wir haben [...] den Angriff gegen Rußland nicht geführt, weil wir den Raum haben wollten, sondern weil Tag für Tag der Aufmarsch der Russen gewaltig weiterging und zum Schluß zu ultimativen Forderungen geführt hätte.“[51]

Die augenfällige Ähnlichkeit zwischen der Kernthese der NS-Propaganda und der Präventivkriegthese unserer Tage sagt für sich genommen noch nichts über die inhaltliche Validität der letzteren, da es jeder Propaganda naturgemäß unbenommen bleibt, auch mit wahren Sätzen zu operieren. Sie hilft uns jedoch zu verstehen, warum die Präventivkriegskontroverse unserer Tage eine so anhaltende öffentliche Resonanz gefunden und sich zu einer Art politisch-ideologischem Glaubenskrieg entwickelt hat. Einer deutschen Öffentlichkeit, der über Jahrzehnte hinweg immer neue Erkenntnisse über den verbrecherischen Charakter der deutschen Ostkriegführung „zugemutet“ wurde, würde mit der revisionistischen These, sollte sie sich als wahr erweisen, nämlich genau jene moralische Entlastung zuteil, um die sich die nationalsozialistische Propaganda letztlich vergeblich bemüht hatte. Dieser Entlastungseffekt ergäbe sich gleichsam automatisch aus der gängigen Einschätzung des Präventivkrieges als eines motivational defensiven Aktes. Statt als Angriffskrieg diskriminiert, sähe sich das „Unternehmen Barbarossa“ nunmehr als (präventiver) Verteidigungskrieg legitimiert. Sollte die deutsche Führung im Juni 1941 also keine andere Wahl gehabt haben als das zu tun, was sie tat, so erschiene vielen der deutsch-sowjetische Vernichtungskampf wohl insgesamt in gänzlich neuem Licht: Aus dem ungerechten würde ein vielleicht nicht gerechter, aber doch zu rechtfertigender, mithin – zumindest völkerrechtspsychologisch – „legaler“ Krieg. Fatalerweise ist mit einer solchen Wirkung selbst dann zu rechnen, wenn die Präventivkriegsthese zwar nicht erwiesen, aber als möglicherweise richtig dargestellt werden kann. Um so mehr erachten anti-revisionistische Historiker es als dringend gebotenen Akt öffentlicher Aufklärung, die völlige Absurdität der Präventivkriegsthese nachzuweisen. Ähnlich wie im Falle des Historikerstreits war diese Polarisierung von Anfang an nicht allein eine wissenschaftliche, sondern implizit, bald sogar explizit, auch eine politische, geht es doch – angesichts einer partiellen Renaissance rechtsradikalen Gedankenguts – nicht allein um den Wahrheitsgehalt NS-apologetischer Thesen, sondern auch um deren öffentliche Wirkung und somit um ihre Zulässigkeit.[52] In dieser Vermengung einer wissenschaftlichen Wahrheitsfrage mit einer politischen Opportunitätsfrage liegt m.E. eine der Unredlichkeiten der laufenden Debatte.

Was nun die inhaltliche Seite der Kontroverse angeht, so zerfällt sie in zwei Schlüsselfragen: Eine erste nach den Motiven des deutschen Angriffs im Juni 1941 und eine zweite nach eventuell bestehenden eigenen sowjetischen Angriffsabsichten. Beide Fragen sind gleichermaßen legitim und lassen sich unabhängig voneinander beantworten; die Antworten basieren jedoch auf Quellenüberlieferungen von ganz unterschiedlicher Herkunft, Dichte und Aussage-

50 Vgl. Wegner, Bernd: *Erschriebene Siege*. Franz Halder, die „Historical Division“ und die Rekonstruktion des Zweiten Weltkrieges im Geiste des deutschen Generalstabes. In: Ernst Willi Hansen/Gerhard Schreiber/Bernd Wegner (Hrsg.): Politischer Wandel, organisierte Gewalt und nationale Sicherheit. Beiträge zur neueren Geschichte Deutschlands und Frankreichs (Festschrift für Klaus-Jürgen Müller), München 1995, S. 287-302.

51 Zit. nach: *Kriegstagebuch des Oberkommandos der Wehrmacht* (Wehrmachtführungsstab), Frankfurt a.M. 1961-1979, Bd. 4, S. 1503 (15.5.45).

52 Vgl. zum Beispiel Benz, Wigbert: *Die Lüge vom deutschen Präventivkrieg 1941*. In: GESCHICHTE LERNEN, H. 52 (1996), S. 54-59 sowie ders.: *Der 22. Juni 1941 und seine Vorgeschichte im Geschichtsunterricht der Bundesrepublik Deutschland*. In: Ueberschär/Bezymenskij: Der deutsche Angriff, S. 70-74.

kraft. (Dass letzteres vor allem von revisionistischer Seite verschleiert wird, gehört ebenfalls zu den diskussionsüblichen Unredlichkeiten).

Die erste der beiden hier aufgeworfenen Fragen ist wesentlich leichter und eindeutiger zu beantworten als die zweite. Hitlers Entscheidung für einen Krieg gegen die Sowjetunion und dessen Vorbereitung sind seit Jahrzehnten eines der Standardthemen der deutschen und internationalen Geschichtswissenschaft, die für diesen Zweck auf eine zwar nicht lückenlose, aber doch ungewöhnlich reiche Quellenüberlieferung zurückgreifen kann. Ohne den Gang der Forschung hier auch nur ansatzweise referieren zu können,[53] lässt sich ihr Ergebnis doch leicht zusammenfassen: Ungeachtet nach wie vor bestehender Interpretationsunterschiede bei der Gewichtung ideologischer Prinzipien und strategischer Erwägungen in Hitlers Denken zeigt sich eine überwältigende Übereinstimmung aller fachwissenschaftlichen Autoren dahingehend, dass Sorge vor einem unmittelbar bevorstehenden sowjetischem Angriff für die deutsche Entscheidung zum Krieg mit Sicherheit *nicht* ursächlich gewesen ist, ja, dass konkrete Bedrohungsvorstellungen – welcher Art auch immer – in diesem Zusammenhang überhaupt keine nennenswerte Rolle gespielt haben. Im Gegenteil: Hitler griff die Sowjetunion an, weil er die Rote Armee als schwach, nicht als stark erachtete. „Wir stehen vor einem Siegeszug ohnegleichen", resümierte denn auch Goebbels eine einschlägige Unterredung mit Hitler wenige Tage vor Operationsbeginn.[54] Von wenigen warnenden Stimmen abgesehen, teilte die militärische Führung des Reiches diese Einschätzung. Schon im Dezember 1939 hatte sie darauf aufmerksam gemacht, dass mit einem Angriff der Sowjetunion nur dann zu rechnen sein werde, „wenn die Masse des deutschen Heeres aktionsunfähig sein sollte": „Die Achtung, fast kann man Furcht sagen, vor dem deutschen Heer ist außerordentlich groß. Die Niederlagen der Zarenarmee im letzten Weltkriege werden wohl beschönigt, sie sind jedoch nicht vergessen."[55] An dieser Grundeinschätzung änderte sich auch in den folgenden eineinhalb Jahren kaum etwas. Weder der deutsche Militärattaché in Moskau noch die Verfasser der diversen, seit 1939 wiederholt in Auftrag gegebenen operativen Planstudien gingen von einem bevorstehenden Angriff der Roten Armee aus. Generalmajor Erich Marcks, der Bearbeiter des ersten offensiven Operationsentwurfes, bedauerte im Sommer 1940 geradezu, dass die Russen der deutschen Seite wohl „nicht den Liebesdienst eines Angriffs erweisen" würden.[56] Noch Anfang Mai 1941 herrschte im OKW die Auffassung, die Rote Armee habe sich „nicht wesentlich gebessert" und verfüge über „kein gutes Führerkorps".[57] Selbst Wochen später, als der deutsche Aufmarsch als erkannt gelten durfte, wurde die verstärkte Dislozierung sowjetischer Verbände in Grenznähe vom Generalstab des Heeres als defensiv interpretiert.[58] Wenn bei Gesprächen mit potentiellen Verbündeten des Reiches im Vorfeld von „Barbarossa" gleichwohl bisweilen eine „russische Angriffsabsicht" unterstellt wurde, „die durch die Massierung des russischen Heeres an der deutsch-russischen Grenze erkennbar" sei, und der es „durch Angriff zuvorzukommen" gelte, so geschah dies, wie die Abteilung Landesverteidigung im OKW Ende April 1941 ausdrücklich feststellte, allein zur „Tarnung der gesamten deutschen

---

53   Zum Forschungsstand vgl. eingehend Müller/Ueberschär: Hitlers Krieg im Osten.
54   Goebbels: Tagebücher, Bd. 4, S. 695 (16.6.41).
55   Fremde Heere Ost – Studie Sowjetunion-Deutschland, Dezember 1939, S. 5 (Bundesarchiv-Militärarchiv, RH 2/390, Bl. 93).
56   Zit. nach Förster, Jürgen: *Hitlers Wendung nach Osten*. Die deutsche Kriegspolitik 1940-1941. In: Wegner: Zwei Wege nach Moskau, S. 118.
57   Kriegstagebuch des Oberkommandos der Wehrmacht, Bd. 1, S. 393 (8.5.41).
58   Zum Gesamtkomplex der militärischen Perzeption der Roten Armee zwischen 1939 und 1941 vgl. auch Klink, Ernst: *Die militärische Konzeption des Krieges gegen die Sowjetunion*. In: Das Deutsche Reich und der Zweite Weltkrieg, Bd. 4, S. 191-202.

Operationsabsichten", die, soweit sie nicht zu verheimlichen seien, „als notwendigenfalls vorgesehene offensive Abwehrmaßnahmen dargestellt werden" sollten.[59]

Mit dem hier knapp bilanzierten, nach meiner Kenntnis von niemandem je widerlegten Befund der neueren Forschung ist die Präventivkriegsthese als solche wissenschaftlich erledigt. An diesem völlig eindeutigen Befund ändert auch die von revisionistischer Seite bisweilen geltend gemachte Einschränkung nichts, dass es sich bei „Barbarossa" vielleicht nicht der Intention nach, aber doch „objektiv" um einen Präventivkrieg gehandelt habe; d.h. Hitler sei Stalin wenn nicht willentlich, so doch *de facto* zuvorgekommen. Angenommen, es hätte sich so verhalten, dann würde freilich gerade diese Konstellation keinen Präventivkrieg darstellen, da für diesen das Bewusstsein der vom Gegner unmittelbar drohenden Gefahr die entscheidende Voraussetzung ist. Ein „objektiver Präventivkrieg" ist mithin eine *contradictio in adjecto*.

Ernster zu nehmen ist in diesem Zusammenhang der Einwand, dass der deutsche Diktator ungeachtet aller Eroberungssucht, Siegeseuphorie und Überheblichkeit im Vorfeld seines Angriffs gegen die Sowjetunion sich durch diese zwar nicht kurzfristig, wohl aber auf längere Sicht hin gefährdet gesehen habe.[60] Die These ist schon darum nicht ganz von der Hand zu weisen, weil der Nationalsozialismus, in der Tradition eines militanten Antikommunismus stehend, dessen Schreckensvision einer „bolschewistischen Weltrevolution" teilte, ja sogar radikalisierte.[61] Scheinbar paradoxerweise intensivierte sich dieses Bedrohungsgefühl nach 1939 gerade aufgrund der Nichtbeteiligung der Sowjetunion am großen europäischen Krieg: „Wir müssen handeln", so notierte Goebbels nach der bereits erwähnten Unterredung mit Hitler am 16. Juni 1941. „Moskau wird sich aus dem Krieg heraushalten, bis Europa ermüdet und ausgeblutet ist. Dann möchte Stalin handeln, Europa bolschewisieren und sein Regiment antreten. Durch diese Rechnung wird ihm ein Strich gemacht." Und weiter: „[...] Rußland würde uns angreifen, wenn wir schwach werden, und dann hätten wir den Zweifrontenkrieg, den wir durch diese Präventivaktion verhindern."[62] Auch wenn nur schwer entscheidbar ist, wo in derartigen Äußerungen die Grenze zwischen persönlicher Überzeugung und propagandistischem Legitimationskalkül verläuft, war das hier entworfene Bedrohungsszenario zwar theoretischer Natur, aber doch keineswegs ganz unrealistisch. In der Rekonstruktion des strategischen Entscheidungsprozesses der deutschen Reichsführung 1940/41 wird es mithin eine Rolle spielen, und doch eignet es sich nicht zur Untermauerung der Präventivkriegsthese. Wie an früherer Stelle bereits dargelegt, lässt sich diese nämlich weder in völkerrechtlicher noch in historiographischer Hinsicht mit dem Verweis auf bloß potentielle Gefährdungen oder latente Bedrohungsängste hinreichend begründen, – es sei denn, man rekurriert auf ein rein „machiavellistisches" Präventivkriegsverständnis, das aber mit der neueren, normativ verankerten Bedeutung des Begriffs wenig zu tun hat.[63]

---

59 OKW/Abt. Landesverteidigung, Vortragsnotiz vom 28.4.41 („Vorschlag für die Vorbereitung der Besprechungen über Beteiligung Finnlands am Unternehmen Barbarossa") (Bundesarchiv-Militärarchiv, RW 4/v.575).

60 Eine derartige gemäßigt revisionistische Position vertritt z. B. Magenheimer, Heinz: *Entscheidungskampf 1941. Sowjetische Kriegsvorbereitungen – Aufmarsch – Zusammenstoß*, Bielefeld 2000. Ausgehend von einem „Krieg zweier Angreifer, die sich beide synchron auf die Offensive vorbereitet haben", gesteht Magenheimer zu, dass man „von einem deutschen Präventivkrieg im herkömmlichen, rein militärischen Sinne nicht sprechen" könne, dem deutschen Angriff aber „sehr wohl eine mittelfristige präventive Funktion beimessen kann", insofern durch ihn „einer Lage vorgebeugt werden [sollte], die mittelfristig die Gefahr einer erpresserischen Politik, ja sogar eines definitiven Zweifrontenkrieges heraufbeschwor." (S. 136, 135)

61 Dieser an sich richtige und wichtige Tatbestand wird im Umfeld der revisionistischen Geschichtsschreibung bisweilen allerdings zu einem fast schon monokausalen Erklärungsfaktor verabsolutiert; vgl. Nolte: Der europäische Bürgerkrieg.

62 Goebbels: Tagebücher, Bd. 4, S. 695 (16.6.41).

63 Um diesen grundlegenden Unterschied zu markieren, haben einige Völkerrechtler des 20. Jahrhunderts eine begriffliche Differenzierung zwischen „Präventivkrieg" und „präventiver Verteidigung" vorgeschlagen; vgl. Verdross/Simma: Universelles Völkerrecht, § 471, S. 288f.

Nur am Rande sei auf zwei ganz andere, der Präventivkriegsvermutung gleichfalls zuwider-laufende Argumente verwiesen: Zum einen verfolgte das „Unternehmen Barbarossa" ganz of-fenkundig nicht das Ziel der Sicherung, sondern der Überwindung des *status quo* in Europa. Der dezidierte Eroberungscharakter dieses Feldzuges, durch den die militärischen Grundlagen für eine vollständige Neuordnung des ost- und ostmitteleuropäischen Raumes entlang rassen-ideologischer Gesichtspunkte geschaffen werden sollten, widersprach einem elementaren Grundsatz präventiver Selbstverteidigung. Zum anderen liegt auf der Hand, dass der deutsche Angriff auf die Sowjetunion keineswegs die *ultima ratio* einer prinzipiell auf Friedenswahrung abgestellten Politik war, sondern die *prima ratio* eines zum Kriege entschlossenen Diktators. Tatsächlich fürchtete Hitler in den Wochen und Monaten vor „Barbarossa" nichts mehr, als dass seine Angriffsplanungen durch politische Manöver noch in letzter Minute gestört werden könnten. „Man behauptet, Stalin suche einen Weg zu uns. Hoffentlich nicht", fasste Goebbels die Stimmungslage im Führerhauptquartier im Vorfeld des Angriffs denn auch zusammen.[64] Wie an früherer Stelle gezeigt, ist eine derartig auf Angriff fixierte Haltung mit jeglichem völ-kerrechtlich diskutablen Verständnis von Präventivkrieg unvereinbar.

IV.

Die publizistische Zählebigkeit der revisionistischen These verdankt sich mithin anderen als wissenschaftlichen Gründen: Das Thema ist von politischer Delikatesse und vermarktet sich offenbar gut. Dies um so mehr, als die Frage der „Barbarossa"-Pläne mit jener der sowjeti-schen Angriffsabsichten von revisionistischer Seite immer wieder argumentativ verknüpft wurde. Tatsächlich wurde mit der letztgenannten Frage in den vergangenen zwei Jahrzehnten ein Problem thematisiert, das infolge einer restriktiven sowjetischen Archivpolitik und einer falsch verstandenen Deutschlandzentristik der deutschen Geschichtswissenschaft allzu lange stiefmütterlich behandelt worden war. Die Resultate der Kontroverse über Stalins Kriegsvor-bereitungen 1941 lassen sich denn auch sehr viel weniger eindeutig resümieren als im deut-schen Falle. Neben den Eigentümlichkeiten einer in ihrer Argumentationskultur offenbar im-mer noch wenig entwickelten, zudem hochgradig politisierten und instrumentalisierten Zeitge-schichtsforschung in Russland dürfte hierfür vor allem die unbefriedigende Quellenlage ver-antwortlich sein. Anders als im Falle Hitlers ist offenbar bislang noch kein Dokument veröf-fentlicht worden, das Stalins Entscheidung für einen Angriff gegen Deutschland 1941 eindeu-tig belegen würde. Persönliche Notizen oder vergleichbare Dokumente des Diktators fehlen bislang, und eine noch immer zögerliche russische Archivpolitik sorgt dafür, dass die Debatte der Historiker sich zumeist um die angemessene Interpretation von kaum mehr als einer Handvoll von Schlüsseldokumenten dreht. Hierzu zählen vor allem zwei Reden Stalins vom 19. August 1939 und vom 5. Mai 1941, zwei strategische Denkschriften vom 11. März und 15. Mai 1941, ein Tass-Kommuniqué vom 13. Juni desselben Jahres, einige Memoiren sowjeti-scher Marschälle, insbesondere Žukovs, sowie zuletzt die Tagebücher des Komintern-Funktionärs Dimitrov[65]; selbst bei einigen der hier genannten Dokumente sind Authentizität und Überlieferungsgeschichte umstritten.[66] Für den Fachhistoriker um so irritierender, für die

---

64 Vgl. Goebbels: Tagebücher, Bd. 4, S. 631 (9.5.41).
65 Vgl. Georgi Dimitroff: *Tagebücher 1933-1943*, hrsg. von Bernhard H. Bayerlein, Berlin 2000. Die übrigen hier genannten Dokumente finden sich großenteils zusammen mit weiteren sowjetischen Quellen in deut-scher Übersetzung im Dokumentenanhang zu Ueberschär/Bezymenskij: Der deutsche Angriff, S. 155-216 abgedruckt.
66 Vgl. hierzu die quellenkritischen Erörterungen von Bezymenskij und Bonwetsch in: Ebd., S. 131-144 und 145-154 – Vor allem Bernd Bonwetsch hat sich in einer Vielzahl von Beiträgen mit der dringend gebotenen quellenkritischen Prüfung der sowjetischen Überlieferungen befasst und damit wesentlich dazu beigetragen, die Rahmenbedingungen für seriöse Interpretationsansätze zu formulieren.

ganze Kontroverse aber charakteristisch war der bis vor wenigen Jahren – vor allem, aber
nicht nur auf revisionistischer Seite – zu beobachtende Verzicht auf eine solide quellenkritische Diskussion. Je ungesicherter und geheimnisumwitterter die einzelne Quelle, desto schneller wuchs, so schien es, der Kranz von Behauptungen und Thesen, der sie umgibt. Die
zwanghafte Suche nach Beweisen hat zahlreiche Autoren dazu verführt, Grundregeln der historisch-kritischen Methode außer Kraft zu setzen. So wurden Einzeldokumente ohne Berücksichtigung des Kontextes interpretiert, Zitate aus dem Zusammenhang gerissen und ohne Begründung als Meinung Dritter ausgegeben. In Verhören getätigte Aussagen von Kriegsgefangenen wurden unbesehen als Sachaussagen bewertet oder Argumentationsebenen miteinander
verwechselt, indem z.B. operative Planungen mit politischen Absichten gleichgesetzt wurden.[67]

Angesichts des Mangels an einschlägigen Quellen und der Fülle rein handwerklicher Män-
gel bei ihrer Interpretation fällt es schwer, eine inhaltliche Zwischenbilanz der Diskussion um
mögliche sowjetische Angriffsabsichten gegenüber Deutschland im Jahre 1941 zu ziehen.[68]
Gleichwohl seien hier – in Anlehnung vor allem an die von Bernd Bonwetsch[69] herausgearbei-
teten Befunde – einige Überlegungen angedeutet. Dabei dürfte seit längerem außer Zweifel
stehen, dass die Sowjetunion ihre machtpolitischen Interessen bereits im Vorfeld des Krieges
von 1941 nicht, wie von der stalinistischen Propaganda und sowjetischen Geschichtsschreibung immer wieder behauptet, friedfertig und rein defensiv, sondern, wo immer es ihr geboten erschien (also vor allem gegenüber den baltischen Staaten, Polen und Finnland), aggressiv
und ohne völkerrechtliche Skrupel verfolgte.[70] Größere Wahrscheinlichkeit als früher darf auf
Grund der in den 1990er Jahren bekannt gewordenen Dokumente heute die Annahme beanspruchen, dass Stalin spätestens seit dem Frühjahr 1941 auch die Möglichkeit eines Krieges
mit Deutschland ernsthaft ins Kalkül zog. Weit weniger klar indessen ist, für wann er einen
solchen Krieg erwartete, und ob er ihn gegebenenfalls selbst zu entfesseln trachtete. Grundsätzlich hätte es hierzu für die sowjetische Führung drei Optionen gegeben: Eine erste war die
eines eigenen sowjetischen Präventivschlages; angesichts des im Frühjahr 1941 für Moskau
klar erkennbaren deutschen Aufmarsches lag diese Option nahe und wurde, wie die Aufzeichnungen Marschall Timošenkos und General Žukovs vom 15. Mai 1941 zeigen,[71] von den Militärs zumindest erwogen. Als zweite Möglichkeit bot sich ein Kriegseintritt der Sowjetunion an
der Seite Englands an. Für einen solchen Schritt hatte die britische Regierung nach der scho-
ckierend schnellen Niederlage des französischen Verbündeten immer wieder geworben, ohne
freilich das tiefsitzende Misstrauen des sowjetischen Diktators zerstreuen zu können, der für
London die Kastanien aus dem Feuer zu holen wenig Neigung zeigte.[72]

---

67 Geradezu charakteristisch für die Kontroverse ist der ebenso beliebte wie irrtümliche Rückschluß von der
    operativ offensiv angelegten Militärdoktrin der Roten Armee auf politisch aggressive Absichten der Mos-
    kauer Führung. Eine solche Schlussfolgerung ist logisch insofern unzulässig, als eine offensive Militärdokt-
    rin eine zwar notwendige, keineswegs aber hinreichende Bedingung kriegerischer Aggression darstellt; sie
    ist für sich genommen, wie z. B. das Konzept der „Vorwärtsverteidigung" zeigt, auch im Rahmen eines
    politisch-strategisch defensiven Narrativs vorstellbar.
68 Dies scheint im übrigen auch für die Diskussion des Themas in Russland zu gelten. Jedenfalls kam Voß
    noch 1998 zu dem Ergebnis, dass auch mehr als einhundert russische Veröffentlichungen bestehende Un-
    gewissheiten nicht hätten beheben können: „Die Frage nach Stalins Kriegsvorbereitungen 1941 läßt sich
    keinesfalls eindeutig beantworten", – ja eine definitive Antwort sei „auch weiterhin nicht in Sicht." (Voß:
    Stalins Kriegsvorbereitungen, S. 125).
69 Vgl. insbesondere Bonwetschs Beiträge *Stalins Äußerungen zur Politik gegenüber Deutschland 1939-1941*. Quel-
    lenkritische Bemerkungen. In: Ueberschär/Bezymenskij: Der deutsche Angriff, S. 145-154, sowie *Die For-
    schungskontroverse über die Kriegsvorbereitungen der Roten Armee*. In: Pietrow-Ennker: Präventivkrieg?, S. 170-189.
70 Mit gutem Grund ist daher die von der Sowjetunion offiziell behauptete „Neutralität" während der An-
    fangsphase des Zweiten Weltkrieges bestritten worden; vgl. Slutsch, Sergej: *Die deutsch-sowjetischen Beziehungen
    im Polenfeldzug und die Frage des Eintritts der UdSSR in den Zweiten Weltkrieg*. In: Pietrow/Ennker: Präventiv-
    krieg?, S. 95-112.
71 Abgedr. bei Ueberschär/Bezymenskij: Der deutsche Angriff, S. 186-193.
72 Vgl. hierzu die eingehende und überzeugende Analyse von Gorodetsky: Die große Täuschung.

Eine dritte, von Stalin selber wiederholt angedeutete Option war schließlich jene des „lachenden Dritten".[73] Demnach hätte die Sowjetunion nach einem andauernden Abnutzungskrieg Deutschlands gegen die Westmächte als letzte europäische Großmacht in den Krieg eintreten können, um gegen ein ausgeblutetes Reich zu schnellen Erfolgen zu kommen. Angesichts der gegen Frankreich so spektakulär demonstrierten Stärke der Wehrmacht auf der einen und der noch im Gange befindlichen Reorganisation der Roten Armee[74] auf der anderen Seite fehlten für diese Option im Frühjahr 1941 jedoch noch wesentliche Voraussetzungen.

Das Ergebnis unserer vorstehenden Erörterung der Präventivkriegsfrage und die sich daraus ergebenden Schlussfolgerungen lassen sich in wenigen einfachen und klaren Sätzen zusammenfassen: Eine wissenschaftlich begründete Diskussion um die Frage eines deutschen Präventivkrieges 1941 gibt es nicht. Angesichts von Quellenlage und Forschungsstand besteht für sie auch keinerlei Anlass. Soweit eine solche Debatte in den Medien geführt wird, speist sie sich offenkundig aus anderen als wissenschaftlichen Interessen. Demgegenüber ist die Frage nach dem Stand der sowjetischen Kriegsvorbereitungen 1941 und den damit verbundenen Absichten der sowjetischen Führung völlig legitim, hat indes mit der These eines deutschen Präventivkrieges nichts zu tun. Eine Entkoppelung beider Fragen trüge zur Versachlichung der Debatte wesentlich bei. Unabhängig davon ist unabdingbare Voraussetzung für deren wissenschaftlichen Ertrag eine internationalen Standards entsprechende russische Archivpolitik. Sie einzufordern sollte auch weiterhin ein Anliegen der internationalen *academic community* bleiben. Noch entscheidender freilich wäre für jeden Historiker, der sich an öffentlichen Debatten beteiligt, die Rückbesinnung auf die methodischen und methodologischen Standards seines Fachs. Der eigentliche Skandal der Präventivkriegskontroverse – sofern man denn von einem solchen sprechen will – liegt letztlich nämlich nicht in der Absurdität der These selbst begründet, sondern in der streckenweise fanatischen Bedenkenlosigkeit, mit der – nicht selten unter Missachtung elementarer Grundsätze von Quellenkritik und argumentativer Stringenz – über Jahre hinweg um sie gerungen worden ist.

---

73 In diesem Sinne lassen sich auch erst unlängst publizierte Tagebuchaufzeichnungen des Komintern-Funktionärs Dimitrov über eine Unterredung mit Stalin vom 7. September 1939 interpretieren; vgl. Dimitroff: Tagebücher , S. 273f.

74 Vgl. hierzu den kenntnisreichen Überblick von Moldenhauer, Harald: *Die Reorganisation der Roten Armee von der „Großen Säuberung" bis zum deutschen Angriff auf die UdSSR (1938-1941)*. In: MILITÄRGESCHICHTLICHE MITTEILUNGEN 55 (1996), S. 131-164.

„APPEASEMENT ODER ANGRIFF"

EINE KRITISCHE BESTANDSAUFNAHME DER SOG. „PRÄVENTIVKRIEGSDEBATTE" ÜBER DEN 22. JUNI 1941

RAINER F. SCHMIDT

Zwanzig Jahre nach Kriegsende traf General Ljascenko mit dem Volkskommissar für Verteidigung der Stalin-Ära, Marschall Semjon Timoschenko, zusammen. Er stellte ihm folgende Frage: „Warum haben wir eigentlich damals vor dem Krieg so geschlafen?". „Dann hör mal zu," sagte Timoschenko.

„Irgendwann Mitte Juni gelang es mir zusammen mit Schukow,[1] daß uns das Politbüro anhörte. [...] Wir hatten eine Karte mit den Gruppierungen der faschistischen Truppen vorbereitet. Schukow begann seinen Vortrag mit lauter Stimme und wies auf den großen Truppenaufmarsch des Feindes hin und darauf, daß wir nicht vorbereitet seien, den Angriff abzuwehren. Stalin begann, böse zu werden, was ich daran erkannte, daß er mit der Pfeife auf den Tisch schlug. Dann stand er auf, ging zu Schukow und begann, ihn anzubrüllen: ‚Was wollen Sie, sind Sie gekommen, uns mit dem Krieg zu schrecken, oder wollen Sie den Krieg, bedeuten Ihnen Auszeichnungen oder Posten nichts?' Schukow verlor die Selbstbeherrschung, man führte ihn in ein anders Zimmer.
Stalin kehrte zum Tisch zurück und sagte grob: ‚Das macht alles der Timoschenko, er versetzt alle in Kriegsstimmung [...]. Timoschenko ist gesund und hat einen großen Kopf, aber offensichtlich nur ein kleines Gehirn.' Er hob den Zeigefinger: ‚Sie aber müssen begreifen, daß Deutschland niemals allein mit Rußland Krieg führen wird. Das müssen Sie begreifen', sagte er und ging. Dann öffnete er die Tür und sagte laut. ‚Wenn ihr da an der Grenze die Deutschen reizt, wenn ihr ohne unsere Genehmigung die Truppen verschiebt, dann rollen die Köpfe. Merkt euch das', und schlug die Tür zu."[2]

So weit der Bericht von Timoschenko. Wenige Tage nach dieser Szene begann unter dem Codewort Unternehmen „Barbarossa" jener Vernichtungs- und Lebensraumkrieg Hitlers, der die Lagebeurteilung Stalins *ad absurdum* führte und die Sowjetunion binnen weniger Wochen an den Rand ihrer staatlichen Existenz brachte.

Die Entscheidungsparameter und die Situationsdeutung, die Intentionen und Motive des sowjetischen Diktators sind seither immer wieder zum Gegenstand von Spekulationen gemacht worden. Zu einer schlüssigen und überzeugenden Antwort sind die Historiker indes bis heute nicht gelangt.

Ich will es mir versagen, die Gründe hierfür im einzelnen zu analysieren. Auf russischer Seite sind zu nennen, die nach wie vor unzulängliche Quellenlage, die keinerlei Einblick in die im Kreml ablaufenden Entscheidungsprozesse gestattet, sowie der die historische Erkenntnis durch politisch-funktionale Erwägungen eintrübende Helden- und Abwehrmythos des Großen Vaterländischen Krieges.

Und auf deutscher Seite wurde die Forschung bis vor wenigen Jahren ganz von der Widerlegung jener Präventivkriegsthese beherrscht, die die Nationalsozialisten zur Legitimation des flagranten Bruches des Nichtangriffspakts von 1939 in die Welt setzten. So hieß es in der Note, die in Moskau unmittelbar nach Beginn der Kampfhandlungen übergeben wurde: Die Sowjetunion sei „mit ihren gesamten Streitkräften an der deutschen Grenze sprungbereit aufmar-

---

1   General Georgi Schukow, Chef des sowjetischen Generalstabes.
2   Zit. nach Besymenskij, L.A.: *Stalins Rede vom 5. Mai 1941.* In: G. R. Ueberschär/L. A. Besymenskij (Hrsg.): Der deutsche Angriff auf die Sowjetunion 1941. Die Kontroverse um die Präventivkriegsthese, Darmstadt 1998, S. 142.

schiert". Das Bestreben der Forschung, dieses zweckgerichtete Argument zu entlarven, verband sich alsbald mit dem Impetus zur Offenlegung der verbrecherischen Qualität des alle moralischen Barrieren sprengenden Ostkrieges.

So wichtig und notwendig beide Anliegen auch waren, so führten sie doch dazu, dass der wissenschaftliche Klärungsprozess von Stalins Absichten und Aktionen im Vorfeld des Unternehmens „Barbarossa" nur schleppend einsetzte. Zu massiv erschien die moralische Verpflichtung der Deutschen gegenüber den Völkern der Sowjetunion, zu gewaltig die historische Verantwortung, als dass man sich den Intentionen Stalins, abgelöst von Hitlers Untaten, vorurteilsfrei und aus einer Position des *ex ante* heraus hätte zuwenden können. Und zu gewichtig war die geschichtspädagogische Befürchtung, es werde sich eine unkontrollierbare Sturzflut auf die Mühlen rechtsradikaler Kreise ergießen, wenn man die Taten Hitlers und den deutschen Angriff dadurch scheinbar relativiere, dass man Stalin seinerseits aggressive Absichten nachweise.

Es war daher kein Zufall, dass es eines Anstoßes von außen bedurfte, um eine kritische Debatte herbeizuführen, die freilich nicht frei ist von Polemik und dem Rückfall in unwissenschaftliche Kategorien.[3] Ein in den Westen geflüchteter Generalstabsoffizier der sowjetischen Auslandsspionage brachte sie Mitte der achtziger Jahre unter dem Decknamen Viktor Suworow [eigentlich: Wladimir B. Resun] mit zwei Aufsätzen in einer britischen Fachzeitschrift in Gang, denen er unter dem Titel „Der Eisbrecher" ein Buch folgen ließ, das mittlerweile in sechster Auflage vorliegt.[4]

Seither haben sich verschiedene Lager mit konträren Deutungsmustern ausdifferenziert, deren Interpretationsmuster wir uns zunächst im Überblick vergegenwärtigen wollen. In einem zweiten Schritt will ich die Unzulänglichkeiten, Schwachstellen und offenen Fragen der vorgelegten Erklärungsmodelle herauspräparieren, um dann abschließend in Form von vier Thesen eine eigene Antwort zu versuchen.

3   Vgl. diesbezüglich die tendenziöse Bestandsaufnahme der Debatte bei Ueberschär, R.G.: *„Historikerstreit" und „Präventivkriegsthese"*. Zu den Rechtfertigungsversuchen des deutschen Überfalls auf die Sowjetunion 1941. In: TRIBÜNE. Zeitschrift zum Verständnis des Judentums 26 (1987), S. 108-116; Ders.: *Zur Wiederbelebung der „Präventivkriegsthese"*. Die neuen Rechtfertigungsversuche des deutschen Überfalls auf die UdSSR 1941 im Dienste „psychologischer Aspekte" und „psychologischer Kriegführung". In: GESCHICHTSDIDAKTIK 12 (1987), S. 331-342; Ders.: *Das „Unternehmen Barbarossa" gegen die Sowjetunion – ein Präventivkrieg?* Zur Wiederbelebung der alten Rechtfertigungsversuche des deutschen Überfalls auf die UdSSR 1941. In: B. Bailer-Galanda et al. (Hrsg.): Wahrheit und „Ausschwitzlüge". Zur Bekämpfung „revisionistischer" Propaganda, Wien 1995, S. 163-182; Wette, W.: *„Unternehmen Barbarossa"*. Die verdrängte Last von 1941. In: H. Donat/L. Wieland (Hrsg.): „Auschwitz" erst möglich gemacht? Überlegung zur jüngsten konservativen Geschichtsbewältigung, Bremen 1991, S. 94-103; Ders.: *Über die Wiederbelebung des Antibolschewismus mit historischen Mitteln. Oder: Was steckt hinter der Präventivkriegsthese?* In: G. Erler et. al. (Hrsg.): Geschichtswende? Entsorgungsversuche zur deutschen Vergangenheit, Freiburg 1987, S. 86-115. Hier wird nicht etwa eine kritische Auseinandersetzung mit der These einer Angriffsabsicht Stalins versucht, sondern es wird, analog zum Argumentationsmuster im sog. „Historikerstreit", eine Verschwörungstheorie von rechts entwickelt, die angeblich darauf abzielt, „den Überfall Hitler-Deutschlands auf die Sowjetunion am 22. Juni 1941 in einen sogenannten Präventivkrieg umzumünzen" (Wette: Präventivkriegsthese, S. 86). Eine an der Sache orientierte, kenntnisreiche Darlegung der Debatte dagegen bei Dotterweich, V.: *Krieg der Titanen?* Spekulationen über Stalins Strategie im Frühjahr 1941. In: Ders. (Hrsg.): Kontroversen der Zeitgeschichte. Historisch-politische Themen im Meinungsstreit, München 1998, S. 123-159; ausgewogen auch Bonwetsch, B.: *Die Forschungskontroverse über die Kriegsvorbereitungen der Roten Armee 1941*. In: B. Pietrow- Ennker (Hrsg.): Präventivkrieg? Der deutsche Angriff auf die Sowjetunion, Frankfurt a. M. 2000, S. 170-189.
4   Suworow, V.: *Who was planning to attack whom in June 1941. Hitler or Stalin?* In: JOURNAL OF THE ROYAL UNITED SERVICES INSTITUTE FOR DEFENCE STUDIES 80/2 (June 1985), S. 50-55; Gorodetsky, G.: *Was Stalin planning to attack Hitler in June 1941.* In: Ebd. 81 (June 1986), S. 69-72; Suworow, V.: *Yes, Stalin was planning to attack Hitler in June 1941.* In: Ebd., S. 73-74; Ders.: *Der Eisbrecher.* Hitler im Stalin-Kalkül, Stuttgart 1991; Ders.: *Der Tag M*, Stuttgart 1995.

1 Drei Interpretationsvarianten

Zunächst also der Blick auf die grundlegenden Positionen in der Kontroverse. Drei Richtungen lassen sich voneinander abgrenzen: das Lager der Aggressionstheoretiker, dasjenige der Verfechter der Vorwärtsverteidigung und drittens das der sog. Apologeten, die Stalins Strategie als strikte Beschwichtigungspolitik einstufen.

Um Suworows Initialthese herum hat sich inzwischen mit Joachim Hoffmann, mit Ernst Topitsch sowie Walther Post und dem sich als Trittbrettfahrer betätigenden Werner Maser[5] ein Quartett von Forschern gebildet, dessen Ergebnisse auf russischer Seite vor allem durch die Arbeiten der Militärhistoriker Michail Meltjuchov, Vladimir Nevezin, Valerij Danilov sowie durch den an der Moskauer Universität lehrenden Jurij Afanasjev[6] gestützt werden. Gemeinsam ist ihnen, dass sie Stalin ein Angriffskalkül unterstellen, das sich unabhängig von Hitlers Lebensraumintentionen entwickelte, das zur Planung von „Barbarossa" parallel lief und das einen Aggressionskrieg im Sommer 1941, spätestens jedoch im Jahre 1942, zum Ziel hatte. Im wesentlichen wurden sieben Punkte angeführt, um diese These zu erhärten:

Erstens: der Abbau der sog. Stalin-Linie, also des der deutschen Siegfriedlinie im Westen vergleichbaren Verteidigungsgürtels aus Minenfeldern und Panzersperren, der hinter der Grenze zu Polen errichtet worden war, bzw. der Verzicht auf die Anlage eines ähnlichen Bollwerks gegen Deutschland nach der Besetzung Ostpolens im Herbst 1939.

Zweitens: die Ingangsetzung einer ungeheuren Aufrüstung (24.000 Panzer, 23.000 Kampfflugzeuge, 148.000 Geschütze) sowie die Aufstellung von fünf Luftlandekorps, die für den Angriff auf Bodenziele und nicht für den Luftabwehrkampf ausgerüstet waren. Insgesamt war diese ab 1938 einsetzende Hochrüstung so gewaltig, dass Stalin und seine Militärs ab dem Frühsommer 1941 von einer mehrfachen Überlegenheit gegenüber den deutschen Kräften ausgingen.

Drittens verzichtete die sowjetische Führung auf die Ausarbeitung einer Defensivstrategie gegenüber der Wehrmacht. Weit davon entfernt, die traditionellen Vorteile von Raum und Klima zu nutzen, beruhte die gesamte Militärdoktrin der Roten Armee ausschließlich auf dem Gedanken der strategischen Offensive.

Dem entsprach es viertens, wenn sich Stalin in einer Rede am 5. Mai 1941 vor den Absolventen der Militärakademien angeblich zu Kriegsdrohungen gegen Deutschland verstieg, die Kampfkraft der Wehrmacht herabsetzte und von der „Notwendigkeit eines offensiven Vorgehens" sprach. Zehn Tage später habe er den von Timoschenko und Schukow vorgelegten Angriffsplan, die sog. Strategischen Erwägungen vom 15. Mai, gebilligt.

Fünftens wurde der Westliche Militärbezirk der Sowjetunion nicht nur mit der Ersten Strategischen Staffel im Umfang von 12 Armeegruppen (=100 Divisionen) bestückt, sondern zusätzlich wurde aus dem Innern Russlands die Zweite Strategische Staffel herangeführt. Diese

5   Hoffmann, J.: *Die Sowjetunion bis zum Vorabend der deutschen Angriffs* und *Die Kriegführung aus der Sicht der Sowjetunion.* In: H. Boog et al. (Hrsg.): Das deutsche Reich und der Zweite Weltkrieg. Bd. 4: Der Angriff auf die Sowjetunion, Stuttgart 1983, S. 69-140 u. 848-964; Ders.: *Die Angriffsvorbereitungen der Sowjetunion 1941.* In: B. Wegner (Hrsg.): *Zwei Wege nach Moskau.* Vom Hitler-Stalin Pakt bis zum „Unternehmen Barbarossa", München 1991, S. 367-388; Ders.: *Stalins Vernichtungskrieg 1941-1945,* München 1997, S. 18ff.; Topitsch, E.: *Stalins Krieg.* Die sowjetische Langzeitstrategie gegen den Westen als rationale Machtpolitik, Herford 1990; erw. Neuausgabe u.d.T. *Stalins Krieg.* Griff nach der Weltherrschaft – Strategie und Scheitern, Herford 1993; Post, W.: *„Unternehmen Barbarossa": deutsche und sowjetische Angriffspläne 1940/1941,* Hamburg 1995; Maser, W.: *Der Wortbruch: Hitler, Stalin und der Zweite Weltkrieg,* München 1994.
6   Meltjuchov, M.: *Ideologiceskie dokumenty maja-ijunja 1941 goda o sobytijach vtoroj mirovoj vojny (Ideologische Dokumente vom Mai-Juni 1941 über die Ereignisse des Zweiten Weltkrieges).* In: J. Afanasjev (Hrsg.): Drugaja vojna (Der andere Krieg) 1939-1945, Moskau 1996, S. 76-105; Ders.: *Kanun Velikoj Otecestvennoj vojny: diskussija prodolzaetsja (Am Vorabend des Großen Vaterländischen Krieges: die Diskussion dauert an),* Moskau 1999; Nevezin, V.: *Rec' Stalina 5 Maja 1941 goda i apologija nastupatel'noj vojny (Die Rede Stalins vom 5. Mai 1941 und die Apologie des Angriffskrieges).* In: Afanasjev (Hrsg.): Drugaja vojna, S. 106-135; Ders.: *Sindrom nastupatel'noj vojny. Sovetskaja propaganda v preddverii „svjasennich bojev" (Das Syndrom des Angriffskrieges. Die sowjetische Propaganda am Vorabend „der heiligen Kämpfe") 1939-1941,* Moskau 1997.

knapp 200 Divisionen wurden entlang der Westgrenze zu Deutschland, Finnland und Rumänien in einer solchen operativen Konfiguration aufgestellt, wie sie nur mit Absicht eines Angriffes einen Sinn ergab, weil die Konzentration solch gewaltiger Massen an Verbänden auf engstem Raum die Truppen nach rückwärts und seitwärts immobil machte und im Verteidigungsfall das unkalkulierbare Risiko eines Umfasstwerdens und einer Einkesselung barg.

Sechstens fielen der Wehrmacht in den ersten Tagen von „Barbarossa" umfangreiche Versorgungsdepots, Betriebsstofflager und Mobilmachungsvorräte, die unmittelbar an der Grenze angelegt worden waren, in die Hände, desgleichen Beutestücke, wie Kartenmaterial, das weit in den deutschen Raum reichte und Unterlagen, die der propagandistischen Umsetzung eines Angriffes auf Deutschland dienen sollten.

Schließlich prägte diese Forschergruppe den Begriff der sog. Stalin-Doktrin. Damit ist gemeint, dass Stalin seit dem Frühjahr 1939 darauf abstellte, die kapitalistischen Staaten in einen Zermürbungs- und Abnutzungskrieg zu treiben, in den die Sowjetunion erst dann eingreifen sollte, wenn sich die anderen Mächte gegenseitig geschwächt hatten. Dieses Kalkül verband sich nach dem unerwartet schnellen deutschen Sieg über Frankreich mit einer gezielten Provokationsstrategie gegenüber Deutschland. Spätestens mit den durch Außenminister Molotow im November 1940 in Berlin überbrachten Forderungen, die praktisch den gesamten Balkanraum als Preis für eine Fortschreibung des weiteren Stillhaltens Moskaus reklamierten, habe es Stalin darauf angelegt, Hitler zur Wendung nach Osten zu verleiten. Dies sollte ihm ermöglichen, unter der Parole eines Verteidigungskrieges gegen eine deutsche Aggression, die Ausbreitung des Sowjetkommunismus mit Gewalt zu bewerkstelligen.

Wenden wir uns der zweiten Interpretationsrichtung zu: den Verfechtern der Vorwärtsverteidigung. Historiker wie Manfred Messerschmidt, Heinz Magenheimer, Jurij Afanasjew, Professor für Geschichte an der Moskauer Universität, sowie der Militärhistoriker Valerij Danilov[7] gehen davon aus, dass man aus der grenznahen Aufstellung der Roten Armee keineswegs eine gezielte Herbeiführung und Auslösung eines Krieges mit Deutschland ableiten könne. Ihre Argumente sind die folgenden:

Erstens und am wichtigsten: Bis zum 22. Juni vermied es Stalin strikt, die Generalmobilmachung anzuordnen und sich damit für den Krieg zu entscheiden. Die Militärs, die diese mehrmals einforderten und, wie erwähnt, am 15. Mai einen entsprechenden Plan präsentierten, bekamen weder für einen Präventivschlag gegen die Wehrmacht noch für eine kriegsauslösende Provokation Hitlers grünes Licht.

Zweitens ist dies um so bemerkenswerter, als Stalin über ein ganzes Bündel an sicheren und konkreten Hinweisen verfügte, dass sich Hitler längst für einen Krieg gegen die Sowjetunion entschieden hatte. Unter den Stalin zugänglichen Belegen befand sich etwa Hitlers Weisung Nr. 21 vom 18. Dezember 1940, also die operative Planung von „Barbarossa", so dass in den Moskauer Führungskreisen im Grunde nur noch Unklarheit über den genauen Termin des deutschen Losschlagens herrschte.

Drittens: Die sowjetische Truppenaufstellung unmittelbar an der Grenze zu Deutschland und Rumänien fußte exakt auf dieser Erwartung, denn sie entsprach der seit den dreißiger Jahren propagierten Militärdoktrin. Auch der von Timoschenko und Schukow vorgelegte Plan der „Strategischen Erwägungen" spiegelte diese Kriegstheorie wider. Sie suchte, ähnlich wie

---

7   Messerschmidt, M.: *Präventivkrieg?*. In: B. Pietrow-Ennker (Hrsg.): Präventivkrieg?, S. 19-36; Magenheimer, H.: *Zum deutsch-sowjetischen Krieg 1941*. Neue Quellen und Erkenntnisse. In: ÖSTERREICHISCHE MILITÄRISCHE ZEITSCHRIFT 32/1 (1994), S. 51-60; Ders.: *„Entscheidungskampf 1941*. Sowjetische Kriegsvorbereitungen, Aufmarsch, Zusammenstoß, Bielefeld 2000; Danilov, V.: *Stalinskaja strategija nacala vojny: plany i realnost'* (Stalins Strategie des Kriegsbeginns: Pläne und die Realität). In: Afanasjev (Hrsg.): Drugaja vojna, S. 136-156; Ders.: *Gotovil li generalnyj stab krasnoj armii uprezdajusij udar po germanii?* (Bereitete der Generalstab der Roten Armee einen Präventivschlag gegen Deutschland vor?). In: G. Bordjugov (Hrsg.): Gotovil li Stalin nastupatelnuju vojnu protiv Gitlera? (Bereitete Stalin einen Angriffskrieg gegen Hitler vor?), Moskau 1995, S. 82-91; Afanasjev, J.: *Drugaja vojna: istorija i pamjat'*. In: Ders. (Hrsg.): Drugaja vojna, S. 22-45; Ders. (Hrsg.): *Vojna 1939-1945: dva podchoda* (Der Krieg 1939-1945: zwei Betrachtungsweisen), Moskau 1995.

der deutsche Schlieffen-Plan, ihr Heil in der Offensive und trachtete danach, einen Stellungs-
krieg auf dem eigenen Territorium zu vermeiden. Demnach galt: Auch in Abwehr eines Angriffs sollte die Rote Armee sofort die Initiative ergreifen, zur Offensive übergehen und die
Kampfhandlungen schnellstmöglich auf das Gebiet des Gegners tragen. Die Aufstellung an
der Grenze war also als Bollwerk und Sprungbrett für einen Gegenstoß gedacht.

Demzufolge, so die Vertreter dieser Theorie, ist der Verzicht auf jegliche strategische und
taktische Verteidigung, ist die grenznahe Massierung von Verbänden keineswegs gleichzusetzen mit dem Willen zur Aggression. All dies entsprang vielmehr einer Verteidigungskonzepti-
on, die ganz vom Offensivgedanken geprägt war.

Das dritte Lager, das der sog. Apologeten, geht davon aus, dass Stalins Strategie ganz von
der Defensive, der peniblen Beachtung der Vereinbarungen mit Deutschland, ja von der
Beschwichtigung Hitlers beherrscht wurde. Der israelische Historiker Gabriel Gorodetsky, die
Tübinger Osteuropahistorikerin Bianka Pietrow-Ennker, ihre Kollegin Ingeborg Fleischhauer
sowie die Russen Lew Besymenskij, Jurij Gorkow, Oleg Wischljew und Machmut Gareev[8]
können weder einen Offensivaufmarsch der Roten Armee noch eine Offensivverteidigung
erkennen. Sie deuten die Truppenverlagerung in die Westlichen Militärbezirke vielmehr als
defensiv motiviertes, politisches Signal an Hitler. Der Zweck sei der einer Gegenpression gewesen, mit der Stalin etwaigen Forderungen Hitlers habe entgegentreten wollen, und mit der
er der deutschen Führung habe klarmachen wollen, dass die Sowjetunion weder ahnungs-
noch wehrlos sei.

Zentralen Erklärungswert für diese Interpretationsrichtung besitzen das Sicherheitsdefizit
und das Einkreisungstrauma der Sowjetunion. Beide schlugen sich in einer Politik der Kon-
fliktvermeidung nieder, um Hitler keinesfalls einen Anlass zum Kriege zu liefern und ihn
durch eine ganze Serie von *good-will* Aktionen zu beschwichtigen.

Dies gilt erstens für den Pakt mit dem nationalsozialistischen Deutschland vom August
1939, der unter allen außenpolitischen Optionen Stalins zwar die ungünstigste war, jedoch der
Sowjetunion vorerst eine Atempause verschaffte, sie mit Blick auf Japan vor einem Zweifrontenkrieg bewahrte und die Einheitsfront von München sprengte.

Zweitens verweist man auf den Umstand, dass sich die Sowjetunion im Jahre 1941 nicht
etwa in einer Position der militärischen Überlegenheit befand, sondern in einem Zustand objektiver Schwäche. Konstitutiv für diese Schwäche war die weitgehende Liquidierung der Füh-
rungskader der Armee (etwa 40.000 Generale und Offiziere) in den großen Säuberungen der
Tuchatschewski-Ära 1937/38. Hinzu kamen der mangelhafte Rüstungsstand der Streitkräfte,
die kaum über moderne Waffensysteme verfügten und deren Reorganisation nicht vor dem
Sommer 1942 abgeschlossen sein sollte; hinzu kam die lahmende Wirtschaft, die weit hinter
den Planzahlen herhinkte; und hinzu kam als unmittelbarer Erfahrungshintergrund die milita-
rische Blamage gegen Finnland im sog. Winterkrieg. Die freiwillige Auslösung eines Krieges

8   Gorodetsky, G.: *Die große Täuschung*. Hitler, Stalin und das Unternehmen „Barbarossa", Berlin 2001; Ders.:
     Stalin und Hitlers Angriff auf die Sowjetunion. Eine Auseinandersetzung mit der Legende vom deutschen Prä-
     ventivkrieg. In: VZG 37 (1989), S. 645-672; Ders.: *Russian „Appeasement" of Germany – Spring 1941*. In: TEL
     AVIVER JAHRBÜCHER FÜR DEUTSCHE GESCHICHTE 24 (1995), S. 257-282; Pietrow-Ennker, B.: *Deutschland
     im Juni 1941 – Ein Opfer sowjetischer Aggression?* In: W. Michalka (Hrsg.): *Der Zweite Weltkrieg*, München 1989,
     S. 586-607; Dies.: *Stalinismus. Sicherheit. Offensive. Das „Dritte Reich" in der Konzeption der sowjetischen
     Außenpolitik 1933-1941*, Melsungen 1983; Dies.: *„Mit den Wölfen heulen ...".* Stalinistische Außen- und
     Deutschlandpolitik 1939-1941. In: Dies. (Hrsg.): *Präventivkrieg?*, S. 77-94; Besymenskij, L.: *Der Berlin-Besuch
     von V.M. Molotow im November 1940 im Lichte neuer Dokumente aus sowjetischen Geheimarchiven*. In:
     MILITÄRGESCHICHTLICHE MITTEILUNGEN 57 (1998), S. 199-215; Gorkow, J.: *22. Juni 1941: Verteidigung o-
     der Angriff?* Recherchen in russischen Zentralarchiven. In: Ebd., S. 190-207; Ders.: *Gotovil li Stalin uprezdajusij
     udar protiv Hitlera v 1941 godu (Bereitete Stalin 1941 einen Präventivschlag gegen Hitler vor?)*. In: Afanasjev (Hrsg.):
     Drugaja vojna, S. 157-184; Wischljew, O.: *Am Vorabend des 22.6.1941*. In: H. A. Jacobsen (Hrsg.): *Deutsch-
     russische Zeitenwende: Krieg und Frieden 1941-1945*, Baden-Baden 1995, S. 91-149; Gareev, M.: *Neodnoznacnye
     stranizy vojny (Mehrdeutige Seiten des Krieges)*, Moskau 1995; Ders.: *Gotovil li Sovetskij Sojuz uprezdajusee napadenie na
     Germaniju v 1941 godu? (Bereitete die Sowjetunion 1941 den Präventivangriff auf Deutschland vor?)*. In: A. Cubarjan
     (Hrsg.): *Vojna i politika, 1939-1941 (Krieg und Politik)*, Moskau 1999, S. 270-279.

mit Deutschland im Frühsommer 1941, als sich Hitler auf dem Höhepunkt seiner Erfolge befand, als bis auf die britische Bastion von Gibraltar kein feindlicher Soldat mehr auf dem Kontinent stand, konnte demnach nicht in Stalins Interesse liegen.

Drittens: All dies resultierte in einer „geradezu devoten Beschwichtigungspolitik gegenüber Hitler" (Pietrow), die sich im Laufe der ersten Jahreshälfte von 1941 in einer ganzen Reihe von entsprechenden Gesten und Signalen an die Adresse Berlins manifestierte. Ich will hier nur die wichtigsten aufzählen: die Erneuerung des Handelsabkommens mit Deutschland im Januar, der im Frühjahr eine beträchtliche Aufstockung der sowjetischen Rohstofflieferungen folgte; die Hinnahme der ständigen Verletzungen des russischen Luftraumes durch deutsche Aufklärungsflugzeuge; die demonstrativen Freundschaftsbekundungen Stalins gegenüber dem deutschen Botschafter Graf Schulenburg und dem stellvertretenden deutschen Militärattaché in Moskau, Oberst Krebs; die Übernahme des Ministerpräsidentenpostens in der sowjetischen Regierung durch Stalin persönlich am 6. Mai 1941 sowie, Mitte des Monats, der Abbruch der diplomatischen Beziehungen zu den Regierungen Belgiens, Norwegens, Jugoslawiens und Hollands, – ein Schritt, der einer Anerkennung von Hitlers Eroberungen gleichkam. Am 13./14. Juni schließlich ließ Stalin über die Nachrichtenagentur TASS ein Kommuniqué verbreiten, das seine Entschlossenheit bekräftigte, die Verpflichtungen aus dem Nichtangriffspakt einzuhalten und eine Art von verklausuliertem Verhandlungsangebot an Berlin darstellte.

Stalin verfolgte also, dies bleibt als Resümee dieser Interpretationsrichtung festzuhalten, eine Politik des Appeasement gegenüber Hitler, und er tat sein Möglichstes, um auf Grund der objektiv gegebenen Schwächesituation einem Konflikt mit Deutschland aus dem Wege zu gehen.

2 Ungereimtheiten und offene Fragen

Ohne Zweifel haben alle drei vorgelegten Erklärungsmodelle einen großen Gehalt an Geschlossenheit und an Überzeugungskraft, so gegensätzlich sie auch erscheinen mögen. Aber dies darf nicht darüber hinwegtäuschen, dass keines dieser drei Lager es vermag, für seine Deutung einen dokumentarischen Beweis beizubringen. Sie operieren allesamt mit Indizien, Anhaltspunkten, Analogieschlüssen und Vermutungen, die gleichsam hochgerechnet werden und wie disparate Mosaiksteinchen in ein vorgefertigtes Bild eingepasst werden. Dies gilt etwa für die mit dem Mittel der Motivforschung betriebene Rekonstruktion der Situationsdeutung durch Stalin; und nicht weniger gilt es für die offenbaren Fakten, wie die vorgeschobene Truppenaufstellung und den Angriffsplan vom 15. Mai, die im Lichte der erhobenen Befunde gedeutet, fast möchte man sagen: umgedeutet werden. Ich kann für meine, Ihnen gleich zu entwickelnde These natürlich auch keinen dokumentarischen Beweis ins Feld führen. Aber meine Deutung vermag die Defizite der vorgeführten Modelle auszugleichen und weist ein geschlosseneres und konsistenteres Baumuster der Stalinschen Strategie im Vorfeld von „Barbarossa" auf. Ich will deshalb zunächst auf vier grundlegende Ungereimtheiten der entwickelten Erklärungsversuche hinweisen.

Erstens: Warum, wenn Stalin angeblich so darauf erpicht war, Hitler keinesfalls einen Vorwand zum Angriff zu liefern, warum ließ er Molotow im November 1940 in Berlin mit dermaßen exorbitanten Forderungen auftreten, dass die Basis der bisherigen Vereinbarungen gesprengt wurde. Warum ließ er ihn sagen, dass „die Festlegung dieser Interessensphären im Vorjahre [...] nur eine Teillösung" darstelle, „die durch das Leben und die Ereignisse der letzten Zeit überholt und erschöpft sei [...]"? Warum reklamierte Molotow Finnland und Bulgarien als exklusive Interessenzone; warum forderte er ausdrücklich ein Mitspracherecht an der deutschen Kriegsbeute Polen bzw. am Schicksal Jugoslawiens, Griechenlands, Rumäniens,

Schwedens und Ungarns; und warum verlangte er eine beherrschende Position am Bosporus und im gesamten Ostseeraum? Es grenzt schon an Zynismus, dies mit einem Sicherheitsdefizit erklären zu wollen, von den zwischen 1939 und 1940 durch die Sowjetunion annektierten Gebieten will ich gar nicht reden.

Was spricht dafür, so muss man zweitens kritisch fragen, dass Stalin die gleiche Realitätsperzeption hatte, wie die nachlebenden Historiker, die auf militärische, wirtschaftliche und industrielle Unzulänglichkeiten verweisen und daraus ableiten, dass die Sowjetunion im Juni 1941 gar nicht kriegsbereit gewesen sei. Bekanntlich handelt es sich bei diesen Indizien um sog. „höher aggregierte Tatsachen", die den Zeitgenossen selbst im allgemeinen gar nicht bewusst waren, sondern sich erst der Nachwelt aus der Rückschau erschließen. Bis heute gibt es keinen Beleg dafür, dass Stalin sich subjektiv der offenbar objektiv gegebenen Schwächesituation auch bewusst war. Er starrte vielmehr auf die nackten Zahlen, die in punkto *manpower* und Material eine ungeheure Überlegenheit der Roten Armee gegenüber der Wehrmacht auswiesen. Und es gibt eine Fülle von Indizien, die die Selbstsicherheit und Überheblichkeit des roten Diktators unterstreichen. Nach allem, was man quellenkritisch gegen Stalins Rede vom 5. Mai vorbringen kann, so steht doch bei allen ihren Versionen außer Zweifel, dass Stalin die Kampfkraft seiner Armee und den Stand ihrer Wehrtechnik bei weitem überschätzte und alle gegenteiligen Signale in den Wind schlug.

Die dritte kritische Frage. Die vorgeschobene Truppenaufstellung in den Westlichen Militärbezirken entsprach natürlich der Theorie der Offensivverteidigung, wie sie die sowjetische Generalität in den Rang kanonischer Geltung erhoben hatte. Insofern ist es unlauter, hieraus Aggressionsabsichten ableiten zu wollen. Die nachfolgende Einkesselung durch die Wehrmacht könnte also die Folge der fatalen Überschätzung der eigenen Stärke gewesen sein und war mithin einem gravierenden strategisch-operativen Führungsfehler zuzuschreiben. Aber, so ist zu fragen, war ausschließlich die herrschende Militärdoktrin dafür ursächlich, dass es zu einer solchen exponierten Konfiguration in den engen Frontvorsprüngen bei Lemberg und Bialystok kam, wo die Soldaten sich gegenseitig auf die Füße traten? Bot nicht ein weiter entfernt von der Grenze, im rückwärtigen Raum gewählter Standort die weit bessere Aussicht, den ersten Stoß der Wehrmacht aufzufangen und zum Gegenschlag überzugehen? Eine solche Aufstellung entsprach ebenfalls der Militärdoktrin, und sie hatte den Vorteil, dass sie genügend Platz bot für die strategische Entfaltung der Armee. Diese Überlegung ist deshalb nicht abwegig, weil der am 11. März fertiggestellte sog. „Präzisierte Plan" eben nicht die Dislozierung der Truppen entlang der gesamten Grenze von Nord nach Süd mit den bekannten beiden Schwerpunkten vorsah.[9] Offenbar gab es also – so legt dieser Befund nahe – zwischen dem März und dem Juni 1941 einen bislang unerkannt gebliebenen Faktor, der die vorwärtsgeschobene Positionierung der Roten Armee auslöste.

Damit verbindet sich der vierte Kritikpunkt. Rein theoretisch bot diese grenznahe Aufstellung drei denkbare Handlungsalternativen: die Abblockung des deutschen Angriffs und den sofortigen Gegenschlag; die Möglichkeit zum Präventivschlag bzw. die Offensive; oder eben das Verharren in dieser vorgeschobenen Position, bis die Kriegsgefahr vorüber war. Was aber, so muss man kritisch fragen, machte Stalin so sicher, dass sich das Risiko einer Überrumpelung der eigenen Verbände durch die Wehrmacht kalkulieren ließ? Worauf stützte er seine Zuversicht, dass dieser Fall nicht eintreten würde? Mit anderen Worten: steckten hinter der hochriskanten, vorgeschobenen Truppenaufstellung und hinter Stalins bis zuletzt nachweisbarer felsenfester Überzeugung, das Gesetz des Handelns selbst diktieren zu können, ein Kalkül oder ein simpler Führungsfehler?

---

9   Der russische Text in der zweibändigen Quellensammlung, die im Auftrag des Internationalen Fonds „Demokratie" herausgegeben wurde; Naumov, V. (Hrsg.): *1941 god. Dokumenty*, Moskau 1998, Bd. 2, Nr. 315; der deutsche Text in: Ueberschär/Besymenskij (Hrsg.): Angriff, S. 177-182.

3 Stalins Strategie für alle Fälle

Genug der Fragen. Versuchen wir zum Abschluss, in Form von vier Thesen eine Antwort zu geben.

These 1: Die Sowjetunion befand sich seit dem Frühjahr 1939 in einer diplomatisch-strategischen Schlüsselposition, und dementsprechend gestaltete sich Stalins Politik

Die britisch-französische Polengarantie vom 31. März sowie die nachfolgende Kündigung des deutsch-polnischen Nichtangriffspakts bzw. des Flottenvertrags mit Großbritannien durch Hitler hatten die Koalition von München ohne Zutun Stalins zerfallen lassen. Die Sowjetunion war damit von einer Position der Isolation in die Position einer allseits umworbenen Macht eingerückt. Einerseits konnte die Garantieverpflichtung gegenüber Warschau nur mit Hilfe der Roten Armee eingelöst werden; und andererseits konnte Hitler Polen nur dann relativ gefahrlos zu Leibe rücken, wenn die Neutralität Moskaus verbürgt war. Tatsächlich lassen die heute verfügbaren sowjetischen Quellen keinen Zweifel daran, dass die sowjetische Führung diese Schlüsselstellung erkannte und bis ins letzte ausreizte. So notierte Außenminister Litwinow schon vier Tage nach der Polengarantie:

> „Wir wissen ganz genau, dass es unmöglich ist, die Aggression in Europa ohne uns aufzuhalten und zum Stehen zu bringen. Und je später man sich an uns mit Bitte um unsere Hilfeleistung wendet, einen desto größeren Preis wird man uns zahlen."[10]

Aus diesem Grunde verhandelte Stalin in taktischer Absicht mit den Vertretern Frankreichs und Englands;[11] deshalb hielt er den drängenden Hitler über Wochen hinweg hin, um den Preis für das sowjetische Stillhalten in die Höhe zu treiben; und deshalb schloss er erst dann mit den Deutschen ab, als keinerlei Zweifel mehr bestehen konnte, dass dies den Krieg zwischen Deutschland, Frankreich und England bedeutete.

An dieser Position eines allseits umworbenen Bundesgenossen änderte auch der überraschend schnelle Erfolg der Wehrmacht über Frankreich und das britische Expeditionskorps im Grundsatz nichts. Denn die Prämissen, auf denen die sowjetische Sicherheit ruhte, schienen stabil wie zuvor. Die Regierung Churchill bekundete ihre Entschlossenheit, den Kampf gegen Hitlerdeutschland bis zum Sieg über den Nazismus fortzusetzen; sie wies Hitlers „Friedensappell" vom 19. Juli brüsk ab; sie führte einen sich sukzessive verschärfenden strategischen Luftkrieg gegen das deutsche Hinterland; und der von Churchill wieder nach Moskau beorderte Botschafter antichambrierte im Kreml mit großzügigen Angeboten, um die Sowjetunion auf die Seite Englands zu ziehen. Im Gegenzug intensivierte sich die deutsche Luftkriegführung gegen die britischen Inseln, wurden für das Unternehmen „Seelöwe" die Weichen gestellt, bestand die ökonomische Abhängigkeit der deutschen Kriegsmaschinerie von den russischen Rohstofflieferungen fort und wurde Außenminister Molotow nach Berlin zu neuen Verhandlungen geladen. Schließlich bot Japan am 30. Oktober Verhandlungen über einen Nichtangriffspakt an, die Stalin ein knappes halbes Jahr später auch Rückendeckung gen Osten verschafften.

Angesichts dieser günstigen internationalen Rahmensituation war aus der Sicht Moskaus klar, dass die Auseinandersetzung zwischen Japan und der Achse auf der einen sowie den zunehmend zusammenrückenden Westmächten, USA und England, auf der anderen Seite in ein

---

10   Für den einschlägigen Zeitraum ist heranzuziehen die vom Außenministerium der Russischen Föderation herausgegebene Quellensammlung zur sowjetischen Außenpolitik: *Dokumenty wneschnej politiki (Dokumente zur Außenpolitik)*, Bd. XXII/1 (1. Januar 1939-31. August 1939), Moskau 1992; Bd. XXII/2 (1. September 1939-31. Dezember 1939), Moskau 1992; Bd. XXIII/1 (1. Januar 1940-31. Oktober 1940), Moskau 1995; Bd. XXIII/2(1) (1. November 1940-1. März 1941), Moskau 1998; Bd. XXIII/2(2) (2. März 1941-22. Juni 1941), Moskau 1998; im folgenden abgekürzt als DWP; hier: DWP, Bd. XXII/1, Nr. 199.

11   DWP, Bd. XXII/1, Nr. 453.

neues Stadium getreten war.[12] Ja, man leitete hieraus, wie es Molotow im November 1940 Hitler gegenüber herausfordernd formulieren sollte, die Schlussfolgerung ab, „daß sich das Abkommen von 1939 auf eine bestimmte Etappe der Entwicklung bezogen habe [...]" und es „nicht ohne Einfluß auf die großen deutschen Siege gewesen sei".[13] Im Klartext bedeutete dies: Nun müsse Deutschland einen neuen Preis für das weitere Stillhalten der Sowjetunion zahlen.

These 2: Seit Beendigung des Frankreichsfeldzuges wusste der Kreml über die deutschen Angriffspläne Bescheid und vollzog den Schwenk zur Kriegsvorbereitung

Ein wichtiges taktisches Moment des sowjetischen Verhandlungsfühlers vom November betraf Hitlers langfristige Planungen im Osten. Der exorbitante Interessenkatalog, den Molotow in Berlin auf den Tisch legte, war auch Ausdruck des Kalküls, Hitlers tatsächliche Absichten auszuloten. Denn ging Hitler auch nur ansatzweise auf die russischen Forderungen ein, so verlor die Wehrmacht jedwede Aufmarschbasen.[14]

Tatsächlich war Stalin seit dem Ende des Frankreichsfeldzuges über das Anlaufen der deutschen Kriegsplanung gegen die Sowjetunion präzise im Bilde. Schon vom ersten diesbezüglichen Befehl Hitlers, den dieser im Sommer 1940 dem OKH erteilte, erhielt er Kenntnis.[15] Praktisch auf dem Fuße erfolgte in Moskau der Schwenk zur Kriegspräparation.

Am 25. Juni wurde eine Erhöhung der Schlagkraft der Streitkräfte angekündigt, und einen Tag später stellte ein Erlass des Präsidiums des Obersten Sowjet die gesamte Wirtschaft unter Kriegsrecht.[16] Gleichzeitig versuchte Stalin in Südosteuropa politischen Einfluss zu gewinnen und die Bastionen der Roten Armee weiter voranzuschieben. Er unterstützt die territorialen Revisionsforderungen Ungarns und Bulgariens gegenüber Rumänien, beanspruchte Restrumänien als sowjetische Einflusszone,[17] nahm diplomatische Beziehungen zu Jugoslawien auf und forderte von der Türkei die Abtretung der ehemaligen russischen Provinzen Kars und Ardahan sowie die Einräumung militärischer Stützpunkte an den Dardanellen.[18]

Mit dem Ergebnis der Berliner Konsultationen war eine klare Wegmarke erreicht, denn es herrschte die Überzeugung, dass sich Hitler für eine Politik der Konfrontation entschieden hatte. „Alle", so fasste der stellvertretende Generalstabschef Marschall Wassilewski, der Molotow auf seiner Reise begleitet hatte, die Lage zusammen, alle glaubten an einen Angriff der Wehrmacht.[19] Ausschlaggebend hierfür waren drei Faktoren.

Erstens reagierte die deutsche Seite mit eisernem Schweigen auf alle Verhandlungsinitiativen Moskaus, obschon Molotow von seinem Maximalprogramm inzwischen abgerückt war

12 Vgl. die Rede Molotows vor dem Obersten Sowjet, 1.8.1940 (Degras, J. (Hrsg.): *Soviet Documents on Foreign Policy*, Bd. 3: 1933-1941, London 1953, S. 462-464 sowie den Artikel von Generalmajor Iwanow in der PRAWDA, 20.6.1940 (zit. bei Werth, A.: *Rußland im Kriege*, München 1965, S. 84).
13 Aufzeichnung des Gesandten Schmidt über die Unterredung zwischen Hitler und Molotow am 13.11.1940 (Carroll, E.M./Epstein, F.T. (Hrsg.): *Das Nationalsozialistische Deutschland und die Sowjetunion 1939-1941*. Akten aus dem Archiv des deutschen Auswärtigen Amtes, Berlin 1948, Nr. 200, S. 267/268).
14 Vgl. Stalins 14-Punkte Direktive für Molotow zu dessen Besuch in Berlin im November 1940 bei Ueberschär/Besymenskij (Hrsg.): Angriff, S. 174-176.
15 Bericht Dergatschows, 6.6.1940; Bericht Tupikows, 9.6.1940 (Iswestia ZK KPSS, Moskau 1990, Nr. 3/4, S. 220-224 u. S. 198-199, zit. bei Falin, Valentin: *Zweite Front*. Interessenkonflikte in der Anti-Hitler Koalition, München 1995, S. 192/193).
16 Werth: Rußland, S. 87.
17 Hillgruber, A.: *Hitler, König Carol und Marschall Antonescu*, Wiesbaden 1965, S. 70ff.; Brügel, J.W.: *Das sowjetische Ultimatum an Rumänien im Juni 1940*. In: VZG 11 (1963), S. 404-417.
18 Aufzeichnung des Legationsrates Melzer über seine Unterredung mit dem türkischen Botschaftsrat Alkend, 23.7.1940 (ADAP, D, Nr. 214, S. 230f.).
19 Bonwetsch, B.: *Vom Hitler-Stalin Pakt zum „Unternehmen Barbarossa"*. Die deutsch-russischen Beziehungen 1939-1941 in der Kontroverse. In: OSTEUROPA 41 (1991), S. 562-579.

und zweimal, zuletzt am 28. Februar 1941, die ausgebliebene deutsche Stellungnahme an-
mahnte.[20]

Zweitens nahmen die aus Berlin einlaufenden Agentenmeldungen immer konkretere Formen an. Der „Arier", alias Rudolf von Scheliha, Legationsrat im Auswärtigen Amt, der „Kor-
sikaner", alias Arvid Harnack, Oberregierungsrat im Wirtschaftsministerium, und der „Älteste", alias Harro Schulze-Boysen, Oberleutnant im Luftwaffenführungsstab, berichteten detailliert über die deutsche Aufmarschplanung, übermittelten Bombardierungspläne und Operati-
onsstudien und sprachen vom 20. Mai als vermutlichem Kriegsbeginn (Weisung Nr. 21: „Abschluß der Vorbereitungen bis 15. Mai").[21]

Drittens stellten die deutschen Aktionen im strategischen Vorfeld der sowjetischen West-
grenzen unter Beweis, dass Hitler die Bahn einer Verständigung verlassen hatte. Unter klarer
Desavouierung der in Berlin angemeldeten sowjetischen Interessen wurden die Anrainerstaa-
ten der Sowjetunion in den deutschen Aufmarschrayon einbezogen. Das galt nicht nur für
Finnland, Ungarn und Rumänien. Im Laufe des März 1941 kamen auch Bulgarien und Jugoslawien durch Anschluss an den Dreimächtepakt in den Machtbereich des Hakenkreuzes.[22]

Dies alles blieb nicht ohne Einfluss auf die Kriegsplanung des sowjetischen Generalstabs.
Seit Anfang Dezember ging die Rote Armee zu einer systematischen Beobachtung des
deutsch-russischen Grenzgebiets über, und bald registrierte das OKW beinahe täglich Aufklä-
rungsmaßnahmen durch sowjetisc   Flugzeuge und Bodentruppen.[23] Die hierbei gewonnenen
Erkenntnisse fanden Eingang in die Ende Januar unter der Leitung von Generalstabschef
Schukow abgehaltene Tagung der Kommandeure des Kiewer Militärbezirks. Dort forderte
Schukow, dass man „sich ernsthafter auf einen Krieg vorbereiten" müsse, und er bezeichnete
„das faschistische Deutschland als unseren Hauptfeind". In Moskau, so Schukow, herrsche die
Überzeugung, dass man eine „Überlegenheit der Kräfte nicht nur im Abschnitt des Hauptsto-
ßes, sondern im ganzen Angriffsstreifen" gewährleisten müsse. Deshalb sei der Plan gebilligt
worden, „eine zweifache allgemeine Überlegenheit der Kräfte und Mittel" zu schaffen.[24]

Dieser Zielvorgabe entsprach der Stalin am 11. März vorgelegte sog. „Präzisierte Plan für
den strategischen Aufmarsch der Streitkräfte der UdSSR".[25] Er sah die Aufstellung der
„Hauptkräfte der Roten Armee südlich vom Fluss Pripjat" vor, und er enthielt sogar ein Datum für das sowjetische Aktivwerden, das freilich in den deutschen Ausgaben dieses Planes
fehlt. Der Chef der operativen Abteilung des Generalstabes, General Watutin, trug nämlich
ein: „die Offensive am 12.6. zu beginnen".[26]

Unmittelbar nach der Erstellung dieses Aufmarschplans registrierte die mit der Feindauf-
klärung befasste Abteilung Fremde Heere Ost erstmals auffällige russische Maßnahmen. Diese
umfassten die „Durchführung einer Teilmobilmachung" und „Truppenverlegungen aller Waf-

20   Hillgruber, A.: *Hitlers Strategie*. Politik und Kriegführung 1940/41, München 1982, S. 207ff; Schwendemann,
      H.: *Die wirtschaftliche Zusammenarbeit zwischen dem deutschen Reich und der Sowjetunion von 1939-1941*. Alternative
      zu Hitlers Ostpolitik?, Berlin 1993, S. 275.
21   Gorlow, S.A.: *Warnungen vor dem „Unternehmen Barbarossa"*. Aus den Akten der Sowjetvertretung in Berlin
      1940-1941. In: OSTEUROPA 41 (1991), S. 545-561; Naumov (Hrsg.): 1941, Bd. 1, Nr. 128, 158, 219, 227,
      289; vgl. auch Kalender der eingehenden Agentenberichte der Berliner Residentur des Volkskommissars für
      Staatssicherheit der UdSSR über die Vorbereitungen Deutschlands auf den Krieg gegen die UdSSR im Zeit-
      raum vom 6. September 1940 bis zum 16. Juni 1941. In: Ueberschär/Besymenskij (Hrsg.): Angriff, S. 199-
      212.
22   Hillgruber: Strategie, S. 461ff.
23   Warlimont an Ritter, Geheime Kommandosache, 13.1.1941; Jodl an Ritter, Geheime Kommandosache,
      1.3.1941; Dass., 23.4.1941; Dass., 6.5.1941; Dass., 8.6.1941, Anlage: Zusammenstellung der Grenzverlet-
      zungen durch russische Flugzeuge und russische Soldaten (Bundesarchiv Militärarchiv, Freiburg (BAMF),
      RW 4/675, F. 24593ff.).
24   Bagramjan, J.C.: *So begann der Krieg*, Berlin (Ost) 1972, S. 45-48. Generalmajor Bagramjan war zu diesem
      Zeitpunkt der Chef der operativen Verwaltung im Kiewer Militärbezirk.
25   Ueberschär/Besymenskij (Hrsg.): Angriff, S. 177-182.
26   Meltjuchov: Kanun, S. 29/30; Gareev: Gotovil, S. 27; diese Passage fehlt in den deutschen Ausgaben des
      Planes.

fen aus dem Militärbezirk Moskau in Richtung Minsk-Smolensk sowie Marschbewegungen im Baltikum in Richtung auf die deutsche Grenze".[27] Die Einberufung von Reservisten sowie massive Truppenverschiebungen aus dem Landesinnern in die westlichen Militärbezirke meldete auch der britische Militärattaché.[28] Im Windschatten des am 6. April anlaufenden Balkanfeldzuges der Wehrmacht sowie im Gefolge der Unterzeichnung des Paktes mit Japan wurden dann in großem Stil weitere Einheiten aus dem Inneren Russlands sowie aus dem Fernen Osten herangeführt und von Nord nach Süd auf die fünf westlichen Militärbezirke (Leningrad, Baltikum, Besonderer Westlicher Militärbezirk, Kiew, Odessa) verteilt.[29]

Anfang Mai 1941 ergab sich damit folgendes Bild. Nun befand sich nicht nur knapp die Hälfte (41%) aller Versorgungsdepots der Roten Armee in den Westlichen Militärbezirken.[30] Nun hatte sich auch die Zahl der Schützendivisionen im Vergleich zum Herbst 1939 fast verdoppelt (143:77). Hinzu kamen, so notierte der Chef des OKW, Generalfeldmarschall Wilhelm Keitel, „fast sämtliche überhaupt festgestellten mot.- und Pz.-Einheiten", weitere 20 Kavalleriedivisionen und mehrere Fallschirmbataillone, die unter „rücksichtslosem Abtransport" aus dem asiatischem Raum und Kaukasien nach Westrussland verlegt worden seien.[31] Noch aber hatten die Truppen nicht unmittelbar zur Grenze aufgeschlossen. Noch verharrten sie, wie es den Prämissen des „Präzisierten Plans" entsprach, in vorgeschobener Defensivposition, und noch waren die Frontvorsprünge bei Bialystok und Lemberg nur spärlich besetzt. Dies führt uns zu unseren dritten These.

These 3: Im Laufe der zweiten Maihälfte vollzog sich der Übergang in der operativen Aufstellung der Truppen von der rückwärtigen zur grenznahen Offensive

Zentrales Versatzstück dieser These sind die sog. „Strategischen Erwägungen", mit denen Schukow und Timoschenko gegenüber Stalin am 15. Mai einen Präventivschlag gegen die Wehrmacht in Anregung brachten.[32] Sowohl die Verfechter der Vorwärtsverteidigung wie die Apologeten messen diesem erst seit kurzem bekannten Dokument keinerlei Relevanz zu und verweisen darauf, dass es Stalin nur zur Kenntnis nahm, jedoch keineswegs billigte oder gar seine Strategie danach ausrichtete. Ich möchte dieser Auffassung widersprechen und zwar mit drei Argumenten.

Erstens ist es unvorstellbar, dass die Militärs einfach vorgeprescht waren und den Einsatzplan hinter dem Rücken Stalins erstellt hatten. Dann wären wirklich ihre Köpfe gerollt; spätestens als so gut wie alle grenznah dislozierten Verbände der Roten Armee in den Tagen nach dem 22. Juni aufgerieben wurden und die Soldaten zu Hunderttausenden in Gefangenschaft gerieten. Vielmehr hielten der Volkskommissar für Verteidigung und der Generalstabschef mit Stalin engsten Kontakt zur laufenden Aktualisierung der Aufmarschpläne. Sie trafen zwischen April und Juni mindestens achtzehnmal mit dem Diktator zusammen.[33] Vor allem aber ist es

27   Gen.StdH.O Qu IV, Abt. Fremde Heere Ost (II), Nr. 33/41 g. Kdos. Chefsache, Lagebericht Nr. 1, Geheim, 15.3.1941 (Imperial War Museum, London, (IWM), AL 1367, F. 32/33).
28   Greer an War Office, Tel. o. Nr. u. Nr. 05872, Secret, 11.4.1941 (Public Record Office, London (PRO), WO 193/642).
29   Gen.StdH.O Qu IV, Abt. Fremde Heere Ost (II), Nr. 35/41 g. Kdos. Chefsache, Lagebericht Nr. 2, Geheim, 20.3.1941 (IWM, AL 1367, F. 34/35); Amt Ausland/Abwehr, Telegramm der deutschen Gesandtschaft Bukarest, 9.4.1941 (BAMF, RW 4/315, F. 248). Die Entwicklung im Kiewer Militärbezirk bei Bagramjan: Krieg, S. 58/59.
30   Meltjuchov: Kanun, S. 56; Stoecker, S.W.: *Tönerner Koloß ohne Kopf: Stalinismus und Rote Armee.* In: Pietrow-Ennker (Hrsg.): Präventivkrieg?, S. 165.
31   Keitel an Ribbentrop, Geheime Kommandosache, 11.5.1941 (BAMF, RW 4/675, F. 24596-24597).
32   Naumov (Hrsg.): 1941 god. Dokumenty, Bd. 2, Nr. 473; der deutsche Text bei Ueberschär/Besymenskij (Hrsg.): Angriff, S. 186-193; der Plan wurde handschriftlich vom stellvertretenden Chef der operativen Verwaltung des Generalstabs, Alexander Wassilewski, verfasst und trägt Randnotizen und Korrekturen, die vermutlich von Schukow stammen.
33   Gorkow: 22. Juni 1941. In: Pietrow-Ennker (Hrsg.): Präventivkrieg?, S. 198.

augenfällig, dass Schukow und Timoschenko sowohl in den Tagen unmittelbar vorher wie nachher von Stalin empfangen wurden (10., 12., 14., 19., 23., 24. Mai).

Zweitens räumte Schukow zwanzig Jahre nach Kriegsende ein, dass der Plan im Zusammenhang mit der Rede Stalins vom 5. Mai entwickelt wurde, in der dieser „über die Möglichkeit offensiven Handelns gesprochen habe".[34]

Drittens: die entscheidenden Passagen des Planes vom 15. Mai sind deckungsgleich mit den operativen Bewegungen der Roten Armee in den verbleibenden fünfeinhalb Wochen bis zum Beginn von „Barbarossa".

Schon eine knappe Woche, nachdem der Plan Stalin vorgelegen hatte, stand die Rote Armee, so ein Memorandum der Abteilung Fremde Heere Ost, „mit der Masse der Verbände des europäischen Teils der UdSSR, d.h. mit rund 130 Schützendivisionen, 21 Kavalleriedivisionen, 5 Panzerdivisionen und 36 Panzerdivisionen (mot. mech. Brigaden) entlang der Westgrenze von Odessa bis Murmansk". Und nun wurden auch die in die deutschen Linien hineinreichenden, exponierten Frontbögen, die das Sprungbrett für einen Angriff bildeten, die im Verteidigungsfall jedoch das hohe Risiko einer Umfassung und Vernichtung der eigenen Kräfte bargen, mit Truppen aufgefüllt. Denn die „Schwerpunkte des Aufmarsches", so stellte das Memorandum fest, lagen „um Czernovitz-Lemberg, um Bialystok und in den baltischen Ländern", während „stärkere operative (bewegliche) Reserven im Raum Schepetowka-Prosskurow-Shitomir, südwestlich Minsk und um Pskow" lagen.[35]

Diese Truppenverschiebung wurde begleitet von Richtlinien der sowjetischen Hauptverwaltung für politische Propaganda, die der Einstimmung der Soldaten auf den Krieg gegen Deutschland dienten. Darin hieß es:

„Die jetzige internationale Lage, die voller unvorhersehbarer Möglichkeiten ist, fordert eine revolutionäre Entschlußkraft und eine ständige Bereitschaft, zu einem zerschmetternden Vormarsch gegen den Feind übergehen zu können. [...] Alle Formen der Propaganda, der Agitation und Erziehung sind auf ein Ziel zu richten – auf die politische, moralische und kämpferische Vorbereitung der Mannschaften und Offiziere, auf die richtige Führung eines offensiven und alles zerschmetternden Krieges."[36]

These 4: Stalin verfolgte eine doppelbödige Strategie, die maßgeblich von seiner Deutung des Fluges von Rudolf Heß nach Schottland bestimmt war

Das Kabinett Churchill, das sowohl kriegswirtschaftlich wie militärisch mit dem Rücken zur Wand stand und ohne Festlandsdegen den Krieg gegen Deutschland nicht gewinnen konnte, nutzte die spektakuläre Aktion von Hitlers Stellvertreter vom 10. Mai, um ein raffiniertes Verwirrspiel zu inszenieren. Im Zentrum stand ein mögliches Eingehen auf die durch Heß überbrachten Friedensvorschläge und damit die Drohkulisse eines Ausstiegs Englands aus dem Krieg. Stalin sollte damit, so das Kalkül der Strategen im *Foreign Office*, zu einer Fühlungnahme mit London veranlasst oder zu einem Präventivschlag gegen die im Aufmarsch begriffene Wehrmacht verleitet werden. Die Bausteine für diese taktisch motivierte Szenerie waren zielgerichtet ausgestreute Warnungen an die Adresse Moskaus vor einem deutschen Angriff, die Aufnahme von Scheinverhandlungen mit Heß durch den Flügel der alten Appeasementpolitiker, nachdem man vorher demonstrativ den Botschafter aus Moskau abgezogen und verlauten hatte lassen, dass Churchills Stellung „nicht mehr fest" sei und „der größte Teil" der britischen Konservativen dem Abschluss eines „sofortigen Kompromißfriedens" zuneige.

34   Meltjuchov: Kanun, S. 18.
35   Memorandum Fremde Heere Ost: Feindbeurteilung (Stand: 20.5.1941) (IWM, AL 1367, F. 17ff.); vgl. auch Vortragsnotiz über Feindlage am 19.5.1941 (Ebd., F. 66/67).
36   „Über die Aufgaben der politischen Propaganda in der Roten Armee in der nächsten Zeit", Memorandum der Hauptverwaltung für politische Propaganda [GUPP], am 20.6.1941 von Malenkow an Stalin übergeben (zit. nach Wolkogonow, D.: *Stalin.* Triumph und Tragödie. Ein politisches Porträt, Düsseldorf 1990, S. 557).

Für Stalin, der allen Warnungen seiner Umgebung vor einem deutschen Angriff stets mit dem Argument begegnet war, dass Deutschland, „solange es seine Rechnung mit England nicht begleiche, nicht an zwei Fronten kämpfen" werde,[37] bedeutete das Heß'sche Unternehmen ein Alarmsignal ersten Ranges. Auf Basis der Agentenberichte aus Tokio, London und Berlin ging er davon aus, dass Heß „einen Geheimauftrag von Hitler" ausführe und „mit den Engländern verhandeln [solle], um den Krieg im Westen abzukürzen, damit Hitler freie Hand hat, für den Vorstoß nach Osten".[38]

Und genau dieser Fall eines Separatfriedens zwischen Deutschland und England nahm nun auf dem Hintergrund der Signale aus London bedrohlich Gestalt an. Der sowjetische Botschafter in der britischen Hauptstadt, Ivan Maiski meldete einen „Kampf hinter den Kulissen", der in der Sache Heß in Whitehall ausgefochten werde. Während Churchill, Eden, Bevin und alle übrigen Labourminister entschieden gegen die Aufnahme von Friedensverhandlungen mit Heß seien, träten, so Maiski, „Männer vom Schlage Simons", unterstützt „von der ehemaligen ‚Cliveden-Clique'", dafür ein, „Kontakt mit Hitler aufzunehmen oder zumindest die eventuellen Friedensbedingungen zu sondieren."[39]

Ab Mitte Mai hatte sich damit, wie amerikanische Geheimdienstquellen unter Berufung auf Schukow und Informanten aus dem Umfeld Stalins in Erfahrung brachten, in Moskau das Schreckbild eines Komplotts in der Sache Heß so weit verfestigt, dass ein deutsch-britisches Zusammenspiel gegen die Sowjetunion nicht mehr ausgeschlossen werden konnte.[40] Stalin ließ deshalb noch am 17. Juni die Botschaft in Berlin anweisen, die „ganze Aufmerksamkeit auf die Aufgabe zu richten, ob zwischen Deutschland und England tatsächlich Friedensverhandlungen geführt würden".[41] Und einen Tag später bat Molotow um einen abermaligen Besuch in Berlin, wurde aber, wie Goebbels süffisant in seinem Tagebuch festhielt, „abgeblitzt".[42]

Wenn Stalin also ganz auf Zeitgewinn und Verhandlungen setzte; wenn er sich einstweilen sicher glaubte vor einem Überraschungsschlag Hitlers; wenn er aber gleichzeitig die Militärs die Weichen für einen möglichen Präventivschlag stellen ließ, dann deutet alles darauf hin, dass der sowjetische Diktator eine Strategie für alle Fälle wählte. Es war eine Strategie, die die scheinbar so gegensätzlichen Optionen von Defensive und Offensive verband und ein flexibles Reagieren ermöglichte.

Zum einen bot sie die Möglichkeit, die Beschwichtigungs- und Konfliktvermeidungspolitik gegenüber Hitler fortzusetzen, um die Gunst der für einen Angriff weit fortgeschrittenen Jahreszeit zu nutzen und nicht einer britischen Provokation aufzusitzen. Deshalb gab Stalin weder den Befehl zur Generalmobilmachung; deshalb gab er seinen Militärs, die zunehmend die Nerven verloren, kein grünes Licht für das Prävenire; und deshalb schloss er bis zuletzt einen Überraschungsschlag der Wehrmacht aus.

Zum anderen galt es jedoch, sich dagegen zu wappnen, dass Churchill gestürzt wurde und Hitler grünes Licht für seinen Krieg im Osten erhielt. In diesem Fall war höchste Eile geboten, und die eigenen Kräfte mussten so disloziert sein, dass sie die deutschen Truppen umfassen und in einer blitzartigen Offensivaktion niederwerfen konnten. Stalin verfolgte also eine doppelgleisige Taktik, die die Alternativen von Abwarten und Angriff verknüpfte.

37 Zit. bei Gorodetsky, G.: *Stalin und Hitlers Angriff auf die Sowjetunion.* In: Wegner (Hrsg.): Zwei Wege, S. 347-366, hier S. 350f. In diesem Sinne äußerte sich Stalin noch am 15. Juni gegenüber Schukow und Timoschenko, vgl. Gorlow: Warnungen, S. 561.
38 Talbott, S. (Hrsg.): *Chruschtschow erinnert sich,* Hamburg 1971, S. 145; ähnlich bei Bereschkow, V.: *Ich war Stalins Dolmetscher,* München 1991, S. 299ff.
39 Maiski, I.M.: *Memoiren eines sowjetischen Botschafters,* Berlin (Ost) 1984, S. 639.
40 Memorandum Hoovers, 22.5.1941 (National Archives, Washington (NA), RG 59, 862.00/4041); vgl. auch Bericht des amerikanischen Militärattachés in Moskau, 20.5.1941 (Ebd., 740.0011/11348).
41 Aufzeichnung des Vortragenden Legationsrates Likus (Persönlicher Stab RAM), 17.6.1941 (ADAP, D, Bd. 12/2, Nr. 639, S. 869); Akhmedov, I.: *In and out of Stalin's GRU. A Tatar's escape from Red Army Intelligence,* Frederick 1984, S. 138ff.
42 Fröhlich, E. (Hg.): *Die Tagebücher von Joseph Goebbels.* Sämtliche Fragmente. Teil I: Aufzeichnungen 1924-1941, München u.a. 1987, Bd. 4 (21.6.1941), S. 706.

Diese Interpretation der Dinge hat einen wahrhaft ganz unverdächtigen Kronzeugen auf ihrer Seite: Adolf Hitler. Knapp eine Woche vor Beginn des Feldzuges hielt er folgendes fest:

> „Die Russen sind genau an der Grenze massiert, das beste, was uns überhaupt passieren kann. [Wären] sie weitverstreut ins Land gezogen, dann stellten sie eine größere Gefahr dar. [...] Moskau will sich aus dem Kriege heraushalten, bis Europa ermüdet und ausgeblutet ist. Dann möchte Stalin handeln, Europa bolschewisieren und sein Regiment antreten. Durch diese Rechnung wird ihm ein Strich gemacht."[43]

Es gab also, um es noch einmal ganz deutlich zu sagen, keinerlei aktuelle Bedrohungsgefühle auf deutscher Seite, die einen erkennbaren Einfluss auf „Barbarossa" ausübten. Es war kein Präventivkrieg, sondern ein Eroberungskrieg.

Nachdem er begonnen hatte, vergrub sich Stalin tagelang auf seiner Datscha in Kunzewo, ja er befürchtete gar seine Absetzung und Verhaftung, als die Spitzen des Politbüros ihn dort am 29. Juni aufsuchten.[44] „Er hatte nicht geahnt oder vorausgesehen", so merkte seine Tochter Swetlana an, „daß der Pakt von 1939, den er als Frucht seiner eigenen großen Hinterlist betrachtete, von einem Gegner gebrochen würde, der noch hinterlistiger war, als er selbst."[45] Churchill sagte es kürzer und treffender, als er festhielt: Stalin und seine Leute seien die „am vollständigsten überlisteten Trottel des Zweiten Weltkrieges".[46]

43   Ebd. (16.6.1941), S. 694.
44   Conquest, R.: *Stalin. Der totale Wille zur Macht*, München 1991, S. 304.
45   Zit. bei Bullock, A.: *Hitler und Stalin. Parallele Leben*, Berlin 1991, S. 951.
46   Churchill, W.S.: *The Second World War*. Bd. 3: The Grand Alliance, Boston 1985, S. 316.

Knut Borchardts Interpretation der Weimarer Wirtschaft.

Zur Geschichte und Wirkung einer wirtschaftsgeschichtlichen Kontroverse

Albrecht Ritschl

Im März 1929 erschien im Deutschen Volkswirt, damals dem Fachblatt der liberalen Ökonomie in Deutschland, ein Artikel von Joseph Schumpeter über die „Grenzen der Lohnpolitik". In diesem Beitrag führte Schumpeter aus, Deutschland befände sich wegen seiner hohen Lohnkosten und seiner Sozialpolitik bereits mitten in einer Depression, und er empfahl als Rezeptur eine Mischung von Lohn-, Preis und Budgetkürzungen, recht genau das, was später als Brünings Deflationspolitik bekannt geworden ist.[1]

Drei Jahre später, im Februar 1932, schrieb Schumpeter erneut im Deutschen Volkswirt, diesmal zum Thema „Weltkrise und Finanzpolitik". Er legte dar, dass man jetzt noch nicht an leichteren Kredit denken könnte. Wegen der Reparationen müsse man zunächst erst noch weiter deflationieren, um danach „das Steuer radikal herumzuwerfen" und zu einer Kreditexpansion zu kommen. Schumpeters nunmehrige Rezeptur war recht genau das, was später als produktive Kreditschöpfung bekannt geworden ist.[2]

Schumpeters zwei Aufsätze sind im Kern nichts anderes als die sogenannte Borchardt-These. Wie die Borchardt-These hat auch die Schumpeter-These zwei Teile. Der erste Teil ist eine Kritik der Sozial- und Lohnpolitik vor der Weltwirtschaftskrise und gibt drastische Politikempfehlungen. Der zweite ist eine Verteidigung der Sparpolitik während der Krise und verspricht baldige Besserung. Damals haben solche Ansichten kaum zu Kontroversen geführt, zunächst jedenfalls nicht. Die Deflationspolitik wurde knurrend, aber mit inhaltlicher Überzeugung von allen halbwegs staatstragenden Parteien der Weimarer Republik gestützt. Sie begann nicht mit Heinrich Brüning, sondern fast ein Jahr zuvor, und sie endete nicht mit Heinrich Brüning, sondern fast ein Jahr danach. Man hat mit Recht von einem Deflationskonsens gesprochen. Woher dieser Konsens? Wie kommt es, dass Schumpeter diese Auffassungen vertrat? Warum empfahl er zuerst Deflation, später noch etwas mehr Deflation und danach einen radikalen Kurswechsel? Und was ist die Verbindung zur Borchardt-These?

In einem 1979 veröffentlichten Festvortrag vor der Bayerischen Akademie der Wissenschaften vertrat Knut Borchardt die These, dass Brünings Deflationspolitik nicht das Ergebnis

---

1 Schumpeter, J.A.: „Grenzen der Lohnpolitik". In: DER DEUTSCHE VOLKSWIRT 3 Nr. 26 (18.03.1929), S. 847-851.

2 Schumpeter, J.A.: „Weltkrise und Finanzpolitik". In: DER DEUTSCHE VOLKSWIRT 6 Nr. 23 (1932), S. 739-742. Zur produktiven Kreditschöpfung besonders: Dräger, H.: Arbeitsbeschaffung durch produktive Kreditschöpfung, München 1932; Lautenbach, W.: Zins, Kredit und Produktion, Tübingen 1952; Grotkopp, W.: Die grosse Krise, Düsseldorf 1954; Kroll, G.: Von der Weltwirtschaftskrise zur Staatskonjunktur, Berlin 1958. Aus dem neueren Schrifttum zur Genese der Arbeitsbeschaffung vgl. Kissenkoetter, U.: Gregor Strasser und die NSDAP, Stuttgart 1978; Barkai, A.: Das Wirtschaftssystem des Nationalsozialismus. Der historische und ideologische Hintergrund 1933-1936, Frankfurt a.M. 1982; Borchardt, K.: „Zur Aufarbeitung der Vor- und Frühgeschichte des Keynesianismus in Deutschland. Zugleich ein Beitrag zur Position von W. Lautenbach". In: JAHRBÜCHER FÜR NATIONALÖKONOMIE UND STATISTIK 197 (1982), S. 359-370 sowie Borchardt, K./Schötz, O.: Wirtschaftspolitik in der Krise. Die (Geheim-) Konferenz der Friedrich-List- Gesellschaft im September 1931 über die Möglichkeit und Folgen einer Kreditausweitung, Baden-Baden 1987. Eine einflußreiche Dokumentensammlung und Dokumentation der frühkeynesianischen Arbeiten in Deutschland ist Bombach, G. u.a.: Der Keynesianismus, Berlin 1976. Ähnlich Garvy, G.: „Keynes and the Economic Activists of pre-Hitler Germany". In: JOURNAL OF POLITICAL ECONOMY 83 (1975), S. 391-405.

falscher Analyse oder finsterer Absichten gewesen sei, sondern die einzig mögliche Antwort auf ein Schuldenproblem der öffentlichen Haushalte. Die Regierung Brüning befand sich in einer Zwangslage. Dieses Schuldenproblem, so Borchardt, wurde verschlimmert und vertieft durch eine zu großzügige Lohn- und Sozialpolitik der Weimarer Republik vor 1929.[3]

Borchardts von ihm selbst so bezeichnete Revision des überlieferten Geschichtsbilds rührte an einen Grundkonsens. Der englische Nationalökonom John Maynard Keynes hatte in den dreißiger Jahren eine intellektuelle Revolution eingeleitet, die die Grundlagen der herrschenden Konjunkturlehren auf den Kopf stellte: Nicht Sparen, sondern Geldausgeben wurde zur Devise für die öffentlichen Kassen in der Krise, und das Credo der Zentralbanken sollte nicht mehr die Stabilität des Geldwerts, sondern ebenfalls die Stabilisierung der gesamtwirtschaftlichen Nachfrage sein. Keynes' Lehren herrschten seit den vierziger Jahren unangefochten und bildeten die Basis für einen Grundkonsens unter Volkswirten und Historikern über die Beurteilung Brünings. Danach war sein Versuch einer Stabilisierung durch Deflation und Haushaltskonsolidierung grundfalsch und hat zur wirtschaftlichen Destabilisierung der Weimarer Republik wesentlich beigetragen.[4] Diesen Konsens kündigte Borchardts Arbeit auf.

Überraschenderweise hat Borchardt nur zum Teil dazu beigetragen, das Warum seiner Thesen zu erklären. Er beschränkte sich weitgehend auf die Präsentation detaillierter empirischer Belege für seine Behauptung, dass eine Ausweitung der Reichsverschuldung während der Krise als nicht machbar verworfen wurde und die Sparpolitik eine direkte Folge mangelnden Zugangs zu Krediten war. Borchardts Deutungsangebote haben dagegen zunächst Rätsel aufgegeben. Hohe Lohnkosten, hohe Sozialleistungen und niedrige Investitionen während der zwanziger Jahre verband er zu einer „Krise vor der Krise" und diagnostizierte eine „kranke Wirtschaft" Weimars schon vor dem Einbruch der Weltwirtschaftskrise.[5] Dabei blieb allerdings undeutlich, wie damit eine Kreditklemme der öffentlichen Haushalte in der Weltwirtschaftskrise erklärt werden konnte.

Kritiker haben hier rasch eine Lücke erkannt und den Schluss gezogen, dass die Borchardt-These konzeptionell falsch sein müsse. Prononciert argumentierte in diese Richtung Holtfrerich und wies auf eine fehlende analytische Stringenz der Zwangslagenthese hin.[6] In der Tat besagt ein Standardergebnis der keynesianischen Konjunkturlehre, das sich in jedem Lehrbuch der sechziger und siebziger Jahre findet, dass bei richtigem Zusammenwirken von Geldpolitik und Fiskalpolitik keine Knappheit des öffentlichen Kredits und auch keine Deflation auftreten wird: Der öffentliche Kredit finanziert sich bei richtig dosierter Ausweitung der Geldmenge

---

3   Borchardt, K.: „Zwangslagen und Handlungsspielräume in der großen Wirtschaftskrise der frühen dreissiger Jahre". In: JAHRBUCH DER BAYERISCHEN AKADEMIE DER WISSENSCHAFTEN (1979), S. 85-132. Ähnlich Borchardt, K.: „Wirtschaftliche Ursachen des Scheiterns der Weimarer Republik". In: Erdmann, K.-D./Schulze, H. (Hrsg.): Weimar, Selbstpreisgabe einer Demokratie: Eine Bilanz heute, Düsseldorf 1980, S. 211-249.
4   Einflußreich bei der Herausbildung dieser Interpretation waren etwa Haberler, G.: Prosperity and Depression, Genf 1937. In Deutschland z.B. Lautenbach: Zins, Kredit und Produktion; Hahn, L.A.: Fünfzig Jahre zwischen Inflation und Deflation, Tübingen 1963 sowie Stucken, R.: Deutsche Geldpolitik 1918-1961, Tübingen 1964. Emblematisch auch die Beiträge in der Festschrift der Deutschen Bundesbank Deutsches Geld- und Bankwesen in Zahlen, 1876-1975, Frankfurt 1976, zur hundertjährigen Wiederkehr der Gründung der Reichsbank. Paradigmenbildend unter Historikern besonders Sanmann, H.: „Daten und Alternativen der deutschen Wirtschafts- und Finanzpolitik in der Ära Brüning". In: HAMBURGER JAHRBUCH FÜR WIRTSCHAFTS- UND GESELLSCHAFTSPOLITIK 10 (1965), S. 109-140 und Conze, W.: „Die politischen Entscheidungen in Deutschland 1929-1933". In: Conze, W./Raupach, H. (Hrsg.): Die Staats- und Wirtschaftskrise des Deutschen Reiches 1929/33, Stuttgart 1967, S. 176-252. Vollständig ausgebildet findet sich der Konsens in den Beiträgen in Mommsen, H./Petzina, D./Weisbrod, B. (Hrsg.): Industrielles System und politische Entwicklung in der Weimarer Republik, Düsseldorf 1974 sowie bei Jochmann, W.: „Brünings Deflationspolitik und der Untergang der Weimarer Republik". In: Steegmann, D. u.a. (Hrsg.): Industrielle Gesellschaft und politisches System, Düsseldorf 1978, S. 97-112.
5   Vgl. Borchardt: Wirtschaftliche Ursachen.
6   Vgl. Holtfrerich, C.-L.: „Alternativen zu Brünings Politik in der Weltwirtschaftskrise?" In: HISTORISCHE ZEITSCHRIFT 235 (1982), S. 605-631. Ebenso Holtfrerich, C.-L.: „Zur Debatte um die deutsche Wirtschaftspolitik von Weimar zu Hitler". In: VIERTELJAHRESHEFTE FÜR ZEITGESCHICHTE 44 (1996), S. 119-132.

gleichsam von selbst. Eine Zwangslage des öffentlichen Kredits in der Weltwirtschaftskrise konnte also nur auftreten, wenn diese Grundgegebenheit nicht berücksichtigt wurde, mithin wenn die Politik einen groben Anfängerfehler beging.[7]

Rasch wurde in der beginnenden Debatte ein tagespolitischer Zusammenhang sichtbar, der für einige Zeit in den Vordergrund trat. Am Ende der siebziger Jahre stritt der Sachverständigenrat zur Begutachtung der gesamtwirtschaftlichen Entwicklung, bekannt als die Fünf Weisen, gegen Defizite in den öffentlichen Haushalten und hohe Lohnkosten und entwickelte das Konzept der kumulierten Reallohnposition, ein Maß für die Bewegung der Lohnstückkosten.[8] Borchardt verwendete diese Ziffern.[9] Sein Aufsatz zeigte eine Übersicht zu den Lohnkosten, in der die Weimarer Republik im langfristigen Vergleich sehr ungünstig herauskam – genauso ungünstig wie die Bundesrepublik der späten siebziger Jahre.

Für manche Kritiker war damit der Kontext klar: Borchardts Aufsatz war offensichtlich ein Beitrag zur politischen Debatte. Seine neue Interpretation der Krise schien von der zugrunde-gelegten Angebotstheorie abzuhängen. In einem Zeitungsartikel stellte Borchardt den tagespo-litischen Zusammenhang selbst explizit her.[10] Hier stand der Zusammenhang zwischen hohen Lohnkosten und einer Investitionsschwäche Weimars im Vordergrund. Ganz ähnlich hatte der Wissenschaftliche Beirat beim Bundeswirtschaftsminister unter Mitwirkung Borchardts in ei-nem kurz zuvor erschienenen Gutachten einen Zusammenhang zwischen hohen Lohnkosten, den Verdrängungseffekten der hohen öffentlichen Haushaltsdefizite und der Investitions-schwäche der siebziger Jahre betont.[11]

So konnte es nahe liegen, den tagespolitischen Kontext der Borchardt-These stärker zu diskutieren als das Argument selbst. Das ist in der nachfolgenden hitzigen Debatte auch wirk-lich so geschehen. Manche Beiträge brandmarkten Borchardts Ansatz als „neokonservativ" und versuchten, ihn als Versuch zur Apologie einer Umverteilung von unten nach oben zu delegitimieren.[12] Besonnene Kritiker wiesen auf die angebotstheoretische Einkleidung des Ar-guments hin, versuchten allerdings den Nachweis, dass Borchardts These auch dann nicht richtig sei, wenn die angebotstheoretische Deutung zuträfe. In einem zentralen Aufsatz hielt

7   Zentrale Fundorte zum weiteren Verlauf sind James, H.G.: „*Gab es eine Alternative zur Wirtschaftspolitik Brü-nings?*" In: VIERTELJAHRSCHRIFT FÜR SOZIAL- UND WIRTSCHAFTSGESCHICHTE 70 (1983), S. 523-541 sowie Borchardt, K.: „*Noch einmal: Alternativen zu Brünings Wirtschaftspolitik?*" In: HISTORISCHE ZEITSCHRIFT 237 (1983), S. 67-83; die Beiträge der Kontrahenten in Kruedener, J.v. (Hrsg.): *Economic Crisis and Political Col-lapse: The Weimar Republic, 1924-1933*, Oxford 1990; der Rückblick auf die Debatte bei Holtfrerich: Zur De-batte.

8   Besonders: *Sachverständigenrat zur Begutachtung der gesamtwirtschaftlichen Entwicklung, Jahresgutachten 1978/9.* „Wachstum und Währung", Stuttgart 1978. Eine zeitgenössische kritische Diskussion der damaligen Kon-zepte des Sachverständigenrats aus keynesianischer Sicht gibt Meissner, W.: *Die Lehre der Fünf Weisen. Eine Auseinandersetzung mit den Jahresgutachten des Sachverständigenrats zur Begutachtung der gesamtwirt-schaftlichen Entwicklung*, Köln 1980.

9   Borchardt: Zwangslagen und Handlungsspielräume entnahm seine Zeitreihe der kumulierten Reallohnposi-tion von Glismann, H. et al.: „*Zur Natur der Wachstumsschwäche in der Bundesrepublik Deutschland. Eine empiri-sche Analyse langer Zyklen wirtschaftlicher Entwicklung*" (Kieler Diskussionsbeiträge 55), Kiel 1978, einer im Kieler Weltwirtschaftlichen Institut entstandenen Langzeitstudie, deren Ziel die empirische Überprü-fung der Messkonzepte des Sachverständigenrats war.

10   Borchardt, K.: „*Die Deutsche Katastrophe*. Wirtschaftshistorische Anmerkungen zum 30. Januar 1933". In: FRANKFURTER ALLGEMEINE ZEITUNG, 29.1.1983.

11   Wissenschaftlicher Beirat zur Begutachtung der gesamtwirtschaftlichen Entwicklung: *Konjunkturpolitik neu betrachtet*, Bonn 1982.

12   Beißende Polemiken in dieser Richtung bei Krohn, C.-D.: „*'Ökonomische Zwangslagen' und das Scheitern der Weimarer Republik*. Zu Knut Borchardts Analyse der deutschen Wirtschaft in den zwanziger Jahren" In: GESCHICHTE UND GESELLSCHAFT 8 (1982), S. 415-26; Köhler, H.: „*Knut Borchardts 'Revision des überlieferten Geschichtsbilds' der Wirtschaftspolitik in der Großen Krise – Eine Zwangsvorstellung?*" In: INTERNATIONALE WISSENSCHAFTLICHE KORRESPONDENZ ZUR GESCHICHTE DER ARBEITERBEWEGUNG 19 (1983), S. 164-180. Vgl. die scharfe Replik von Borchardt, K.: „*Zum Scheitern eines produktiven Diskurses über das Scheitern der Weimarer Republik: Replik auf Claus-Dieter Krohns Diskussionsbemerkungen*". In: GESCHICHTE UND GESELL-SCHAFT 9 (1983), S. 124-137.

Holtfrerich der Borchardt-These entgegen, dass die Lohnkosten in der Weimarer Zeit bei richtiger Berechnung nicht höher gelegen hätten als 1913.[13] Einige Jahre zuvor hatte Kocka argumentiert, dass die Kriegswirtschaft des Ersten Weltkriegs eine Umverteilung von unten nach oben mit sich gebracht hätte.[14] Die von Borchardt konstatierte Umverteilung von oben nach unten vor 1929 wäre demnach wenig mehr als eine späte Korrektur dieses Vorgangs.

Holtfrerichs Arbeit argumentierte mit anderen Daten zu Sozialprodukt und Industrieproduktion als den von Borchardt verwendeten. Das hat eine ganze Anzahl von Autoren auf den Plan gerufen, die sich um eine Nachberechnung mit weiteren Datenkorrekturen bemüht haben. J.v. Kruedener wies darauf hin, dass auch Holtfrerichs Zahlen eine starke Umverteilungstendenz während der zwanziger Jahre selbst belegen, obwohl nicht relativ zum Vorkriegsstand.[15] In einem Vergleich der verschiedenen Schätzungen von Hoffmann und Mitarbeitern, die allen Arbeiten in der einen oder anderen Form zu Grunde liegen, zeigte Ritschl, dass Holtfrerichs Ergebnisse auf einer besonders optimistischen Verlaufsvariante beruhen, deren Plausibilität fragwürdig ist.[16] Als Ergebnis einer längeren Diskussion um Zahlen und Fakten zu Investitionen und Löhnen[17] scheint festzustehen, dass Borchardts Position sich durchgesetzt hat: Kaum noch jemand zweifelt heute an den hohen Lohnkosten und den niedrigen Investitionen – jedenfalls wenn man einmal den Staat beiseite lässt und nur die private Wirtschaft betrachtet.[18]

Allerdings ist nur selten die Frage gestellt worden, wie Borchardts These von den Wachstumsstörungen in den zwanziger Jahren mit Borchardts These von den Zwangslagen der Konjunkturpolitik während der Krise zusammenhängt. Folgt aus der Diagnose einer Wachstumsschwäche in den zwanziger Jahren schon zwingend der katastrophale Einbruch in der Weltwirtschaftskrise, oder hätte es auch nach der „Krise vor der Krise" einen milderen Verlauf der „Krise in der Krise" geben können?

Geringe Investitionen und Umverteilung zugunsten der Arbeiterschaft gab es zur gleichen Zeit auch in England. Englands Wirtschaft während der zwanziger Jahre war gewiss krisengeschüttelt, und doch war der englische Krisenverlauf von 1929 bis 1932 viel milder als der

13 Holtfrerich, C.-L.: „Zu hohe Löhne in der Weimarer Republik? Bemerkungen zur Borchardt-These". In: GESCHICHTE UND GESELLSCHAFT 10 (1984), S. 122-141.

14 Kocka, J.: Klassengesellschaft im Krieg. Deutsche Sozialgeschichte 1914-1918, Göttingen 1978.

15 Kruedener, J.v.: „Die Überforderung der Weimarer Republik als Sozialstaat". In: GESCHICHTE UND GESELLSCHAFT 11 (1985), S. 358-376. Ähnliche Ergebnisse erhält Corbett, D.: „Unemployment in Interwar Germany, 1924-1938", (Diss.), Harvard University, Cambridge 1991, in einer zu wenig beachteten Untersuchung über den Arbeitsmarkt in der Weimarer Republik.

16 Hoffmann, W.G./Müller, J.-H.: Das deutsche Volkseinkommen 1851-1957, Tübingen 1959; Hoffmann, W.G. u.a.: Das Wachstum der Deutschen Wirtschaft seit der Mitte des 19. Jahrhunderts, Berlin 1965; Ritschl, A.: „Zu hohe Löhne in der Weimarer Republik? Eine Auseinandersetzung mit Holtfrerichs Berechnungen zur Lohnposition der Arbeiterschaft 1925-1932". In: GESCHICHTE UND GESELLSCHAFT 16 (1990), S. 375-402. Zu den Problemen der Sozialproduktstatistik Hoffmanns im Einzelnen vgl. Ritschl, A./Spoerer, M.: „Das Bruttosozialprodukt in Deutschland nach den amtlichen Volkseinkommens- und Sozialproduktstatistiken 1901-1995". In: JAHRBUCH FÜR WIRTSCHAFTSGESCHICHTE (1997), S. 11-37 und Ritschl, A.: „Measuring National Product in Germany, 1925-38: the State of the Debate and Some New Results". In: Dick, T. (Hrsg.): Business Cycles since 1820, Cheltenham 1998, S. 91-109.

17 Balderston, T.: The Origins and Course of the German Economic Crisis, 1924-1933, Berlin 1993; Voth, H.-J.: „Wages, Investment, and the Fate of the Weimar Republic: A Long-Term Perspective". In: GERMAN HISTORY (1993b), S. 265-292; Voth, H.J.: „Much Ado about Nothing? A Note on Investment and Wage Pressure in Weimar Geramny, 1925-1929". In: HISTORICAL SOCIAL RESEARCH 19 (1994), S. 124-139; Spoerer, M.: „German Net Investment and the Cumulative Real Wage Position, 1925-1929: On a Premature Burial of the Brochardt Debate". In: HISTORICAL SOCIAL RESEARCH 19 (1994), S. 26-41; Spoerer, M.: „Wahre Bilanzen!" Die Steuerbilanz als unternehmenshistorische Quelle". In: ZEITSCHRIFT FÜR UNTERNEHMENSGESCHICHTE 40 (1995), S. 158-79.

18 Zur Bedeutung der öffentlichen Investitionen in den zwanziger Jahren vgl. Holtfrerich, C.-L.: „Vernachlässigte Perspektiven der wirtschaftlichen Probleme der Weimarer Republik". In: Winkler, H.A. (Hrsg.): Die deutsche Staatskrise 1930-1933, München 1991, S. 133-150.

deutsche: minus fünf Prozent gegenüber minus 25 Prozent im Sozialprodukt.[19] Wir müssen also vermuten, dass auch andere Gründe mitgewirkt haben, denn die Angebotsbedingungen waren in Deutschland dieselben wie in England, der Krisenverlauf aber war völlig unterschiedlich. Borchardts Ansatz lief darauf hinaus, die Krise der Weimarer Wirtschaft als Folge eines Verteilungskampfes zwischen Kapital und Arbeit zu sehen. Die Diskussion zur Konjunkturpolitik der Brüning-Zeit ist diesem Erklärungsangebot weitgehend gefolgt. Auch den Kritikern, gerade den vehementesten, erscheint die Krise nun als Verteilungskonflikt. Dann wäre die Brüningsche Sparpolitik als Instrumentalisierungsstrategie zur Umverteilung von unten nach oben entlarvt.[20]

Damit ist allerdings der internationale Verteilungskonflikt zwischen Deutschland, seinen Reparationsgläubigern und seinen kommerziellen Kreditgebern ausgeblendet worden. Das ist problematisch, denn noch heute besagt die populärste Deutung der Brüningschen Sparpolitik, sie habe in einer bewussten Obstruktion der deutschen Reparationen bestanden.[21] Danach hat Brüning kaltblütig deflationiert und mit Absicht die Krise verschärft, um den Young-Plan zu vereiteln. Neuerdings hat Hermann Graml diese Sichtweise wieder vorgetragen.[22]

Allerdings ist diese Interpretation nicht mehr auf dem neuesten Stand. Durch neuere Arbeiten zum Reparationsproblem, zum deutsch-französischen Verhältnis in der Krise und vor allem zur Politik und Ökonomie der amerikanischen Kreditvergabe an Deutschland hat sich unsere Wissensbasis gegenüber der Zeit der Borchardt-Debatte ganz wesentlich verbreitert.[23] Danach wird man die vielen Hinweise auf die Reparationsthematik in Brünings Politik sehr

19   Hierzu im Detail Broadberry, S.N./Ritschl, A.: „The Iron Twenties: Wages, Productivity, and the Lack of Prosperity in Britain and Germany before the Great Depression". In: Buchheim, C./Hutter, M./James, H. (Hrsg.): Zerrissene Zwischenkriegszeit, Festschrift Knut Borchardt, Baden-Baden 1994, S. 15-43.
20   Vgl. hierzu Holtfrerich: Alternativen zu Brünings Politik sowie Hagemann, H.: „Lohnsenkungen als Mittel der Krisenbekämpfung? Überlegungen zum Beitrag der ‚Kieler Schule‘ in der beschäftigungspolitischen Diskussion am Ende der Weimarer Republik". In: Hagemann, H./Kurz, H.D. (Hrsg.): Beschäftigung, Verteilung und Konjunktur. Festschrift Adolph Lowe, Bremen 1984, S. 97-129 und besonders Weisbrod, B.: „Die Befreiung von den ‚Tariffesseln‘, Deflationspolitik als Krisenstrategie der Unternehmer in der Ära Brüning". In: GESCHICHTE UND GESELLSCHAFT 11 (1985), S. 295-325. Umgekehrt ist in der Literatur untersucht worden, ob die staatliche Lohnschlichtung in der Weimarer Zeit vor der Krise die Gewerkschaften einseitig begünstigt hat oder nicht. Hierzu mit abweichenden Standpunkten Bähr, J.: Staatliche Schlichtung in der Weimarer Republik, Berlin 1989 sowie Borchardt, K./Zahn, C.: „Zur Geschichte gewerkschaftlicher Lohnforderungen in den mittleren und späten Jahren der Weimarer Republik" (Volkswirtschaftliche Fakultät der Universität München, Discussion Paper Nr. 90-33), München 1990. In der deutschen Diskussion zu wenig rezipiert: Svejnar, J.: „Relative Wage Effects of Unions, Dictatorship and Codetermination: Econometric Ecidence from Germany". In: REVIEW OF ECONOMICS AND STATISTICS 63 (1981), S. 188-197.
21   Vgl. etwa Sanmann: Daten und Alternativen; Köhler, H.: „Arbeitsbeschaffung, Siedlung und Reparationen in der Schlußphase der Regierung Brüning". In: VIERTELJAHRESHEFTE FÜR ZEITGESCHICHTE 17 (1969), S. 276-307; Mommsen, H.: „Heinrich Brünings Politik als Reichskanzler: Das Scheitern eines politischen Alleinganges". In: Holl, K. (Hrsg.): Wirtschafskrise und liberale Demokratie. Das Ende der Weimarer Republik und die gegenwärtige Situation, Göttingen 1978, S. 16-45; Jochmann: Brünings Deflationspolitik; Glashagen, W.: Die Reparationspolitik Heinrich Brünings 1930-1931, (Diss.) Bonn 1980; Schulz, G.: „Reparationen und Krisenprobleme nach dem Wahlsieg der NSDAP 1930. Betrachtungen zur Regierung Brüning". In: VIERTELJAHRSCHRIFT FÜR SOZIAL- UND WIRTSCHAFTSGESCHICHTE 67 (1980), S. 200-222. Abwägend Krüger, P.: „Das Reparationsproblem der Weimarer Republik in fragwürdiger Sicht. Kritische Überlegungen zur neuesten Forschung". In: VIERTELJAHRESHEFTE FÜR ZEITGESCHICHTE 29 (1981), S. 21-47; Krüger, P.: Die Außenpolitik der Republik von Weimar, Darmstadt 1985.
22   Graml, H.: Zwischen Stresemann und Hitler, München 2001.
23   Vgl. besonders Wurm, K.: „Frankreich, die Reparationen und die interalliierten Schulden in der 20er Jahren". In: Feldman, G. (Hrsg.): Die Nachwirkungen der Inflation auf die deutsche Geschichte 1924-1933, München 1985, S. 315-334; Knipping, F.: Deutschland, Frankreich und das Ende der Locarno-Ära, München 1987; Schuker, S.: American Reparations to Germany, 1924-1933, Princeton 1988; Schirmann, S.: Les relations économiques et financières franco-allemandes: 24 décembre 1932-1er septembre 1939, Paris 1995; Heyde, P.: Das Ende der Reparationen. Deutschland, Frankreich und der Youngplan 1929-1932, Paderborn 1998; Wala, M.: Weimar und Amerika. Botschafter Friedrich von Pittwitz und Graffon und die deutsch-amerikanischen Beziehungen von 1927 bis 1933, Stuttgart 2001.

ernst nehmen müssen, allerdings mit ganz anderen Schlussfolgerungen als bisher, die nicht in Richtung einer Obstruktion gehen.[24]

Eine Obstruktionsthese der Reparationen unter Brüning müsste plausible Antworten auf die Frage bereithalten, warum nicht schon nach der Stabilisierung der Mark 1924 eine ähnliche Politik betrieben wurde, ganz nach der Überzeugung mancher Entscheidungsträger, die beste Methode zur Vereitelung der Reparationsabkommen sei der Versuch ihrer Erfüllung. Die wechselnden Reparationsregimes in Deutschland entschieden über die Größe des in heimischen Auseinandersetzungen zu verteilenden Kuchens. Womöglich besteht ein Zusammenhang zwischen dem internationalen Konflikt um die deutschen Reparationen und dem heimischen Konflikt zwischen Arbeit und Kapital, die beide nach Art eines Nullsummenspiels ausgetragen wurden und einen wachstumspolitischen Konsens wie in der Nachkriegszeit verhindert haben. Für die Auseinandersetzungen der Zeitgenossen hat das Reparationsthema fraglos ein Leitmotiv dargestellt und die Handlungsspielräume und Zwangslagen der deutschen Wirtschaftspolitik in der Zwischenkriegszeit dramatisch mitbestimmt.[25]

Nach dem Zweiten Weltkrieg lösten sich allerdings die Interpretationen der Weltwirtschaftskrise in Deutschland von den vereinfachenden und politisch belasteten Gleichsetzungen mit der Reparationsfrage und begannen stattdessen, kritische Fragen an die Krisenpolitik auf deutscher Seite zu richten. Es mag der damaligen Stimmungslage entsprochen haben, in einer Zeit der diesmal erfolgreichen, von Reparationen wenig belasteten Integration Westdeutschlands in die Weltwirtschaft die Reparationsthematik als Ganzes inhaltlich abzuwerten und damit gleichsam emotional zu entlasten. Dem neuen Geschichtsbild stand in der Person des vergangenen Kanzlers Heinrich Brüning eine zur Verkörperung des Überholten fast ideal geeignete Figur zur Verfügung. Bis heute erscheinen Arbeiten, die zwischen Brünings asketischer Persönlichkeit, seinem reaktionären preußisch-kaiserlichen Offiziersethos und seinem wirtschaftspolitischen Sparkurs psycho-historische Zusammenhänge hergestellt haben.[26] Allerdings ist die neuere deutsche Literatur in ihrer Fixierung auf Brüning und dem Bestreben, die Weimarer Konjunktur allein innenpolitisch zu erklären, vermutlich ein Stück weit über das Ziel hinausgeschossen. Zu deutlich scheint uns, dass Wechselbeziehungen zwischen der Reparationsfrage und der Politik und Konjunkturlage der Weimarer Republik bestanden, nicht allein auf der Perzeptionsebene oder im politischen Diskurs, sondern als echte ökonomische Randbedingung, die für die politischen Entscheidungsträger nicht ohne weiteres aufzuheben war.

Arbeiten zur Amerikaorientierung der deutschen Politik in der Periode des Dawes-Plans haben betont, dass Deutschlands Sonderkonjunktur auf einem amerikanischen Kreditsegen beruhte und dieser wiederum auf einem ausgeklügelten Schutzmechanismus, der den kom-

---

24 So zuerst Helbich, W.: *Die Reparationen in der Ära Brüning: Zur Bedeutung des Young-Plans für die deutsche Politik 1930 bis 1932*, Berlin 1962 dessen Position gelegentlich zu Unrecht für eine Obstruktionsthese in Anspruch genommen worden ist. Hierzu Glashagen: Reparationspolitik. Zum folgenden Argumentationsgang ausführlicher: Ritschl, A.: *Deutschlands Krise und Konjunktur, 1924-1934*. Binnenkonjunktur, Auslandsverschuldung und Reparationsproblem zwischen Dawes-Plan und Transfersperre, Berlin 2002.

25 Erinnert sei an die Auseinandersetzungen um die Geldpolitik Schachts im Angesicht des Dawes-Plans sowie die Polemik um die Annahme des Young-Plans und Schachts Rücktritt im Spätwinter 1930: Weber, A.: *Hat Schacht recht?* Die Abhängigkeit der deutschen Volkswirtschaft vom Ausland, München 1928; Schacht, H.: *Das Ende der Reparationen*, Oldenburg 1932. Zur Einordnung James, H.G.: *Deutschland in der Weltwirtschaftskrise 1924-1936*, Stuttgart 1988 sowie McNeil, W.C.: *American Money and the Weimar Republic*, New York 1986.

26 Brüning, H.: *Memoiren*, (posthum:) Stuttgart 1970 hat diesem Bild in seinen Memoiren durchaus Vorschub geleistet. Zur Bestätigung dieses Bildes Müller, F.: *Die „Brüning Papers"*. Der letzte Zentrumskanzler im Spiegel seiner Selbstzeugnisse, Frankfurt a.M. 1983; Schuker, S.: *„Ambivalent Exile: Heinrich Brüning and America's Good War"*. In: Buchheim, C./Hutter, M./James, H. (Hrsg.): Zerrissene Zwischenkriegszeit, Festschrift Knut Borchardt, Baden-Baden 1994, S. 329-356 und jüngst Hömig, H.: *Brüning*. Kanzler in der Krise der Republik, Paderborn 2000.

merziellen Krediten an Deutschland faktischen Vorrang verschaffte vor den Reparationszah-
lungen.[27] Obwohl durch die Reparationen ein eigentlich riskanter und nur sehr begrenzt kre-
ditwürdiger Schuldner, hatte Deutschland auf einmal wieder Kredit und nutzte ihn – kein
Wunder – überreichlich aus. Als Folge davon wurden die Reparationen zwar geleistet – Devi-
senklemmen traten wegen des reichlichen Angebots von Auslandskrediten nicht auf –, aber
nicht aus echten Überschüssen des Außenhandels. Diese Reparationszahlung auf Kredit hat
Deutschland während der späten 20er Jahre eine wirtschaftliche Scheinblüte beschert. Die
künstliche Konjunktur bedingte eine Ausdehnung der öffentlichen Haushalte und ihrer sozialen Leistungen und ermöglichte höhere Löhne und eine leichtere Geldpolitik, als dies bei aus-
geglichener Zahlungsbilanz und einem echten Reparationstransfer aus Überschüssen möglich
gewesen wäre. Die oben so bezeichnete Borchardt-These I von der „kranken" Weimarer Wirtschaft der 20er Jahre beschreibt augenscheinlich die binnenwirtschaftlichen Begleiterscheinungen dieser Konjunktur auf Pump: Wenn einmal die geborgte Konjunktur an ein Ende kam,
mussten sich die Verzerrungen in der deutschen Volkswirtschaft um so stärker auswirken und
die Krise über das normale Maß hinaus verschlimmern.

Nach scharfer Kritik des Reparationsagenten an den Wohlfahrtsausgaben, der Beamtenbe-
soldung, den Sportstadien, Schwimmbädern, Genossenschaftswohnungen und dergleichen
mehr wurden im Young-Plan von 1929 die Zahlungsbedingungen für die Reparationen dras-
tisch verschärft, und rasch kamen die Ausleihungen an Deutschland zum Stillstand.[28] Zurück-
geworfen auf die harten Realitäten des Reparationsverfahrens im Young-Plan und zusätzlich
belastet um die Zeche für den Auslandskreditrausch des Dawes-Plans, befand sich Deutschland seit Mitte 1929 hart am Rande einer auswärtigen Schuldenkrise.[29]

Die Notwendigkeit, nun hohe Überschüsse der Handelsbilanz zu erwirtschaften, hat den
Zwang zu einer Austeritätspolitik begründet und es damit unmöglich gemacht, durch erhöhte
öffentliche Kreditnahme oder leichtere Geldpolitik der Depression zu entgehen. Die Hand-
lungszwänge dieser Austeritätspolitik unter dem Young-Plan sind der Grund für die Schwierigkeiten der öffentlichen Haushalte, während der Weltwirtschaftskrise Kredit zu erlangen. Die
Borchardt-These II über die mangelnden Handlungsspielräume für eine aktive Konjunkturpolitik während der Krise beschreibt die binnenwirtschaftlichen Effekte dieser Zwickmühle.[30]

Mitte 1931 brach die latente Krise offen aus, nur mühsam beherrscht durch das Hoover-
Moratorium, das Stillhalten und verzweifelte weitere Deflationsmaßnahmen. Deutschlands
Weg durch die Jahre 1929 bis 1932 unterscheidet sich von heutigen Schuldenkrisen, Austeri-
tätspolitiken und Währungskrisen in nichts, mit der Ausnahme einiger technischer Details.
Und mit der Ausnahme der damals aufgetretenen politischen Risiken und Nebenwirkungen.

Wenn die Indizien stimmen und es sich wirklich um eine auswärtige Schuldenkrise handelte, dann ist Borchardts Befund nicht überraschend und weiterer Streit um Brünings Sparkurs
nicht nötig. Zum Bezahlen von Auslandsschulden kann man kein Geld drucken. Entweder
man bestreitet diese Zahlungen aus den Überschüssen des Außenhandels, oder man ist auf
auswärtigen Kredit angewiesen. Genauso wenig kann ein nach außen überschuldetes Land mit
Kreditschöpfung seine eigene Konjunktur ankurbeln. Das würde nämlich bei vermehrter

---

27   Vgl. hierzu schon Link, W.: *Die amerikanische Stabilisierungspolitik in Deutschland 1921-32*, Düsseldorf 1970;
     darauf aufbauend McNeil: American Money sowie vor allem Schuker: American Reparations.
28   Zu den Zusammenhängen zwischen der Kritik des Reparationsagenten und der deutschen Finanzpolitik
     vgl. besonders James, H.G.: *The Reichsbank and Public Finance in Germany, 1924-1933: A Study of the Politics of
     Economics during the Great Depression*, Frankfurt a.M. 1985.
29   Vgl. zur Finanzpolitik des Jahres 1929 im Einzelnen: Bachmann, U.: *Reichskasse und öffentlicher Kredit in der
     Weimarer Republik 1924-1932*, Frankfurt a.M. 1996.
30   Andeutungsweise schon Borchardt, K.: „*A Decade of Debate About Bruening's Economic Policy*". In: Kruedener,
     J.v. (Hrsg.): Economic Crisis and Political Collapse. The Weimar Republic 1924-1933, Oxford 1990, S. 99-
     151.

Wirtschaftsleistung die Importe erhöhen, aber nicht die Exporte, und es stände weniger als vorher für den Schuldendienst an das Ausland zur Verfügung. Entweder muss ein solches Land auf das Wiederanziehen der internationalen Konjunktur warten oder sich durch einseitige Schuldenstreichung vom Ausland abnabeln.[31] Saß Deutschland also in der Schuldenfalle? Gab es ein Argentinien-Problem?

Aus Platzgründen kann hier kaum in die Details eingetreten werden. Nach der Ratifizierung des Young-Plans behinderte französischer und amerikanischer Druck zunächst den Lee-Higginson-Kredit, das letzte größere kommerzielle Kreditprojekt. Der Vorsitzende des Währungs- und Bankenausschusses des amerikanischen Repräsentantenhauses, Louis McFadden, hatte schon während des Young-Plans lautstarke Propaganda gegen eine weitere Übernahme deutscher Anleihen durch die USA betrieben und versucht, eine Kongressresolution zu erwirken, die den amerikanischen Banken die Übernahme von Anteilen der Young-Anleihe unmöglich gemacht hätte. So weit ging der Kongress nicht, aber immerhin kam das *State Department* auf frühere Planungen zurück, weitere Anleihen an Deutschland nicht mehr zu genehmigen, allerdings ohne dies zuletzt in die Tat umzusetzen.[32]

Auch Parker Gilbert leistete gegen den Lee-Higginson-Kredit Widerstand. Er galt zunächst der Gewährung einer weiteren deutschen Anleihe, ganz wie einige Monate zuvor beim Dillon-Read-Projekt. Dagegen fruchteten auch die Zusicherungen des Hauses Lee Higginson nichts, man denke keinesfalls an die Ausgabe von Wertpapieren, um den Kapitalmarkt nicht zu belasten, sondern wolle bei einer rein bankmäßigen Finanzierung bleiben. Parker Gilbert intervenierte bei der US-Regierung, um dieses Projekt zu blockieren, und erreichte immerhin, dass sich das Kabinett mit der Frage befasste, allerdings ohne zu einem Beschluss zu gelangen.

Zuletzt brachte Brüning den Lee-Higginson-Kredit doch noch zustande, allerdings nach einem wesentlichen Zugeständnis, nämlich der parlamentarischen Annahme des Schuldentilgungsgesetzes, welches das Reich zur Verringerung seiner schwebenden, kurzfristigen Schuld zwang. Damit war der Lee-Higginson-Kredit kein echter Zufluss zur Reichskasse mehr, sondern hatte sich in ein reines Umschuldungsprojekt verwandelt. Auch das brachte aber keine verbesserte Kreditwürdigkeit Deutschlands auf dem amerikanischen Anleihemarkt. Tatsächlich waren noch im Januar 1931 der Großteil der Young-Anleihe ebenso wie des Lee-Higginson-Kredits nicht von den Übernahmekonsortien übernommen worden, weil sich keine Zeichner am Markt fanden. Es handelte sich mithin um eine reine Bankfinanzierung – mit entsprechenden Folgen für deren Liquidität. McFaddens Kassandrarufe über die mangelnde Aufnahme weiterer deutscher Anleihen hatten sich also bewahrheitet.

Über ein zweites wichtiges Detail, das französische Kreditprojekt zur Abwehr des Hoover-Moratoriums im Sommer 1931, sei hier nur summarisch berichtet. Dieses Projekt hat in der Borchardt-Debatte eine gewisse Rolle gespielt, hatte es doch den Anschein, als habe Brüning hier aus politischen Gründen eine sich bietende Gelegenheit für zusätzlichen Auslandskredit

---

31 Es gibt Indizien dafür, dass Deutschland sozusagen beides getan hat: Als der Nationalsozialismus zur Macht kam, hatte die internationale Krise ihre Talsohle bereits durchschritten. Buchheim, C.: *„Zur Natur des Wirtschaftsaufschwungs in der NS-Zeit"*. In: Buchheim, C./Hutter, M./James, H. (Hrsg.): Zerrissene Zwischenkriegszeit, Festschrift Knut Borchardt, Baden-Baden 1994, S. 97-119 hat argumentiert, dass auch ein Aufschwung mit fortgesetzter internationaler Verflechtung der deutschen Wirtschaft möglich gewesen wäre. In der Tat darf der sogenannte NS-Aufschwung nicht als isolierte deutsche Erscheinung fehlinterpretiert werden. Vermutlich ist der Anteil bewusster Konjunktursteuerung am Aufschwung ab 1933 weit geringer, als dies in der Literatur meist unterstellt wird. Vgl. hierzu schon Erbe, R.: *Die nationalsozialistische Wirtschaftspolitik 1933-1939 im Lichte der modernen Theorie*, Zürich 1958. Bis 1937 ist das Sozialprodukt in den USA mit ähnlichen Jahresraten wie in Deutschland gewachsen, dies trotz einer ganz anders gearteten Finanz- und Außenhandelspolitik. Moderne Techniken der Konjunkturprognose sagen schon am Stand des Jahresendes 1932 den Wiederaufschwung in Deutschland bis 1936 vollständig und richtig voraus. Vgl. Ritschl: Krise und Konjunktur, Kap. 2, S. 64ff.

32 Hierzu und zum Folgenden neuerdings: Wala.: Weimar und Amerika, S. 159ff.

bewusst unterlaufen.[33] Der französische Rettungsplan hatte allerdings den schweren Geburts-
fehler, dass zwar Kredit an Deutschland gegeben werden sollte, aber nur bei Weiterlaufen der
unbedingten Annuität des Young-Plans. Für Deutschland kam das kaum billiger als das Hoo-
ver-Moratorium und stellte nichts weiter dar als den Versuch, das alte System der Reparationszahlung auf Kredit aus dem Dawes-Plan wieder aufleben zu lassen.

Aus der Untersuchung von Philipp Heyde weiß man mittlerweile, dass Brüning diesen französischen Annäherungsversuchen viel stärker zugeneigt gewesen ist, als man bislang angenommen hat.[34] Zuletzt aber wurde der amerikanische Botschafter in Berlin vorstellig und verlas den Deutschen ein Telegramm Hoovers, das sich klar gegen weitere Kreditprojekte im
Ausland aussprach.[35]

Eine konzeptionell denkbare Alternative zu weiteren Auslandskrediten und fortgesetzter
Deflation hätte in einer Abwertung der Reichsmark, also einer einseitigen Aufkündigung des
Goldstandards, bestanden. Bei Nichtberücksichtigung der deutschen Überschuldung im Ausland wäre diese Option ohne Zweifel der Ausweg aus der Krise gewesen. Über diesen Punkt
hat unter den Kontrahenten weitgehende Einigkeit geherrscht.[36] Auch international haben sich
Volkswirtschaften der Abwertungsländer insgesamt rascher von der Krise erholt als diejenigen
des sogenannten Goldblocks.[37] Allerdings setzten die Regelungen der Stillhalteabkommen und
die Bedingungen des Hoover-Moratoriums einer solchen Strategie von vornherein engste
Grenzen: Eine Abwertung wäre als Versuch einer einseitigen Änderung der Spielregeln aufgefasst und mit Kündigung der Stillhaltung sowie massiven Kapitalabzügen beantwortet worden.

Angesichts des Young-Plans war es also die beste Strategie, einerseits Erfüllungspolitik zu
betreiben, und das heißt Deflationspolitik, andererseits aber vorsichtig in die Revision des
Young-Plans einzusteigen, immer ohne das Ausland zu Gegenmaßnahmen zu reizen. Je länger
der Young-Plan die deutsche Zahlungsbilanz in der Krise vorbelastete, um so weniger war an
neuen Auslandskredit zu denken. Brüning deflationierte nicht, um eine Revision zu erzwingen,
sondern umgekehrt, weil und solange sie nicht zu erzwingen war. Brünings Spiel mit dem
Feuer in Gestalt der missratenen deutsch-österreichischen Zollunionspläne im Frühjahr 1931
und der Drohung mit einem einseitigen Moratoriumsschritt vor dem Besuch in Chequers hatte die Folgen unbedachter einseitiger Schritte gerade eben erst gezeigt.[38]

Dasselbe gilt für die Planungen für die Zeit nach dem Young-Plan. Die Deflationsmaßnahmen hatten zum Ziel, langfristig Deutschlands Zahlungsfähigkeit wiederherzustellen.[39] Das
hatte dann einen Sinn, wenn nach der Depression ein weitgehend freier Kredit- und Waren-
verkehr rekonstruiert wurde – immer mit dem Gedanken, nach einem Wegfall der Reparationen neuen internationalen Kredit nach Deutschland ziehen zu können. Brüning setzte im
Frühjahr 1932 Hoffnungen auf solche Kredite. Eine fünfte Notverordnung war geplant, mit

---

33 Vgl. zu dieser Debatte schon Borchardt: Zwangslagen und Handlungsspielräume sowie Holtfrerich: Alter-
    nativen zu Brünings Politik; Holtfrerich: Policy of Deflation sowie Borchardt: A Decade of Debate.
34 Heyde, Das Ende der Reparationen, S. 224.
35 Akten der Reichskanzlei/Weimarer Republik, Bd. 12: Die Kabinette Brüning I und II, Boppard/Rh. 1982,
    Dok. 416 v. 29.7.1931. Zur Motivation vgl. schon Helbich: Reparationen, S. 82f.
36 Borchardt: Zur Frage der währungspolitischen Optionen; Holtfrerich: Alternativen zu Brünings Politik;
    Borchardt, K.: „Could and Should Germany Have Followed Britain in Leaving the Gold Standard?". In: JOURNAL OF
    EUROPEAN ECONOMIC HISTORY 13 (1984), S. 471-498.
37 Hierzu schon Eichengreen, B./Sachs, J.: „Exchange Rates and Economic Recovery in the 1930s". In: JOURNAL OF
    ECONOMIC HISTORY 45 (1985), S. 925-946 sowie Bernanke, B./James, H.: „The Gold Standard, Deflation, and
    Financial Crisis in the Great Depression: An International Comparison". In: Hubbard, G. (Hrsg.): Financial Markets
    and Financial Crisis, Chicago 1991, S. 33-68.
38 Vgl. dazu Heyde: Das Ende der Reparationen, S. 149ff.; Graml: Zwischen Stresemann und Hitler, Kap. 2.,
    S. 211.
39 Beredt hierzu die Tagebücher Hans Schäffers; vgl. etwa Wandel, E.: Hans Schäffer. Steuermann in wirt-
    schaftlichen und politischen Krisen, Stuttgart 1974.

der Anleiheermächtigungen im Umfang von 1,5 Mrd. RM ausgegeben werden sollten. Nach einem erhofften Ende der Reparationen und dem Wegfall der dadurch entstehenden Devisenbelastungen konnte damit sofort das Steuer herumgeworfen werden, ganz wie es Schumpeter in seinem Zeitungsbeitrag ausgedrückt hatte, und eine Kreditausweitung in Angriff genommen werden. Das Projekt scheiterte an einem auf nationalsozialistische Initiative erfolgten Einspruch des Reichsschuldenausschusses, der darin, juristisch wohl nicht unzutreffend, einen Verfassungsbruch sah.[40] Allerdings sorgte die intensiver werdende Berliner Diskussion um die Arbeitsbeschaffung im Spätwinter 1932 bei den Stillhaltegläubigern, die um die Sicherheit ihrer Kredite besorgt waren, für erhebliche Irritationen. Zuletzt hat der Widerspruch zwischen der wachsenden Ungeduld innerhalb der Regierung und wachsendem Misstrauen der Gläubiger zur Destabilisierung des Kabinetts Brüning beigetragen.

Nach Lage der Dinge musste unter dem Young-Plan jeder Vorschlag zur Kreditexpansion voraussetzen, dass die Bedingungen des Young-Plans aufgehoben waren. Das wäre ohne ein einseitiges Moratorium auf die Auslandsverschuldung nicht durchführbar gewesen,[41] hätte aber später zur Abwendung von Sanktionen der Reparationsgläubiger den Marsch in die Autarkie und die Umlenkung des Handels weg von den Gläubigernationen bedeutet. Das aber war nichts anderes als eine Verwirklichung des wirtschaftspolitischen Programms der extremen Rechten. Oder ein einseitiger Schritt musste sich bei der noch fortbestehender Kreditverflechtung mit dem Ausland und unter dem ausländischen Druck auf eine Fortsetzung der Austeritätspolitik als undurchführbar erweisen: Die Kontroverse der Zeitgenossen um die Fortsetzung der Erfüllungspolitik oder eine Hinwendung zur Autarkie fällt zusammen mit Knut Borchardts Frage nach den Zwangslagen und Handlungsspielräumen Brünings während der Krise der frühen dreißiger Jahre.

Die Kontroverse um die Borchardt-Thesen ist streckenweise mehr ein Streit um die Wirkungen der Weimarer Wirtschaftsmalaise gewesen als um ihre Ursachen. Borchardt wies auf den ungewöhnlichen Umstand hin, dass das Reich während der Weltwirtschaftskrise nur äußerst mühsam Zugang zu Krediten bekam und an eine Kreditausweitung zur Konjunkturstützung nicht denken konnte. Er vermutete, dass dieses Problem mit wirtschaftlichen Fehlentwicklungen in den Vorjahren zu tun hatte. Eine Krise vor der Krise sollte den wirtschaftlichen Absturz der Jahre 1931 und 1932 erklären. Borchardt bot hierfür eine Auswahl von Symptomen an, Lohnkosten und Investitionsraten vor allem. Weitgehend haben sich seine Befunde bestätigt, insofern ist die Borchardt-Kontroverse heutzutage beendet.

Neue Gesichtspunkte haben sich in den letzten Jahren vor allem durch Arbeiten zur Außenwirtschaft und der Reparationspolitik der Weimarer Zeit ergeben. So wie Borchardt dafür plädierte, die Krise der frühen dreißiger Jahre gedanklich mit der ungesunden Konjunktur der späten zwanziger Jahre zu verbinden, verweisen diese Arbeiten auf einen Zusammenhang zwischen den Bedingungen des Young-Plans in den frühen dreißiger Jahren und des Dawes-Plans in den späten zwanziger Jahren. Tatsächlich ist das eine das Gegenstück des anderen. Setzt man, wie das hier skizziert wurde, die Ergebnisse beider Diskussionen zueinander in Beziehung, so ergibt sich ein neues Gesamtbild. Borchardts These von den Zwangslagen während der Krise erklärt sich, wenn man die heraufziehende äußere Schuldenkrise unter dem Young-

40   Zu den Details Ritschl: Deutschlands Krise und Konjunktur, S. 173ff.
41   Vgl. hierzu die Expertendebatte auf einer von der Reichsregierung einberufenen Sachverständigenkonferenz im Herbst 1931, in der einhellig Kreditexpansion als unvereinbar mit dem Fortbestehen der währungspolitischen Restriktionen bezeichnet wurde. Dokumentiert in Borchardt, K./Schötz, O.: *Wirtschaftspolitik in der Krise. Die (Geheim-) Konferenz der Friedrich-List- Gesellschaft im September 1931 über die Möglichkeit und Folgen einer Kreditausweitung*, Baden-Baden 1987. Vgl. auch Borchardt, K.: *„Politikberatung in der Krise: Die Rolle der Wissenschaft"*. In: Winkler, H.A. (Hrsg.): Die deutsche Staatskrise 1930-1932, München 1992, S. 109-132.

Plan in Betracht zieht. Dann ist die innere Schuldenkrise nur noch eine Begleiterscheinung der äußeren, eben der „innere Young-Plan", wie das gelegentlich genannt worden ist. Borchardts These von der Krise vor der Krise hängt dagegen mit dem deutschen Kreditrausch der mittleren zwanziger Jahre zusammen. Weil amerikanische Kredite ins Land kamen und selbst Abzug der Reparationen noch etwas davon übrig blieb, konnte Deutschland sich vorerst unbesorgt hohe Lohnkosten und eine großzügige Sozialpolitik leisten, ohne wie in England mit einer wirtschaftlichen Dauerkrise konfrontiert zu werden. Hier kann nur angedeutet werden, welch anderen Verlauf die Weltwirtschaftskrise hätte nehmen können, wenn man in den zwanziger Jahren eine vorsichtigere Kreditpolitik betrieben hätte.[42] Immerhin hatte Brüning schon 1926 die damalige Ausgabenpolitik wegen ihrer Vorbelastung der Zukunft unter den Zwängen der Reparationen kritisiert; aus heutiger Sicht muss dieser Kritik zugestimmt werden.[43]

Allerdings mag man sich die Frage vorlegen, ob eine politische Stabilisierung oder gar „Goldene Jahre" Weimars ohne amerikanische Kredite möglich gewesen wären. Es hat in Deutschland Wählermehrheiten für eine wirkliche wirtschaftliche Erfüllungspolitik nicht gegeben, nicht in den mittleren zwanziger Jahren und erst recht nicht während der Großen Krise. Für die Durchsetzung der Stabilisierung war schon 1923 das Notverordnungsrecht in bedenklichem Maß in Anspruch genommen worden; dies wiederholte sich ab Juli 1930, als es keine Reichstagsmehrheit für die wirtschaftliche Umsetzung des Young-Plans gab. Brünings technokratischer Ansatz zur Erfüllungspolitik ist mit gewissem Recht als „unpolitische Politik" dargestellt worden.[44] Sie war insofern tatsächlich unpolitisch, als sie die Legitimationszwänge in einem parlamentarischen System ignorierte, die auch nach seiner Einmottung im Herbst 1930 fortbestanden und sich zunehmend gewaltsam außerhalb des parlamentarischen Rahmens kundtaten. Hochpolitisch allerdings war sie darin, richtig zu erkennen, dass der gesamte Bewegungsspielraum deutscher Budget-, Geld- und Kreditpolitik vom Young-Plan abhing und darum die Erfüllung und allenfalls eine Revision des Young-Plans durch Nachverhandlung zur obersten Priorität deutscher Politik zu erheben.

Eine andere als die ab 1930 tatsächlich geübte Politik Brünings unter dem Notverordnungsregime braucht allerdings nicht ernsthaft in Betracht gezogen zu werden. Jede aktivere Konjunkturpolitik hätte einen frühzeitigen und nach Lage der Dinge einseitigen Bruch mit dem Young-Plan vorausgesetzt und damit eine Kapitulation vor dem außenwirtschaftlichen Programm der extremen Rechten. Mit der Drohung einer Machtbeteiligung des deutschen Faschismus seit der Septemberwahl von 1930 lag die wirkliche Alternative zu Brünings Kurs klar zutage. Ohne Brünings Sturz Ende Mai 1930 wäre eine Erholung Deutschlands von der Krise ohne Hitler denkbar gewesen – die Legislaturperiode lief immerhin bis September 1934. Das Zurückdrängen des Parlaments in der Periode Brüning spiegelt lediglich den prinzipiellen Zwiespalt zwischen Sozialstaatspolitik und außenwirtschaftlicher Erfüllungspolitik wieder, der die Weimarer Republik von Beginn an geprägt hatte. Gefangen zu sein zwischen außenpolitischer Staatsräson und der Schaffung einer innenpolitischen Legitimationsbasis, dieses Dilemma hat im Kern die Zwangslagen und Handlungsspielräume der deutschen Wirtschaftspolitik seit den Anfängen der Weimarer Republik bestimmt.

---

42   Hierzu ausführlicher Ritschl, A.: „Reparation Transfers, the Borchardt Hypothesis, and the Great Depression in Germany 1929-1932: A Guided Tour for Hard-Headed Keynesians". In: EUROPEAN REVIEW OF ECONOMIC HISTORY 2 (1998), S. 49-72.

43   Zu Brünings Standpunkt Morsey, R.: „Brünings Kritik an der Reichsfinanzpolitik 1919-1929". In: E. Hassinger u.a. (Hrsg.): Geschichte, Wirtschaft und Gesellschaft. Festschrift für Clemens Bauer, Berlin 1974, S. 359-373. Zur Einordnung, allerdings mit schwankendem Urteil: Hertz-Eichenrode, D.: Wirtschaftskrise und Arbeitsbeschaffung. Konjunkturpolitik 1925/26 und die Grundlagen der Krisenpolitik Brünings, Frankfurt a.M. 1982.

44   Bracher, K.-D.: „Brünings unpolitische Politik und die Auflösung der Weimarer Republik". In: VIERTELJAHRESHEFTE FÜR ZEITGESCHICHTE 19 (1971), S. 113-123.

Virtuelle oder reale Geschichte?

Alexander Demandts methodologische Holzwege*

Hubert Kiesewetter

1 Vorbemerkungen

Die Suche nach dem Unbekannten darf keineswegs verwechselt werden mit der Suche nach dem Ungeschehenen. Während ersteres Aufgabe aller Wissenschaften ist, die Neues finden und entdecken wollen, ist letzteres m.E. ein erkenntnisverminderndes Spiel mit Zufällen, ein erkenntnistheoretisches Verlustgeschäft. Friedrich II. von Preußen hat das ambivalente Doppelgesicht des Zufälligen klar erkannt, als er am 22. September 1759 von Eckersdorf aus an Voltaire schrieb: „Was immer Seiner Heiligen Majestät dem Zufall beliebt, ich werde mich nicht beirren lassen."[1] Seit Menschen ihre Geschichte aufschreiben und miterleben, stellen sie immer wieder mit Erstaunen fest, dass fast alles hätte anders kommen können, dass die Zufälligkeit, *Sa sacrée Majesté le Hasard,* alles andere ist als „absolute Notwendigkeit", wie Hegel meinte.[2] Man könnte deshalb annehmen, dass der Althistoriker Demandt die virtuelle, ungeschehene Geschichte auf einem höheren methodologischen Niveau ansiedelt, um einen Beitrag zu dem Thema zu leisten, das von Herodot über Thukydides bis Niall Ferguson behandelt worden ist.[3] Wenn dem so wäre, bräuchten wir uns hier nicht damit auseinander zu setzen, sondern könnten mit Martin Heidegger Holzwege vielleicht als Wege des Wissens oder der Erkenntnis ansehen.[4] Aber Demandt geht methodisch weit über seine antiken Vorläufer hinaus und will zeigen, dass „Überlegungen zu Ungeschehenem statthaft, begründbar und notwendig" seien, dass daraus „Einsichten in Geschehenes" erwüchsen und sie ihren „Lehrwert in der Erkenntnis geschehener Geschichte"[5] fänden. Hier stünden dem Vertreter einer

---

* Ich danke Gregor Weber und Frank Zschaler für nützliche Hinweise.
1 Im französischen Original in: Koser, Reinhold/Droysen, Hans (Hrsg.): *Briefwechsel Friedrichs des Großen mit Voltaire.* 3. Teil: Briefwechsel König Friedrichs 1753-1778 (1911), Neudruck Aalen 1968, S. 74; deutsch: Pleschinski, Hans (Hrsg.): *Aus dem Briefwechsel Voltaire – Friedrich der Große.* Herausgegeben, vorgestellt und übersetzt von dems., Zürich 1992, S. 414. Am 12. März 1759 hatte Friedrich aus Breslau an Voltaire geschrieben: „Plus on vieillit, et plus on se persuade que Sa sacrée Majesté le Hasard fait les trois quarts de la besogne de ce misérable univers, et que ceux qui pensent être les plus sages sont les plus fols de l'espèce à deux jambes et sans plumes dont nous avons l'honneur d'être" (Koser/Droysen: Briefwechsel Friedrichs des Großen, S. 43).
2 Vgl. Hegel, Georg Wilhelm Friedrich: *Wissenschaft der Logik II* (Theorie-Werkausgabe 6), Frankfurt a.M. 1969, S. 216f.
3 Vgl. dazu die Aufsätze in: Brodersen, Kai (Hrsg.): *Virtuelle Antike. Wendepunkte der Alten Geschichte,* Darmstadt 2000; besonders: Weber, Gregor: *Vom Sinn kontrafaktischer Geschichte,* S. 11-23. Offray de La Mettrie, Julien: *Der Mensch eine Maschine,* Stuttgart 2001, S. 21, schrieb bereits 1747: „So kann man nur *a posteriori,* indem man nämlich die Seele gleichsam in den Organen des Körpers zu erkennen sucht, die Natur des Menschen selbst entdecken, wenn auch nicht mit untrüglicher Gewissheit, so doch zumindest mit dem *höchsten Grad von Wahrscheinlichkeit,* der in dieser Beziehung möglich ist" (Erste Hervorhebung im Original, zweite H.K.).
4 Vgl. Heidegger, Martin: *Holzwege* (1950), 3., unveränderte Auflage, Frankfurt a.M. 1957, wo es auf S. 3 heißt: „Holz lautet ein alter Name für Wald. Im Holz sind Wege, die meist verwachsen jäh im Unbegangenen aufhören. Sie heißen Holzwege. Jeder verläuft gesondert, aber im selben Wald. Oft scheint es, als gleiche einer dem anderen. Doch es scheint nur so. Holzmacher und Waldhüter [auch Philosophen und Historiker, H.K.] kennen die Wege. Sie wissen, was es heißt, auf einem Holzweg zu sein" (Hervorhebung H.K.) Umgangssprachlich heißt „auf dem Holzweg sein", sich irren, den falschen Weg eingeschlagen haben.
5 Demandt, Alexander: *Ungeschehene Geschichte.* Ein Traktat über die Frage: Was wäre geschehen, wenn ...? (1984), 3., erweiterte Auflage, Göttingen 2001, S. 11, 160 und 16. Auf S. 127 heißt es: „Wer den Schlüssel der gelehrten Phantasie in die verbotene Türe der ungeschehenen Geschichte steckt, den trifft beim Blick durch den Spalt zunächst die angedrohte Strafe, dann der erhoffte Lohn. Erstere ist die Enttäuschung durch die dabei auftretenden Hindernisse, letzterer ist der Gewinn an historischer Einsicht." Der verbotene Blick durchs

problemorientierten, kritischen oder realen Geschichte die Haare zu Berge, wenn er sie denn hätte.

Dass in der Geschichte vieles hätte anders kommen können, als es gekommen ist, ist eine Binsenweisheit, über die man nicht lange nachzudenken und zu reflektieren braucht. Die Annahme allerdings, dass das Nachdenken über zufällige Möglichkeiten „unsere Kenntnis der Vergangenheit um Wißbares"[6] erweiterte, muss stutzig machen. Dazu ein amüsantes Beispiel. Der aus märkischem Adel stammende Gustav Graf von Schlabrendorf (1750-1824) war im Mai 1789 nach Paris gegangen, wo er im *Hôtel des Deux-Siciles* in der Rue Richelieu ein kleines Apartment mietete.[7] Er fühlte sich von demokratischen Ideen der Französischen Revolution so angezogen, dass er sich nach der vereitelten Flucht Ludwigs XVI. am 24. Juni 1791 mit Jacques-Pierre Brissot und Antoine Marquis de Condorcet anfreundete und sich den Girondisten anschloss. Das konnte nicht gut gehen, denn nachdem am 20. März 1792 die Gesetzgebende Versammlung in Paris dem Einsatz der Guillotine zugestimmt hatte und die Jakobiner unter Führung von Maximilien de Robespierre (1758-1794) ihre Schreckensherrschaft begannen, wurde Schlabrendorf ins Gefängnis geworfen. Der Ruf zur Guillotine erreichte ihn nach 18 Monaten im *Palais du Luxembourg*, aber an dem Morgen, als ein Offizier eine Liste mit den Todeskandidaten verlas und auch seinen Namen nannte, fehlten seine Stiefel. Der Kerkermeister, die Wachmannschaft, der Offizier und Schlabrendorf suchten sie an diesem Morgen vergeblich, worauf der Graf zum Gefängniswärter sagte: „Ich muß doch etwas an den Füßen haben. Ohne Stiefel kann ich nicht fort, das sehen Sie ein. Nehmen Sie mich morgen mit statt heute, es kommt auf den *einen Tag* nicht an."[8] Der Wagen fuhr ohne Schlabrendorf zur Guillotine, und am nächsten Morgen wartete dieser gefasst und gestiefelt auf seine Hinrichtung. Die Liste wurde verlesen, aber es fehlte der Name Citoyen Schlabrendorf, auch am dritten, vierten und fünften Tag usw. ging es so. Man hatte offenbar den Grafen auf der Liste des ersten Tages als abgeliefert und hingerichtet gestrichen und nach dem Sturz Robespierres und dessen Hinrichtung am 28. Juli 1794 wurde Schlabrendorf, der Robespierre als *Diogenes von Paris*[9] um 30 Jahre überlebte, befreit. Können und sollen wir wirklich diesen unglaublichen Zufall erklären oder glauben, dass eine virtuelle historische Analyse, z.B. darüber, was geschehen wäre, wenn Schlabrendorf guillotiniert worden wäre, unsere Kenntnisse dieser historischen Vorgänge vergrößerte? Hat das Unerklärliche und Unbegreifliche nicht viele Namen, die mit historischer Forschung wenig zu tun haben: „Gottes Wille – Geschick – Bestimmung – Los – Verhängnis – Fügung – Wunder – Prädestination – Schicksal – Glück – Wendepunkt – Laune – Dusel – Vorsehung – Zufall"?[10]

Schlüsselloch mag ja manche Überraschung versprechen, aber an historischer Einsicht kommt dabei m.E. nichts heraus. Ich zitiere immer nach der 3. Auflage. Alle Hervorhebungen im Original.
6 Ebd., S. 23.
7 Ausführlich dazu Gregor-Dellin, Martin: *Schlabrendorf oder Die Republik*, München/Zürich 1982, S. 30ff.
8 Ebd., S. 67 (Hervorhebung H.K.).
9 Vgl. Penzoldt, Ernst: *Der Diogenes von Paris. Graf Gustav von Schlabrendorf. Erster Teil: Die verlorenen Schuhe. Komödie; Zweiter Teil: Der historische Schlabrendorf.* Dokumente ausgewählt von Ilse Foerst, München 1948.
10 So Purzelbaum, Peter: *Was wäre, wenn ...? Amüsante Zufälle. Seltsame Begebenheiten. Historische Fragezeichen*, Berlin-Friedenau 1942, S. 15f., der diese und andere realistische, historische Ereignisse nicht ganz wahrheitsgetreu behandelt. Varnhagen von Ense, Karl A.: *Graf Schlabrendorf, amtslos Staatsmann, heimathlos Bürger, begütert arm.* Züge zu seinem Bilde. In: HISTORISCHES TASCHENBUCH 3 (1832), S. 254, schrieb dazu: „Denn durch ein Wunder entkam Schlabrendorf dem Henkerbeil, und zwar knüpfte seine Rettung sich an seine unbefangene Eigenart."

2 Virtuelle Beispiele

Ehe ich auf die methodologischen Holzwege Demandts eingehe, möchte ich seine Beispiele für virtuelle, ungeschehene Geschichte verkürzt und ohne die unterschiedlichen Varianten wiedergeben, um zu zeigen, dass diese Vorgehensweise mit realer Geschichte so gut wie nichts zu tun hat. Entgegen der Annahme Demandts verfährt die virtuelle Geschichte nämlich *nicht* nach „gegebenen Regeln", denn dann müssten logisch und empirisch überprüfbare Kriterien dafür angegeben werden, was an den historischen Beispielen verändert werden darf und was nicht, sondern sie ist höchstens eine Kunst, „ungelegte Eier auszubrüten".[11] Mir kommt es bei den Beispielen nicht auf die Genauigkeit der Wiedergabe an, sondern lediglich auf einige von Demandts Schlussfolgerungen, denn ich glaube nicht, dass wir uns mit dem „so gewonnenen logischen Besteck auf das heterodoxe Gedankenspiel der Gegengeschichte einlassen"[12] sollten.

2.1 Was wäre geschehen, wenn die Perserkriege 490-479 vor Christus von den Griechen verloren worden wären?

> Demandt: „In einem toleranten und entwicklungswilligen Weltreich wie dem Achaimenidenstaat vereint, wäre den Griechen all das Bürgerblut erspart geblieben, das sie nach dem Ende der Perserkriege vergossen haben. Die schon vorher am Hofe der Perser starken griechischen Einflüsse hätten sich ungehindert entfalten können, die gegenseitige Durchdringung von griechischer Rationalität und orientalischer Religiosität wäre ohne die Konvulsionen der Alexanderzeit erfolgt, der Hellenismus hätte 150 Jahre früher begonnen" (85).

2.2 Was wäre geschehen, wenn Alexander der Große nicht 323 vor Christus gestorben wäre?

> Demandt: „Nachdem Alexander nach Alexandria zurückgekehrt ist, erreichen ihn Gesandte der griechischen Schwarzmeerstädte mit der Bitte um Hilfe gegen die Skythen. Alexander geht 312 an den Jaxartes. Er hört von den Reichtümern Chinas, verbündet sich mit den Issedonen, den Wu-Sun-Nomaden und den Empörern in China. 311 siegt er an der Spitze der Aufständischen und setzt Antigonos Monophtalmos auf den chinesischen Thron. 293 folgt diesem sein Sohn Demetrios Poliorketes. Die Antigoniden nehmen so die Yüan-Herrschaft vorweg. 308 hat Nearch den Seeweg nach China entdeckt, die Berichte der Phöniker über die südlichen Länder veranlassen die Ausdehnung der Chinesen nach Süden bis Tasmanien. 311 gehört Alexander die kultivierte Welt. Er stirbt im Alter von 69 Jahren 287 v.Chr." (89).

2.3 Was wäre geschehen, wenn Hannibal nach seinem Sieg bei Cannae 216 vor Christus auf Rom marschiert wäre?

> Demandt: „Es wäre denkbar, dass Rom in jenem Schreckensmoment dem vor seinen Mauern stehenden Punier einen Frieden angeboten hätte. Vermutlich wäre Hannibal zufrieden gewesen, wenn Rom seine außeritalischen Besitzungen aufgegeben und einen Teil seiner Bündnisse innerhalb Italiens gelöst hätte. Hannibal wäre im Triumph nach Karthago zurückgekehrt, hätte eine charismatische Monarchie begründet und die Hegemonie über das westliche Mittelmeer ausgeübt" (92).

---

11 Demandt: Ungeschehene Geschichte, S. 82-127, hier S. 81 (Seitenzahlen der Zitate stehen im Text in einer Klammer).
12 Ebd., S. 82.

2.4 Was wäre geschehen, wenn Brutus und Cassius im Jahre 42 vor Christus die Schlacht bei Philippi gegen Octavian und Antonius gewonnen hätten?

> Demandt: „Vielleicht hätte sich das republikanische Prinzip im westlichen Mittelmeer-bereich behauptet. Ohne Kaisertum würde dann nicht nur die römisch-byzantinische, sondern auch die mittelalterliche Geschichte ein anderes Gesicht zeigen [...]. Die Volks-herrschaft hätte sich nicht aus einer antikisierenden Nebenströmung des politischen Denkens im 18. Jh. neu entwickeln müssen, sondern wäre die selbstverständliche Staats-form gewesen" (96).

2.5 Was wäre geschehen, wenn die Römer im Teutoburger Wald 9 nach Christus gesiegt und die Elbgrenze gehalten hätten?

> Demandt: „Nehmen wir einmal an, es wäre Rom gelungen, Germanien zu halten, so dürfte das Schicksal der Gallier und Illyrer sich an den Germanen wiederholt haben. Sie wären romanisiert worden [...]. Vermutlich wären nach den spanisch-gallischen, den af-rikanisch-syrischen und den illyrisch-dalmatischen Kaisern irgendwann auch Germanen auf den römischen Thron gekommen" (99).

2.6 Was wäre geschehen, wenn Jesus durch Pontius Pilatus begnadigt worden wäre?

> Demandt: „Hätte das Judentum anstelle des Christentums die Rolle als Weltreligion übernommen, dann hätte es auch keinen Antisemitismus im heutigen Sinne gegeben. Der Vorwurf seitens der Christen, die Juden hätten Jesus ans Kreuz gebracht, die An-klage wegen Gottesmord, war die stärkste Triebfeder der Judenverfolgungen im Laufe der Geschichte, und sie wäre bereits gegenstandslos gewesen, wenn sich Pilatus dem Sanhedrin widersetzt und Jesus geschont hätte" (107).

2.7 Was wäre geschehen, wenn die Araber 718 Kontantinopel erobert und 732 Karl Martell bei Poitiers geschlagen hätten?

> Demandt: „Selbst eine Aufklärung auf islamischer Grundlage wird man nicht ausschlies-sen, denn sie hat sich im christlichen Europa ja wesentlich gegen die Kirche durchge-setzt [...]. In jedem Falle wäre dem Mittelalter der Konflikt zwischen Kaiser und Papst und der Glaubenskrieg zwischen Christen und Moslems, zwischen Katholiken und Pro-testanten erspart geblieben. Das Christentum hätte als religio licita unter dem Islam fortbestanden, so wie in Spanien geschehen, das Latein wäre durch das Arabische als Hochsprache ersetzt worden und wir schrieben heute von rechts nach links" (110).

2.8 Was wäre geschehen, wenn dem Kaiser Heinrich VI. der frühe Tod im Jahre 1197 erspart geblieben wäre und er sein Werk gefestigt seinem Sohn Friedrich II. übergeben hätte?

> Demandt: Auch Johannes Haller „scheint jener Unglücksfall eine politische Kinder-krankheit, ein unnötiger Unfall auf dem Wege zum Großstaat, zum Imperium Teutoni-cum. Dennoch hat er die auseinanderstrebenden Kräfte nicht unterschätzt [...]. Schließ-lich verdankt Deutschland der Kleinstaaterei seine kulturelle Vielfalt. Was wäre aus Nürnberg und Dresden, aus München, Weimar und Würzburg geworden, wenn sich alle Macht am Hofe zu Aachen, Wien oder Berlin konzentriert hätte?" (111).

2.9 Was wäre geschehen, wenn der deutsche Bauernkrieg 1525 zu einem Erfolg geführt hätte?

Demandt: „Wäre die Zustimmung bei der Reichsritterschaft, bei den Städten und beim niederen Klerus größer gewesen und hätten sich Luther und die anderen Reformatoren mit der Bauernbewegung verbunden, so war ein Erfolg denkbar [...], allen voran die politische und religiöse Einigung Deutschlands auf genossenschaftlich-demokratischer Grundlage. Der Umweg über den Territorialstaat und den Absolutismus wäre vielleicht unnötig geworden, die Glaubenskriege hätten sich erübrigt, das Eingreifen der europäischen Randmächte in die innerdeutschen Angelegenheiten wäre unmöglich geworden, die Emanzipation des Bürgertums hätte sich beschleunigt" (112f.).

2.10 Was wäre geschehen, wenn 1588 die spanische Armada in England gelandet wäre?

Demandt: „Papst Sixtus V., zuvor Inquisitor von Venedig, hatte dem König Philipp 1587 England geschenkt und Irland zu Lehen gegeben. Wäre den Spaniern die geplante Eroberung Londons gelungen, so hätten sich möglicherweise die Gegner der Tudors in Schottland, Wales und Irland erhoben und eine Rekatholisierung Englands ermöglicht. Der Großinquisitor befand sich auf der Flotte. An ein British Empire wäre nicht mehr zu denken" (114).

2.11 Was wäre geschehen, wenn Friedrich der Große 1740 bei Mollwitz gefallen wäre?

Demandt: „Wäre er damals gefallen, so hätte Schlesien kaum gehalten werden können. Unter August Wilhelm wäre Preußen Mittelmacht geblieben, der preußisch-österreichische Dualismus wäre entfallen, die deutsche Einheitsbewegung hätte weder auf die Vormacht Preußens, noch auf den Mythos vom Alten Fritzen bauen können [...]. Vermutlich aber wäre Bayern an der Stelle von Preußen zur einigenden Macht und München Hauptstadt geworden [...]. Insofern hat Friedrich d. Gr. unwillentlich Geburtshilfe geleistet sowohl für die russische als auch für anglo-amerikanische Großmacht" (115f.).

2.12 Was wäre geschehen, wenn Friedrich Wilhelm IV. 1849 die ihm von der Frankfurter Nationalversammlung angetragene deutsche Kaiserkrone angenommen hätte?

Demandt: „Die Herstellung eines großdeutschen Staates [...] war dagegen erheblich schwieriger als eine Beschleunigung des kleindeutschen Reiches. Während den Interessen Österreichs mit dem Deutschen Bunde bestens gedient war, musste Preußen schon wegen seines zerstückelten Territoriums auf Einigung hinarbeiten. Wäre sie durch Friedrich Wilhelm IV geschaffen worden, so bliebe die mutmaßliche Folge-Entwicklung näher am wirklichen Geschichtsverlauf als bei den meisten anderen hier besprochenen unverwirklichten Alternativen. Vermieden worden wäre der Streit um Elsaß-Lothringen" (118).

2.13 Was wäre geschehen, wenn die Schüsse von Sarajewo am 28. Juni 1914 unterblieben wären?

Demandt: „Hätte Vernunft gewaltet, so entfiele mit dem Ersten auch der Zweite Weltkrieg. Die Kolonien hätten sich unter europäischer Patenschaft modernisieren und emanzipieren können. Aus Österreich-Ungarn wäre vielleicht ein Commonwealth geworden. Russland besäße eine der englischen ähnliche konstitutionelle Monarchie. Deutscher Kaiser wäre bis zu seinem Tode 1994 Louis Ferdinand von Preußen gewesen, und der 9. November wäre schulfrei – nicht weil an diesem Tag 1990 die Berliner Mauer gesprengt wurde, sondern wegen Kaisers Geburtstag" (121).

2.14 Was wäre geschehen, wenn Hitler in der Zeit zwischen dem Anschluss Österreichs und dem Ausbruch des Zweiten Weltkrieges umgekommen wäre?

Demandt: „Hoch determiniert waren auch der politisch-ökonomische Machtzuwachs in Amerika und Russland. Hitler und der Letzte Weltkrieg lassen sich dagegen unschwer aus der Geschichte wegdenken. Amerikanische und russische Besatzungen hätten nicht ein halbes Jahrhundert in Berlin, nicht in Deutschland, vielleicht überhaupt nirgends im außersowjetischen Europa stehen müssen [...]. Deutschland könnte noch blühen von Kleve bis nach Klaipeda, das heißt von der Maas bis an die Memel" (124).

2.15 Was wäre geschehen, wenn die Verschwörung gegen Hitler am 20. Juli 1944 gelungen wäre?

Demandt: „Hätte Generaloberst Beck sich zu einem deutschen Badoglio aufschwingen und sich gegen Rastenburg halten können, so wäre es zum Bürgerkrieg gekommen. Die Abwehr gegen die Russen wäre vermutlich stärker geschwächt worden, als es durch Hitlers torschlusspanische Ardennenoffensive geschah. Hunderttausende von Ostflüchtlingen wären ihnen in die Hände gefallen. Vielleicht wären die Russen sogar vorgestoßen bis zum Rhein [...]. Der vorzeitige Tod des Führers und größten Feldherrn aller Zeiten wäre als Ursache der Niederlage verstanden und beklagt worden" (124).

3 Methodologische Holzwege

Ich kann hier nicht darauf eingehen, warum diese Beispiele für ungeschehene oder virtuelle Geschichte mit der historischen Realität noch viel weniger zu tun haben als die kontrafaktische Geschichtsschreibung, z.B. die Untersuchungen Robert W. Fogels und Stanley L. Engermans, ob der Ausbau des amerikanischen Straßen- und Kanalsystems für den Transport von Gütern einen größeren Wachstumseffekt bewirkt hätte als der Eisenbahnbau oder ob durch die amerikanische Negersklaverei das wirtschaftliche Wachstum in den Südstaaten nicht verzögert wurde,[13] mit der sich Demandt überhaupt nicht auseinandersetzt.[14] Auch von den vielen methodologischen Holzwegen, wie der Möglichkeit von historischen Prognosen, der Begründung von Werturteilen, der These, „daß sich für *jeden* früh verstorbenen Erfinder, *jeden* vorzeitig gescheiterten Entdecker ein Ersatzmann annehmen oder gar ausfindig machen lässt",[15] der Gewichtung von historischen Kausalurteilen oder von Plausibilitätsstufen zwi-

13 Vgl. Fogel, Robert W.: *Railroads and American Economic Growth*. Essays in Econometric History, Baltimore 1964; Fogel, Robert W./Engerman, Stanley L.: *Time on the Cross*, Boston 1974.
14 Vgl. dazu Elster, Jon: *Irreale Konditionalsätze und die neuere Wirtschaftsgeschichte*. In: ders.: Logik und Gesellschaft. Widersprüche und mögliche Welten, Frankfurt a.M. 1981, S. 265-402; Evans, Richard J.: *Fakten und Fiktionen*. Über die Grundlagen historischer Erkenntnis, Frankfurt a.M./New York 1999, S. 44ff.; Kvart, Igal: *A Theory of Counterfactuals*, Indianapolis 1986; Ritter, Hermann: *Kontrafaktische Geschichte*. Unterhaltung versus Erkenntnis. In: Salewski, Michael (Hrsg.): Was Wäre Wenn. Alternativ- und Parallelgeschichte: Brücken zwischen Phantasie und Wirklichkeit, Stuttgart 1999, S. 13-42.
15 Demandt: Ungeschehene Geschichte, S. 44 (Hervorhebungen H.K.).

schen nicht verwirklichten Möglichkeiten, durch die Demandt sich furchtlos hindurchkämpft, sollen hier lediglich zwei kurz umrissen werden.[16]

3.1 Die methodische Vermengung alternativer und virtueller Geschichte

Wie viele Historiker vor und nach ihm, vermengt auch Demandt die methodisch scharf zu unterscheidenden Bereiche alternativer und virtueller Geschichte. Dies mag damit zusammenhängen, dass er sich, trotz seines hohen theoretischen Anspruchs, noch nicht vollständig von einer positivistischen Geschichtsschreibung historischer Fakten gelöst hat.[17] Eine der modernen Wissenschafts- und Erkenntnistheorie verpflichtete Geschichtsforschung kann sich aber nicht der Einsicht entziehen, dass alle Geschichtsinterpretationen mehr oder weniger gut gelungene Alternativen der tatsächlichen Geschichte sind, die wir niemals ganz entschlüsseln und ergreifen können. Jeder moderne Historiker wird deshalb Demandt in vielen seiner klugen Bemerkungen zur alternativen Geschichte zustimmen können, z.B. dass zu jedem Ereignis oder zu jeder Entwicklung Varianten vorstellbar sind. Aber daraus zu folgern, dass die wirkliche Geschichte zum „Lückenbüßer des Ungewordenen"[18] wird, ist ein methodologischer Fehlschluss. Wer wie Demandt behauptet, dass unser Bild von der Geschichte unfertig bliebe, „wenn es nicht in den Rahmen der unverwirklichten Möglichkeiten gerückt wird",[19] hat wohl den Pinsel etwas wahllos über die historische Leinwand gleiten lassen. Doch auch hier können wir uns auf Demandt berufen, der schreibt: „Insofern muß die Praxis der Geschichtswissenschaft gegen ihre eigene Theorie in Schutz genommen werden."[20]

Wenn also problembewusste und kritische Geschichtsforschung die möglichst phantasievolle theoretische und faktische Erklärung historischer Sachverhalte und deren quellengestützte Rekonstruktion ist, dann können wir nicht nur auf virtuelle Geschichtskonstruktionen verzichten, sondern wir begeben uns bei der Frage: „Was zu erwarten gewesen wäre, wenn das umstrittene Ereignis ausgeblieben wäre",[21] auf methodologisch sehr dünnes Eis. Dies wird vor allem dann deutlich, wenn zwei virtuelle Historiker über das gleiche historische Ereignis spekulieren. Nehmen wir Demandts 5. Beispiel, was geschehen wäre, wenn die Römer im Teutoburger Wald gegen „Hermann, den edlen Recken" (Heinrich Heine) gesiegt hätten, wo er folgert, dass irgendwann auch einmal Germanen römische Kaiser geworden wären. Vergleichen wir es mit den Ausführungen von Lewis Lapham zur selben virtuellen Frage, dann wird die völlige Beliebigkeit und historische Unhaltbarkeit solcher Phantastereien offensichtlich. Lapham folgert nämlich: „Friedrich der Große wäre ein Zirkuszwerg und Kaiser Wilhelm in Briefmarken oder Wasserkäfer vernarrt gewesen, anstatt eine Leidenschaft für die Reiterei zu entwickeln."[22] Dieser glitschige methodologische Holzweg kann auch nicht dadurch historisch

---

16 Ausführlich dazu Kiesewetter, Hubert: *Irreale oder reale Geschichte?* Ein Traktat über Methodenfragen der Geschichtswissenschaft, Herboltzheim 2002.
17 Dies kommt bei Demandt: Ungeschehene Geschichte, S. 51, etwa zum Ausdruck, wenn er schreibt: „Die Beschränkung auf eine positivistische Faktensuche ist eine respektable Haltung".
18 Ebd., S. 18. Demandt schreibt völlig zu Recht: „Zu jedem Ereignis können wir, wenn auch mit unterschiedlicher Plausibilität, angenehmere und unangenehmere Alternativen denken." (S. 37) Aber folgt daraus, dass der „Übergang zwischen Zufall und Regel" fließend ist oder dass es „Grade an Zufälligkeit, Grade an Regelhaftigkeit" (S. 40) gibt? Hier fließt der Gedanke in unspezifizierbarer Weise auseinander.
19 Ebd., S. 16.
20 Ebd., S. 23f.
21 Ebd., S. 33.
22 Lapham, Lewis H.: *Furor Teutonikus, 9 n.Chr.* In: Cowley, Robert (Hrsg.): Was wäre gewesen, wenn?, München 2000, S. 75-89, hier S. 78. Lapham, der eine historisch verbürgte Interpretation des römischen Germanien liefert, gelangt unter einer anderen virtuellen Konstellation im Herbst des Jahres 9. n. Chr. zu der Auffassung, „Adolf Hitler hätte vielleicht im Frühjahr 1940 nie seinen Siegestanz in einem französischen Wald vollführt. Augustus hätte nie die Luther-Bibel lesen oder die Abzeichen auf dem Gestapo-Uniformen interpretieren können", und das germanische Reich hätte sich „vielleicht den Mongolen in den Weg gestellt, Moskau an der Freiheit Roms teilhaben lassen und im Aureus eine frühe Entsprechung des Euro geschaffen" (S. 86)!

trittfester gemacht werden, dass man diese Vermengung rational schmackhaft zu machen versucht: „Der Denkende simuliert ungeschehene Geschichte und entscheidet danach unter den ihm erkennbaren Alternativen."[23] Wir sehen an diesem verkürzt wiedergegebenen Vergleich, dass ohne die Aufstellung eindeutiger Kriterien nicht einmal alternative historische Beispiele unsere Kenntnis der Geschichte vergrößern können.

3.2 Der wahrscheinlichkeitstheoretische Holzweg

Es ist erstaunlich, aber vielleicht erklärlich durch die geringen wissenschaftstheoretischen Kenntnisse von Historikern, dass keiner der vielen Rezensenten von Alexander Demandts Buch „Ungeschehene Geschichte" bemerkt hat, dass Demandts Anspruch: „Die durch die Regeln der Wahrscheinlichkeit gezügelte historische Phantasie könnte ein Novum Organon der Wissenschaft werden",[24] methodologisch unhaltbar ist. Tatsächlich scheint Demandt davon überzeugt, dass Wahrscheinlichkeitsaussagen zu einer Art Wunderwaffe historischer Forschung allgemein, nicht nur der virtuellen Geschichte, gemacht werden können, denn er kommt immer wieder darauf zu sprechen. Um nur ein paar Zitate als Beleg dafür anzuführen: „Der Wert wird über die Mutmaßung hypothetischer Folgen gewonnen, durch Möglichkeitsurteil und Wahrscheinlichkeitskalkül." „Die Unterscheidbarkeit von Wahrscheinlichkeitsgraden ergibt sich prima facie aus extremen Fällen." „Die Begründung alternativer Möglichkeiten und die Abschätzung der ihnen innewohnenden Wahrscheinlichkeit muß ihren Ausgang nehmen von der Situationsanalyse." „Indem wir die jeweilige Vorgeschichte, die begleitende Realgeschichte und allgemeine Erfahrungsregeln heranziehen, kommen wir in vielen Fällen zu einsehbaren Wahrscheinlichkeitsannahmen." „Die Argumente für Möglichkeit und Wahrscheinlichkeit des Unwirklichen können wir nur der Wirklichkeit entnehmen." „Und je höhere Wahrscheinlichkeit wir anstreben, desto enger müssen wir uns an den wirklichen Gang der Dinge klammern."[25] Diese und viele andere ähnliche Aussagen Demandts deuten darauf hin, dass er wirklich glaubt, durch Wahrscheinlichkeiten historische Erkenntnisgewinne erlangen zu können. Aber vielleicht ist er auch nur zu stark Platons Theorie der *mimēsis* im „Timaios" verhaftet, die „wahrheitsähnlich" und „wahrscheinlich" gleichsetzt.[26]

Um zu verdeutlichen, wie sehr das Reden von Wahrscheinlichkeiten in eine methodologische Sackgasse führt, muss ich Sie ein wenig mit wahrscheinlichkeitstheoretischen Überlegungen belästigen. Die Wahrscheinlichkeitsrechnung, die mit dem „Tractatus de ratiociniis in ludo aleae"[27] des Niederländers Christiaan Huygens von 1657 ihren Anfang nahm, hat nämlich im 20. Jahrhundert eine stürmische Entwicklung sowohl in den Natur- als auch in den Sozialwissenschaften durchgemacht. Grob gesprochen, müssen wir mindestens zwei Arten von Wahrscheinlichkeiten klar unterscheiden: a) die statistische Wahrscheinlichkeit; b) die empirische Wahrscheinlichkeit. Die erste sagt uns etwas darüber aus, wie oft wir z.B. eine Münze werfen müssen, um uns der theoretischen Wahrscheinlichkeit (0,5 Kopf : 0,5 Zahl) anzunähern, oder wie hoch bzw. wie niedrig unsere Wahrscheinlichkeit ist, beim Lotto sechs Richtige zu erzielen (1 : 13,98 Mio.). Diese Wahrscheinlichkeitsrechnung ist aufgrund einer weitentwickelten Theorie stochastischer Prozesse in der Statistik und Physik von unschätzbarer Wichtigkeit, aber auf historische Ereignisse kann sie nicht angewendet werden. Es bedeutete nämlich, dass jedes

23 Demandt: Ungeschehene Geschichte, S. 26.
24 Ebd., S. 16.
25 Ebd., S. 33, 59, 61, 81 und 147.
26 Vgl. Platon: *Werke in acht Bänden*, 7. Band. Bearbeitet von Klaus Widdra, Darmstadt 1990, 27e-30c, S. 33-39, wo Platon zu zeigen versucht, dass das Erkennbare auf dem Wege der Vernunft und der Wahrnehmung einerseits „unwiderlegbar und unbesiegbar", andererseits aber „nur wahrscheinlich und jenem entsprechend" (29b/c, S. 35f.) wird.
27 Vgl. Huygens, Christiaan: *De ratiociniis in ludo aleae*. In: Frans van Schooten: Exercitationvm mathematicarum libri quinque [...] V. Sectiones miscellaneae triginta, Leiden 1657, S. 517-534.

zweite (beim Münzwurf) oder jedes sechste (beim Würfel) historische Ereignis der Ausgangsthese widersprechen müsste und diese falsifizieren würde.

Bleibt also nur die Möglichkeit, dass die empirische Wahrscheinlichkeit auf die historische Forschung übertragen wird, weil sie sich auf theoretische Systeme und Hypothesen bezieht. Nun hat allerdings Karl Popper bereits vor über 60 Jahren gezeigt, dass die Anwendung von Wahrscheinlichkeiten auf hypothetische Aussagen mit unüberwindbaren Schwierigkeiten konfrontiert wird. Wenn wir nämlich in der Wissenschaft nach Hypothesen mit hohem empirischen Gehalt Ausschau halten und sie anwenden wollen, dann zeigt sich, dass Hypothesen mit hoher Wahrscheinlichkeit an Gehalt verlieren und Hypothesen mit geringer Wahrscheinlichkeit an Gehalt zunehmen. „Entscheidend für den Grad der Bewährung ist", schreibt Popper, wobei Bewährungsgrad gleich Gehalt ist,

> „daß er, weil er mit der Strenge der Prüfungen wächst, nur bei *Theorien mit einem hohen Grad der Prüfbarkeit oder des Gehalts* hoch sein kann. Das bedeutet aber, dass der Grad der Bewährung eher mit der *Unwahrscheinlichkeit* einer Theorie als mit deren *Wahrscheinlichkeit* wächst: Es ist deshalb unmöglich, ihn mit einer Wahrscheinlichkeit zu identifizieren".[28]

Wenn Demandt auf dem Gebiet der historischen Forschung überhaupt sinnvoll von Wahrscheinlichkeiten, Wahrscheinlichkeitsgraden oder einem Wahrscheinlichkeitskalkül sprechen will, dann kann er weder die statistische noch die empirische Wahrscheinlichkeit meinen. Aber was meint er dann, wenn er schreibt, es zeigten sich bei der Beobachtung über längere Zeiträume „in den Ereignisfolgen statistische Gesetzmäßigkeiten, die prognostische Wahrscheinlichkeitsurteile erlauben"?[29] Sehen wir uns zwei Beispiele von Demandt daraufhin an.

1.) Im Kapitel über die „Zwecke" der ungeschehenen Geschichte will er an einem „pseudohistorischen Gedankenexperiment" zeigen, dass Wahrscheinlichkeit auch auf Vergangenes anwendbar ist. „Als ich gestern auf Anhieb eine Sechs würfelte, war das weniger wahrscheinlich, als dass ich eine Nichtsechs gewürfelt hätte. Noch weniger wahrscheinlich war es, dass der Würfel auf einer Ecke stehen blieb. Wem das unmöglich erscheint, der flache die Ecken des Würfels ab, dann kann es schon einmal vorkommen. Die Wahrscheinlichkeit wächst, je weiter die Ecken abgeflacht sind." Bis hierhin ist wahrscheinlichkeitstheoretisch an dieser Überlegung nichts auszusetzen, auch wenn man sich einige Gedanken darüber machen kann, wie dieses Experiment auf vergangene Ereignisse übertragbar ist. Aber Demandt fährt fort: „Insofern lassen sich grundsätzlich auch bei vergangenen Ereignissen Wahrscheinlichkeitsgrade unterscheiden, Zufälle ausmachen."[30] Wie das bewerkstelligt werden soll, weiß wohl nicht einmal Zeus Olympios.

2.) Bei den „Begründungsweisen" präsentiert Demandt historische Beispiele für die angebliche „Unterscheidbarkeit von Wahrscheinlichkeitsgraden":

> „Daß Erwin Rommel getötet worden wäre, wenn er sich nach dem 20. Juli 1944 geweigert hätte, Gift zu nehmen, unterliegt *nicht dem geringsten Zweifel*. Daß die russischen Raketen auf Cuba verblieben wären, wenn Kennedy 1962 nicht ihren Abtransport erzwungen hätte, ist geradezu *apodiktisch gewiß*. Daß Rainer Barzel Kanzler geworden wäre, wenn er 1972 bei seinem Versuch, Willy Brandt zu stürzen, zwei Stimmen mehr bekommen hätte, ist *völlig sicher*. Und doch sind all dies Aussagen über Ungeschehenes."[31]

28 Popper, Karl R.: *Ausgangspunkte*. Meine intellektuelle Entwicklung (1979), 4. unveränderte Auflage, Hamburg 1987, S. 145 (Hervorhebungen im Original).
29 Demandt: Ungeschehene Geschichte, S. 40.
30 Ebd., S. 38.
31 Ebd., S. 59 (Hervorhebungen H.K.). In der 1. Auflage von Ungeschehene Geschichte, 1984, S. 40, hatte Demandt der Möglichkeit, dass ein „sowjetischer Generalsekretär den Marxismus verurteilen" könnte, eine so geringe Wahrscheinlichkeit zugebilligt, „daß man im Umgangsdeutsch von einer Unmöglichkeit des Denkbaren spricht"! In der 3. Auflage, S. 61, übergeht er diesen wahrscheinlichkeitstheoretischen Holzweg mit dem Kommentar: „Man hat mir den Irrtum, dem ich ja nicht allein erlag, schmunzelnd entgegengehalten." Allerdings haben andere, die diesem Irrtum erlagen, damit nicht das methodische Postulat verbunden, daß es sich dabei um eine „Unterscheidbarkeit von Wahrscheinlichkeitsgraden" handele.

Abgesehen davon, dass hier keineswegs Wahrscheinlichkeitsgrade unterschieden werden und dass sich diese Aussagen von den oben zitierten virtuellen Beispielen darin unterscheiden, dass es eher alternative als ungeschehene Fälle sind, ist hier gar nichts völlig zweifelsfrei, apodiktisch gewiss oder völlig sicher. Hier stolpert Demandt über seine eigenen theoretischen Ansprüche. Denn so treffend er immer wieder darauf hinweist, dass Phantasie eine wichtige Voraussetzung für interessante historische Erklärungshypothesen ist, so apodiktisch will er sie offenbar hier verbieten. Denn es fällt wohl nicht schwer, sich als *eine* andere Alternative vorzustellen, dass Rommel sich z.B. selbst erschossen hätte, John F. Kennedy schon vor dem 22. Oktober 1962 ermordet worden wäre oder Barzel vor lauter Aufregung einen Herzinfarkt bekommen hätte. Hier von einer Unterscheidbarkeit anhand von Wahrscheinlichkeitsgraden zu sprechen, verkennt die unwahrscheinliche Offenheit historischer Alternativen. Man könnte bei diesen historischen Beispielen höchstens von gewissen Plausibilitäten sprechen, aber auch diese lassen sich empirisch überhaupt nicht gewichten.

4 Resümee

Ich habe versucht zu zeigen, dass die ungeschehene, virtuelle Geschichte Alexander Demandts methodologische und historische Holzwege beschreitet, dass „am pragmatischen Kalkül objektiver Möglichkeitsurteile"[32] jede reale Geschichte zum Scheitern verurteilt ist. Bleibt das eigentümliche Phänomen, dass die gedanklichen Spielereien mit ungeschehener, virtueller Geschichte sehr attraktiv zu sein scheinen. Neben Demandts Buch, das 1984, 1986 und 2001 in jeweils erweiterten Auflagen erschienen ist, sind in den letzten 10 Jahren mindestens acht Bücher bzw. Sammelbände zu diesem oder ähnlichen Themen in Deutschland veröffentlicht worden.[33] Ist es der Wunsch, den vielen Zufällen, die in der Geschichte wie in unserem täglichen Leben walten, wie mit einem Fliegennetz nachzujagen, um sie einzufangen? Oder versucht man damit, das mühselige Bohren verwachsener historischer Bretter durch das netzlose Jonglieren mit abwegigen Annahmen zu vermeiden? Es scheint mir allerdings bei der imaginären Geschichte auch etwas von dem Kitzel der Jagd nach Sensationen, die heute in den Medien so beliebt ist, mitzuschwingen bzw. die Suche nach dem Außergewöhnlichen oder Fiktionellen, der *Science Fiction*.[34] Ich glaube jedenfalls nicht, dass die Geschichte als Wissenschaft nur einen Fußbreit voranschreitet, wenn wir uns in mehr oder weniger phantastischen Variationen darüber auslassen, wie alles auch hätte anders kommen können, wenn nicht geschehen wäre, was geschehen ist. Es will mir überhaupt nicht einleuchten, dass, wenn wir uns das Spiel mit unverwirklichten Möglichkeiten durch Kritizismus bzw. kritischen Rationalismus aberziehen, „unser Geschichtsverständnis um eine ganze Dimension"[35] verarmen könnte.

Im Gegenteil: Überlegungen zur imaginären, virtuellen Geschichte halte ich für ein müßiges, erkenntnisverminderndes historisches Unterfangen, während das Vor- und Nachdenken

32 Ebd., S. 34.
33 Heimann-Störmer, Uta: *Kontrafaktische Urteile in der Geschichtsschreibung*. Eine Fallstudie zur Historiographie des Bismarck-Reiches, Frankfurt am Main 1991; Nesselrath, Heinz-Günther: *Ungeschehenes Geschehen*. „Beinahe Episoden" im griechischen und römischen Epos von Homer bis zur Spätantike, Stuttgart 1992; Carrère, Emmanuel: *Kleopatras Nase*. Kleine Geschichte der Uchronie. Aus dem Französischen von Lis Künzli, Berlin 1993; Hawthorn, Geoffrey: *Die Welt ist alles, was möglich ist*. Aus dem Englischen von Ulrich Enderwitz, Stuttgart 1994; Ferguson, Niall (Hrsg.): *Virtuelle Geschichte*. Historische Alternativen im 20. Jahrhundert, Darmstadt 1999; Salewski, Michael (Hrsg.): *Was Wäre Wenn*. Alternativ- und Parallelgeschichte: Brücken zwischen Phantasie und Wirklichkeit, Stuttgart 1999; Brodersen, Kai (Hrsg.): *Virtuelle Antike*. Wendepunkte der Alten Geschichte, Darmstadt 2000; Cowley, Robert (Hrsg.): *Wendepunkte der Weltgeschichte*. Was wäre gewesen, wenn?, München 2000.
34 Vgl. dazu Salewski, Michael: *Zeitgeist und Zeitmaschine*. Science Fiction und Geschichte, München 1986, S. 19: „Science Fiction ist Teilstück des historischen Selbstverständnisses, ein wichtiges sogar".
35 So Demandt: Ungeschehene Geschichte, S. 168.

über Alternativen anhand von archivalischem und/oder empirischem Material das eigentliche Anliegen einer problemorientierter Geschichtswissenschaft sein sollte.[36] Dass Demandt diesen wesentlichen Unterschied zwischen virtueller und alternativer Geschichte nicht erkannt hat, geht auch aus seiner Aussage hervor: „Wenn wir ungeschehene Möglichkeiten nicht konstruieren dürfen, können wir geschichtliche Wirklichkeit nicht rekonstruieren."[37] Wenn dies zuträfe, dann wäre das unablässige Bemühen mehrerer Generationen von Historikern, die geschichtliche Wirklichkeit möglichst wahrheitsgetreu zu rekonstruieren, d.h. zu versuchen, sie zu erklären, umsonst gewesen. Ich möchte deshalb Historikern, denen an erklärungsstarken Interpretationen der realen Geschichte gelegen ist, empfehlen, die imaginäre oder virtuelle Geschichte Hörspielautoren wie Axel Eggebrecht[38] oder Romanschriftstellern wie Hugo Loetscher zu überlassen. Letzterer erzählt eine Geschichte, die der „alten Humoristin Historia" (Johannes Scherr) durchaus würdig ist, nämlich was passiert wäre, wenn Gott Schweizer gewesen wäre und er kommt zu dem Schluss:

> „Wenn der Liebe Gott Schweizer gewesen wäre, würde er heute noch auf den richtigen Moment warten, um die Welt zu erschaffen [...]. So verdanken wir Schweizer unsere Existenz einem Lieben Gott, der gottlob nicht Schweizer gewesen ist. Insofern ist es richtig, dass wir seiner in der Verfassung gedenken."[39]

---

36 Vgl. Kiesewetter: Irreale oder reale Geschichte?, 4. Kap.: Grundlagen zu einer Methodologie der Geschichtswissenschaft, S. 176ff.
37 Demandt: Ungeschehene Geschichte, S. 51.
38 Vgl. Eggebrecht, Axel: *Was wäre, wenn ... Ein Rückblick auf die Zukunft der Welt.* Hörspiel, Hamburg 1947.
39 Loetscher, Hugo: *Der Waschküchenschlüssel und andere Helvetica,* Zürich 1983, S. 121-125, hier S. 125. Oder vielleicht auch Geschichten aus der DDR im Jahr 1958, wo angeblich ein früherer Graf wieder auf sein Schloss und seine Güter zurückkehren will, damit erneut „Knechte auf Herrenäckern rackern müssen!" und „die Ausbeutung des Menschen durch den Menschen" wiederkehrt. Dagegen stellen sich die LPG-Genossen und ihr Parteisekretär ruft ihnen zu: „Unsere Errungenschaften kann uns keiner mehr nehmen [...]. Wir werden sie zu verteidigen wissen [...] jetzt, wo sich jeder die Frage selbst beantworten kann: Was wäre, wenn?!" (Zinner, Hedda: *Was wäre, wenn –?* Komödie in drei Akten, 4. Auflage, Berlin 1961, S. 56 und 87).

Moderne versus Postmoderne

Gedanken zur Debatte über vergangene, gegenwärtige und künftige Forschungsansätze

Birgit Aschmann

„Was ich sagen wollte", so Baudolino im gleichnamigen, dem neuesten historischen Roman von Umberto Eco, „bei jener Flucht habe ich meine Aufzeichnungen verloren. Es war, als hätte ich mein Leben selbst verloren." Sein Gesprächspartner Niketas Choniates, Redner am Hofe, oberster Richter und Geschichtsschreiber des byzantinischen Reiches, bietet da Hilfe an: „Erzähl mir, woran du dich erinnerst. Ich sammle Bruchstücke von Geschehnissen, Splitter von Begebenheiten und gewinne daraus eine Geschichte, die sich anhört, als sei sie durchwirkt von einem Plan der Vorsehung." *En pasant* mogelt Eco Geschichtstheorie zwischen die Zeilen und präsentiert ein klares Bekenntnis zur Konstruktionsleistung des Historiographen, der offen zugibt, dass jener rote Faden der Geschichte, der – wenn auch zuweilen über Umwege – letztlich auf ein sinnhaftes Ziel zusteuert, nichts ist als eine nach Plausibilitätskriterien sortierte Fiktion. „Aber vielleicht ist meine Geschichte ja sinnlos", gibt Baudolino zu bedenken. „Keine Geschichte ist sinnlos", wiegelt Niketas ab. „Und ich bin einer von denen, die den Sinn auch dort zu finden wissen, wo die anderen ihn übersehen."[1] Nur gerät er bei der Lebensgeschichte des Baudolino an seine Grenzen. Der Schelm berichtet von zu viel Lug und Trug. Seine Vita hat er dem Aufbau einer Konstruktion gewidmet, die für die Umwelt deshalb Wirklichkeitscharakter annimmt, weil der Betrüger die vorgeblich beweisenden, aber eben in großem Maßstab gefälschten Schriftstücke gleich dazulieferte. Wo bleibt der Sinn und was ist die Wahrheit? Wo steckt die Wirklichkeit hinter all den gefälschten Dokumenten, verbreiteten Konstruktionen, Lügen oder bloß subjektiven Darstellungen? Ist diese Wirklichkeit überhaupt noch zu erkennen? Oder ist diese Frage womöglich müßig, und sollte man sich nicht besser gleich voller Vergnügen dem ironischen Spiel mit den Texten widmen?

Spielerisch, und damit typisch „postmodern", greift Eco diese Kernfragen der Postmoderne auf. Seit dem Roman „Der Name der Rose" gilt Eco als einer der zentralen postmodernen Literaten, der zudem in der „Nachschrift zum ‚Namen der Rose'"[2] ein Kurzkompendium postmoderner Poetik offenbarte. Nun mag es angesichts unserer Disziplin irritieren, just einen Literaten als Kronzeugen der Postmoderne zu bemühen, aber unter dem Blickwinkel der Postmodernen beginnt sich die Grenze zwischen Geschichte und Literatur mehr denn je zu verflüssigen. „Es ist ausgesprochen unklar geworden", konstatiert Hans-Jürgen Goertz im Jahre 2001, „was die Geschichtswissenschaft heute noch ist: tatsächlich eine Wissenschaft oder vielleicht nicht doch ,nur' eine Kunst?"[3] Hieße dies nicht im Klartext, dass die Auseinandersetzung mit der Vergangenheit auf jenes vormoderne, literarische Niveau zurückfiele, das die Wissenschaft mit ihrem enormen methodologischen, institutionellen und personellen Apparat weit hinter sich gelassen zu haben glaubte?[4] Wird dieser Rückfallverdacht nicht noch dadurch erhärtet, dass man in der Postmoderne wieder auf jene „Geschichten" kommt, die

1 Eco, Umberto: *Baudolino*, München 2001, S. 20f.
2 Ders.: *Nachschrift zum „Namen der Rose"*, München 5. Aufl. 1984, vor allem S. 76ff.
3 Goertz, Hans-Jürgen: *Unsichere Geschichte. Zur Theorie historischer Referentialität*, Stuttgart 2001, S. 104.
4 Zur Charakterisierung dieses vormodernen Status greift Rüsen zu Formulierungen, die frappierend mit der aktuellen Zustandsbestimmung von Goertz übereinstimmen: „Die Historie ist nicht Wissenschaft, sondern eine bestimmte ,Kunst', eine Literaturgattung." (Rüsen, Jörn: *„Moderne" und „Postmoderne" als Gesichtspunkte einer Geschichte der modernen Geschichtswissenschaft*. In: Wolfgang Küttler/Jörn Rüsen/Ernst Schulin (Hrsg.): Geschichtsdiskurs, Bd. 1: Grundlagen und Methoden der Historiographiegeschichte, Frankfurt a.M. 1993, S. 17-30, hier S. 20.

noch in der Vormoderne dominierten, bis sich dann in der Neuzeit die Vorstellung von der „einen Geschichte" durchsetzte?[5] Zu Recht kommentiert Goertz, dass damit die Historikerzunft in ihrem Mark getroffen werde. Allenthalben ist die Rede von einer schweren Krise.[6] „History", so schrieben die amerikanischen Historikerinnen Joyce Appleby, Lynn Hunt und Margaret Jacob, „*has been shaken right down to its scientific and cultural foundations*".[7] Die Geschichte als Wissenschaft stehe vor dem Kollaps.[8] Über längere Zeit verharrte die deutsche Historikerzunft ob derartiger Bedrohungen ungerührt, bis Mitte der 90er Jahre die Auseinandersetzung selbst in Deutschland, wo die Diskussion im Vergleich zu den USA oder England verspätet einsetzte, unüberhörbar entbrannte:[9] „Clio unter Kulturschock"[10] diagnostizierte Ute Daniel schließlich im Jahre 1997.

Die international heftigen Abstoßungsreaktionen, die der – zuweilen nur oberflächliche – Kontakt mit Phänomenen postmoderner Geschichtsschreibung provozierte, sind Indikator genug dafür, dass offenbar ein sensibler Nerv berührt ist. Als „destruktiv" und „sinnlos", als „Gipfel der Häresie" und „Virus" von „frivolem Nihilismus",[11] der die wissenschaftliche Autorität der Historikerzunft untergrabe, wird jene postmoderne Denkrichtung verunglimpft und ihre Bekämpfung zu einer Frage von Leben und Tod stilisiert. Nicht allein der Wissenschaftscharakter, nein auch die Vergangenheit selbst, ja sogar das Leben junger Menschen stehe auf dem Spiel. So rief der konservative Historiker Geoffrey Elton zum Kampf „um das Leben unschuldiger junger Menschen, die von teuflischen Versuchern hart bedrängt werden, welche behaupten, höhere Formen des Denkens und tiefere Wahrheiten und Einsichten anzubieten – das intellektuelle Äquivalent zu der Droge Crack".[12] Sein australischer Kollege Keith Windschuttle bezog Stellung mit einer Monographie des Titels: „*The Killing of History: How Literary Critics and Social Theorists Are Murdering Our Past*".[13] Passend zum Programm ziert den Einband des Buches das Bild einer Axt.

Wenn sich solch martialische Kampfesstimmung ausbreiten kann, scheinen angstmachende Bilder die Vorstellungen zu dominieren, die es schleunigst zugunsten einer nüchternen, vernunftgeleiteten Auseinandersetzung zu „dekonstruieren" gilt. Dafür soll im folgenden zunächst auf Herkunft und Bedeutung des Schlüsselbegriffs „Postmoderne" eingegangen, dann die unterschiedliche Verwendung in diversen Disziplinen skizziert und schließlich die Ausprä-

---

5   Vgl. Koselleck, Reinhart: *Einleitung, zum Begriff Geschichte, Historie*. In: Geschichtliche Grundbegriffe. Historisches Lexikon zur politisch-sozialen Sprache in Deutschland 2 (1975), S. 593-717, hier S. 594.

6   Vgl. Evans, Richard J.: *Fakten und Fiktionen*. Über die Grundlagen historischer Erkenntnis, Frankfurt a.M. 1999, S. 13.

7   Appleby, Joyce/Hunt, Lynn/Jacob, Margaret: *Telling the Truth about History*, New York 1995, S. 1.

8   Lawrence Stone zufolge drohe dies, wenn entsprechend des „linguistic turn" die Differenz zwischen Faktum und Fiktion verschwinde (vgl. Stone, Lawrence: *History and Post-Modernism*. In: PAST & PRESENT 135 (1992), S. 190). Auch Ernst Hanisch befürchtet eine Entwicklung „von der Semiotischen Geschichte zur Semigeschichte und vielleicht zur Nichtgeschichte" (vgl. Hanisch, Ernst: *Die linguistische Wende*. Geschichtswissenschaft und Literatur. In: Wolfgang Hardtwig/Hans-Ulrich Wehler (Hrsg.): *Kulturgeschichte Heute*, Göttingen 1996, S. 212-230, hier S. 218).

9   Seit 1987 wurde über die Postmoderne im AMERICAN HISTORICAL REVIEW diskutiert, wobei die Geschlechtergeschichte eine Vorreiterrolle einnahm. 1989 verkündeten die ANNALES die „kritische Wende", und seitdem der Artikel von Lawrence Stone: History and Post-Modernism 1991 in der Zeitschrift PAST & PRESENT erschien, dem englischen Flaggschiff der modernen Sozialgeschichte, entbrannte auch hier die Diskussion um die Postmoderne (vgl. Conrad, Christoph/Kessel, Martina: *Geschichte ohne Zentrum*. In: Dies. (Hrsg.): Geschichte schreiben in der Postmoderne, Stuttgart 1994, S. 9-36, hier S. 10f.). Seit 1993 werden derartige Themenstellungen in Deutschland vor allem in der Zeitschrift GESCHICHTE UND GESELLSCHAFT diskutiert. Im deutschsprachigen Raum war zuvor die österreichische Geschichtswissenschaft vorgeprescht, wo sich die ÖSTERREICHISCHE ZEITSCHRIFT FÜR GESCHICHTSWISSENSCHAFTEN als konkurrenzloses Forum dieser Diskussion herauskristallisierte.

10 Daniel, Ute: *Clio unter Kulturschock*. Zu den aktuellen Debatten der Geschichtswissenschaft. In: GESCHICHTE IN WISSENSCHAFT UND UNTERRICHT 48 (1997), S. 195-218 und 259-278.

11 So Geoffrey R. Elton nach Evans: Fakten und Fiktionen, S. 16.

12 Elton, Geoffrey R.: *Return to Essentials*. Some Reflections on the Present State of Historical Study, Cambridge 1991, S. 49, übersetzt in Evans: Fakten und Fiktionen, S. 16.

13 Paddington 1996.

gungen innerhalb der Geschichtswissenschaft umrissen werden. Dabei muss eines von vornherein klar sein: Eine umfassende Darstellung ist in Anbetracht der Komplexität des Objektes ausgeschlossen, jeder Zugang ist *per se* subjektiv und ausschnitthaft. Ich kann folglich ebenso die Postmoderne wie die Debatte allenfalls so schildern, wie sie sich mir darstellt.

So wenig sich die „Postmoderne" offensichtlich auf den Nenner einer allgemein akzeptierten Definition bringen lässt,[14] so ist doch zumindest klar, dass es sich um einen Relationsbegriff handelt, der – in welchem Ausmaß auch immer – auf Distanz geht zur „Moderne". Das hinter der „Postmoderne" jeweils verborgene Konzept lässt sich folglich nur dann nachvollziehen, wenn rekonstruiert wird, was im Einzelfall unter der „Moderne" verstanden wird. Dies mag banal klingen, ist aber deshalb wichtig zu klären, weil in unterschiedlichen Diskursen verschiedene Konzepte dominieren, so dass es zu Begriffsverwirrungen kommen kann, wenn Begriffe aus der Literaturwissenschaft auf die Diskussion in der Geschichtswissenschaft übertragen werden. Derartige Missdeutungen liegen um so näher, als die Etymologie des Postmodernen auf die Ästhetik zurückführt.

Offenbar zum ersten Mal ließ sich der Begriff 1880 nachweisen, als der englische Salonmaler Chapman eine „post-moderne" Malerei propagierte, welche die damalige Avantgarde-Kunst des Impressionismus überwinden sollte.[15] Diese Verwendung zeitigte ebenso wenig Folgen wie der von Rudolf Pannwitz 1917 geforderte neue „post-moderne" Mensch, dessen Eigenschaften Nietzsches Übermenschen entlehnt zu sein scheinen.[16] (Gleichwohl darf in diesem Zusammenhang nicht unerwähnt bleiben, dass Nietzsche zu einem der Stammväter postmodernen Denkens werden sollte).[17] Ebenfalls ohne nachhaltige Wirkung blieb die Verwendung durch den spanischen Literaturwissenschaftler Federico de Oníz 1934, der zwischen den ibero-amerikanischen Stilrichtungen des *Modernismo* und des *Ultramodernismo* eine Zwischenperiode als „*Postmodernismo*" bezeichnete.[18] Erstmals klang das heutige Panorama postmoderner Begriffsfüllung an, als 1947 Arnold Toynbee die gegenwärtige Phase der abendländischen Kultur, deren Beginn er um 1875 ansiedelte, als postmodern bezeichnete, worunter er den Übergang der Politik vom nationalstaatlichen Denken zur globalen Interaktion verstand.[19]

Initialzündung für die schließlich endemische Verbreitung des Begriffs wurde die in den 1950er Jahren in den USA geführte Diskussion um die zeitgenössische Literatur. Während zunächst ein Erschlaffungszustand nach den positiv gewerteten Innovationsimpulsen der modernen Literatur beklagt wurde, setzte mit den Stellungnahmen von Susan Sontag und Leslie Fiedler eine Trendwende ein, infolge derer die klassische Moderne nun kritisch gesehen und eine Überwindung der elitären Avantgardepoetik durch eine Öffnung hin zur Massenkultur gefordert wurde.[20] Analog zur Literatur, wo nach Ecos Diagnose die modernen Prozesse der

---

14   So hält beispielsweise Ihab Hassan, einer der prominenten Protagonisten in der Postmoderne-Debatte, eine Definition des Inhalts für grundsätzlich unmöglich und bietet statt dessen einen Katalog mit elf „definitorischen Merkmalen" des Postmodernen (Unbestimmtheit; Fragmentarisierung; Auflösung des Kanons; Verlust von „Ich", von „Tiefe"; Das Nicht-Zeigbare, Nicht-Darstellbare; Ironie; Hybridisierung; Karnevalisierung; Performanz, Teilnahme; Konstruktcharakter; Immanenz) (vgl. Hassan, Ihab: *Postmoderne Heute*. In: Wolfgang Welsch (Hrsg.): *Wege aus der Moderne*. Schlüsseltexte der Postmoderne-Diskussion, Weinheim 1988, S. 47-56).

15   Zur Begriffsgeschichte vgl. Welsch, Wolfgang: *Postmoderne. Genealogie und Bedeutung eines umstrittenen Begriffs*. In: Peter Kemper (Hrsg.): „Postmoderne" oder Der Kampf um die Zukunft, Frankfurt a.M. 1988, S. 9-36.

16   Siehe Rudolf Pannwitz: *Die Krisis der europäischen Kultur* (Werke, Bd. 2), Nürnberg 1917, S. 64.

17   Siehe beispielsweise die Übereinstimmungen zwischen Nietzsche und Foucault in: Foucault, Michel: *Nietzsche, die Genealogie, die Historie*. In: Christoph Conrad/Martina Kessel (Hrsg.): Kultur & Geschichte. Neue Einblicke in eine alte Beziehung, Stuttgart 1998, S. 43-71.

18   Oníz, Federico de: *Antología de la Poesía Española e Hispanoamericana*, Madrid 1934, S. XVIII.

19   Toynbee, Arnold: *A Study of History*. Abridgement of Volumes I-VI by D.C. Somervell, Oxford 1947, S. 39.

20   Im Juni 1968 trug Fiedler mit einem Vortrag an der Freiburger Universität zum Thema „The Case of Post-Modernism" die Thematik in die bundesdeutsche Gesellschaft. Die Rede wurde am 13. und 20. September 1968 in der Wochenzeitung CHRIST UND WELT veröffentlicht. Passend zum Konzept erschien die endgültige englischsprachige Version im PLAYBOY (vgl. Fiedler, Leslie A.: *Überquert die Grenze, schließt die Graben!*

Verknappung zu einem leeren Blatt führen würden und nur noch das Schweigen bliebe, zeichnete sich auch in der Architektur eine Neuorientierung ab. 1975 sprach der amerikanische Architekt und Architekturkritiker Charles Jencks von einer postmodernen Stilrichtung, die sich durch Doppelkodierung und die zeitgleiche Verwendung diverser früherer Muster auszeichne.[21] Dies allerdings – so Eco zum analogen Verfahren in der Literatur – „mit Ironie, ohne Unschuld."[22]

In bezug auf die Diskussion um Postmoderne und Moderne in der Literatur ist zweierlei daraus abzuleiten. Erstens handelt es sich vorwiegend um ein Vermittlungs- und Darstellungsproblem als Antwort auf eine als Sackgasse empfundene avantgardistische Entwicklung. Zweitens rührt dieser Richtungswechsel nicht an die zentrale epistemologische Problematik, der sich schon die sogenannte „klassische Moderne" ausführlichst zugewandt hatte. Die moderne Literatur, darunter Kafka, Joyce, Musil, Döblin, Vertreter des *Nouveau roman*, Max Frisch, Uwe Johnson und andere mehr, hatte bereits Abschied genommen von Fortschrittsoptimismus, Einheitsdenken und Rationalitätsglauben. Fragmentierung, Aufhebung von Chronologien, Multiperspektivität, Verschwinden von Subjekt und Erzähler sind Strategien, in denen die modernen Autoren ihr gebrochenes Weltverständnis zum Ausdruck brachten.[23] Wohl kommt es neben der erwähnten erzähltechnischen Kehrtwendung auch zu einer neuen affirmativen Akzeptanz der aus der zerbrochenen Einheit folgenden Pluralität, aber erkenntnistheoretisch bietet die literarische Postmoderne kaum Neues.

In der Geschichtswissenschaft stellt sich die Situation ganz anders dar. Hier befindet man sich offenbar tatsächlich inmitten einer schweren epistemologischen Krise, die man – verkürzt und zugespitzt gesagt – nur deshalb den „Postmodernen" anlastet, weil man die Herausforderungen der Moderne, ihre Ambivalenzen und Infragestellungen zu lange nicht recht wahrgenommen hat. Es handelt sich also m.E. um eine verspätete Diskussion, die jene Auffassung von den „Geschichten" insofern stärkt, als die Entwicklung in der Literaturwissenschaft – offenbar bedingt durch die höhere epistemologische Sensibilität ihres Objekts, also der Literatur – der in ihrer Nachbardisziplin Geschichtswissenschaft weit vorauseilte.

Nur wenn man unter „Moderne" den auf Descartes zurückgehenden Erkenntnis- und Fortschrittsoptimismus der Aufklärung versteht, der sich in den geschichtsphilosophischen Entwürfen von Hegel und Marx ebenso spiegelte wie im Positivismus des 19. Jahrhunderts oder in den Modernitätstheorien des 20. Jahrhunderts, wenn für das Konzept „Moderne" gilt, dass leitende Ideen und Koordinaten für „ultrastabil" gehalten werden, nur dann ist die Postmoderne eine Absage an die Moderne.[24] Folgerichtig gilt dann das „Ende der Meta-Erzählungen", wie Jean-François Lyotard die systematisch-philosophischen Zugriffe bezeich-

Über die Postmoderne. In: Uwe Wittstock (Hrsg.): Roman oder Leben. Postmoderne in der deutschen Literatur, Leipzig 1994, S. 14-39).

21   Jencks, Charles: *Die Sprache der postmodernen Architektur*. In: Welsch: Wege aus der Moderne, S. 85-98. Zur Architektur ebenso Klotz, Heinrich: *Moderne und Postmoderne*. In: Welsch: Wege aus der Moderne, S. 100-109, oder Habermas, Jürgen: *Moderne und postmoderne Architektur*. In: Welsch: Wege aus der Moderne, S. 110-120.

22   Eco: Nachschrift, S. 78.

23   Anschaulich heißt es bei Musil: „Wohl dem, der sagen kann ,als', ,ehe' und ,nachdem'! Es mag ihm Schlechtes widerfahren sein, oder er mag sich in Schmerzen gewunden haben: sobald er imstande ist, die Ereignisse in der Reihenfolge ihres zeitlichen Ablaufes wiederzugeben, wird ihm so wohl, als schiene ihm die Sonne auf den Magen" (Robert Musil: *Der Mann ohne Eigenschaften*, Hamburg 1952, S. 665, zitiert bei Meier, Christian: *Narrativität, Geschichte und die Sorgen des Historikers*. In: Reinhart Koselleck/Wolf-Dieter Stempel (Hrsg.): Geschichte – Ereignis und Erzählung, München 1973, S. 571-585, hier S. 574).

24   Vgl. Welsch, Wolfgang: *Unsere postmoderne Moderne*, Weinheim, 3. Auflage 1991, S. 69. Um dieser Begriffsverwirrung vorzubeugen plädieren sowohl Welsch als auch Zima für die Differenzierung bzw. die Ersetzung des Begriffs „Moderne" durch entweder „Neuzeit" (als Beginn einer neuen Epoche im 17. Jahrhundert) oder „Modernismus" (als Kunst- und Literaturform um die Wende vom 19. zum 20. Jahrhundert); vgl. Zima, Peter V.: *Moderne/Postmoderne*. Tübingen 1997, S. 8ff.

nete, als ein Signum des Postmodernen.[25] Wenn man jedoch zugesteht, dass die Zweifel an derartigen Globalkonzepten, an der Verstehbarkeit einer geordneten Welt – sei es durch Einsteins Relativitätstheorie oder Freuds Psychoanalyse, durch Heisenbergs Unschärferelation oder zwei Weltkriege – ein fester Bestandteil schon der Moderne waren, dann ist der Terminus „Postmoderne" fragwürdig.[26] Denn dann handelt es sich keineswegs um ein neues Phänomen, sondern allenfalls um eine intensivere Zuwendung, eine radikalisierte Auseinandersetzung. Dies kommt in Begriffen wie der „postmodernen Moderne"[27] zum Ausdruck, ebenso wie in der Suche von Soziologen, die den gegenwärtigen Zustand mit seinen aktuellen Befindlichkeiten durchaus begrifflich von der Situation zu Beginn des 20. Jahrhunderts abheben wollen, und für Bezeichnungen plädieren wie „Modernisierung der Moderne", „Zweite Moderne" oder „reflexive Moderne", verstanden als eine „radikalisierte Moderne".[28] In dieser treten die Schattenseiten der Moderne mehr denn je in den Vordergrund, dem westlichen Modernitätsentwurf wird seine Mustergültigkeit bestritten, und eine „Rückrufaktion" für das Projekt der Moderne wird – nicht zuletzt von postkolonialen Stimmen – gefordert.[29]

Zugleich wird jedoch ein Teilbereich jener Abgrenzungsbewegung von der „Ersten Moderne"[30] nach wie vor als „Postmoderne" bezeichnet – jetzt aber verstanden weniger als Zustandsbeschreibung einer Epoche als vielmehr als das Programm, Projekt bzw. die Interpretation derjenigen, die bewusst nach der Verabschiedung der alten Regelsätze der Moderne auf die Absprache neuer Spielregeln, und damit – so die Soziologen – auch auf die Wissenschaft, verzichten wollen. So wird den Bemühungen um „Re-Strukturierung" der Zweiten Moderne die pure „De-Konzeptualisierung" der Postmoderne gegenübergestellt.[31] Damit ist gegenüber dem weiteren Begriff von Wolfgang Welsch, der die Postmoderne als durchaus ethisch fundierte Pluralität versteht, eine Abgrenzung, um nicht zu sagen: eine Ausgrenzung des Postmodernen vorgenommen.[32] „Postmodern" wird unter diesem Blickwinkel zum Etikett für dieje-

---

25   Lyotard, Jean-François: *La Condition postmoderne*. Rapport sur le savoir, Paris 1979, dt.: *Das postmoderne Wissen. Ein Bericht*. Bremen 1982. Der Philosoph war von der Regierung Québecs gebeten worden, die Veränderungen im Zuge des aktuellen gesellschaftlichen Wandels zu beschreiben.

26   Zu Ursachen von Sinnkrisen der modernen Gesellschaft, als welche insbesondere der zu Orientierungslosigkeit führende Pluralismus hervorgehoben wird, vgl. Berger, Peter L./Luckmann, Thomas: *Modernität, Pluralismus und Sinnkrise*. Die Orientierung des modernen Menschen, Gütersloh 1995, v.a. S. 41. Im Zuge des Pluralismus geht der Glaube an die Verstehbarkeit der Welt verloren: „Keine Deutung, keine Perspektive kann mehr als allein gültige und fraglos richtige übernommen werden" (Ebd., S. 45).

27   Vgl. Titel der Publikation von Welsch 1991.

28   Vgl. Beck, Ulrich/Giddens, Anthony/Lash, Scott: *Reflexive Modernisierung*, Frankfurt a.M. 1996. Beck, Ulrich/Bonß, Wolfgang (Hrsg.): *Die Modernisierung der Moderne*, Frankfurt/M. 2001. In der Einleitung äußern sich die Herausgeber zum Thema: „Zwischen Erster und Zweiter Moderne" (vgl. ebd., S. 11-62). Auch in der Kunst- und Architekturgeschichte ist inzwischen die Rede von der „Zweiten Moderne". Dem liegt die von Heinrich Klotz vorgenommene Periodisierung zugrunde, wonach auf die Moderne zunächst die Postmoderne als Infragestellung der Moderne kam, die sich durch die Bevorzugung historistischer Elemente auszeichnete. Die Postmoderne werde in jüngster Zeit nun abgelöst durch die Zweite Moderne, die die zentralen Einsichten der Postmoderne übernehme, aber zu einer gegenwartsbezogenen Formenwahl zurückkehre (vgl. Klotz, Heinrich: *Kunst im 20. Jahrhundert*. Moderne – Postmoderne – Zweite Moderne, München 1994).

29   Beck, Ulrich/Bonß, Wolfgang/Lau, Christoph: *Theorie reflexiver Modernisierung – Fragestellungen, Hypothesen, Forschungsprogramme*. In: Beck/Bonß: Modernisierung der Moderne, S. 11-62, hier S. 12 und 25. Angestoßen wurde die Debatte um Kolonialismus und Postkolonialismus von Said, Edward: *Orientalismus*, Frankfurt a.M./Berlin/Wien 1981. Hier wird die Wissenschaft angeklagt, aus überheblichen Vorannahmen heraus Bilder vom Anderen zu prägen, die auf koloniale Machtpolitik Einfluss ausübten, deren Resultate analog eines Rückkoppelungseffektes wiederum prägend auf den Orientalismus eingewirkt hätten. Dabei bezieht sich Said explizit auf Foucaults Diskursbegriff.

30   Als Kennzeichen der im 17./18. Jahrhundert beginnenden „Ersten Moderne" nennen die Soziologen: Nationalstaatsgesellschaften, kapitalistisch geprägte Erwerbsgemeinschaften, Ausblendung und Ausbeutung der Natur, Idee der Kontrollierbarkeit, Gewissheit, Sicherheit, bedingt durch ein wissenschaftlich definiertes Rationalitätskonzept, das Fortschritt als „unendliche Entzauberung" der Welt verstehe (vgl. Beck/Bonß/Lau: Theorie reflexiver Modernisierung, S. 13, 18-21).

31   Ebd., S. 13f.

32   Dabei versteht Welsch die Postmoderne ausdrücklich als „radikalisierte Moderne". (Diese Ansicht übernimmt Wittstock, Uwe: Einleitung. In: Ders.: Roman oder Leben, S. 7-13, hier S. 7). Die Problematik des

nigen Ansichten, die als relativistisch erachtet werden. Da dies wiederum kaum als Prädikat zu verstehen ist, geht mit der Zuschreibung des Attributs „postmodern" eine pejorative Wertung einher. Dies ist insbesondere in der Debatte innerhalb der Geschichtswissenschaft zu beobachten. Dort wird vielfach der durchweg negativ konnotierte Begriff denjenigen Geistesgrößen vorbehalten, denen eine rein relativistische Haltung und zerstörerische Wirkung attestiert wird. Bezeichnend ist schon die Häufigkeit, mit der Begriffe aus dem Wortfeld „Destruktion", gepaart mit einem kräftigen Schuss Polemik, zur Beschreibung herhalten müssen. Neben dem gängigen Schlagwort vom „Tod des Subjekts" oder „Tod des Menschen" ist die Rede vom „semantischen Autokannibalismus"[33], vom „intellektuellen Freitod"[34], von Verfahren, die eine „letale Wirkung"[35] zeitigen. Als derart postmodern-historiographische (Selbstmord)-Attentäter gelten dann – mit geringfügigen Abweichungen, da offenbar keine vollständige Einigkeit über die jeweiligen Zugehörigkeiten besteht – vor allem Hayden White, Michel Foucault und Jacques Derrida, also die sogenannten Poststrukturalisten, Dekonstruktivisten, aber auch Konstruktivisten und ihre Eleven.[36]

Diese Eingrenzung scheint mir nicht unproblematisch. Zumindest müsste man unter Berücksichtigung des oben erwähnten Ansatzes von Wolfgang Welsch einen weiteren von einem engeren Begriff trennen, und dann unter dem weiteren Begriff auch all jene Strömungen und Ansätze fassen, die seit den 1980er Jahren zu einer so postmodernen Pluralität innerhalb der Geschichtswissenschaft beigetragen und jenen unübersehbaren *turn* hervorgerufen haben. Allerorten wird inzwischen von „der Wende" gesprochen. Die Rede ist vom „*linguistic turn*" oder dem „*interpretive turn*", von der „kulturalistischen Wende", der „kritischen Wende" bzw. dem „*tournant critique*", der „anthropologischen Wende" oder der „hermeneutischen Wende".[37] Beteiligt daran waren Alltags- und Mikrogeschichte,[38] historische Anthropologie,[39] Geschlechtergeschichte,[40] *Intellectual History, Oral History, New Historicism*[41] und Kulturgeschichte[42] – wobei

Konzeptes von Welsch liegt darin, dass die Pluralität letztlich doch gedacht wird auf der Basis humanitär-ethischer, westlicher Prinzipien (vgl. Welsch, Wolfgang: *Postmoderne – Pluralität als ethischer und politischer Wert*, Köln 1988, S. 35). Unklar bleibt, wie inkompatible Weltbilder, die im Zuge der Globalisierung in unmittelbare Nachbarschaft geraten, politisch und gesellschaftlich vermittelt werden können (vgl. auch Conrad/Kessel: Geschichte ohne Zentrum, S. 17). Die Crux der Gesellschaftspolitik wird auf die Notwendigkeit hinauslaufen, Lösungen zu finden, wo es keine konsensuale geben kann. Die „Koexistenz sich ausschließender Gewissheiten" ist nach Beck/Bonß ein weiteres Kennzeichen der „Zweiten Moderne" (vgl. Beck/Bonß/Lau: Theorie reflexiver Modernisierung, S. 16).

33   Daniel: Clio unter Kulturschock, S. 263.
34   Daniel, Ute: *Kompendium Kulturgeschichte*. Theorien, Praxis, Schlüsselwörter, Frankfurt a.M. 2001, S. 16.
35   Dies.: Clio unter Kulturschock, S. 275.
36   Vgl. dies.: Kompendium Kulturgeschichte, S.150-167. Dabei werden gerade von Daniel, aber von anderen ebenso, die Termini Postmoderne, Poststrukturalismus und Dekonstruktivismus oft synonym benutzt.
37   Der „interpretive turn" ist gleichzusetzen mit der „hermeneutischen Wende" und ist vor allem auf die von Clifford Geertz in die Kulturanthropologie eingeführte Methode der „Dichten Beschreibung" (thick description; der Begriff selbst stammt vom Philosophen Gilbert Ryle) zurückzuführen. Die Relevanz, die neuerdings der Anthropologie zugemessen wird, führte dazu, dass die „Wende" auch nach ihr benannt wurde. Zur „sprachlichen Wende" bzw. dem „linguistic turn" siehe unten.
38   Zur Alltagsgeschichte siehe Lüdtke, Alf (Hrsg.): *Alltagsgeschichte. Zur Rekonstruktion historischer Erfahrungen und Lebensweisen*, Frankfurt a.M./New York 1989. Als „Gründervater" der Mikrogeschichte gilt Carlo Ginzburg, der in seiner bekanntesten Publikation anhand von Inquisitionsprotokollen und Selbstzeugnissen des Müllers Domenico Scandella dessen Universum nachzeichnete (vgl. Ginzburg, Carlo: *Der Käse und die Würmer. Die Welt eines Müllers um 1600*, Frankfurt a.M. 1979). Zum theoretischen Fundament vgl. ders.: *Mikro-Historie. Zwei oder drei Dinge, die ich von ihr weiß.* In: HISTORISCHE ANTHROPOLOGIE 1 (1993), S. 169-192. Otto Ulbricht: *Mikrogeschichte: Versuch einer Vorstellung.* In: GESCHICHTE IN WISSENSCHAFT UND UNTERRICHT 45 (1994), S. 347-367.
39   Historische Anthropologie widmet sich Themen wie Familie und Verwandtschaft, Geburt und Tod, Ritualen, alltäglichen Lebensweisen und Mentalitäten. Sie betont kulturelle Mehrschichtigkeit und bezieht Stellung gegen jede Form nationaler „Groß-Erzählung". Vgl. Medick, Hans: *Quo vadis Historische Anthropologie?* In: HISTORISCHE ANTHROPOLOGIE 9 (2001), S. 78-92, hier v.a. S. 83f. Zur Theorie vgl. Dressel, Gert: *Historische Anthropologie. Eine Einführung*, Wien u.a. 1996; Dülmen, Richard van: *Historische Anthropologie. Entwicklung – Probleme – Aufgaben*, Köln u.a. 2000.
40   Während die Geschlechtergeschichte zunächst als Frauengeschichte startete und bestrebt war, die Frau aus dem Dunkel der Vergangenheit herauszuholen, verlagerte sich der Schwerpunkt auf die Untersuchung von

die Abgrenzungen z.T. ebenso problematisch sind wie konkrete Begriffsbestimmungen im einzelnen. Da Kulturgeschichte verstanden wird als das weite Band, das all diese neuen „Teildisziplinen" umfasst, scheint es notwendig, in aller gebotenen Kürze auf dessen Inhalte einzugehen. Eine Definition ist überaus problematisch. Conrad und Kessel zitieren in ihrer Einführung zur Kulturgeschichte einen Rezensenten, der geäußert hatte: „Kultur ist das einzige Konzept, das noch diffuser ist als Postmoderne."[43] In ihrem Kompendium zur Kulturgeschichte widersetzt sich Ute Daniel einer expliziten Definition ihres Erkenntnisgegenstandes, subsumiert aber schließlich die gesamte Spannbreite von Hermeneutik bis Dekonstruktivismus darunter und geht letztlich zu einem Verständnis von Kulturgeschichte über, das sich nicht an einem spezifischen Gegenstandsbereich, sondern nur an der Fragestellung nach Bedeutung festmachen lasse. Die Grenzen der Kulturgeschichte seien dann gleichzusetzen mit den „Grenzen der Geschichtswissenschaft überhaupt".[44] Der Ethnologe Clifford Geertz umschreibt es etwas differenzierter. Er versteht Kultur als das vom Menschen selbst gesponnene Bedeutungsgewebe, in welches er (als Individuum oder Kollektiv) verstrickt sei.[45] Die Rekonstruktion von Bedeutung könnte es nun ermöglichen, das Verhalten der Menschen in der Vergangenheit versteh- und erklärbar zu machen.[46] Dies waren die zentralen Impulse, aus denen sich schließlich jene Vielfalt von Ansätzen entwickelte, die sich offenbar jedem tauglichen Definitionsversuch sperrt.

Allen gemeinsam ist dabei zweierlei: Zum einen die Aufwertung von Bedeutung (Bedeutungsproduktion, Bedeutungsvermittlung etc.) und der Sprache als Trägerin derartiger Bedeutungsinhalte einhergehend mit einer Renaissance der hermeneutischen Methode. Zum zweiten eine Distanzierung von der Historischen Sozialwissenschaft. Nicht zuletzt weil deren Vertreter schließlich den Fehdehandschuh aufnahmen, vermittelt die Wissenslandschaft unseres Faches schnell den Eindruck, als handele es sich bei der Problematik Moderne versus Postmoderne ausschließlich um eine Auseinandersetzung zwischen der Historischen Sozialwissenschaft und

Mechanismen der Konstruktion von „Männlichkeit" und „Weiblichkeit". Diese als Produkte von Diskursen zu dekonstruieren, regte vor allem Joan W. Scott an (vgl. dies.: *Gender: A Useful Category of Historical Analysis.* In: AMERICAN HISTORICAL REVIEW 91 (1986), S. 1053-1075;. Dies.: *Gender and the Politics of History,* New York 1988). Dieses Konzept wurde von Judith Butler dahingehend radikalisiert, dass nicht allein „gender", sondern auch „sex" als sozial konstruiert bezeichnet wird. Zur Gender-Geschichte vgl. Budde, Gunilla-Friederike: *Das Geschlecht der Geschichte.* In: Thomas Mergel/Thomas Welskopp (Hrsg.): Geschichte zwischen Kultur und Gesellschaft. Beiträge zur Theoriedebatte, München 1997, S. 125-149.

41   Der Begriff wurde eher zufällig 1982 von Stephen Greenblatt geprägt und bezeichnet eine Richtung innerhalb der Literaturwissenschaft, die kulturgeschichtlich und kontextorientiert arbeitet. Ähnlich wie die postmodernen Ansätze in der Geschichte wird hier die Auffassung vom dezentrierten Subjekt vertreten und ein ontologischer Unterschied zwischen Text und Kontext geleugnet. Über die kulturwissenschaftlichen Arbeiten kamen Anstöße auch in die Geschichtswissenschaft. Vgl. Volkmann, Laurenz: *New Historicism.* In: Ansgar Nünning (Hrsg.): Metzler Lexikon Literatur- und Kulturtheorie, 2. Auflage, Stuttgart 2001, S. 475-477, hier S. 476; ebenso Conrad/Kessel: Geschichte ohne Zentrum, S. 21f.

42   Wichtig ist hier der Hinweis, dass diese neue Kulturgeschichte weder etwas mit dem zu tun hat, was im 18. Jahrhundert oder zu Beginn des 20. Jahrhunderts unter „Kultur" verstanden wurde, noch mit den marxistisch orientierten „Cultural Studies" angelsächsischer Art aus den 1950er Jahren, vgl. ebd., S. 18.

43   Conrad/Kessel: *Blickwechsel: Moderne, Kultur, Geschichte.* In: Dies. (Hrsg.): Kultur& Geschichte, S. 9-40, hier S. 9.

44   Daniel: Kompendium Kulturgeschichte, S. 8. Damit möchte Daniel vor allem den bislang so zentralen Begriff „Gesellschaft" durch den neuen der „Kultur" ersetzen, wofür sie auch scharfe Kritik einstecken musste. Beispielsweise meint Sokoll, darin einen „fatalen Rückfall" zu entdecken. Es sei absurd, einen Gegensatz zwischen Kultur und Gesellschaft zu stilisieren, nicht zuletzt weil dies im angelsächsischen Sprachraum nur für Verwirrung sorge. Die neue Kulturanthropologie heiße dort nämlich „social anthropology" (vgl. Sokoll, Thomas: *Kulturanthropologie und Historische Sozialwissenschaft.* In: Mergel/Welskopp: Geschichte zwischen Kultur und Gesellschaft, S. 233-272, hier S. 236ff.). Bei Hardtwig und Wehler wird der Begriff „Kulturgeschichte" abgestempelt zum „revisionistischen ‚Fahnenwort'" (vgl. Hardtwig/Wehler: Einleitung. In: Dies. (Hrsg.): Kulturgeschichte heute, S. 9-13, hier S. 11).

45   So dargelegt bei Daniel: Clio unter Kulturschock, S. 208.

46   Vgl. Vierhaus, Rudolf: *Die Rekonstruktion historischer Lebenswelten.* Probleme moderner Kulturgeschichtsschreibung. In: Hartmut Lehmann (Hrsg.): Wege zu einer neuen Kulturgeschichte, Göttingen 1995, S. 7-28, hier S. 13.

den postmodernen-kulturalistischen Neuerungen. Dieser Konflikt wird allerdings mit harten Bandagen ausgetragen. Ute Daniel diagnostiziert einen so schrillen Ton, „als handele es sich um einen Wettbewerb im Gläserzersingen".[47]

Die Vertreter der Historischen Sozialwissenschaft, die – plakativ gesagt – die „Gewinner" der „Wende um 1960"[48] waren, drohen die „Verlierer" der nunmehrigen Wende zu werden. Es hat sich, so Jürgen Kocka, „der Wind gedreht [...] Zum Teil bläst er der Historischen Sozialwissenschaft frontal ins Gesicht."[49] Man trachte, „sie als disziplinären Leitsektor aus dem Feld zu schlagen".[50] Sie, die einst ausgezogen waren, die damals dominante Politikgeschichte mit dem Vorwurf mangelnder theoretischer Reflexionstiefe vom Platz zu weisen, müssen sich nun heute selbst dem Vorwurf erkenntnistheoretischer Naivität stellen.[51] Sogar „Bielefelder Gewächse" konstatieren, „dass die narrative Blutleere der Sozialgeschichte auch eine theoretische Verkürzung mit sich gebracht hatte".[52] So werfen ihnen die „Postmodernen" den Glauben vor, ihre Ausführungen würden die Welt widerspiegeln, ihr Zugriff könne die Vergangenheit packen und zur Herausgabe ihrer Geheimnisse zwingen. Sie würden gar „sich Clio nähern wie ein Mann, der nur auf das eine aus ist: sie als das Andere zu penetrieren".[53]

Zudem kritisieren die neuen Kulturwissenschaftler, die Konzentration auf quantifizierbares Datenmaterial und sozioökonomische Strukturen habe das eigentlich Zentrale im menschlichen Leben verfehlt. In dem grobmaschigen Netz von Strukturen und Theorien seien die wahren Anliegen des Menschen, sein Handeln und Bewusstsein einfach hindurchgefallen. Das Verhältnis von „*structure*" zu „*agency*" müsse nun neu ausgelotet werden.[54] Anstelle der alten Themen der Sozialwissenschaft wie Klassenbildung, Familienstrukturen etc. seien symbolische, diskursive Formen der Weltaneignung, Deutungskämpfe u.ä. zu setzen.[55] Die Repräsentanten der Historischen Sozialwissenschaft wie Hans-Ulrich Wehler oder Jürgen Kocka räumen ein, dass man zugunsten überindividueller Prozesse und Strukturen andere Themen wie kulturelle Traditionen, Weltbilder, Sinnkonstruktionen oder Kollektivmentalitäten vernachlässigt habe.[56] Allerdings wird den „Kulturalisten" vorgeworfen, Machtaspekte und Konfliktpo-

---

47 Daniel: Kompendium Kulturgeschichte, S. 151.
48 Von einer „Wende um 1960" sprach Werner Conze im Jahr 1976; vgl. Vierhaus: Die Rekonstruktion historischer Lebenswelten, S. 7. Diese „Wende" wird von Kocka auch als „analytische Wende" oder „argumentative Wende" bezeichnet (vgl. Kocka, Jürgen: *Historische Sozialwissenschaft*. Auslaufmodell oder Zukunftsvision? (Oldenburger Universitätsreden 107), Oldenburg 1999, S. 20).
49 Kocka: Historische Sozialwissenschaft, S. 14.
50 Welskopp, Thomas: *Die Sozialgeschichte der Väter*. Grenzen und Perspektiven der Historischen Sozialwissenschaft. In: GESCHICHTE UND GESELLSCHAFT 24 (1998), S. 173-198, hier S. 176.
51 Siehe beispielsweise die Kritik des niederländischen Geschichtstheoretikers Ankersmit: "The triumphant note with which social history made its entry, particularly in Germany, is the most striking proof of the optimistic self-overestimation on the part of these historians, who feel they have now found the long-sought-after key which will open all historical doors" (Ankersmit, Frank R.: *History and Tropology*. The Rise and Fall of Metaphor, Berkeley/Los Angeles/London 1994, S. 175, zitiert in Goertz: Unsichere Geschichte, S. 35).
52 Mergel, Thomas/Welskopp, Thomas: *Geschichtswissenschaft und Gesellschaftstheorie*. In: Mergel/Welskopp: Geschichte zwischen Kultur und Gesellschaft, S. 9-39, hier S. 25.
53 Anthony, Easthope: *Romancing the Stone*. History-writing and Rhetoric. In: SOCIAL HISTORY 18 (1993), S. 235-249, hier S. 248f., zitiert bei Daniel: Kompendium Kulturgeschichte, S. 158.
54 Vgl. Conrad/Kessel: Geschichte ohne Zentrum, S. 28. Mergel/Welskopp: Geschichtswissenschaft und Gesellschaftstheorie, S. 10f., S. 24f. Dabei nimmt Welskopp insofern eine Kompromissposition ein, als er für eine ausgewogene Verknüpfung beider Aspekte plädiert und als Orientierung dafür auf den Soziologen Anthony Giddens verweist. (vgl. Welskopp, Thomas: *Der Mensch und die Verhältnisse*. „Handeln" und „Struktur" bei Max Weber und Anthony Giddens. In: Mergel/Welskopp: Geschichte zwischen Kultur und Gesellschaft, S. 39-70). Eine weitere Leitfigur hinsichtlich einer Vermittlung von Struktur und Handeln ist Pierre Bourdieu mit seinem Habitus-Konzept (vgl. Reichardt, Sven: *Bourdieu für Historiker?* Ein kultursoziologisches Angebot an die Sozialgeschichte. In: Mergel/Welskopp: Geschichte zwischen Kultur und Gesellschaft, S. 71-93, hier S. 73ff.)
55 Siehe auch Conrad/Kessel: Geschichte ohne Zentrum, S. 12.
56 Wehler, Hans-Ulrich: *Die Herausforderung der Kulturgeschichte.*, München 1998, S. 145. Kocka: Historische Sozialwissenschaft, S. 18.

tentiale gegenüber einer zu stark harmonisierenden Kulturgeschichte zu vernachlässigen.[57] Dass die vormals so wichtige Wirtschaftsgeschichte durch die derart dominierende Bewertung des Nicht-Materiellen in der Kulturgeschichte regelrecht marginalisiert wird, ist ein weiterer Vorwurf.[58] Auch die gegenüber den Massendaten der Historischen Sozialwissenschaft oft dürftige Quellenbasis, die den Geschichten von Alltag und Kultur zugrunde liegt, war Anlass zur Kritik. Dem wurde jedoch entgegengetreten mit der rhetorischen Frage Carlo Ginzburgs: Soll der Historiker „auf dürftiger wissenschaftlicher Grundlage zu bemerkenswerten Schlüssen gelangen oder auf solider wissenschaftlicher Grundlage zu nebensächlichen?"[59]

Nicht nur auf der Ebene der Themenwahl vollzieht sich ein Paradigmenwechsel. Auch hinsichtlich der Koalition mit Nachbardisziplinen ist eine Neuorientierung zu beobachten. Hatte sich die Geschichtswissenschaft der unmittelbaren Nachkriegszeit noch an Philosophie, Germanistik und Rechtswissenschaft angelehnt, so boten in den 1960er und 1970er Jahren Politologie, vor allem aber die Soziologie Leitlinien für die historische Sozialwissenschaft. Der neue kulturwissenschaftliche bzw. postmoderne Ansatz orientiert sich nunmehr an Ethnologie, Literaturwissenschaft und Sprachphilosophie.[60]

Martina Kessel und Christoph Conrad sehen in der neuen Konjunktur der Kultur eine wissenschaftsgeschichtliche Dialektik am Werk: Die jetzige Hinwendung zur Kultur sei eine Antwort auf die frühere Abwendung von ihr.[61] Jenseits von rein wissenschaftsgeschichtlichen Pendelschlägen vermuten die Kombattanten in der Debatte jeweils eigennützige Interessen der anderen. Führen die Repräsentanten der Historischen Sozialwissenschaft als vermeintliche Gründe ihrer Kontrahenten deren Profilierungswünsche im wissenschaftlichen Institutionengefüge an,[62] so wird andererseits hinter der starren Haltung der „Platzhirsche" pure Angst vermutet: diffuse Angst vor Veränderung, Angst vor Kompetenz- und Hegemonieverlust, Angst vor der Literatur, vor dem Uneindeutigen.[63]

Fraglich bleibt, ob mit einer bloßen Erweiterung der Themenpalette die Historische Sozialwissenschaft ihre bislang so zentrale Stellung wird retten können. Angesichts der Versuche, sich die neue Thematik (und damit auch die kulturwissenschaftliche „Konkurrenz") schlichtweg einzuverleiben, spöttelte Michael Jeismann schon über die „hässliche Raupe Nimmersatt", die durch kulturalistische Annäherungen bemüht sei, sich endlich mit einem „Schmetter-

57   Vgl. u.a. Mergel/Welskopp: Geschichtswissenschaft und Gesellschaftstheorie, S. 25; ebenso Mergel, Thomas: *Kulturgeschichte – die neue „große Erzählung"?* Wissenssoziologische Bemerkungen zur Konzeptualisierung sozialer Wirklichkeit in der Geschichtswissenschaft. In: Hardtwig/Wehler: Kulturgeschichte heute, S. 41-77, hier, S. 73.

58   Kocka: Historische Sozialwissenschaft, S. 28f.; Wehler: Herausforderung der Kulturgeschichte, S. 150f.; Welskopp: Sozialgeschichte der Väter, S. 191. Welskopp weist allerdings auf neuere Ansätze in der jüngeren amerikanischen Sozialgeschichte hin, die sich um eine Verbindung von kulturanthropologischer Bedeutung mit Aspekten der Produktions- und Konsumgeschichte bemühen, z.B. Cohen, Lizabeth: *Making a New Deal.* Industrial Workers in Chicago 1919-1939, New York 1990.

59   Ginzburg, Carlo: *Mythes, emblèmes, traces,* Paris 1989, S. 179, übersetzt zitiert bei Corbin, Alain: *Zur Geschichte und Anthropologie der Sinneswahrnehmung.* In: Conrad/Kessel: Kultur & Geschichte, S. 121-140, hier S. 128. Ebenso ders.: *Spurensicherung.* Der Jäger entziffert die Fährte, Sherlock Holmes nimmt die Lupe, Freud liest Morelli – die Wissenschaft auf der Suche nach sich selbst. In: ders.: *Spurensicherungen.* Über verborgene Geschichte, Kunst und soziales Gedächtnis, München 1988, S. 78-125, hier S. 116.

60   Vgl. u.a. Daniel: Clio unter Kulturschock, S. 200ff.

61   Conrad/Kessel: Blickwechsel, S. 16. Welskopp erklärt mit diesem Modell auch die Strukturlastigkeit der Historischen Sozialwissenschaft „als zu weit auspendelnde Gegenreaktion gegen das intentionalistische Individualitätspostulat des Historismus" (Welskopp: Sozialgeschichte der Väter, S. 178).

62   Vgl. u.a. Wehler: Herausforderung der Kulturgeschichte, S. 13 und 147 – allerdings räumt Wehler selbst ein, dass Kontingenzerfahrung und Krise der Moderne mindestens ebenso berücksichtigt werden müssen.

63   Vgl. Schöttler, Peter: *Wer hat Angst vor dem „linguistic turn"?.* In: Geschichte und Gesellschaft 23 (1997), S. 134-151, hier S. 147ff. Schöttler führt zudem Belege für das Bestreben von Repräsentanten der Historischen Sozialwissenschaft an, die Diskussion um postmoderne Inhalte lieber ganz zu vermeiden: „Es ist gut, dass diese Postmodernismen hierzulande noch nicht richtig gelandet sind, jedenfalls noch kaum in den historischen Wissenschaften" (Kocka, Jürgen: *Perspektiven für die Sozialgeschichte der neunziger Jahre.* In: Winfried Schulze (Hrsg.): *Sozialgeschichte, Alltagsgeschichte, Mikro-Historie,* Göttingen 1994, S. 33-39, hier S. 38.

lingsschlag" zur „zerbrechlichen Sinnhaftigkeit des Geschichtlichen" emporzuheben.[64] Ob die Integration kulturalistischer Ansätze mit den zentralen Prämissen der Historischen Sozialwissenschaft überhaupt vereinbar ist, bleibt zu bezweifeln.[65] So will letztere beispielsweise nach wie vor von jener „Meta-Erzählung" der Modernisierungstheorie nicht lassen, die in den Kreisen kulturalistischer Geschichtswissenschaft recht fragwürdig geworden ist.[66] Unklar bleibt zudem ihre Haltung zur *raison d'être* der neuen Geschichtsschreibung, der epistemologischen Krise, die massiv an den Grundfesten von „Objektivität" und „Realität" zu rütteln begonnen hat.[67] Dieser Krise liegt die sich verbreitende Einsicht zugrunde, dass Historiker durch ihre erzählenden Quellen bestenfalls frühere Konstruktionen von Wirklichkeit nachzeichnen können, während sich die Vergangenheit selbst ihrem Zugriff entzieht. Das Problem ist keineswegs neu und wird stoßweise seit den Anfängen der Geschichtsschreibung immer wieder verhandelt, aber während vormals ein grundsätzlicher Erkenntnisoptimismus dominierte, dem zufolge die Vergangenheit wenn auch nicht ganz, aber doch weitgehend verstanden werden könne, schiebt sich nunmehr ein dunkler Skeptizismus in den Vordergrund, der Zweifel an der prinzipiellen Erkennbarkeit vergangener Welten anmeldet. Dies wird vorzugsweise dann virulent, wenn Forscher zugeben müssen, dass sich die Quellen nicht auf einen Nenner bringen lassen und Geschichte zu einer „Gleichung" wird, „die zu viele Variablen enthält, um noch aufzugehen".[68] Gern wird zu Bildern gegriffen, um dieses Dilemma zu veranschaulichen. So verglich Claude Simon einen Biographen mit

> „jemande[m], der sich mit nicht zu entmutigender, dumpfer Beharrlichkeit darauf versteift, die Bedienungs- und Montageanleitung eines hochentwickelten Geräts immer wieder durchzulesen, ohne sich entschließen zu können zuzugeben, dass die Einzelteile, die ihm verkauft worden sind und die er zusammenzusetzen versucht, […] nicht zusammenpassen".[69]

Da es sich dabei um eine grundsätzliche Problematik handelt, ist auch unwahrscheinlich, dass sich das gesamte Forschungsfeld zur Postmoderne als modische Strömung abtun lässt, die ebenso schnell vergehen werde, wie sie gekommen sei. Peter Jelavich, der nach strukturalistischen Anfängen eine eigene individuelle kulturalistische Wende vollzogen hat, trat der These von der schnellvergänglichen Modeströmung scharf entgegen. „Solche Thesen", widersprach

64 Jeismann, Michael: *Verpuppt*. In: FRANKFURTER ALLGEMEINE ZEITUNG, 22.11.1995.
65 Vgl. Mergel: Kulturgeschichte – die neue „große Erzählung", S. 68. Zudem Welskopp: Sozialgeschichte der Väter, S. 178. Die Voraussetzung dafür wäre nach Welskopp ein „grundlegender Umbau der Strukturkategorie", jedenfalls „mehr als ein Fassadenlifting oder eine nur äußerliche Verschönerung strukturalistischen Waschbetons durch kulturhistorische ‚Kunst am Bau'-Ornamente" (vgl. S. 180 und 189). Immer stärkere Bedenken kommen zudem aus dem Bereich der Genderforschung; vgl. Budde: Geschlecht der Geschichte, S. 136f. Einer ernsthaften Umstrukturierung der Sozialwissenschaft steht entgegen, dass Wehler selbstbewusst die Historische Sozialwissenschaft immer noch für überlegen hält (vgl. Wehler: Herausforderung der Kulturgeschichte, S. 150).
66 Zu Konzept, Defiziten und Chancen der Modernisierungstheorie siehe Wehler, Hans-Ulrich: *Modernisierung und Modernisierungstheorien*. In: ders.: Umbruch und Kontinuität. Essays zum 20. Jahrhundert, München 2000, S. 214-250. Ebenso Mergel, Thomas: *Geht es weiterhin voran?* Die Modernisierungstheorie auf dem Weg zu einer Theorie der Moderne. In: Mergel/Welskopp: Geschichte zwischen Kultur und Gesellschaft, S. 203-232. Letztlich wird Mergels positive Einstellung zum Konzept der Modernisierungstheorie erkennbar (vgl. S. 227). Analog die Schlusssätze in Mergel: Kulturgeschichte – die neue „große Erzählung" (S. 77). Zum „Beharrungsverhalten" der Sozialgeschichte vgl. u.a. Kocka, der eine klare Abgrenzung zu „postmoderner Beliebigkeit" fordert und gegen die Auflösung von Geschichte in Geschichten und die Ersetzung von „Gesellschaft" durch „Kultur" Stellung bezieht (vgl. Kocka: Historische Sozialwissenschaft, S. 23f.) Welskopp vermutet, dass es gerade das Festhalten an einer unflexiblen Modernisierungstheorie sei, was die Kehrtwende der Kulturalisten bewirkt habe (vgl. Welskopp: Sozialgeschichte der Väter, S. 188).
67 Welskopp konstatiert bei der „Sozialgeschichte der Väter" einen nachhaltigen „konventionellen quellenoptimistischen Positivismus" (S. 187).
68 Jelavich, Peter: *Methode? Welche Methode?* Bekenntnisse eines gescheiterten Strukturalisten. In: Conrad/Kessel: Kultur & Geschichte, S. 75-86 und S. 156.
69 Simon, Claude: *Georgica* (Auszug). In: Conrad/Kessel: Geschichte schreiben in der Postmoderne, S. 353-364, hier S. 356.

er, „werden nicht einfach deshalb ernst genomen, weil sie gerade in Mode sind, sondern sie sind in Mode, weil sie bei uns Fronarbeitern in den Archiven, die wir auszogen, um nach Strukturen zu graben, und mit Matsch in den Händen wieder zurückkamen, eine vertraute Saite anklingen lassen."[70] Vielmehr scheint das Gerede vom „Ende der Postmoderne" entweder ein modischer Schnellschuss bzw. das Resultat eines Missverständnisses der Postmoderne zu sein.[71]

Den Startschuss für die „sprachliche Wende" stellte das 1967 unter dem Titel *The linguistic turn*" erschienene Werk von Richard McKay Rorty dar.[72] Hier distanzierte sich der amerikanische Philosoph von der traditionellen Erkenntnistheorie, die weitgehend auf Vorstellungen einer Widerspiegelungsmöglichkeit der Realität basierte. Statt dessen hob er hervor, dass „Wahrheiten" weniger gefunden als konstruiert werden. Lose knüpften nun hier all jene Arbeiten an, die die Konstruktion von Bedeutung analysierten und somit – nach der Definition von Ute Daniel – zur Großgruppe der kulturgeschichtlichen Studien gehörten. So weit, so gut. Im engeren Sinne jedoch war Rorty Teil und Ausgangspunkt jener Studien, die nicht nur die Literatur ins Zentrum ihrer Untersuchungen rückten, sondern die zudem allen anderen Texten – also Quellentexten ebenso wie wissenschaftlichen – denselben erkenntnistheoretischen Status wie Literatur zuwiesen. Die prominentesten davon waren – wie bereits erwähnt – Hayden White, Foucault und Derrida. Gestützt u.a. auf die Lehre der Sprachwissenschaft von der Willkürbeziehung (Arbitrarität) zwischen einem Gegenstand und seiner Bezeichnung, stellten sie die Möglichkeit, die Realität mit sprachlichen Zeichen zu erfassen, in Abrede. Dergleichen gipfelte in der Zuspitzung Derridas „Ein Text-Äußeres gibt es nicht".[73] Das hat ihnen reichlich Schelte eingetragen, zumal diese Aussage, deren eigentliches Anliegen wohl ist, auf die text- bzw. weltimmanente Produktion von Bedeutung zu verweisen, die eben nicht von einer metaphysischen Instanz vorgegeben sei, vorschnell verstanden wurde als eine Infragestellung bzw. Leugnung jeglicher extratextueller Wirklichkeit. Dies ist mit einem historischen Verständnis nicht zu vereinbaren, weshalb der kollektive Aufschrei der Historiographen (die sich mehrheitlich offenbar kaum der Mühe unterzogen haben, das Werk Derridas über besagte Phrase hinaus zur Kenntnis zu nehmen) nicht überrascht. Schließlich werden in der Geschichte schneller als bei abstrakten Diskussionen der Philosophie oder Literaturwissenschaft die pragmatisch-moralischen Folgekosten deutlich, die an stets demselben, weil drastischsten Beispiel illustriert werden:[74] Wer keine außertextliche Wirklichkeit zulasse, verharmlose die Leiden der Holocaust-Opfer, wenn er sie nicht sogar leugne.[75] „Sind die Gaskammern von Auschwitz nur ,Texte', freie Spiel der Interpretation, oder nicht doch tödliche Realität für Millionen Men-

---

70   Jelavich: Methode, S. 156.

71   Nach Ernst Schulin beispielsweise war die „Moderichtung der Postmoderne" ein Phänomen der 1970er und 1980er Jahre, in denen Zweifel an dem Sinn der Geschichte aufkommen konnte, während die Ereignisse von 1989 eine „faktisch und auch geistig [...] ganz neue Situation" hervorgebracht hätten. Aus dieser Perspektive ist es dann folgerichtig von einer Zeit „nach der Postmoderne" zu schreiben (vgl. Schulin, Ernst: *Nach der Postmoderne*. In: Küttler/Rüsen/Schulin: Geschichtsdiskurs, S. 365-369, hier S. 366f.).

72   Rorty, Richard: *The Linguistic Turn*. Chicago 1967. Eine Weiterentwicklung seiner Thesen ist nachzulesen in folgenden Werken, deren deutsche Übersetzungen hier vorgestellt seien: Ders.: *Der Spiegel der Natur*. Eine Kritik der Philosophie, Franfurt a.M. 1981; ders.: *Kontingenz, Ironie und Solidarität*, Frankfurt a.M. 1992; ders.: *Philosophie und die Zukunft*. Essays, Frankfurt a.M. 2000.

73   Derrida, Jacques: *Grammatologie*, 4. Auflage, Frankfurt a.M. 1992, S. 274. In der Regel wird die französische Version „Il n'y a pas de hors-texte" wiedergegeben, die allerdings in der Suhrkamp-Ausgabe nur in der oben angegebenen deutschen Übersetzung zu lesen ist.

74   Im Jahr 1990 wurde in Los Angeles eine Konferenz durchgeführt, die sich mit den wissenschaftlichen und moralischen Konsequenzen des „Linguistic Turn" für die Holocaust-Forschung auseinandersetzte. Im Vordergrund stand dabei die Auseinandersetzung mit Hayden White. Die Beiträge der Tagung sind veröffentlicht in: Friedlander, Saul (Hrsg.): *Probing the Limits of Representation*. Nazism and the „Final Solution", Cambridge (Mass.) 1992.

75   Vgl. Conrad/Kessel: Geschichte ohne Zentrum, S. 25. Carlo Ginzburg, der Hayden White scharf attackiert, beharrt auf Einflüssen von italienischen, faschistischen Philosophen auf White (vgl. Ginzburg, Carlo: *Just One Witness*. In: Friedlander: Probing the Limits, S. 82-96, hier S. 89).

schen?", fragt provozierend Ernst Hanisch.[76] Zumindest aber spiele ein „Relativismus à la Hayden White"[77] den Holocaust-Leugnern in die Hände, indem er diesen das intellektuelle Unterfutter liefere. „Relativismus über Alles" polemisierte Ernest Gellner auf Deutsch.[78] Der Vorwurf ist hart, nur scheint fraglich, ob er immer berechtigt ist. Der springende Punkt scheint mir, ob tatsächlich die Existenz einer außersprachlichen Welt oder „nur" deren Abbildbarkeit in Frage gestellt wird.[79] Iggers zufolge habe die postmoderne Theorie zunächst ein „vielschichtiges Verständnis von Gesellschaft und Geschichte" gefördert, aber schoss „über ihr Ziel in dem Moment hinaus, als sie nicht mehr zeigte, wie schwierig es ist, die Wirklichkeit mit all ihren Widersprüchen zu verstehen, sondern radikal verneinte, daß es überhaupt eine Wirklichkeit gebe".[80] So eindeutig scheint aber gerade das keineswegs der Fall zu sein. Während Foucault und Hayden White in der Regel als derartige Relativisten stigmatisiert werden, springt Hans-Jürgen Goertz für sie in die Bresche. Es liege ihnen fern, die „Wirklichkeit" zu leugnen, vielmehr gehe es ihnen um eine Überwindung eines naiven Realismus. Dann aber wären Saul Friedlander und diese „Postmodernen" keineswegs Opponenten, sondern gemeinsam auf der Suche nach einem Ausgang aus dem Dilemma, das sich angesichts des „Bedürfnisses nach ‚Wahrheit' einerseits und der Undurchdringlichkeit sowohl der Ereignisse als auch der Sprache andererseits" aufgetan habe.[81]

Ähnlich widersprüchlich gestaltet sich die Auffassung, wie die postmodernen Historiker mit Quellen umgehen. Unterstellt wird ihnen, verantwortungslos und unbefangen mit archivalischem Material zu verfahren, zumal diesem kein höherer Erkenntniswert als literarischen Produkten beigemessen werde. Sie würden die „harte Arbeit der Quellensuche und Quellenkritik"[82] missachten und verkennen, dass es einen zentralen Unterschied zwischen dem frei fabulierenden Literaten und dem Historiker gebe, dessen Konstruktionen sich immer dem „Vetorecht der Quellen" (Koselleck) zu stellen hätten. Dem allerdings widerspricht, dass gerade Foucault als Empiriker gilt und erschöpfende empirische Studien als Voraussetzung für wissenschaftliche Aussagen für unerlässlich hält. Im übrigen hatte Koselleck selbst auf das literarische, wenn nicht gar fiktive Element in jeder Geschichtsschreibung hingewiesen.[83]

Wie undurchdringlich und mehrdeutig die Sprache ist, wie sehr Interpretation Konstruktion nicht zuletzt aufgrund subjektiver Wertmaßstäbe ist, wie sehr dieselbe Quellenbasis zu diametral verschiedenen Ergebnissen führt, lässt sich paradigmatisch erkennen, wenn man sich die kontroversen Urteile über Foucault zu Gemüte führt. Hans-Ulrich Wehler lässt kein gutes Haar an ihm. Sein summarisches Verdikt lautet: Foucault ist ein „intellektuell unredlicher, empirisch absolut unzuverlässiger, kryptonormativistischer ‚Rattenfänger' für die Postmoderne", der einem „amoralischen Kathedernihilismus" fröne.[84] Diese rigorose Verdammung kontrastiert mit geradezu euphorischer Belobigung. So liest man in den „*Annales*": „Es ist an uns, an uns Historikern, Michel Foucault unsere uneingeschränkte Ehrerbietung anzu-

---

76   Hanisch: Linguistische Wende, S. 220.
77   Ebd.
78   Gellner, Ernest: *Postmodernism, Reason and Religion*, London/New York 1993; vgl. Daniel: Kompendium Kulturgeschichte, S. 160.
79   Das ist explizit als Scheidelinie formuliert bei Ute Daniel, die hervorhebt, dass die kulturorientierte Geschichtswissenschaft ihrer „Tatsachen" bedürfte, während ein Ansatz mit einer „rein textorientierten Tatsachendefinition aber aufhört, Geschichtswissenschaft zu sein." (Daniel: Clio unter Kulturschock, S. 204).
80   Iggers, Georg G.: *Geschichtswissenschaft im 20. Jahrhundert*, 2. Auflage, Göttingen 1996, S. 95.
81   Vgl. Friedlander: Probing the Limits, S. 4; zit. bei Conrad/Kessel: Geschichte ohne Zentrum, S. 25.
82   Hanisch: Linguistische Wende, S. 220.
83   „Die Quellenkontrolle schließt aus, was nicht gesagt werden darf. Nicht aber schreibt sie vor, was gesagt werden kann. Negativ bleibt der Historiker den Zeugnissen vergangener Wirklichkeit verpflichtet. Positiv nähert er sich [...] jenem literarischen Geschichtenerzähler, der ebenfalls der Fiktion des Faktischen huldigen mag, wenn er seine Geschichte glaubwürdig machen will" (Koselleck, Reinhart: *Ereignis und Struktur*. In: ders./Wolf-Dieter Stempel (Hrsg.): Geschichte – Ereignis und Erzählung. München 1973, S. 560-571, hier S. 567).
84   Wehler: Herausforderung der Kulturgeschichte, S. 91, 85.

zeigen: Er gibt der Geschichte so viel mehr, als wir ihm geben können".[85] Dies wird bekräftigt
von Georges Duby: „Niemand in den letzten Jahren hat den Historiker mehr dabei geholfen,
das Netz ihrer Erkundung der Vergangenheit enger zu knüpfen, als Michel Foucault".[86] Ebenso attestiert Jacques Le Goff Foucault eine „hervorragende Rolle für die Erneuerung der Geschichte"[87] und nach Paul Veyne ist „Foucault [...] der vollendete Historiker, ist Vollendung
der Historie".[88] Sowohl Wehler als auch Ulrich Brieler greifen, um den irritierenden Wandel
im Werk Foucaults verständlich zu machen, auf dessen Biographie zurück. Ein schönes Beispiel für Subjektivität durch Selektion und Interpretation, bedingt offenbar durch das erkennt-
nisleitende Interesse, Foucault einmal negativ, das andere Mal positiv dastehen zu lassen. So
unterstreicht Wehler Foucaults Eintritt in die KPF, damals die „stalinistischste aller europäischen kommunistischen Parteien", während Brieler dies nicht unterschlägt, aber den Austritt
nach dreijähriger Mitgliedschaft – anders als Wehler – ebenfalls für mitteilenswert hält. Wehler
hält es sodann für unerlässlich, Foucaults Sympathie für den Maoismus und die iranische Revolution zu verurteilen, und wertet die Überlegungen Foucaults zur Identitätsproblematik
dadurch ab, dass er sie simplifizierend in einen Zusammenhang mit Foucaults Homosexuali-
tät, seinem Selbstmordversuch, LSD-Trip und sadomasochistischen Praktiken stellt.[89] Brieler
enthält sich in seiner Studie zu Foucault derartiger Äußerungen. Die Anwürfe Wehlers werden
nicht aus der Luft gegriffen sein, der Foucault von Brieler scheint allerdings mit dem von
Wehler wenig gemein zu haben und wirkt um ein Vielfaches seriöser. Fakt ist, ihre jeweiligen
Foucault-Skizzen sind Konstruktionen und unterscheiden sich zutiefst. Es geht mir nicht darum, in der Suche nach dem „wahren" Foucault nun eine dritte Konstruktion hinzuzufügen,
vielmehr möchte ich es damit bewenden lassen anzudeuten, wie komplex nicht nur die Biographie, sondern vor allem das Denksystem Foucaults ist. Foucault einfach auf die Inhalte
„Tod des Subjekts"[90] oder Vernichtung der Geschichte festzunageln, scheint problematisch,
wenn Foucault selbst sagt: „Man vernichtet die Geschichte nicht" und Brieler über Foucault
meint: „Nichts ist absurder" als „der Vorwurf, der Mensch [würde] zugunsten anonymer
Strukturen aus der Geschichte vertrieben."[91]

85   Rousselle, Aline: *Rezension zu „Histoire de la sexualité (Bd. II/III)*. In: ANNALES 42 (1987), S. 317-321, hier S.
       317, zitiert bei Brieler, Ulrich: *Foucaults Geschichte*. In: GESCHICHTE UND GESELLSCHAFT 24 (1998), S. 248-
       282, hier S. 250.
86   Duby, George: *Orientations des recherches historiques en France*, 1950-1980. In: ders.: *Male moyen age*, Paris 1988, S.
       235-264, hier S. 243, zitiert bei Brieler: Faucaults Geschichte, S. 250.
87   Le Goff, Jacques: *Geschichte und Gedächtnis*, Frankfurt 1992, S. 196, zitiert bei Brieler: Foucaults Geschichte,
       S. 250.
88   Veyne, Paul: *Foucault*. Die Revolutionierung der Geschichte, Frankfurt a.M. 1992, S. 7.
89   Wehler: Herausforderung der Kulturgeschichte, S. 84-89. Hochpolemisch bemerkt Wehler, Foucault sei
       „wie besessen von der Idee, daß der Mensch nicht eine permanente Identität" haben könne und wolle.
       Wehler spricht von der „Süchtigkeit Foucaults nach Identitätswechseln" (S. 86 und 88) Dabei entspricht die
       Vorstellungen von wechselnden Identitäten längst entwicklungspsychologischen Erkenntnissen. Jörn Rüsen
       kommt Foucault indirekt zu Hilfe, wenn er schreibt: „Wir sind eben nicht ein für allemal jemand, sondern
       diese Identität ist ein Vorgang ständiger Bildung und Modifikation, einer ständigen Auseinandersetzung"
       (Rüsen, Jörn: *Holocaust-Erfahrung und deutsche Identität*. In: ders.: *Das Andere denken*. Herausforderungen der
       modernen Kulturwissenschaften, Ulm 2000, S. 31-48, hier S. 37). Dass der Mensch nicht nur nacheinander,
       sondern auch zeitgleich verschiedene Identitäten haben kann, war die Überzeugung schon der Moderne
       (z.B. bei Paul Valéry). Auch in der Soziologie von Arnold Gehlen war die Auffassung zentral (vgl. Gehlen,
       Arnold: *Moral und Hypermoral*. Eine pluralistische Ethik. Frankfurt a.M./Bonn 1969, S. 10).
90   In bezug auf das typisch postmoderne „Tod des Subjekts" ist erstens zu erwähnen, dass fast zeitgleich mit
       der Todesanzeige die strahlende Wiederauferstehung des Subjekts verkündet wird (vgl. Chartier, Roger:
       L'Histoire Culturelle entre „Linguistic Turn" et Retour au Sujet. In: Lehmann: Wege zu einer neuen Kulturge-
       schichte, S. 31-58.), zweitens ist dies keineswegs eine brandneue Erscheinung und drittens ist der so apo-
       strophierte „Tod" nicht gleichzusetzen mit einem vollkommenen Verschwinden des Subjektes, was – so
       Peter Bürger – der Präsenz Gottes nach dessen von Nietzsche verkündetem Tode gleiche: „Auch nach sei-
       nem Tode ist für uns das Subjekt noch gegenwärtig, nur nicht mehr als ein widerspruchfreies Schema der
       Ordnung unserer Beziehung zur Welt und zu uns selbst, sondern als ein in sich brüchiges" (Bürger, Peter:
       Das Verschwinden des Subjekts. Eine Geschichte der Subjektivität von Montaigne bis Barthes, Frankfurt a.M.
       1998, S. 13).
91   Brieler: Foucaults Geschichte, S. 257f.

Ähnlich kontrovers fällt das Urteil zu Hayden White und Frank R. Ankersmit aus, gleichfalls höchst umstrittene, als „postmodern" bezeichnete Historiker. Die diametral entgegengesetzten Urteile über den niederländischen Geschichtstheoretiker Ankersmit sind geradezu verblüffend. Während Georg G. Iggers die Feststellung wagt: „die Forschung hat [bei Ankersmit, B.A.] keine Relevanz für die Geschichtsschreibung"[92], kommt Goertz zu einem komplett gegenteiligen Ergebnis. Beseelt von dem Bemühen, „der ‚historischen Realität' abzutrotzen, was von ihr zu erkennen möglich ist", halte Ankersmit auf der Ebene der Forschung durchaus an der historischen Referentialität fest und sehe nur im Prozess der Geschichtserzählung die Konstruktion am Werke.[93] Forschung wird damit gerade bei Ankersmit alles andere als überflüssig und verbleibt vielmehr im Rahmen altbewährter historiographischer Tradition.

Die Publikationen von Ankersmit fußen zunächst weitgehend auf denen von Hayden White, auf dessen Ansatz etwas ausführlicher eingegangen werden soll. White war der Umstand aufgestoßen, dass die Historiographie offenbar „Interpretationen derselben historischen Ereignisse oder desselben Abschnitts des Geschichtsverlaufs" hervorbringe, „die zwar gleich legitim sind, sich aber gegenseitig ausschließen".[94] Dies war eines der Ergebnisse seiner Untersuchung zur Historiographie im 19. Jahrhundert. Er hatte den Versuch unternommen, die Klassiker der Geschichtswissenschaft und der Geschichtsphilosophie (Hegel, Marx, Nietzsche und Croce) dieser Epoche im Rahmen einer Tropologie nach vier „Stilen" zu klassifizieren, je nachdem, ob in der poetischen Sprache die Elemente von Metapher, Metonymie, Synekdoche oder der Ironie überwiegen, die jeweils in die Darstellungsform von Romanze, Tragödie, Komödie und Satire münden.[95] Auch bei White steht – und insofern gehört sein Ansatz unmittelbar zum „*linguistic turn*" – die Sprache als Medium von Geschichtsvorstellungen im Vordergrund. Der sprachlichen Formwahl wird insofern eine Eigendynamik zugebilligt, als die Denkweisen und Geschichtsentwürfe der Historiker White zufolge direkt aus ihr abzuleiten sind. Seiner Vorstellung nach werden durch sprachliche Vorentscheidungen „historische Felder" vorstrukturiert, die ihrerseits – gepaart mit ideologischen Implikationen – Wahrnehmungen und Deutungen vorstrukturieren, was dazu führt, dass Kommunikation und Verständnis nur dann konfliktfrei möglich sind, wenn die historischen Felder bei Kommunikationspartnern (in diesem Fall dem schreibenden Historiker und seinem lesenden Publikum) gleichgestrickt sind. Die Annahme von Mechanismen, die Kommunikation strukturieren (wenn nicht gar determinieren), ohne dass das Individuum im einzelnen sein Eingebundensein in das historische Feld bewusst registriert, weist unverkennbare Ähnlichkeiten zum Foucault'schen Diskurs auf.[96]

---

92 Iggers, Georg G.: *Geschichtstheorie zwischen postmoderner Philosophie und geschichtswissenschaftlicher Praxis*. In: GESCHICHTE UND GESELLSCHAFT 26 (2000), S. 335-346, hier S. 335. Ähnlich scharf und m.E. fälschlicherweise unterstellt heißt es S. 339: „Während für White und Ankersmit die Forschung für die Geschichtsschreibung irrelevant ist [...]." Das Grundproblem, was m.E. das Missverständnis bei Iggers auslöst, besteht in seiner Vermengung der Begriffe „Wahrheit" und „empirische Wirklichkeit", die White und Ankersmit zu trennen scheinen. Eine empirische Wirklichkeit wird keinesfalls geleugnet, aber sehr wohl wird in Abrede gestellt, dass diese (schon weil dem Versuch ihrer Abbildung immer schon eine Selektion vorausgeht) gleichzusetzen sei mit einem ganzheitlichen Wahrheitsverständnis. Iggers bezieht sich in seinem Aufsatz auf die konservativen „Bollwerke" und sozialgeschichtlichen „Bastionen" gegen die Postmoderne wie Evans oder Elton. Auch Chris Lorenz gebricht es nach Aussage von Goertz am Verständnis für die Konstruktivisten, so dass seine Einführung weniger der Information als der Verwirrung diene; vgl. Lorenz, Chris: *Konstruktion der Vergangenheit*. Eine Einführung in die Geschichtstheorie, Köln 1997. Dazu vgl. Goertz: Unsichere Geschichte, S. 36f.
93 Ebd., S. 37 und 39.
94 White, Hayden: *Metahistory*. Die historische Einbildungskraft im 19. Jahrhundert in Europa, Frankfurt a.M. 1991, S. 556.
95 Ebd., S. 10f.
96 Ebd., v.a. S. 558ff.

Dieser Beitrag ist sehr unterschiedlich aufgenommen worden. Einerseits wird White zugute gehalten, dass sein Ansatz die Aufmerksamkeit hinsichtlich des Kunstcharakters der Historiographie und der begrenzten Möglichkeiten, die Vergangenheit „objektiv" wiederzugeben, schärfe. Andererseits ist es leicht und billig, an White Kritik zu üben.[97] Die Reduktion auf vier Stile insgesamt und die Zuweisung eins zu eins zu Michelet (Romanze), Ranke (Komödie), Tocqueville (Tragödie) und Burckhardt (Satire) kommt einer so groben Konstruktion gleich, dass Einwände nur so auf der Hand liegen. Doch die Vorwürfe werden schnell grundsätzlicher und zielen auf Relativismus. Wer – wie White – schreibt, „wir sind frei, die ‚Geschichte' so zu verstehen, wie es uns gefällt, so wie wir frei sind, mit ihr zu tun, was wir wollen",[98] zieht leicht – auch wenn sich das Zitat auf Kant beruft – den Verdacht auf sich, er rede einem verantwortungslosen, relativistischen Umgang mit Geschichte das Wort. Ihm aber nachzuweisen, er würde prinzipiell eine außersprachliche Welt leugnen, fällt schwer, wenn White explizit betont, dass die „Existenz der Vergangenheit eine notwendige Voraussetzung des historischen Diskurses" sei.[99] Ja selbst die Erkennbarkeit des Vergangenen stellt White nicht in Abrede: „Die Tatsache", so White, „daß wir Arbeiten über die Geschichte schreiben, beweist hinlänglich, daß diese für uns erkennbar ist".[100] Um Missverständnisse auszuräumen, schlägt White neuerdings vor, statt des „fiktionalen" Charakters, den er in „Metahistory" den historiographischen Werken attestiert hatte, nunmehr von „literarischen" Eigenschaften zu sprechen.[101] Damit wird es noch problematischer, White die Gleichsetzung von Geschichte mit Literatur zu unterstellen. Für Goertz jedenfalls ist klar: „Hayden White [gibt] nicht der postmodernen Neigung nach, die Wirklichkeit [...] dem Text zu opfern".[102]

Wenn nun aber einer der zentralen Vertreter der geschichtswissenschaftlichen Postmoderne gar nicht mehr postmodern ist, was ist dann noch postmodern? Es bleiben die Dekonstruktivisten und die radikalen Konstruktivisten. Beide Richtungen gehen davon aus, dass der Mensch innerhalb der ihn umgebenden und ihn bedingenden Systeme gefangen bleibt und sich nicht darüber erheben kann, was die Voraussetzung wäre, um so etwas wie Vergangenheit objektiv betrachten und schildern zu können. „Ist man sich erst einmal klar darüber", schreibt Ernst von Glasersfeld in seiner Einführung in den Konstruktivismus, „dass man als Mensch nicht aus der menschlichen Wahrnehmung und den Begriffen, die man als Mensch gebildet hat, aussteigen kann, dann sollte auch klar sein, dass man immer nur die Welt der menschlichen Erfahrungen zu kennen vermag, nie die Realität an sich".[103] Nach Derrida gibt es kein Entrinnen aus dem „Gefängnis der Sprache". Da diese dem Wissen über die Welt vorangehe, ist nicht die Wirklichkeit, sondern die Sprache der letzte Urgrund, auf den sich die wissenschaftliche Analyse konzentrieren solle. So ist es sein Anliegen, die allen Texten zugrundeliegenden „Codes zu knacken"[104] und derart die Sinnproduktion von Sprache nachzuzeichnen, die nicht zuletzt auf Verdrängungsversuchen alternativer Codes basiere, die es aus Leerstellen

---

97   Zu Widersprüchen und Defiziten seiner Tropologie vgl. Iggers, Georg G.: *Historiographie zwischen Forschung und Dichtung*. Gedanken über Hayden Whites Behandlung der Historiographie. In: GESCHICHTE UND GESELLSCHAFT 27 (2001), S. 327-340. In diesem Aufsatz geht Iggers intensiver auf „Metahistory" ein, um schließlich in dieselben Vorwürfe einzumünden, die schon im Beitrag vom Vorjahr aufgelistet wurden. Er konzediert aber jetzt deutlich mehr Gemeinsamkeiten.

98   White: Metahistory, S. 563.

99   White, Hayden: *Literaturtheorie und Geschichtsschreibung*. In: Herta Nagel-Docekal (Hrsg.): *Der Sinn des Historischen*. Geschichtsphilosophische Debatten, Frankfurt a.M. 1996, S. 67.

100   Ebd., S. 68.

101   White, Hayden: *Entgegnung auf Georg G. Iggers*. In: GESCHICHTE UND GESELLSCHAFT 27 (2001), S. 341-349, hier S. 346.

102   Goertz: Unsichere Geschichte, S. 24.

103   Glaserfeld, Ernst von: *Kleine Geschichte des Konstruktivismus*. In: ÖSTERREICHISCHE ZEITSCHRIFT FÜR GESCHICHTSWISSENSCHAFTEN 8 (1997/1), S. 9-17, hier S. 10; zitiert in Goertz: Unsichere Geschichte, S. 87.

104   Spiegel, Gabrielle M.: *Geschichte, Historizität und die soziale Logik von mittelalterlichen Texten*. In: Conrad/Kessel: Geschichte schreiben in der Postmoderne, S. 161-203, hier S. 166.

und Widersprüchen zu erschließen gelte. Das Aufdecken von Widersprüchen und Aporien ist quasi zur *raison d'être* der Dekonstruktivisten geworden.

Im übrigen wird bei Derrida zu berücksichtigen sein, dass seine Methode der Dekonstruktion vor allem aus der Beschäftigung mit Literatur hervorging und mit einem genuin historischen Ansatz nichts zu tun hatte.[105] Das unterscheidet ihn von Foucault und Hayden White und ist vermutlich Ursache für einige Inkompatibilitäten. In die praktische Arbeit von Historikern ist m.E. ein „vulgarisierter" Dekonstruktivismus übernommen worden, der sich der Aufdeckung von Leitcodes beispielsweise politischer Symbole und ihrer Widersprüche verschrieben hat. Dass aber sogar Derrida, dem unter Hinweis auf das obige Zitat die Leugnung einer außersprachlichen Welt am ehesten untergeschoben werden könnte, von jüdischen Wissenschaftlern herangezogen wird, die sich mit der sprachlichen Bewältigung des Holocaust beschäftigen, sollte Indiz genug dafür sein, dass der an die „Postmodernen" gerichtete Vorwurf, den Holocaust zu leugnen, nicht greift.[106]

Den Konstruktivisten zufolge ist das gesamte Ich eingekerkert in das Gefängnis der Konstruktion. Es bleibt in die eigene Erfahrungswelt der Gegenwart eingeschlossen und kann sich bei allem, was über die Umwelt oder gar die Vergangenheit gesagt wird, nicht daraus befreien. Das führt zu der provozierenden These von Gebhard Rusch: „Die einzige Wirklichkeit, mit der es Historiker zu tun haben, ist die Gegenwart."[107] So werde in der Erinnerung gerade nicht die Unmittelbarkeit vergangener Erlebnisse erhalten, statt dessen werde im Prozess des Erinnerns im Zusammenhang mit gegenwärtig wahrgenommenen und empfundenen Handlungsnotwendigkeiten und Interessen der Sinn vergangener Ereignisse neu produziert.[108] Als befremdlich wurde die Anlehnung der konstruktivistisch orientierten Geisteswissenschaftler an die naturwissenschaftlichen Disziplinen empfunden, die Auskunft über die physiologischen Grundlagen der menschlichen Hirnleistungen geben.[109] Womöglich ist es aber als ein Schritt auf die Konstruktivisten zu, als ein Fortschritt hin zu einer Entdämonisierung dieser vorgeblich „postmodernen" Ansätze zu verstehen, wenn der Eröffnungsvortrag des Historikertages 2000 in Aachen ausgerechnet einem Neurobiologen anvertraut wurde, der die erkenntniskritischen Zweifel der Konstruktivisten exakt bestätigte. „Wahrnehmungen und Erinnerungen", so Wolf Singer, Direktor des Max-Planck-Instituts für Hirnforschung, „sind also datengestützte Erfindungen". Geschichtsschreibung werde damit zum Prozess,

> „in dem es keine sinnvolle Trennung zwischen Akteuren und Beobachtern gibt, weil die Beobachtung den Prozess beeinflußt, selbst Teil des Prozesses wird. Und so scheint mir, daß es weder die Außenperspektive noch den idealen Beobachter geben kann, die beide erforderlich wären, um so etwas wie die eigentliche, die wahre, die tatsächliche Geschichte zu rekonstruieren. Wenn dem so sein sollte, dann können wir im Prinzip nicht wissen, welcher der möglichen Rekonstruktionsversuche der vermuteten ‚wahren' Geschichte am nächsten kommt. Und so wird jeweils in die Geschichte als Tatsache eingehen, was die Mehrheit derer, die sich gegenseitig Kompetenz zuschreiben, für das Zu-

---

105 Vgl. Zima, Peter V.: *Die Dekonstruktion: Einführung und Kritik*, Tübingen/Basel 1994, S. X, 5.

106 Vgl. Young, James Edward: *Beschreiben des Holocaust*. Darstellung und Folgen der Interpretation, Frankfurt a.M. 1992.

107 Rusch, Gebhard: *Konstruktivismus und Traditionen der Historik*. In: ÖSTERREICHISCHE ZEITSCHRIFT FÜR GESCHICHTSWISSENSCHAFTEN 8 (1997/1), S. 45-75, hier S. 47; zitiert bei Goertz: Unsichere Geschichte, S. 97.

108 Vgl. Schmidt, Siegfried J.: *Geschichte beobachten*. Geschichte und Geschichtswissenschaft aus konstruktivistischer Sicht. In: ÖSTERREICHISCHE ZEITSCHRIFT FÜR GESCHICHTSWISSENSCHAFTEN 8 (1997/1), S. 19-44, hier S. 27.

109 U.a. Heinz von Foerster betonte, wie ungeeignet die kognitiven Hirnleistungen des Menschen seien, sich ein authentisches Bild von der Wirklichkeit zu machen. Vgl. Goertz: Unsichere Geschichte, S. 92.

treffendste halten. Unbeantwortbar bleibt dabei, wie nahe diese Feststellungen der idealen Beschreibung kommen, weil es diese aus unserer Perspektive nicht geben kann."[110]
Kein Historiker welcher Spezialisierung auch immer dürfte damit noch einem naiven mimetischen Widerspiegelungsglauben anhängen. Andererseits sind auch diejenigen, die zu Repräsentanten des *"linguistic turn"* zählen, entgegen zahlreichen Unterstellungen keineswegs so radikal, dass sie eine außersprachliche Welt in Abrede stellen. Alles in allem besteht meines Erachtens daher Grund zu der Annahme, dass bei einer vorurteilsfreien Betrachtung der erkenntnistheoretischen Grundlagen diverser Richtungen innerhalb der aktuellen Geschichtswissenschaft sich herausstellen könnte, dass letztlich doch die Gemeinsamkeiten die Differenzen überwiegen, auch wenn die Lösungsvorschläge für die praktische Arbeit des Historikers sehr unterschiedlich sind.

Davon aber ist man noch weit entfernt. So drängt sich bei der Beobachtung der Kontroverse eine Erkenntnis auf: Die Auffassungen zu ein und derselben Person, zu ein und demselben Konzept divergieren derart, dass der Verdacht nahe liegt, die Kontrahenten haben eben nicht ein und dasselbe Objekt vor Augen, sondern nur ihre eigenen Bilder, ihre Konstruktionen von diesem Objekt. Wenn sie in diesen Bildern Verwandtschaft zum eigenen Standort entdecken und sie als Bestärkung ihres Selbstverständnisses empfinden, wird Rezeption und Urteil ganz anders ausfallen, als wenn sie als das "ganz Andere" oder gar als Gefährdung der eigenen Position wahrgenommen werden. Insofern lassen sich hier die Befunde der Perzeptions- und Stereotypenforschung bestätigen, wonach die Äußerungen zum Objekt weniger über dieses als vielmehr über den Urteilenden aussagen. Das wiederum stärkt eine Grundthese der postmodernen Debatte, nämlich die Relativität "wissenschaftlicher" Erkenntnis. Dieses zu berücksichtigen empfiehlt sich gerade bei Kontroversen. Wer weiß, dass seine Perspektive eine subjektive ist, dürfte sich weniger schwer damit tun, die abweichende Meinung anderer zu respektieren. Hier böte postmodernes Denken sinnvolle Anregungen.

Hinsichtlich des Begriffs "Postmoderne" möchte ich folgendes zusammenfassen. Erstens: Es ist nicht daran zu deuteln: Es gibt einen Zeitgeist oder Grundtenor der Gegenwart, der sich derart von vormaligen Konzepten der Neuzeit abhebt, dass es berechtigt ist, dafür einen neuen Begriff zu suchen. Derartig Neues lässt sich auch innerhalb der Geschichtswissenschaft konstatieren, obwohl es fraglos viele Kontinuitäten zur Moderne gibt. Derartige Kontinuitäten führen bis auf Kant oder Ranke zurück und verleiten dazu, die derzeitigen Ansätze als Altbekanntes abzutun.[111] Eine Erklärung für die offenbar periodisch virulent werdenden erkenntnistheoretischen Diskussionen wäre womöglich der Umstand, dass jede Generation nicht nur ihre Geschichte neu schreibt, sondern auch jeweils einen neuen Umgang mit den immer aktu-

---

110 Vgl. Singer, Wolf: *Wahrnehmen, Erinnern, Vergessen.* Über Nutzen und Vorteil der Hirnforschung für die Geschichtswissenschaft. Eröffnungsvortrag des 43. Deutschen Historikertags. In: Frankfurter Allgemeine Zeitung 28.9.2000, S. 10.
111 So hatte schon Kant (Kritik der reinen Vernunft) konstatiert, dass die Welt prinzipiell undurchdringlich und nicht durch Denken vollständig zu erkennen sei. Ebenso ging Max Weber vom prinzipiell chaotischen Zustand der Welt aus. Vgl. u.a. Mergel/Welskopp: Geschichtswissenschaft und Gesellschaftstheorie, S. 13. Gegenüber denjenigen "Postmodernen", die auf den Kunstcharakter von Geschichtswissenschaft verweisen, ließe sich anführen, dass schon Ranke befand: "Die Historie unterscheidet sich dadurch von anderen Wissenschaften, daß sie zugleich Kunst ist. [...] sie ist nie das Eine ohne das Andere" (Ranke, Leopold von: *Vorlesungseinleitungen,* hrsg. von Volker Dotterweich und Walter Peter Fuchs (Aus Werk und Nachlaß 4), München 1975, S. 72f; zitiert bei Rüsen: "Moderne" und "Postmoderne", S. 26). Auch die Historiker der 1970er Jahre dachten keineswegs "naiv realistisch", schließlich konnte Reinhart Koselleck die durchaus postmodern anmutenden Worte formulieren: "Jedes historisch eruierte und dargebotene Ereignis lebt von der Fiktion des Faktischen, die Wirklichkeit selber ist vergangen" (Koselleck, Reinhart: Ereignis und Struktur, S. 567). Im selben Band reflektiert Christian Meier – viele Überlegungen der "Postmodernen" vorwegnehmend – über die Einflüsse von Vorannahmen und Sprache auf die Wahrnehmung des Historikers, mahnt einen kritischeren Umgang mit Quellen an, warnt vor einer einseitigen Schwerpunktsetzung der Strukturgeschichte, die die Menschen zu "bloßen Exponenten von Prozessen" herabwürdige, rät zu multiperspektivischen Darstellungen und empfiehlt jedem Historiographen ein (Teil-)Studium der Literaturwissenschaft (Meier: Narrativität, Geschichte, v.a. S. 575, 580 und 584).

ellen, zugleich aber zeitbezogenen epistemologischen Tücken sucht. Dennoch lässt sich insgesamt innerhalb der Gegenwartsgesellschaft eine neue Grundbefindlichkeit nachweisen, die nicht zuletzt durch Krisen und Kontingenzerfahrungen, durch „neue Unübersichtlichkeit" (Jürgen Habermas) und Orientierungsverlust geprägt ist und die schließlich auch auf die Geschichtswissenschaft einwirkte. Als ein Begriff zur Bezeichnung dieses Phänomens ist „Postmoderne" ins Spiel gebracht worden.

Zweitens: Es gibt sehr unterschiedliche Konzepte von „Postmoderne", die ich hier zu zwei Grundpositionen zusammenfassen will, die – je nachdem welche Phänomene sie erfassen – mit jeweils divergierenden moralischen Wertungen verknüpft sind. Auf der einen Seite steht die Überzeugung, „postmodern" sei die positive Einstellung zur Pluralität, die apodiktische Einheitssetzungen hinter sich lasse und in besonderer Weise zur Demokratie gehöre, da nur hier der Respekt vor Pluralität gewährleistet sei.[112] Mit diesem Verständnis, das die große Vielfalt zeitgenössischer Wirklichkeits- und Vergangenheitsentwürfe umfasst, geht also eine positive Wertung einher. Auf der anderen Seite die Auffassung, dass diese wertgebundene Pluralität besser einen anderen Namen erhalte (u.a. „reflexive Moderne" oder „Zweite Moderne") während „postmodern" das Attribut für diejenigen sei, die einzig das Geschäft der Destruktion, Zerstörung, Willkür und Anarchie betrieben. In diesem Zusammenhang ist der Begriff eindeutig negativ konnotiert. Diese Auffassung von Postmoderne ist in der Geschichtswissenschaft vorherrschend, wobei meines Erachtens den so bezeichneten postmodernen Autoren jedoch jene destruktive Absicht mehr unterstellt als nachgewiesen wird. Es sei denn, man bezeichnet die Bemühungen einiger Historiker als destruktiv, ihr postmodernes Weltverständnis in Einklang mit Inhalt und Form ihrer Geschichtsschreibung zu bringen.[113]

Wenn in Einzelfällen die konstruktivistischen Ansätze als wertvolle, positive Anregungen betrachtet werden, so erhalten sie bezeichnenderweise eben einen anderen Namen. In dem von Rosmarie Beier für das Deutsche Historische Museum herausgegebenen Sammelband zur Geschichtskultur ist dann konsequenterweise von „Postmoderne" gar nicht mehr die Rede. Statt dessen wurde in Anlehnung an die Soziologie die Darstellung favorisiert, nach der Moderne folge nun eben die „Zweite Moderne", womit die Geschichtswissenschaft nach der kulturalistischen Wende inklusive des Konstruktivismus' gemeint ist.[114]

Letztlich wird deutlich, dass die Abgrenzung zwischen der „harmloseren" Kulturwissenschaft und den konsequenter erkenntniskritischen Ansätzen, die landläufig als „postmodern" bezeichnet werden, höchst problematisch ist, wenn als Unterscheidungskriterium die Anerkennung einer außersprachlichen Welt herangezogen wird.

Damit sind allerdings die grundlegenden Probleme für die Geschichtsschreibung keineswegs gelöst. Schließlich bleibt letztlich ungeklärt und rätselhaft, wie der „Tod der Historiographie" verhindert werden soll, wenn diese all die Brüche, Irrationalitäten, Widersprüchlichkeiten und Kontingenzen, die derzeit in der Welt wahrgenommen werden, in Form und Inhalt widerspiegeln soll. Gerade hier könnte aber der Zugriff auf die Postmoderne womöglich hilf-

---

112 Dazu Welsch: „Die Postmoderne ist so radikal plural, dass sie nur demokratisch gelingen kann" (Welsch: Wege aus der Moderne, S. 55).

113 Diese Problematik reflektiert u.a. Jelavich: Methode, S. 157. Im übrigen waren derartige Anliegen keineswegs neu. Schon in den 1970er Jahren dachte man über Möglichkeiten nach, die Geschichtsschreibung bzw. ihren Stil dem ihr zugrundeliegenden Weltbild anzugleichen. So plädierte Jauß mit Bezug auf Peter Szondi für eine „Neue Historie", die sich „des erzählenden Charakters vollends entledige", um derart der Erfahrung von „Geschichte als anonymem Prozeß" gerecht zu werden (vgl. Jauß, Hans Robert: *Versuch einer Ehrenrettung des Ereignisbegriffs*. In: Koselleck/Stempel: Geschichte – Ereignis und Erzählung, S. 554-560, hier S. 559).

114 Beier, Rosmarie: *Geschichtskultur in der Zweiten Moderne*, hrsg. für das Deutsche Historische Museum, Frankfurt a.M. 1999, vgl. insbesondere S. 14ff. Allerdings ist kritisch anzumerken, dass ganz beiläufig bei der Einführung zu einem der Aufsätze der Terminus „Post-Moderne" fallengelassen wird, ohne dass nunmehr – wie es nötig gewesen wäre – eine Differenzierung zwischen „Postmoderne" und „Zweiter Moderne" vorgenommen würde.

reich sein, schließlich hat die literarische Postmoderne das Problem so gelöst, dass nun Verfahren traditionellen Erzählens auch ohne Preisgabe postmoderner erkenntnistheoretischer Einsichten wieder möglich werden.[115] Die Rede ist hier von der „wiedergewonnenen Allmacht des Erzählers"[116] – und nicht zuletzt dies verschaffe wieder „*plaisir du text*".[117] Warum nicht hieraus postmoderne Impulse für die Geschichtswissenschaft fruchtbar machen? So verstanden, würde ich die aus der Soziologie vorgebrachten Vorschläge für ein „therapeutisches Umgehen" mit Krisen auf die Geschichtswissenschaft für übertragbar halten. Berger und Luckmann schreiben:

> „Hinsichtlich der Hauptursache von Sinnkrisen, also der Grundstruktur moderner Gesellschaften, soll man sich keinen Illusionen hingeben. Gegen Differenzierung und Pluralismus ist kein Kraut gewachsen, dessen Wirkung sich nicht als tödliches Gift erweisen würde. Die intermediären Institutionen können nur homöopathische Dosierungen verabreichen. Diese können die Ursache nicht beseitigen, jedoch die Erscheinungsformen der Krankheit mildern und den Widerstand gegen sie stärken. Der Patient wird am Leben erhalten, einem Leben, das – abgesehen von ständiger Sinnkrisenanfälligkeit – recht angenehm ist."[118]

Drittens: Das Konzept Postmoderne, verstanden im Sinne jenes weiteren Begriffes, würde ich für sinnvoll halten. Dann wären alle Entwicklungen, die seit den 1980er Jahren zur Bereicherung und Vervielfältigung der geschichtswissenschaftlichen Ansätze beigetragen haben, enthalten, ohne dass man sich beispielsweise um eine künstliche Grenze zwischen dem Teil der Genderforschung, der eher zum kulturwissenschaftlichen Ansatz zählt und jenem, der dem „*linguistic turn*" verpflichtet ist, mühen müsste. Neben diesen neuen Ansätzen wären aber im Sinne eines wirklichen Pluralismus auch diejenigen Arbeiten als gleichberechtigt anzuerkennen und möglichst ohne ideologische Voreingenommenheit allein hinsichtlich ihres Erkenntnisgewinns zu prüfen, die traditionelleren Ansätzen verpflichtet sind, wie beispielsweise der Politik-, Diplomatie-, aber auch Sozial- oder Wirtschaftsgeschichte. Eine neue Orthodoxie, die alles ausgrenzt, was nicht Kulturgeschichte und damit *mainstream* ist, wäre mit diesem Verständnis von Pluralität nicht zu vereinbaren.[119]

---

115 Wenn Ute Daniel Studien rühmt, die sich durch „fröhlichen Eklektizismus" (Daniel: Clio unter Kulturschock, S. 203) auszeichnen, liegt diesem Denken ein ähnlicher Ansatz zugrunde. Ein weiteres Beispiel aus der Praxis ist Jelavich, der sich – wie vermutlich viele andere auch – instinktiv dafür entschieden hat, das traditionelle Erzählen beizubehalten, weil ähnlich wie bei Eco die Erkenntnis wuchs, andernfalls die historiographische Arbeit einstellen zu müssen, da die Aneinanderreihung unverbundener Elemente, die dann nur noch möglich wäre, kaum noch als Geschichtsschreibung zu bezeichnen wäre (vgl. Jelavich: Methode, S. 157f.). Hinsichtlich des erkenntnistheoretischen Dilemmas ist m.E. Jelavich zuzustimmen: „Diese Situation ist nicht vollauf befriedigend, aber für den Augenblick ist es der beste Weg, kausale Erklärung mit Interpretation zu vereinbaren" (ebd., S. 158). Ein Beweis dafür, dass eine so verstandene „postmoderne" Geschichtsschreibung weder antiaufklärerisch noch relativistisch im Sinne eines Leugnen des Holocausts sein muss, ist die Zustimmung zu einem solchen Konzept, wie es aus den abschließenden Zeilen von Young's Untersuchung zur Holocaust-Literatur spricht: „Denn wenn die moderne Reaktionen [sic] auf die Katastrophe den Zusammenbruch und die Ablehnung der traditionellen Formen und Archetypen beinhalten, so könnte eine postmoderne Antwort darauf sein, anzuerkennen, auch wenn wir die absoluten Bedeutungen und Antworten, die diese „archaischen" Formen uns bieten, ablehnen – unweigerlich auf genau diese Formen angewiesen sind, um den Holocaust ausdrücken und begreifen zu können" (Young: Beschreiben des Holocaust, S. 299).

116 Siebenmann, Gustav: *Die wiedergewonnene Allmacht des Erzählers.* Baustein zu einem kritischen Verstehen von Cien años de soledad, dem Meisterroman von Gabriel García Márquez. In: Stud. Iberica. Festschrift für H. Flasche, Bern/München 1973, S. 603-623.

117 Dazu Barthes, Roland: *Le plaisir du texte*, Paris 1973. Auch Barthes zählt zu den Wegbereitern der Postmoderne.

118 Berger/Luckmann: Modernität, Pluralismus und Sinnkrise, S. 69f.

119 Auch Jelavich plädiert für eine Pluralität von Erzählstrategien. „Etliche dieser erzählerischen Strategien werden konventionell sein, andere nicht" (Jelavich: Methode, S. 158). Mit Recht wundert sich Alain Corbin über neue Ausschließungsprozesse bei denjenigen, die Instanzen und Mechanismen der Legitimierung zum Forschungsgegenstand erkoren haben, und empfiehlt: „Am wichtigsten auf diesem Gebiet ist, Flexibilität zu bewahren, Einengung und strikte Reproduktion zu vermeiden" (Corbin, Alain: *Du Limousin aux cultures*

Zudem wären Merkmalsprüfungen denkbar, die stilistische Brückenschläge zwischen Literaturwissenschaft und Geschichtswissenschaft ermöglichen würden. Die für postmoderne Literatur typischen Elemente wie Multiperspektivität, Pluralität, Fragmentarisierung, Mehrfachkodierung, Ironie, Spiel oder einfach Betonung des Vergnügens lassen sich durchaus in diversen historiographischen Werken nachweisen, die nach dem bisherigen Verständnis von postmoderner Geschichtsschreibung keineswegs als „postmodern" gelten würden.[120] Gerade der Aspekt des Spielerischen, des Spiels in und mit Geschichte, des Spieles auch mit Fiktion scheint immer stärker in den Vordergrund zu treten, ohne dass er mit herkömmlichen Klassifizierungen erklärbar wäre.[121] Dabei muss allerdings klar sein, dass es gleichwohl Themen gibt, bei denen sich Spaß und Ironie von vornherein verbieten.

Ein solches vorurteilsfreies Verständnis von „Postmoderne" scheint aber nicht in Sicht. Ganz im Gegenteil haben sich seit geraumer Zeit zwei andere Tendenzen herauskristallisiert: Zum einen wird der Begriff durch seine ubiquitäre Verwendung derart entleert, dass er jegliche heuristische Qualität verliert. Zum anderen ist er gerade in der Geschichtswissenschaft weniger ein analytischer als ein polarisierender Begriff. Wenn wirklich stimmt, was Ute Daniel behauptet, dass wer von Postmoderne rede, Streit wolle,[122] dann verliert der Begriff endgültig seine letzte heuristische Qualität und man sollte sich in der Tat überlegen, ob man nicht besser ganz auf ihn verzichtet und nach einem besseren Ausschau hält.

---

sensibles. In: Jean-Pierre Rioux/Jean-Francois Sirinelli (Hrsg.): *Pour une histoire culturelle*. Paris 1997, S. 114f; übersetzt und zitiert in Conrad/Kessel: Blickwechsel, S. 30. Auch Hanisch, der die postmodernen Historiker mit scharfer Polemik überhäuft, mündet am Ende seines Aufsatzes in Vorschläge, die dem Appell zum Schreiben mit modernen sowie postmodernen Vertextungsverfahren gleichen. So empfiehlt er einerseits Multiperspektivität und andererseits die verstärkte Einbindung des Lesers „als kompetente Instanz" – was immer er sich genau darunter vorstellt. Die Rezeptionsästhetik mit „Leseraktivierung" ist jedenfalls ein zentrales Anliegen postmoderner Literatur (vgl. Ortheil, Hanns-Josef: *Postmoderne in der deutschen Literatur*. In: Wittstock: Roman oder Leben, S. 198-210, hier S. 203). Auch hinsichtlich der Erzählinstanz würde die literarische Postmoderne das Problem lösen, das Hanisch zwischen der Auflösung der auktorialen Stellung des Autors in der Moderne und der – notwendigen – weitgehend auktorialen, chronologischen Erzählweise des Historikers sieht. Vgl. Hanisch: Linguistische Wende, S. 228.

120 Ein Beispiel für Fragmentarisierung und assoziative Verknüpfung von heterogenen Elementen in der Geschichtsschreibung bietet Ross, Kristin: *Hausputz*. In: Conrad/Kessel: Kultur & Geschichte, S. 362-386. Der rote Faden ist hier der Reinlichkeitswahn, der die Alltagsmühen der französischen Hausfrau mit den Foltermethoden der Franzosen in Algerien verknüpft. Dass Vertextungsverfahren wie Fragmentarisierung schon ein genuiner Bestandteil der literarischen Moderne waren, ergibt der bei Conrad/Kessel lancierte Vergleich mit dem Nouveau Roman (vgl. Conrad/Kessel: Blickwechsel, S. 29).

121 Dass in der Historiographie auch Raum für Spielerisches sein müsse, betont z.B. auch Jelavich. Neben den spielerischen Akzent innerhalb der Geschichtsschreibung rückt er den Appell, die historische Wirklichkeit selber als Spiel zu begreifen; vgl. Jelavich: Methode, S. 144 und 151. Ein Beispiel wäre Salewski, Michael: *1914 oder: Der Schwarze Peter*. In: Richard Faber/Christine Holste (Hrsg.): Der Potsdamer Forte-Kreis. Eine utopische Intellektuellenassoziation zur europäischen Friedenssicherung, Würzburg 2001, S. 31-49. Ein Element des Spiels wird auch im Denken Foucaults ausgemacht; vgl. Ewald, François/Waldenfels, Bernhard (Hrsg.): *Spiele der Wahrheit*. Michel Foucaults Denken, Frankfurt a.M. 1991. Analog zum Plädoyer Fiedlers, den Graben zwischen der Eliten- und der Massenkultur zu schließen (vgl. Fiedler: Überquert die Grenze, S. 21), fordert Daniel, Geschichte müsse „(wieder) spannend für alle Menschen" werden (dies.: Kompendium Kulturgeschichte, S. 19). Zum Spiel mit Fiktion vgl. Treue, Wilhelm: *Eine Frau, drei Männer und eine Kunstfigur*. Barocke Lebensläufe, München 1992. Treue unternahm hier den Kunstgriff, eine fiktive Figur ins Leben zu rufen, um an ihr all das archivalisch gefundene Material zum Handwerk im 17. Jahrhundert exemplarisch vorzuführen. Dabei wird allerdings jeweils deutlich, wann er imaginiert und wann nicht. Diese Grenze verschwimmt bei Schama, Simon: *Wahrheit ohne Gewähr*. Über zwei Todesfälle und das Vexierbild der Geschichte, München 1991. Zu beiden Werken siehe die Stellungnahme bei Hanisch: Linguistische Wende, S. 216.

122 Vgl. Daniel: Kompendium Kulturgeschichte, S. 150.

PERSONENREGISTER

Abusch, Alexander 114
Adenauer, Konrad 79, 108, 115, 180f., 184, 189f., 192-195, 200-204
Adler, Victor 171
Afanasjev, Jurij 222f.
Alexander der Große 247
Alkibiades 209
Aly, Götz 96, 104
Angerer, Thomas 177
Ankersmit, Frank R. 269
Anrich, Ernst 84f., 126f., 132, 137
Antonius/ Marcus Antonius 248
Apel, Karl-Otto 12
Appleby, Joyce 257
Aries, Philippe 61
Arndt, Ernst Moritz 70, 78
Aschmann, Birgit 21f.
Aubin, Hermann 16f., 67, 76f., 96, 99f., 102, 104-106
August Wilhelm von Preußen 249
Aulard, Alphonse 72
Aymard, Maurice 62

Babelon, Ernest 73, 76
Bachen, Julius 74
Bacon, Francis 211
Badoglio, Pietro 250
Bahners, Patrick 126
Barbarossa s. Friedrich Barbarossa
Barbier, Colette 203
Bariéty, Jacques 131
Barrès, Maurice 78
Barth, Karl 90
Barzel, Rainer 253f.
Baudolino 256
Bauer, Clemens 85
Baumgarten, Hermann 71
Baynes, Norman H. 64
Beck, Ludwig 250
Becker, Nikolaus 71
Becker, Otto 124, 133
Behringer, Wolfgang 132
Beier, Rosmarie 273
Benedikt, Heinrich 172
Berger Waldenegg, Georg Christoph 19
Berija, Lawrentj 186
Bertram, Ernst 78

Besymenskij, Lew 224
Bevin, Ernest 232
Bidault, Georges 205
Bischof, Günter 159f., 175f., 196-204
Bischoff, Norbert 190f., 195
Bismarck, Otto von 99f., 124, 141, 210
Bismarck, Valentin von 77
Bloch, Marc 15, 59-61
Boehm, Max Hildebert 98
Böhmer, Johann Friedrich 25, 37f., 40, 52
Böhner, Kurt 67
Boltzmann, Ludwig 149
Bonwetsch, Bernd 218
Borchardt, Knut 20f., 234-237, 240, 243
Bosl, Karl 131
Botz, Gerhard 144f., 149, 154f., 157, 161f., 165, 171
Bracher, Karl Dietrich 106, 130
Brackmann, Albert 101f., 105
Brandenburg, Erich 85
Brandi, Karl 97
Brandt, Willy 253
Braubach, Max 76
Braudel, Fernand 15, 61f.
Brechenmacher, Thomas 14
Briand, Aristide 212
Brieler, Ulrich 268
Brissot, Jacques-Pierre 246
Brook-Sheperd, Gordon 167
Brüning, Heinrich 20f., 86, 234f., 238-244
Brunner, Otto 96, 98, 106, 127, 133
Brutus/ Marcus Iunius Brutus 248
Bubis, Ignaz 10, 11
Buchner, Rudolf 66f., 85, 125, 141
Bulganin, Nikolaj A. 183, 184, 185, 187, 193
Bullock, Alan 10
Burckhardt, Jacob 34, 106, 270
Burns, C. Delisle 64
Bußmann, Walter 131

Caesar, Gaius Julius 37
Calvin, Johannes 119
Cassius/ Gaius Cassius Longinus 248
Chapman, John Watkins 258
Chlodwig 61, 73

Chruschtschow, Nikita S. 179, 183, 185,
    187, 203
Churchill, Winston 180, 227, 231-233
Clausewitz, Carl von 141
Clemen, Paul 76
Clio 263
Concordet, Antoine Marquis de 246
Conrad, Christoph 262, 264
Conze, Werner 17, 96, 99-101, 103-107,
    125, 127, 131, 133, 135, 204
Cornelißen, Christoph 87, 97
Cornelius, Carl Adolf 53
Cotta von Cottendorf, Johann Friedrich
    Freiherr 47
Croce, Benedetto 269

Dahlmann, Friedrich Christoph 36, 39, 71
Daniel, Ute 257, 262, 263, 266, 275
Danilov, Valrij 222f.
Dannenbauer, Erich 85
Dawes, Charles Gates 239f., 242
De Gasperi, Alcide 199
Dehler, Thomas 203f.
Deist, Wilhelm 138
Delbrück, Hans 77
Demandt, Alexander 21, 245, 247-254
Demetrios Poliorketes 247
Dennett Jr., Daniel C. 65
Derrida, Jacques 261, 266, 270f.
Descartes, René 259
Dickens, Arthur Geoffrey 32
Dimitrov, Georgi Michajlow 217
Dockrill, Saki 175, 203
Döblin, Alfred 259
Döllinger, Ignaz 25, 29, 39, 51
Dollfuß, Engelbert 155, 166, 171
Dontenville, Jules 72
Dopsch, Alfons 56, 60f., 64
Driault, Edouard 73
Droysen, Johann Gustav 13, 15, 24-27, 29-
    33, 40f., 46, 51, 70
Droz, Jacques 131
Duby, Felix 61f., 268
Dulles, John Foster 189, 200, 204

Eco, Umberto 256, 259
Eden, Anthony 184f., 204, 232
Eggebrecht, Axel 255
Einstein, Albert 109
Eisenhower, Dwight D. 189f., 200, 203f.

Elton, Goeffrey 257
Engerand, Louis 74
Engerman, Stanley L. 250
Epstein, Klaus 117
Erdmann, Karl Dietrich 9, 17, 54, 96,
    107f., 133, 135, 174
Esparandieu, Émile 73
Espinas, Georges 59
Essberger, John T. 124
Euler, Friedrich 140
Ewig, Eugen 15, 67

Fagan, Ed 202
Febvre, Lucien 15f. , 59-61, 80
Fellner, Fritz 148, 150
Ferguson, Niall 245
Ficker, Julius 14, 34-54, 70
Figl, Leopold 192, 194, 195, 199, 204
Filitow, Alexej 183
Fischer, Fritz 9, 17, 108, 116, 117, 118,
    132f., 158, 213
Fleischhauer, Ingeborg 224
Fogel, Robert W. 250
Foucault, Michel 261, 266-269
Frank, Walter 16, 82, 84, 86-93, 97, 104
Franz II. 50
Franz, Günther 18, 85, 88, 125-127, 130-
    140
Franz, Otmar 139
Frauendienst, Werner 136
Freud, Siegmund 260
Freyer, Hans 99, 106
Freytag, Gustav 47, 50, 52
Friedlander, Saul 267
Friedrich I. Barbarossa 41, 46
Friedrich II. 48, 248
Friedrich III. 45
Friedrich II. der Große 46, 48, 70, 211,
    245, 249, 251
Friedrich III. von Preußen 52
Friedrich Wilhelm, Kronprinz s. Friedrich
    III. von Preußen
Friedrich Wilhelm IV. 249
Frings, Theodor 76
Frisch, Max 259
Fuchs, Walther Peter 128, 131
Fueter, Eduard 67
Funck-Brentano, Frantz 74

Gagern, Heinrich von 141

Gareev, Machmut 224
Gasser, Adolf 213
Gause, Fritz 131
Geertz, Clifford 262
Gehler, Michael 19
Geiss, Imanuel 17f., 133
Génicot, Leopold 63
Gentz, Friedrich von 212
Gervinus, Georg Gottfried 25, 31f.
Gförer, August Friedrich 37
Gibbon, Edward 56
Giesebrecht, Wilhelm 40, 46, 51, 53
Gilbert, Parker 241
Gildemeister, Johannes 37
Ginzburg, Carlo 264
Glasersfeld, Ernst von 270
Globke, Hans 134
Glotz, Gustave 60
Goebbels, Joseph 215-217, 232
Göben, Marie von 77
Gördeler, Carl 82
Göring, Hermann 206, 213
Görres, Joseph 37
Goertz, Hans-Jürgen 256f., 267, 269f.
Goethe, Johann Wolfgang von 93
Götz, Walter 85
Goldhagen, Daniel Jonah 10f., 120-122
Gollwitzer, Heinz 51, 131, 138
Gorkow, Jurij 224
Gorodetzky, Gabriel 224
Grafton, Anthony 32
Graml, Hermann 182, 238
Gregor von Tours 64
Grimm, Jacob 37
Groh, Dieter 133
Grosjean, Georges 74
Grosser, Alfred 115
Grotius, Hugo 210
Gruber, Karl 176, 178, 192, 199-201
Grundmann, Herbert 131

Haar, Ingo 104
Haas, Hanns 156
Haas, Karl 164
Habermas, Jürgen 13, 18, 119-121, 273
Häusser, Ludwig 46, 48f., 51
Hahlweg, Werner 140
Haider, Jörg 172
Haller, Johannes 248
Hamm-Brücher, Hildegard 120

Hanisch, Ernst 150, 156-159, 162, 165-167, 170, 173, 267
Hannibal 247
Hanotaux, Gabriel 74
Hansen, Joseph 74, 76f.
Hansen-Schmidt, Hans 130
Harnack, Arvid 229
Hashagen, Justus 76f.
Haslauer, Wilfried 155
Hasse, Ernst 99
Haude, Rüdiger 74
Hauser, Oswald 133, 138
Havighurst, Alfred F. 64
Heer, Friedrich 177
Hegel, Georg Wilhelm Friedrich 41, 61, 245, 259, 269
Heiber, Helmut 87, 97
Heidegger, Martin 245
Heimpel, Hermann 133
Heine, Fritz 191, 193
Heine, Heinrich 251
Heinrich I. 41f., 78
Heinrich VI. 46, 248
Heinrich der Löwe 41f.
Heisenberg, Werner Karl 260
Herder, Johann Gottfried 106
Hermann der Cherusker 251
Herodot 110, 245
Herzfeld, Hans 85
Heß, Rudolf 20, 88, 231f.
Heuß, Theodor 125
Heyde, Philipp 242
Hildebrand, Klaus 138
Hildermeier, Manfred 13
Hillgruber, Andreas 18119, 138, 181
Himly, Francois-J. 63
Hindenburg, Paul von 87
Hintze, Otto 106
Hitler, Adolf 10, 17, 19f., 54, 83, 85-88, 90, 92, 95, 98, 111, 113, 115f., 118, 121, 129, 168, 170-172, 176, 187, 198, 207f., 213-229, 231-233
Hoche, Lazare 75
Höfler, Constantin 25, 46, 48
Höhn, Reinhard 131
Hölzle, Erwin 85, 126, 131, 135
Hofer, Walther 129, 130
Hoffmann, Joachim 207, 208, 222
Hoffmann, Walther G. 237
Hofmann, Hans Hubert 132

Hoggan, David L. 136
Hollweg, Bethmann 116
Holtfrerich, Carl-Ludwig 237
Hoover, Herbert Clark 21, 241, 242
Hoppe, Willy 85
Hubatsch, Walther 124, 133, 138
Huber, Ernst Rudolf 127
Huchels, Peter 109
Hübinger, Paul Egon 67
Hüffer, Hermann 48, 53
Humboldt, Alexander von 86
Hunt, Lynn 257
Huygens, Christian 252

Ibn Haldun 62
Iggers, Georg G. 267, 269
Immermann, Richard H. 203
Ipsen, Gunther 101

Jacob, Margaret 257
Jansa, Alfred 168
Janssen, Johannes 34, 46f., 50
Jarres, Karl 79
Jedlicka, Ludwig 147
Jeismann, Karl-Ernst 209
Jeismann, Michael 264
Jelavich, Peter 265
Jenks, Charles 259
Jesus 248
Jochmann, Werner 137
Jodl, Alfred 214
Johnson, Uwe 259
Joung, John W. 204
Joyce, James 259
Jullian, Camille 73, 76

Kafka, Franz 259
Kant, Immanuel 270, 272
Karl V. 141
Karl der Große 15, 40, 50, 56f., 60f., 63,
     66, 73
Karl der Kahle 60
Karl Martell 57f.
Karll, Alfred 77
Keitel, Wilhelm 230
Kellogg, Frank Billings 212
Kennan, George F. 116
Kennedy, John F. 254
Kessel, Martina 262, 264
Keynes, John Maynard 20, 235

Keyserlingk, Robert H. 176
Kiesewetter, Hubert 21
Kindermann, Gottfried-Karl 170
Klemperer, Klemens von 170f.
Klingspor, Jürgen von 128
Klopp, Onno 34, 43, 46, 49, 77
Kocka, Jürgen 119, 237, 263
Kötzschke, Rudolf 102, 105
Kohl, Helmut 128, 131
Konetzke, Richard 131
Konrad, Helmut 151
Koselleck, Reinhart 267
Kossinna, Gustaf 73, 77
Krebs, Hans 225
Kreisky, Bruno 179, 194f., 201
Kreissler, Felix 168
Kröger, Martin 107
Krone, Heinrich 194
Kruedener, Jürgen Freiherr von 237
Kuhnke, Hans Helmut 7, 138f.
Kuske, Bruno 76

Lambrechts, Pierre 62
Lamprecht, Karl 15, 56, 65, 70
Lapham, Lewis H. 251
Lavisse, Ernest 72, 76
Le Goff, Jacques Louis 61, 268
Lehmann, Hartmut 9, 12, 22
Lehmann, Max 54
Leichter, Otto 160
Lemberger, Ernst 200
Lenin, Wladimir Iljitsch 113, 116
Lenz, Max 54
Leo, Heinrich 24f., 29, 32, 53
Levison, Wilhelm 76, 79
Litwinow, Maksim Maksimowitsch 227
Liudolf von Schwaben 41
Ljascenko, P.I. 220
Lloyd George, David 116
Löffler, Hermann 131, 137
Loetscher, Hugo 255
Lombard, Maurice 63
Lopez, Robert S. 64f.
Lorenz, Ottokar 50
Loth, Wilfried 182, 184, 191
Louis Ferdinand von Preußen 250
Ludendorff, Erich 103, 116
Ludwig XIV. von Frankreich 73
Ludwig XVI. von Frankreich 246
Ludwig der Baier 41

Lübbert, Erich 139
Lückerath, Carl August 14
Luther, Martin 9, 90, 249
Lyon, Bryce 64, 68
Lyotard, Jean-François 259

Macchiavelli, Niccolo 106, 210
Macmillan, Harold 189
Maderthander, Wolfgang 165
März, Eduard 167, 169
Magenheimer, Heinz 223
Maiski, Ivan 232
Malenkow, Georgij 183, 186
Mangin, Charles 75
Marcks, Erich 88, 215
Marx, Karl 61, 259, 269
Maser, Werner 222
Mastny, Vojtech 178
Maximilian I. 46
Maximilian II. 36, 39
May, Ernest 203
Mayer, Hans 131
Mayer, Theodor 85, 97, 98, 132
McCarthy, Joseph Raymond 203
McFadden, Louis 241
Meinecke, Friedrich 54, 70, 77, 85, 88, 92f.,
    97, 114f., 125
Meissner, Boris 183
Meltjuchov, Michail 222
Messerschmidt, Manfred 138, 223
Metternich, Klemens Wenzel Fürst von
    212
Michelet, Jules 270
Michels, Robert 78
Miklas, Wilhelm 168
Milward, Alan 131
Mitscherlich, Alexander 143
Moeller van den Bruck, Arthur 98, 100
Mohammed 15, 56, 60, 63, 66
Mohler, Armin 129
Mollet, Guy 189
Molotow, Wjatscheslaw 179, 183, 191-194,
    200, 203, 223, 225, 227f.
Mommsen, Hans 118, 119, 120, 134, 150,
    162
Mommsen, Wilhelm 85
Mommsen, Wolfgang J. 17, 117, 119, 127
Moss, Henry St. L.B. 64
Müller, Karl Alexander von 85, 87-89, 98
Müller, Karl Otfried 26

Müller-Gangolf, Erich 115
Münchhausen, Karl Friedrich Hieronymus
    Freiherr von 111
Muhlack, Ulrich 13
Musil, Robert 259
Mussolini, Benito 113

Napoleon Bonaparte 41, 74f., 80, 211
Naumann, Friedrich 127
Nearch 247
Neck, Rudolf 148-151, 153, 158, 161f.,
    165f.
Nehru, Jawaharlal „Pandit" 178
Neugebauer, Wolfgang 149, 156, 168f.
Nevezin, Vladimir 222
Nicholls, Anthony 131
Niebuhr, Barthold Georg 26, 29
Niethammer, Lutz 11f., 22
Nietzsche, Friedrich 91f., 258, 269
Niketas Choniates 256
Noack, Heinrich 124
Nolte, Ernst 18, 70
Nürnberger, Richard 131

Oberländer, Theodor 134
Octavian/ Augustus 248
Odoaker 57
Oeri, Jacob 34
Östreich, Gerhard 131
Oncken, Hermann 16, 77, 85, 89, 91, 97
Oniz, Federico de 258
Opalka, Bruno 135
Otto der Große 40

Pabst, Klaus 15
Pannwitz, Rudolf 258
Papen, Franz von 137
Pardiellan, Pierre de 74
Pelinka, Anton 19, 143f., 152, 166
Penck, Albrecht 99
Pertz, Georg Heinrich 26
Petri, Franz 67
Petri, Fritz 133
Philipp II. von Spanien 249
Pidsudski, Marschall 212
Pietrow-Ennker, Bianka 224f.
Pippin I. 58
Pirenne, Henri 14f., 55-69
Plank, Max 271
Platon 252

Platzhoff, Walter 77
Platzhoff, Werner 76
Pleßner, Helmut 114
Pontius Pilatus 248
Popper, Karl 21, 253
Post, Walter 207, 222
Poullet, Henri 74
Prados, John 204
Predöhl, Andreas 124, 136
Pruessen, Ronald W. 204

Raab, Julius 191, 192, 193, 196, 199, 201,
    203
Ranke, Leopold von 7, 9, 13, 18, 23-33,
    36f., 47, 52f., 86, 93, 106, 124, 126,
    128f., 137, 142, 159, 270, 272
Rassow, Peter 85, 140
Rauchensteiner, Manfried 176, 178
Rauschning, Hermann 129
Ratzel, Friedrich 99
Rauch, Georg von 133
Raumer, Kurt von 53, 98
Reemtsma, Jan Philipp 18, 120-122
Reichold, Ludwig 155
Rein, Gustav Adolf 85, 124-142
Rein, Wilhelm 127
Renan, Ernest 71
Renard, Eduard 76
Renouvin, Pierre 131
Repgen, Konrad 9, 12, 22
Resche, Otto 104f.
Resun, Vladimir 207, 221f.
Richelieu, Armand-Jean du Plessis, Herzog
    von 210
Rietschel, Ernst Friedrich August S. 59
Riezler, Kurt 108
Ripper, Thorsten 183
Ritschl, Albrecht 20f.
Ritter, Gerhard 16, 82f., 85-87, 90-97, 114-
    117
Ritter, Moritz 53
Robespierre, Maximilien de 119, 246
Rößler, Hellmut 85, 125, 138-140
Rorty, Richard McKay 266
Rohde, Gotthold 124
Rommel, Erwin 253f.
Romulus 56
Roosevelt, Franklin Delano 204
Rosenberg, Alfred 88

Rothfels, Hans 96, 99-102, 105f., 126, 133,
    136f., 146, 148
Rovère, Julien 74
Rusch, Gebhard 271
Rust, Bernhard 88
Ruwoldt, Hans Martin 139

Sagnac, Philippe 73
Salewski, Michael 18
Schärf, Adolf 191-195, 199
Scharff, Alexander 124, 133
Schausberger, Franz 154f.
Schausberger, Norbert 166-168
Scheel, Otto 90
Scheliha, Rudolf von 229
Schelsky, Helmut 131, 136
Scherr, Johannes 255
Scheuner, Ulrich 136
Schieder, Theodor 17, 96, 99-106, 108f.,
    127, 131, 133, 135
Schlabrendorf, Gustav Graf von 246
Schlesinger, Walter 105
Schlosser, Friedrich Christoph 25, 48
Schmidt, Charles 72, 75
Schmidt, Rainer F. 19
Schmitt, Carl 126f., 131, 136
Schmittmann, Benedikt 80
Schmoller, Gustav von 65
Schnabel, Franz 85, 96
Schneckenburger, Moritz 71
Schneider, Reinhard 68
Schnorr von Carolsfeld, Julius 51
Schöner, Josef 196
Schoeps, Hans Joachim 134
Schüßler, Wilhelm 124, 139, 141
Schukow, Georgij K. 183, 218, 220, 223,
    229-232
Schulenburg, Friedrich Werner Graf von
    der 225
Schulte, Aloys 76f.
Schulze-Boysen, Harro 229
Schumacher, Karl 78
Schumpeter, Joseph 20, 234
Schuschnigg, Kurt 168f., 171
Schwabe, Klaus 16f.
Schwarz, Hans-Peter 201
Seidel, Hanns 194
Seidl, Franz 194
Seignobos, Charles 72
Seraphim, Hans Günther 137

Seraphim, Peter-Heinz 104f.
Sieder, Reinhard 156
Simon, Claude 265
Singer, Wolf 271
Sixtus V. 249
Spaak, Paul Henri 189
Spaulding, Robert M. 204
Springorum, Friedrich 137
Srbik, Heinrich Ritter von 54, 85, 88, 125f.
Stadelmann, Rudolf 84f.
Stadler, Friedrich 157
Stalin, Jossif Wissarionowitsch 10, 113, 116, 178, 180-183, 189, 199, 205, 207f., 216-228, 231-233
Stalin, Swetlana Alliluyewa 233
Starhemberg, Ernst R. Fürst 165
Staudinger, Anton 165
Stegemann, Hermann 77
Stein, Heinrich Friedrich Karl Reichsfreiherr vom und zum 140
Steinacker, Harold 86
Steinbach, Franz 66, 76f.
Steininger, Rolf 182
Steinke, Eduard 91
Stengel, Edmund Ernst 77
Stenzel, Gustav Adolf Harald 24
Steuer, Heiko 68
Stoecker, Adolf 87
Stourzh, Gerald 171, 175-182, 184-190, 192-199, 202
Strauss, David Friedrich 71
Stresemann, Gustav 16, 80, 108
Stromer, Ernst 78
Stuhlpfarrer, Karl 147
Suvorov, Viktor s. Resun, Vladimir
Sybel, Heinrich von 14f., 25f., 34-54, 70

Tálos, Emmerich 156
Taylor, Alan J.P. 131
Tellenbach, Gerd 83
Thimme, Roland 107
Thoß, Bruno 188, 190
Thukydides 110, 209, 245
Thun, Leo Graf 37
Timošenko, Semjon 218, 220, 223, 230f.
Tirare, Paul 76
Tocqueville, Alexis de 270
Toepfer, Alfred 124, 139
Topitsch, Ernst 207, 222
Toynbee, Arnold 258

Treitschke, Heinrich von 13, 15, 25, 29, 32f., 47, 70
Treue, Wilhelm 130f., 133
Tuchatschewski, Michail Nikolajewitsch 224

Ulbricht, Walter 178

Varnhagen von Ense, Karl August 26
Varsori, Antonio 203
Vattel, Emer de 210
Vergennes, Charles Gravier de 75
Verhulst, Adriaan 68
Volkmann, Hans-Erich 129
Vollgruber, Alois 200
Voltaire/ Francois Marie Arouet 245
Vossler, Otto 85

Waitz, Georg 37, 46, 52f., 70
Waldheim, Kurt 161
Walid I. 57
Walser, Martin 10f.
Wandruszka, Adam 144f., 148, 150, 154, 157-165, 168
Wassilewski, Alexander M. 228
Watutin, General 229
Weber, Max 106, 127, 131
Wegner, Bernd 19f.
Wehler, Hans-Ulrich 83, 105, 116f., 119-121, 133, 263, 267f.
Weinzierl, Erika 19, 143f., 152
Welsch, Wolfgang 260f.
Wentzcke, Paul 77, 79, 140
Werner, Karl Ferdinand 97
Westphal, Otto 85
Wettig, Gerhard 182, 187
White, Hayden 261, 266f., 269f.
White Jr., Lynn 65
Wilhelm I. 52
Wilhelm II. 251
Wilhelm, Prinz von Preußen 39
Wiltschegg, Walter 164
Windschuttle, Keith 257
Wippermann, Wolfgang 120
Wischljew, Oleg 224
Wislicenus, Hermann 51
Wittram, Reinhard 131
Wodak, Walter 200
Wolfram, Herwig 68
Wydenbruck, Oskar von 46

Young, Owen 238, 240-244

Zechlin, Egmont 85

Zehrer, Hans 99
Zeus 253
Zubok, Vladislav M. 203

ORTSREGISTER

Aachen 74, 79, 248, 271
Alexandria 247
Algier 55
Arles 60
Auschwitz 110f., 114f., 121, 266

Basel 49, 90
Bensheim 139f.
Berlin 23, 36, 88, 101, 103, 105, 108, 115-117, 119, 130, 169, 175, 178f., 182, 203f., 225, 227-229, 232, 248, 250
Bern 204
Bialystok 226, 230f.
Bielefeld 141
Bonn 7, 16, 36f., 39, 48, 81, 182, 186, 201, 204
Bremen 118
Breslau 100-103
Brüssel 55, 179
Büdingen 133, 140

Cambridge 55
Cannae 247
Chequers 242
Czernovitz 231

Dresden 248
Düsseldorf 7, 36, 79, 136

Eckersdorf 245
Elsass 71f., 80
Essen 7
Eupen 80

Frankfurt 17, 36-38, 97, 121, 132, 249
Freiburg 16, 86, 90f., 93f.

Genf 184f., 187, 192, 201, 203-205
Gent 66
Genua 108
Göttingen 26, 124, 130, 137
Graz 151

Hamburg 7, 105, 124f., 128, 132f., 137
Harvard 196
Heidelberg 25, 48, 86, 105
Hemer 124

Hirschenhof 17, 101
Hohenheim 135

Innsbruck 37-39, 42, 86, 105

Jalta 204

Kairo 55
Kampen 135f.
Karthago 57, 247
Kiel 90, 108, 124, 133
Kiew 60, 230
Klaipeda 250
Kleve 250
Köln 74, 78, 80f., 105, 108
Königsberg 100-102, 105, 126
Konstantinopel 55, 248
Konstanz 132
Kreta 57
Kunzewo 233

Leipzig 99
Lemberg 226, 230, 231
Leningrad 230
Lille 55
Locarno 80
London 167, 178, 231, 232, 248
Lothringen 71f., 80
Lüneburg 133

Mainz 75, 78
Malmedy 80
Mannheim 139
Marburg 36, 38, 106f., 133
Minsk 230f.
Mollwitz 249
Montpellier 55
Moskau 20, 147, 170, 176, 178, 180-182, 185, 187, 190-196, 198, 204f., 215f., 220, 223, 227f., 230-233
München 36, 39f., 42, 46, 48, 78, 115, 170, 182, 224, 248
Münster 36, 105
Mürren 204
Murmansk 231

New Orleans 159

New York 55
Nürnberg 137, 248

Odessa 230f.
Oslo 55
Oxford 83

Paderborn 36
Paris 72, 98, 107, 167, 176, 181f., 187, 191,
    194, 200, 246
Philippi 248
Plötzensee 108
Poitiers 57, 248
Posen 101
Potsdam 204
Prag 46, 48, 60
Prosskurow 231
Pskow 231

Rastenburg 250
Ravensbrück 82
Regensburg 60
Reichenau 146
Rom 55, 57f., 167, 247f.
Rouen 168

Salzburg 148, 150, 154, 156, 165

Sarajewo 249
Schepetowka 231
Shitomir 231
Smolensk 230
Stalingrad 213
Straßbourg 59, 81, 137
Stuttgart 128

Tokio 232
Tours 57
Trier 37, 67
Triest 178

Versailles 83, 99, 115, 212
Villafranca 39

Warschau 187, 227
Washington 192
Weimar 91, 98, 235f., 248
Wien 34, 146, 155, 165, 175, 178, 186, 193-
    195, 204, 211, 248
Wittenberg 9
Würzburg 248

Zürich 40, 90
Zypern 57

MITARBEITERVERZEICHNIS

ASCHMANN, Dr. Birgit, Christian-Albrechts-Universität Kiel, Historisches Seminar, Olshausenstr. 40, D-24098 Kiel

BERGER WALDENEGG, Priv.-Doz. Dr. Georg Christoph, Universität Heidelberg, Historisches Seminar, Grabengasse 3-5, D- 69117 Heidelberg

BRECHENMACHER, Dr. Thomas, Universität der Bundeswehr München, Fakultät SOWI, Historisches Institut, Werner Heisenberg-Weg 39, D-85577 Neubiberg

ELVERT, Prof. Dr. Jürgen, Universität zu Köln, Erziehungswissenschaftliche Fakultät, Seminar für Geschichte und für Philosophie, Abteilung für Geschichte und ihre Didaktik, Gronewaldstr. 2, D-50931 Köln

GEHLER, Prof. Dr. Michael, Leopold Franzens-Universität Innsbruck, Institut für Zeitgeschichte, Innrain 52, A-6020 Innsbruck

GEISS, Prof. Dr. Imanuel, Universität Bremen, Institut für Geschichte, Postfach 330440, D-28334 Bremen

KIESEWETTER, Prof. Dr. Hubert, Katholische Universität Eichstätt-Ingolstadt, Professur für Wirtschafts- und Sozialgeschichte, Universitätsallee 1, D-85072 Eichstätt

KRAUß, Susanne, Universität zu Köln, Erziehungswissenschaftliche Fakultät, Seminar für Geschichte und für Philosophie, Abteilung für Geschichte und ihre Didaktik, Gronewaldstr. 2, D-50931 Köln

LÜCKERATH, Prof. Dr. phil. Carl August, Universität zu Köln, Erziehungswissenschaftliche Fakultät, Seminar für Geschichte und für Philosophie, Abteilung für Geschichte und ihre Didaktik, Gronewaldstr. 2, D-50931 Köln

MOMMSEN, Prof. Dr. Wolfgang J., Max-Weber-Gesamtausgabe, Arbeitsstelle Düsseldorf, Haus der Wissenschaften, Palmenstr. 16, D-40217 Düsseldorf

MUHLACK, Prof. Dr. Ulrich, Johann Wolfgang Goethe-Universität Frankfurt am Main, Historisches Seminar, Grüneburgplatz 1, D - 60629 Frankfurt am Main

PABST, Dr. Klaus, Platanenallee 7, D-50169 Kerpen

RITSCHL, Prof. Dr. Albrecht, Humboldt-Universität zu Berlin, Wirtschaftswissenschaftliche Fakultät, Institut für Wirtschaftsgeschichte, Spandauer Str. 1, D-10178 Berlin

SALEWSKI, Prof. Dr. Michael, Christian-Albrechts-Universität Kiel, Historisches Seminar, Olshausenstr. 40, D-24098 Kiel

SCHMIDT, Prof. Dr. Rainer F., Bayerische Julius-Maximilians-Universität Würzburg, Institut für Geschichte, Am Hubland, D-97074 Würzburg

SCHWABE, Prof. em. Dr. Klaus, RWTH Aachen, Historisches Institut, Kopernikusstr. 16, D-52056 Aachen

WEGNER, Prof. Dr. Bernd, Universität der Bundeswehr Hamburg, Seminar für Geschichtswissenschaft, Holstenhofweg 85, D-22043 Hamburg-Wandsbek